U0821729

大方
sight

夜航船

平凹题

[明]张岱 著 ✦ 何三坡 译 ✦ 贾平凹 题

中信出版集团 | 北京

图书在版编目（CIP）数据

夜航船 /（明）张岱著；何三坡译 . -- 北京：中信出版社，2019.5（2025.6 重印）
（作家榜经典文库）
ISBN 978-7-5217-0366-5

Ⅰ . ①夜… Ⅱ . ①张… ②何… Ⅲ . ①笔记－中国－明代②中国历史－史料－明代 Ⅳ . ① K248.066

中国版本图书馆 CIP 数据核字 (2019) 第 063559 号

夜航船
著者：　［明］张岱
译者：　何三坡
出版发行：中信出版集团股份有限公司
（北京市朝阳区东三环北路 27 号嘉铭中心　邮编　100020）
承印者：　浙江新华数码印务有限公司

开本：889mm×1194mm　1/32　　印张：26.375　　字数：503 千字
版次：2019 年 5 月第 1 版　　印次：2025 年 6 月第 15 次印刷
书号：ISBN 978-7-5217-0366-5
定价：59.80 元

服务热线：400–600–8099
投稿邮箱：author@citicpub.com

目录

卷四　考古部

卷五　伦类部

卷六　选举部

卷十四　九流部

卷十五　外国部

卷十六　植物部

卷十七　四灵部

卷十八　荒唐部

卷十九　物理部

卷二十　方术部

导读　一只光芒万丈的兔子

腊月了，译完《夜航船》，窗前读《湖心亭看雪》。
满纸的欢欣。

欢欣从哪里来？悲伤里来吧。
要是你知道他半世的悲伤，就会明白这欢欣有多酷。

伟大的但丁，早就洞悉了作家与艺术家的秘密：我看见玫瑰满身荆棘穿过寒冬，带来了迷人的花朵。
而太史公比但丁看到的，又早得太多。

太史公怎么说？从古至今富贵消亡的，多了去了，只有倜傥非常的才会被世界珍藏。文王坐牢，琢磨《周易》；孔丘倒霉，掰扯《春秋》；屈原流放，哭出《离骚》；左丘失明，捣鼓《国语》。这都是人的悲伤郁结，不得缓解，要用艰难竭蹶的写作造出天堂。

他祖上四代望族，年轻时的轻佻举世皆知。

他爱精舍，爱美婢，爱娈童，爱鲜衣，爱美食如饕餮，爱骏马，爱华灯，爱烟花的绽开又熄灭，爱古董入迷，爱花鸟成痴，爱蜜橘的金黄，爱泉水中缓缓张开的茶叶，爱诗书着了魔，中了邪……

一个欢喜少年，爱极了这个花花世界。

但浮生若梦，为欢几何？几乎一夕之间，国破家亡。一个盖世佳公子，就沦落成江湖离乱人，陡然间明白了“劳碌半生，皆成梦幻”。

茫茫尘世间，看清人生如梦的都是神仙人物。这样的人物从来不多，张岱算得一个。要不然，就跟官二代富二代一样灰飞烟灭了。

张岱没灰飞烟灭，他像珍贵的散页，被装订在浩瀚的宇宙里了。

翻读《夜航船》的人，都该焚香洗手，先读读《陶庵梦忆》，比起《红楼梦》来，它是一个人的跌宕狂喜，也是一个帝国的佳期美梦。

一个生于绍兴山阴的英俊少年，高祖父是大明王朝的状元，王阳明的入室弟子。家声显赫。

八岁时，爷爷带他到杭州，拜访被媒体捧上天的传奇隐士陈眉公，眉公骑一匹麋鹿，一派神仙气度。指着堂前的《李白骑鲸图》，出了句上联考他："太白骑鲸，采石江边捞夜月"。
"眉公跨鹿，钱塘县里打秋风"。张岱不假思索，随口对出下联。如此天纵之才，眉公大为激赏，躬身抱到麋鹿背上。

天才，就会有天才的传奇，天才的命运。
十六岁那年，因仰慕倪瓒那样的怪物，他在自家的大宅筑了一间叫云林秘阁的书房。南窗下安放着古怪的太湖石，敞亮的深庭里种满秋海棠、西溪梅、西番莲、大牡丹，鲜花们次第怒放，翠鸟声忽高忽低。窗明几净之中，这个少年拒绝见世上任何一个俗物，要读尽三万册藏书。不由得让人想起《麦田里的守望者》中，那个秘密喂养金鱼的孩子，有多么任性，就有多么酷；有多么美，就有多么孤绝。

因为爱一块木头，不惜扔三万两雪花银，从北方运往南方，木头抵达府上的当晚，朋友们欢聚一堂，觥筹交错间，他趴在木头上写下了一篇神采飞扬的日记，还给这块木头取了一个浪漫得要死的名字。

嘘，你千万不要说，想起了王羲之的兰亭雅集。

历史上有一次无法无天的聚会，远比兰亭的盛大、欢狂——

崇祯七年中秋佳节，他突发奇想，组织蕺山亭雅集。受到邀请的七百多人，都带着好酒、软席，围山而坐，尽情豪饮。喝到半夜，大家同声高唱《澄湖万顷》，动静大得像闹地震，成千上万的群众赶来围观。

天快亮了，所有人作鸟兽散，唯独剩下他，云雾起，像流水，淹没山峦，好似身在瑶池，他幻想着列子御风而行，差点栽进山谷里。

还有比这更浪漫、更癫狂的雅集吗？

这样的趣事数不胜数。

有一年，他带演员们去北方，船过北固山，二更了，抬头见一轮明月如白鹤横飞，星光璀璨得一塌糊涂。顿时兴起，泊舟上岸，过龙王堂，直奔大雄宝殿，点上灯，穿上戏服，一出《长江大战》就开场了。整座金山寺被喧天的锣鼓惊醒，和尚们纷纷出门看究竟，将大雄宝殿围得水泄不通。他们越唱越起劲，一直唱到羲和的马车就要开出南天门，才下山解缆，渡江而去。金山寺的和尚目瞪口呆，不知道是哪里来的神仙和野鬼。

又一年，他去龙山看大雪，雪山巅喝酒，因为太开心，喝得高了，两个美少女搀扶着他回宾馆，却从山顶滚到山脚，居然没摔死，还跟人吹牛说，陪美少女雪浴是人生最大的欢乐事！

世间的欢乐都一样，但欢乐的结果却不尽相同。同样是春风沉醉的夜晚，加里·斯耐德去禅寺偷情，得到一首情诗，而张岱去斑竹庵见尼姑，却发现一眼上好的“禊泉”。到底怎么个好法？用他的话说，秋霜轻岚，入口即空，煮茶、酿酒，都好得不要不要的。会稽的陶溪泉、萧山的北干泉、杭州的虎跑泉，都无法与它相提并论。经他一说，山阴市民提桶抢水，昼夜不歇。太守不得不收为官有，严加把守。

这个爱茶狂魔，自制了一款茶，泉水一冲，像兰花掉进雪里，取名兰雪，一上市就断货，立马成为极品，所有的茶商都疯了，各种冒牌货堆满大街，整个国家的茶叶市场被彻底搞乱。

作为天下第一美食家，他有“三不吃”：不是时鲜不吃，不是特产不吃，不是精致烹调的不吃。比孔夫子还讲究。所以，同样是吃货一枚的汪曾祺先生说，浙中清馋，无过张岱。一点也没骗人。

除了吃吃喝喝，他还是时尚界的选美教父。那会儿，由扬州训练出道的美少女，一波接一波，专卖给富商巨贾做小妾，这些美少女以瘦为美，被称为“扬州瘦马”。他为此撰写了一篇《瘦马指南》，亲手制定了审美七大标准。

而更让娱乐圈癫狂不止的是，跟李渔、关汉卿一样，他自己养了个戏班，带着演员们巡回演出。他自编自导自演了一出《乔坐衙》，开演那天，万人空巷。观众上网抢票，导致网络瘫痪，比周星驰的《美人鱼》还火爆，创造了票房奇迹。

一如法布尔迷恋昆虫，他迷恋世上的每一朵花，说起乳生家的百般花草，他绘声绘色，眨眼间，就让你目击一座人间仙境。

明朝人都迷恋他的金句，就像英国人迷恋王尔德，你一定记得最酷的那句：人无癖不可与交，以其无深情；人无疵不可与交，以其无真气。
他精力无限，建各种“朋友圈”，给写诗的建“枫社”，给弹琴的建“丝社”，给书虫们建“读史社”，给赌徒们建了个“斗鸡社”，作为各圈群主，他经常发红包，发各种笑料百出的帖子，各种拉风。

你会看见这个人的才华雄浑如骏马，在晚明的万里江山里自由狂奔。

史蒂文斯有一句诗：你是你周围的事物。
意思是说，看一个人，得看他身边的朋友到底是什么东东。
张岱一生肝胆相照的朋友叫陈老莲，究竟是一个什么样的人物？
鲁迅鲁老师对谁也不服，对几千年的世道翻白眼，唯独对陈老莲青眼有加，公开鼓吹他是艺术史上横绝一代的天才，私底下又嘲笑他是千载难逢的好色极品。

年轻时，陈老莲宦游京都，被皇帝任命为宫廷画师。因为觉得北方女人的声音比南方女人难听，他毅然给皇帝写了封辞职信，跑回南京。
五年后，随着皇帝在煤山自杀，清兵的铁骑踏破江南。
接着，南京城陷了。
清兵大将军在百万俘虏中见到陈老莲，大喜过望。
不是大明皇帝家画匠么？画一幅！
陈老莲摇头，吐口水。
大将军雷霆震怒，一把大刀架上脖子。
陈老莲继续摇头，吐口水。
当兵的哪见过这么高冷的俘虏？彻底蒙圈。
一个汉奸参谋上前与大将军咬了咬耳朵，大将军随即转怒为喜，立即弯腰向陈老莲敬酒，并迅速将几位颜值爆表的随军美少女献上来。
陈老莲一见美少女，满眼春光，欣然命笔。
哇，世间竟有这等妙人！

据张岱爆料，年轻时还有比这更邪乎的。

暮春暮晚，两人约好游西湖。断桥边，遇见一位美少女，感觉有千种风情，陈老莲上前念了几句撩妹经，美少女就莞尔相随。画船里酒饮三更，欢喜盈樽，都醉得差不多了，美少女起身告辞，陈老莲盛情相送，结果，过了岳王坟来到苏小小墓前，突然间美少女消失得无影无踪。陈老莲腿肚子发抖，当场吓尿了。

回到船中，张岱笑他太好色，他不作辩解。

但是，艺术家要是不好色了，艺术还会好吗？

这么说，毕加索一定举双手赞同，但莫兰迪却未必买账。

好色跟你没半毛钱关系，但挡不住你热爱他作品里的怪趣味与真性情。

张岱与他惺惺相惜，《石匮书》中，他这样评价老铁：才大气刚，不肯俯首牖下，奇崛遒劲，直追古人。

翻译成白话就是：艺术家的作品固然重要，比作品重要万万倍的，是他的青云之志与出世之心。

杭州的领导想求陈老莲一幅墨宝，深冬大雪，领导在西湖的画舫安排了美食美酒美少女，派司机盛情邀请，骗说有苏东坡一幅字画，恳求鉴别。陈老莲欢天喜地上了船，美食吃了，美酒喝了，美少女睡了，笔墨纸砚上来了，陈老莲一看，明白了，二话不说，飞身跳入西湖中，领导当场崩溃：这什么鬼！简直太太太难搞了！！

陈寅恪解释得极好：自由之思想，独立之精神。

国破了，家亡了，陈老莲削发入寺，张岱披发入山。他们都做了隐逸派。

隐逸是什么？是躲在山崖边的一只奔跑的兔子。

同一时期，成为奔跑兔子的还有王夫之、顾亭林、黄宗羲、傅青主、石涛、八大、髡残、弘仁……他们最终都变成了文化苍穹上的星光，千年万古地闪烁。

有这样一句诗：天空苍蓝，星光是奔跑的兔子。

你可能会问，中国历史上，为什么总有那么多奔跑的兔子？

那是因为兔子们的高贵、优雅和自尊。

于是他们被万人怀想，被千年留恋。

而张岱是所有兔子中杰出的兔子，光芒万丈的兔子。

他悲欣交集的一生，就像伟大的兰波写下的警句：年轻时生命如此辽阔，不会仅仅贡献于美。晚年才明白，该向美致敬。

世间是否有永恒之美？天才诗人皮扎尼克，早在她十八岁的日记中就敏锐地给出了答案——

永恒是灰蓝色的烟雾
无尽的回归
是浸没在远方的孤单的航船

皮扎尼克的航船孤单又远，我们无由得见，但张岱的《夜航船》伸手可及。

——这是星河般的学问，它有璀璨的光辉。

说到底，我们都该庆幸，这只奔跑的兔子，最终在他浩瀚的文字里找到了永恒，并无可争议地成为了永恒的一部分。

何三坡

2018 年 1 月 29 日于云间

原序

天下的学问，只有夜航船中最难对付。原因在于那些乡野小民的学问是事先准备的，比如熟记瀛洲十八学士、云台二十八将之类，别人稍一弄错这些人名，他们就会掩嘴而笑。他们并不知道即使不记得十八学士、二十八将的姓名，并不妨碍一个人的礼仪和学问，却以为错漏一人，就可耻至极。所以他们道听途说，只记住了几十个能脱口说出的名字，就以为自己是博学的才子了。

想到我们八越地区，唯有余姚的风俗是：后生小子，无不读书。等年至二十还学无所成，就去学一门手艺。所以无论百工各业，对宋儒理学、《纲鉴》之类的通俗史书都烂熟于心，偶尔问及一事，他们可以把人名、官爵、年号、地理一一列举，也不会出错。其学问的丰富，简直就是移动的书架，但这对于文理、考证之类的学问却毫无益处，与那些目不识丁的人也并无不同。有人说：“如果的确如你所说，那古人的姓名都无须记住了。”我说：“当然不是。姓名与文理无关，不记不碍事，例如什么八元、八恺、八厨、八俊、八顾、八及之类的就是这样。但若与文理有关，就不可不记，例如四岳、三老、臧穀、徐夫人就属于此类了。”

从前，有位僧人与一位文士同宿于夜航船中。文士高谈阔论，僧人敬畏慑服，双脚蜷缩而眠。过了一阵，僧人感觉文士言语中多有破绽，就问文士说：“请问这位相公，‘澹台灭明’是一个人还是两个人？”学子说：“是两个人。”僧人又问：“这个尧舜是一个人还是两个人？”学子说：“当然是一个人！”僧人听了笑着说：“这么说来，还是让小僧先伸伸脚吧。”我这里记载的，都是我目力所及的浅俗事物而已，希望我们姑且记记，只要别让僧人随便伸脚就可以了。所以就给这本书取名为《夜航船》。

古剑陶庵老人张岱书

卷一

天文部

象纬○日月○星○风云○雨

雷电虹霓○雪霜○露雾冰○时令

春○夏 秋○冬○历律

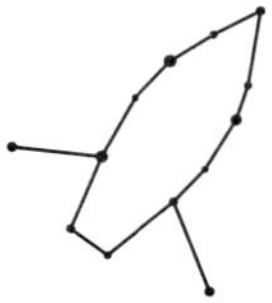

象纬

九天 东方叫苍天，南方叫炎天，西方叫浩天，北方叫玄天，东北叫旻天，西北叫幽天，西南叫朱天，东南叫阳天，中央叫钧天。

三光 指太阳、月亮、星星。

七政、七曜 指太阳、月亮加上金、木、水、火、土五星。

七襄 指日、月一天七次移动位置。

二十八宿 分别是——东方七宿：角星（木蛟）；亢星（金龙）；氐星（土貉）；房星（日兔）；心星（月狐）；尾星（火虎）；箕星（水豹）。北方七宿：斗星（木獬[xiè]）；牛星（金牛）；女星（土蝠）；虚星（日鼠）；危星（月燕）；室星（火猪）；壁星（水貐[yǔ]）。西方七宿：奎星（木狼）；娄星（金狗）；胃星（土雉）；昴星（日鸡）；毕星（月乌）；觜（zī）星（火猴）；参星（水猿）。南方七宿：井星（木犴）；鬼星（金羊）；柳星（土獐）；星星（日马）；张星（月鹿）；翼星（火蛇）；轸星（水蚓）。

分野 角、亢、氐三个星宿在地面上对应的国是郑国，对应的州是兖州。房、心两星对应的国是宋国，对应的州是豫州。尾、箕两个星对应的国家是燕国，对应的州是幽州。斗、牛、女三个星对应的国是吴国，对应的州是扬州；虚、危两个星对应的国是齐国，对应的州是青州。室、壁两个星对应的国是卫国，对应的州是并州。奎、娄、胃三个星对应的国是鲁国，对应的州是徐州。昴、毕两个星对应的国是魏国，对应的州是冀州。觜、参两个星对应的国是赵国，对应的州是益州。井、鬼两个星对应的国是秦国，对应的州是雍州。柳、星、张三个星对应的国是周国，对应的州是三河州。翼、轸两个星对应的国是楚国，对应的州是荆州。

纳音五行　五音与五行相配，可排列为：甲子乙丑海中金，丙寅丁卯炉中火，戊辰己巳大林木，庚午辛未路旁土，壬申癸酉剑锋金，甲戌乙亥山头火，丙子丁丑涧下水，戊寅己卯城头土，庚辰辛巳白蜡金，壬午癸未杨柳木，甲申乙酉泉中水，丙戌丁亥屋上土，戊子己丑霹雳火，庚寅辛卯松柏木，壬辰癸巳长流水，甲午乙未沙中金，丙申丁酉山下火，戊戌己亥平地木，庚子辛丑壁上土，壬寅癸卯金箔金，甲辰乙巳覆灯火，丙午丁未天河水，戊申己酉大驿土，庚戌辛亥钗钏金，壬子癸丑桑柘木，甲寅乙卯大溪水，丙辰丁巳沙中土，戊午己未天上火，庚申辛酉石榴木，壬戌癸亥大海水。

天裂　天裂是阳气不足，而地震是阴气过剩。

梁太清二年六月，天在西北裂开，裂缝长十丈，宽两丈，光出如电，响声如雷。

唐中和三年，浙西地区天上响起推磨之声，天上无云却下起了大雨。无形却有声音称为妖鼓；无云却下雨被称为天泣。

忧天坠 《列子》中说，古时候杞国有一个人经常忧虑天会塌下来，自己的身体将无处可藏，忧虑到废寝忘食的地步。用杞人忧天以比喻人忧虑太多。

三才 天、地、人被称为“三才”。混沌之初，轻清之气上升为天，重浑之气下降为地。天是阳，地是阴。而人承受阴阳之气，生生不息，与天、地并列，所以叫“三才”。

回天 天是皇帝的象征，回是改变皇帝的想法。唐太宗想修洛阳宫，张玄素进谏制止了这件事。魏徵说：“张公有回天之力。”

戴天 《礼记》中说：君王和父亲的仇人，要不共戴天。兄弟的仇人，不放兵器。朋友的仇人，不与他同处一国。

补天 女娲氏曾炼石补天。

如天 《资治通鉴》中说：尧帝像上天一样仁慈，像神一样的智慧；靠近他如同靠近一轮丽日，远望他如同远望一朵白云。

补天浴日之功 宋代的赵鼎给皇帝上疏说：过去陛下派张浚出使川陕，当时国力是现在的百倍，张浚有女娲补天和羲和浴日一样的功勋，陛下也曾有河山带砺的誓约，但最终张浚还是因为众人的非议而被放逐。我没有张浚那样的大功，现在却当此重任，远离朝廷，深恐别人对我的好恶与是非，又将塞满您的耳目了。

二天　东汉时，苏章做冀州刺史，一次巡行郡县，一位朋友当清河太守，有贪赃枉法之事。苏章到清河后，宴请朋友来叙旧欢饮。这位官员非常高兴，说："普通人头上只有一个天，而我却有两重天。"苏章说："今天与老朋友饮酒，是私人的交情；明天到冀州办案，是公家的法令。"于是就对他依法治罪。

焚香祝天　后唐明宗在位时，常在宫中焚香拜天，说："我只是一个异族人，因乱世被众人推为皇帝，愿上天早降圣贤，来做天下百姓之主。"

威侮五行　《资治通鉴》中说：夏启为皇帝，有扈氏无道，威侮宇宙万物，背弃天地人伦。夏启出兵征讨，在甘大战一场，消灭了他。

五星会天　《资治通鉴》中说：颛顼（zhuān xū）帝制作历法，以春季第一个月为一年的开始。当年的正月初一立春，五大行星在天上会合，经过室宿星。

五星聚奎　宋太祖乾德五年，五大行星聚集于奎星。当初，窦俨与卢多逊、杨徽之在后周显德年间同时任朝廷谏官。窦俨擅长推算星历运程，他曾说："丁卯年五大行星会聚集于奎星，从此天下太平。二位拾遗大人还能看见，我就看不到了。"

五星斗明　明神宗万历四十七年，五大行星在东方争斗。杜松、刘綎（tīng）在浑河及马家寨等地全军覆没。

日　月

东隅，是日出的地方；**桑榆**，是日落的地方。太阳经过扶桑，称之为“及时”；太阳经过细柳，称之为“过时”。

龙豨　《天文志》中说：太阳和月亮在龙豨之尾相会。（“豨”音“斗”。）

《广雅》中说：日初升称为“旭”，天刚亮称为“晞（xī）”，日光温暖称为“煦”，日在中午称为“亭午”，日处偏西称为“昳（dié）”，日在傍晚称为“旰”，日将落山称为“晡（bū）”。

《天官书》中说：太阳与月亮相互重叠，形成日食、月食。月亮运行在黄道上，太阳就被遮住，就发生日食。这是阴胜阳，是重大的天变。月亮在望，与太阳相冲，月亮进入暗影之中，就发生月食。这就是阳胜阴，是较轻的天变。圣人扶植阳气而尊崇君王，说：“太阳，是君王之道。”对于日食，严谨地记录并作为警诫。日食意味着君王德行有失，月食意味着政事有失。

日落九乌　乌鸦最难射杀。一天射落九只乌鸦，是说后羿擅长射箭。后人以为后羿射下了九个太阳，是不对的。

向日取火　阳燧是用铜做的，形状如同镜子，对着太阳就能生火，用艾绒去点就可以取火。

夸父追日　《列子》中说：夸父不自量力，想要追赶太阳的影子，追到太阳降落的旸（yáng）谷，口渴难耐，于是赶往黄河去喝水，黄河的水不够喝，他又准备到北方去喝大泽的水，还没有赶到大泽，就因为口渴而死。

鲁戈返日　鲁阳公与韩国交战，战争激烈时，天快黑了，鲁阳公操戈指向太阳，太阳往回退了三个星宿的位置。另：虞公与夏国交战，太阳快要落山了，虞公用剑指太阳，太阳退回没有落下。

白虹贯日　荆轲到秦国刺杀秦王，燕国太子丹在易水岸边为他送别，真诚之心感动上天，有一道白虹横贯丽日。

田夫献曝　《列子》中说：宋国的农夫晒太阳，脊背温暖，回去对妻子说："晒太阳太舒服了，别人都不知道它的美妙，我把这个秘诀献给咱们的君主，必定会得到重赏。"大家都笑他。

白驹过隙　《魏豹传》中说：人生易老，如白驹过隙。白驹，是太阳的影子。

黄棉袄　冬天的太阳，有"黄棉袄"之称。

薄蚀朒朓（tiǎo）　薄，是指没有光。蚀，是指亏缺的意思。每月初一在东方看到月亮叫"朒"，每月最后一天在西方看到月亮叫"朓"。（"朒"读音"肉"，"朓"读音"挑"。）

朏（fěi）未成明，魄始成魄　每月初三月亮开始生出光明，每月十六月亮才会生魄。

翟天师　后汉乾祐年间，翟天师曾经有一次在江岸赏月，有人问："月亮里有什么？"翟天师笑着说："可以随着我的手指看看。"一会儿看到半圆的月亮在半空中，里面琼楼玉宇清晰可见。但几次呼吸之间就再也看不到了。

尹思曾经派儿子到月亮中去，月亮中有异物，就知道天下会有兵乱。

《淮南子》中说：太阳从旸谷出来，在咸池沐浴，拂过扶桑升起，这叫"晨明"。登上扶桑，开始出行，这叫"朏明"。到达曲阿，叫"朝明"。到达曾泉，叫"早食"。再到桑野，叫"晏食"。再到衡阳，叫"禺中"。到与昆吾相对的位置，叫"正中"。碰到鸟次，叫"小迁"。到达悲谷，叫"晡时"。再到女纪，叫"大迁"。经过虞渊，叫"高舂（chōng）"。停在连石，叫"下舂"。到达悲泉，让羲和暂歇，让驾车的六条龙休息，叫"悬车"。靠近虞泉，叫"黄昏"。沉入蒙谷，叫"定昏"。进入崦嵫（yān zī），经过细柳到虞泉的岸边，再从蒙谷的岸边发散，把光影垂在树巅，叫"桑榆"。

《汉书》中说：新垣平在汉文帝时给皇帝上书说："太阳今天会两次处在中天，我是通过占算知道的。"稍过一会，太阳果然又回到中天的位置。

《释名》中说："月"是"阙"的意思，说的是月亮圆了又缺。"晦"是"灰"的意思，说的是月亮在月末被遮挡而变灰，月光将尽的样子。"朔"是"苏"的意思，说的是月亮被遮挡后再次复苏。"弦"是半月的称呼，它的形状一边弯，一边直，就像拉开的弦一样。"望"是满月的称呼，指太阳在东边，月亮在西边，遥遥相望。

蟾蜍　是月宫中的三足动物。王充在《论衡》中说：羿从西王母那里求得长生不死的药，他的妻子嫦娥偷了药后跑到月宫，就成了蟾蜍。

月桂　《酉阳杂俎》中说：月中的桂树高有五百丈，有人经常砍伐它，一砍出创口随即就复合了。这个人姓吴名刚，西河人，学习仙术犯了过错，被责罚在此砍桂树。桂树下面有一只玉兔在捣制灵药。

爱日　是说孩子爱父母，就应当像爱太阳一样真诚。

日光摩荡　后周的皇帝派赵匡胤率领军队抵御辽国和北汉，癸卯那天从汴京出发。苗训擅长观察天文，看到太阳之下又有一个太阳，有黑色的光围着这个太阳很长时间，就指着对楚昭辅说："这是天命啊。"当天晚上，陈桥驿驻军就发生了"黄袍加身"的事变。

日为太阳之精　《广雅》中说：阳气的精华会向外发散，所以太阳会在白天明亮。羲和是为太阳驾驭的神仙。太阳中有金色的乌。《通鉴》中说：太昊帝有圣人的形象，像日月那样明朗。

日出而作　尧帝时，有一位老人吃饱了鼓着肚子，一边玩着击壤的游戏一边唱歌，唱的是："太阳出来时劳作，太阳落山时休息；自己打井喝水，自己种地吃饭。帝王对我有什么用呢？"

日亡乃亡　夏桀曾说："我拥有天下，像天空中有太阳；太阳消亡了，我才会灭亡！"

如冬夏之日　夏日猛烈，冬日温和。春秋时晋国大臣赵盾的为人，严厉而使人觉得可怕，所以将他比作夏日；他的父亲赵衰的为人，温和而可爱，所以将他比作冬日。

东隅桑榆　冯异大败赤眉军，光武帝刘秀赐旨慰劳他说："起初虽然在回溪收敛羽翼，但最终却能在渑池振翅飞翔，可以说是'失之东隅，收之桑榆'了。"

蜀犬吠日　柳宗元说：庸、蜀一带的南部，常有阴雨而罕有晴天，所以一出太阳，那里所有的狗就冲着太阳吠叫。

日食在晦　汉朝建武七年三月末，发生日食，皇帝下诏令群臣给皇帝上书时不可以用"圣"字。郑兴上疏说："近年来日食常常发生在月末。这种提前发生的日食，是因为月亮运行得太快了。太阳是君王的象征，月亮是臣子的象征。君王若过于严厉急迫，那么臣子处理事务也会过于严苛，就会导致月亮运行得太快。"当时皇帝勤于政事，但过于严厉与急迫，所以郑兴这样上疏。

太阴　《史记》中说：天地间阴气的精华上升变为月。《淮南子》中说：为月亮御车的叫望舒，也叫纤阿，月亮中有只玉兔。

瑶光贯月　《通鉴》中说：黄帝的儿子昌意娶了蜀山氏的女儿叫女枢，女枢看到瑶光贯月的祥瑞时，就在若水生下了颛顼高阳氏。

月食五星　崇祯十一年四月己酉日的夜晚，火星离月亮只有七八寸，到拂晓还在逆行，尾星八次被月亮遮住，丁卯又退到尾星，慢慢地又到了心星。杨嗣昌上疏说："古今的变异，月亮吞食五星的事史书上一直就有记录，但也要观察具体情形。汉光武帝建武二十三年，月亮吞食火星，第二年匈奴呼韩邪单于就在五原塞归顺。汉明帝永平二年，月亮吞食火星，而皇后马氏德行冠于后宫，第二年画了云台二十八将的画像。唐宪宗元和七年，月亮吞食火星，第二年发动战争，连年兵败。现在月亮又一次吞食火星，幸运的是还只在尾宿，内对后宫不利，外对国家不利。皇上应该勤修德行以求和谐，即便有灾难也一定不会成大害。"但深究杨嗣昌的话，他所引的年月全是错的。

论月　徐穉（zhì）九岁时，在月亮下玩耍，有人对他说："要是月亮中没有任何东西，会不会更明亮呢？"徐穉回答说："不会。就像人眼中有瞳仁，若没有肯定就不明亮。"

如月之初　东汉的黄琬，祖父黄琼任太尉，一次向宫中禀报日食的情况。太后问日食的程度，黄琼说不知具体情况。黄琬时年七岁，正在身旁，就说："为什么不说剩下部分的就像每月初一的月亮？”黄琼很惊异，就用黄琬的说法来禀报。

赋初一夜月　神童苏福八岁时，写了一首《初一夜月》诗，诗中说：“气朔盈虚又一初，嫦娥底事半分无？却于无处分明有，恰似先天《太极图》。”

吴牛喘月　《风俗通》说：吴地的牛苦于日晒，见到月亮以为是太阳，就吓得喘息不止。

命咏新月　明太祖朱元璋看到皇太孙头顶的颅骨长偏了，就说他是“半边月儿”。一天晚上，太子、太孙在一旁侍候，太祖让大家写歌颂新月的诗。懿文太子的诗句是：“昨夜严滩失钓钩，何人移上碧云头？虽然未得团圆相，也有清光遍九州。”太孙的诗句是：“谁将玉指甲，掐破碧天痕？影落江湖里，蛟龙未敢吞。”太祖说“未得团圆”“影落江湖”几句都不是吉兆。

星

北斗七星　第一颗星叫天枢，第二颗星叫天璇，第三颗星叫天玑，第四颗星叫天权，第五颗星叫玉衡，第六颗星叫开阳，第七颗星叫瑶光。第一至第四颗为勺子头，第五至第七颗为勺子柄，合起来就是一把勺子。《道藏经》中说：北斗七星，一是贪狼，二是巨门，三是禄存，四是文曲，五是廉贞，六是武曲，七是破军。勘风水的人就用这套理论。

斗柄 北斗星的柄在东边，就是春天；柄在南边，就是夏天；柄在西边，就是秋天；柄在北边，就是冬天。

《史记》中说：北斗星所在的中宫文昌星下的六颗星，两两相对，叫三能，也称三台。这些星的光亮一样，象征君臣相和；不一样，君臣就抵触不和。

泰阶六符 泰阶是指三台。每台有两颗星，共有六颗星。“符”是指六颗星所应验的。三台是上天的三个台阶。《六符经》中说：泰阶是上天的三个台阶。上阶是天子，中阶是诸侯、公卿、大夫，下阶是士子和百姓。

景星 它的形状如同半个月亮，如果君王以无私之心教化天下，景星就会出现。

始影琯（guǎn）朗 女星旁有一颗小星星，叫始影，女人在夏至晚等它出现时祭拜它，会得到上好的容颜。始影星的南边，与它并排的一颗星叫琯朗，男人在冬至晚等它出现时祭拜它，会变得聪明智慧。

参商 帝喾（kù）高辛氏有两个儿子，长子阏伯，次子实沉，他们互相争斗。帝喾就把长子迁到商丘，让他主商星，晚上出现；把次子迁到大夏，让他主参星，白天出现。两颗星永不相见。

长庚星　就是太白金星，早晨在东方出现，叫启明星；晚上在西方出现，叫长庚星。

太白经天　太白是阴星，白天应当看不到，白天出现就叫“经天”，若有太白经天，天下将陷入混乱，百姓就要换君主，这就叫“乱纪”，人民流离失所。

六符　东汉应劭说：“上阶的上星是男子之主，下星是女子之主；中阶的上星是朝廷的三公，下星是朝廷的卿大夫；下阶的上星是士人，下星是百姓。三阶若平列就天下太平，三阶不平百姓就不能安宁，所以六星也叫六符。”

《晋志》中说：角星的两颗叫天关，中间是天门，里面就是天庭。太阳运行的黄道经过这里，是七曜运行的轨道。左角的星为理，主管刑法；右角的星为将，主管军事。亢星有四颗，是天子的内朝，主管天下礼法，也叫疏庙，还主管疾病和瘟疫。氐星有四颗，是上天之根，君王的寝宫，也是后妃的居所，如果有淫乱发生，氐星就会先动。房星有四颗，为明堂，就是天子颁布政令的屋子，叫四辅，也叫四表，中间是上天的大路，也是天关，是太阳运行轨道所经过的道路。七曜经由上天的大路，那么天下就平安。还有天驷就是天马，主管君王的车驾，也叫天厩，也主管开闭，是收藏之地。北面的小星叫钩钤，是房星的关键，也是天体的关键，当它明亮而且接近房星时，就天下同心。心星有三颗，是天王最正之位。中间的星叫明堂，是天子的位置，就是大辰，主掌天下的奖罚。前边一颗星是太子，后边一颗星是庶子。

尾星有九颗，是后宫的场所，也叫九子，如果颜色均匀明亮，大小衔接，后宫就长幼有序。箕星有四颗，也叫天津，是后宫和后妃的居所，一个叫天箕，主掌八方的风，只要日、月停在箕、东壁、翼时，大风就会从北方吹起。还主掌语言。南斗有六颗星，也叫天庙，是丞相和太宰之位，适宜商量裁夺国政，褒奖、举荐贤良，授予爵位和俸禄，又主管军事。牵牛星有六颗，是天的关口与津梁，主掌牺牲供品。它北边有两颗星，一个叫即路，一个叫聚火。又有一说：上面的一颗星主掌道路，接下来的两颗星主掌关口与津梁，其次的三颗星主管南越。须女星有四颗，是天上的少府，代表妇女，主掌织布、裁缝与婚嫁。虚星有两颗，是统领百官的家畜，主掌里巷及庙堂祭祀，也主管死亡和丧事。危星有三颗，主管天府、天街的房屋，危星动就有破土动工的事。营室有两颗星，是太庙天子的宫殿，主管建筑。东壁有两颗星，主掌文章命脉，是天下收藏图书的秘府。西方的奎星有十六颗，是上天收藏兵器的仓库，主掌以武力来治理暴行的事。娄星有三颗，也是上天的牢狱，主掌园林、牧场及牲畜，用来供应对天地的祭祀。胃星有三颗，是上天的厨房和收藏之地，是五谷的仓库，又叫大梁，主管贮藏米谷的仓库。昴（mǎo）星有七颗，是上天的耳目，主管西方，又叫旄头，是胡人的星宿，又主掌丧事及刑狱。昴星、毕星之间是天街，是三光的道路，主管对关口与津梁的维护。毕星有八颗，形状好像捕兔的毕网，主掌边疆的战事和打猎，还主管刑罚。觜星有三颗，在参星的右边，好像三足鼎一样，主掌上天的关口，也是三军的侦探。参星有七颗星，好像白兽的身体。中间有三颗星横着排列，是三将军。南方的东井星有八颗，是上天的南门，也是太阳运行要经过之所，是上天的亭侯，主掌水利之类的事。鬼星有五颗，是上天的眼睛，主掌审查奸计与阴谋。中央有一颗星，叫“积尸”，这颗星闪烁或变暗就可能引来疾病。柳星有八颗，是上天的厨师，主管帝王膳食，调和五味。星星有七颗，又名“天都”，主掌衣服和彩绣。张星有六颗，主管珍奇宝物和宗庙祭祀所使用的物品和衣服，还有天厨的饮食和赏赐。翼星有二十二颗，是上天的乐府，又主管四夷的远客，若此星明亮就表明礼乐兴盛，那么四方的边民就会臣服。轸星有四颗，是统领百官冢宰的辅助之臣，主掌车辆马匹的使用，也主管风，有军队出入，都要向轸星占卜。

荧惑守心　荧惑是指火星。守心，说的是火星经过心度时停顿不前。宋景公时，遇上一次荧惑守心。宋景公问子韦这是什么预兆，子韦回答：“这是针对君王的灾祸，可转移到宰相身上。”宋景公说：“宰相是我的辅弼重臣，不可以！”子韦又说：“那可以转移给百姓。”宋景公说：“百姓要死了，我去做谁的君主呢！”子韦再说：“转移给收成吧。”宋景公说：“发生饥荒百姓还是会饿死。”子韦说：“君主说了三遍仁德的话，火星一定会三次迁徙。”后来果然火星移了三座星宿的位置。

岁星　就是木星。它所停留的国家有福，所对的国家有灾祸。福会带来丰收，灾祸会带来饥荒。还有一个说法：岁星所在的国家出兵打仗的话，必然会招致失败。

彗星 又叫长星，也叫欃（chán）枪。芒角四射的叫孛（bèi），芒角很长像扫帚一样的叫彗，而特别长的叫蚩尤旗。

金星一月在天上移动一宫，木星一年移一宫，水星一月移一宫，火星两月移一宫，土星二十八月移一宫。

客星犯牛斗 有一个人住在海岛上，每年八月都能看到有木筏漂到岸边，于是他带着粮食，坐上了木筏。来到一个地方，看见有女子在织布，她丈夫牵着牛去喝水。他就问："这是什么地方？"那女子回答说："你回去问严君平吧。"后来，严君平告诉他说："那一天有客星冲犯了牵牛星，恰好是你到的地方。"

问使者何日发 汉和帝时，派两个使者到蜀地微服私访。李郃当时为蜀地的一个郡候官，他拿出酒来招待两个使者，问他们说："你们来时，知道两位钦差大臣什么时候出发吗？"两个使者非常惊异，问他怎么知道这件事。李郃说："我观天象见到有两个使星来到益州。"李郃从此名声大振。

五星奎聚 宋乾德五年三月，五大行星聚集于奎宿。当初，窦俨与卢多逊、杨徽之在后周朝显德年间同为朝廷谏官，窦俨擅长星象预测，他曾说："丁卯年五大行星会聚集于奎宿，从此天下太平。您二位拾遗大人还能看到，我是活不到那时了。"宋代吕中《宋大事记讲义》中说"奎宿本是太平的预兆，而且实际上也重启斯文之兆。本朝文治昌隆，那时已有征兆了。"

德星 颍川的陈寔（shí）、荀淑一起率领子弟宴集一堂。太史官上奏说，看到天上的德星聚集在颍川，五百里内必定有贤人聚会。

客星犯御座 光武帝刘秀邀请严光到皇宫，论故旧之情，谈了好多天，于是同榻而卧，严光把脚伸到光武帝的肚子上。第二天，太史官上奏，说有客星冲犯帝星，很危急。光武帝笑着说："是我与老友严光同床而卧罢了。"

晨星 刘禹锡曾说："落落如晨星之相望。"是说老朋友凋零，像早晨的星星一样稀少。

望星星降 何讽在书中发现一个发卷，半径有四寸多，像一个圆环但找不到头，把它用力扯断，断头处往下滴水。有方士说："这个东西名叫脉望，书虫在蛀书时三次吃到'神仙'字样，就会变为脉望。夜里拿着这个对着星空，从圆心望星宿，望见的星宿会立刻降落，可以向星宿求得仙丹服食。"

吞坠星 五代的汤悦，从小聪明。一次看见有流星掉落水盘里，就捧起来吃了，于是文思日益清丽。在南唐做官，做到宰相。凡朝廷的诏书、制诰，都出自他的手笔。

上应列宿 汉代的馆陶公主为儿子求郎官的职位，汉明帝没答应，赐钱十万缗（mín）以安慰。汉明帝对群臣说："郎官对应着天上的星宿，要治理方圆百里之地，如果是不称职的人，人民就要受到他的祸害。"

文曲犯帝座　明代的大臣景清是建文帝时的御史大夫，朱棣即位后，景清来朝侍候，朱棣对他颇有疑心。当时观星的人上奏说有文曲星冲犯帝星，而且事态紧急，文曲星颜色变红。这天，景清穿着红衣上朝。于是抓捕了景清，搜得他所藏的利剑，景清不屈而死，死后魂魄仍然时时显灵。

星长竟天　唐天祐二年，有颗彗星竟然横贯天宇。宋徽宗崇宁五年，有颗芒角四射的彗星出现在西方，长度也横贯天宇。明成化七年，彗星出现。正德元年，彗星再次出现，参星、井星入侵太微星。万历四十六年，东方出现白色的气流，长度横贯天宇，占卜后知道是彗星，辽阳地震的报告接踵而至。天启元年，土星逆向运行进入井宿。

星飞星陨　宋徽宗元年正月初一，有流星从西南进入尾宿并到达尾宿的距星，它的光亮能照亮地面。这一晚，有红色的气体从东北升起，横贯西方，中间生出两股白色气流，将要消失时，又有黑气在旁。任伯雨说："当时正值孟春，却有红色的气体出现在深夜的幽暗之中，从天道与人事来推断，这是宫廷里有人谋逆的预兆。红色气体消散为白色，而白色象征刀兵，这是夷狄暗中起兵的预兆。"明成化二十三年，有飞星如同流水，光芒照亮大地。正德元年，流星如雨。崇祯十七年，有星宿进入月亮中。占卜的结果是"国破君亡"。

风　云

风神　又名封十八姨，又名冯异。

云神　又名云将。

八风　指八节之风：立春条风（宜赦免小过，释放狱中滞留的犯人）；春分明庶风（宜核正封疆，修理田地）；立夏清明风（宜拿出钱物分与诸侯）；夏至景风（宜论功行赏）；立秋凉风（宜汇报收获成果，祭祀四郊）；秋分阊阖风（宜解下悬挂的乐器，把琴瑟都收藏起来）；立冬不周风（宜修缮宫室，维护边城）；冬至广汉风（宜诛杀罪人）。

四时风　郎仁宝在《七修类稿》中说：春天的风从下向上，纸鸢一类的风筝因此可以飞起来；夏天的风横行空中，所以能听到树梢的风声；秋天的风从上向下，树叶因此而飘落；冬天的风贴着大地飞行，所以大地发出吼声并生出寒气。

少女风　术士管辂（lù）路过清河，倪太守正在为天旱而担忧。管辂说："树尖已有少女般的微风，树间也有阳鸟在相互鸣叫，雨就要来了。"果然就像他说的那样。

飓风　《岭表录》中说：飓风多发生在初秋，发作时海潮四溢，俗语叫它为“飓母风”。

石尤风　石家女嫁给姓尤的男子为妻。尤经商远行，妻子劝阻他，他不听从。丈夫一去不回，石氏病得快要死了，说：“我恨自己没能阻止丈夫远行。以后有商人出门，我死后当起大风来阻挡他。”此后在外旅行的人遇到逆风都会说：“这是石尤风啊。”

羊角风　《庄子》中说：“大鹏从北海起飞，迁徙到南海去，乘着羊角一样的旋风向上飞了九万里。”宋代熙宁年间，武城刮起了羊角一样的旋风，把树木连根拔起，官府的屋子也被卷到云中，有人被卷到半空摔地而死。

《尔雅》中说：南风叫“凯风”，东风叫“谷风”，北风叫“凉风”，西风叫“泰风”。龙卷风叫“颓”，旋风叫“猋”。风助威火势叫“庉（tún）”。回风叫“飘”。日出时的风叫“暴”。风雨交加叫“霾”。阴天的风叫“曀（yì）”。猛风叫“飏（liè）”，凉风叫“飅”，微风叫“飚（biāo）”，小风叫“飕”。

花信风　宋代徐师川的诗说：“一百五日寒食雨，二十四番花信风。”《岁时记》中说：一个月有两个节气六个节候，从小寒到谷雨，共有四个月八个节气二十四个节候，每个节候长五天，用应花期而来的风来对应它。

泰山云　《公羊传》中说：泰山的云碰到石头就会升起，许多微小的云气聚合在一起，不一会儿雨就落遍天下。

卿云　像云又不是云，像烟又不是烟，郁郁纷纷，萧索重重，这就叫“庆云”。君王仁德泽被山陵，就会有卿云出现。《春秋繁露》中说：君主若勤修德行，就会有矞（yù）云出现。云有五色叫“卿”，有三色的叫“矞”。

沆瀣　半夜里从北方升起的清气，称为“沆瀣”。

神瀵（fèn）《列子》中说：“神瀵”就是《易经》所说的山泽气相蒸，云兴而为雨。陈希夷有诗说：“倏尔火轮煎地脉，愕然神瀵涌山椒。”

白云孤飞　狄仁杰曾经到并州任法掾，登太行山，看到有白云独自飘过，流泪说：“我的父母住在那白云下啊！”

五色云　宋代韩琦年仅二十就中了进士，在殿试揭晓唱名时，太史官上奏说：“天上出现了五色祥云。”后来韩琦出将入相，成为一代名臣。

风　它是天地的使者，大地的呼吸，阴阳二气激荡就变成了风。《洛神赋》中有“屏翳收风”的句子。“屏翳”指的是掌管风的风神，又叫飞廉。飞廉，是神异的飞鸟，就是箕星。又有人说：“箕星主掌大气，可以使之吹遍世界，能导致风雨。”

风霾　明朝天启年间，魏忠贤党羽肆意荼毒人民，于是大风、阴霾、大旱等各种灾害相继而至，千里无人烟。京师发生地震，加上火灾焚烧，被地震压死、烧死的人很多。崇祯十七年正月初一，又出现大风和阴霾天气。占卜的人说："风从乾卦起，预示有暴动。"后来大军破城。三月丙申日，大风阴霾，白天如同黑夜。

风木悲 《春秋》中说：皋鱼周游列国做官，回家时母亲去世了。他哭着说："树欲静而风不息，子欲养而亲不在。"说完就自杀而死。

歌南风之诗 舜帝弹着五弦琴，唱《南风》之诗："南风之薰兮，可以解吾民之愠兮；南风之时兮，可以阜吾民之财兮。"

占风知赦 汉代河内的张成擅长用风角之术预测吉凶。一次推算朝廷要有大赦了，就让儿子杀人。司隶李膺督促缉捕归案，很快就遇到大赦免罪。李膺气愤异常，执意按律把他处决了。

祭风破操 曹操在赤壁之战时把舰船都连在一起，周瑜采用黄盖火攻的计策。当时隆冬没有东南风，诸葛孔明建坛祈祷，东南风应期而至，于是大破曹兵。

云霞 云是山川之气。太阳旁边的彩云叫霞，东西两个方向的红云也叫霞。《易经》中说："云从龙，风从虎。"孔子说："富贵于我如浮云。"

云出无心 陶渊明诗句说："云无心而出岫（xiù）。"

占云 夏至、冬至、春分、秋分，可以通过云的颜色来推算一年的收成和水灾旱灾。

行云　楚襄王在高唐游玩，梦见一个女子说："我在巫山的南面，高丘的上面，早晨变云，晚上变雨。"到天明一看，果然像她说的一样。

落霞　王勃《滕王阁序》有"落霞与孤鹜齐飞"的句子。后来一个士子晚上宿于江中船上，听到水中有人吟诵这一句，士子说："为何不说'落霞孤鹜齐飞，秋水长天一色'？"水下的鬼就消失了。

飓风　《岭表录》中说：飓风多发生在初秋，风一起则海潮汹涌，俗话叫"飓母风"。明正德七年，流窜的贼寇刘大等人乘船到南通狼山，飓风将船掀翻，贼寇全都淹死了。

雨

雨神　雨神名叫漭滉（mǎng huàng）本郎。

雨师　雨师名叫萍翳。

商羊舞　齐国有一足鸟，在宫殿前起舞。齐侯就这事问孔子，孔子说："这种鸟名叫商羊。童谣说：'天将大雨，商羊鼓舞。'这是大雨的预兆。"果然下起了大雨。

石燕飞 《湘州记》中说：零陵山有石燕，遇到风雨天就飞舞，雨停后回到原处还原为石头。

洗兵雨 周武王讨伐纣王，风停了又开始下大雨。散宜生劝阻说："这不是妖吗？"武王说："不是啊，是上天在为我们洗兵器。"

雨工 唐代柳毅路过洞庭湖，看见有女子在路边放羊，非常诧异，就问她。女子说："这不是羊，是雨工和雷霆啊。"于是柳毅为女子到龙宫送信。后来龙王将女儿嫁给柳毅为妻。现在柳毅是洞庭湖神。

蜥蜴致雨 关中求雨，要找蜥蜴十条，放在瓮中，让童男童女念咒语说："蜥蜴蜥蜴，兴云吐雾。致雨滂沱，放汝归去。"宋代咸平年间用这个办法求雨，每次都很灵验。

在小春月内的雨叫"液雨"。应时的雨叫"澍雨"。雨雪交杂叫"雨汁"。

御史雨 唐代平原有冤狱，天很久不下雨。颜真卿当御史时，巡行各县，重新断案，平冤昭雪，立刻就下了雨，当时人称为"御史雨"。

随车雨 宋代陈戬在处州做知州，当时正大旱，陈戬一下车，雨就打湿了双脚，人们称之为"随车雨"。

三年不雨 于公是汉代东海郡的决曹官，断狱公平宽仁。海州一个孝顺的儿媳，年轻守寡，没有子女，婆婆想让她再嫁，她不答应。婆婆上吊自杀了。小姑诬告孝妇，官府把孝妇捕来审理，定罪。于公认为是冤案，但太守还是判了她死刑，于是东海郡三年大旱。后来太守听了于公的建议，步行去祭奠孝妇，天当即就下雨了。

侍郎雨　明正统九年，浙江台州、宁波等府大旱很久，百姓多患疾病。皇帝派礼部右侍郎王英带着名香和布帛到南镇去祭祀。王英到了绍兴，立即下起了大雨，水深二尺。祭祀当晚，雨停了，天上可以见星星。第二天，又下大雨，田野润泽。人们都说："这是'侍郎雨'。"

雨雹如斗　汉代的方储官至太常，永元年间皇帝准备郊祀，方储认为天象有变，应该另选吉日，皇帝不听。而这时风和日丽，皇上郊祀回来，指责他有欺君之罪，鸩（zhèn）酒赐死。但一会儿，天降下斗一样的冰雹，死者上千。皇帝叫人召唤方储，但已经来不及了。

冒雨剪韭　郭林宗的朋友晚上拜访，郭林宗冒雨去剪韭菜来做炊饼待客。杜甫诗中就有"夜雨剪春韭"的句子。

雨粟雨金钱　仓颉造成汉字，天降粟米，有鬼在夜里哭泣。大禹时，天上下了三天金子。翁仲儒家里贫穷，上天给他下了十块金子，就成为巨富之家。熊衮是非常孝顺的人，他的父母死了，无钱下葬，他对着苍天大哭，苍天立刻下了十万钱，让他可以办成丧礼。

雨 《大戴经》中说：天地间积攒阴气，空气一升温就形成雨。冰雹，是下落的冰块，在烈日下雨水温度升高，而阴气与它不相投合，就会转变为冰雹。

毕星好雨 月亮向西南运行进入毕宿，就多雨。《易经》里说："云行雨施，品物流形。"俗话也说："雨下三天就叫做'霖'。"小雨叫"霡（mài）霂"，大雨叫"雱（pāng）霈"，时间太长的雨叫"霪（yín）雨"，也叫"天漏"。

祷雨 商汤时七年大旱，太史占卜后说："应当以人献祭求雨。"商汤说："我之所以求雨，是为了人民。如果以人献祭求雨，就请以我献祭吧。"于是斋戒，剪发、剪指甲，坐白马拉的没有文饰的车，身插白茅，当为祭品，在桑林之野祈祷，以六件事来自责说："是我政事不节制吗？是我让人民流离无依吗？是宫室太奢华吗？是后宫女宠太多了吗？是贿赂盛行吗？是谄媚的人得势了吗？"话没说完，天降大雨，绵延几千里。

霖雨放宫人 宋开宝五年，大雨导致黄河决口。太祖对宰相说："大雨不停，是不是时政有失误？我担心是因为后宫的宫女太多了。"于是通知后宫："有愿回家的，报以实情。"一百宫女，都得了很厚重的赏赐得以出宫。

上图得雨 宋神宗熙宁七年，天下大旱，饥荒，可官府征税却苛刻而急切，流亡的人民扶老携幼，充塞道路，很多人身体瘦弱有病，衣不蔽体，有的人吃树木的果实及草根充饥，身披枷锁卖房子来抵官税的累累不绝。监安上门郑侠就把看到的民情绘制成图，快马送给皇帝，说："陛下若能亲见小臣所画的图，并按小臣所说，一天之内要是不下雨，请将我斩首，以此惩罚我的欺君之罪。"神宗看图长叹，夜不能寐。第二天，下令废除新法里的十八条。百姓听了都奔走相贺。这天，下了大雨，远近的雨水都很充足。

商霖　宋徽宗时，蔡京窃取大权，朝廷内外怨恨。张商英不阿附蔡京，被人称为贤人，皇上因为他的威望让他做了宰相。当时天下大旱已久，天上出现彗星。张商英受命为相，当晚，彗星就不见了。第二天，天降甘霖。皇上高兴地写了"商霖"二字赐给他。

兵道雨　明代的蔡懋（mào）德以参政、兵备道的官位驻于真定。干旱太久，每寸土地都像烧焦一样。蔡懋德一求雨，天就能下雨，他管辖的百姓争相迎请他，所到之处都下雨，百姓欢呼说这是"兵道雨"。

大雹示警　周孝王命令秦非子在汧（qiān）水和渭水之间养马，马繁衍很快，周孝王就封他为附庸的小国君主，食邑在秦地，让他接续伯益之后。当天就下起了大冰雹，他养的牛马都被打死，长江和汉水也都冻结了。明天启二年，大冰雹砸在屋子上，瓦片都被砸碎，庄稼多数受损。

雨血　元顺帝元统二年正月初一，汴梁城里下血雨，沾在衣服上都是红的。

雷　电　虹霓

雷神　名叫丰隆。

电神　名叫缺列。

虹霓　一名挈贰，一名天弓，一名蝃蝀（dì dōng）。

雷候　二月，雷神开始发声，开始有闪电。冬眠的虫子也都开始活动，从洞穴里出来。八月，雷神收声，虫子用土堵塞洞穴。《易传》中说：雷神从八月入地一百八十天。

闻雷造墓　三国时王裒（póu）的父亲王仪，因直言触犯了司马昭而被杀。王裒从此终身不面向西坐，以示不为晋朝臣子。他在墓旁小屋服丧时悲伤号哭，眼泪流到树上，树都枯死了。读《诗经》到"哀哀父母"一句时就不停哭泣，他的弟子们也不再读《蓼莪（lù é）》这一篇。他母亲在世时害怕雷声，死后，每当打雷，他都到母亲墓前说："儿子王裒在这里。"

霹雳破倚柱　《世说新语》中说：夏侯玄曾靠着柱子读书，当时天降暴雨，霹雳击破了他所靠的柱子，衣服被烧焦了，他却神色不变，照样读书。跟《晋纪》所载诸葛诞的事迹相同。

照郊 《帝王世纪》中说：神农氏的后代少昊氏娶附宝为妻子，附宝看到明亮的闪电光绕着北斗枢星照亮郊野，便感应而怀孕，二十个月后在寿丘生下黄帝。

雷电遽散 《南唐书》中说：陆昭符是金陵人，开宝年间官任常州刺史。一天，他坐在衙门处理政事，忽然雷雨交加，闪电像金蛇一样围着书桌，官吏与兵卒都被震倒在地。而陆昭符神色自若，手扶着书桌喝斥，雷电随即消散。看到一个大铁索，重有百斤，陆昭符从容地命令下属抬着铁索放入仓库里。

赤虹 孔子编撰《春秋》和《孝经》。书成后，向上天报告。于是上天生起浓厚的白雾垂到地面，赤虹从天而降，变成一块黄玉，有三尺长，上面刻有文字，孔子向天叩拜后领受了它。

天投蜺 汉灵帝时，有黑色的气流进入温德殿里，像车盖一样大，飞翔很快，身上有五色，有头，身长十多丈，形貌像龙。皇上问蔡邕（yōng），蔡邕回答说："这就是所谓的'天投蜺'，若没看到爪和尾巴，就不能称之为龙。"并占卜说："天子内受女色诱惑，外没有忠臣，将会有战争发生。"

雷州 雷州有个英灵冈，传说雷就诞生在这里。《国史补》中说：雷州春夏多雷，秋天就藏在地下，形状像猪，有人抓它来吃。有人把鱼和这种猪肉一起吃，就会立刻打雷。另外，府城西南有雷公庙，每年村民们都造雷鼓雷车送入庙中。

感雷精 《论衡》中说：子路是感应雷精而出生的，所以喜欢生事。

雷神 曹州的大湖中有雷神，龙身人脸，敲它的肚子会鸣叫。《史记》中说："舜渔于雷泽。"说的就是这里。

占虹霓诗 彭友信因为贡举到京师，遇到皇帝微服私访。皇帝口占《虹霓》诗二句说："谁把青红线两条，和云和雨系天腰。"让彭友信续下联，彭友信应声说："玉皇昨夜銮舆出，万里长空驾彩桥。"皇上听了大喜，问他籍贯，让他第二天早上在竹桥等候，一起上朝。彭友信如约去了，等候了很久没见人来，只好入朝。皇上召他问原因，他据实禀报。皇上说："这个秀才有学问有德行。"于是任命为北平布政使。

雷神名 雷是阴阳二气冲突而产生的造物之神。另外，黔雷是天上主管造化的大神。电是雷的光，是阴阳相激而产生的光。霹雳是雷中激烈的部分。闪电又叫雷鞭。唐诗有"雷车电作鞭"的句子。另外电神又叫"列缺"。《思玄赋》中有"列缺晔其照夜"。

律令 《资暇录》中说："律令"是雷神身边敏捷的小鬼，擅长奔跑，跟着雷神一起奔走，所以念符咒说："急急如律令。"

阿香 《搜神记》中说：汉代永和年间，有人夜宿路边一个女子家。半夜听到有小孩叫："阿香，官府叫你推雷车。"随即就下起了雷雨。第二天看住宿之地，竟是一座新坟。

谢仙　《国史》中说：大中祥符年间，岳州玉仙观被雷火烧毁，只留一根柱子，有“谢仙火”三个字，倒过来刻在上边。何仙姑说：“谢仙，属于雷部，掌管火。”

雷震而生　陈朝时，雷州姓陈的人获得一枚巨型蛋，周长有一尺多，就拿了回去。忽然有一天，天上打雷，这枚蛋裂开，生出一个孩子，手上有“雷州”二字。长大以后，取名文玉，后来官至本州刺史，做了很多造福百姓的事。死后也很灵验，百姓就立祠堂祭祀他。

霹雳斗　高欢（东魏宰相）在行军途中遇到雷雨，前边有一所寺庙，让手下薛孤延去探察。还没走三十步，雷电就将寺庙烧着了，薛孤延大声呼喊，绕寺庙奔走，大火才熄灭。等他回来时，胡子和头发都烧焦了。

雷同　《论语谶》中说：雷震之声响彻百里，它的声音都是一样的，现在“雷同”这个词是说言语符合，就好像听同样的雷声一样。

冬月必雷　《隋书》中说：马湖府西边，皇帝征伐西南夷时经过这里，在石头上刻了“雷番山”三字。山里的草有毒，经过的牲畜一定要罩住嘴，行人也必须缄默不语，如果有人大声说话，哪怕是冬天也会有雷声响起。

暴雷震死　商朝武乙无道，制木偶，称为天神。与木偶搏斗不胜，就把木偶砍了。还用皮袋装满血，用箭射，说是在射天。后来在泾河与渭河之间打猎，被暴雷震死。

假雷击人 《广舆记》中说：铅山有个人，平常喜欢邻居的妻子某氏，挑逗不从。在某氏丈夫睡觉时，趁天降雷雨，此人就穿着花衣并戴上两个翅膀，跳进邻居家，用铁椎把某氏的丈夫杀死了，然后跳跃而出。某氏以为她丈夫被雷击了。等到服丧日过后，此人派媒人说亲，某氏就改嫁给他，夫妻感情很好。一天，妻子翻检箱子，看到那件花衣和两个翅膀，觉得奇怪。此人笑着说："当年要不是这件衣服，怎么能娶你为妻呢！"于是说了事情经过。某氏佯装笑意。等丈夫出门，就抱着花衣到官府告状，此人被依法处以绞刑。执行绞刑那天，天上响起巨雷，此人身首异处，好像被肢解一样。

虹霓 虹，是蝃蝀。阴气起而阳气敌不过就形成虹。又叫"绛"，就是"蝶蝀"。《诗经》有"蝃蝀在东"的句子。霓，是弯曲的虹。《说文解字》说："阴气也。"通作"蜺"。《汉书·天文志》中有"抱珥虹蜺"的话。又有人说雄的叫虹，雌的叫霓。沈约《郊居赋》中说"雌霓连蜷"，《西京赋》中也说"直蝃（dì）蝀以高居"。另外，虹霓早上在西晚上在东，在东天晴，在西天雨。

虹绕虹临 《通鉴》中说：太昊帝的母亲踩到巨人的足迹，心中一动，虹就围绕她，因而怀孕，在成纪生下太昊。少昊是黄帝的儿子，母亲叫嫘（léi）祖，也是感应到像虹一样的大星降临到华渚的祥瑞而生。

雪　霜

雪　雪神名叫滕六。

霜　霜神名叫青女。

滕六降雪　唐代萧志忠当晋州刺史时，有一次准备外出打猎，有砍柴的人看见一群野兽苦苦请求山神。山神说："要是滕六神下一场雪，巽（xùn）二神刮一场风，那么刺史大人就不会出来打猎了。"天没有亮时，风雪大作，萧志忠果然没法打猎了。

霙（yīng）《韩诗外传》中说："凡是草木的花都是五瓣，只有雪花是六瓣。这是阴气最盛的数字，在立春那天就变成五瓣了。雪花也叫'霙'。"

柳絮因风　东晋太傅谢安在大雪时摆家宴，子女都在坐。谢安说："白雪纷纷扬扬的像什么？"兄长的儿子谢朗说："撒盐空中差可拟。"他另一个兄长的女儿谢道韫（yùn）则说："不若柳絮因风起。"谢安大为赞赏。

雪水烹茶　宋代陶谷得到一个党太尉家的姬妾。遇雪天，陶谷煮雪水烹茶，问那位姬妾说："党太尉也有此雅好吗？"姬妾说："他那样的武夫哪里懂这个？就只知道在锦帐里喝羊羔酒罢了。"陶谷为之一笑。

欲仙去　越人王冕，在一个大雪天赤脚登上香炉峰，边四望边大声呼喊："天地都是白玉做成，让人心胆澄澈，想要升仙而去！"

剡（shàn）溪雪　王徽之（字子猷）住在绍兴，大雪之夜划着小船去剡溪拜访朋友戴安道，还没到门口就突然决定返回。仆人不解，他回答说："乘兴而来，兴尽而返，何必见戴？"

卧雪　袁安遇到大雪，就会关起门来僵卧床上。洛阳长官巡查时，见每户人家都出来铲雪。到袁安门前，却没有任何动静。怀疑袁安死了，忙让人铲雪进门，却见袁安在床上僵卧。问他为什么不出门铲雪，袁安说："大雪的天，每户人家都很饥饿，不适宜到别人家寻求帮助。"洛阳令觉得他很贤良，就荐举他做了孝廉。

嚼梅咽雪　铁脚道人常常喜欢赤脚在雪地行走，兴致大发就朗诵《庄子·秋水篇》，并且就着雪大口嚼梅花，说："我想让雪的寒气和梅花的香气深入我的身心骨髓。"

神仙中人　晋朝的王恭曾经披着羽毛制成的裘衣踏雪而行，孟旭看见赞叹："这真是神仙一样的人啊。"

大雪践约　环州有个胡人部落首领叫奴讹，素来脾气倔强，从不拜见环州的太守。听说种（chóng）世衡到环州，就出来迎接。种世衡约定第二天到他帐中回访。当晚大雪三尺之深。左右的人都说："路上危险，不可去啊。"种世衡说："我正要以信义来团结胡人，怎么能够失信呢？"于是沿着险路而去。奴讹惊讶不已说："大人竟然一点都不怀疑我！"于是当即率领部落叩拜听令。

雪夜入蔡州　李愬（sù）乘着雪夜攻入蔡州，还故意惊扰鹅鸭池，等行军的声音传到吴元济床边，吴元济仓促惊起，就被围住擒拿了。

踏雪寻梅　孟浩然胸襟旷达，常冒雪骑驴探寻梅花，他常说："我诗歌的灵感都在灞（bà）桥风雪之中和驴背之上。"

雪　《大戴礼记》中说：天地阴气积累，天气一寒冷就变成雪。《氾胜之书》上说：雪是五谷精华。又说"冬雪兆丰年"。所以冬雪叫"瑞雪"，诗中也有"为瑞不宜多"的句子。

啮雪咽毡　汉代苏武持汉使节出使匈奴。匈奴人把苏武幽禁在窖里，苏武就雪吃毛毡，过去很多天都没有饿死，匈奴人觉得他很神异。

映雪读书　孙康家贫而好学，曾在冬天的晚上映着雪光读书。

雪夜幸普家　宋太祖常微服私访功臣之家。一晚天降大雪，赵普觉得宋太祖今天应该不会出门了。过了很久，忽然听到敲门声，赵普急忙开门，宋太祖站在门外的风雪中。

霜　霜是露水凝结而成的。《大戴礼记》记载说：霜和露都由阴阳之气形成，阴气盛则凝结成霜。《易经》有"履霜坚冰至"，《诗经》也有"峻节贯秋霜"的句子。

五月降霜　《白帖》记载：邹衍侍奉燕惠王，忠心耿耿。但燕惠王身边的人都诋毁他，于是燕惠王把他抓到监狱。邹衍仰天大哭，炎夏五月为他降了霜。

露　雾　冰

露　一名天乳，一名天酒。

花露　杨贵妃每次宿醉刚退，常苦于肺热。凌晨到后苑，凑到花边吸花露润肺。

仙人掌露　汉武帝建造柏梁台，高五十丈，以仙人手掌安在铜柱上，举着玉盘，承接云中露水，与玉屑一起服食，以求修炼成仙。

露　夜晚之气附在物体上就变成露水。《玉篇》中说：这是上天的津液，来到人间滋润万物。

雾　地上的阴气没法上天就形成雾。《元命苞》上说：阴阳紊乱而成雾，成了覆盖大地之物。

冰　冬天的水结成冰。天寒地冻时，水就凝结而变得坚硬。

甘露　梁绍是贵县人，因孝闻名，他居住的地方有甘露结在松树上。后来当了广东提刑官。苏轼得知此事，为他的书斋题名“甘露”，为他的松林题名“瑞松”，为他读书的地方题名“薰风”。

作十里雾　神农氏后世衰弱，诸侯相侵，炎帝和榆罔都不能征伐。轩辕黄帝修德治兵，征伐不来朝见的诸侯。与蚩尤大战于涿鹿，蚩尤作法起十里大雾，企图让轩辕迷路，轩辕靠指南车指明方向，擒杀了蚩尤。

伐冰之家　卿大夫以上的大家族在丧事祭奠时才有资格用冰。

冰人冰泮（pàn）　晋国的令狐策梦见自己站在冰上，与冰下的人说话。请人占卜说："为阳而通阴，这是指说媒。你会为人作媒，在冰融化时成婚。"后来太守田豹为他的儿子求娶张嘉贞的女儿，让令狐策作媒，果然在仲春成婚。所以现在称媒人也叫"冰人"。《诗经》中说"迨其冰泮"。

冰生于水　《荀子》中说：冰生于水却比水寒冷。比喻学生超过了他的老师。

冰山　唐代杨国忠做了右丞相，有人劝陕郡的进士张彖（tuàn）拜见杨国忠，并说："能拜见他，就能立刻富贵。"张彖说："你们依靠杨右丞相好像依靠泰山一样，我却觉得他是座冰山啊。若太阳一出，你们难道不就失去依靠了吗？"于是就隐居嵩山去了。

冰柱　明朝正德十年，文安县有一天河水忽然立起来，那天天寒地冻，河水冻结成柱子，高度和长度都有五丈，中间是空的，旁边有小洞。几天后，流寇路过文安县，百姓都到这个洞穴中躲藏，赖以保全性命的不知有多少人！

时令

律吕　六律属阳，十一月叫“黄钟”，正月叫“太蔟”，三月叫“姑洗”，五月叫“蕤（ruí）宾”，七月叫“夷则”，九月叫“无射”。六吕属阴，十二月叫“大吕”，二月叫“夹钟”，四月叫“仲吕”，六月叫“林钟”，八月叫“南吕”，十月叫“应钟”。

十干　甲叫“阏（yān）逢”，乙叫“旃蒙”，丙叫“柔兆”，丁叫“强圉（yǔ）”，戊叫“著雍”，己叫“屠维”，庚叫“上章”，辛叫“重光”，壬叫“玄黓（yì）”，癸叫“昭阳”。

十二支　子叫“困敦”，丑叫“赤奋”，寅叫“摄提”，卯叫“单阏”，辰叫“执徐”，巳叫“大荒落”，午叫“敦牂（zāng）”，未叫“协洽”，申叫“涒（tūn）滩”，酉叫“作噩”，戌叫“阉茂”，亥叫“大渊献”。

十二肖　子鼠无胆，丑牛无上齿，寅虎无脖子，卯兔无嘴唇，辰龙无耳朵，巳蛇无脚，午马无下齿，未羊无瞳仁，申猴无脾脏，酉鸡无外肾，戌狗无胃，亥猪无筋。老鼠前四爪、后五爪，虎五爪，龙五爪，马蹄是单瓣的，猴五爪，狗五爪，所以属阳。牛两爪，兔缺嘴唇，蛇双舌，羊蹄是分瓣的，共四瓣，鸡四爪，猪四爪，所以属阴。

三春 三春是指“陬（zōu）月”“如月”“宿月”。三夏是指“余月”“皋月”“旦月”。三秋是指“相月”“壮月”“玄月”。三冬分别叫“阳月”“辜月”“涂月”。

节水 正月叫“解冻水”，二月叫“白水”，三月叫“桃花水”，四月叫“瓜蔓水”，五月叫“麦黄水”，六月叫“山矾水”，七月叫“豆花水”，八月叫“荻苗水”，九月叫“霜降水”，十月叫“复槽水”，十一月叫“走凌水”，十二月叫“戚凌水”。

伏羲开创的八个节，周公定为二十四个节，与二十四气相对应。

节气 立春正月节，雨水是正月中；惊蛰二月节，春分是二月中；清明三月节，谷雨是三月中；立夏四月节，小满是四月中；芒种五月节，夏至是五月中；小暑六月节，大暑是六月中；立秋七月节，处暑是七月中；白露八月节，秋分是八月中；寒露九月节，霜降是九月中；立冬十月节，小雪是十月中；大雪十一月节，冬至是十一月中；小寒十二月节，大寒是十二月中。

改岁 唐虞时纪年叫“载”，夏朝改“载”叫“岁”，商朝改“岁”叫“祀”，周朝改“祀”叫“年”，秦朝改“年”叫“遂”。

百六阳九 《律历志》中说：四千六百一十七岁为一元。一元里有上元、中元、下元。一元中有九次灾难，其中阳灾五次，阴灾四次。刚刚进入一元后，过一百零六年就会有阳灾，所以叫

“百六阳九”。

甲子 尧帝元年至万历元年癸酉，共计三千九百六十二年，可以分为六十七个甲子。

上元 洪武十七年甲子为中元，正统九年甲子为下元，弘治十七年甲子为上元，嘉靖四十三年甲子为中元，天启四年甲子为下元。

浃旬浃辰 天干十天循环一次，所以把十天叫作“浃旬”。地支十二天循环一次，所以把十二天叫作“浃辰”。

三余 冬天是一年之余，晚上是白天之余，下雨是晴天之余。魏国的董遇利用这“三余”的时间读书。

五夜 五夜就是“五更”，分为甲、乙、丙、丁、戊五段。所以“三更”也叫“丙夜”。

月忌 风俗以每月初五、十四、二十三为“月忌”，因为这三个日子正是《河图》里的“中宫五数”。五是君王的象征，所以普通百姓不敢用。

闰月 冬至以后如果还余一天，来年就会闰正月；余两天，就闰二月；余十二天，就闰十二月；若余十三天，就不闰月。

四离四绝 春分、秋分、冬至、夏至四个节气的前一天，叫“四离”。立春、立夏、立秋、立冬四节气的前一天，叫“四绝”。

大往亡 立春后的第六天，惊蛰后的第十三天，清明后的第二十天，立夏后的第七天，芒种后的第十五天，小暑后的第二十三天，立秋后的第八天，白露后的第十七天，寒露后的第二十三天，立冬后的第九天，大雪后的第十九天，小寒后的第二十六天，都叫作“往亡”，不吉利的日子。

百忌日 逢甲的日子不开仓，逢乙的日子不栽种，逢丙的日子不修灶，逢丁的日子不剃头，逢戊的日子不买卖田地，逢己的日子不花钱，逢庚的日子不看病，逢辛的日子不做酱，逢壬的日子不浇水，逢癸的日子不诉讼。逢子的日子不算卦，逢丑的日子不任职，逢寅的日子不祭祀，逢卯的日子不打井，逢辰的日子不哭泣，逢巳的日子不远行，逢午的日子不维修，逢未的日子不吃药，逢申的日子不安床，逢酉的日子不会客，逢戌的日子不吃狗肉，逢亥的日子不嫁娶。

改火 燧人氏掌管火。春天就取榆树、柳树烧火，夏天取枣树、杏树烧火，秋天取柞（zuò）树、楢（yóu）树烧火，冬天取槐树、檀树烧火。

五行分旺 东方处于震位主掌春季，对应的帝王是太皞（hào），主神叫句芒，日子属于甲、乙。甲、乙属木，而木旺盛于春天，所以它的颜色是青的，因此称春天为“青帝”。南方处于离位所以主掌夏季，对应的帝王就是炎帝，主神是祝融，那段时间属于丙、丁。丙、丁属火，火旺盛于夏天，对应的颜色是赤色的，因此称夏天为“赤帝”。西方处于兑位因而主掌秋季，对应的帝王名叫少皞，主神叫蓐（rù）收，那段时间属于庚、辛。庚、辛属金，金旺盛于秋天，它的颜色是白的，因此称秋天叫“白帝”。北方处于坎位因而主掌冬天，对应的帝王名叫颛顼，主神叫玄冥，那段时间属于壬、癸。壬、癸属水，水旺盛于冬天，它的颜色是黑的，因而称冬天为“黑帝”。中央属土，黄帝处于权位，其时间为戊、己，戊、己属土，土旺盛于四时，它的颜色是黄的。

天时长短　每年小满后，日子逐日积累，累积三十天到夏至，这时一阴生，白天开始变短。小寒后日子逐日积累，累积三十天是冬至，这时一阳生，白天开始变长。《周礼》上说：冬至时太阳在牵牛宿，日影长一丈二；夏至时太阳在东井宿，日影长五寸。

玉烛　《尔雅》说：“四时和谐叫作玉烛。”这是说好像有玉烛照耀一样。

月分三浣　上旬叫“上浣”，中旬叫“中浣”，下旬叫“下浣”。“浣”就是洗澡。古代的制度：朝中大臣十天放一次假，一月共三次，是让臣子回去洗澡的假期。

朝三暮四　《庄子》中说：狙公养猴，他对猴子们说：“给你们橡子和栗子，早上三颗晚上四颗吧。”猴子们都非常愤怒。他又说：“那就早上四颗晚上三颗。”猴子们听了都很高兴。

寒岁燠（yù）**年**　东周时天子懦弱，政事宽松，所以衰落的周朝天不冷。秦始皇性格凶残，施政急迫，所以暴虐的秦朝没有温暖的年份。

当惜分阴　《晋书》中说，陶侃说："大禹是圣人，尚且珍惜每寸光阴。至于凡人，就应当珍惜每分光阴，不要让时间白白流逝。"

春

邹律回春　刘向《别录》中说：燕地有寒谷，那里黍稷都不能生长，邹衍吹管弦，暖气才来，这时草木滋生。

端月　《索隐》说：秦二世二年的正月，因为要避秦始皇名讳，所以改名"端月"，到汉代才又改回来。

楚地的风俗在立春那天，门外贴"宜春"两字。唐代人在立春那天作春饼、生菜，叫作"春盘"。

元日　伏羲设立元日。汉武帝设立岁元、月元、时元。

贺正　汉高祖十月份推翻秦朝，于是把十月定为一年的岁首。汉高祖七年，长乐宫建成，制定了群臣朝贺皇帝的仪式，改用夏朝的历法以正月为一年的开始。改用夏正，在夏历的正月初一贺岁，始自汉高祖。

东方朔占卜说：正月初一到初八，第一天代表鸡，第二天狗，第三天猪，第四天羊，第五天马，第六天牛，第七天人，第八天谷。哪天晴朗，预示那天所代表的东西会顺利生长，如果是阴雨就表示会夭折。

人日　宋代郑国公富弼在正月初七那天朝见皇帝，宋真宗慰劳他说："今天爱卿来了，可真是所谓'人日'了。"

宋真宗把正月初三定为"天庆节"。

晋朝正月初七人日这天，女子互相赠送花形首饰"华胜"，并剪彩纸和金丝插在鬓角上。

悬羊磔（zhé）鸡　元旦那天县官要把羊头悬挂在城门上，又剁些鸡肉盖住它。春天草木将要萌发，但羊会食百草，鸡会食五谷，所以要杀它们来助长草木的生机。

桃符　黄帝在元旦那天立起桃木板，在门上画神荼（shū）、郁垒（lǜ）二神的像。尧帝时远方小国进献重明鸟，看上去就像鸡的样子，因其能辟邪，国人都非常珍爱这只鸡。门上悬挂苇草绳索，再插上桃符。但三代的习俗是不同的：夏代插茭苇，就是今天的芝麻秆；商代装饰成田螺的样子以严防内外，又叫"椒图"；周代则用桃木做的木偶。

屠苏酒　屠苏是一个草庵的名字。汉代有人住在草庵酿酒，除夕夜把药囊浸泡在酒中，可除百病，所以元旦喝它。喝这种酒的方法：先让少年人喝，然后老人再喝：因为少年人又长大了一岁，所以先喝；而老年人却又少了一岁，所以后喝。

椒觞　元旦那天把花椒放在酒里一起喝，叫“椒觞”，因为把花椒当作玉衡星精，服食可让人延缓衰老。

周朝制定了立春迎春仪式。唐中宗制定了迎春仪式上用的彩花。

五辛盘　元旦时用五木烧水洗浴，会让人的头发到老都是黑的。道家称青木香为五香，也叫五木。庾信有诗说：“聊倾柏叶酒，试奠五辛盘。”

火城　元旦天亮前，州府官吏及卫队以桦木皮卷成数百个火炬，车马前呼后拥，被叫作“火城”。

元夕放灯　过去，在正月十五天官生日放天灯，七月十五水官生日放河灯。十月十五地官生日放街灯。宋太宗淳化元年六月丙午下诏，停止中元、下元两夜放灯的习俗。

买灯　上元节张灯只有三晚，正月十七、十八两天继续张灯始于吴越王钱镠（liú），他曾向朝廷进贡疏通，买得继续张灯两晚的许可。乾德五年正月朝廷下诏：“上元节张灯，原本只有三晚。现朝廷无事，天下安定，正值五谷丰登，理应让士人百姓行乐。所以令开封府在十七、十八两夜接着放灯。”

广陵灯　唐玄宗元宵夜与天师叶静能登上虹桥，前往广陵看灯。民间男女都看见了，还以为是神仙。玄宗令伶人演奏《霓裳羽衣曲》。几天后，广陵果然上奏此事。

踏歌入云 唐睿宗在安福门外特制了一棵灯树，高二十丈，让上千个宫女和长安城里的千余少妇，穿上锦绣衣服，在灯轮下歌舞三天，还令朝廷的文士写文章来歌颂这一胜事。歌中有“踏歌声调入云中”的句子。

金吾不禁 《西京杂记》中说：西京长安城的大街上，有皇帝的警卫执金吾日夜宣告宵禁，只有正月十五及前后各一天让执金吾解禁，叫作“放夜”。

卯刚 正月的卯日，佩戴“卯刚”印可以辟邪。唐代规定：正月下旬要“送穷”，最后一天洗衣服。

卜紫姑 紫姑是一户人家的侍妾，被正妻谋杀后，扔在厕所中。后来人们就制作了她的形象放在厕所，元宵夜里把她迎出来，用来预测庄稼的收成及桑叶的贵贱。

青藜照读 元宵之夜人们都出门游玩欣赏，只有刘向留在天禄阁校勘经书。太乙真人以青藜杖为火把为他照明。

耗磨日 正月十六叫“耗磨日”，这天大家都喝酒，官府严禁这天开库房。

天穿日 正月二十日叫“天穿”，用红彩绳拴饼饵投在屋顶上，被称为“补天”。

水湄度厄 初一到三十，男女都洗衣服，并在水边酌酒，认为可以度过灾祸。

雨水　这个节气之前降霜雪，都是水汽凝结而成。立春后，天上的水气下落，就形成雨水。

中和节　唐代的李泌把二月初一命名为中和节，用青布袋装上百谷和瓜果互相馈赠问候，还酿造“宜春酒”来祭祀句芒神，百官这一天也向朝廷进献农事之书。

磔鸡　魏文帝定下制度：春分这天杀鸡，祭祀厉殃。

花朝　二月十二日叫花朝。民间相传这天是百花的生日。徐渭考证后说是在十五日，说的确实不错。东京汴梁这天是扑蝶会。

勾龙　《左传》中说：共工氏有个儿子叫勾龙，能平水土。所以把他当作社神，在仲春日祭祀他。

清明节　这天万物都齐于“巽”，“巽”就是清洁整齐的意思。“清明”取的就是“洁齐”之意。谷雨，就是滋润五谷的雨。

唐代的制度，清明要取火种赐给近臣。韩翃的诗说：“日暮汉宫传蜡烛，轻烟散入五侯家。”

探春　《天宝遗事》中说：都城男女，在春天到来时，都在野外举行探春的酒席。

飞英会　蜀郡公范镇住在许州时，曾建长啸堂，堂前有荼蘼花。

花开时宴请客人，如果有花落到酒杯中，就喝一大杯，座上客人无一例外，人称“飞英会”。

斗花 长安城到春天时，盛行游赏。男女都喜欢斗花，以栽种珍奇品种为佳。所以大家都用重金买名花，以备春天斗花之用。

花裀（yīn） 开元年间，学士许慎春天在花园里宴请宾客，不搭帐篷也不设座席，让仆人把落花聚在一起铺在座位下，说：“我自有花裀。”裀，垫子。

移春槛 开元年间，富贵人家到了春天，把各种花移植到木槛里，下边装上轮子，再用彩带装饰，四处牵引，供人观赏，号称“移春槛”。

护花铃 唐睿宗长子宁王李宪在春天时把红线拧成绳，拴上金铃，绑在花枝上。如果有鸟雀飞来落下，就令守园仆人拉动金铃的绳索惊吓它们，号称“护花铃”。

治聋酒 《石林诗话》中说：民间传说在社日这天喝酒能治耳聋。五代时李涛的《春社从李昉（fǎng）求酒》诗说：“社公今日没心情，为乞治聋酒一瓶。”

罢社 汉代王修七岁时，母亲在社日这天去世了。第二年社日，王修就哭得极其伤心，邻居的父老都为他停止了社日节庆活动。

禁火 《十六国春秋》中说：石勒下令寒食节不许禁火，后来就出现下冰雹的怪事。徐元说：“介子推是陛下家乡的神灵，历代尊奉，不应废除。”石勒听从了他的话，命令并州像以前一样恢复寒食节礼俗。

寒食　冬至后一百零六天是寒食节，因为介子推这天被烧死，晋文公下令禁止生火以铭记这一痛心事。

雕卵　周代规定：春末时，比赛在鸡蛋上雕刻花纹，开始了寒食的游戏。唐玄宗规定：寒食要有秋千舞。后唐庄宗规定：寒食要外出祭扫。

拜墓　唐代规定：清明节要举行拔河游戏，还要出门踏青，做官的要拜祭祖墓。

上巳　洛阳上巳之日，女子用荠菜花蘸油，念着咒语把它洒在水上，如果水面上出现龙凤花卉的图形就会吉利，这叫“油花卜”。

祓禊（fú xì）　起于汉成帝时。三月上巳日，官员和百姓都在东流的水上举行“祓禊”。“禊”的意思就是“洁”，在水中把自己洗干净。“巳”就是“止”的意思，驱走邪恶的疾病，祈求福气到来。

踏青　三月上巳那天，朝廷在曲江赐宴，市民在江边祭祀、喝酒，践踏青草，叫作踏青，侍臣也在这一天向皇上呈上踏青的鞋子。王通叟词中说：“结伴踏青去好，平头鞋子小双鸾。”

柳圈　唐代规定，上巳日举行祓禊，赐给侍从之臣细柳圈，并说：“戴上它驱除一切虫毒和瘟疫。”现在小孩清明节戴柳圈，就是从那时开始的。

周公规定，上巳这天女巫要在水上修禊。郑国规定，上巳这天在溱（zhēn）、洧（wěi）二河祭祀，拿着兰花为死去的人招魂续魄。

流觞　兰亭的曲水流觞并不始于兰亭。周公在洛邑时，就利用流水送酒，所以《诗经》中有“羽觞随波”的句子。

观灯赐钞　永乐十年元宵节日，皇帝大宴文武群臣，任凭官员与百姓到午门外看三天花灯做的鳌山，以后每年成为惯例。当时尚书夏元吉侍奉母亲观赏鳌山，皇帝命宦官带着二百锭钱钞到夏元吉家去赐给他，说：“这是讨贤母欢喜的。”

社无定期　一说春分之后的戊日是春社，秋分后的戊日就是秋社。春社时燕子从南方飞来，秋社时燕子再飞回南方。另一说法是立春、立秋后的第五个戊日才是社日。

梅花点额　南北朝时刘宋的寿阳公主在人日那天躺在含章殿房檐下，梅花落在她的额上，愈发妩媚。人们因此仿效她，于是开始贴起了“梅花钿”。

桑叶贵贱　三月十六那天如果天晴，桑叶就会很贵，若是阴雨就会很便宜。谚语说：“三月十六暗叇（dài）叇，桑叶载去又载来。”

夏

天祺节 宋真宗将四月一日定为天祺节。

麦秋 《礼记·月令》有“麦秋至”的句子。蔡邕在《章句》中注释说：百谷都把出生当做春天，麦子夏天成熟。所以麦子以夏为秋。

浴佛 北宋宰相王钦若在四月八日举行放生会。《荆楚岁时记》中说：四月八日要斋戒，办龙华会，浴佛。

小满 四月中旬小满后，阴气每天生一分，累积三十分，就是一天，就到了夏至。四月是“乾”的终结，叫“满”，是说阴气从这时开始的。又有一种说法是，初夏万物生长都稍稍充盈丰满，所以叫“小满”。

黴黰（méi zhěn） 也写作“霉黰”。俗话说：早间芒种晚间黴。又说：夏至落雨主重黴，小暑落雨主三黴。

躤柳 五月五日，士大夫们在郊野或演武场骑马赛箭，叫作“躤（读音札）柳”。

制百药 端午的午时，北斗星的斗柄正好遮住鬼宿的第五颗星，这个时候配制各种药材，无不灵验。

采艾　师旷始创，五月五日采集艾草治病。齐景公规定，五月五日在胳臂上悬挂绳索和钗头符。

续命缕　端午日把五彩丝线绑在胳臂上，叫作“续命缕”，可以避开兵祸和鬼怪，让人不会得病。

角黍　屈原在端午那天投汨罗江，楚地的人用竹筒装上米，扔到水里祭祀他。有个叫欧回的人，梦见屈原，屈原说：“大家的祭品，多数被蛟龙夺走了，一定要用楝（liàn）树叶裹住饭团，再用五彩线绑住，可以避免被蛟龙抢去。”所以后人就制成角黍即粽子。又一种说法是：唐代天宝年间，宫中端午日做粉团角食，然后用小角弓射它，射中的人才可以吃，所以叫“角黍”。

竞渡　屈原在端午那天投河，楚地的人乘船救他，叫“竞渡”。又有一种说法：端午那天投粽子祭祀屈原，怕被蛟龙抢走，所以制造龙舟来驱赶蛟龙。

五瑞　端午这天把石榴、葵花、菖蒲、艾叶、黄栀花插在瓶中，叫“五瑞”，以辟除不祥。

五毒　蛇、壁虎、蜈蚣、蝎子、蟾蜍，叫作五毒。皇家或把它们画在宫扇上，或织在锦缎上，端午这天服食五毒，以辟瘟气。

赐枭羹　《汉书·郊祀志》中说：汉代朝廷让各郡国进贡猫头鹰，端午这天做汤，赐给百官，因为猫头鹰是恶鸟，所以吃它来驱除各种邪事。

浴兰汤　五月五日积攒兰花烧水洗浴。《楚辞·离骚》中说“浴兰汤兮沐芳华”。

天贶（kuàng）**节**　宋代大中祥符四年，下诏规定：六月六日是天书再次降临日，定为天贶节。

夏至数九　一九和二九，扇子不离手。三九二十七，饮水甜如蜜。四九三十六，拭汗如出浴。五九四十五，头带黄叶舞。六九五十四，乘凉入佛寺。七九六十三，床头寻被单。八九七十二，想着盖夹被。九九八十一，家家打炭墼（读音吉）。

赐肉　《汉书》中说：伏天里皇帝下诏赐肉给大臣们。东方朔拔剑割下一块，对同僚说：“大伏天理应早点回去，请让我先接受皇上的赐肉吧。”说完就怀揣着肉走了。

三伏　立春、立夏、立冬都是以五行中相生的一方代替另一方。但立秋是以金代火。而金怕火，所以到庚日一定要“伏”，因为“庚”就是“金”。夏至后的第三个庚日是初伏，第四个庚日是中伏，立秋后的第一个庚日是末伏。秦穆公在这一天要进食辟恶饼。

天中节　《提要录》中说：端午节是天中节，又叫蒲节，因为这一天要用菖蒲来行酒，所以这样称呼。

竹醉日　五月十日是竹醉日。这一天移栽竹子容易成活。另外，三伏天砍伐的竹子不会被虫蛀。

秋

一叶知秋 《淮南子》中说：一片叶子落下就知道天下都进入秋天了。古诗中也说“梧桐一叶落，天下尽知秋”。

鹊桥 《淮南子》中说：七夕夜晚，乌鹊在银河上搭桥，让织女可以渡过，与牛郎相会。

得金梭 蔡州姓丁的女子擅长女红，每到七夕就用酒和瓜果来祈求神灵。有一次看见有流星落到桌上。第二天，在瓜果上得到了一枚金梭。从此以后，女红手艺越发巧妙了。

晒衣 七月七日，阮氏家人都在自家院子里晾晒衣服，全是锦绣绸缎。阮咸用长竿把粗布袍挑在上面，说：“我也不能免俗，就和大家一起晒晒吧。”

晒书 郝隆七月七日看到富家都晾晒锦衣华服，他也到大太阳中仰面躺下。别人问他干什么，他回答说：“我晒腹中之书啊。”

乞巧 唐玄宗因为七夕牛郎织女相会，在皇宫中建起高台，陈列瓜果。让宫女暗中用七孔针引着彩线穿起来，以此来向天乞求心灵手巧，能穿过去的人就视为得到了“巧”。还把蜘蛛放在小金盒里，到天亮打开看蛛丝的疏密，来确定求到多少“巧”。

化生　七夕之夜，用蜡做成婴儿，放在水中嬉戏，以求生育顺利，叫作“化生”。

吉庆花　薛瑶英在七月七日剪颜色淡雅的彩绸，制成上千朵连理花，用阳起石染好，当天中午散放在院子，随风送上空中，像是五色云霞，良久才散，叫作“渡河吉庆花”，借此来乞巧。

摩睺（hóu）**罗**　就是泥塑的娃娃。有的塑得巧妙而且用金珠来装饰，七夕节用来赠送，代表“天仙送子”的祥瑞。

盂兰会　目连尊者看见自己的母亲落入饿鬼道，就用钵盛饭喂母亲，但饭一进嘴就变成了灰炭。目连尊者向佛祖求救。佛祖在七月十五日开设盂兰盆大会，给饿鬼念经施舍食物，目连尊者的母亲才得以脱离饿鬼道之苦。

处暑　处，读音为第三声，是停息的意思。说的是暑热之气将从此停息。白露，秋天在五行中属金；而白对应五行中金色。

天炙　八月十四日用红色的墨水在小孩额上点个点，叫“天炙”，以此来驱赶瘟疫。

八月十五日，在广陵的曲江可以观赏海涛。

游月宫　开元二年八月十五夜，唐明皇与天师申元之到月宫游玩。到了月宫，看见一座很大的府第，写着“广寒清虚之府”，翠色清光互相交映，非常寒冷，无法逗留。前边看见有十几个仙女，都穿着白色的衣服，乘着白色的鸾鸟，在广寒宫大桂树下欢歌起舞，音乐清丽。唐明皇把它记录下来，这就是《霓裳羽衣曲》。不过也有人认为与唐明皇一同去月宫的是叶静能，还有人说是罗公远，同样的故事有三种不同的说法。

登峰玩月　赵知微有仙术。中秋那晚，阴云不散，众人都很惋惜。赵知微说："我们可以拿着酒菜，登天柱峰去赏月。"出门后，果然阴云散去。等登上山峰，看到月色明亮如同白日，于是一起喝酒直到月亮落山才回。下山时就发现依然凄风苦雨，天气还像之前一样阴沉。

中秋无月　俗话说："云掩中秋月，雨打上元灯。"这两件事都很煞风景，所以把它们举出来，并不是其中有因果关系，用中秋的月来预测上元节的天气。是现在多数人的误解。

重阳　九是阳数，月份和日子同样是九的话，就叫作"重阳"。汉代宫女贾佩兰在初九这天吃药饵，喝菊花酒，得以长寿。

登高　费长房对桓景说："九月九日，你家有大难，请快编织绛红色的袋子，装上茱萸绑在胳膊上，登上高山，喝菊花酒，这样就能消灾。"桓景按照他的话去做了，全家登山。至晚上回来，家里的鸡和狗都已经暴毙。费长房说："它们代替你们受难了。"现在人们也在重阳节登高，都源于此。

落帽　孟嘉任桓温的参军，重九那天在姑孰龙山参加宴席，被风吹落了帽子。桓温让左右的人不要告诉他，过了很久取回来给他，还让孙盛写了篇文章嘲笑他。

白衣送酒　陶渊明在九月九日无酒可饮，自己房子边有菊花，采了满满一把，坐在旁边。过了很久望见有一个白衣人来到身边，原来是王弘送酒来了。于是立刻倒酒，喝得大醉才回家。

游戏马台　宋武帝刘裕还是宋公时，住在彭城，九月九日重阳节游览项羽戏马台。现在人们沿袭了这一习俗。

茱萸酒　汉武帝的宫女在九月九日都喝茱萸菊花酒，让人长寿。

观涛　民间风俗：八月十五日，在广陵曲江观潮；浙江则在十八日观看戏潮。

九日开杜鹃　唐代周宝镇守润州时，知道鹤林寺的杜鹃花之奇绝，对殷七七说："能让它们立刻开花，以应重阳节吗？"殷七七说："可以。"到了初九，果然开得烂漫如春，周宝游玩观赏后，花又忽然消失了。

九日飞升　汉代张陵在富川山修道，晋朝永和九年九月九日，登上白霞山飞升上天，只在山下留下炼丹的灶和捣药的杵。

冬

十月朝　宋代的制度，十月初一要拜祖墓，官吏进献木炭，民间要开暖炉会。

亚岁　魏、晋在冬至那天接受外邦和百官的朝贺，仪式比元旦的岁朝略简单一些，所以叫“亚岁”。

日长一线　魏、晋皇宫的女工刺绣，都用线来测时日的长短，冬至以后每天比往常要加一线的工夫，所以叫“日长一线”。

冬至数九　一九和二九，相唤不出手。三九二十七，笆头吹觱篥（bì lì）。四九三十六，夜眠如露宿。五九四十五，太阳开门户。六九五十四，笆头抽嫩刺。七九六十三，破絮担头担。八九七十二，黄狗相阳地。九九八十一，犁耙一齐出。

嘉平节　秦人把十二月称为嘉平节，民间互相馈赠酒和果子，叫作“节礼”。

腊八粥　宋代规定，十二月初八浴佛，要送七宝五味粥，称为腊八粥。

傩神逐疫　颛顼氏有三个儿子死后化为疫鬼，一个住在江中成为疟鬼，一个住在山谷里成为魍魉（wǎng liǎng），一个藏在人家房子的角落吓唬小孩。于是要在除夕夜制作傩神，穿上红色帽子、黑色的上衣、红色的裤子，再蒙上熊皮，拿着戈、盾之类的兵器四处驱逐，鬼就不见了。

土牛　周公制土牛，按纳音理论涂上颜色，到城外的丑地送走寒冷。现在都在立春之前迎春，设置太岁和土牛的画像，以送寒气。

神荼郁垒　黄帝时，有兄弟两人，名叫神荼和郁垒，能抓鬼除病，后世把他们奉为神祭祀。

爆竹　上古时，西方深山中有恶鬼，长一丈多，名字叫山魈，若有人冒犯它就会得寒热病。它害怕爆竹的声音。所以除夕夜，人们把竹子放在火里烧，发出噼里啪啦的声音，它就会被惊吓逃跑。现在人代用鞭炮了。

粈盆　除夕夜，各家都在街心烧火，夹杂着放爆竹，叫作“粈（读音松）盆”。并通过火光的明暗来卜来年的吉凶。

商陆火　裴度除夕夜围着火炉守岁，叹息年老，到天明都睡不着，炉中的商陆火添加了好多次。

祭诗文　贾岛经常在除夕时，取出一年所写的诗文，用酒肉来祭祀，说：“我的精神消耗，要用酒肉来补充补充。”

火炬照田　吴地的村落，除夕夜燃起火炬，绑在长竿上照着田野，光明遍地，以此来祈祷来年的丰收。

卖痴呆　吴地风俗在守岁后，小孩子绕着街大声叫卖："把傻卖给你，把笨卖给你，谁来买？"

火山　隋炀帝在除夕夜设立了数十座用沉香木制成的火山，每一座山要烧几车沉香，如果火光暗就用香料甲煎浇灌，火焰会腾起数丈，香飘十几里。曾经一夜烧掉沉香二百多车，甲煎二百余石。

历律

定气运　黄帝得了《河图》，开始设置灵台。羲和用太阳占卜，常仪用月亮占卜，车区用星气占卜，伶伦创制律吕占卜，大挠创制了甲子占卜，隶首创制了算数占卜。容成总结上面的六种方法，用来判定气运。

历纪　少昊帝让玄鸟氏主管春分和秋分，伯赵氏主管夏至和冬至，青鸟氏主管立春、立夏，丹鸟氏主管立秋、立冬，颛顼帝沿用了这个方法，以初春的第一个月为一年的第一个月，成为历法的开创者。尧帝让羲仲叔主管春、夏，和仲叔主管秋、冬，再用闰月来调整四时，开始有了历纪。

历元　黄帝开始有了历法之元，始于辛卯，高阳氏始于乙卯，舜帝始于戊午，夏代始于丙寅，殷商始于甲寅，周帝始于丁巳，秦朝始于乙卯。汉代作《太初历》把历元设在丁丑。夏、商、周各以自己的历法改变前朝的正朔。三代以后，制造历法的人各有增创，比如《太初历》以音律而起，并用黄钟之法分节气；《大衍历》符合于《易经》，并细致到了分秒；《授时历》以日晷为准，并用仪象来测验。

造历 黄帝以蓍（shī）草推算节气，尧帝设置闰月。舜帝用璇玑玉衡确定七星的运行。三代没有形成历法，周秦的闰、余错乱无序。刘歆编制《三统历》，是非初定。东汉的李梵编制出《四分历》，历法才完备。刘洪编制《乾象历》，才知道月亮运行的快慢。魏国黄初年间才用日食检查历法疏漏和精密。杨伟编制《景初历》，才开始认识日食、月食的规律。又何承天编制《元嘉历》，才知道朔、望和弦月都可决定大余和小余，以及用日晷的影子检验节气。祖冲之编制《大明历》，才知道太阳运行每年有细微的误差，北极星离它不动点有一度的距离。又因为张子信才知道日月运行轨道有表里，五大行星运行有快慢和顺行、逆行。又张胄玄编制《大业历》，才开始建立五星计入节气的加减法，以及"日应食不食术"。刘焯（zhuō）编制《七曜历》，才知道太阳运行进退，以及建立推测太阳和月亮的轨迹。又傅仁均编制《戊寅元历》，大量采用旧历，才用定朔的制度。又李淳风编制《麟德历》，才使用总法，用进朔的算法避免月末那天早晨看到月亮。又唐僧一行编制《大衍历》，才会因朔而设四个大月加三个小月，确定所有运行轨道交食的差异，并创立岁星差合术。又徐昂编制《宣明历》，才知道日食有气差、刻差、时差。又边冈崇编制《玄历》，才建立了相减相乘法，用以推求太阳和月亮的运行轨迹。又王朴的《钦天历》，才改变五星法，迟留、逆行、舒缓、急迫就有了法则。又周琮编制《明天历》，才知道以天数来积得年数。又姚舜辅编制《纪元历》，才明白食甚泛余的误差数。以上共计一千一百八十二年，制作历法有十三家：汉代的洛下闳开始按照黄钟律数的法则创立历律；唐代僧人一行（张璲）才开始改从《易》中的蓍策来修历；晋朝虞喜才开始立岁次，五十年退一度。何承天认为退得太过又进一些。而刘焯则折合这两家的中间数值。到元代的郭守敬才知道测景长、验节气，积六十年单数可退一度，才定好“差法”。

改历　从黄帝到秦末总共六次改历法，汉高祖到汉末改历共有五次，隋文帝到隋末改历共有十三次，唐高祖到后周末改历共有十六次，宋太祖到宋末改历共有十八次，金熙宗到元末改历共有三次。但以历法来说，西汉最好的历法莫过于《太初历》；东汉最好的莫过于《四分历》；由魏至隋最好的莫过于《皇极历》。在唐代最好的是《大衍历》，在五代最好的是《钦天历》。到元代是《授时历》，郭守敬用仪器测验，比古代更为精密。

仪象　黄帝命令成容作盖天仪，舜开始观察天象（以用玉石做玑，用作转动的轴，再用玉石作管，横着放在中间作为衡）。颛顼帝开始制作浑天仪，尧帝又制作一次，后来浑天仪被秦国烧毁。洛下闳开始再次制作运行仪，鲜于妄人又制作了测量的仪器。

耿寿昌开始铸造为有物象的仪器。张衡的浑天仪开始制作内规和外规。李淳风的浑天仪表里有三层。洛下闳制作了圆形的浑天仪，梁令瓒制作游仪，郭守敬制作简仪和仰仪。后汉有铜仪，后魏有铁仪，李淳风有木浑仪，唐明皇有水浑仪。张衡制作出候风地动仪（外形像酒樽，外有八龙衔丸，若有地震地动仪里的机关就会发动，龙就把弹丸吐出，下边的蟾蜍接着）。伏羲最早开始制作土圭来观测日影，伊尹制作了水准，用日晷来辨别方向。黄帝最早制作刻漏的计时器，夏、商两代进一步制作了漏箭。宋代的燕肃制作了水秤。周公最早区分晚上的更点。宋太祖因听到陈抟怕五更头的预言，开始把前后两个更点取消了。

卷二

地理部

疆域

九州 人皇氏兄弟九人，分天下为九州：梁州、兖州、青州、徐州、荆州、雍州、冀州、豫州、扬州。到舜帝时，因冀州、青州面积过大，就把冀州东部恒山之地分出来，成为并州，把冀州东北医无闾那片地方分出为幽州，再把青州东北分出为登州，共成十二州。

历代方舆 商朝有九州；周朝也有九州；秦朝分天下为三十六郡；汉朝分天下为十三个州；三国时蜀国统治巴、蜀两地，设置了两个州；吴国向北抵长江、向南延伸到大海，共设置五个州；魏国占据中原地区，设置十二个州；晋代设置十九个州；唐代分天下为十道；唐玄宗又分为十五道；宋代分为二十三路；元代设置了十二省，又把天下分为二十三道；明代划分为两个直隶、十三个省。

吴越疆界 钱镠王以苏州的平望为界，据有浙江和福建，共十四州。

古扬州 扬州所辖之地包括南直隶、浙江、福建、广东、广西、江西，共六个省。

古会稽　古会稽所辖之地是浙江除温州、台州之外的九个府，即杭州、嘉兴、湖州、处州、宁波、绍兴、金华、衢州、严州；福建除福州之外的七个府，即漳州、泉州、汀州、兴化、建宁、延平、邵武；还有南直隶的苏州、松江、常州、镇江四个府，共二十个府。会稽郡的所在地是苏州府。

二周　建都镐京的是西周，建都洛阳的是东周。

两都　西汉建都长安，长安叫西都；东汉建都洛阳，洛阳叫东都。

蜀三都　成都、新都、广都。

魏五都　魏承汉祚建都洛阳，又把谯郡当作曹魏祖先所居之地，将汉献帝又迁往许昌居住，长安作为西汉京都的遗迹，以邺下为曹魏王业的根本，所以合起来号称五都。

三辅　长安把京兆、冯翊、扶风当作三辅。宋代建都汴梁，以郑州、滑州、汝州为三辅。

三亳　曹州的考城县叫北亳，西京的谷熟县叫南亳，西京的偃师县叫做西亳。

三吴　苏州称为东吴，润州称为中吴，湖州称为西吴。

三楚　江陵称为南楚，徐州称为西楚，苏州称为东楚。

三齐　临淄称为东齐，博阳称为济北，蓬州的即墨称为胶东。

三蜀　成都称为蜀都，汉高祖时又分设了汉广，汉武帝时增设了犍（qián）为。

三晋　赵国建都邯郸，魏国建都大梁，韩国建都新郑，赵、魏、韩三家国君从前都是晋国上卿，所以这三国也叫三晋。

三秦　章邯建都废丘，司马欣建都栎阳，董翳建都高奴，这三个人都是秦朝的降将，项羽把他们封在关中故地称王，叫做三秦。

三虢（guó）　太阳叫北虢，荥阳叫东虢，雍州叫西虢。

三越　吴越中心在杭州、闽越中心在福州、南越中心在广州。

三巴　渝州为巴中，绵州为巴西，归夔（kuí）、鱼腹、云安为巴东。

三湘　就是湘乡、湘潭、湘原，都在湖南，属于潭州。

三河　周代的首都在河南，商代的首都在河内，尧帝的首都在河东。

四京　开封叫东京，河内叫西京，应天叫南京，大名叫北京。

四辅　唐朝建都长安，把同州、华州、岐州、蒲州当作四辅。

四川　成都为西川，潼州为东川，利州为北川，夔州为南川。

五服　《禹贡》中说：五服，是甸服、侯服、绥服、要服、荒服，每服五百里，共计二千五百里。

九服　周代有九服，叫做侯服、甸服、男服、采服、卫服、蛮服、夷服、镇服、藩服。之所以叫“服”，是因为要以服事天子为职责。

百二山河　秦国地理位置险要坚固，两万兵士，就足以抵挡关东诸侯的百万士兵，所以叫作“百二山河”。

九边　明朝设置中外的界限。洪武初年设立军事重地六个，即宣府、大同、甘肃、辽东、延绥、宁夏；永乐初年又增设了蓟（jì）州；正统年间又增设了榆林、固原，这就是九边。

六关　直隶三关，即居庸关、紫荆关、倒马关。山西三关，即雁门关、宁武关、偏头关。

陶唐九州　冀州。《禹贡》中说：冀州三面都有河。因为当时黄河经由冀州流入大海。《释名》中说：冀州这个地方既有险要处，也有平坦处，遇到混乱就希冀安宁，遇到衰弱就希冀强盛，遇到荒年就希冀丰收。《春秋元命苞》中说：昴星、毕星之间叫天街，散而为冀州，分野为赵国，立为常山。

兖州。《禹贡》中说：济水与黄河之间有兖州。说的是它东南临济水，西北靠黄河，大约在冀州的东南方向。《春秋元命苞》说：五星流为兖州。“兖”是“端”的意思，是说阳气纯正，气候温软，分野在郑国。

青州。《禹贡》中说：大海和泰山之间是青州。是说它东北临海，西南靠着泰山，位于兖州的东边。《释名》中说：青州在东边，因为万物生长为青色而得名。《春秋元命苞》中说：虚星与危星的精华流出就是青州，分野是齐国，立为莱山。

徐州。《禹贡》说：从大海、泰山到淮水之间就是徐州。是说东临大海，北抵泰山，南距淮水，在青州的南面。《春秋元命苞》中说：天弓星司掌弓弩，对应徐州，分野在鲁国。“徐”就是“舒”的意思，说的是北面可以放牧而内地多雨，安定祥和的意思。

扬州。《禹贡》中说：淮水和大海之间就是扬州。说的是北抵淮水，东南直到大海的地方。又说：江南的气候躁热强横，居民的性格就浮躁昂扬。《春秋元命苞》中说：牵牛星指向的是扬州，分野是越国，立为扬山。

荆州。《禹贡》中说：荆山到衡阳之间就是荆州。意思是说北抵南条前山，南边包括衡山的南麓，在扬州的西方，豫州的西南。《释名》中说：荆，就是警的意思。南方的蛮族常常叛乱，所以说要警惕、戒备。《春秋元命苞》说：轸星散为荆州，分野在楚国。

豫州。《禹贡》说：荆山与黄河之间是豫州。西南到南条荆山，北边临着黄河，大约在冀州的南边，荆州的北边，徐州和兖州的西边。《春秋元命苞》中说：钩星、钤星别为豫州。是说它的地理位置在九州的中心，这个地方通常是比较安定的。

梁州。《禹贡》中说：华山南麓到黑水之间为梁州。东到华山南麓，西到黑水，大约在雍州的南边，荆州的西边。因为西方属金，其气强梁，所以叫梁州。在夏朝和商朝时，还是蛮夷之国，到周朝才并进了雍州。

雍州。《禹贡》说：黑水、西河之间是雍州。西到黑水，东到西河，大致在冀州的西边，梁州的北边。《太康地记》中说：雍州囊括了梁州的土地，而西北，阳气不够，阴气太多而拥堵，所以以叫雍州。《春秋元命苞》中说：东边的井星和鬼星，散为雍州，分野是秦国。

虞十二州　在九州之外，又分设了并州，就是大约在冀州东北医无闾之外的地方。《春秋元命苞》中说：营室星指向并州，分野在郑国，立为明山。并字当作诚字解释。精气与心交合，所以其气勇抗。诚就是诚信的意思。幽州，是冀州东部恒山等地，大约在北部幽昧之地。《春秋元命苞》中说：箕星散为幽州，分野在燕国。营州，就是青州的东北和辽东等地。《释名》中说：齐国与卫国一带，在天文上属于营室，所以取名营州。这是舜帝因为冀州、青州地方太大而分出来的。

周九州　东南叫扬州，这里的大山叫会稽，大泽叫具区，大河叫三江，大湖有五湖（彭蠡[lǐ]湖、洞庭湖、青草湖、太湖、丹阳湖），盛产金、锡和竹箭，这里的居民二男五女，就是以所有的本州居民来计算，二分是男性，五分是女性，可以养鸟兽，适宜种水稻。正南方叫荆州，这里的大山是衡山，大泽叫云梦，河流有长江、汉江，大湖有颍湖、湛湖，盛产丹银、骨制品和毛皮，居民一分为男、二分为女，可以养鸟兽，农作物适宜种水稻。黄河以南叫豫州，这里的大山叫华山，大泽叫圃田，河流有荥水和雒水，湖叫波湖、溠（读音诈）湖，盛产木材、生漆、丝织品和木制家具，这里居民二分为男、二分为女，适宜养殖“六扰”（就是鸡、猪、狗、马、牛、羊六种动物），种植五种即（水稻、小米、高粱、小麦、大豆）。正东叫青州，这里的大山叫沂山，大泽叫望诸，河流有淮水和泗水，大湖是开湖、沐湖，盛产席子和鱼类，这里居民二分为男、二分为女，可以养鸡和狗，适宜种水稻和小麦。黄河以东叫兖州，这里的大山叫泰山，大泽叫大野，河流有河水、泲（jǐ）水，大湖是卢湖和维湖，盛产席子和鱼类，这里居民三分为男、三分为女，也可以养殖“六扰”，农作物适宜四种。正西叫雍州，这里的大山叫岳山，大泽叫弦蒲（在沂阳），河流有泾河、汭河，大湖是渭湖、洛湖，盛产玉石，这里居民三分为男、二分为女，可以养牛和马，适宜种植小米和高粱。东北叫幽州，这里的大山叫医无闾（在辽东），大泽叫貕（xī）养（在莱阳），河流有黄河和泲水，大湖是菑湖和时湖（在莱芜），盛产鱼类和食盐，这里居民一分为男、三分为女，可以养牛、马、羊、猪，农作物适宜种植小米、小麦和水稻。黄河以内叫冀州，这里的大山叫霍山，大泽叫扬纡，河流有漳河，大湖是汾湖、潞湖（汾出自汾阳，潞出自归德），盛产松树和柏树，这里居民五分为男、三分为女，可以养牛、羊，农作物适宜种小米和高粱。正北的地方是并州，这里的大山是恒山，大泽是昭余邪（在鄔这个地方），河流有虖（hū）池河、呕夷河，大湖是涞（lái）易湖，这里的人擅长贸易，每户人家都各得其利。居民二分为男，三分为女，可以养牛、马、狗、猪、羊，适宜种植五谷。

秦三十六郡 秦始皇统一天下时，撤消了原来的诸侯，设置了守尉，于是把天下分为三十六郡，每郡设置一个郡守、一个郡丞、两个郡尉治理。三十六郡分别是：内史郡、三川郡、河东郡、南阳郡、南郡、九江郡、鄣郡、会稽郡、颍川郡、砀郡、泗水郡、薛郡、东郡、琅琊郡、齐郡、上谷郡、渔阳郡、北平郡、辽西郡、辽东郡、代郡、钜鹿郡、邯郸郡、上党郡、太原郡、云中郡、九原郡、雁门郡、上郡、陇西郡、北地郡、汉中郡、巴郡、蜀郡、黔中郡、长沙郡。后来又增设了闽中郡、南海郡、桂林郡、象郡四个郡。总共四十个郡。

汉十三部 汉朝把天下分为十三部，每部设刺史，来统领天下一百零三个郡国：司隶校尉（统领京兆、扶风、冯翊、弘农、河东、河内、河南七郡）。豫州刺史（统领颍川、汝南、沛郡、梁国、鲁国五郡）。冀州刺史（统领魏郡、钜鹿、常山、清河、广平、真定、中山、信都、河间、赵国十郡）。兖州刺史（统领陈留、东郡、山阳、济阴、泰山、城阳、东平七郡）。徐州刺史（统领琅琊、东海、临淮、泗水、楚国五郡）。青州刺史（统领平原、千乘、济南、齐郡、北海、东莱、胶东、高密、菑[zī]川九郡）。荆州刺史（统领南阳、南郡、江夏、桂阳、武陵、零陵、广陵、长沙八郡）。扬州刺史（统领镇江、九江、会稽、丹阳、豫章、六安六郡）。益州刺史（统领汉中、广汉、巴郡、蜀郡、犍为、越巂[xī]、牂牁[zāng kē]、益州八郡）。凉州刺史（统领安定、北城、陇西、武威、金城、天水、武都、长掖、酒泉、敦煌十郡）。

并州刺史（统领太原、上党、上郡、西河、朔方、五原、云中、定襄、雁门九郡）。幽州刺史（统领涿郡、渤海、代郡、上谷、渔阳、北平、辽西、辽东、广阳、乐浪、玄菟［tú］十一郡）。交州刺史（统领海南、郁林、苍梧、交趾、合浦、九真、日南七郡）。

三国州郡　蜀汉治理整个巴蜀，设置两个大郡，一是益州（成都）、一是梁州（汉中），有二十个小郡。先主刘备最初设置了九个郡，即巴东郡、巴西郡、梓潼郡、河阳郡、文山郡、汉嘉郡、朱提郡、云南郡、涪（fú）陵郡，又合并了旧汉，即巴郡、广汉郡、犍为郡、牂牁郡、越嶲郡、益州郡、汉中郡、永昌郡、南安郡、武都郡。

孙吴北临长江，向南一直到大海，设置了五个州，即交州（安南）、广州（南海）、荆州（江陵）、郢州（江夏）、扬州（丹阳）。孙权又设置了临贺、武昌、朱厓、新安、卢陵五个郡。

孙亮又设置了临川、临海、衡阳、湘东四个郡。孙休又设置了天门、建平、合浦三个郡。孙皓设置了始安、始兴、邵陵、安成、新昌、武平、九德、吴兴、平阳、桂林、荥阳十一个郡。又新立一个宜阳郡，合并汉朝原来的十八个郡，共四十三个郡。

魏国占据中原，共有十二个州，即司隶（河南）、豫州（谯）、荆州（襄阳）、兖州（昌邑）、青州（临淄）、徐州（彭城）、凉州（天水）、秦州（上邽）、冀州（代郡）、幽州（范阳）、并州（晋阳）、扬州（寿春）。

晋十九州 司州（河南）、兖州（濮阳）、豫州（项城）、冀州（赵郡）、并州（晋阳）、青州（临淄）、徐州（彭城）、荆州（江陵）、扬州（建业）、雍州（京兆）、秦州（上邽）、益州（成都）、梁州（南郑）、宁州（云南）、幽州（范阳）、平州（昌黎）、交州（番禺）、凉州（武威）、广州（南海）。

唐十道 自从晋朝在荡阴战败，南北分裂，州、郡也被不同的势力割据占领，而宋、齐、梁、陈四朝都只能偏安江南。隋朝虽然统一，但国运不长。到唐太宗再造华夏，收复其他州郡，依山河形势之利，把天下分为十道，即关内道、河南道、河东道、河北道、山南道、陇右道、淮南道、江南道、剑南道、岭南道。贞观十五年统计，共有三百五十八个州府。唐玄宗开元初年，又重分为十五道，是京畿（jī）道（西京）、都畿道（东都）、关内道（京官遥领）、河南道（陈留）、河北道（魏都）、陇右道（西平）、山南东道（襄阳）、山南西道（汉中）、江南东道（吴郡）、江南西道（豫章）、剑南道（蜀郡）、淮南道（广陵）、黔中道（贵州）、岭南道（南海）。

宋二十三路 宋太宗分天下为十五路，到了宋仁宗又分为二十三路，即京东东路、京东西路，京西南路、京西北路，河北东路、河北西路，陕西路，秦凤路，河东路，淮南东路、淮南西路，两浙路，江南东路、江南西路，荆湖南路、荆湖北路，成都路，梓州路，利州路，夔州路，福建路，广南东路、广南西路。

元十二省 元代设置了十二个中书省，管辖天下的州郡，即都省、河南行省、湖广行省、江浙行省、江西行省、陕西行省、四川行省、云南行省、辽阳行省、镇东行省、甘肃行省、岭北行省。又分天下为二十二道。

明两直隶十三省 北直隶共有八个府，十七个州，一百一十六个县，人口共六十万一千户。（北京在顺天。）南直隶共有十四个府，十七个州，九十六个县，人口共有五百九十九万五千户。（南京在应天。）河南八个府，十个州，九十六个县，人口共有二百四十一万四千户（省城在开封）。陕西八个府，二十二个州，九十五个县，人口共有一百九十二万九千户（省城在西安）。山东六个府，十五个州，八十九个县，人口共有二百八十五万一千户（省城在济南）。湖广十五个府，十六个州，一百零七个县，人口共有二百十六万七千户（省城在武昌）。浙江十一个府，一个州，七十五个县，人口共有二百五十一万户（省城在杭州）。江西十三个府，一个州，七十七个县，人口共有二百五十二万八千户（省城在南昌）。福建八个府，五十七个县，人口共有一百一十万一千户（省城在福州）。山西五个府，二十个州，七十八个县，人口共有二百二十七万四千户（省城在太原）。四川八个府，二十个州，一百零七个县，人口共有一百二十万六千户（省城在成都）。广东十个府，八个州，七十五个县，人口共有一百一万七千户（省城在广州）。广西十一个府，四十七个州，五十三个县，人口共有四十三万一千户（省城在桂林）。云南十四个府，四十一个州，三十个县，人口共有一十四万（省城在云南）。贵州八个府，六个州，六个县，人口共有四万七千户（省城在贵阳）。

建都

伏羲定都于陈（河南陈州）。神农也建都于陈，有人说是曲阜。黄帝定都于涿鹿（涿州）。少昊定都于曲阜。颛顼定都于帝丘（山东濮州）。帝喾定都于亳（河南偃师县）。帝尧定都于平阳（山西平阳县）。虞舜定都于蒲阪（平阳蒲州）。夏禹定都于安邑（平阳夏县）。商汤定都于亳。周定都于丰镐（陕西长安县，即关中）。周平王迁都于洛阳。秦定都于咸阳。汉定都于洛阳，因娄敬的建议，西迁长安。东汉定都于洛阳。魏承袭汉的国祚，也定都于洛阳。蜀汉定都于成都。吴国开始时在镇江，后定都于武昌，后迁到建业（南京）。西晋定都于洛阳。东晋定都于建业。晋元帝东渡，为了避晋愍（mǐn）帝的名讳，改名建康。宋、齐、梁、陈四代都定都于建康。元魏开始时在云中（大同怀仁县），后来迁都到洛阳。北齐定都于邺（河南彰德府）。西魏定都于长安关中。后周定都于长安。隋定都于长安，隋炀帝为了巡幸，把都城迁徙到洛阳。唐定都于长安。梁定都于汴（河南开封）。后唐、石晋、汉、周、宋都定都于汴。南宋定都于临安（杭州）。元定都于大都（顺天府）。明定都于建康，永乐年间迁到北平，就是元代的大都。

地名

萑苻（读音完蒲，郑国地名）。龙兑（读音龙夺，赵国地名）。连縠（读音连斛，楚国地名）。方与（读音防预，赵国地名）。番易（读音婆阳，楚国地名）。曲逆（读音曲遇，汉朝地名，陈平被封为曲逆侯）。虔亭（读音逞亭，吴兴地名）。葰（jùn）人（葰，数百切，在上党）。越巂（读音越髓，在蜀地）。阌乡（读音文乡，河南县名）。盩厔（读音周质，在西安。弯曲的流水叫盩，盘旋的山叫厔）。鄜（读音孚，在陕西延安）。毌丘（读音贯丘，地点在济阳）。祋栩（读音兔户，在冯翊）。朐肕（读音瞿门，本是虫子名，巴郡这种虫很多，就把它当地名了）。酂（读音赞，在南阳，萧何曾被封为酂侯）。缑氏（读音沟氏，是山名，也是地名，原本是剑柄上所缠的丝线）。牂牁（读音臧柯，郡的名字，在黔中）。允吾（读音铅牙，山谷名，在陇西）。裴（读音肥，地名）。须句（读音渠句，在鲁国的东平）。衍氏（读音权精，县名）。令支（读音零岐，县名）。郫（读音埤，一个在晋国，一个在成都）。不其（读音不箕）。祝其（读音祝基）。敦煌（读音屯黄，郡名）。冤句（读音冤勾，在曹州，现在废除不用了）。临朐（读音临渠，县名，在山东）。令居（读音连居，邑名）。虑虒（读音卢夷，县名）。罕幵（读音罕牵，羌族地名）。取虑（读音趋闾，县名，在临淮）。黑尿（读音眉拟）。祡（读音灼，齐国地名）。句龘（读音句冥，鲁国地名）。枹罕（读音夫谦，县名）。鄑城（读音资城，齐国地名）。鄄城（读音绢城，卫国地名）。射洪（读音石红，县名）。崞（读音郭，县名）。先零（读音先连）。沭阳（读音术阳，县名）。虒祈（读音思奇，地名）。窭丘（读音胜丘，鲁国地名）。句绎（读音勾亦，邾地）。盱眙（读音虚宜，县名）。都庞（读音都龙，邑名）。繁畤（读音繁止，邑名）。澶渊（读音禅渊，现在的开州）。槜李（读音醉李，在嘉兴）。郎曋（读音郎枕）。犍为（读音乾为，蜀国的郡名）。厍穰（读音靡穰）。厹犹（读音仇由，邑名）。毋掇（读音无拙，县属益州）。泊罗（读音博罗，县名）。虹县（读音降县）。苴芊（读音斜米）。徙（读音斯，邑名）。岢岚（读音可娄，州名，在太原附近）。鄌县（读音疾县，在清河）。祊（读音崩，郑国地名）。渑池（读音免池，县在河南）。衺（读音侈，读上声，宋国地名）。雔（读音翠，读上声，鲁国地名）。夫童（读音夫中）。儋州（读音丹州）。酅（尸圭切，邑在齐东）。蒩（其寄切）。宁母（读音宁某，鲁国地名）。鄠杜（读音户古，汉代的县，属凤翔）。郪丘（读音西丘，齐国地名）。虚朾（读音区汀，宋国地名）。鄤鄡（读音曼求）。僰邛（读音匐邛，在犍为）。郏（于轨切，郑国地名）。狸脤（读音刹蜃）。邿（读音诗，鲁国地名）。皋（“由”字去声，郑国地名）。橐（tuó）皋（皋，章夜切，在淮南）。涪（读音浮，州名，在重庆府）。叶县（读音涉县）。泷水（读音商水，县名）。朱提（读音殊时，邑名）。承阳（读音蒸阳）。余汗（读音余干）。番禾（读音盘禾）。栎阳（读音约阳，邑名）。平舆（读音平玉）。郯城（读音谈城，县名）。沙羡（读音沙夷）。莲勺（读音辇勺，邑名）。不羹（读音不郎，邑名）。堵阳（读音者阳，邑名）。渑淄（读音承脂，县名）。沁

（读音倩，在山西沁州）。新淦（读音新干，县名）。隆虑（读音林吕，邑名）。雪川（读音�川，在湖州）。阳夏（读音阳贾）。睢州（读音虽州）。会稽（读音贵稽，邑名）。

山水异名　昆仑又名昆岑。君山又名娲宫。武当又名篸（cēn）岭。普陀又名梅岑。青城又名天谷。大复又名胎簪。衡山又名芝冈。齐云又名白岳。东海又名岱渊。

古迹

赤县神州　《古今通论》中说：东南方五千里之处，名叫赤县神州，那里有和美乡，方圆三千里，是五岳之城，帝王宅院，是圣贤居住的地方。

枌（fén）榆社　汉高祖在丰地的枌榆社祈祷，这里是汉高祖的故乡。汉高祖就把丰、沛作为天子收取赋税的私邑，令世代不向朝廷交纳赋税。

新丰　汉高祖的父亲太上皇平生最喜欢的都是那些贩夫少年，卖酒卖饼、玩斗鸡、蹴鞠的人，住在深宫里，没有这样的人，所以闷闷不乐。汉高祖就建了“新丰”，把以前故乡的所有东西全部搬来。命匠人胡宽完全仿照原来的道路门牌制作，然后让故乡的男女老少一起来到村口，各自寻找自己的家进去。把牛羊鸡犬放在街路上，它们也都认识自己的家。于是，太上皇非常高兴。

洋川　是戚夫人的故乡，汉高祖得天下后撤消了这个地方。后来戚夫人思念故乡，请求恢复洋川的旧名。汉高祖为此专门从洋川设置驿站直到长安，又恢复了这个地方，并改为县，以表彰诞生并养育戚夫人的休祥。

桑梓地　祖父种植桑树、梓树留给子孙，子孙思念祖父的恩泽，不忍砍伐。所以《诗经》说："维桑维梓，必恭敬止。"

汉寿　在四川的保宁府广元县。汉代封关公为汉寿亭侯，指的就是这个地方。后人理解为"寿亭侯"，是错误的。

度索寻橦　度索，用绳索从一边到另一边的办法。寻橦，就是在两岸安装两块木头，用绳索连接，上边有一个木筒，就是橦，然后把人绑在橦上，攀援绳索前行，从而到达彼岸，再有人帮着解下绳索，这就是"寻橦"。

井陉（xíng）**道**　韩信和张耳率军攻打赵国，李左车游说赵王说："井陉道非常险要，战车、骑兵都没法并排行走。希望给我三万人马，从小路去断绝敌人的粮草，这两个将领的头颅就可以送到您帐下了。"

九折坂　汉代的王阳做益州牧，到了九折坂，长叹一声说："我的身体是父母给的，我为什么要冒这样的大险呢！"后来王尊到了这里，说：“这难道不是王阳畏惧的地方吗？”就大声呵斥他的马，冒险而上。后人评价说，王阳畏险不失为孝子，王尊冒险不失为忠臣。

赤地青野　地上空无一物叫赤地；田野没有百姓也没有禾苗叫青野。

息壤　息壤是古地名，有两个：一个在荆州；一个在永州。地中不可以动土建房，触犯者立刻会死。

解池盐　不必煮水得盐，这里的人把地分割成小块，把水灌入地块中，等南风一起，地上就结成了盐。所以大舜歌里说：“南风之起兮，可以阜吾民之财兮。”

保俶（chù）塔　钱忠懿王叫钱俶，进京觐见宋朝天子，担心被羁留，建塔祈求保佑，所以叫“保俶塔”。称呼钱俶的名字，是表示尊敬宋朝天子。现在却被人误写成了“保叔”，不知道这个典故的就有“保叔缘何不保夫”的说法。

妫汭（读音规芮）　河东有两眼泉水，向南流的叫“妫”，向北流的叫“汭”。《尚书》说：“釐（lí）降二女于妫汭。”

孔林　从泰山开始，石骨绵延二百里，到曲阜停下蓄藏地气，洙（zhū）水和泗水在它前面会合。孔林有几百亩，用城墙围起来。城墙外都是孔家的子孙之墓，三千年来，从未换过地方。南门正对峄山，山上的石羊、石虎都矮小，埋在土中。孔鲤的墓是孔子经手建的，面向南，在正中间，前边有祭堂；祭堂右边横着过去数十步，就是孔子墓，墓坐落在一个小丘，右边有小屋三间，上面写着“子贡庐墓处”；墓前靠近祭案，对着一个小山，小山前埋葬着子思父、子、孙三代墓，隔得不远，坟墓使用简单的马鬣（liè）封上，没用石头堆砌，只用土堆。孔林中有上千株大树，只有一株古老的楷木，树前有石碑刻着“子贡手植楷”几个字，树下的小楷树生长萌发茂盛。除此外合抱粗的树都是奇异的树种，鲁地的人世世代代都不认得这些树，大概是因为孔子的弟子来自各国，都拿自己国家的树来种植。孔林里不生荆棘，也没有刺人的野草。

土著（读音着） 是说依附在土地上常年居住的人，不是流落迁徙的人。现在人错误地把第二个字读为“注”。

雒邑 汉光武帝定都洛邑。汉朝因为属火德而得天下，忌讳水，所以去掉“水”而加上“隹（zhuī）”，改“洛”为“雒（luò）”。后来魏国五行属土，因为水得到土就可以流动，土得到水就肥沃，所以又改为“洛”了。

京观 是说高大的丘陵如京一样；观，是指城门两边高台的形状。古人杀敌，如果打了胜仗，就一定会建“京观”，作为堆放、埋藏尸体之地。古战场所在地往往都有京观。

玉门关 汉代的班超多年身处西域，年老思乡，给皇帝上书说：“臣不指望能到酒泉郡，但愿生入玉门关。”

雁门关 在大同府的马邑县。北方的大雁入塞，就会衔一根芦柴扔在关门下，然后才飞进来，像纳税一样。芦柴堆积如山，玉门关就设立了芦政主事一职，每年上缴芦柴的税收数以万计。

夏国 扬州漕的河东岸有一块墓碑，上面题字是："夏（qián）国公墓道。""夏"读音"虔"，与"夏"字很像，少一撇，路人就误以为是"夏国公"。其实这是明代顾玉的封号，朝廷赐了这块地以安葬他。

鲁鱼米之地 唐代田澄的《蜀城》诗中有"地富鱼为米"，所以称肥沃的土地为"鱼米之地"。

漏泽园 创始于宋代的元丰年间，是公共墓地，名字是取"泽及枯骨，不使有遗漏"的意思。明代初年，朝廷命民间建立"义冢"。天顺四年，命各郡县都设置漏泽园。

㲺数亭 㲺（读音欧），汉代蒋澄被封㲺亭侯。现在的溧阳有㲺山。

鬼门关 在交趾之南。这地方多有瘴疠之气，到那里的人很少能生还。有谚语说："鬼门关，十去九不还。"

铁瓮城 在镇江，孙权所建。邗沟，在扬州，是夫差开掘的。

女阳亭 在崇德县，勾践攻打吴国时，勾践的夫人在这里生了一个女儿。等到吴国灭亡后，就给这个亭子取名"女阳"，把"就李"也更名叫"女儿乡"。

崖州为大　宋代的丁谓被贬为崖州司户，常问客人："天下的州郡哪个为大？"客人回答说："京师为大啊。"丁谓说："朝廷的宰相现在不过是崖州的司户，只有崖州为大啊。"

戒石铭　宋高宗绍兴二年六月，皇帝把黄庭坚的《戒石铭》颁布给各州县，下令州县官府刻石为戒，铭文是："尔俸尔禄，民膏民脂。下民易虐，上天难欺。"

悲田院　《唐会要》中说：开元五年，宋璟、苏颋（tǐng）两人奏请建造悲田院，让乞丐可以在此养病，得到官府发给粮食。也叫"贫子院"。

筑城　周公建洛阳城，公孙鞅建咸阳城，伍员建苏州城，范蠡建越城，张仪建成都城，萧何建长安城，孙权建建康城、泗州城，王审知建福州城，钱缪建杭州城。

燕长城　燕国开始建上谷到辽东的长城。赵国开始建雁门到灵州的长城。秦始皇增补旧城墙，才开始叫"长城"。北齐的文宣帝又修补。汉武帝又复筑辽东的长城。

开险　司马错开拓巴蜀，秦昭王开拓义渠，赵武灵王开拓代、楼烦、白羊，燕惠王开拓辽东，秦始皇开拓朔方，汉代的彭吴开拓秽貊（mò），唐蒙开拓了邛僰（qióng bó）、夜郎、牂牁、越巂四地，庄助开拓东瓯和西越，卫青开拓了阴山。

胜国　消灭别人的国家叫"胜国"，是说被我战胜的国家。《左传》中说：胜国者，绝其社稷，有其土地。

无支祁　大禹治水，到桐柏山，捕获了一只水兽，名叫“无支祁”，形似猕猴，力气大得超过九头大象，人不敢看它。大禹命庚辰把它锁在龟山脚下，于是淮水才平静了。唐代永泰初年，有个渔人下水，看到一个大铁索，锁着一只青猿，正昏睡不醒，其涎沫腥臭难闻，不可靠近。

雷峰塔　在钱塘西湖的净慈寺前南屏山的分支上。从前有个叫雷就的人住在这里，所以山取这个名字。山上有塔，曾经遭遇火灾，现在仅存半截残塔。

雪窦　在奉化县。唐代时雪窦禅师住在鸟巢里，衣服的褶子一动不动。

岳林寺　在奉化，是布袋和尚的道场，他的钵、盂现在都还在这里。

虎丘　吴王阖闾死了后，为他治葬，挖土做墓道，积土成丘，做了三重铜棺，用黄金、珠玉雕成凫（fú）雁来装饰。埋葬三月后，金精上腾变成白虎，蹲踞在山顶，所以叫虎丘。

坑儒谷　在临潼，秦始皇秘密下令冬天在骊山山谷种瓜，附近有温泉的地方瓜就熟了。然后下诏让博士诸生解释这一现象。前后七百人，每个人的解释都不同。最后让这些人都去实地观看，趁机设计了机关把这些人都埋在谷里，后人称之为“坑儒谷”。

鹤林寺　在润州，寺中有马素塔。米芾（fú）喜爱这里的松林与山石的深幽秀丽，发愿来生要成为寺庙里的伽蓝，守护这里的名胜。他去世时，鹤林寺的伽蓝塑像无缘无故倒了。寺庙里的人就知道是米芾要实现自己的夙愿，就在鹤林寺的左边为他塑了像。

祖堂　在南京城南。唐代的法融和尚在这里悟道，为南宗的第一位祖师。他在山房禅定时，有百鸟来献花，所以又叫献花岩。

雨花台　梁武帝时，有一个云光法师在这里讲解佛经，天降花瓣，所以取名为雨花台。

飞来峰　在杭州虎林山前。晋朝时印度来的僧人来到这里长叹说："这是天竺国灵鹫山上的小山岭，不知道什么时候飞到这里来了？"因此取名"飞来峰"。

躲婆弄　在绍兴的蕺（jí）山下，王羲之曾住在这里。有老妇人卖扇子，王羲之在她一把扇子题写了几个字，老妇人很不高兴。等她出去卖扇时，别人看到后争相来买扇子。有一天，老妇人又拿着扇子来请求题扇，王羲之就躲起来了。所以绍兴蕺山下有"题扇桥"和"躲婆弄"。

笔飞楼　在蕺山的脚下。王羲之曾在这里写《黄庭经》，然后毛笔从空中飞走了。现在这里还有"笔飞楼"的旧址。

樵风径　在会稽的平水。汉代郑弘小时候砍柴，得到一支别人丢下的箭。过一会儿，有老人来找箭，郑弘还给了他。老人问郑弘有什么愿望，郑弘意识到他是位神仙，就说：“我常为若耶溪运载木柴困难而担心，愿早上有南风，晚上有北风。”后来果然像他说的一样。

雷门 就是绍兴府的五云门。《会稽志》中说：雷门上有一面大鼓，鼓声可以传到洛阳。后来鼓破了，有两只鹳鸟从鼓中飞出来，鼓声就传不远了。

兰渚 在绍兴府城南二十五里。东晋永和九年的上巳节那天，王羲之和谢安、孙绰、许询等四十一人在这里聚会、修禊。现在还遗存有曲水流觞和兰亭的故址。

西陵 在萧山，又叫固陵。范蠡曾在这里练兵，据说这里坚固易守，所以取名为固陵。

箪醪（láo）河 在绍兴府的西边。越王勾践出兵之日，有人举着水壶献酒，勾践跪下接受，然后倒在河的上游，命令兵士们到河边来喝水。喝过水后，士兵都比原来勇敢百倍，一举消灭了吴国，所以得名。

浴龙河 在绍兴的西门外。宋理宗赵昀与他的弟弟赵芮小时一起在河里洗浴。鄞（yín）县人余天锡躺在船里，梦见有两条龙驮着小船，起来一看，却是两个小孩扒着船游戏。一问才知道是皇家宗室，于是向当时的宰相史弥远说起这件异事，最后赵昀登上了帝位。

沉酿堰 在山阴的柯山之前。郑弘去洛阳参加科举考试，亲朋好友在这里与他设宴道别，大家把钱投到水里，再依所投钱的多少取水来喝，各自大醉而归。

曹娥碑 在曹娥江的边上。汉代上虞县令度尚所立，度尚的弟子邯郸淳撰写碑文，蔡邕题了“黄绢幼妇外孙齑（jī）臼”八个字，隐藏着“绝妙好辞”四个字。魏武帝曹操问杨修：“你解其中奥秘吗？”杨修说：“可以。”曹操说：“你先别说。”走了三十里路才解出来，于是长叹说：“我落后你三十里路啊。”

钱塘 梁开平四年，钱武肃王开始修筑海塘堤坝，在候潮门外，潮水昼夜冲击，版筑无法安放。钱武肃王命令弓箭手几百人用强弩射潮头，潮水东侵西陵，海塘就建成了。

桃源 晋朝时，一个渔人乘船捕鱼，沿着溪水前行，忘了走了多远，看见一个洞口有桃花，就舍船而入。里面土地平旷，居民繁阜，各家都养着鸡犬、种着桑麻，怡然自乐。渔人惊讶地问这是什么地方，有人回答说是他们祖先为了躲避秦朝的统治来到这里，就与外界隔绝。他们问外面现在是什么朝代，连汉朝都不知道更不用说魏与晋了。渔人出来时，那里的人嘱咐说：“不要告诉外人我们的所在。”

牛渚矶 在姑孰，那里水深不可测。相传水下有很多怪物，温峤曾点燃犀牛角来照看，一会儿，就看到下边水族的奇形怪状，还有乘着车马、穿着红色衣服的人。当天晚上，温峤梦见一个人来对他说："我们与你分别阴阳异路，道路相隔，你为什么让我们窘迫？"温峤醒来后觉得很不舒服，不久，因为牙痛拔牙，中风而死。

杜宇最早开凿巫峡，汉武帝开凿曲江，张九龄开凿梅岭。秦始皇为了压制金陵的王气而掘断了淮水，让它向西流入长江，才得名"秦淮河"。隋炀帝东游时，穿过黄河，从京口到余杭。六朝时曾从云阳开始开凿运河，直到建康，开始恢复大禹当年开凿的通渠故道，开凿了通济渠，成为后世通漕的转运水道。

金箧（qiè）**玉策**　泰山上有金笼玉签，能预知人寿命的长短。汉武帝抽得到一个数字"十八"，倒着读就是"八十"。后来寿命果然是八十。

八咏楼　在金华府官府辖地的西南，就是原先沈约的玄畅楼。宋朝的太守冯伉改为现在这个名字。

古蜀国　在现今的成都府。蜀地的祖先源自黄帝的儿子昌意，昌意娶蜀山氏的女儿，生下帝喾，于是封赐蜀山氏的后人于蜀地。经过夏商两朝才开始称王，第一代王叫蚕丛，第二代叫柏灌，第三代叫鱼凫。

八阵图　在新都的牟（mù）弥镇。诸葛亮的八阵图共有三处：在夔州有六十四阵，属于方阵法；在牟弥有一百二十八阵，是当头阵法；在棋盘市有二百五十六阵，是下营法。（又：沔［miǎn］水的定军山下也有八阵图，晚上常能听到金鼓之声。）

神女庙　在巫山，楚襄王曾在高唐游玩，梦到一个女子对他说："妾在巫山之阳，高丘之上。朝为行云，暮为行雨。"等天亮起来看，果然像她说的一样，于是就在这里立了神女庙。

华表柱　在辽阳城里鼓楼的东边，从前丁令威的家就在这里，他学道成仙，变成仙鹤回到故乡，停在华表的柱子上，用嘴巴在华表上写字说："有鸟有鸟丁令威，去家千岁今始归。城郭虽是人民非，何不学仙冢累累。"

麦饭亭　在滹（hū）沱河上，冯异在那里给光武帝刘秀献上麦饭。

芜蒌亭　在饶阳，是冯异给光武帝献豆粥的地方。

柏人城　在唐山。汉高祖刘邦有一次路过这里，本想留宿，心中却觉得不安，问别人这个县叫什么名。有人回答："柏人。"刘邦说："'柏人'是'迫于人'的意思啊。"没在这里停留就走了。

孟姜石　在山海卫的长城的北面，石上有女人的脚印，相传是秦朝孟姜女寻夫之地。

九层台　《太平御览》中引《说苑》的记载：晋灵公大兴土木建九层高台，大臣荀息进谏说："我能在鸡蛋上垒十二个棋子。"晋灵公感叹说："危险啊！"于是就停止了这项工程。未建完的遗址现在还能看到。

虒（sī）祁宫　在曲沃。《左传》中说：晋国建造了虒祁宫，导致诸侯都背叛了，说的就是这里。卫灵公到晋国去，晋平公在虒祁宫摆酒迎接，让乐师师涓演奏靡靡之音。晋国另一位乐师师旷听了后说："这必定是从郑国的濮上传来的音乐，是亡国之音啊，不可听！"

三冈四镇　都在大同应州。赵霸冈在城东，黄花冈在城西，护驾冈在城南；安边镇在城东，大罗镇在城南，司马镇在城西，神武镇在城北。元好问的诗："南北东西俱有名，三冈四镇护全城。"

桑林　在阳城，商汤时，曾有七年大旱，商汤在此向上天求雨，所以这里至今都盛产桑树。

天绘亭　在平乐府的府治。一天，平乐府的太守想给这个亭子改个名字，忽然在土下得到一块石头，上面写道："我选择风景胜地建了这个亭子，取名'天绘'。后来某年月日，会有一个俗人把这个亭子改名'清晖'。"太守看后只好作罢。

洛阳桥　在泉州府城的东北，横跨洛阳江，又叫万安桥。是郡守蔡襄建造的，长三百六十丈，宽一丈五尺。当初这里每年渡海的人被淹死的不计其数，蔡襄想用石头来建桥，但害怕被海潮淹没，这是无法用人力来控制的。就写了篇檄文给海神，派一个小吏去送檄文。小吏喝了很多酒，就在海边睡着了，睡了半天被落潮惊醒，发现装檄文的信封已经被换。回来呈给蔡襄，打开一看，只有一个"醋"字。蔡襄领悟到："海神应该是让我二十一日酉时动工吧？"那天酉时，海潮退去。他们赶快筑桥，共八个日夜而完工，花了金钱一千四百万。

社仓　在崇安。宋代乾道年间，崇安县遭遇饥荒，朱熹向郡守求助，得到赈灾粮食六百石。秋收后，百姓把粮食还给官府。朱熹又请求把还回的粮食留在这里，并设立社仓，夏天可以出借粮食给百姓，冬天再收回来，并将之立为常规。朱熹自己作文章记述此事。后来又请求朝廷将这个办法颁行天下。

五羊城　就是广州府城，传说起初有五位仙人骑着五色羊来到这里，所以取这个名字。

梅花村　在罗浮山的飞云峰旁。一个叫赵师雄的人，一天傍晚，在树林木中看到一位淡妆素服的美女向他走来。赵师雄与她说话，感觉芳香袭人，于是去酒家一起饮酒。过了一会儿，来了一个绿衣童子，边唱边舞。赵师雄喝醉睡去。过了很久，东方的天已经发白，赵师雄醒来，发现自己在一棵大梅树下，有一只翠鸟还在叽叽喳喳地鸣叫，而参星横斜，月亮也已落下，他惆怅不已。

滕王阁　在南昌府城的章江门上，唐高祖的儿子李元婴封滕王时所建。都督阎伯屿重阳节那天在滕王阁里宴请宾客，想要炫耀女婿吴子章的才华，就让他事先写好一篇序文。当时王勃要去探望父亲，正好经过此地，也参加了宴请。阎伯屿请众位宾客写一篇序，到王勃面前他竟毫不推辞。阎伯屿非常生气，回到屋子里去了，私下让手下人汇报王勃写的文章，到了“落霞与孤鹜齐飞，秋水共长天一色”一句时，他赞叹说：“这是天才啊！”他的女婿也非常惭愧地撤回了自己的文章。

岳阳楼　在岳州的西门，滕子京建造了这座楼，范希文写了记，苏子美手书，邵竦篆刻，时称四绝。

巴丘山　在岳州府城的南边，传说羿在洞庭湖杀了巴蛇，它的骨头堆积成了山丘，所以得名。

山川

九山　会稽山、衡山、华山、沂山、泰山、岳山、医无闾山、霍山、恒山。

九泽　大陆泽、雷夏泽、彭蠡泽、云梦泽、震泽、菏泽、孟潴（zhū）泽、滎（yíng）泽、具区泽。

五岳　东岳泰山，在山东济南府泰安州。南岳衡山，在湖广衡州府衡山县。中岳嵩山，在河南府登封县。西岳华山，在陕西西安府华阴县。北岳恒山，在山西大同府浑源县。

九河　徒骇河、太史河、马颊河、覆釜河、胡苏河、简河、絜（xié）河、钩盘河、鬲（gé）津河。

五镇　东镇沂山，被封为东安公，在沂州。南镇会稽山被封为永兴公，在绍兴。中镇霍山，被封为应圣公，在晋州。西镇吴山，被封为成德公，在陇州。北镇医无闾山，被封为广宁公，在营州。

五湖　一洞庭湖，二青草湖，三鄱阳湖，四丹阳湖，五太湖。又有一种说法五湖就是太湖的别名，一名震泽，也叫笠泽。

四渎　就是长江、淮河、黄河、济水。大禹治理水土，取名叫“四渎”。《礼记》中说：天子祭天下名山大川：五岳等同于三公；四渎等同于诸侯。

四海　天地的四方都与海水相通，九戎、八蛮、九夷、八狄等外族人，外貌不同，总之都称为四海。所谓“渤澥（xiè）”，是东海的一部分。

三岛　东海的尽头叫沧海，其中有蓬莱、方丈、瀛洲三座神山，以金银为宫阙，是神仙居所。

五山　渤海的东边有个巨大的山谷，名叫归墟，其中有岱舆、员峤、方壶、瀛洲、蓬莱五座神山。

三江　是松江、娄江、东江。三江分流之处叫三江口。

三泖（mǎo）　在松江府。传说山泾附近的叫上泖，在泖桥附近的叫中泖，从泖桥往上萦绕百里的叫长泖，这就是所谓的“三泖”。

昆仑山　在西番。山高又险，积雪终年不消融，绵延五百多里，黄河经过它的南边。

黄河　源头在西番。黄河的水从地下涌出，有一百多处，在东北方汇合成为大湖。再向东流，叫赤宾河，汇合忽兰诸河之后，才叫黄河。从东北流到陕西、兰州，才进入中原。元代的招讨使都实是第一个找到黄河源头的人。

华山　韩昌黎一次在夏天登上华山顶峰，见山势险恶，恐惧发抖，怕下不来了，靠着山崖大哭，还写了遗书与世诀别。华阴县令搭起数层木架子，哄着韩愈喝醉，然后用毛毡裹住，用绳子把他放了下来。

匡庐山　在南康府。周朝时匡裕兄弟七人在这里结庐隐居，所以得名。志书中说这里有两处胜地：开元漱玉亭、栖贤三峡桥。里面还有白鹿洞，是朱熹读书的地方。现在又设了一个学校，教习诸生。

武夷山　在崇安。有三十六座高峰，是道家的第十六洞天，有神仙降临到此，自称武夷君。还有，《列仙传》中说：篯（jiān）铿有两个儿子，长子叫篯武，次子叫篯夷，所以得名。

龙虎山　在贵溪。有两块巨石相对，像飞龙昂首、卧虎雄踞，就是上清宫。道家张天师世代居住此地，上面有壁鲁洞，就是张天师得到道书的地方。

壦务（读音权旄）**山**　在柏人城的东北。《尚书》中说：舜被流放到大山中，天上迅雷暴风，但他却不迷路。指的就是这里。

华不注　这座山秀拔于众山中，就像花朵在水中一样。《九域志》中说：从大明湖远望华不注山，如在水中。

白岳山　在休宁县。又叫齐云山。岩石上有石钟楼、石鼓楼、香炉峰、烛台峰，都是奇特的风景。山上供有玄帝像，据说是百鸟衔泥塑成的，灵验异常，人称“小武当”。经常能听到有王灵官的响山鞭，声音像霹雳一样。

镇江三山　一是北固山，一是金山，一是焦山。焦山是汉末隐士焦光隐居之处，故名焦山。山上有《瘗（yì）鹤铭》，是陶弘景书写的，被打雷劈断了，坠落在江边的岸上。

八公山　在寿州。淮南王刘安与他的宾客八公在这里修道。谢玄带领东晋兵马在淝水列阵，苻坚远望八公山的草木，风声鹤唳（lì），以为都是东晋的军队。

天童山　在鄞县。晋朝的僧人义兴驻锡在这里，有一个童子为他打柴挑水，久后辞去，说：“我是太白神，上帝命我来侍奉在你左右。”说完就不见了。于是就称这座山为太白山，又叫天童山。

招宝山　在定海。天气晴朗时，可以一眼望见朝鲜、日本等国。山中有个棋子坪，把白米撒在上面就会变成白色的棋子，把黑豆撒在上面就会变成黑色的棋子。

翁洲山　在定海。是徐偃王居住的地方。勾践打算把夫差封在甬东，就是这里。唐代开元年间设置了翁洲县。

鸡鸣山　在应天府的东边，以前名叫鸡笼山。雷次宗曾在这里开馆讲学，齐高宗也常到这里听雷次宗讲解《左氏春秋》。

牛首山　在祖堂的北边，山上有两座峰相对，好像牛角，因此得名。东晋的王导说："这就是天阙啊。"所以又叫天阙山。

摄山　在应天府东北。盛产摄生草。山上有千佛岩、栖霞寺，是明朝僧绍的住宅。

茅山　在句容，最初叫句曲山。三茅真君在这里得道，就改成这个名字。山上有三座山峰，三茅各占一个，称为"三茅峰"。三座山峰的北边，是玉晨观，就是人们所说的"金陵地肺"。

莫愁湖　在三山门外。从前有个叫卢莫愁的名妓家住这里，因此得名。

天台山　这座山对应天上的三台星，高一万八千丈，方圆八百里，从昙花亭的山脚看石梁瀑布，像在半天上。有琼台、玉阙等景点，从前名叫金庭洞天。

天姥山　在浙江新昌县。李白梦游天姥，就是这里。这里盛产茶，叫天姥茶。

文公山　在尤溪。朱熹的父亲朱松曾做过尤溪县尉，任职期满，租赁了郑家的屋子住。建炎三年九月，朱熹出生，屋子所对的两座山本来草木茂盛，忽然有野火烧起来，在山上烧出"文公"两字。

云谷山　在建阳。群峰蟠绕，山体雄踞，即使在晴朗的白天，也有白云涌入，在咫尺之内看不清东西。朱熹在山中建了一个草堂，在草堂的匾上题了“晦庵”两个字。

钟山　在分宜。晋朝时，一次大雨后从山峡里流出大钟，检视上面的铭文，是秦朝铸造的，所以取名钟山。后来有渔人在山下捡到一个铎（duó），摇动它，发出霹雳一样的声音，山摇地动。渔人很害怕，把它沉到了水里。有人说：这就是秦始皇的驱山铎啊。

寒石山　唐代的寒山、拾得两位僧人住在这里。丰干和尚对闾丘太守说：“寒山、拾得二人是文殊菩萨和普贤菩萨的转世。”太守就到山里拜见，寒山、拾得两个人笑着说：“这个丰干真是多嘴。”说着就躲到群石中，不再出来了。

石镜山　在临安。有圆石像镜子，钱镠小时把它当镜子照，竟然看见头戴冠冕的君王。钱镠发迹后，封此山为衣锦山。

宛委山　在会稽山的禹穴之前。上面有石盒子，大禹打开它，得到一块太阳一样的红色玉珪，还有一个碧绿的玉珪，像月亮一样，长有一尺二寸。传说大禹治水结束，就藏了一本金作书页、玉镶文字的书在这里。

宝山　一名攒宫，在会稽县东南。宋代高宗、孝宗、光宗、宁宗、理宗、度宗六位帝王的陵墓都在这里。元朝的妖僧杨琏真伽打开了这些陵墓，义士唐珏暗中收藏陵骨，埋在兰亭山的冬青树下，陵墓中的骨头才没被毁坏。只有宋理宗的头大如斗，不敢更换，被元朝人拿去当尿器。我朝太祖从沙漠里找到，又将其放回到他的陵墓里，有石碑记载了这件事情。

越城中八山 分别是卧龙山、蕺山、火珠山、白马山、峨眉山、鲍郎山、彭山、怪山。此外还有黄琢山，在华严寺后面，没人知道。峨眉山，在轩亭北边的百姓住宅里，现在把土谷寺神桌下面的小石头指为峨眉山，这是不对的。怪山在府治的东南，《水经注》中说：这座山是一天晚上从琅琊东武海里飞来的，这里的居民觉得灵异，所以取名“怪山”。山上有灵鳗井，井中的鳗鱼大得像柱子，能呼风唤雨。越王在山上筑有高台，用来观察天象。

尾闾 在台州宁海县以东，海里的水流湍急，形成漩涡十几处，水面上的漂浮之物，只要一靠近漩涡，立刻就会被吸进去。

瓠（hù）子河 汉武帝元光三年，黄河在顿丘、濮阳决口，瓠子河淹没了十六个郡。朝廷派了数万士兵堵塞瓠子河。汉武帝亲自到决口处，把白马和玉璧沉到河里，然后在河堤上面建造宫室，名叫宣防宫。

钱塘潮 早晚各来一次，初三这天起潮，二十日落潮。每月的十八日潮水最大，八月十八为全年最大。有《候潮歌》说：“午未未未申，寅卯卯辰辰。巳巳巳午午，朔望一般轮。”

磻（pán）溪 在凤翔府宝鸡县，吕望曾在这里垂钓，钓到一条鱼，腹中有一块玉石，上面写着：“周受命，吕氏佐。”现在溪边石头上还隐隐可见有两个膝痕。

滟滪（yàn yù）堆　在瞿唐峡口，有一块孤石，冬季露出水面二十多丈，夏季又被淹没在水中。当地人说："滟滪大如象，瞿唐不可上；滟滪大如马，瞿唐不可下。"用来作为水势的标志。庾子舆护送父亲的棺木回巴东，到瞿唐时，水势汹涌。庾子舆悲哀地号哭，瞿唐峡的水忽然退去，船安然经过。有人就说："滟滪如幞（fú）本不通，瞿唐水退为庾公。"

瞿唐峡与西陵峡、巫山峡，世称三峡，连亘七百里，重岩叠障，遮蔽天日，要不是正午及半夜，就看不到日月。《水经注》中说是杜宇开凿的。

烂柯山　位于浙江衢州府城的南边，又名石室，是道教的青霞第八洞天。晋代的樵夫王质入山砍柴，见两个童子下棋，王质放下斧头观看。小孩给王质一个东西，像个枣核，吃了就感觉不到饥饿。一局下完后，小孩告诉王质说："你的斧柄都烂了。"王质回到家里，发现世间已经过了一百年了。

江郎山　在江山。传说有江氏兄弟三个人登上这座山的山顶，变成了石头，所以得名。山顶有湖，湖里有碧绿的莲花和金色的鲫鱼。

金华山　在金华的府城北边。金星与婺（wù）女星争放光华，因而得名。又叫长山，周长三百六十余里，山中最有名的是金华洞，道书说是道教的第三十六洞天。

四明山　在余姚县。高三万八千丈，周长二百一十里，由鄞县的小溪进山，就叫东四明；由余姚的白水进山，叫西四明；由奉化的雪窦进山，就直接叫四明。道家经书说是第九洞天。有山峰二百八十二座，中间有座山峰叫芙蓉，有汉隶刻石："四明山心"。它的右边有石窗。

天水池　在重庆江津县。当地人春天到这里来游玩，竞相在水池里摸石头祈求子嗣，摸到石头的会生男孩，摸到瓦的会生女孩，非常灵验。

大瀼（ráng）**水**　在奉节县。杜甫诗句说"瀼东瀼西一万家"，指的就是这里。郡里有个叫龙澄的人，曾在小河中看见一个石盒，下河把它捞出，获得五枚玉石印章，上面的文字不是世间的篆字或籀（zhòu）字。忽然有神人看到，惊讶地说："这玉印是上帝的宝物，从前授与大禹助他治水的，水患平息后就藏于名山大川了。如今却守护不慎！你应该赶紧把它们放回原来的地方去。"龙澄听从了他的话。后来参加科举考试高中。

牛心山　在龙安府城的东边。梁代李龙的坟被迁葬在此。武则天时这里山脉被凿断。唐玄宗因安史之乱逃往蜀地时，有一个叫苏垣的老人上奏说："龙州的牛山，是国家的祖墓，今日皇帝蒙尘，其实是当初武则天凿断牛山导致的。"唐玄宗命令刺史把牛山修复得像从前一样。没过多久，安禄山就被诛杀。

峨眉山　在眉州城南，是岷山的余脉，山峦叠嶂，绵延三百余里，到这里突起三座山峰，其中有两座山峰互相对峙，就好像女人的眉毛。

磨针溪　在彭山的象耳山下，相传李白在山中读书时，学业未成，就想放弃。在过这条小溪时，遇到一个老太婆正在磨一根铁棒，李白问她磨这个做什么，老太婆回答说："想磨成一根针。"李白有感于此话，于是完成了学业。

长白山　在开原东北一千余里，山势横亘足有千里，山顶有水潭，周长八十里，潭水深不可测，这个潭的水向南流的就是鸭绿江，向北流的就是混同江。

太行山　在怀庆府城北。王烈进山，忽然听到山的北边有雷声，去观看，只见山体裂开几百丈，石头中有直径一尺的孔，孔中流出青泥，王烈取了一捧泥，泥立刻就凝固了，气味像是香米饭。

神农涧　在温县。神农到这里采药时，用手杖在地上一画，于是就变成了这条涧。

卧龙岗　在南阳府城的西南。就是诸葛亮隐居耕种的地方，那里有一座三顾桥。

丹水　在河南南阳内乡县。《抱朴子》中说：水中有一种红鱼，在夏至前十日时，晚上暗中等候，这种鱼就会浮出水面，红色的闪光像火似的。把这种鱼的血涂在脚上，就可以在水上行走。

天中山　在汝宁府城北。因为山在天地的中间，所以得名。自古查日影测天象，没有比这里更精确了。

金龙池　在平阳府城的西南。晋代永嘉年间，有位姓韩的婆婆偶然捡到一枚巨卵，拿回家孵育它，竟然孵出一个婴儿，起名叫橛。韩橛四岁，汉国的皇帝刘渊修筑平阳城，但总修不好，于是招募能建城的人。韩橛就变成大蛇，让韩婆婆跟在他后边用灰做标志，说："依着灰做的标志来修筑城墙，可以立即建成。"后来果然建成了。刘渊觉得很奇怪，就把韩橛放到山间的洞穴里，韩橛进入洞穴后只露几寸长的尾巴，忽然就有泉水涌出来，就成了这个金龙池。

五台山　在五台县。有五座山峰高出云天，是文殊师利菩萨的道场。人们所说的清凉山，就是这里。

尼山　在曲阜，紧挨着泗水和邹县的地界。孔子的母亲颜氏在这里祈祷，就生下孔子。《尼山书院记》中说："颜氏从这个山谷上去，树和草的叶子都向上翻起；下了山谷，树和草的叶子都垂了下来。"

雷泽　在曹州。雷泽中有雷神，龙身人面，拍它的肚子会有雷鸣。《史记》中说："舜帝渔于雷泽。"指的就是这里。

鸣犊河　在高唐。孔子将从卫国西行去拜见晋国大臣赵简子，到达河边时听说赵简子杀了窦鸣犊，孔子就对着河水悲叹。因此有了这个名字。

濮水　濮州上有庄周钓台。从前乐工师延为殷纣王创作靡靡之乐，周武王讨伐纣王时，师延跳进濮水而死。后来卫灵公晚上在濮上下榻，听到琴声，召乐工师涓来听，师涓说："这就是亡国之音啊！"

牛山　在临淄。齐景公登上牛山，流着泪说："美哉国乎！我为何会放弃这一切而死呢？"艾孔、梁丘据都跟着齐景公一起哭泣，只有晏子一个人在一边笑。齐景公问他原因，他回答说："假使贤明的人都不死，那我们的太公和桓公就可以一直当国君来治理齐国了。假使勇敢的人永远不死，那我们的庄公和灵公就可以一直当国君来守卫齐国了。您怎么能做国君呢？至于您想要一直当国君独占齐国，这是不仁的。那两个陪着您一起哭的，是谄媚的。看到不仁的君王和谄媚的臣子，这是我笑的原因啊。"齐景公听了后就自罚一杯酒，同时也罚艾孔、梁丘据两人各一杯酒。

愚公谷　在临淄愚公山的北面，齐桓公追赶一头鹿追到了这里，问一个老人："这里为什么叫愚公谷？"老人回答说："我养了一头母牛，生了一头小牛犊，我把牛犊卖掉买了一头小马驹。有个少年人说母牛不可能生马驹，就把小马驹牵走了。邻近的人们都认为我很愚蠢，所以就取了这个名字。"

九华山　在青阳，旧名九子山。李白诗中说"九峰似莲华"，就改为现在这个名字。刘禹锡曾经非常喜欢终南山和太华山，认为除这两座山外就没有更雄奇的山了；也喜欢女几山和荆山，认为此外就没有更秀丽的山了。等到看到九华山之后，对自己以前所说的话深感后悔。

禹祁山　在姑苏城西，相传大禹当年疏导吴江的水，让水泄入具区泽，在这里大会诸侯。

洞庭山　在姑苏城西的太湖里，又叫包山，是道家的第九洞天。苏舜钦说：“有峰七十二，惟洞庭称雄。”

孔望山　在海州。孔子向郯子请教古代官制时，曾登上这座山眺望大海。

夹谷山　在赣榆，是孔子会见齐国国君之处。

硕项湖　在安东。秦朝时有童谣说：“城门有血，当陷没。”有位老太婆很担心，每天早上都去城门察看。守门人知道之后，就用血涂在门上，老太婆看见后赶快往城外跑。不一会，洪水就来了，城池果然被水淹没而变成了湖。北齐时，湖水曾经干涸过，城池的遗址还在。

龙穴山　六安有一座张龙公祠，碑记上说：张路斯，颍上人，在唐代官至宣城县令，生了九个儿子。有一天他对妻子说：“我其实是龙。蓼（liǎo）地郑祥远也是龙，他占据了我的龙池。我多次与他交战，却没有胜利，明天我们要决战，让我儿子去射那个在龙鬣上系着青色绢带的，那个就是郑祥远，而系绛红色绢带的是我。”他的儿子就用箭射中了系青色绢带的龙，郑祥远大怒，跑到合肥的西山后死去。那个地方就是今天的龙穴。

巢湖　在合肥。传说有一回江水暴涨，有一条上万斤的大鱼，三天后死了，全郡的人都来吃鱼肉。只有一个老太婆不吃。这时她遇到一位老人，告诉她：“这条鱼是我的儿子。你不吃他的肉，我难道会不报答你吗？记住，城东门石龟的眼睛要是变红了，这座城就要被水淹没了。”老太婆每天都去察看。有小孩恶作剧，用红颜色把石龟的眼睛涂红。老太婆一见，立刻跑到山上，城池果然被水淹没了，方圆有四百多里。

滇池　在云南府的城南。又名昆明池，周长五百余里，池中长有一种千叶莲。《史记》中说：滇水的源头宽而末端窄，有的水会倒流，所以叫滇。

金马山　在云南府城东，传说山上有金马出没。往西是碧鸡山，峰峦秀丽挺拔，是群山之首。山上俯瞰滇池，一碧万顷。汉宣帝时，方士说益州有金马和碧鸡，祭祀祈祷就能获得，宣帝于是就派王褒来到蜀地。

大庾岭　在南雄府城北，又名梅岭。张九龄开凿出的道路，行人感觉方便。山上有云封寺、白猿洞。卢多逊被贬官南迁路过这里，在一个酒家歇宿，问店主姓名，店主老太婆说：“我家是中州世代为官的大族，我儿子因为与宰相卢多逊有私怨，贬官而死。我暂时借住在这座岭上，专等卢多逊到来。”卢多逊听后仓皇逃走。

罗浮山　在博罗，高三千六百丈，周长三百多里，有十五座岭，四百三十二个山峰，八个山洞，有大小三个石楼，登上石楼就可以见到海。又有七十二所神仙所住的璇房瑶宫。《南越志》中说：罗浮山第三十一岭上长的一半是巨竹，都有七八围粗，每个竹节有一丈二长，叶子像芭蕉，叫龙葱竹。

鳄溪　在潮州府的东边，又叫恶溪。溪里有鳄鱼，身体黄色，四条腿，长尾巴，形似鼍（tuó）龙，行动非常迅疾，嘴中密布着锯一样的牙齿，常常害人。如果有鹿在崖上行走，群鳄大声吼叫，鹿会因惊怖而掉下山崖，鳄鱼立刻把它一点点吃掉。

石钟山　在湖口。下临深潭，微风卷起波浪，水打在石头上，声若洪钟。苏轼曾经在这里泛舟，喝得大醉。

麻姑山　在建昌府城的西边，山上有瀑布、龙岩、丹霞洞、碧莲池，都是奇景。周长四百余里，中间有很多平地可以耕种。是道家三十六洞天之一。麻姑就在这里修炼。

曲江池　在西安府城的东南。汉武帝时开凿，皇帝常在这里与群臣饮宴，池中备有彩舟，但只有宰相和博学之士可以登上船。宋子京曾有一天晚上在曲江喝酒，觉得有些冷，让人取出半袖衣穿上，他的十来个宠妾各送来一件，宋子京担心因取舍得罪人，不敢穿，顶着寒风回家。

岐山　一名天柱山，《禹贡》中说：疏导汧水到岐山。周太王把都城建在岐山下，周文王时有凤鸣岐山，说的就是这里。

君子津　在大同。古代东胜神州的地界。汉桓帝时，有个大商人带着金钱死在这里，当地的长官把他埋了，商人的儿子到这里寻找父亲，长官把商人的金钱全部还给他儿子。皇帝听到后说：“真是君子啊！”就用此命名。

柳毅井 在君山。唐代的柳毅科举考试失败回乡，到泾阳时，路上遇到一个牧羊女，女子哭着说：“我是洞庭龙王的小女儿，嫁给泾川龙王的次子为妻，却遭侍婢诽谤，被贬斥到这里，请先生替我寄封信。洞庭湖的南边有一棵大橘树，敲击树三下，就会有人开门。”柳毅照她的话去做了，忽然见一个老人，把他领入灵虚殿，取信进去。洞庭龙王看信后哭着说：“老夫的罪责啊！”过一会，有红色的龙带着一个女子来了，那女子就是寄信的女子。洞庭龙王在碧云宫宴请柳毅。洞庭龙王的弟弟钱塘龙王说：“泾阳龙的寡妇想托付给您这样的高人义士。”柳毅不敢接受，告辞而去。后来他续娶了卢氏女，就是那个龙女。

泉石

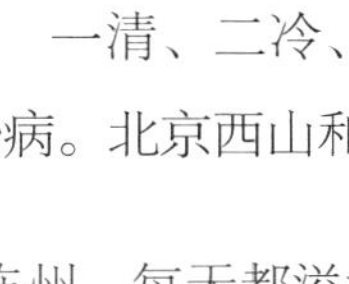

八功德水 一清、二冷、三香、四柔、五甜、六干净、七不噎人、八能治病。北京西山和南京灵谷都有八功德水，都是取此意。

斟溪 在连州，每天都溢满十次又枯涸十次。潮泉在安宁州，每天溢满三次又枯涸三次。漏勺在贵阳城外，每天溢满一百次又枯涸一百次，与计算时间的铜壶漏刻相一致。

中泠泉　在扬子江心。李德裕当宰相时，有使者去金陵，李德裕命他取一壶中泠的泉水。那人过扬子江时忘了。只好到石头城打了一壶水献给李德裕。李德裕喝了，说：“这很像石头城下的水。”那人立刻请罪，不敢隐瞒。

惠山泉　在无锡县的锡山。旧名九龙山，有泉水从石头里涌出。陆羽品尝了这口泉水，称它为天下第二泉。

趵突泉　在济南。平地上泉水能喷出几尺高，看水的人以水涌出的高低来占卜吉凶。

范公泉　在青州府。范仲淹做青州知州时，为政仁慈，小溪旁忽然涌出了甘甜的泉水，于是就用“范公”二字命名。现在医生取这个泉水来制丸药，号称“青州白丸子”。

妒女泉　在并州。妇女不可画了妆穿了漂亮的衣服到这里，如果这样，一定会风雨大作。

阿井水　在东阿县。用黑驴的皮和阿井水来一起煎成膏，就叫“阿胶”。

虎跑泉　在钱塘。唐代元和十四年，性空大师在这里修行，因为这个地方没有水源而想离去。有两只虎在山边刨地，竟然刨出一口泉，泉水清澈甘甜。于是就在这里建立了虎跑寺。如果有人想看泉水，僧人诵梵呗（bài），泉水就会涌出来。

六一泉 在孤山的南边。宋朝元祐六年，苏轼和惠勤上人一同哭祭欧阳修的地方。惠勤上人的讲经堂刚刚建好，挖到一口泉，苏轼为他写了《泉铭》。因为这两人都曾位列欧阳修的门下，这眼泉刚出，就接到了欧阳修的讣告，所以取名为“六一泉”，就像再见到六一居士欧阳修一样。另外，参寥泉在智果寺。东坡泉在昌县。在醉翁亭边也有一口六一泉。

夜合石 新昌县东北洞山寺水的水源边，有两块大石，高一丈余，当地人说这两块巨石到了夜里经常合而为一。

热石 临武有一块热石，形状与普通石头无异，但却像烧红的火炭一样热，把东西放在上面立刻就会被烤焦。

松化石 松树长到五百岁后，一夜风雷就会石化，但它的树皮和枝节却一点都不会变样。唐代道士马自然曾说延真观的松树应当化为石头，过了一晚，果然就石化了。

望夫石 武昌山上有块石头，形状像人。民间传说有一位贞妇，她的丈夫从军远征，妻子带着孩子送行到这里，站着眺望丈夫而死，遗体变为石头。

醒酒石 唐代李德裕在他的平泉庄搜集了天下的珍木怪石，其中有一块醒酒石，是他最钟爱的。他叮嘱子孙说：“如果拿平泉庄一根木头、一块石给别人的，就不是我的子孙。”后来他的孙子李延古谨守祖训，与军阀张全义争夺这块石头，最后被张全义所杀。

赤心石　武则天时，人们争相进献祥瑞。有个洛阳郊区的居民，把一块石头剖开发现里面是红色的，就献给武则天，说："这块石头有丹心。"李昭德说："这块石头有丹心，别的石头都想谋反吗？！"

十九泉　在严滩的钓台下。陆羽品尝天下泉水的味道，说这眼泉水可以排在第十九名。

一指石　在桐庐县缀岩谷口间，用手指戳它会动，因而得名。

鱼石　涪州的江心有一块石头，上面刻有两条鱼，每条鱼有三十六片鱼鳞，旁边还有石秤和石斗。这块石头一出现，这一年就会丰收。

龙井　在汤阴。相传孙登曾寓居这里。有一年大旱，农民都去龙洞求雨，求得了雨。孙登说："这是病龙下的雨，哪里能救活庄稼呢？"那雨水闻上去果然有腥秽之气。当时这条龙背上正生毒疮，变成一个老人，来求孙登治病，并说病好后一定有报答。过了几天，天降大雨，孙登看到有一块石头裂开，出现一眼井，井水非常清澈，这就是那条龙凿出报答孙登的。

温泉　汝州城西有一眼温泉，武则天曾驾临这里。它旁边还有一口冷泉。顺天府汤山下有温泉，四季常温，在这里洗浴后能治疗疾病。遵化也有温泉。阜平有两口泉，一温一冷。云南安宁的温泉，颜色像碧玉，可以照出人的头发。骊山西边的绣岭下也有温泉。

玉泉　在玉泉山下。泉水从石头的缝隙间流出，于是因势凿成龙头，让水从龙口中流出，鸣声就像杂沓的佩玉，颜色就像素白的绸缎，味道极其甜美，积水成池，直径有三丈，然后流向西湖，就成了燕山八景之一。

神农井　在长子羊头山，就是神农得到上好谷种的地方。

杜康泉　在舜祠的东廊下，杜康取这里的泉水酿酒。有人给中冷水和惠山泉称重，发现它们都是一升重二十四铢，而这眼泉水比它们轻一铢。

金鸡石　在建德草堂寺的北边，诗人罗隐路过这里时，戏谑地题了一句诗："金鸡不向五更啼。"结果，那块石头立刻迸裂，有一只鸡飞鸣而去。

玉乳泉　丹阳的刘伯刍说这口泉应该列为天下第四泉。

绿珠井　在博白的双角山下，梁氏女儿绿珠出生在这里。取这口井水喝的人若生女儿一定容貌美丽。容县有一口杨妃井，因杨贵妃生在那里而得名。郁林有一口司命井，井水一半甘甜一半清淡，可以供给境内所有人。

龙焙泉　在建宁的凤凰山下。一名御泉。宋代时取这里的水制作贡茶。

仁义石　建阳有两块石头相对而立，左边的叫仁，右边的叫义。

一滴泉　在广信南岩。泉水从石洞里流出，四季无尽。宋代朱熹写诗说："一窍有灵通地脉，平空无雨滴天浆。"

谷帘泉　在南康府城西。泉水像帘子，从岩石上分布而流下的有三十余处。陆羽品尝后认定此泉水味道天下第一。

玉女洞　在盩厔（zhōu zhì），洞里有飞泉，味道甘甜清澈。苏轼经过此地，灌了两瓶带走。又怕以后再让人来取水被取水的人欺骗，就把竹子剖开作成凭证，让寺里僧人收藏着，以此为以后使者往来取水的凭信，戏称为"调水符"。

画山石　宁州有块石，上有纹理，俨然战马的模样，跟画的没什么区别，所以得名。

山鸡石　宝鸡的陈仓山下有块石头，形状像山鸡，早晨在山顶打鸣，声音传到三十里之外。

石泉　在井陉有一眼石泉，隋朝的妙阳公主病了很久，在这里洗浴后病就痊愈了。

瀑布泉　在庐州的开先寺。李白有诗说："挂流三百丈，喷壑数十里。"

醴泉　在新喻。黄庭坚喝了这里的泉水，叹息说："可惜陆羽等前辈不知道这个泉水。"题名"醴泉"。

卓锡泉 在大庾岭。唐代僧人卢能（六祖惠能）被众僧追赶，要夺走五祖传给他的衣钵，追到大庾岭时，渴得厉害。卢能把锡杖立在石上，石上涌出了清澈甘甜的泉水。众人惊骇而退。

愈痞泉 在鹤庆府城东南，有一口温泉。每年三月，郡里的人如有得胸腹郁结成块之疾的，在这里洗浴后就能痊愈。

景致

泰山四观 日观，鸡一打鸣，就可以见到太阳始出，高三丈多；秦观，可以望见长安城；吴观，可以望见会稽；周观，可以望见齐西北。

燕山八景 蓟门飞雨、瑶岛春阴、太液秋风、卢沟晓月、居庸叠翠、玉泉垂虹、道陵夕照、西山晴雪。

关中八景 辋（wǎng）川烟雨、渭城朝云、骊城晚照、灞桥风雪、杜曲春游、咸阳晚渡、蓝水飞琼、终南叠翠。

桃源八景 桃川仙隐、白马雪涛、绿萝晴昼、梅溪烟雨、浔阳古寺、楚山春晓、沅（yuán）江夜月、潼坊晓渡。

姑孰十咏 姑孰溪、丹阳湖、谢公宅、凌歊（xiāo）台、桓公井、慈母竹、望夫石、牛渚矶、灵墟山、天门山。

潇湘八景 烟寺晚钟、沧江夜雨、平沙落雁、远浦归帆、洞庭秋月、渔村夕照、山市晴岚、江天暮雪。

越州十景 秦望观海、炉峰看雪、兰亭修禊、禹穴探奇、土城习舞、镜湖泛月、怪山瞻云、吼山云石、云门竹筏、汤闸秋涛。

西湖十景 两峰插云、三潭印月、断桥残雪、南屏晚钟、苏堤春晓、曲院荷风、柳浪闻莺、雷峰夕照、平湖秋月、花港观鱼。

雁荡山 山顶有一个湖，春天大雁飞来时，常要停宿在这里。里面有七十七座山峰，地处温州乐清县。谢康乐尽管能索隐搜奇，但足迹也没有到过这里。到了宋代大中祥符年间，为建造玉清宫，到山中采伐木材，这里才开始为人所知。

大龙湫 在雁荡山的西边，有个山谷叫大龙湫，瀑布从绝壁倾泻而下，高达五千丈，随风翻转，变化万千。还有一处山峰叫小龙湫，瀑布从岩石洞中飞流而下，高有三千丈。

玉甑（zèng）**峰** 在乐清。峰峦奇绝，岩洞里石棱层列，但洁白如玉，世人称为白玉洞天。

嵞（tū）**浦** 在嵊县剡溪，靠近画图山。《会稽三赋》中有“嵊县溪山入画图”，指的就是这里。

海市 在登州的海中，云气楼台殿阁、城市人民、车马往来的状况，就叫海市。苏轼任登州知府时，被朝廷召去，为再也看不到海市而遗憾，他就向海神祈祷，第二天就看到了。

瓯江　在温州城北。东到盘石村，最后东流入海，这条江就就叫瓯江。经常有蜃气结成楼台、城市和船只，忽然又变为旗帜、甲马和锦幔。

山市　在淄州焕山。相传嘉靖二十三年，县令张其辉路过，天快要亮了，忽然看到焕山上的城池清晰，亭台楼阁高大耀眼，还有人来人往，就像海市蜃楼一样。

神灯　在余姚的龙泉山，当春季或夏季烟雨晦冥时，可以看到有神灯一二盏，忽然幻化出几千万盏，好像把山谷都要点燃似的，几个小时后才会熄灭。

火井　在阿速州。有烟进去，就会有火出来。扔竹子、木头就会烧起来。邛地也有火井，把火把扔进去，里面就会生出火焰，光照数里。

山灯　在四川蓬州，现在共有五处。刚开始不过亮起三四点，慢慢亮起到几十点。在蓬山的尤其独特，当地人称之为圣灯。彭山、北平山夜晚也能见到五色神灯。

商山　在商州。就是汉代商山四皓隐居之处，又叫商洛山。唐代开元年间，高太素隐居在山中，建了六个逍遥馆，分别叫：晴夏晚云、中秋午月、冬日初出、春雪未融、暑簟（diàn）清风、夜阶急雨。

唤鱼潭 在青神中岩，是诺距罗尊者的道场，上面有唤鱼潭，客人在潭边一拍手，鱼就会成群出现。

山庄 崇仁县有浮石岩，三块岩石鼎足而立，中间贯穿一条小溪，小溪可以过一条小船。宋代的尚书何异建为山庄，发掘出有名的古迹五十多所，题名叫“三山小隐”。宋理宗亲自写了“衮庵”两个大字赐给他，何异把它裱挂在方壶室。洪迈为此写过一篇《浮石山庄记》。

八镜台 在赣州府城上。向东可望见七闽，向南可远眺五岭。苏轼为此写了八首诗。

辋川别业 在蓝田，是宋之问所建，后成了王维的山庄。其中的辋水可以通到竹洲和花坞。王维每天与裴迪秀才泛舟写诗，书斋中只有茶铛、酒臼、经案、绳床而已。是关中八景之一。

逍遥别业 骊山鹦鹉谷，是唐代韦嗣立建造的。唐中宗曾驾临这里，封韦嗣立为逍遥公。中宗写诗刻石，命群臣应和作诗。张说《东山记》序文中有“丘壑夔龙，衣冠巢许”的句子。

湟川八景 分别是：霅（zhá）溪春涨、龙潭飞雨、楞伽晓月、静福寒林、巾峰远眺、秀岩滴翠、圭峰暮霭、岩湖叠巘（yǎn）。

卷三

人物部

帝王（附：后妃、太子、公主）○仪制

名臣○附：奸佞大臣

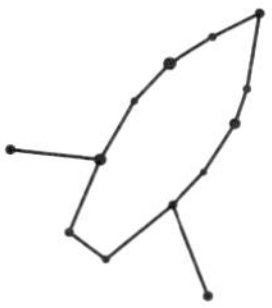

帝王（附：后妃、太子、公主）

天皇始称为“皇”，伏羲始称为“帝”，夏、商、周三代始称为“王”。神农的母亲安登感通上天而生神农，始称为“天子”。周文王始称“世子”。秦始皇开始尊称他的父亲秦庄襄王为“太上皇”。周朝制度称君王之妻为“王后”；秦朝改称“皇帝”，于是称“皇后”。汉武帝始尊其祖母窦氏为“太皇太后”。魏称诸王的母亲为“太妃”。晋元帝始称生母为“皇太妃”。

当宁 《礼记》记载：天子面对“宁”这个地方而立，公卿面向东，诸侯面向西：这叫做“朝”。宁，指门屏之间。

皇帝 古代或者称为“皇”或者称为“帝”。秦始皇自认为德行超过三王，功劳高过五帝，于是改号叫“皇帝”。其任命叫做“制”，命令叫做“诏”，自称为“朕”。上古的人称“朕”，普通人皆可用。咎（gāo）繇与皇帝说话自称“朕”；屈原《离骚》里说“朕皇考”。到秦朝就只皇帝可用。

山呼 汉武帝登上嵩山，武帝与左右吏卒皆听到有人高喊三遍“万岁”。后人沿用此称，于是就叫作“山呼”。

大宝 圣人之至宝是帝位。用什么来守住帝位呢，靠仁德。

神器　天下是神明之器。《王命论》说：神器有天命，不可用智慧和力量来求得。

龙飞　新帝登基称为“龙飞”，取《易经》乾卦九五中“巨龙高飞在天，利于出现大人”的意思。因为乾卦九五被视为“君位”，所以这么说。《华林集》说：“位以龙飞，文以虎变。”

虎拜　群臣觐见君王叫“虎拜”。《诗经》有“虎拜稽（qǐ）首，天子万寿”的句子，是说召穆公（召虎）下拜，接受周宣王的言令，且祝天子万寿。

如丝如纶　《礼记》有“王言如丝，其出如纶”的句子。注释说：纶，就是绶带。是说君王之语刚出，是如同丝线般的小事；但群臣去执行，就当作绶带那样的大事。所以皇帝之命叫作“纶音”。皇后之命又叫“懿旨”，懿，就是美。

元首　《书经》有“元首明哉，股肱（gōng）良哉”的句子。是说君王是臣下的元首，臣子是君王的左膀右臂，君王贤明则臣子也自是贤良。

麟趾龙种　《诗经》说：“麟之趾，振振公子。”唐诗说：“元帅归龙种。”皆为赞誉皇室及诸侯之语。

玉牒　皇族家谱叫作“玉牒”。韩愈文章说“明德镂白玉之牒”。又：宗人府也称为玉牒所。

邦贞国贰　《尚书》说：“一人元良，万邦之贞。”这是在说太子。北魏大臣高允曾说：“太子，国之储贰。”

日重光　崔豹《古今注》记载：汉明帝尚为太子之时，乐师们唱了四章诗篇来赞美他，第一章是日重光，第二章是月重轮，第三章是星重辉，第四章是海重润。

逍遥晚岁　《唐书》记载：唐高祖对裴寂说：“公为世人敬仰之臣，我为太上皇，逍遥过晚岁，不也是很好的吗？”

女中尧舜　北宋大将高琼称赞宣仁太后说：“上天独厚于您这样非同寻常的圣明之后，可谓女中尧舜。”

仪宾　汉制：皇帝的女儿封为县公主，各地同姓诸侯王的女儿封为乡亭公主，娶诸侯、宗室之女的人称为仪宾、郡马。

官家　李仲容当侍读官的时候曾陪伴宋真宗喝酒，真宗命他喝一大杯。李仲容说：“告请官家免去这一大杯吧。”真宗问：“你为什么要称我为‘官家’？”李仲容回答说：“五帝官天下，三王家天下，陛下兼有三皇五帝之德，因此称您为‘官家’。”

县官　《史记·霍光传》称天子为县官。

华祝　尧帝到华地视察，华地的封疆之官说：“啊！请允许我祝福您多富、多寿、多子嗣。”

陛下　陛，是指台阶。天子必有近卫之臣，在台阶两侧执兵器列阵，以戒备意外之事。所谓陛下，是群臣对天子的称呼，因不敢责备天子，所以呼在台阶下之臣子转告之，这是让下人传达信息给位尊之人的意思。上书皇帝也是这样的意思。

秉箓握符 《东都赋》说："圣王握干符，阐坤珍，披皇图，稽帝文。"干符，是帝王得自上天的符瑞；坤珍，是洛书；皇图，是河图、谶书；帝文，是天降之文。

行在 蔡邕的《独断》认为天子以天下为家，车驾所至之处，皆称"行在"，是帝王行幸之所在的意思。

天潢 《曹固表》中说："王孙公子，人数极多，宜亲近宗室，强干弱枝。"

警跸（bì） 唐太宗即位之初，多次出去骑马射箭，孙伏伽进谏说："天子有九重禁卫，出宫要有'警'，入宫也有'跸'。"警，为戒严之意；跸，为清道之意。

璇宫椒房 少昊帝的母亲星娥住于璇宫，以花椒来涂饰墙壁，因其性温和，可以辟除恶气。另一说为花椒籽有繁衍昌盛之意。

黄帝立有四个妃子；夏朝增设三三，就有九个嫔妃；殷商增设为三九，就有二十七个世妇；周代又增设九九，就有八十一个御妻。魏明帝又增设淑妃，宋武帝增设贵妃，隋炀帝增设德妃，唐代增设贤妃，汉武帝设婕妤，汉元帝设昭仪，汉光武设贵人，晋武帝设才人。

前星 《晋书·天文志》记载："心宿有三颗星，是天王的正位。

中间的星叫明堂，象征天子之位：前面的星象征太子，后面的星象征庶子。”

少海　《山海经》记载：“元皋之上，南望幼海。”注释说：幼海，就是“少海”。天子可比大海，太子可比少海。

青宫　东明山有宫殿，用青石垒成墙，门上有银榜，用青石镂刻成字，题名是“天地长男之宫”。所以太子之宫为青宫，又叫东宫。

公主　天子嫁女儿，不亲自主婚，让同姓的诸侯来主婚，所以称天子之女为“公主”。如果是诸侯的女儿结婚，就自己主持，所以称为“翁主”。娶公主的人，称为“尚”。娶翁主的人，称为“承”。周代始称公主，汉代始称姊妹为长公主，汉武帝始称其姑为大长公主，唐宪宗始称诸王的女儿为县主，唐睿宗始封给女儿代国。秦朝以后才开始叫尚主，公婆都要下堂来拜见儿媳，王珪始制定让公婆坐受儿媳拜见之礼仪。魏国始给娶到公主的人以驸马官衔。而驸马都尉这个官本为汉武帝所设，掌管御马。

女官　周代始制定女官，辅佐治理内宫。汉代规定女官有十四等，数百人。唐代设六局、二十四司，有女官九十人，女史五十多人。

宗室　周公始设中士，以编定世代谱系。唐玄宗始诏李衢、林宝撰玉牒百十卷。宋真宗始尊崇皇家属籍。周代始建立同宗之盟，选同宗中之长者为宗正。唐代宗室开始把已过数代的宗亲也当作皇家血统，外任之官不用皇室之姓。宋神宗始酌才能而调任官职，外任官始加皇室之姓，开始允许皇家宗室参加科举。

五行迭王　太昊氏配木，以木德而得天下，崇尚青色；炎帝配火，以火德而得天下，崇尚红色；黄帝配土，以土德而得天下，崇尚黄色；少昊氏配金，以金德而得天下，崇尚白色；颛顼帝配水，以水德而得天下，崇尚黑色。

建元　古代只有纪年，没有年号。汉武帝建元元年，后来皇帝年号就始于此。帝王改元亦不曾有过，秦惠文王十四年改为元年，这是改元之始。黄帝开始在国号前边加一个“有”字，汉代加一个“大”字。汉文帝始年号只用一字，汉武帝始用两字。

国祚　五帝：伏羲一百一十五年；神农一百四十年，传七世，共三百七十五年；黄帝一百年；少昊八十四年，颛顼七十八年；帝喾七十年；帝挚九年；帝尧七十二年；帝舜六十一年。

三王：夏禹传十七世，共四百五十八年；商汤传二十八世，共六百四十四年；周代传三十七世，共八百七十三年。秦代传三世，共三十九年。西汉传十一世，共二百三十一年；东汉传十四世，共一百九十六年；蜀汉传二世，共四十四年。晋代传四世，共五十二年；东晋传十一世，共一百零五年。前五代共一百六十九年。唐代传二十世，共二百九十年。后五代共五十六年。北宋传九世，共一百六十八年；南宋传九世，共一百五十五年。元代传十世，共八十九年。

皇明国祚　洪武共有三十一年，建文四年，永乐二十二年，洪熙一年，宣德十年，正统十四年，景泰八年，天顺八年，成化二十二年，弘治十八年，正德十六年，嘉靖四十五年，隆庆六年，万历四十八年，天启七年，崇祯十七年，共二百七十七年。明代历朝皇帝御名：明太祖（朱元璋），明惠宗（朱允炆），明成祖（朱棣），明仁宗（朱高炽），明宣宗（朱瞻基），明英宗（朱祁镇），明景帝（朱祁钰），明宪宗（朱见深），明孝宗（朱祐樘），明武宗（朱厚照），明世宗（朱厚熜［cōng］），明穆宗（朱载垕［hòu］），明神宗（朱翊钧），明光宗（朱常洛），明熹宗（朱由校），明思宗（朱由检）。

前五代　南朝：宋刘裕传八世，历时六十年；齐萧道成传七世，历时二十三年；梁萧衍传四世，历时五十七年；后梁萧詧（chá，昭明太子之子）传三世，历时三十三年；隋代杨坚传四世，历时三十九年。北朝：元魏的拓跋珪传十二世，历时一百四十九年；西魏的拓跋修传四世，历时二十四年；东魏的拓跋善见只一世，历时十七年；北齐高洋（魏国丞相高欢的儿子）传五世，历时二十九年；后周宇文觉（魏宰相宇文泰之子）传五世，历时二十六年。

后五代　梁朱温传二世，历时十七年。后唐李存勖（xù，本姓朱邪氏，沙陀人，其先人在唐为官，被赐姓李）传四世，历时十四年。后晋石敬瑭传二世，历时十一年。后汉刘暠（hào），初名刘知远，传三世，历时四年。北汉刘崇，高祖之弟，传了四世，历时三十年。后周郭威，邢州人，传内侄柴荣，历三世，共十年。

五胡乱华　后汉刘渊，匈奴人；后赵石勒，武乡羯（jié）人；后秦姚弋（yì）仲，赤亭羌人；前秦苻洪，氐人；后燕慕容垂，鲜卑人。统称为“五胡乱华”。

蜀汉继承东汉，不只是名义上继承，实为以火德而得天下的大汉正统。据《异苑》记载：蜀地有火井，汉室兴盛火势就旺盛，汉桓帝、汉灵帝之时火势开始衰微，诸葛亮来后复又兴盛。到景曜元年（258），有人扔蜡烛于井中，井中的火就灭了，这一年蜀国亦为魏国所灭，这也是一个征兆吧。

年号　西汉：武帝（建元、元光、元朔、元狩、元鼎、元封、太初、天汉、征和、后元），昭帝（始元、元凤、元平），宣帝（本始、地节、元康、神爵、五凤、甘露、黄龙），元帝（初元、永光、建昭、竟宁），成帝（建始、河平、阳朔、鸿嘉、永始、元延、绥和），哀帝（建平、元寿），平帝（元始），孺子婴（居摄、初始）。

东汉：光武（建武、建武中元），明帝（永平），章帝（建初、元和、章和），和帝（永元、元兴），殇帝（延平），安帝（永初、元初、永宁、建光、延光），顺帝（永建、阳嘉、永和、汉安、建康），冲帝（永嘉），质帝（本初），桓帝（建和、和平、元嘉、永兴、永寿、延熹、永康），灵帝（建宁、熹平、光和、中平），献帝（初平、兴平、建安、延康），后汉昭烈帝（章武），后帝（建兴、延熙、景曜、炎兴）。

西晋：武帝（泰始、咸宁、太康、太熙），惠帝（永熙、永平、元康、永康、永宁、太安、永安、建武、永安、永兴、光熙），怀帝（永嘉），愍帝（建兴）。

东晋：元帝（建武、大兴、永昌），明帝（永昌、太宁），成帝（咸和、咸康），康帝（建元），穆帝（永和、升平），哀帝（隆和、兴宁），帝奕（太和），简文帝（咸安），孝武帝（宁康、太元），安帝（隆安、元兴、义熙），恭帝（元熙）。

南北朝：宋武帝（永初），少帝（景平），文帝（元嘉），孝武帝（孝建、大明），废帝（永光、景和），明帝（泰始、泰豫），苍梧王（元徽），顺帝（昇明）。齐高帝（建元），武帝（永明），明帝（建武、永泰），东昏侯（中兴）。梁武帝（天监、普通、大通、中大通、大同、中大同、太清），简文帝（大宝），元帝（承圣），敬帝（绍泰、太平）。陈武帝（永定），文帝（天嘉、天康），临海王（光大），宣帝（太建），后主（至德、祯明）。

隋：文帝（开皇、仁寿），炀帝（大业），恭帝（义宁）。

唐：高祖（武德），太宗（贞观），高宗（永徽、显庆、龙朔、麟德、乾封、总章、咸亨、上元、仪凤、调露、永隆、开耀、永淳、弘道），中宗（嗣圣、神龙、景隆），睿宗（景云、太极、延和），玄宗（先天、开元、天宝），肃宗（至德、乾元、上元），代宗（宝应、广德、永泰、大历），德宗（建中、兴元、贞元），顺宗（永贞），宪宗（元和），穆宗（长庆），敬宗（宝历），文宗（太和、开成），武宗（会昌），宣宗（大中），懿宗（大中、咸通），僖（xī）宗（咸通、乾符、广明、中和、光启、文德），昭宗（龙纪、大顺、景福、乾宁、光化、天复、天祐），昭宣帝（天祐）。

后五代：梁太祖（开平、乾化），均王（贞明、龙德）。唐庄宗（同光），明宗（天成、长兴），闵帝（应顺），潞王（清泰）；晋高祖（天福），齐王（开运）；汉高祖（乾祐），隐帝（乾祐）。周太祖（广顺），世宗（显德），恭帝（显德）。

宋：太祖（建隆、乾德、开宝），太宗（太平兴国、雍熙、端拱、淳化、至道），真宗（咸平、景德、大中祥符、天禧、乾兴），仁宗（天圣、明道、景祐、宝元、康定、庆历、皇祐、至和、嘉祐），英宗（治平），神宗（熙宁、元丰），哲宗（元祐、绍圣、元符），徽宗（建中靖国、崇宁、大观、政和、重和、宣和），钦宗（靖康）。

南宋：高宗（建炎、绍兴），孝宗（隆兴、乾道、淳熙），光宗（绍熙），宁宗（庆元、嘉泰、开熙、嘉定），理宗（宝庆、绍定、端平、嘉熙、淳祐、宝祐、开庆、景定），度宗（咸淳），恭宗（德祐），端宗（景炎），帝昺（bǐng，祥兴）。

元：世祖（中统、至元），成宗（元贞、大德），武宗（至大），仁宗（皇庆、延祐），英宗（至治），泰定帝（泰定、致和），明宗（天历），文宗（天历、至顺），顺帝（元统、至元、至正）。

陵寝　盘古（青县），女娲（阌[wén]乡），伏羲（陈州），神农（曲阜），黄帝（中都），少昊（曲阜），颛顼（高阳），帝喾（滑县），高阳氏（东昌），华胥（xū）氏（蓝田），帝尧（东平），帝舜（永州），大禹（会稽），夏太康（太康），成汤（偃师），太甲（济南），殷中宗（内黄），商高宗（西平），周文武成康（咸阳），威烈王（河南），昭王（少室）。

秦始皇（骊山），汉高祖（长陵、咸阳），文帝（西安），景帝（咸阳），武帝（兴平）宣帝（长安），光武（原陵、孟津），明帝（洛阳），昭烈（成都）。晋元帝（江宁），晋十一帝陵（上元），吴大帝（钟山），吴景帝（太平），齐高武明（丹阳），梁武简文（丹阳），陈文帝（武功），陈高祖（高要），隋文帝（武功），隋炀帝（扬州），唐高祖（三原），太宗（九嵕[zōng]山），宪宗（满城），宣宗（景阳），中宗（偃师），西魏武帝（富平），石勒（顺德），宋太祖（昌陵），太宗（熙陵），真宗（定陵），仁宗（昭陵，俱巩县），南宋高孝光宁理度（会稽），宋三陵（钦陵、庆陵、安陵，保定），宋端宗（厓山），徽宗（五国城），辽太祖（宁远卫）。

明洪武皇帝（孝陵，江宁），永乐（长陵），洪熙（献陵），宣德（景陵），正统（裕陵），成化（茂陵），弘治（泰陵），正德（康陵），嘉靖（永陵），隆庆（昭陵），万历（庆陵），泰昌（定陵），天启（德陵），崇祯（思陵，俱顺天天寿山）。建文君（从云南回来，迎进南内，号为“老佛”，死后葬于西山，碑刻“天下大师之墓”）。

仪制

黄屋左纛（dào） 黄屋，皇帝车驾。左纛，是用牦牛尾做的大旗，排列于左。

羽葆　集合五彩羽毛为采羽为幢式旗，放于车驾之上，此为皇帝的仪仗。

九旂（qí）　画日月旗叫“常”，画蛟龙旗叫“旂”，一色旗叫“旃”，多色旗叫“物”，画熊虎旗叫“旗”，画飞禽旗叫“旟（yú）”，画龟龙旗叫“旐（zhào）”，完整羽毛之旗叫“旞（suì）”，穗状彩羽之旗子叫“旌”。

卤簿　帝王车驾出行，有羽翼仪仗引导保护，称“卤簿”。卤，就是大盾牌，用来捍卫与遮蔽；仪仗的位置与次序，都会记录在册。五个士兵持盾在外围，其余兵在内侧，用大盾来指挥一部的人。故名为“卤簿”。

髦（máo）**头**　晋武帝问“髦头”的制度是怎么来的。侍中彭权回答说：“《史记·秦本纪》记载说国中有一怪物，能触山截水，没有不为它所害的事物，唯独害怕髦头。所以让武士穿戴髦头，以卫护天子。”

传国玺　秦始皇用卞和玉来制传国玉玺，命令李斯撰写铭文。文曰：“受命于天，既寿永昌。”相传卞和玉共制成了三个印，一个是传国玉玺，一个是张天师印，一个是茅山道士印。

十二章　上衣绘制日、月、星、辰、山龙、华虫这六种图案，下衣绣制宗彝、藻、火、粉米、黼（fǔ）、黻（fú）：这就是所谓的十二章。华虫，五彩之雉；宗彝，长尾猿猴；藻，水草；黼，如斧形，取其能断之意；黻，如二“巳”字背靠背，取其分辨之意。

皇后六服 袆（yī）衣（“袆”音“挥”。黑色，刻绘为五彩山雉。跟随君王祭祀前代君王之礼服。“翚”亦音“辉”）；揄狄（“揄”音“遥”。青色，刻绘为雉形。跟随君王祭祀先人之礼服）；阙狄（红色，刻绘野鸡。跟随君王祭祀山林、川泽、土地之神时之礼服）；鞠衣（黄色。祭告蚕桑时之礼服）；展衣（白色，接见君王及宾客之礼服）；褖（tuàn）衣（黑色，拜见君王之礼服）。

九门 天子宫禁有九重门：一是关门，二是远郊门，三是近郊门，四是城门，五是皋门，六是库门，七是雉门，八是应门，九是路门。

丹墀（chí）《西京赋》说：“右平左墄（qī），青琐丹墀。”注解说：天子有九层红色台阶，中间分开以示左右，左台阶，右则平，辇车可上。

尺一 天子诏书叫作“尺一”。汉制是木简长一尺一寸。西汉太监中行说（zhōng háng yuè）教唆匈奴给汉朝回信用一尺二寸的木简。

金根车 天子所乘的车叫金根车，配驾六匹马。有五色坐乘之车、五色立乘之车各一辆，都配驾四匹马，这就是作为随从的五时副车。

鹤禁 太子居住的宫殿，有白鹤守卫，一般人不得擅入，所以叫作“鹤禁”。

九府圜（yuán）**法** 圜法，就是铸钱之法。天子有九府，即泉府、大府、王府、内府、外府、天府、职内、职金、职币，都是掌管钱币的部门。

五库 天子有五库，即车库、兵库、祭器库、乐器库、宴器库。

黼扆（yǐ） 天子坐下就会有黼扆列于身后，如背负在身后。黼扆之形如屏风，上面有斧形花纹，但无斧柄，指有斧而不用，取金斧可断开、切割之意。

象魏 宫门两侧高台悬挂圣贤之像，其姿态巍然高大，叫象魏。

列土分茅 天子设立的祭祀土神、谷神之所，用五色土做成祭坛，分封诸侯时，各授予与其相应的颜色的土，用黄土覆盖（“黄”取君王恩覆四方之意），以白茅包裹（用白茅取其洁净），诸侯归国后立于祭坊，叫作“列土分茅”。

枫宸 汉代宫殿前种了很多枫树，所以帝王殿庭叫作“枫宸”，又名“紫宸”。

罘罳 《注解》说：罘罳（音“环思”），就是“伏思”。君王退回内廷，仍要思考机要之事，所以叫“罘罳”。

金马 汉武帝得大宛良马，铸成铜像，立于署门，取名为金马门。《汉书·扬雄传》说：历金马，上玉堂。翰林官就称为“玉堂金马”。

黄牛白腹 公孙述废铜钱而改用铁钱。蜀地有童谣说：“黄牛白腹，五铢当复。”是说王莽自称为黄；公孙述自称为白；五铢指汉朝的五铢钱：这是说汉代要复兴了。

两观　古代帝王在每个宫殿门前树两观，用来标识宫门。观上可以居停，登上它可以看远处，所以称它为“观”。

琼林大盈　唐德宗开琼林、大盈等库，储藏私人钱财。陆贽（zhì）进谏，他不听从。后来朱泚（cǐ）叛乱，钱财都毁于战火。

泽宫　是天子学习射箭之地。“泽”，取选择贤人之意。

水晶宫　大秦有五座宫殿，皆用水晶为柱，所以名叫水晶宫。

桥门　汉明帝幸临辟雍，戴冠束带的缙绅之人，都围着桥门而看，人数以亿万计。

虎闱　晋武帝驾临辟雍，设立国子监，以教育士人及百姓，称之为“虎闱”，又叫虎观。

石渠　汉代的施雠（chóu），甘露年间官拜博士，在石渠阁与修习五经的儒生辩论儒学异同。

凤诏　后赵石虎，设戏马观，观上安放诏书，用五色纸将其衔在木制凤凰口中颁行。凤凰用五色漆画成，嘴脚都以金制成。

紫泥　阶州武都的紫水有泥，色紫，而且粘，用以进贡，用来封诏书，所以诏、诰之类都叫作紫泥封。

黄麻 敕书以前用白纸，唐高宗时因白纸易招虫蛀，改用黄麻纸。拜授将相等官职，制书都用黄麻纸。黄麻纸是用黄蘗（bò）染过的纸，可以避免虫蠹（dù）。

内官 周成王时始设寺人。秦始皇始设中车府，并设中车府令。魏文帝设殿中制监。隋代设内侍省，始称监为太监，增加少监和监正。秦朝有六局，设尚衣、尚冠等职。

仪仗 神农氏开始设置仪仗，秦、汉开始有导护，五代开始设宫中导从。黄帝设置钺，秦始皇改设置锽（huáng，即斧）。晋武帝设置干枪，晋元帝增设仪刀、仪锽、斑剑。黄帝设置麾和曲盖。吕尚设置华盖。黄帝始有警戒清道。周朝设置鸣鞭开道。黄帝设置旗，天子出行，旗竿上饰以象牙大旗放在前面。周朝制定：树大旗作门。陶谷开始制定岳渎、日星、龙象、大神等旗。尧帝开始制定帝王车驾，周代改鸾驾。晋文公制定左右虞候扶持车架之制。汉武帝让掌弋射的武官佽（cì）飞走在驾前。周公开始让属车悬挂豹尾。唐代开始在仪仗队中增加豹尾。周公设置标记里程的鼓车。隋文帝设置漏壶计时的行漏车。秦始皇对车制与服饰都加以修饰而为金根车，上有华盖及辨别风向的相风乌，并制定辟恶车引路，又设制大驾和法驾。周制：步辇要以一组人来引。秦始皇弃轮子而成轿，让人来抬。汉制：后宫羊车用人牵引。宋制：制檐子用竿来抬。汉代设置天子所乘皇屋车。宋代设置棕榈屋，即逍遥车。汉武帝设置十二个障扇。唐玄宗始制定上殿执扇，阎则先奏请让宦官上台执扇。

戒不虞 《汉官仪》记载：“天子的从属车八十一辆，排作三行。尚书和御史乘坐。”最后一辆车要悬挂豹尾于旗竿，豹尾通过后，担任警卫的执金吾才撤，以防备意外之事。

名臣

六佐 伏羲有六位辅佐重臣：金提主管化俗，鸟鸣主管建福，视默主管灾恶，纪通主管中职，仲起主管陵陆，阳侯主管江海。

六相 轩辕黄帝有六相：风后、力牧、太山、稽、常先、大鸿。得到这六相天下就大治了。

八元（元，善也） 高辛氏生了八个有才能的儿子：伯奋、仲堪、叔献、季仲、伯虎、仲熊、叔豹、季狸，天下人称之为八元。

八恺（恺，和也） 高阳氏生了八个有才能的儿子：苍舒、隤敳（读音皑）、梼戭（读音为稠演）、大临、庞（páng）降、庭坚、仲容、叔达，天下人称之为八恺。

四凶 帝鸿氏有不成器的儿子混沌（即驩[huān]兜），少昊氏有不成器的儿子穷奇（即共工），颛顼氏有不成器的儿子梼杌（wù，即鲧），缙云氏有不成器的儿子饕餮（即三苗），并称为“四凶”。

五臣　舜帝有五贤臣：禹、稷、契、皋陶（yáo）、伯益。

九官　舜帝任九官：禹、契、稷、伯益、皋陶、夔、龙、垂、伯夷。

十乱　周武王有治乱世之臣子十人：太公望、周公旦、召公奭（shì）、毕公高、闳夭、散宜生、南公适、荣公、太颠、邑姜。

八士　周朝八贤士：伯达、伯适、仲突、仲忽、叔夜、叔夏、季随、季騧（guā）。

四皓　东园公，姓辕名秉字宣明；绮里季，姓朱名晖字文季；夏黄公，姓崔名廓字少通；甪（lù）里先生，姓周名述字元道：因他们隐居在商山，称之为商山四皓。

淮阳一老　汉代应曜隐居淮阳山，与商山四皓一同被征召，唯独应曜始终不出山。当时人就说："商山四皓，不如淮阳一老。"

三良　秦国子车氏有三子：奄息、仲行、鍼（zhēn）虎。秦穆公死后，让他们三人殉葬。秦国人作了《黄鸟》诗来哀悼他们。

十八元功　汉高祖分封十八功臣，萧何排第一，第二是曹参，其后分别是张敖、周勃、樊哙、郦商、奚涓、夏侯婴、灌婴、傅宽、靳歙（xī）、王陵、陈武、王吸、薛欧、周昌、丁复、虫达。

麒麟阁十一人　汉宣帝因友邦都来朝贡，想到股肱大臣的功业，于是让人为他们画像并挂在麒麟阁，共十一人，只有霍光不写名，只称"大司马、大将军博陆侯姓霍氏"。其次是张安世、韩增、赵充国、魏相、丙吉、杜延年、刘德、梁丘贺、萧望之、苏武。

云台二十八将　光武帝心念汉室中兴之功臣，画二十八个将领之像供于南宫云台，以邓禹为首，其次是马成、吴汉、王梁、贾复、陈俊、耿弇（yǎn）、杜茂、寇恂、傅俊、岑彭、坚镡（xín）、冯异、王霸、朱祐、任光、祭遵、李忠、景丹、万修、盖延、邳彤、铫（yáo）期、刘植、耿纯、臧宫、马武、刘隆。后又增王常、李通、窦融、卓茂，共三十二人。马援因是贵戚而未被列入。

十八学士　唐高祖因秦王李世民功勋卓著，就允其自己开府，自选僚属。秦王在皇宫西边设馆，延揽四方博学之士，如杜如晦、房玄龄、虞世南、褚亮、姚思廉、李玄道、蔡允恭、薛元敬、颜相时、苏勖、于志宁、苏世长、薛收、李守素、陆德明、孔颖达、盖文达、许敬宗等，并让库直阎立本来为其画像。被选入之人，当时人称为“登瀛洲”。

凌烟阁二十四人　唐太宗把功臣画像挂在凌烟阁，其中有长孙无忌、赵郡王李孝恭、杜如晦、魏徵、房玄龄、高士廉、尉迟敬德、李靖、萧瑀（yǔ）、段志玄、刘弘基、屈突通、殷开山、柴绍、长孙顺德、张亮、侯君集、张公谨、程知节、虞世南、刘政会、唐俭、李世勣（jì）、秦叔宝，共二十四人。

三君　“君”的意思是为世人宗仰之人：窦武、陈蕃、刘淑，被称为三君。

八俊　“俊”是说为一世英豪：李膺、荀昱、杜密，王畅、刘祐、魏朗、赵典、朱寓，被称为八俊。

八顾　“顾”是说能以自身道德修养来引导他人：郭泰、范滂、尹勋、巴肃、宗慈、夏馥、蔡衍、羊陟（zhì），被称为八顾。

八及　“及”是说使人追随自己：张俭、翟超、岑晊（zhì）、范康、刘表、陈翔、孔昱、檀敷，被称为八及。

八厨　“厨”是指能用财产去助人：度尚、张邈、刘儒、胡毋班、秦周、蕃向、王章、王考，被称为八厨。

八友　齐武帝之子竟陵王萧子良开西邸延揽宾客，范云、萧琛、任昉、王融、萧衍、谢朓、沈约、陆倕（chuí）八人，都以文学博识而见称，所以称竟陵八友。

浔阳三隐　周续之入庐山，师事高僧慧远；刘遗民隐迹于匡山；陶渊明不应征诏：世人称其为浔阳三隐。

竹林七贤　嵇康、阮籍、山涛、向秀、刘伶、王戎、阮咸被称为竹林七贤，每日以酣饮为常事。颜延之写《五君咏》的诗，只称述阮籍、嵇康、刘伶、阮咸、向秀五人，而山涛和王戎都因官位太高而被舍弃。

竹溪六逸　李白少年时就才华横溢，与鲁地人如孔巢父、韩准、裴政、张叔明、陶沔，一同隐居在徂徕（cú lái）山，终日饮酒沉醉，号为竹溪六逸。

虎溪三笑　惠远禅师隐于庐山，送客人只到虎溪就止步。一天，送陶渊明、陆修静二人，三人谈话，志同道合，不知不觉竟过了虎溪，因而大笑。世传有《三笑图》。

何氏三高　梁朝何胤有两个兄长何求和何点，一起避世归隐，人称何氏三高。他们平时或坐柴车，或穿草鞋，随心所欲，喝醉才归。当时人称他们为“通隐”。

饮中八仙　李白、贺知章、李适之、汝阳王李琎、崔宗之、苏晋、张旭、焦遂。杜甫有组诗叫《饮中八仙歌》。

荀氏八龙　荀淑，颍川人，有八子：荀检、荀绲（音魂）、荀靖、荀焘、荀汪、荀爽、荀肃、荀敷。县令范康说：从前高阳氏有才子八人，就将其住处叫作“高阳里”。当时人称他们为“荀氏八龙”。

河东三凤　薛元敬、薛收与同族兄长薛德音齐名，世称“河东三凤”。薛收为长雏，德音为鹫鹭（yuè zhuó），元敬年少为鹓（yuān）雏。

马氏五常　马良字季常，他们兄弟五人，都有才子之名。当时有谚语说：“马氏五常，白眉最良。”

香山九老　白乐天、胡杲（gǎo）、吉旼（mín）、郑据、刘真台、卢慎、张浑，都年逾七十，狄兼谟、卢贞二人没有到七十，但白居易尊重他们的人品，也邀他们一起聚会，每日在龙门寺宴饮。当时人称他们为香山九老。

洛社耆英　潞国公文彦博仰慕香山九老会，于是就会聚洛阳年高德劭的人为耆英会，在资圣院建大厅，名耆英堂，让福建人郑奂画其像放于堂中，共十二人：文彦博、富弼、席汝言、王尚恭、赵丙、刘况、冯行己、楚建中、王谨言、张问、张焘、王拱辰。唯独司马光年龄还不到七十，文潞公引白居易看重狄兼谟的旧例，请司马光入社。

白莲社　慧远上人与十八贤人同修净土心法，写书信邀请陶渊明。陶渊明说："弟子嗜酒，允许喝酒我就去。"慧远答应了他，于是便来造访。慧远想趁机邀陶渊明加入莲社，陶渊明皱着眉头离开了。但谢灵运恳求入莲社，慧远因谢灵运心思太杂，拒绝了他。

建安七才子　徐幹、陈琳、阮瑀、应玚（yáng）、刘桢、孔融、王粲七人都喜爱文学，号称建安七才子。

兰亭禊社　王羲之与孙绰、许询等四十二人在兰亭举修禊之礼，这天王献之等十六人未成诗，于是依金谷园罚酒的杯数，也各罚酒三杯。

西园雅集十六人　苏东坡、王晋卿、蔡天启、李端叔、苏子由、黄鲁直、晁无咎、张文潜、郑靖老、秦少游、陈碧虚、王仲至、圆通大师、刘巨济十四人，再加上李伯时（画《西园雅集图》），米元章（在画上记文）。

四杰　唐代的王勃、杨炯、卢照邻、骆宾王，都因为文章出众而名闻天下，号称"四杰"。

铛脚刺史　唐代薛大鼎任沧州刺史，郑德本任瀛州刺史，贾敦颐任冀州刺史，都因善于治理闻名，所以当时河北人称其为“铛脚刺史”。

易水三侠　燕太子丹在易水边送荆轲赴秦，高渐离弹筑高歌，宋如意为他和歌。《战国策》《史记》皆没记载宋如意之名。陶渊明《咏荆轲》诗中有“渐离击悲筑，宋意唱高声”，《水经注》中也有其名。

五马　南齐柳元伯有五子，分别为五州之太守，五马车驾参差停在庭院中。殷文圭作文说：“荀家门内罗列八龙，柳氏庭前参差五马。”

窦氏五龙　宋代窦仪字可象，是蓟州渔阳人。他的父亲窦禹钧在北周曾任谏议大夫，有五子，即窦仪、窦俨、窦侃、窦偁（chēng）、窦僖，相继登第入仕。当时人称之为“窦氏五龙”，又称为“燕山五桂”。

汉三杰　张良、韩信、萧何。

程门四先生　谢良佐、游酢（zuò）、吕大临、杨时。

四贤一不肖　范仲淹、余靖、尹洙、欧阳修称为“四贤”。高若讷被称为“一不肖”。

睢阳五老　宋代冯平与杜衍、王焕章、毕世长、朱贯，都以年高德劭而辞官归隐，优游于故乡。闲暇宴集玩乐，赋诗说：“醉游春圃烟霞暖，吟听秋潭水石寒。”时人称之为睢阳五老。

昭勋阁二十四人　宋理宗宝庆二年，将宋朝功臣遗像画在昭勋阁上，有赵普、曹彬、薛居正、石熙载、潘美、李沆、王旦、李继隆、王曾、吕夷简、曹玮、韩琦、曾公亮、富弼、司马光、韩忠彦、吕颐浩、赵鼎、韩世忠、张浚、陈康伯、史浩、葛邲（bì）、赵汝愚，共二十四人。

二十四孝　分别是：大舜耕田，汉文尝药，曾参啮指，闵损推车，子路负米，董永卖身，剡（yǎn）子鹿乳，江革行佣，陆绩怀橘，山南乳姑，吴猛饱蚊，王祥卧冰，郭巨埋儿，杨香搤（è）虎，寿昌寻母，黔娄尝粪，老莱戏彩，蔡顺拾椹（shèn），黄香扇枕，姜诗跃鲤，王裒（póu）泣墓，丁兰刻母，孟宗泣竹，庭坚涤皿。

三珠树　王勃六岁就能写文章，与兄王勔（miǎn）、王勮（jù）比赛。杜易简很惊奇，说：“这是王氏家族三珠树。”王勃但凡写文章，就先磨好几升墨，用被子蒙脸躺下片刻，忽然坐起来就写，文章不加涂改，人们谓之“腹稿”。

北京三杰　唐代富嘉谟、吴少微，以及魏郡人谷倚三人在太原做官（唐代以太原为北京），都有文采焕然的盛名，当时人称“北京三杰”。当时天下文章浮华萎靡，唯独吴少微、富嘉谟本于经典，雅正浑厚、雄然超迈，人们争相仰慕，号称“吴富体”。

五子科第　黄汝楫在方腊侵犯家乡时，出财物二万缗，赎回被劫掠的百姓上千人。晚上梦见有神人来告：“天帝因你救了很多人，赐你五个儿子都能科举登第。”后来其子黄开、黄阁、黄闶（kàng）、黄闻、黄闾果然都登科。

四豪　战国时赵国平原君赵胜，齐国孟尝君田文，楚国春申君黄歇，魏国信陵君魏无忌，被称为“四豪”。

五龙　南北朝时，张镜与颜延之为邻，颜延之每次饮酒，吵闹喧哗不休，而张镜却寂然无声。一天张镜与客人谈话，颜延之于篱前取凳坐听，言谈清雅淡远，心中服气，对客人说：“那边有高人。”从此不再吵闹。张镜兄弟五人都是名士，当时人称“张氏五龙”。

河东三绝　唐代的徐洪，任蒲州司兵参军。当时司户韦鬲善于判案，司工李登善写字，徐洪善作文章，时人并称为“河东三绝”。

兖州八伯　羊曼为羊祜（hù）从孙，放任不羁，性爱喝酒，与阮放等八人常友好。当时人称阮放为宏伯，郗鉴为方伯，胡毋辅之为达伯，卞壸（kǔn）为裁伯，蔡谟为朗伯，阮孚为诞伯，刘绥为委伯，而羊曼为䠞（tà）伯，号“兖州八伯”，又号为“八达”。

五忠　刘韐（gé）是福建崇安人，先祖从京兆迁徙至福建，子孙后代在宋朝为官，得到谥号为“忠”的有五人，世人称其为“五忠”。刘韐以学士的身份出使金国，遭金国人强留，他自缢而死，谥为“忠显”。长子刘子羽官至枢密使，第一个举荐重用吴玠、吴璘，二吴中兴之时战功很多，都是刘子羽的功劳。

九牧林氏　唐代林披，官至太子詹事。子九人，都官至刺史，号称“九牧林氏”，而其中林藻、林蕴尤为著名。

八子并通籍　明代许进官至吏部尚书，死后谥号为“襄毅”。其子许诰南官至户部尚书，死后谥号为“庄敏”；许赞官至大学士，死后谥号为“文简”；许论官至兵部尚书。八个儿子都做了高官，四海之内没有更盛的了。

一门仕宦　宗资是南阳人，世代居住在宛城。一家入仕途做官的，做到卿相者有三十四人，东汉时无人可与之媲美。

附：奸佞大臣

历代奸佞　夏启登基时，有扈氏是无道之君，威震侮慢宇宙万物，离弃天地正道。夏启征讨他，大战于甘地，将其消灭。

夏帝相在位时，权归后羿，被后羿赶走。后羿臣子寒浞又杀后羿，自立为帝，还杀了帝相。相的皇后缗是有仍国君的女儿，刚刚怀孕，逃回有仍国，生下少康。夏代旧臣靡起兵杀死寒浞，立少康为帝。

周成王即位时年幼，周公摄政。管叔、蔡叔、霍叔三人传流言说：“周公将作不利之事。”继而就与武庚一同谋反，周公于是作《大诰》，然后奉成王之命讨伐以平息叛乱。

吴国太宰伯嚭（pǐ）收受越国贿赂，于是就允许越国行动，还以谗言陷害伍员，以致吴国灭亡。

晋国大夫魏斯、赵籍、韩虔瓜分晋国领地。田氏伐姜而占有齐国，都因周天子不遵礼制，恩宠过度。

秦国李斯奏请：“不是秦国的史书就烧毁，不经意提及《诗经》与《尚书》之人砍头，借古讽今的人灭族，只有讲医药、卜筮、种树的书不必烧毁。若有人欲学法令，可以以吏为师。”皇帝批准：“可行。”于是坑杀儒士四百六十多人。秦始皇在沙丘驾崩，赵高与李斯伪造遗诏，废太子扶苏而立胡亥，即是秦二世。赵高仗着有恩于二世就专行跋扈，又怕李斯有不同意见，就杀了李斯全家，自立为丞相。等到章邯兵败，又怕牵连自身，就与其女婿咸阳令阎乐合谋在望夷宫谋杀了秦二世，再立子婴为秦王。子婴联合两个儿子刺杀赵高，诛其三族。

楚王项羽的大将丁公穷追汉王刘邦，追到彭城西面，短兵相接，刘邦势急，回头对丁公说：“两贤人还要相互残杀吗！”丁公就退军回去了。后来刘邦登基，丁公来求见。刘邦将其宣示军中，说：“丁公为项王臣子却不尽忠，而使项王失天下。”于是将其斩首。

汉代田蚡（fén）为丞相，他骄淫奢侈，金玉、美女、狗马、声乐、玩好，数不胜数。入朝奏事，所说的皇帝全部遵从。举荐人可从平民直到官至二千石，皇权于是转入自己手中。皇帝说：“你要任命的官完了吗？我也想任命一些。”他曾请求将考工官署之地批为私宅，汉武帝说：“你为何不直接把武库也占了？”此后才稍微收敛一些。

赵人江充最初是赵敬肃王门客，获罪而逃亡，告发赵太子的秘事，太子因此被废。汉武帝召江充来谈话，非常高兴，任命他为直指绣衣使者，让他督查国戚。近侍的人与太子有矛盾，就说皇帝的病是由于有人下蛊。于是皇帝让江充来查办巫蛊狱。江充说：“在太子宫里查出许多木人，还有帛书，上面的言论大逆不道。”于是急命抓捕太子。太子派遣长乐宫卫卒收捕江充等人，将之斩杀。太子也被迫自杀。后来汉武帝听了田千秋的话，才灭江充全族。

汉昭帝初年，左将军上官桀也曾受遗诏辅佐少主，他的儿子上官安有一女儿，就是霍光的外孙女，上官安想靠霍光让昭帝纳其女，霍光因她年龄还小，没有听从。上官安却靠昭帝之姐盖长公主送她入宫为婕妤，一个月后立为后，于是上官安怨恨霍光而感激盖长公主。知道燕王刘旦因是昭帝之兄却未立帝而失望怨恨，就派人假以燕王之名上书，想要共同逼退霍光。奏书上交，霍光不敢进宫。皇帝召他进殿，霍光进来后脱帽磕头。昭帝说：“将军戴上官帽。我知道此书为假，将军无罪。将军调选校尉不到十日，燕王怎么会知道此事呢？”当年昭帝才十四岁，左右臣子听了都很震惊，而且上书之人果然已逃跑。后来上官安等人又密谋让长公主安排酒宴邀请霍光，打算埋伏兵士刺杀霍光，再趁机废帝。正好公主舍人知道这个阴谋并告发，于是逮捕了上官桀、上官安等人并诛其全族，盖长公主也自杀了。

汉元帝用史高为录尚书事，并让官宦弘恭、石显参与机密。萧望之等人建议，不能让官宦担任机要之职，以顺应自古以来不重用刑余之宦官之惯例。因此与史高、弘恭和石显相忤。弘恭、石显于是就上奏说萧望之与周堪、刘更生结为朋党，请元帝下令把他们召到大理寺来审问。元帝起初不答应，最后勉强才答应了这个奏请。萧望之服毒自杀。元帝听到后大为惊异，搓着手说曰："我本来就怀疑他不肯进狱，果然错杀了我的贤能宰相！"

汉成帝把政事托与王凤，几位舅舅也都封了官，王谭、王商、王立、王根、王逢均封列侯。谷永私下想投靠王凤，就说："您与皇上有骨肉之亲，又有申伯般的忠心，而没有像重合侯莽通、安阳侯上官桀、博陆侯霍禹那样作乱。"以此来歌颂王凤。当时很多人上书说灾害与奇事，大多暗讽王凤专权导致。成帝亲自问张禹，张禹说："灾害与天变的内涵，幽深邈远而难以探查，新学的无知小人们胡说误导罢了。"戴永嘉断言："王莽代替刘汉，始于杜钦、谷永，成于张禹、孔光，终于刘歆。这几个人都号称是儒士，以贤良直谏为名，以通习典籍、效仿古人为贤，却假托经术，修饰古义，满足他们的计谋，帮助谄媚奸佞之人，凭借恩宠，苟取富贵，一道作出误国之举，连平民百姓也比不上！"

汉平帝五年五月，朝廷册封安汉公王莽加九锡。十二月，王莽趁腊日进上椒酒，并在酒中下毒。平帝有病，王莽作策在泰畤（zhì）旁祈祷，愿以己身来代，把策文藏于金柜，放在前殿，告诫大臣们不要说话。后来平帝驾崩，群臣纪逡（qūn）、郇（huán）越、郇相、唐林、唐遵、扬雄、谷永、刘歆、孔光等人奏请太后，要请安汉公代行摄政，太后下诏说："可以。"于是王莽就立刻即天子位，改国号叫"新"，占据皇位十八年，最后被汉兵杀死。

汉章帝宠信窦宪，窦宪以低价买走沁水公主的庄园，不久又因争权刺杀都乡侯刘畅。窦太后派他征讨匈奴来赎罪，导致窦氏兄弟专权。汉和帝与中常侍郑众秘密商议过去的先例，提兵逮捕窦宪，逼迫其自杀。窦氏虽然除掉了，宦官之权却自此盛起。

汉安帝驾崩，阎太后临朝听政。她想要长久专权，就与阎显等人商量，立还在幼年的济北惠王之子刘懿为帝，没多久，刘懿死了。中常侍孙程、王康等十九人，密谋迎请济阴王即皇帝位，这就是汉顺帝。顺帝诛杀阎显，废去阎太后，封孙程等人为列侯，世称十九侯。

汉顺帝驾崩，两岁的太子刘炳即位，梁太后临朝听政，刘炳在位一年就早夭。于是征召渤海孝王之子刘缵（zuǎn）即位，刘缵时年八岁，生来聪慧，曾经在朝会上，看着梁冀说："这是跋扈将军。"梁冀听到很生气，就在煮饼里投毒暗杀他，在位仅一年。梁冀迎请蠡吾侯刘志即位，这就是汉桓帝。梁冀一门，前后有七个侯爵、三个皇后、六个贵人、两个大将军，三个娶了公主，其余卿、将、尹、校之类的官五十七人。梁冀专权跋扈，日渐嚣张，威行于朝野内外，天子也无可奈何，不能有钦赐之力。汉桓帝非常不满，就与中常侍单超、徐璜等人商议，诛杀梁冀。封单超等五人为县侯，世称五侯。当时梁氏虽除，五侯仍猖狂，贤人与君子忠愤激烈，最终酿成党锢之祸。

汉桓帝无子，窦太后立解渎亭侯刘苌（cháng）之子刘宏，这就是汉灵帝。当时中常侍曹节、王甫等人勾结为朋党，谄媚窦太后，太后相信他们。陈蕃、窦武痛恨他们。当时正值日食之变，窦武就向太后进言诛杀曹节等人，太后犹豫之下不忍动手。曹节召来尚书，威逼其写下诏书，任王甫为黄门官，命他持节收捕窦武等人。窦武不接诏书，他们就将陈蕃遣送到北寺狱并杀害。王甫率领虎贲、羽林军等合计一千多人围剿窦武，窦武自杀。于是宦官愈发横行霸道如同流毒。缙绅、忠臣、义士都接连被杀害。灵帝驾崩后，皇太子刘辩即位，何太后临朝听政。中军校尉袁绍劝何太后之兄何进将宦官尽数灭杀，何进请示太后，太后不听。袁绍等人又为何进出谋划策，召四方的猛将，让他们带兵来朝，以威胁太后。何进以为然。便召董卓带兵进京，董卓未至，何进就被中常侍张让等人假托圣旨杀死。袁绍听闻何进被杀，带兵搜捕宦官，不论老幼尽数杀死。张让看形势紧急，就挟迫皇帝与陈留王刘协出谷门。张让投河而死。董卓到京，认为陈留王很贤明，就废帝而立陈留王刘协，这就是汉献帝。董卓专政，淫乱宫禁，关东州郡都起兵讨伐董卓。董卓就想迁都躲避，于是放火焚烧皇宫、宗庙和官府，劫持汉献帝迁都于长安。司徒王允和司隶校尉黄琬，让吕布诛杀董卓，百姓在道路两旁欢舞庆贺。

王允想把董卓一党尽数诛杀，董卓部将李傕（jué）、郭汜（sì）等人攻入长安，杀掉王允。杨奉、韩暹（xiān）二人侍奉献帝车驾到雒（luò）阳。曹操将献帝劫持并迁到许都，挟持天子号令诸侯，用杖击杀伏皇后，早就有废除君王的打算，害怕名义上无法解释，想学周文王，来骗过后世之人。其子曹丕篡位，奉汉献帝为山阳公，汉朝就此灭亡。

蜀汉宦官黄皓谄媚狡猾，后主非常喜欢他。黄皓一开始害怕董允，不敢大胆行事。董允死后，陈祗接替董允为侍中。陈祗与黄皓狼狈为奸，黄皓才开始参预政事。魏国司马昭大举兴兵攻蜀，姜维奏请派左右车骑将军张翼、廖化督诸军分别守护阳安关口和阴平的桥头，以防患于未然。然而黄皓相信巫鬼的话，认为敌人最终不会进攻，就启奏皇帝压下这件事，因此群臣都不知。而邓艾果然冒险从阴平小路入蜀，汉兵没有想到魏兵突至，老百姓大乱。谯周劝后主出降，蜀汉灭亡。

魏国曹爽用何晏、邓飏、丁谧的计谋，使太后在永宁宫专擅朝政。司马懿称病在家，不参与政事，但暗地里与其子司马昭计划诛杀曹爽及何晏、邓飏一党，从而自己操纵国家权柄。司马懿死后，让他的儿子司马师当大将军。司马师废了魏主曹芳，另立高贵乡公曹髦。司马师死后，封其弟弟司马昭为晋公，加九锡。魏主曹髦看到皇权日渐衰落，气忿不已，说："司马昭什么心思，路人都知道。我不能坐等废黜与欺辱，今天应当自己去讨伐他。"于是就拔剑坐上辇车，率领殿中宿卫、仆人和童子，呐喊着冲出来，结果被司马昭同党贾充和成济刺死车下。司马昭追废曹髦为庶人，迎立常道乡公曹璜为主。司马昭死后，他的儿子司马炎嗣晋王之位而篡位，奉魏主为陈留王。从司马懿到司马炎，其弑主之行叛逆无道，比曹操处置汉献帝还要过分，世人都说是上天的报应。

孙吴的孙琳废吴主孙亮为会稽王，迎立琅琊王孙休。孙休死后，他的侄子孙皓立。孙皓为人骄淫残暴，甚于夏桀、商纣，后来归降于晋，被封为归命侯。贾充对孙皓说："听说你在南方凿人眼睛，剥人脸皮，这是什么刑罚呢？"孙皓说："为人臣子而弑君以及奸恶不忠的人，就施以此刑。"贾充沉默不语，深深惭愧。

晋武帝皇后之父杨骏四处结交朋党，权倾朝野。武帝驾崩，晋惠帝即位。贾后凶悍，想要干预朝政，但被杨骏压制，于是陷害杨骏谋反，杀了他，又废了杨太后。不久后贾后毒死太子。赵王司马伦和孙秀等人起兵杀死贾后，赵王伦篡位。齐王司马冏等人起兵讨伐赵王伦，杀死了他，迎回晋惠帝车驾。齐王冏已然得志，便骄奢专权，朝内外皆感失望。河间王司马颙（yóng）、成都王司马颖等，起兵讨伐齐王冏，杀了他，封司马颖为皇太弟。河间王将领张方又废皇太弟司马颖，改立豫章王司马炽为皇太弟，这就是晋怀帝，后来怀帝被刘聪抓住并杀害。

东晋王敦与刘隗（wěi）、刁协结怨，想要清除君王之侧的恶人（刘隗、刁协）。上疏数落他们的罪状，起兵占领石头城，说："我不再做有盛德的事了。"元帝命刁协、刘隗、戴渊率兵打石头城，刁协、刘隗战败。元帝就命公卿百官去石头城见王敦，以王敦为宰相，都督中外诸军事。吕猗说服王敦逮捕周颛和戴渊，杀了他们，未朝拜元帝，就回武昌。明帝元年王敦病重，司徒王导率家人子弟发哀，众人都相信他真的死了，于是拿诏书到王敦府上，列举王敦罪恶。王敦见到诏书非常愤怒，疾病加重，不能亲自领兵，就让兄长王含率兵五万，杀到江宁。晋明帝率诸军袭击，大破其军，王敦不久就死了，其同党悉数被平定。于是挖其坟掘其尸，让尸首跪地然后斩首。

晋成帝二年，庾亮认为苏峻盘踞历阳一定会酿成祸乱，下诏征其回朝。苏峻不听，知道祖约也有怨于朝廷，就联合他一起发兵讨伐庾亮。率众兵到蒋陵，攻打青溪，卞壶战死。又借风放火烧官府，庾亮逃到浔阳。苏峻之兵入台城，劫掠官府的仓库。温峤、陶侃、郗鉴等人起兵讨伐苏峻。苏峻听闻四方兵起，就胁迫成帝迁至石头城。陶侃等人俘虏苏峻，杀了他，祖约逃到后赵。

晋太和五年，大司马桓温暗藏篡位之意，他抚着枕头长叹："男儿若不能流芳百世，也要遗臭万年。"等到枋（fāng）头大败，威名顿时受挫，郗超对桓温说："明公不仿效伊尹、霍光来行废立，就无以立更大的威权。"桓温同意他的说法。于是就到建康，假借太后的命令，废黜皇帝为东海王，立会稽王司马昱，这就是简文帝。后来桓温死了，让他的弟弟桓冲继承了自己的军队。桓冲接替桓温之职后，尽忠于王室。

晋烈宗的时候，南郡公桓玄对自己的才华很自负，以英雄豪杰来自比。朝廷对他有疑虑而不加重用。二十三岁时，下诏官拜太子洗马，后来补官义兴太守，桓玄郁郁不得志，感叹说："父亲为九州之首领，儿不过区区五湖长官罢了。"于是弃官归去。后来他篡晋安帝之位，登上御座的时候，御座忽然陷塌，群臣大惊失色。殷仲文说："可能是圣德过于深厚，地面无法承载。"桓玄非常高兴。后来为刘裕打败并斩杀。

刘宋徐羡之、檀道济等人废黜宋王刘义符，不久将他杀害。太子刘劭杀了自己父亲文帝刘义隆。寿寂之杀君主刘子业。萧道成杀苍梧王刘昱，杀宋顺帝刘準（zhǔn）。

南齐西昌侯萧鸾弑君主萧昭业，迎立萧昭文，不久又把他废为海陵王，自己即位，这就是齐明帝。太子萧宝卷立为帝，为萧衍所杀。

梁武帝萧衍被侯景饿死。梁简文帝萧纲被侯景杀死。梁元帝萧绎降魏仍被杀。梁敬帝为陈霸先所杀。

隋代杨广杀兄当上皇太子，后来又杀父亲杨坚自立为帝。最后巡狩扬州之时，天下战事四起。内史侍郎虞世基因炀帝不喜听到起兵之事，所以诸郡县凡有告败并求救的，虞世基就把文书压下不告知炀帝。所以起义者遍及海内，攻陷郡县，炀帝皆不知晓。后来为宇文化及所杀。

隋代晋阳宫监裴寂与晋阳令刘文静等人密谋，晚上将李渊灌醉，让晋阳宫人侍奉李渊，然后迫使李渊起兵。

唐太宗曾在树下休息，心中喜爱此树，宇文士及顺从他对他赞誉不已。唐太宗严肃地说："魏徵曾经劝我远离奸佞小人，我还不知道谁是奸佞小人。私下怀疑是你，今天看来果然没错！"

唐太宗太子李承乾喜声色田猎，所作都是奢靡之事。魏王李泰才华横溢，受到太宗宠爱，暗中有夺嫡之意。太子知道后，暗中豢养刺客纥（hé）干承基等人，想刺杀魏王李泰。恰逢纥干承基因犯事而入狱，改变想法，告发太子谋反，太宗命令中书省和门下省一道审讯此案，证据确凿，太子废为庶人，侯君集等都伏法被杀。于是立晋王李治为皇太子。

唐高宗李治想要立唐太宗才人武则天为皇后，褚遂良坚持认为不可。高宗又问李勣，李勣回答说："陛下家事，何必要问外人呢？"许敬宗在朝廷上也说："田间农夫多收十斛麦子，尚且想要换老婆，何况天子立个皇后，与其他人何干，平白生出这么多议论来？"于是高宗就废王皇后、萧淑妃为庶人，让李勣拿着玺印和绶带，册封武则天为皇后。

唐代武则天为太后时，因为李唐宗室和大臣心中不服，就想以杀人来立威，于是大开告密之门。胡人索元礼因告密升官为游击将军，让他掌管审讯。索元礼生性残忍，审讯一个人，必然让他牵连出几十上百人。又有周兴、来俊臣这样的人仿效他，纷纷相继而起，一起撰写《罗织经》数千字，来教唆其党徒网罗无辜。朝内朝外人畏惧这几人比虎狼更甚。后来周兴获罪流放岭南，在路上为仇家所杀。索元礼被太后杀死，以抚慰人心。

唐代侍御史傅游艺奏请朝廷请改国号为“周”，武则天同意。于是驾临则天楼，大赦天下，改“唐”为“周”。立豫王李旦为皇太子，赐他姓武。傅游艺在这几年里，官服颜色从青到绿，再从朱到紫，九品升至三品，当时人因其官服之色变化如四季而称之为“四时仕宦”。

唐代杨再思当宰相，专门奉承谄媚。司礼少卿张同休，是张易之、张昌宗之兄，曾会同公卿大夫欢宴享乐，酒喝多后，他对杨再思说：“杨内史面相如高丽人。”杨再思就欣然而起为他跳高丽舞，在座的人都为之大笑。

唐中宗让韦皇后与武三思下双陆棋，而自己却在一边，为他们计数，武三思就与韦皇后私通，武姓的势力重新振作起来。

唐中宗宴请近臣，国子监祭酒祝钦明主动请求跳八风舞，摇头摆尾，丑态百现。祝钦明一向以儒学而闻名，卢藏用对人说：“祝公学问扫地啊。”

唐代的杨洄又诬告太子李瑛、鄂王李瑶、光王李琚暗中策划阴谋，唐玄宗召来宰相商量。李林甫回答说：“这是陛下家事，不是臣子应该参与的。”玄宗于是下决心，把李瑛、李瑶、李琚废为庶人，赐死于城东驿站。大理寺卿徐峤上奏说：今年天下判处死刑共五十八人，大理狱院向来相传杀气太重，飞鸟都不停留，现有乌鹊在树上做巢。于是百官以为这是几乎用不着刑罚的盛世，所以上书称贺。玄宗归功于宰相辅佐，赐给李林甫爵位。晋国公牛仙客、豳（bīn）国公范华阳说：“明皇一天杀了三子，而李林甫却因不用刑罚而受赏，谄媚之人得志，天理已灭啊！长久下去怎么会不乱呢？”

唐代安禄山被敌军打败，张守珪奏请玄宗将其斩首。但玄宗爱惜其才能，下令免除官职。张九龄坚持争论说：“安禄山军队失去法纪打了败仗，据国法不能不杀他。而且据我看他貌有反叛之相，不杀他必然会有后患。”玄宗说：“你不要模仿王夷甫识石勒之意，枉害忠良。”竟让安禄山做了节度使，出入皇宫。安禄山请求成为杨贵妃干儿子，二人的丑闻在外传言，玄宗仍不怀疑。当时政事都委任李林甫，李林甫谄媚玄宗，排抑高于自己的人，口中有蜜而肚里藏刀，造成天下大乱。安禄山因李林甫比自己狡猾，也害怕他服从他。到了杨国忠为相，安禄山非常蔑视他，因此二人产生仇隙。然而安禄山虽然心存异志，又因玄宗待他不薄，就想等玄宗驾崩后再谋反。但杨国忠却希望他速速谋反而取信于玄宗，于是向唐玄宗告状，多次激怒安禄山，于是安禄山就反了。

唐肃宗的张皇后，起初与李辅国内外勾结，专权用事。到了晚年二人产生仇隙，就想杀掉李辅国，并废除太子。内射生使程元振与李辅国密谋，贬张皇后到别的宫殿，不久就杀了她。丁卯日，唐肃宗驾崩，唐代宗即位，他厌恶李辅国专横，但因为他有杀张皇后的功劳，不想太张扬地诛杀他。于是夜里派刺客到他的府邸，砍了他的头与一臂后离去。

唐代宗宠爱任用宦官程元振。吐蕃兴兵攻唐，程元振不告知代宗，郭子仪请求调兵，程元振也不予召见，导致代宗后来仓惶逃至陕州。吐蕃大军进入长安，劫掠朝廷府库和市场，焚烧屋舍，京师被劫掠一空，景象萧然。代宗派使者到各地去征兵，李光弼等人都忌惮程元振在朝中，无人敢来。朝野内外都咬牙切齿却没有敢站出来说话的。太常博士柳伉上疏说他误国，而代宗因他曾有保护皇位之功，只是削去官爵，放回老家而已。

观军容宣慰处置使宦官鱼朝恩，专门执掌禁军，恩宠无比，权倾天下。代宗让元载来策划方略，擒拿鱼朝恩并将他吊死。而元载自从诛杀鱼朝恩，代宗宠信他让他官至中书侍郎，就专横无比，不久后也被赐自尽。官府抄没元载的家产，仅胡椒就有八百石，其他财产也差不多如此。

唐德宗喜欢卢杞，提拔他为门下侍郎。卢杞想培养势力建立权威，就召来裴延龄做集贤直学士，并亲自任命他。后来他诬杀杨炎，独自掌权，混乱朝政，导致姚令言、朱泚叛变。德宗出幸奉天，朱泚围攻奉天一个多月。李怀光日夜兼程来援救，在醴泉打败朱泚。朱泚带兵逃回长安。李怀光多次与人说及卢杞、赵赞、白志贞奸佞，并且说："我面见皇上，必当奏请杀掉他们。"卢杞听后非常畏惧，奏请皇上下诏让李怀光引兵屯驻便桥，与李晟约定时间进取长安。李怀光从千里外赶来，竭尽忠诚来解救圣上的困境，相隔咫尺却见不到天子，怏怏不乐地领兵走了。后来德宗从容地与李泌谈论他即位以来的宰相，说："卢杞忠心、清廉、坚强、正直，人们都说他奸邪，我一点也不觉得。”李泌说：“这正是卢杞的奸邪之处。如果陛下觉察，怎么会有建中之乱呢？”

唐宪宗怀疑李绛、裴度都私结朋党，而对李吉甫、程异、皇甫镈（bó）则不怀疑。因为李绛、裴度多次进谏，李吉甫、程异、皇甫镈都奉承谄媚，因而觉察不到欺骗。范祖禹说：汉代党锢始于甘陵二部互相讥讽，成于太学生的互相吹捧。唐代朋党开始于牛僧孺、李宗闵的计谋商议，成于钱徽之的被贬。这都是由于君主德行不明，君子和小人在朝中鱼龙混杂，不分别正邪忠奸全部罢免，所造成的局面。

唐穆宗时，李逢吉掌权，所亲近重用的人有张文新、李仲言、李续之、李虞、刘栖楚、姜治及张权舆、程昔范，又有跟随依附者八人，时人称之为八关、十六子。如果想做什么事，就必须先贿赂八关、十六子，再到李逢吉处，这样没有达不成愿望的。

唐文宗时，李德裕、李宗闵各有朋党，互相联络掩护。文宗认为这是个祸患，常常叹息说：“赶走河北藩镇容易，去除朝廷朋党却是很难。”

唐文宗九年，最初是宋申锡获罪，宦官愈加骄横，文宗不能忍受，就与李训、郑注谋划诛杀他们。李训、郑注都是凭借宦官王守澄而得进朝的，若先杀王守澄，宦官们就不会怀疑。于是就派中使李好古到王府赐毒酒，毒死了他。王守澄的尸体要葬于浐水边，郑注请文宗命令宦官都去浐水送葬，关门让亲兵用斧头砍杀，使他们无一遗漏。李训与同党谋划说："如果这样成功的话，郑注就独占此功，不如在那之前就把宦官全杀了，然后连郑注一并除去。"壬戌日，文宗到紫宸殿。韩约上奏说："左金吾厅事的石榴树上，晚上降下了甘露。"朝廷先命宰相和两省官员去看。李训回来说不是真的。文宗回头看宦官仇士良，让他领众多宦官去看。仇士良到了那里，左边风吹起帐幕，看到持兵器者众多，于是报告圣上有叛变。李训忙叫金吾卫士上殿。宦官扶着文宗上轿，跑到后殿门外的守望台上，然后迅速从北逃跑。卫士追击宦官，死伤十几人。李训知道事败，脱身逃跑。仇士良等人命令禁军出动，杀金吾卫士一千六百多人、官吏与平民一千多人，王涯、贾悚（sù）、舒元舆都被逮捕并斩首。第二天，李训、郑注都被杀，全族被杀。从此天下事都由北司宦官决定，宰相不过发送文书而已。

唐僖宗专注于游戏，任命宦官田令孜为中尉，国家大事全权交托于他，称他为"阿父"。

唐昭宗任命散骑常侍郑綮（qǐ）为礼部侍郎同平章事。郑綮喜开玩笑，写了不少歇后诗，讥嘲政事。昭宗认为内涵深意，便任命他为宰相，听到的人大惊，堂上属吏忙去告诉郑綮。郑綮大笑说："大家都误会了，即使天下再也没有人了，也轮不到我郑綮。"属吏说："但这确实是圣上的旨意。"郑綮说："如果真的是这样，招人嘲笑怎么办？"接着祝贺的人就来了，郑綮摇头说："写歇后诗的郑五都能作宰相，时事如何可想而知了！"多次推辞都未获准，只好当宰相。没过多久，就辞官而去。

唐昭宗二年，王行瑜、韩建领兵进犯朝廷，声称韦昭度、李溪作宰相不合众心，在都亭驿杀了韦昭度、李溪。李克用起兵讨伐王行瑜，将他斩首。

唐昭宗任用崔胤为宰相。崔胤与昭宗谋划诛杀宦官，宦官畏惧。中尉刘季述、王仲先等人就阴谋废立之事，于是就带着兵器入宣化门。刘季述挟持昭宗去少阳院，用银块在地上作记号，列数昭宗数十条罪行，用锁把昭宗禁锢起来，伪造诏书立太子李裕为皇帝。崔胤秘密派人说服神策军指挥使孙德昭，让他擒拿刘季述等人并斩杀，迎昭宗复位。崔胤认为让宦官领兵，终究是心腹大患，就称自己有密诏命朱全忠率兵进京讨伐宦官，于是朱全忠从大梁发兵。中尉韩全诲听到后，劫持昭宗跑到凤翔。朱全忠立刻进攻凤翔，李茂贞出来迎战，屡战屡败。这时储藏的物资已经用完了，昭宗只好把自己和小皇子的衣服拿去典当以换取食物。李茂贞请求诛杀韩全诲等人，与朱全忠讲和，并杀宦官七十多人，奉皇帝车驾回长安，仍以崔胤为宰相。崔胤又奏请要剪除宦官之乱的根本。朱全忠派兵把第五可范以下数百人赶到内侍省，尽数杀光。并派出使者拿着诏书收捕诛杀各地宦官，只留老幼三十个宦官，留下来洒水扫地。不久，朱全忠就秘密上奏说崔胤专权，将他诛杀。并把昭宗迁到了洛阳，接着让蒋玄晖杀昭宗，立昭宣帝，然后篡位。

北周太师冯道死了。冯道幼时以孝顺恭谨闻名，后唐庄宗时才开始显贵，从那以后每个朝代都任将相、三公、三师之位。为人清廉、俭朴、宽容，别人都猜不透他的喜怒，性情滑稽诙谐且非常智慧，与时浮沉又安然自若。曾写《长乐老叙》一文，自述每一朝得到荣耀恩遇的情况，人们都因为其德行与器量而尊崇他。

周恭帝元年正月，发生陈桥兵变，士兵拥护赵匡胤回汴梁，从仁和门进城。当时早朝还没有结束，听到兵变，亲军指挥韩通商量率领众兵来抵御，军校王彦升追杀他。韩通跑回自己家，还未到家，全家人都被杀，妻子儿女都死了。众将士拥着大臣范质、王溥等人来到宫廷，赵匡胤流泪诉说六军逼他的原由，范质等人还没来得及说话，列校罗彦环就拿着剑厉声说："我们这些人都没有主人，今天必须选出一个天子。"范质等人面面相觑，不知如何办。王溥下台阶先拜于地，范质不得已也下拜，于是就奉赵匡胤进宫，召来百官。申时大局已定，但还没有禅位的诏书，翰林承旨陶谷从袖中拿出诏书，于是赵匡胤登极称帝。

宋太宗七年，把秦王赵廷美贬为西京留守。起初，昭宣太后遗命宋太祖传位给太宗，宋太宗再传给秦王赵廷美从而传到赵德昭。后来赵德昭被逼自杀，赵德芳也继而病死，秦王赵廷美开始有些不安。柴禹锡乘机上奏说他要谋反，太宗有些拿不定主意，就召赵普，说到太后的遗旨。赵普答说："太祖已经失误一次了，陛下岂能继续失误！"秦王赵廷美因此获罪。

宋太祖的皇后宋氏驾崩，群臣不穿孝服。翰林学士王禹偁对人说："皇后也曾经母仪天下，应当遵用旧制服孝发丧。"被认为是谤讪，贬官出知滁州。

宋真宗宰相吕氏说：“景德以前的宰相多是君子。祥符以后的像王钦若只知闭门修斋，丁谓暗中交结宦官，雷允恭与钱惟演在外面专擅权柄，冯拯、曹利用互相结为朋党，陈尧叟附和天书，都是小人。”

宋仁宗对辅佐大臣说：“王钦若在朝任职很久了，看他所作所为，真是奸邪小人啊。”当时的宰相王曾回答说：“王钦若与丁谓、林特、陈彭年、刘永珪同等奸恶，当时人称他们为‘五鬼’，其奸邪虚伪，正如陛下所说。”

宋仁宗时，国子监直讲石介因为韩琦、范仲淹等人同时进用，欧阳修、蔡襄等人同为谏官，夏竦也已经被罢免，于是就作《庆历圣德》诗，里面说：“众贤之进，如茅斯拔；大奸之去，如距斯脱。”大奸，就是指夏竦。起初，石介曾上奏记给富弼，劝他仿效伊尹、周公那样的贤相。夏竦怨恨石介这样排斥自己，想乘机来扳倒富弼等人，便让女仆暗中学习石介的字体，学成后便改“伊、周”为“伊、霍”，即仿照伊尹、霍光行废立之事，还伪造了石介为富弼撰写的废立诏书，流言蜚语传到仁宗耳朵里。富弼与范仲淹很害怕。恰好听说契丹讨伐西夏，便上奏请旨去边疆。石介也不心安，也请求出朝为外官，于是被任为濮州通判。

宋代杜衍喜欢推荐引进贤士，小人都有怨言，御史中丞王拱辰一党的人尤其嫉恨他。杜衍之婿苏舜钦当时监察进奏院，依旧例在祀神之后，安排乐妓与歌舞来娱乐宾客。王拱辰听到后，想借此扳倒杜衍，便暗中指使御史鱼周询检举弹劾此事，被罢斥的人有十几人，都是知名之士。王拱辰大喜说：“我已将他们一网打尽了。”

宋神宗即帝位后，设置三司条例司，商量实行新法，诏陈升之、王安石主管此事，令苏辙、吕惠卿检定文字，章惇当条例官，曾布检正中书、五房公事。吕诲上疏议王安石十事，苏辙进谏要求停止青苗法。王安石想停止青苗法。正遇上京东转运使王广渊请求保留本道官府税收的钱帛，贷给平民以获利息的事，正好与青苗法投合，于是决意实行。等到秀州判官李定被召回京，立即拜见王安石。王安石亦立刻把他推荐给神宗。神宗问李定：“青苗法如何？”李定说：“老百姓觉得很方便。”于是其他说新法不好的人，神宗都不再听取。

宋神宗罢免曾公亮，当时人有“生老病死苦”之喻：说王安石是“生”，曾公亮是“老”，唐介是“死”，富弼议论不合于事所以称为“病”，赵抃（biàn）拿王安石没有办法，只能称“苦啊苦啊”而已。刘深源说：“王安石的上台始于曾公亮，吕惠卿的上台也始于曾公亮。其实是曾公亮开始时想结成朋党来排挤韩琦，却不知道小人招来容易排除却难。变法的灾难，曾公亮难道能逃脱罪责吗？”

宋代邓绾（wǎn）任宁州通判，知道王安石得君王信任而专政，于是就上书谈论时事，说“陛下得到了伊尹、周公一样的辅佐，创立青苗法、免役法等新法，人民无不歌颂圣泽，赞美这世间少有的良法”。又把奏书抄给王安石看，极力赞颂新法之美，因此王安石也鼎力将其荐给神宗，邓绾因此得以成为集贤校理，不久又升为侍御史判司农事。同乡有人在京都的，都嘲笑咒骂他。邓绾说：“笑骂听凭他们笑骂，我还是来做我的好官。”

宋代王安石之子王雱（pāng），为人强势彪悍，阴险苛刻，从无顾忌，不过天性非常敏慧。还未成年，就已经中了进士。与父亲商量说：“宰相、参政之子虽然不方便参预政事，但可以做经筵之官。”王安石想让神宗亲自任用王雱，把王雱写的三十余篇策论文给神宗看。邓绾、曾布又竭力推荐他。于是就任命他崇政殿说书。一天，王安石正与程颢谈话，王雱披散着头发光着脚，拿着女人的冠带出来，问：“父亲说的是什么事？”王安石说：“因为新法有人设阻，所以与程君商量。”王雱大声说：“砍掉韩琦、富弼的人头，新法就可以施行了。”王安石听了连忙说：“我儿错了。”

宋代知谏院唐坰（jiōng）上奏十二篇疏来议论时事，都被扣留于中书省，而不批出。唐坰就在百官起居那天入朝请求当面陈奏，说：“我所说都是大臣不法的事，请允许我一一陈述。”于是就大声宣读，约有六七十条，认为王安石作威作福，曾布等人内外专权，天下只知忌惮王安石的威权，已经不再知道有皇帝；文彦博、冯京知道实情而不敢说话；王珪、王韶逢迎王安石，无异于他的仆从；元绛、薛向、陈绎，被王安石颐指气使，无异于他的家奴；张璪、李定为王安石的牙爪，张商英是王安石的鹰犬；甚至痛诋王安石为李林甫、卢杞一类的人。神宗多次阻止他，但唐垧慷慨自若，一直不停，读完后，下殿拜了两拜然后离开。王安石暗中使阁门纠弹唐垧亵渎扰乱朝中仪礼，贬官为潮州别驾。

宋代王安石罢相，出知江宁，于是推荐了韩绛、吕惠卿来代替自己，当时号称韩绛是传法沙门，吕惠卿为护法善神。吕惠卿得志后，怕王安石再次得到重用，就想杜绝王安石复出的可能，于是拿出王安石的私信，里面有“不要让皇上知道”的话，几乎全是可以陷害王安石的证据。当时主掌中书的韩绛老实谨慎，许多事情都稽留得不到解决，他多次与吕惠卿争论，自己忖度无法制服他，就秘密奏请神宗重新起用王安石。神宗听从建议。王安石接到君命，就兼程而来，七天就到汴京，吕惠卿不久被罢免。

宋代以蔡确参知政事。宰相吴充多次对神宗说新法很不便利，想把那些过分的稍稍去除，蔡确阻止了，新法就没有改变。蔡确善于观察人的心思，左右逢源。拿王安石之过进谏，从而得到高位，士大夫们都交口笑骂，他却自以为得计。

宋哲宗亲政，杨畏上疏，奏请继承神宗新法。起初，吕大防称杨畏敢于进言，先暗中约杨畏以帮助自己，后来杨畏竟跳级升官到礼部侍郎，第一个背叛吕大防，上书说神宗的变法，可以垂则万世，乞请早早施行，以便成就继承先皇的政策。哲宗就询问旧臣谁可以召用，杨畏就上疏推荐章惇、吕惠卿、邓温伯、李清臣等人，哲宗全部采纳并尽数任用。章惇就使其同党蔡卞、林希、黄履、来之邵、张商英、周秩、翟思、上官均等人官居要地，一起结朋党，以便报复此前仇怨，罗织罪名贬谪元祐年间宰相执政以及刘奉世以下三十人等，还上书请求挖掘司马光、吕公著的墓，劈棺暴尸。哲宗问许将，许将回答说“这不是盛德之事”，哲宗才作罢。新党又怕元祐旧臣东山再起，交结内侍郝随作为援助，编造宣仁高太后要废哲宗的事，擅自下诏，请求把高太后废为庶人。哲宗嫡母向太后大哭，对哲宗说：“我每天都侍奉高太后，天日在上，这话从哪里来的？如果皇帝一定要这样的话，也是容不下我了。”哲宗感悟，取来章惇、蔡卞奏折，用烛火烧掉了。第二天，他们又再写奏折坚决请旨，哲宗说：“你们是不想让我入英宗的祖庙了吗？”就将其奏折扔到地上。

宋徽宗重新召蔡京为翰林学士。起初因为供奉官童贯因顺承圣意而受到宠幸，他到江南去为徽宗搜寻书画，蔡京巴结附会他。于是徽宗考虑启用蔡京。适当韩忠彦与曾布交恶，曾布想援引蔡京以自助，所以任蔡京为翰林学士。不久徽宗欲立蔡京为相，邓洵武画了《爱莫助图》，说要继承神宗遗志来行新法，非蔡京不可。徽宗拿图给温益看，温益欣然建议以蔡京为相，并惩办有异议的人。于是正直之人都没有被留下来。又追贬元祐党人，罢司马光等四十四人官职，以蔡京为尚书右仆射。蔡京开列元祐中和元符末年的执宰大臣司马光等人、侍从官苏轼等人、文臣程颢等人、武臣王献可等人、宦官张士良等人共一百二十人为奸党，请徽宗将他们的名字刻石置于端礼门。又颁行蔡京所写的党人碑，刻石颁布于各州县。

宋徽宗热爱奇花异石，让朱勔管领应奉局的花石纲。所有士人庶民的家里，只要有一石一木稍可玩味的，就领着军汉径直闯入人家，用黄布覆盖，再加上封识，当作皇帝的私人物品。等到要运走时，也一定要拆屋推墙才出来。人们如果不幸而有一件稀奇的珍玩，就都觉得此物不祥，都怕不能及早地毁掉扔走。押送花石纲的篙（gāo）工、柁（duò）师也倚势贪暴横行，欺压州县，走在路上人都对他们怒目而视。

宋代中书侍郎林摅（shū）在集英殿唱贡士姓名，不认识“甄”字和“盎”字。徽宗笑他说：“你错了！”林摅不谢罪却诋毁同列官员，被御史弹劾黜免。

宋徽宗以王黼为少宰，加蔡京之子蔡攸开府仪同三司，这二人很受宠幸，时常被召见，于是有机会参加宫内的秘戏。蔡攸曾经劝徽宗可以四海为家，于是徽宗多次微服出行。所以下令让京城中的园林都仿效浙江风格，建成白屋及村居野店，收养很多的珍禽异兽。京城每到秋风吹起的静夜，禽兽之声响彻四方，如同在山林陂（bēi）泽之间，有识之士知道这是不祥之兆。蔡攸权势既然已与他的父亲蔡京相抗衡，从此二人就各立门户，成为仇敌。

宋徽宗任命童贯为检校司空。童贯与黄径臣、卢航内外为奸，推荐方士林灵素，大兴道教，纷纷创建殿宇，每次设立大斋，就花费数万，称之为千道会。道箓院还上奏章，册封徽宗为教主道君皇帝。童贯又推荐李良嗣进朝，约女真族出兵攻辽，最后却导致徽、钦二帝被金人掳去北方。

金国使者拿册立之书来，立张邦昌为楚帝，张邦昌向北跪拜行礼，接受册封后即位。阁门舍人吴革率领内亲事官数百人，都先把妻子儿女全部杀掉，烧了自己的家，然后在金水门外起义。范琼谎称与他们一起起义，让他们都先放下兵器，然后从后边偷袭他们，杀了一百多人，抓到了吴革和他的儿子，尽数杀之。那天风霾大起，太阳昏暗无光，百官神情沮丧，张邦昌也脸色大变。只有吴幵（jiān）、莫俦、范琼等人非常高兴，以为自己有辅佐新朝之功。

宋高宗赵构听说金人粘没喝攻入天长军，立刻披甲上马跑到瓜洲，得一艘小船渡江，身边只有几个护圣军卒和王渊、张浚等人随从。汪伯彦、黄潜善正与同僚听克勤禅师说法，有人问边境的消息，仍然用“不足畏惧”来回答。堂吏大喊说：“皇上已经离开！”两人面面相觑，都很慌张，连忙骑上马向南跑，居民也争着出城门，踩踏而死的人纵横交错地倒在一起，百姓无不怨恨愤怒。司农卿黄锷（è）赶到江上，军士以为是左丞相黄潜善，骂他说：“误国误民，都是你的罪过！”黄锷正要辨白是非，但是头已经被砍了下来。

扈从统制苗傅、刘正彦作乱，奉皇子魏国公即位称帝，请隆祐太后临朝听政，尊奉宋高宗为睿圣仁孝皇帝，居显宁，大赦天下，改年号。张浚写檄文声讨苗傅、刘正彦的罪行，与韩世忠、张俊、刘光世、吕颐浩一同起兵前去征讨。苗傅等人忧心恐惧，不知道该怎么应对，于是听从朱胜非的话，率领百官请高宗复位。

勤王大军兵至北门时，苗傅、刘正彦已经南逃，后来被擒获诛杀。

宋高宗任命王德为淮西都统制，统领刘光世的军队，郦琼为副职。郦琼、王德二人却互不相让，都递诉状到都督府和御史台，于是朝廷召王德回建康。参谋吕祉秘密上奏，请求削除郦琼的兵权。书吏对郦琼说漏嘴，郦琼一怒之下率兵叛降刘豫。吕祉也因此而死。

宋代秦桧同执政大臣朝见皇帝，独自留下不出，对高宗说："那些下臣畏首畏尾，大多首鼠两端，不足以与之论定大事。如果陛下决定想要与金人讲和，希望只与我来商量。"高宗答应了他。三天后，秦桧又留下来单独言事，又说了一遍，知道高宗不会再改主意，就排斥赵鼎、刘大中，然后一心议和，但仍认为群臣是心腹之患。中书舍人勾龙如渊为秦桧出谋说："相公为了天下的大计，为何不选择一些人做谏官，将他们一网打尽，那么大事可成。"秦桧大喜，立即提拔勾龙如渊，弹劾有异议的人。金国大将兀术给秦桧写信说："你一天到晚说要请和，但岳飞却还要攻打河北，只有杀了岳飞，方可议和。"秦桧也认为如果岳飞不死，终究还是会阻止和议，自己也会为此受到牵连，于是坚持谋害岳飞。于是就暗示张俊、罗汝楫、万俟卨（mò qí xiè）等人，假传圣旨在大理寺狱杀害岳飞。秦桧在宰相之位十九年，挟制帝王，倡导和议而误国，当时忠臣良将都被他诛杀殆尽。临死前还兴冤狱，诬陷赵汾、张浚、胡寅、胡铨等五十三人谋逆。定完罪，但秦桧病重了，无法写字，这些人终于获释。秦桧无子，就收养了他的妻兄王焕的儿子秦熺（xī）。南省科考定秦熺为进士第一，秦桧还假惺惺地以为有嫌疑，就定陈诚之为第一，因为他的策文专主议和。后来他孙子秦埙（xūn）任实录院修撰，祖、父、孙三世同任史职，以前从未出现过。

宋孝宗即位，任用辛次膺同知枢密院事。起初，辛次膺不遗余力地谏止和议，使秦桧很愤怒，流放了二十年。等到孝宗召他为中丞，像成闵的贪污无厌，汤思退的朋比为奸，叶义问的奸诈罔法，都被他的言论所罢免。汤思退终身依附于和议，恐怕不成，暗示右正言尹穑上书指责张浚跋扈。张浚就请求辞去督府之职，朝廷也就下决心要割地求和了。太学生张观等七十二人上书指责汤思退奸邪误国，乞请把他斩首以谢天下。孝宗下诏把他贬到永州，他忧惧而死。

宋宁宗即位，韩侂（tuō）胄自恃有定策之功，图谋窃国，求计于京镗，援引李沐来做左右正言，又上奏说赵汝愚以同姓宗室的身份出任宰相，将会对社稷不利，于是让赵汝愚出知福州，于是朝廷大权尽数归于韩侂胄。御史胡纮乞请下令禁止伪学之党，韩侂胄又命沈继祖构陷朱熹十条罪状，将他免职并罢去祠禄官，将其弟子蔡元定流放到道州。赵师睪、张釜、程松谄事韩侂胄，知道的人没有不鄙视他们的。韩侂胄专政十四年，宰执大臣、侍从之臣、台谏之臣、封疆大吏，都是他的亲信，皇帝孤立于上，而他则威盖朝廷，权倾天下。他所宠爱的几个妾张、谭、王、陈，都被封为郡国夫人，号称为四夫人。每次皇宫内宴他就与妃嫔坐在一块，依恃权势骄纵倨傲，后宫皆为之惧。韩侂胄坚持主张恢复旧地，因为金人想要惩罚首谋之人，他就决心要出师，朝廷内外都非常忧惧。侍郎史弥远入宫应对时，竭力陈述危急之势，请宁宗诛杀韩侂胄以安定国家。皇后杨氏向来怨恨韩侂胄，也让荣王上疏。宁宗就让皇后之兄杨次山与史弥远一道策划此事。第二天，韩侂胄入朝，就命殿前司夏震带三百兵士，拥韩侂胄到玉津园旁边，杀了他，割其头，连同苏师旦的头一起送给金人，金人才罢兵。

宋代史弥远为宰相，权势熏灼。皇子赵竑（hóng）心中忿忿不平，曾经在书桌上写下“史弥远应当决配八千里之外”。史弥远知道了，非常害怕。宁宗有病，没有儿子，史弥远就假传诏书立沂王嗣子赵贵诚为皇太子，更名为赵昀。

宁宗驾崩，告诉太后立赵昀为帝，称有遗诏封赵竑为济阳郡王，出居湖州，不久就杀了他。史弥远用梁成大、莫泽、李知孝为鹰犬，凡是忤逆史弥远之意的人，三人一定一起攻击他。因此名人贤士被排斥光了，他们被人视为“三凶”。宋理宗对史弥远立自己为帝心怀感激，一直恩宠他直到死去。

宋理宗任用史嵩之开督府，耗尽国库，但未成功，议论此事的人众多。等到他因父亲丧事而辞官居丧，朝廷下诏要让他复官。太学生黄恺伯等一百四十人上书进谏此事，朝廷没有回应。武学生刘耐知道理宗肯定任用史嵩之，就背叛诸生去逢迎史嵩之。当时范钟为宰相，暗示京尹赵与筹驱逐游士。诸生听到消息，作卷堂文，来辞别先圣。史嵩之自知不能为公论所容，就上疏乞请让他完成丁忧守丧的礼节。

宋度宗即位，因贾似道在忠诚于自己立为太子之事上有功，就以贾似道为太师，封魏国公。每次上朝，度宗必定对贾似道答拜，称他为“师臣”而不称名，朝中之臣都称呼他为“周公”。度宗甚至下诏允许他十天一朝。当时襄樊被围，十分紧急，贾似道每天坐在葛岭，建起楼台亭榭，称作半闲堂，延请道士，在堂中塑了自己的像，娶宫人叶氏和美貌的娼尼为妾，穷奢极欲，每天放纵淫乐。曾与群妾蹲在地上斗蟋蟀，有一个狎客戏谑他说：“这是军国重事吗？”他还酷爱珍宝玩物，建立了多宝阁，每天都要上阁把玩，若有人说起边疆战事，总是痛加贬斥。朝廷每天打败仗，他隐瞒着不告知皇帝。等到鄂州沦陷，朝廷下诏令贾似道都督各路军马，一战即溃，就贬他到循州安置。监押官会稽尉郑虎臣到了建宁开元寺，侍妾还有数十人，郑虎臣把她们都遣散了；夺了他的珠宝美玉，撤了轿盖，让他在太阳下暴晒，让轿夫唱杭州歌讥笑他，侮辱备至。到漳州木棉庵，郑虎臣含蓄地劝告他自杀，贾似道不从。郑虎臣说：“我为全天下人杀你贾似道，死了也没有什么遗憾！”于是就把贾似道之子关在别的屋子里，在厕所拽着贾似道的胸口杀了他，埋在木棉庵边上。

元顺帝性格柔弱不擅决断，伯颜、哈麻相继弄权，朝政日渐紊乱，于是亡国。

明洪武朝奸臣有：胡惟庸、蓝玉；永乐朝奸臣：纪纲；正统朝奸臣：王振；天顺朝奸臣有：石亨、石彪、曹吉祥、门达；成化朝奸臣有：汪直、王越、陈钺、戴缙、李孜省；弘治朝奸臣有：李广、杨鹏；正德朝奸臣有：刘瑾、陆完、江彬、许泰、刘晖、钱宁、张忠、朱泰；嘉靖朝奸臣有：陶仲文、严嵩、严世蕃、丁汝夔、赵文华、鄢懋卿、罗龙文、仇鸾、陆炳；万历朝奸臣有：庞保、刘成；天启朝奸臣有：魏忠贤、客氏、崔呈秀、田尔耕；崇祯朝奸臣有：周延儒、袁崇焕、杜勋、马士英。

卷四

考古部

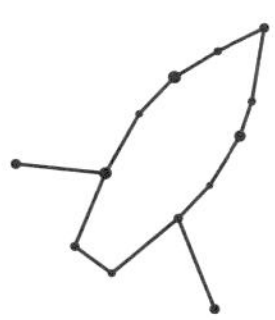

姓氏○辨疑○析类

姓氏

仓颉，姓侯刚氏（见《古篆文注》）。许由，字武仲（见《庄子释文》）。尧，姓伊祁。少昊，名挚，字青阳。帝喾，名夋。成汤，字高密（见《帝王世纪》）。皋陶，字庭坚。孤竹君，姓墨，名台（见《孔丛子注》）。伯夷，名允，一名元，字公信。叔齐，名智，字公达（见《论语疏》）。中子，名仲达（见周昙《咏史诗》）。彭祖，姓篯（音戋），名铿（见《论语疏》）。其子胥余（见《庄子》司马彪《注》）。老子父亲，名乾，字元果（见《前凉录》）。老子刚生下来时，名玄禄（见《玄妙内品》）。管叔，名度（见《史记注》）。易牙，名亚（见孔颖达《疏》）。逢蒙之弟，名鸿超。杨朱之弟，名布（见《列子》）。伯乐，姓孙，名阳。师旷，字子野（见《庄子疏》）。君陈，是周公的儿子、伯禽的弟弟。《周书》有《君陈篇》（见《礼记·坊记注》）。鬼谷子，姓王，名诩，河南府人（见《姓氏考》）。公孙弘，字次卿（见邹长蒨《书》）。杜康，字仲宁（见魏武帝曹操《短歌行》诗注）。孟轲，字子舆（见《汉书》并《孔丛子》），又字子居（见《圣证论》）。庄周字休（见《列子注》）。孙叔敖，名饶（见《孙叔敖碑》）。计然，一名研，一名倪；又姓辛，字子文（见《史记索隐》）。文种，字子禽（见《吴越春秋》）。陈仲子，字子终（见皇甫谧《高士传》）。汉高祖父亲刘大公，名煓（见《后汉书注》），又名煴（yūn），字执嘉（见《帝王世纪》）。昭灵后，名含。高祖兄仲，名喜。曹参，字敬伯。申公，名培（见《史记注》）。项伯，名缠，字伯（见《汉书注》）。叔孙通，名何（见《楚汉春秋》）。壶关三老，姓令狐，名茂（见荀悦《汉纪》）。杨王孙，名贵（见《西京杂记》）。佽非，也叫荆轲（见《续博物志》）。伏生，名胜，字子贱（见西汉《碑》）。文翁，名党，字仲翁（见张崇文《历代小记》）。张宗，字诸君。杜茂，字诸公（见《陈忠传注》）。扬雄称为"李仲元"的那个人，名弘（见《三国志·蜀书·秦宓传》）。郑子真，名朴。严君平，名遵（见《汉书·王贡两龚传注》）。施延，字君子（见《后汉书注》）。田生，字子春（见《楚汉春秋》）。侯芭，字铺子（见《论衡》）。丁公，名固（见《楚汉春秋》）。卫夫人，名铄（héng），字茂漪（见《翰墨志》）。绿珠，姓梁，白州人（见《绿珠小传》）。吕安，字仲悌。居苗，姓应，玚从弟（俱见《文选注》）。花卿，名惊定（见《旧唐书》）。僧一行，姓张，名璲（见《续博物志》）。窦滔，字连波（见《武后纪》）。神和子，姓屈突，名无为，字无不为，张咏布衣时遇之（见《张咏传》）。失马塞翁，姓李（见《高谷诗序》）。

辨疑

禹陵　大禹东巡，驾崩于会稽。现在仍保留他的陵墓，哪里会有

错？而且史载夏启封了他的小儿无余于会稽，号为“于越”，来奉禹祀，又确凿有据。现在杨升庵偏说禹的陵墓在四川，荒诞至极。升庵说石泉县的石纽村，有一石洞深幽，人迹不到，在这里找到一石碑，上有“禹穴”两个字，是李白写的，就以此为证据。大概是因为大禹生于四川，他所说的禹穴，是生禹之穴，而不是葬禹之穴。这句话可以分辨千古疑案。

甘罗十二为丞相 这是古今大错。《史记》记载：甘罗事从吕不韦。秦王想让张唐出使燕国，张唐不愿意。甘罗说他愿意，于是派甘罗出使赵国。赵王到郊外迎接，割了五座城池给秦国。甘罗归来汇报给秦王，被封为上卿，并不曾说封为丞相，做秦国丞相的是甘罗的祖先甘茂。秦国封甘罗为上卿后，就将甘茂的田宅赐给了他。

共和 周幽王死后，有个叫共伯和的人代理天子执政，而不是两位宰相共治（见《姓氏考》）。

子产 字子美（见《左传注》）。苏东坡《放鱼诗》中有“不怕校人欺子美”的句子，注释者以为是指杜甫，这是错误的。

蒙正住破窑 吕蒙正父亲吕龟图与吕蒙正的母亲不合，就连吕蒙正一起逐出家门。实在太穷了，吕蒙正就投靠龙门寺的僧人，在山岩上凿洞居住。现在的传奇戏曲说他与妻子一起住在破窑里，特别可笑。

日落九乌 乌鸦最难射杀。一日射落九只乌鸦，是说后羿极擅射箭。后人理解为后羿射下九个太阳，并非如此。

汉寿　在四川保宁府广元县。汉代封关公为汉寿亭侯。“汉寿”，是一个地名；“亭侯”，是爵位。后人理解为“寿亭侯”，是错误的。

五大夫松　秦始皇登泰山，风雨突至，躲避在松树下避雨，后来就封松树为“五大夫”。“五大夫”，是秦朝官职的第九等爵位。如今误解为有五棵松树，不是这样的。

夏国　扬州漕河东岸有块墓表，上题字是：“夏国公墓道。”“夏”字读为“叓”，字与“夏”字很像，只是少一撇，下边是“又”，行人就误以为是“夏国公”。其实这是明代顾玉先生的封号，朝廷赐地将他安葬于此。

饭后钟　王播，字明扬，小时候孤苦贫寒，背井离乡到扬州木兰院，靠寺庙中的斋饭为生。寺里僧人对他非常厌烦轻视，于是就吃完饭再敲钟。王播怒而在墙壁上题诗。如今把这传为吕蒙正的故事，并非如此。

马前覆水　姜太公的妻子马氏，嫌弃他贫穷而离去，后来见到姜太公富贵就想与他和好。姜太公说，如果把倒在地上的水收回来就答应。现在认为这是朱买臣的故事，这是错的。

女儿乡　吴国打败越国，勾践与夫人被带到吴国，在此地生下女儿而得名。现在却误传是范蠡向吴国进献西施，与之私通生下女儿，非常可笑。

析类

有同时同姓名者　有两个曾参：一个曾参杀了人，吓得曾子母亲扔了梭子。有两个毛遂：一个毛遂曾经掉到井里，使得平原君为之痛哭。

异世则两鲁秋胡　战国时有个鲁秋胡，因为妻子采桑，他去用言语调戏妻子，妻子投水而死；汉代有一个鲁秋胡，求娶翟氏的女儿，翟公听到误传调戏妻子之事，认为他品行不端，所以不许婚。都很可笑。

其次如国师刘秀　因为名字与图谶中称帝的预言相应，被王莽杀死，但诛杀王莽的人是光武帝，也叫刘秀；王莽派太师安新公王匡，去攻打更始定国上公王匡，失败，被对方抓住杀掉；唐代尚书李益与宗室李益一同奔赴酒局，都上坐，大家都笑说“今天有两个副坐头都叫李益”；唐代宗任用“韩翃”做知制诰，宰相说平卢幕府员外和江淮刺史两人都叫“韩翃”，代宗写：“春城无处不飞花，用这个韩翃。”于是员外得到这次任命：这些事都很奇妙。

其他同时者　汉代有两个韩信，都是在汉高祖时，一个封楚王，一个封韩王。三个邵平：一个是秦国东陵侯；一个是齐王上柱国；一个是齐相。两个王恢，都是汉武帝时人，一个被封为浩侯；一个官拜大行令，就是设计伏击匈奴之人。两个王臧，也都是汉武帝时人：一个在武帝二年官为郎中令时自杀；一个在武帝六年官至太常。两个王商，都是汉成帝的外戚：一个任丞相、乐昌侯；一个任大司马、成都侯。两个王章，都是成帝时人：一个在河平三年以太仆身份做右将军，河平六年又当太常；一个是河平四年在京兆尹任上因直言而死。两个王崇，都是平帝时人：一个封爵为新甫侯，是已故丞相王嘉之子；一个是大司空、扶平侯。魏国两个王烈：一个字彦方，有隐居之德；一个字长休，有道术。鲁地有两个王浑：一个是凉州刺史，就是王戎之父；一个官至司徒，是王济之父。两个王澄：一个是王济之弟，封侯爵；一个是王戎堂弟，官拜荆州都督。两个孙秀：一个是吴国降将；一个是赵王司马伦宠臣，都官拜骠骑将军，封公爵。两个周抚：一个是王敦手下的将领；一个被彭城内史所杀。梁朝时有两个王琳，一个官至散骑常侍；一个官至德州刺史。唐代有两个李光进，都是代宗朝人：一个是李光弼之弟；一个是李光颜之兄。都是蕃将，被唐朝赐姓李，官至节度使，封公爵。唐代有两个李继昭，都是昭宗时人：一个原名孙德昭；一个原名符道昭，都是赐姓为李后成为李继昭的，后来投降朱梁，为梁使相。宋代有两个王著，都是宋太祖时人：一个因文章博学而为典制；一个因书法而为待诏。金国两个讹可，都是大将。

稍先后者　吴国有两个公子庆忌：一个是王僚之子，一个是夫差末年的将领。楚国有两个庄跻：一个是楚庄王时大盗；一个是楚庄王后裔子孙，官拜将军，即平定滇地自立为王之人。汉代有两个王莽：一个是右将军；一是大司马，即篡位之人。两个王凤：一个是大司马、大将军；一个是更始成国上公。两个王谭：一个是宜春侯，一个是平阿侯。两个徐幹：一个是都护班超的司马，一个是丞相曹操的掾属。晋朝有两个刘毅：一个是光禄大夫，一个是卫将军。两个张禹：一个是丞相，一个是太傅，都封了侯爵。两个解系：一个见于《陶璜传》，一个有本传。两个王恺：一个是晋武帝之舅，一个是安帝时丹阳尹。元代有两个伯颜：一个是太傅淮阳王，一个是大丞相秦王。有两个萧钧：一是萧鸾之子，梁武帝时任中书郎；一个是萧瑀从子，唐太宗时任率更令。

异代而相类者　有两个王肃：一个是曹魏时领军，为曹魏制定礼仪；一个是元魏尚书令，也是元魏制定礼仪。两个王殷：朱梁时王殷，作为节度使谋逆而被杀；后周太祖时王殷，也作为节度使谋逆而被杀。两个王彦章：一个是梁代大将，被晋所擒；一个是吴国统军，被楚所擒。两个王珪：一个是唐朝侍中；一个是宋朝左仆射、门下侍郎。两个王溥：一个是唐懿宗时人；一个是周世宗时人，都官至宰相。两个仙人王乔：其一是王子晋；另一个做过柏人县令，是上天降下玉棺埋葬的人。有两个僧人智永：一个是梁代擅长书法的僧人，一个是宋朝擅长绘画的僧人。两个辨才：一是唐代藏《兰亭集序》真本的人，一是宋代与苏轼做朋友的人。东汉光武帝时，有一个固始侯李通；魏武帝时，有一个都亭侯李通。卫国大夫叫王孙贾，齐国大夫也叫王孙贾。魏国的徐邈，字景山，被魏武帝所器重，官为侍中；晋朝的徐邈，字仙民，被晋武帝所器重，官至中书舍人。曹魏有将军叫张辽；汉代兖州刺史也叫张辽，字叔高。汉代中郎将叫江革，梁代御史中丞也叫江革。梁代李膺作为益州使者到朝廷，梁武帝大喜，问他："今日李膺比汉代李膺如何？"晋文公有臣子叫咎犯，晋平公臣子也叫咎犯，善于猜谜语而被任职。晋朝李密因祖母年老而辞官，后魏李密因母亲年老而学医，又有隋朝李密被封为蒲山公。武则天时有王方庆做宰相，又有王方庆官拜尚药奉御。唐高宗初年有张昌宗，官为修文馆学士；武则天末年张昌宗，官为春官侍郎。

父子同名者二人　隋代有隐士罗靖，父亲也叫罗靖；北魏有大将叫安同，父亲名叫安屈，他儿子也叫安屈。

有数世同之字者　王彪之、王临之、王纳之、王准之、王与之、王进之，共有六代人；王胡之、王茂之、王裕之、王瓒之、王秀之，共有五代人；王羲之、王献之、王靖之、王悦之，共有四代人；王晏之、王昆之、王陋之，徐逵之、徐湛之、徐书之，共有三代人；胡毋辅之、胡毋谦之，吴隐之、吴瞻之，颜悦之、颜恺之，共有两代人：都用"之"字。

古今事有绝相类者　在圣明天子当政时投河自杀，人们都知道有卞随与务光，却不知道还有北宫无择。骑青牛的人，人们都知道有老子，却不知道还有封达。生于空桑的人，人们都知道有伊尹，却不知道孔子也是。白鱼入舟的事，人们都知道有周武王，却不知道有宋明帝。河冰重新合冻，人们都知道发生在光武帝过滹沱河，却不知道慕容德过黎阳河时也有过。被称为凤雏的，人们都知道是庞统，却不知道还有顾邵。因所献的肉有毒而被离间致死的，人们都知道有晋献公太子申生，却不知道有秦孝文王的太子西蜀侯恽（yùn）。思念妃嫔而让方士招魂的，人们都知道汉武帝曾这样招李夫人，却不知道还有宋武帝曾这样招殷淑仪。治理东阿名声很好但东阿却并没有得到治理的，人们都知道有齐宣王时的一个大夫，却不知道还有齐景公时的晏子。因做梦而求到宰相的事，人们都知道殷高宗得到傅说，却不知道周文王得到臧丈人。题壁写龙蛇之歌的，人们都知道晋文公时介子推，却不知道还有晋文公时的舟子侨。秦国许诺给楚国城池却又食言之事，人们都知道张仪骗楚怀王，却不知道还有冯章骗楚王。先吃不死之药，再以巧言免死，人们都知道东方朔对汉武帝这样做，却不知道中射之士曾对楚王这样做。倚柱读书，打雷将柱子震坏都不停歇，人们都知道有夏侯玄，却不知道还有诸葛诞。一字值百金，人们都知道有《淮南子》，却不知道还有《公孙子》。被妻子抛弃的，人们都知道有朱买臣，却不知道有姜太公。跳江背父，人们都知道有汉代的孝女曹娥，却不知道有赵祉的女儿光络。掘地得石椁（guǒ），人们都知道有滕公，却不知道还有卫灵飞廉。看竹子而不问主人，人们都知道有王徽之，却不知道有袁粲。抓获与侍妾偷情的，考考偷情者还能写文章，就不忍杀死，还以侍妾赐给偷情者，人们都知道有杨素之于李靖，却不知道有蔡兴宗之于孙敬玉。让侍妾围绕侍候吃饭的，人们都知道有王武子，却不知道还有杨国忠、孙晟。杨国忠、孙晟二人又都号称“肉台盘”。羊肉汤未曾分遍在座者而导致失败的，人们都知道有宋国华元与驾车的羊斟，却不知道有中山王与司马子期。乳头能分泌乳汁，人们都知道有元德秀，却不知道还有李善。穿着彩衣来娱乐双亲，人们都知道有老莱子，却不知道还有伯俞。被称为智囊的，人们都知道有晁错，却不知道有樗（chū）里子和鲁匡。读《周易》读到《损》卦和《益》卦就叹息的，人们都知道有东汉向平，却不知道有孔子。身佩六国相印的，人们都知道有苏秦，却不知道有栾大。将石头当作老虎，射入而只剩箭羽在外的，人们都知道有李广、李远，却不知道有熊渠子。追赶兔子掉下马，摔折肋骨而死的，人们都知道有齐主高演，却不知道燕主慕容皝（huàng）。倒着盖印，人们都知道段秀实用此阻挡朱泚大军，却不知道李崧以此计策来平定蜀地。一天杀死两位志士，人们都知道有袁绍杀臧洪、陈容，却不知道有张敬儿杀边荣、程邕之。能靠谈话打动君王而移席向前的，人们都知道有贾谊，却不知道有商鞅、苏绰。饮千日酒，到墓葬时酒才醒的，人们都知道有刘伶（玄石），却不知道有赵英。朝堂上用屏风隔开座位之事，人们都知道有汉代郑弘和第五伦，却不知道有吴国的纪亮和纪骘（zhì）。见酒杯中有蛇影而得病的，人们都知道有乐广，却不知道有南皮县令应柳的乐弓影弩的故事。杀孝妇，导致大旱三年，人们都知道在西汉东海曾有，却不知道在后汉上虞也有过。被称为万石君的，人们都知道有石奋，却不知道有秦袭、张文瓘。乘牛上任，牛生了牛犊，做官卸任留下牛犊之事，人们都知道有时苗，却不知道有羊篇。吃糙米，人们都知道有公孙弘，却不知道有晏婴。写《钱神论》的，人们都知道有鲁褒，却不知道有胡毋民、成公绥。只见半面而始终记得的，人们都知道有杨愔（yīn），却不知道有应凤。陈蕃设专榻留客，人们都知道是为徐稺，却不知道还有周璆。大雪时高枕而卧的，人们都知道有袁安，却不知道有胡定。梦见仙人赠笔，人们都知道有江淹，却不知道还有王彪之、王珣、纪少瑜、陆倕、李白、和凝、李峤、马裔孙。喷酒救火，人们都知道有栾巴，却不知道有樊英、邵信臣、郭宪、佛图澄、武丁。水中杀蛟，人们都知道有周处，却不知道有澹（tán）台子羽、荆佽飞、丘䜣（xīn）。乘羊车而挑选妃嫔临幸，妃嫔以盐水洒地来引羊驻足，人们都知道晋武帝如此，却不知道宋文帝也如此。皇帝发现御膳中有头发，自陈有三条罪状而免死的人，人们都知道有晋平公的厨子，却不知道还有光武帝时的陈正。尝病人粪便的，人们都知道勾践之于吴王夫差，却不知道郭弘霸之于魏元忠。以毒酒赐给妒妇喝，妒妇一饮而尽而安然无恙的，人们都知道唐太宗试验房玄龄的夫人，却不知道后唐庄宗也试验过任圜夫人。席上把银制酒器中的酒全喝完了，回家还很清醒，立刻给饮酒拿回的银器称分量的，人们都知道是裴弘泰和裴钧，却不知道还有潘岏（kāng）和梁太祖朱温。落第后献燕诗，主考官许诺明年登第，人们都知道有章孝标，却不知道有于化成。刻石在高山深谷，人们都知道有杜预，却不知道有颜真卿。赐行酒者烤肉的，人们都知道有顾荣，却不知道有何逊和阴铿。一箭双雕，人们都知道有斛律光，却不知道有拓跋干和高骈。用锦缎做缆绳的，人们都知道有隋炀帝，却不知道还有甘宁。肚脐油被人点为蜡烛，人们都知道有董卓，却不知道还有满奋。归还玉带积了阴德而官至宰相的，人们都知道有裴度，却不知道白中令。因小时失去父母所以门生都不读《蓼莪》一诗的，人们都知道有王裒，却不知道还有顾欢。打开坟墓，发现自己长得确实像自己的远祖，人们都知道有萧颖士之于鄱阳王，却不知道还有吴纲之于长沙王。进入仙山，娶了二仙女为妻而回家，人们都知道有天台山的刘晨和阮肇，却不知道还有剡县的袁相和根硕。从所吃的饭能辨别出烧锅所用是被使用过很久的陈木，人们都知道有荀勖，却不知道还有师旷。强行索要别人姬妾，人们都知道有孙秀与武承嗣，却不知道还有阮佃夫。听到鼓角声就大有敬意，人们都知道有范云之于梁武帝，却不知道有到仲举之于陈武帝。在墓前发誓永不出仕为官，人们都知道有王羲之，却不知道还有何偃。精通它心观的，人们都知道有国忠师和大耳三藏，却不知道有普寂之于柳中庸。祭祀酬神时把书刀忘在庙里，鲤鱼给送回来的，人们都知道有马当山的王昌龄，却不知道有宫亭湖的祐客。下棋时把棋局搅乱而能复盘，人们都知道有王粲，却不知道有到溉。写《千字文》，人们都知道有周兴嗣，却不知道有萧子范。有人赠给姓柳的小妾，人们都知道有韩翃，却不知道有李还古。即皇帝位时御床陷入地下，人们都知道有桓玄，却不知道还有侯景。不懂人家的规矩所以误吃了洗澡用的澡豆，人们都知道有王敦，却不知道还有陆畅。埋葬旅馆中的书生，人们都知道有王忳，却不知道有鲍子都和廖有方。看到面貌很丑的桥神用脚在地上暗中画下来，人们都知道有定州的张平子，却不知道还有忖留神的鲁般。在骆驼驮的水中养鱼，人们都知道有宋朝的孙仁祐，却不知道还有隋朝的虞孝仁。杀死负心的仆人，人们都知道有张咏，却不知道还有柳开。皇帝以金莲烛送其归院，人们都知道有苏轼，却不知道还有王珪。晋平公说话不合适，师旷举琴去敲他，打到晋平公的衣服并把墙壁打坏了；魏文侯出言不当，师经举琴去撞他，把帽冠都打烂了（一见《淮南子》，一见《说苑》）。燕太后不肯让小儿子到齐国为人质，因为陈翠爱子的言说而答应；赵太后不肯让小儿子到秦国当人质，因左师触龙说他爱子的话而应允（一见《史记·赵世家》，一见《战国策》）。北齐神武帝高欢不以慕容绍宗为贵，从而留下了文襄帝高澄；唐文皇让李勣出宫，以此留下高宗李治（见《本纪》）。申鸣擂鼓前进战斗，为杀贼杀了自己的父亲，功成以后就自杀；赵苞擂鼓前进战斗，为杀贼杀了自己的母亲，功成以后吐血而亡（一见《说苑》，一见《后汉书》）。医生给晋平公诊脉，说："大人的病在膏肓。"秦武王让扁鹊看病，扁鹤说："您的病在耳前目上。"是说因为色而得病（一见《左传》，一见《战国策》）。东方朔知道红色的东西叫"怪哉"，喝酒十石；李章武知道铁斧是为人憎恶之物，饮血三斗（一见《搜神记》，一见《酉阳杂俎》）。怀素练习书法写完了几亩芭蕉叶；郑虔练习书法写完了几屋柿叶（都见《法书录》）。孙膑被魏国砍了脚，却成为齐国的军师；司马喜被宋国砍了脚，却成为中山国的宰相（一见《史记本传》，一见《吕氏春秋》）。王济拿一千万钱来与王恺打赌射八百里牛，赢了就杀牛取心；尔朱文略拿美丽的婢女与高归彦打赌射千里马，赢了就砍了马头（一见《晋书》，一见《北齐书》）。鄂千秋知道萧何功劳很高，于是立刻被封了侯；公孙戎知道樊哙不会谋反，于是得以封二千户（一见《萧何传》，一见《王莽传》）。兖州刺史李恂，郡县小麦、胡麻一类的事，全都交给从事；扬州刺史费遂，郡园小麦、胡麻一类的事，也全都交给从事（一见《东观记》，一见《后汉书》）。孙权得到诸葛恪，从而可用老桑树来蒸熟龟精；张华得到雷焕，从而可用老桑树来辨别狐精（一见《搜神记》，一见《集异志》）。汉代的郭林宗遇雨，把帽巾折角，人们就开始都把帽巾折角；北周的独孤信骑马驰骋，帽子微侧，人人就开始戴侧帽（一见《后汉书》，一见《北史》）。严畯给吴大帝诵读《孝经·仲尼居》，张辅、吴昭认为这是粗鄙的儒生，所以请求诵读《君子之事上章》；陆澄为齐武帝诵读《孝经·仲尼居》，王俭认为虽然广博却少有精要之语，因而请求诵读《君子之事上章》（一见《吴志》，一见《南齐书》）。吴大帝梦见有人用笔点了一下他的额头，熊循祝贺他可以当帝王；齐文宣帝梦见有人用笔点他的额头，王昙哲也祝贺他可以当帝王，他们最后都登了王位（一见《国统志》，一见《齐书》）。魏文帝还在当王的时候，梦见太阳落到地上，分为三份，自己得到一份，放在怀里；陈文帝小时候，也做了这样的梦：后来都成为了三分天下中的一国君主（一见《谈薮》，一见《陈本纪》）。张华梦见所养的白鹦鹉被猛禽搏杀；杨贵妃也梦见白鹦鹉被猛禽搏杀（一见《异苑》，一见《明皇杂录》）。欧阳询看见《索靖碑》，初看的时说："浪得虚名。"第二天再看，说：“盛名之下定无虚士。”坐卧在碑下，十天都不忍离去；阎立本看见张僧繇的画，也是这种情形。（两事都见于《宣和书画谱》。）隋朝司空杨素接见客人，带着侍姬红拂，于是红拂跟李靖私奔；唐代汾阳王郭子仪会见客人，也带了侍姬红绡，于是她与崔千牛私奔（一见《虬髯[qiú rán]客传》，一见《昆仑奴传》）。为了先让蚊子吃饱而去温席的人，人们都知道有吴猛，却不知道还有汉朝番禺的罗威。

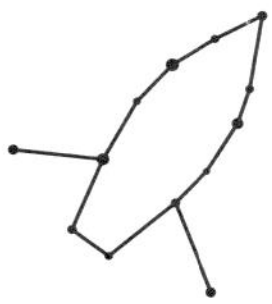

卷五

伦类部

君臣○父子○附：各方称谓○夫妇（附：妾）
婿○兄弟（附：子侄）○嫂叔○姊妹
师徒先辈○朋友○奴婢

君臣

在三之义　晋武公讨伐翼国，杀哀侯，阻栾子说：“请不要苟且就死，我让你做上卿。”栾子拒绝说：“曾听说：‘人生于三，事之如一。’就是父母生养我，师父教育我，君王给我俸禄。”

无忘射钩　管仲曾带兵挡住莒（jǔ）地之道，箭射齐桓公，射中带钩。后来鲁国用囚车送管仲到齐国。齐桓公不计前嫌任他为相。管仲对齐桓公说：“愿君不忘射钩之事，而臣也不忘囚车之事。”

前席　贾谊当长沙王的老师，汉文帝征召他到京城。入朝觐见，文帝问他鬼神之事，贾谊详言相告。谈到半夜，文帝移席凑近倾听。

温树　孔光做尚书，执掌国家中枢权力十余年，严守法度，治理政事，从不随便凑合。有人问：“温室宫官署里种何种植物？”孔光用其他的话回答。其谨慎与细密到如此地步。

下车过阙　卫灵公与夫人南子夜坐聊天，听到有车声辚辚，到宫阙就停了，过宫阙就又响起来。灵公问这是谁，南子说：“这必定是蘧（qú）伯玉。我听说依据礼法经过公家门时，抚轼而过。蘧伯玉是贤良的大夫，礼敬主上，不会因是晚上而荒疏礼节。”派人一看，果然是他。

枯桑八百 诸葛亮对后主说：“臣在成都有老桑树八百棵，薄田十五顷，子孙衣食足以自给。臣决不多用尺寸公家之物，使我家的仓库有多余布帛，粮仓有多余粮食，从而有负于陛下。”

醴酒不设 楚元王尊敬穆生，每次宴请必会有美酒招待。有天没有上酒，穆生说：“不上美酒，看来元王待我之情已经倦怠了。”于是离去。

一动天文 李泌对唐肃宗说：“我已经可以不食米饭，无须家室，俸禄地位与封地也都不是我想要的。我为陛下运筹帷幄，收复京城，只求枕在天子膝上睡一觉，像汉代严子陵一样，惊动一下天上的星象就足够了。”

封留 张良的祖先五代人都在韩国为相。秦国灭韩国，张良就离家，寻求刺客为韩国报仇，没有成功。于是辅佐汉高祖灭秦国。平定天下后，汉高祖大行封赏，让张良自己选择万户之邑。张良说：“我开始跟随陛下是在留地，封我在留地就够了。”不久就抛弃人间之事，跟从赤松子修炼辟谷。吕后命令他吃饭，并且说：“人生活在世间，如白驹过隙般迅疾，何以这样自苦！”

御手调羹 唐玄宗召李白，在金銮殿上相见，谈论当朝国事，李白立就一篇奏颂词。玄宗赐他食物，并亲手为他调羹。

御手烧梨 唐肃宗常晚上召见颍王等二弟，共坐在炉边地毯上。当时李泌正修炼辟谷，肃宗亲手烧了两个梨，双手赐给李泌。颍王自恃得到恩宠也坚持要赏赐，肃宗不给，说：“你已饱食荤肉，而先生饭也不吃，你有什么好争的呢？”

盐酒同味　崔浩议论政事，说到半夜，唐太宗非常开心，赐崔浩缥醪酒十瓶，水晶戎盐一两，说：“我聆听你的话，如同品味这些盐酒，所以与你共同品尝此味。”

学士归院　唐代令狐绹（táo）在翰林院时，晚上入宫进呈对策。唐宣宗命令用皇帝轿辇和金莲烛照明送其回翰林院，守吏远远望见，以为天子驾临，一会就听传呼的人高喊：“学士大人归院。”

撤金莲炬　苏轼任翰林学士时，宣仁高太后在便殿召见他说：“先帝每见你的奏疏，必定感叹：‘奇才，奇才！’”于是赐坐看茶，还撤宫中金莲宝炬送他回翰林院。

登七宝座　唐玄宗在勤政殿用七种宝物做成大座，召诸位学士谈古论今，胜出者可以赐坐宝座。张九龄论辨风生，第一个登上宝座。

昼寝加袍　韦绶在翰林院时，一次唐德宗去那里，韦妃跟随。正赶上韦绶午睡，学士郑絪（yīn）想去叫醒韦绶，德宗不让打扰。当时正值天气大寒，德宗用韦妃蜀锦袍替韦绶盖上然后离开。

金箸表直　唐代开元年间，宋璟为宰相，朝廷内外归心。有一次宋璟与唐玄宗一同吃饭，玄宗把自己用的金筷子赏赐给他，说：“这不是赐你筷子，而是表扬你的正直。”

药石报之　唐太宗时，中书高季辅上书言事，太宗特赐一剂钟乳石，并说：“你的奏章像药石一样，所以用药石来回报你。”

世执贞节 于忠升官为散骑常侍，曾经侍奉皇帝吃饭，宣武帝赐他宝剑杖，举起酒杯嘱咐于忠说：“你世代秉执坚贞之节，所以常常委任禁卫要职。过去因你行为忠贞，给你赐名‘忠’字。现在因为你才能足以抵御外侮，所以赐你御用宝剑杖。”

一门孝友 崔郸一家几世同堂，兄弟六人，官至三品。崔邠（bīn）、崔郸、崔郾三人共计任礼部侍郎五次、吏部侍郎两次，唐代建立以来从未有过先例。住在光德里。唐宣宗说：“崔郸一门都孝顺友爱，可以是士族效仿的榜样。”所以给他家题名为“德星堂”，所居住的里为“德星里”，用来表彰他们。

亲手和药 曹彬病重时，宋真宗亲自问候，并亲手调制药剂，又赏赐白金万两。问他后事，曹彬说：“我没什么要说。臣两子曹璨和曹玮，才能与器识都还可取。若允许我推荐亲人，他们都堪当将领。”真宗又问二人优劣，回答说：“曹璨不如曹玮。”

相门有相 王训十六岁时，受梁武帝召见于文德殿，对答如流。武帝目送他离去，说：“这可谓是宰相之门又出宰相啊。”

有古人风 刘杳任东宫舍人，昭明太子萧统赐给他瓠作为食用器具，说：“因为你有古人之风，所以赐你古人所用的器具。”

赐灵寿杖 孔光字子夏，尤擅经学，被举荐为方正，官拜谏议大夫。与兄弟妻子聊天从不涉及朝政。晚年，皇上赐其灵寿杖，告老还家。

剪须和药　李勣忠心而得力，唐太宗认为他可托付大事。一次李勣忽得重病，医生说：“用胡须烧的灰可治。”太宗就剪下自己的胡须制药。等到病愈，李勣入朝谢恩，磕头至流血。太宗说：“我为社稷考虑，何须感谢？”

赐胡瓶　李大亮官拜金州司马时，有一次监察御史看到此处有名鹰，暗示李大亮进献朝廷。李大亮秘密上奏：“陛下已戒除畋猎很久，使者还在搜求名鹰，若真为陛下旨意，那就有违过去的旨意；若是使者擅自索求，那就派错使者了。”唐太宗回信说：“有这样的大臣，我还有什么担心的呢！古人因一言之重而报以千金。现在我赐给你一胡瓶，虽无千金之重，但却是御用之物。”又赐了荀悦的《汉纪》说：“荀悦论点精深博洽，深得从政之体。你最好仔细体味。”

赐二铭　唐德宗赐马燧《宸扆》《台衡》两篇铭文，来记录君臣相辅相成的美事，将它刻石存放在起义堂，德宗亲题石碑以示荣宠。

诗夺锦袍　宋之问与杨炯分别在习艺馆值夜班。武则天游幸洛阳城南的龙门，诏令随从大臣赋诗。左史东方虬诗先完成，武则天赐给他锦袍。宋之问一会儿也献上了诗作，武则天看后大为叹赏，把刚才赐予东方虬的锦袍转赐给他。

赐玉堂字　淳化年间，翰林苏易简进献《续翰志》二卷，宋太宗赐御诗二首，又用飞白法写了“玉堂之署”四个字赐给他。

赐金龙扇　宋代张咏官拜御史中丞时，宋真宗让他进献他的著述，真宗看后大为赞赏，将手中的销金龙扇赐给他，说：“以此来赞美你今天进献文章之事。”

赐酴醿（mí）**酒**　唐代李吉甫盛赞唐宪宗。李绛说：“现在西戎内讧，眼看就要打仗，这正是陛下励精图治之时，为什么只允许他人称赞呢？”宪宗回宫后对左右侍臣说：“李绛说话刚正如骨鲠，是真正的宰相之才。”派使者赐给他酴醿酒。

用读书人　宋太祖改元，命令说不可以沿用旧号，于是用了“乾德”。一天，在皇宫中发现古镜上有“乾德”字样，觉得奇怪，就询问大臣，无一人能知真相。只有窦仪回答说：“以前蜀王曾用过此年号，这面镜子必定是蜀中宫女带来的。”追问之下果然如此。太祖赞叹说：“宰相必须要用读书人啊。”

朕之裴度　宋代庆历年间，贝州军队叛乱，讨伐很久而不得胜利。参知政事文彦博请求带兵，结果凯旋而归。宋仁宗犒劳他说：“爱卿，你真是我的裴度啊。”

禁中颇牧　唐代毕諴（xián）为翰林学士时，羌人搅扰河西之地，唐宣宗召他询问边疆战事，毕諴详尽陈述了破羌的计策。宣宗说：“廉颇和李牧这样的将才在宫廷里啊。”

朕之汲黯　宋代田锡天生刚直，进奏经、史中治理国家的关键要略三十篇。宋真宗手写诏书褒奖他。每次见田锡，面色一定端庄肃穆。真宗自称："田锡就是我的汲黯啊！"

巾车之恩　冯异到京师觐见，光武帝下诏说："仓惶之时你在芜蒌亭进献豆粥、在滹沱河时进献麦饭，这份厚恩却长久没有报答。"冯异说："我希望国家不要忘记河北之难，我也不敢忘记巾车之恩。"

尚书履声　汉代郑崇官拜尚书仆射，多次进谏，哀帝都采纳。每次听到他的脚步声，汉哀帝都会说："我认得郑尚书的脚步声。"

软脚酒　唐代郭子仪从同州归朝，唐代宗下诏让大臣在郭子仪宅第设宴接风，每人出钱三千。

佐朕致太平　王旦是王祐的次子，才器与见识都很远大，宋真宗曾经目送王旦并说："能辅佐我致国家太平的，必是此人。"

儒与吏不及　明代王兴宗开始只是低级小吏，朱元璋特别任命他为金华知县。李丞相说："一个小吏而已，何以当县令？"太祖说："兴宗勤于政事而不贪，又善于处理政事，儒生与小吏都比不上他，当个县令算什么？"后来苏州缺太守，太祖说："都比不上兴宗。"任用王兴宗，政绩卓然。

风度得如否　唐玄宗每次访求贤士，一定会问："他的风度比得上张九龄吗？"

文武魁天下　宋代薛奕是兴化人，考中武举第一。当时同郡人徐铎也中了文科第一，宋神宗赐诗有“一方文武魁天下，万里英雄入彀（gòu）中”的句子。后来死于国难。

奖谕赐食 明朝王来官拜苏州和松江两地巡按，奉朝廷命令与侍郎周忱考察官吏，朝廷命令中有“请朝廷裁夺”的话，王来说：“贪官污吏若应当惩处，就当即刻察办。奏请会延迟处罚，百姓就更受荼毒了。”时为台阁重臣的杨荣、杨溥和杨士奇看到奏章后说：“王来明达治理之术。”所以就给他下达了新的制令。因此贪污暴虐之人望风而逃。有高位宦官陈武，奉太后懿旨，在江南散经，百般勒索，人人怕他。王来收了他的文书，说与皇帝诏书无法一一对应，打算审判他。宦官苦苦哀求才得以免罪。等他回朝，告知皇上，皇上问顾佐说：“苏州巡按御史是谁？”顾佐回答说：“王来。”皇上说：“把他记住。”等王来任满归乡时，顾佐带他面见皇上，皇上专门给予嘉奖，在光禄寺赐宴。

赐金奉祀 汉代朱邑官至大司农，过世时，天子为之痛惜，说：“朱邑操守廉洁，没有四处结交，真可谓淑人君子。”赐给他儿子黄金百斤来祭祀他。

有唐忠孝 韩思复在小时候，母亲告诉他父亲死时情状，他呜咽痛哭、伤心欲死。科举中了高名后，家里却更加贫困。杜瑾送他百匹布以换取食物，他开始把一天的饭平分到两天吃，而那百匹布原封不动。后来升迁至襄州刺史，治理的名声遍及天下。等到死时，皇帝亲题墓碑，写的是“有唐忠孝韩长山之墓”。

骨格必寿 明代宋讷，官至国子监祭酒，严立学规。太学的助教金文徵等人嫉妒宋讷，合同吏部尚书余熂（xì）暗地里设计陷害宋讷，以其年纪太大下达文书逼令宋讷自动辞职退休。辞别皇帝时，朱元璋问知原因，就诛杀了金文徵，而宋讷则仍然做祭酒一如从前。朱元璋常说以宋讷骨相必然长寿，命令画工画了他的像。八十多岁，才在任上死去。朱元璋亲自写文章祭奠他，后来常常思念宋讷，作为国子监任教者的榜样，并下令让其子宋复祖担任国子监司业之职。

不避艰险 昭烈帝刘备与关羽、张飞同睡一床，情如兄弟。但在公众场合，关羽、张飞二人却整日侍立在刘备身后，跟随刘备四处漂泊，不避艰险。

遂从不去 张良聚集壮丁百人，路遇刘邦。张良用《太公兵法》游说刘邦，刘邦大为赞赏，于是用他的计策。张良曾经也为别人出谋划策，他们都不明白。张良说："沛公大概是上天授命的人啊。"于是随从刘邦不再离开。

鱼之有水 刘备去隆中拜见诸葛亮，去了三次才得见，两人感情甚好，日益密切。关羽和张飞不高兴。刘备解释说："我有孔明先生，就好像鱼有了水。"

安刘者必勃 汉高祖病得很重，吕后问："陛下百年之后，相国萧何也死了，谁可取代他呢？"回答说："曹参。"再问："曹参死了呢？"回答说："王陵。不过他个性耿直，陈平可以辅助他。

不过陈平机智有余，却难当重任。周勃稳重宽厚且朴素，那么安定天下的必是周勃，可以让他做太尉。”

赐周公图　汉武帝因其子刘弗陵年龄还小，观察群臣，只有奉车都尉霍光忠厚，可以托付大事。就让黄门官画周公背负周成王朝见诸侯之图赐霍光。武帝病重，霍光含泪问：“万一陛下有意外，谁来继位？”武帝说：“你没有明白那幅画的意思吗？立幼子，你行周公之事啊。”

去襜（chān）**帷**　汉代刺史郭贺，为官政绩卓然，汉明帝赐他三公之服和黼黻礼冠，敕行部去掉马车四周的帷帐，好让百姓观瞻其面貌和衣服，以此表彰其德行。

一见如旧友　苻坚自立为秦天王，尚书吕婆楼将王猛荐举给苻坚。苻坚召见王猛，两人一见如故，谈论政事，大为欢畅，自称就好像刘备遇到诸葛亮一样。

父子

弄璋弄瓦　《诗经》有诗说：吉梦维何？维熊维罴（pí），男子之祥；维虺（huǐ）维蛇，女子之祥。乃生男子，载衣之裳，载弄之璋。乃生女子，载衣之裼，载弄之瓦。

诞弥厥月　《诗经》有诗说：载生载育，时维后稷，诞弥厥月。

岳降　《诗经》有诗说：崧高维岳，峻极于天。维岳降神，生甫及申。

悬弧设帨（shuì）　生男孩，要以桑木与蓬草为弓箭，射天地四方，希望他长大后志在四方。《礼记》中说：生了男孩子，要挂弓于门左；生了女孩子，要佩巾于门右。

初度　《离骚》说：“皇览揆（kuí）余初度兮，肇锡余以嘉名。”

添丁　唐代卢仝生儿子，名叫“添丁”。宋代贾耘老生子也叫“添丁”。给贾耘老生儿子的侍妾名叫“双荷叶”。

汤饼会　生子后第三天宴请宾客，叫汤饼会。刘禹锡在《送张盥》的诗说：“尔生始悬弧，我作座上宾。引箸举汤饼，祝词天麒麟。”

拿周　曹彬出生一周岁，父母罗列上百种玩具，名叫“晬（zuì）盘”，观察他所取之物来见其志向。只见曹彬左手拿戈矛，右手拿印，后来果然成了大将军并封了王。

太白后身　郭祥正母亲梦到李白，生了郭祥正，很有诗名。梅尧臣曾说：“郭功父有这般天才，真乃李白转世之身啊。”

玉燕投怀　张说是母亲做梦而生的。母亲梦见一只玉燕飞到怀里，随即怀孕，生下张说，后来成为宰相，封燕国公。

九日山神　三衢陈主簿之妻梦见身材伟岸的人来拜见，奇怪地问他，那人说："我是九日山神。"后来就生了儿子，有特异之相。所以合"九日"二字，取名陈旭。后来为避讳，改为"升之"。神宗一朝官拜宰相。

灵凤集身　《南史》记载：王昙逸的母亲梦见有灵凤聚集于身，有了身孕，又听到肚中有啼哭之声。宝志和尚说："生子应该会像神仙宗伯一样。"

金凤衔珠　南昌许逊是他的母亲梦见金凤衔珍珠落在掌中而生的。晋初年任旌阳令，得到异人传授术，周游江海湖泊，将蛟龙与蜃精悉数斩尽，为民除害。又在山中修道，一百三十六岁时，全家飞升成仙。

授五色珠　宋代乐史，他的母亲梦到异人送五色珍珠而生。乐史学习勤奋善写文章，考中进士头名，在朝中很有声望，著有《太平寰宇记》。

五日生　田文生于五月五日（五月是毒月，五日是恶日），父亲田婴想把他抛弃，母亲偷偷养着他。他长大后，对田婴说："您做齐国之相已久，齐国的疆域未扩而您私财百万，门下也未见贤明之才。我暗自觉得奇怪。"田婴这才以礼相待，让他治理家政，结交宾客。

梦邓禹　宋代范祖禹出生时，他的母亲梦见一大丈夫身披金甲，来到住处，说："我是汉朝大将邓禹。"范祖禹出生，就以此为名。

梦枫生腹 唐代张志和的母亲，梦见枫树生于肚上而生下张志和。母亲死后，张志和不再出仕，自号烟波钓徒。

电光烛身 宋代宗泽的母亲刘氏，梦见天空有巨雷，电光照亮身体，第二天就生下宗泽。宗泽小时候就胸怀大志，积累功勋而官拜副元帅，曾起兵救援朝廷，大破金兵。

梦贤人至 谢灵运的父亲命中不宜养子，就想将其放到杜明甫家中寄养。当夜，杜明甫梦有贤人来访。等到早晨，才知道是谢灵运。武林山现在还有一座梦儿亭。

右胁生 老子姓李，名耳，字伯阳，谥号为聃（dān）。传说母亲怀他八十一年，他才自右胁降生，所以叫老子。

梦虎行月中 滕元发的母亲，梦见老虎在月亮中行走，掉落到她家房子里，于是滕元发降生。九岁就能写诗。中进士后，治理边疆，威行西夏。

真英物 桓温出生不到一年，温峤见他，说："这个孩子有清奇之相。"等到听见他说话的声音，说："真是英雄人物啊。"他的父桓彝因被温峤所赞赏，所以取名为"温"。后来他果然豪爽有气概，功勋卓著而官拜大司马。

龟息 李峤的母亲向袁天纲问儿子的命运，回答说："神气清秀，只恐寿命不长。"再请求等李峤入眠时听他鼻息，听过后祝贺说："这是'龟息'啊，必然显贵且长寿。"

梦长庚　李白的母亲怀孕时，梦见长庚星出现，所以小名叫“长庚”，后来改名为“白”。

产有异光　虞允文出生之日，门户外有异光，懂行的人知道他将成大器。他十岁写的诗，就常常有惊人之语。

将校有梦　杨价是杨璨之子，未出生时，杨璨做梦，梦中有神仙从靖州来，号称蜀威将军。等到杨价出生，样貌身材与那神仙非常相像。后袭杨璨之职，在边疆上功勋卓然。

钟巫山之秀　扬雄的父亲住在巫山时生扬雄，大家都说扬雄身上聚有巫山十二峰的秀气。

皆名将相　陈省华为谏议大夫时，陈抟曾对他说：“你的儿子都会是有名的将相。”后来陈省华退休在家，三子皆为高官。长子陈尧叟，世称贤相；次子陈尧佐，官至太子太师；幼子陈尧咨，官为节度使，擅射箭，世称小由基。

孕灵此子　五代王承肇的母亲崔氏，梦见山神牵五色兽来逼她脱衣，于是生下承肇。有个奇僧看到后抚摸着他，说：“老僧所居住的周公山，佳美的灵气削减过半，原来是孕育了这个孩子啊！”后来他节制洛州，以功名著于世。

父辱子死　彭修十五岁时，侍奉父亲出行，被强盗所劫，彭修拔刀对强盗说：“父亲受辱儿只有一死，你们难道不怕死吗？”强盗大惊说：“这小孩是义士，不能逼他。”于是都跑了。

一子不可纵　刘挚幼年时，他的父刘居正考问功课，早晚都不允许休息。有人说："你只有一个儿子，应该加以体恤呀？"刘居正说："正因只一个儿子，就更不可纵容他了。"

事父犹事君　殷渊刚直而重大节，跟随父亲出去做官，若父亲行事不当，他就会侃侃辩论。他曾说侍奉父亲如同侍奉君主，不能把谄媚当作恭敬。后来他死于李自成起义。

娶长妻　冯勤的祖父冯偃，身高不足七尺，以自己矮小丑陋而羞耻，就为儿子冯伉娶了位身材修长的妻子生下冯勤，高八尺三寸。

一门七业　刘殷家七子，其中五子分别传授一种经书，一子传授太史公《史记》，一子传授《汉书》，一家之中，七种学问都很兴旺。于是北州学问，刘殷家最为繁盛。

胎教　孟子小时候问母亲："东边邻居家杀猪干什么？"母亲答："给你吃！"紧接着又后悔地想："我听胎教之法，割肉不正就不吃，坐席不端正就不坐。今天明知道欺骗他，这是教他不诚信啊。"于是买了猪肉给他吃。

七子孝廉　赵宣之妻杜泰姬生七男，教育他们说："常人性情，可上可下。从前西门豹佩戴牛皮带自诫要松缓，宓子贱佩戴弓弦自诫要紧肃，你们要记住！"后来七子都以孝廉而被征招为官，而赵元珪、赵稚珪更以德行而著称。

各守一艺　邓禹有十三子，各人守其技艺，全家和睦，几代人中受宠而在朝中显贵的，就有百余人。

儿必贵　王珪的母亲李氏曾说："我儿必得显贵，不知与他一道的都是什么人。"恰逢房玄龄、杜如晦来拜访，王母大惊说："两位客人都是天子重臣，看来你的显贵是不须怀疑了。"

苏瓌（guī）有子　苏颋的父亲苏瓌与李峤官拜宰相。一天，朝廷召两人之子入朝觐见，皇帝看后说："苏瓌有子，李峤无儿。"

是父是子　吕昭到沁州去做知府，临走时，父老乡亲以金钱相赠他。他说："我没有一钱太守刘宠一样的癖好，敢请为父老留下一文也好啊！"反复推脱不收。他的儿子吕旦刚考中进士，他就告诫说："若饮贪泉之水，死后将不会被列入吕氏宗祠；哪怕穷得只能吃糠咽菜，我们还是父子。"

父子四元　伦文叙是弘治己未年的状元，三个儿子伦以谅、伦以训、伦以诜（shēn）也都是进士。伦以谅乡试第一，伦以训会试第一，伦以诜殿试第二。父子四人占居四元，算是科举功名的盛事了。

一如其父　范仲淹在耀州和邠州做知府，政绩卓然。西夏赵元昊叛乱，正值他在永兴军任职，西夏人称赞他"老子胸中有数万甲兵"。他的儿子范纯礼也曾在永兴为官，处理政事一如他的父亲。

一褐寄父　邝埜（kuàng yě）官至副使，曾买一件粗布衣寄给父亲。他的父亲回信问："这衣服从何处得来？不要用不义之财来玷污我。”家教甚严，所以邝埜的行为最为清谨。

天上麒麟　杜甫诗说：“徐卿儿子生绝奇，感应吉梦相追随。孔子释氏亲抱送，并是天上麒麟儿。”

厉（lài）人生子　从来有容貌丑陋之人半夜生孩子，急忙举灯照看，唯恐长得像自己。

三迁　孟子小时候，住处临近坟墓，于是喜欢仿效墓间的事。孟母说：“这不是可以来教育我儿子的地方。”于是离开。住在集市上，孟子又喜欢贸易之事。孟母说：“这也不是可以来教育我儿子的地方。”又离开。住在学校附近，孟子就会放置礼器，学习礼数。孟母说：“这是可以用来教育我儿子的。”于是住在此地。

和熊　柳公绰的妻子韩氏，经常把苦参、黄连和熊胆弄碎做成药丸，给她的儿子柳仲郢等人夜间学习时含在口中，用来鼓励勤奋学习。

画荻　欧阳修四岁丧父，母亲郑氏教育他。家里穷，缺少纸张，就用芦秆画地习字。后来欧阳修成了大儒，官至观文殿大学士。

截发　陶侃孤苦贫寒，孝廉范逵曾来拜访，仓猝之间没有可以款待之物。他的母亲湛氏就剪头发来换酒，又拿出睡觉的草席，铡碎喂马。范逵见到庐江守张夔时称赞陶侃。张夔召陶侃来担任枞阳令。

跨灶　灶上有“釜”，所以如果儿子朝过父亲，就称为“跨灶”。

因为“父”与“釜”是同音，用作借喻。

凤毛　刘宋时谢凤之子谢超宗擅长文词，曾作《殷妃诔（lěi）》。南齐孝武帝叹赏说：“谢超宗好像谢灵运再世。”杜甫诗：“欲知世掌丝纶美，池上于今有凤毛。”

双珠　后汉时韦康、韦诞都有名望。孔融对他们的父亲韦端说：“一双珍珠竟然生于一个老蚌。”

豚犬　曹操看到孙权，赞叹说：“生儿就应该像孙权那样，刘景升之子不过猪狗之辈啊。”

老牛舐犊　杨彪之子杨修为曹操所杀。曹操后来看到杨彪，说：“为何瘦成这样？”杨彪说：“惭愧于我没有金日磾的先见之明，仍怀着老牛舐犊一样的爱子之心。”曹操为之动容。

伯道无儿　邓攸字伯道，在石勒之乱时，带着妻子、儿子和侄子邓绥逃跑，后来看无法两全，就弃儿保侄，后来便绝嗣了。当时人说：“皇天无知，使伯道无儿”。

萱堂　萱草又名宜男，孕妇佩带它会生男孩，所以称母亲为“萱堂”。《诗经·伯兮》有言：“焉得萱草，言树之北。”

椿庭　《庄子》记载说：“上古有大椿树，以八千年为春，八千年为秋。”现在人把父亲称为“椿庭”。

乔梓　乔木高大需要仰视，是父亲之道；梓木有果实而低垂，是儿子之道。所以称父子叫“乔梓”。

楂梨 张敷小名楂，他的父亲张邵小名梨。宋文帝戏说：“山楂比梨如何？”张敷说：“梨是百果的宗主，山楂怎么敢比！”

菽水承欢 子路说：“最悲伤的事就是贫困，父母在时无以赡养，死去也无以依礼奉祀。”孔子说：“吃粗茶淡饭，让他们高兴，这就是孝。”

为母杀鸡 后汉茅容，郭林宗拜访他，留下歇宿。第二天一早，茅容杀鸡做饭，郭林宗以为款待自己，却看到他供奉给他的母亲。郭林宗下拜说：“你真是贤良之人啊！”于是勉励他学习，以成全他的德行。

自伤未遇 晋朝赵至十二岁时，与母亲在路边看到县令上任。母亲问：“你以后能这样不？”赵至说：“可以这样。”一次听到父亲耕地吆喝牛之声，放下书卷流泪。老师问他，他回答说：“自己伤心于没有机遇，使老父不能免除劳役之苦。”

风木之悲 春秋时期皋鱼周游列国做官，回家时发现双亲亡故，他哭着说：“树欲静而风不息，子欲养而亲不在！”就自刎而死。

毛义捧檄 毛义以孝行著称。官府檄文到达，任毛义为安阳令。毛义捧着檄文面有喜色，张奉鄙薄他。后来毛义的母亲去世，他就不再为官了。张奉长叹说：“原来那日之所以高兴，只是为了母亲啊。”

为母遗羹　颍考叔最初在边疆为官，郑庄公赐给他食物。他把肉都留下来，说："小人有个母亲，遍尝小人准备之食，未尝过您的食物，请您允许我将它们带给母亲。"

倚间而望　王孙贾侍奉齐闵王，齐闵王出走，王孙贾不知道他在哪里。王孙贾的母亲说："你早出而晚归，我就靠在门边等待你；你晚出而不归，我就到村口等待你。你现在侍奉齐闵王，王出走，你不知道他的所在，那你怎么还能回来？"

对使伏剑　王陵归降汉王，项羽将王陵的母亲扣留军中，以此来招降王陵。王陵的母亲私下对使者说："汉王是长者，我儿子不要因我而产生二心，我应该以死相送。"就以剑自杀了。

封还官物　陶侃年轻时曾当县吏，经常监查鱼池，拿鱼干来送给母亲。母亲把鱼干封好并责备他，说："你把公家之物给我，反而增加我的忧虑！"拒而不受。

勿以母老惧　刘安世被任为谏官，对母亲说："朝廷使儿身为进言官，就须以身报家国，若有灾祸或罪愆，老母该怎么办？"母亲说："谏官是天子诤谏之臣，你父亲想做而没有做成。你有幸居此要位，就应当捐弃自身来报答主上，不要因为母亲年老而怕被流放啊。"

对食悲泣　陆续被关在洛阳，他的母亲给他送饭。陆续对食悲泣，使者问原因，他说："母亲来了我却见不到。"使者问："你怎么知道呢？"他回答说："我母亲切肉没有不方正的，切葱也都长为一寸，这一定是我母亲送来的。”使者上报此事，朝廷特赦了他。

暴得大名 东阳少年杀县令，想立陈婴为王。他的母亲说：“我自从嫁到你们陈家，从未听说先人有大富大贵的。现在突然得到大名，是不祥啊。”于是陈婴就投靠汉王。

人不可独杀 严延年官拜河南太守，他的母亲从东海来，正赶上官府处置死囚，大惊，不肯进家。严延年磕头谢罪。他的母亲说：“天道有神明，人不可独杀他人而自己幸免。我没想到晚年还要面临壮年之子被判刑处死。”一年后，严延年果然被判死罪。

击堕金鱼 陈尧咨任满归来，他的母亲问他有何独特的为政之道，他回答说：“荆南之地正对着大道，过客因儿子善射箭，没有不称赞的。”他的母亲说：“以忠、孝来辅佐治国，是你父亲的遗训。你不能以善治理百姓，却兀自专心于一己之技。”于是用手杖打他，佩带在手杖上的金鱼都被打掉了。

得与李杜齐驱 汉代诛杀党人，朝廷下诏急令收捕。范滂告诉他的母亲说：“仲博很孝敬，足以供养老母，我如果能伴父亲大人于黄泉，存亡之人都能得其所。只是母亲大人要割舍不忍的恩情。”他母亲说：“你能与李膺、杜密并驾齐驱，死有何恨！美名高寿，怎能兼得呢？”

吾知善养 尹焞（tūn）曾参加科举，所发的策论题中有诛元祐诸位大臣的议论。他不答而出，回家告诉母亲。他母亲说：“我知道你是用善心来赡养我，而不是用禄位来赡养我。”

能为滂母　苏轼十岁时，他的母亲程氏亲自教他读书，每听闻古今成败，立刻能领会其中要点。程氏读到《后汉书·范滂传》，感慨叹息。苏轼问："我若成范滂，母亲允许吗？”程氏说："你能作范滂，我就不能作范滂母亲吗？”

口授古文　虞集的母亲杨氏嫁给虞汲，宋末兵荒马乱，虞汲带领全家逃往岭外，身边没带可读之书。杨氏给儿子口授《左传》和欧阳修、苏轼的文章，虞集后来因文章著称于世，都有赖于母训。

得父一绝　唐代宋之问的父亲名宋令文，擅文词，而且工于书法，力气过人，世称“三绝”。后来宋之问凭借文章而显名，宋之悌则以骁勇闻名，宋之逊精通草隶，各继承他父亲的一绝。

父子谥文　明代倪谦与子倪岳同入修史局，倪谦最终官为南京礼部尚书，倪岳最终官为南京吏部尚书。父亲谥号文僖，儿子谥号文毅。父子都谥为文，世人都以之为荣。

父长号　何遵幼年读东汉范滂母亲之事，对母亲说："若我成范滂，大人能慨然作范滂的母亲吗？”母亲笑着答应了。后来官至工部主事，因谏阻明武宗南巡，带枷示众于午门外五日，被廷杖打死。廷杖那天，父亲何铎在乡里，看到有乌鸦悲鸣，心下奇怪。等到听说工部有人因言获罪，父亲大哭说："何遵要死了吗？”后来知道果然如此。

以屏隔座　三国纪亮与子纪骘都在吴国为官，纪亮为尚书令，纪骘为中书令，每次朝会时，就用云母屏风把他们座位隔开，时人说起，都以此为荣耀。

教忠　狐突是晋国大夫。晋怀公时，狐突的儿子狐毛和狐偃跟随公子重耳到秦国。晋怀公抓住狐突说："你儿子若回来就免除刑罚。"狐突回答说："儿能为官，父亲要教导他尽忠，这是古来之理。现今他跟随公子逃亡，若我召回他们，是教其不忠。"就被逼死。

当有五丈夫子　与商瞿同年的进士中有个叫梁鳣（zhān）的，三十岁还未生儿子，就想休妻。商瞿说："时候未到啊！我三十八没有儿子，我母亲想再给我娶一妻。但老师说：'不用担心，商瞿过四十岁当有五儿。'果然如此。我想你恐怕要晚生儿子，而且未必是妻子之过。"过了两年，梁鳣果然有了儿子。

不如一经　韦玄成是韦贤的儿子，与萧望之等儒士在石渠阁论辩五经异同。汉元帝时曾官拜丞相，守正持重比不上他父亲，文采却更胜一筹。邹、鲁两地有谚语说："遗子黄金满籯（yíng），不如一经。"

义继母　齐宣王时有人死在路上，官吏逮捕两个少年，兄长说："是我杀的。"弟弟说："不是兄长，是我杀的。"官吏上报齐宣王，宣王召见两少年的母亲，母亲哭着说："那就杀年少的吧。"宣王问原因，母亲回答："小的是我的儿子。大的是丈夫前妻所生，他们父亲临终时，嘱咐我善待他。现在若杀死兄长令弟弟活命，就是因母子私情而废与亡夫之情。背弃诺言忘却信义，是欺骗亡人啊。”宣王赞赏她的高义，将两子都赦免了。

他日救时宰相　忠肃公于谦与如兰是方外之交。忠肃公于谦满月时，如兰参加汤饼大会，摸着他的头，说：“这是将来拯救时难的宰相啊！”

墨庄　宋朝的刘式死后，只留下藏书数千卷，夫人陈氏指着书对儿子们说：“这是你父亲以墨水做成的‘田庄’啊。”后来子孙们都中了进士，成为当时名臣。

各授一经　宋代田辟行为高尚、学识广博，游学二十年，没有做官，浩然归隐了。有儿子九人，传授每人一部经书，后来都中举。当时称赞有义方的人，必定引用田氏之事。

箕裘　《礼记》中说：良匠的儿子，想必也能学习补缀皮衣；做良弓的儿子，想必也能学习制作畚（běn）箕。

亲导母舆　唐代崔邠官拜太常卿，亲自引导他母亲的车舆进入太常署，公卿都为之让路。

附：各方称谓

蜀地人称父亲叫郎罢。

吴地人称父亲叫箸（读音遮），称祖父为阿爹，又有人叫公爹。有称父亲叫爷（读音涯），有称父亲叫爸，有称父亲叫爸（读音播）。

辽东人称父亲叫阿嘛，母亲叫峨娘。

湖南人称母亲叫哎祖。有的地方称父亲叫阿叭，母亲叫阿宜。

江淮人称母亲叫社。李长吉称母亲叫媻（mí）。

吴地人称母亲叫媸（读音寐）。

羌人称母亲叫姐。

湖北一带称母亲叫媞（tí）（读音侍）。

青、徐二州人称兄叫阿荒。荒，大也。又叫㹠（读音选）。

越人称兄叫况。

楚人称姊叫嬃（xū），称妹叫娟（读音位）。

江淮人称子叫崽，称女叫娪（读音悟）。又有人称子叫男，称女叫媛。

越人称子叫婧（kěng）。

吴人称子叫孲（读音牙）。

楚人称妻子的母亲叫㚸（shí，读音氏）。

东齐人称婿叫倩。称贱役叫㑈（sōng）。妻子称丈夫哥哥叫兄公，称丈夫姐姐叫女伀（读音中）。称姊妹之子叫出（读音翠），自称叫姎（读音盎），就好像说“我”一样。称舅母叫妗。

齐人称姐姐叫嫯（读音稍）。

夫妇（附：妾）

举案齐眉　梁鸿到吴地，依附皋伯通家中，为人舂米。他的妻子孟光准备饭菜，举食案齐眉，献给丈夫。皋伯通惊异，说：“这个出苦力的人能使他的妻子这般恭敬，不是一般人。”就以礼相待。

归遗细君　东方朔将赐肉割好后揣在怀里回家，汉武帝问他原因，说：“回去给夫人。”

糟糠 光武帝之姊湖阳公主刚死丈夫，想要下嫁给宋弘。光武帝对宋弘说：“位尊就换朋友，有钱就换妻子，这是人之常情吗？”宋弘回答说：“贫贱交情不可忘，患难之妻不可抛。”光武帝转而对公主说：“办不到啊。”

断机 乐羊子出外游学，未满三月就回家了，妻子拿刀割布说：“你去寻师求学，半途而废，与割断这匹布有什么分别呢？”乐羊子于是发愤读书直至完成学业。

二乔 周瑜随从孙策攻打皖地，得到了乔公两女，都有惊人美貌。孙策娶大乔，周瑜娶小乔。孙策对周瑜说：“乔公两女虽因战败而流离，但遇到我们这样的夫婿，也足以为欢了。”

有兄之风 刘备当初在荆州，孙权将妹妹嫁给他为妻。她妹妹才华敏捷又很刚猛，有诸兄之风，身边丫环有一百多人，都执刀侍立。刘备每次进来，心中都很害怕。

妇有四德 许允的妻子样貌丑陋，许允说：“女子有德、言、容、功四德，你有几德？”妻子说：“我不足之处只有容貌而已。士人有百行，你有几行？”许允说：“都有。”妻子说：“你爱德行不如爱容貌，何以说皆备呢？”许允大为惭愧，对妻子礼敬终身。

执巾栉（zhì）《左传》记载：晋国太子圉在秦国为人质，秦国嫁嬴氏女做太子圉的妻子。即将私逃归国时，嬴氏说：“国君让我来侍奉你，要你永居秦国。若放你私自归国，那就是违背君命，我不敢听从。”

奉箕帚　单父的吕公喜欢看相，看到刘邦身材相貌时，感到奇异，说：“我所见的人太多了，没有人像你这样的！我有一小女儿，愿嫁给你为你奉箕帚。”

吾知丧吾妻　刘庭式曾与乡人的女儿定下婚约。等到他考上进士，女子忽然失明，家中非常贫穷，同乡不敢再提此事。有人劝刘庭式改聘，刘庭式叹息说：“此心不可辜负！”最终还是娶了她，生了几个儿子。妻子亡故，刘庭式大为悲痛。苏轼当时做本州太守，问他：“哀痛之情生于爱意，而爱生于容貌。你的爱从何而生？哀伤又从何而起？”刘庭式说：“我只知我死了妻子而已。”苏轼听此话深为感动。

画眉　张敞做京兆尹时，为妻子画眉。被官府上报。皇帝问他此事，他回答说：“夫妻私事，还有比这个更隐秘的。”皇帝便不加罪责。

牛衣对泣　王章家穷，连被子都没有，躺在牛衣中，对妻子痛哭。妻子生气，说：“京师中的尊贵之人，谁的才华可与你比呢？不自己激励向上，反在这里哭泣，多么可耻啊！”后来王章果然官拜京兆尹。

剔目　房玄龄还是平民时，病得快死了，对妻子卢氏说：“我的病好不了了，你还年轻，不要守寡，好好侍奉别人吧。”卢氏哭入帷幕之中，剜了一只眼睛以示忠信。房玄龄病愈后，官拜宰相，对妻子终身礼敬。

织锦回文　窦滔的妻子苏氏字若兰，苻坚时窦滔官拜安南将军，镇守襄阳，携带宠姬赵阳台同行。苏氏悔恨，用锦缎织出回文，共题诗二百多首，竖读横读反着读皆可成诗，取名《璇玑图》，赠予窦滔。

不从别娶　宋代黄龟年官为侍御史，弹劾秦桧，于是削去秦桧官职。当初，家乡的主簿李朝旌嫁女儿做他的妻子。黄龟年考中进士后，李朝旌已经故去，家中非常贫困，有人劝他另娶她人，他不答应。

小吏名港　汉代庐江府小吏焦仲卿的妻子，为婆婆所逐，发誓不再嫁。他的母亲多次逼她，她就投水而死。焦仲卿听到此事，也上吊自杀。现在庐江府内有小吏港，用焦仲卿命名。

相思树　韩凭的妻子是封丘息氏，康王将她夺走，韩凭自杀。息氏与康王登上高台，跳下高台而死，有遗书在衣带里，请求将尸骨与韩凭同葬。康王不允许，分开埋葬二人，坟墓相对。两三夜后，就有交梓木生在两坟旁边，几个月后枝叶就连到了一起，鸳鸯栖息其上，交颈悲鸣。宋国人都觉得悲伤，称此树为相思树。

知礼　季敬姜是鲁国大夫公甫穆伯的妻子。儿子文伯做鲁国国相，退朝时，敬姜正在织布，文伯说："凭我们的家境，还要织布吗？"敬姜叹息说："人，一劳苦就要思考，一思考就生善心；一安逸就放纵，一放纵就忘了善心，忘记善心就会生出恶心。我是怕日后无人去祭祀穆伯啊！"等到文伯死时，敬姜早哭穆伯，晚哭文伯。孔子听了，说："季氏的妻子懂礼啊！"

作诔　柳下惠死后，门人弟子想列数其德行。柳下惠的妻子说："这是要列述夫子的德行吗？那你们不如我了解他啊。"就自己作了一篇诔文。

谥康　黔娄先生逝世，曾子前去吊唁，见尸体上盖布被，手脚露在外面。曾子说："把被子斜着放就都可以盖住了。"黔娄先生的妻子说："斜着哪怕有余，也不如正着而露出手脚。死了还要斜着，不是黔娄先生的愿望啊。"曾西说："用什么字做谥号呢？"黔娄先生的妻子回答说："黔娄先生不因贫贱而苦，不四处奔走以求富贵，所以谥为'康'，可以吗？"曾西赞叹说："唯独这样的人，才会有这样的妻子啊。"

预结贤士　晋国大夫伯宗喜欢与人辩论，把人驳倒，人们都厌恶他。他的妻子说："灾祸怕是不远了！为什么不提前交结贤士，将儿子伯州犁托付给他人呢？"伯宗就同毕羊结交。没过多久，伯宗果因诬陷而死，毕羊将伯州犁送至楚国，幸免于难。

柏舟　共姜是卫国世子共伯的妻子。共伯早逝，父母想让她再嫁，她以死起誓，写《柏舟》一诗。

共隐终身　东汉王霸年少时与令狐子伯关系亲近，后来令狐子伯做了楚国国相。他的儿子官为郡县功曹。一次拜访王霸，王霸的儿子正在田里耕地，放下农具来见客人，面有惭愧之色。客人离去后，王霸卧床不起，妻子问原因，他说："人家儿子穿着打扮都很华美，儿子见之面有惭色。父子情深，我感到是自己的过错。”妻子说：“令狐子伯的富贵怎能比得上你的高洁？为什么忘了你平日的志向而为儿女惭愧呢？”王霸起身大笑说：“是这样的啊！”于是一起隐居，直到去世。

女宗 鲍苏在卫国做官三年，就另娶妻子。原配妻子奉养婆婆谨慎细心。她的弟媳说：“你可以离开这个家啊。”她回答说：“妇人从一人为贞，恭顺父母为正，哪有以专丈夫之宠而为贤的呢？”侍奉婆婆愈加细心。宋国国君赐她所住之地为“女宗”。

封发 唐代贾直言因事获罪被贬岭南。他的妻子董德贞，年纪很小。诀别时贾直言说：“此去生死难定，你赶快改嫁吧。”德贞不答话，以头绳束发，用布封住，让贾直言署名于其上，并说：“除了你谁都不可以解开！”贾直言贬官二十年才回来，封布如故。

受羊埋之 羊舌子为人正直，不被晋国所容，只好去到三室之邑居住。同邑人偷羊赠与他，他不想接受，他的妻子叔姬说：“不如接受再埋起来。”羊舌子说：“那为什么不让儿子肸（xī）和鲋（fù）吃呢？”他妻子说：“不可以。南方有一种叫吉乾的鸟，给孩子喂肉时，不作选择，它的孩子多不仁义。现在肸和鲋都是孩子，会随着大人而被教化，不可以给他们吃不义之肉。”于是把羊装在瓮里，埋在灶台的背面。后来偷羊的事情败露了，官吏来察看，羊还在。就说：“真是君子啊！羊舌子没与人一道偷羊。”

弓工妻 晋国繁地弓匠的妻子。晋平公让繁地人制造弓箭，三年才成。平公拉弓射箭，却无法射穿一层铠甲，就要杀掉弓匠。他的妻子请求面见晋平公，说：“我丈夫造弓，辛劳至极。国君不会射箭，反而要杀人。我听说射箭之道，左手要如拒，右手要如附；右手放箭，左手不知。”平公按她所说，果然射穿了七层铠甲，立刻释放了弓匠。

迎叔隗　晋文公重耳与赵衰逃到狄国，狄国隗氏献上两女，重耳娶了季隗，叔隗嫁给赵衰，叔隗生下了赵盾。等回到晋国，晋文公嫁女赵姬做赵衰的妻子，生了三个儿子。赵姬请赵衰把赵盾与他的母亲迎回晋国，赵衰不敢听从。赵姬说：“得新宠忘旧情，安住富室而抛弃贫贱之交，不可以这样。你应当迎回他们。”赵衰于是从狄国将叔隗和赵盾接回。

提瓮出汲　桓氏的女儿叫少君，鲍宣曾跟随少君的父亲学习，少君的父亲觉得鲍宣清苦，把少君嫁给他，装饰、嫁妆都很华丽。鲍宣不高兴。少君就将侍从与华衣全部弃之不用，穿上素朴的衣服，与鲍宣一道拉着鹿车回鲍宣家。拜见公婆后，就提着水瓮出来打水，遵行妇道。

御妻　晏子出门，他车夫的妻子从门缝窥见她的丈夫扬扬自得。等他回来，妻子请求离婚，说：“晏子身为齐国宰相，名声显赫于诸侯。他却比下属还谦卑。你给人驾车，却自以为了不起，因此我要离婚。”车夫于是努力控制自己。晏子感到奇怪，问他，他道出实情。后来晏子就推荐他做了大夫。

效少君 马融的女儿嫁给汝南袁隗，婚礼刚结束，袁隗就说：“妻子只是侍奉洒扫罢了，为何要打扮得这样珍奇美丽？”回答说：“父母爱心很重，我不敢有违他们之命。你若仰慕鲍宣那样的品行，我也愿以少君做榜样。”

破镜 乐昌公主下嫁徐德言。陈朝灭亡后，徐德言与公主打破镜子，各执一半。后来公主被杨素得到，徐德言寄诗说：“镜与人俱去，镜归人未归。”乐昌公主看到诗，悲泣不已。杨素也很难过，就召来徐德言，并将公主还给他。

造庐而吊 杞梁为国而亡，杞梁的妻子护丧而归，路遇齐庄公，齐庄公想祭吊他。杞梁的妻子说：“国君若以为我的丈夫是有罪而死，那就不敢有辱您来祭吊；如果认为他无罪，那么还有先祖留下的破旧的屋子，为什么要在半路祭吊呢？”庄公就去他的家中祭吊。

琴心 司马相如与临邛的县令关系亲近。富人卓王孙听说县令有贵客，就大摆宴席召他来。饮酒尽兴，县令请司马相如抚琴。时值卓王孙的女儿丈夫刚去世，暗自偷听。相如以琴声挑逗其心，卓文君就在夜里偷偷离家，与相如一同去了成都。

白头吟 司马相如想娶茂陵女子为妾，卓文君写《白头吟》与他断绝关系，司马相如感动，就不再娶妾。

妒妇津 刘伯玉的妻子段氏蛮横善妒忌，听到丈夫诵读《洛神赋》，就投洛水而死。后人称此地为妒妇津。若有女子路过此地，必然会打湿衣服妆容。

四畏堂 北宋王钦若设三畏堂。他的夫人蛮横妒忌。杨亿就戏谑说："可改为四畏堂。"王钦若问原因，他说："除了畏天命、畏大人、畏圣人之言外，还畏夫人。"

狮子吼 陈季常的妻子柳氏蛮横善妒，有客人来，经常会听到大骂之声。苏轼作诗戏谑说："谁似龙丘居士贤，谈空说有夜不眠。忽闻河东狮子吼，拄杖落手心茫然。"

恐伤盛德 太傅谢安的刘夫人性格妒忌，常在帷中与众歌妓作乐，谢安一看到，她就放下帘幕。谢安请她打开，她拒绝了："恐有伤盛德。"

鸧（cāng）庚止妒 梁武帝平定南齐，得上千宫女，郗皇后愤恨成疾。左右侍从说："《山海经》中记载，吃黄莺可止妒忌。"郗皇后吃了，妒忌之心果然减半。

炊扊扅（yǎn yí） 百里奚做秦国丞相，在大堂奏乐。有洗衣服的女人自称懂音乐，拿起琴唱歌："百里奚，五羊皮。忆别时，烹伏雌。炊扊扅，今当富贵忘我为？"问了才知道，原来是百里奚的妻子。

周姥撰诗 谢安想买歌伎侍妾，让侄子劝说夫人，侄子就说《诗经》中《关雎》《螽（zhōng）斯》都是关于不妒的诗篇。夫人问诗为谁写的，侄子答是周公。夫人说："周公是男子，如果周姥作诗，就不会这样写。”

何由得见　桓温娶南康公主，一年多未进她的房间。一天，桓温与司马谢奕喝酒，谢奕逼着他喝，他就逃进了南康公主的房间。谢奕就到大厅里去，叫来一值班兵卒共饮。说：“走了一个老兵，又来一个老兵，有什么奇怪呢！”南康公主对桓温说：“你若没有这样狂放的司马，我怎么能见到你呢！”

羞墓　朱买臣以砍柴谋生，妻子要求离婚，朱买臣笑说：“我五十岁时就会富贵的。”妻子愤怒地说：“像你这样的人，终将饿死在水沟中罢了！”朱买臣留不住她。没多久，他就被任命为会稽太守，乘马车到吴地，见前妻与现在的丈夫一道为新官修路，就将他们载于车后。妻子羞愧而死，埋葬在嘉兴，名为羞墓。方正学写了一首诗说：“青草塘边土一丘，千年埋骨不埋羞。丁宁嘱咐人间妇，自古糟糠合到头。”

秋胡挑妻　鲁国秋胡娶妻刚五天，就到陈地做官。后回乡，看见一采桑女子，下车调戏，说：“辛苦种地不如遇到好年份，辛苦养蚕不如遇到好郎君。我有黄金，愿拿来给你。”女子不接受。秋胡回家后，妻子看见丈夫，才发现就是调戏自己的人，于是数落他的罪过，而后跳河自杀了。

难做家公　汾阳王郭子仪之子郭暧与升平公主互相辱骂，郭暧说：“你倚仗父亲是天子吗？我父亲鄙薄天子之位不愿当罢了！”公主入宫上奏，郭子仪忙把郭暧囚禁起来等候降罪。唐代宗说：

“俗话说‘不哑不聋，难做家公’，小孩子闺房吵架就不要听了。”

妒不畏死　唐代任瓌官拜兵部尚书，唐太宗赐给他两个宫女。他的妻子刘氏妒忌她们，想要弄烂两人头发使她们变为秃头。太宗赐酒给她说：“这酒喝了立刻就死，若你不再妒忌了就不用喝。”刘氏下拜接酒说：“那还不如死了！”举杯饮尽。太宗对任瓌说：“有人不怕死，你能怎么办！”只好把那两个宫女安于别室。

鼓盆　庄子的妻子死了，惠子来吊丧。庄子正分开两腿坐着，敲着瓦盆唱歌。惠子说：“这不是太过分了吗？”庄子说：“她人已经一动不动安眠于天地之间，而我还要在旁嗷嗷哭泣，自己也觉得命运不通达，就不要这么做了吧。”

牝（pìn）鸡司晨　周武王说：“母鸡不要报晓。母鸡报晓了，家庭就要萧索。现在商王纣却接受这个，只听妇人之言。”

加公九锡　王导害怕妻子，于是将小妾置于别处。他的夫人知道后，拿刀搜寻声讨。王导赶快驾车出门，用左手扳着车栏，右手提着麈（zhǔ）尾的柄打牛，狼狈而逃。司徒蔡谟说：“朝廷要给您加九锡。”王导信以为真。蔡谟说：“没听说加其他东西，只听说短辕牛车，长柄麈尾。”王导大为羞愧。

何况老奴　桓温平定蜀地，把李势的妹妹抢来作妾，他的妻子听说后，想拔刀杀了她。李势的妹妹正在梳头，长发垂及地面，姿态容貌端庄美丽，于是慢慢结好头发，垂手对桓温的妻子说：“国破家亡，我无心在此。若能被你杀掉，也如活着一般。”神情闲淡严正，语气凄苦柔婉。桓温的妻子于是扔下刀子，上前抱住她说：“我看见你都怜惜，何况那个老家伙。”于是善待她。

如夫人　齐侯非常喜爱女色，内宠很多，内室中待遇如同夫人一样的就有六个。

解白水诗　管仲侍妾名叫婧。齐桓公出游，宁戚敲着牛角高歌。桓公让管仲去迎接他，宁戚说：“浩浩乎白水。”管仲不知这是什么意思。他的侍妾婧说：“古代有《白水》诗，说‘浩浩白水，倏倏之鱼。君来召我，我将安居。’这是宁戚想要出来从政啊。”管仲很高兴，报告齐桓公，于是做齐国的宰相。

居燕子楼　关盼盼是张建封的侍妾。张建封死后，关盼盼独居于燕子楼十多年。一天，得到白居易所和的诗作，哭着说：“自从我相公去世，我并非不能以死相殉，只害怕世人以为我相公重于美色，还有姬妾殉死，从而玷污了他啊。”于是郁郁不乐，绝食而死。死时吟诗：“儿童不识冲天物，漫托青泥污雪毫。”

何惜一女　周顗的母亲姓李，字络秀。周顗的父亲周浚，官至安东将军，出猎遇到下雨，路过李氏家。正好李氏父亲与兄弟外出，络秀就与一个丫环为几十人做饭，菜肴精致，但听不到厨房有嘈杂的人声。周浚奇怪，让人偷看，只见一非常美丽的女子。周浚请求络秀为侍妾。父亲兄弟开始不答应，络秀说：“家族衰微，何须在乎一个女儿呢！”于是就答应了。后来生下了周顗和周嵩。

抱骨赴水　赵淮的侍妾是长沙人。元朝将领让赵淮招降李廷芝，赵淮到城下，大声叫道："李廷芝，好男儿死就死，千万别降！"元将大怒，就杀了他，并抢走他的侍妾。侍妾假装告诉元将说："我一直侍奉赵运使，现在他死了不得埋葬，不忍旧情。希望去将他埋葬，再侍奉将军就不会遗憾了。"于是收集薪火葬了赵淮遗骨，把骨灰放在罐中，自己抱着骨灰跳水死了。

察妾忧色　袁升五十岁还没有子嗣，到临安去买妾。买到妾后，观察她面有忧色，问原因，妾说："我是前赵太守的女儿，家在四川，由于贫困，母亲把我卖掉是为了回家葬父。"袁升当即把她送还，并把家中的钱尽数赠她。他的妻子说："你这般施行仁德，还愁没有儿子吗？"第二年就生了袁韶，官至浙西使。孙子袁洪，官拜郡司马。

不如降黄巢　王铎镇守江陵，以防御黄巢，黄巢大军渐渐逼近。王铎赴任初时，带了很多姬妾，他的夫人并不知道。忽然有人报说夫人离京也准备过来。他对从事说："黄巢从南边逼来，而夫人又从北边赶到，明天的情形，该怎么办呢？"幕僚戏谑地说："那不如投降黄巢！"

讽使出妻　宋代夏执中，他的姐姐是宋孝宗皇后，他积累功勋而官拜节度使。起初夏执中与他的妻子来到京城，皇后暗示他休妻，择以权贵婚配。夏执中就口诵汉代宋弘的话"贫贱之交不敢忘，糟糠之妻不下堂"来应对，皇后就不好再提了。

六十未适　南北朝的顾协小时候，想与舅舅的女儿订婚，还未结婚，母亲就过世了。服丧期满后，就不再娶。到六十多岁，此女还未嫁给别人，顾协因其有义就迎娶了她，最终没有后代。

遣妾献诗　陈陶操行高洁，朝廷多次征招他都不出仕。当时严撰守南昌，想试探他，就派小妾莲花前去侍奉，陈陶一夜都不让她进门。小妾献诗说："莲花为号玉为腮，珍重尚书遣妾来。处士不生巫峡梦，空劳云雨下阳台。"陈陶答："近来诗思清于水，老去风情薄似云。已向升天得门户，锦衾深愧卓文君。"

计赚解后　沈襄的父亲沈炼，上疏弹劾严嵩父子，反被贬谪。又遭诬陷说他入了白莲邪教，在原籍被杀。逮捕沈襄来刑部审讯，同时抓了他的小妾。到山东，清早住在客店，小妾偷偷对沈襄说："你到京城，必无活路，为何不施计脱逃，以存续沈家香火？我拼一死，与他们周旋，你就可以免落奸相之手了。"于是他就骗押解的人，说："这里有位吏部官员某某是我父亲同年好友，在京城时曾经借我父亲三百多两银子，若能要回就可作为路费，还可以将所余赠你二人作为回乡盘缠，不知可行否？"两个差官因有小妾做人质，就去了枷锁，给他换了衣服。一个差人看守小妾留在店中，一个差人押着沈襄同往。走了不到一里，差人腹痛如厕，沈襄就逃跑了。差人到了所谓的吏部官员家，却与沈襄所说完全不同。立即跑回客店，说沈襄逃跑，差人恐吓小妾说出实情。小妾就号哭说："我夫妻二人忍耐苦楚到这里，京师已近，满指望真相大白而得以回去。你们受到严氏父子命令，暗中杀死我丈夫。你们必须还回我丈夫的尸体！我要以身殉我丈夫，决不甘心孱弱女子再遭你们玷污。”旁人听着就悲痛，于是报告了官府。审案者也怀疑是被严氏谋杀，就将小妾寄养在一个尼庵里，每天逼迫两个官差还回尸体。拖延两年，严氏父子势力败落了，沈襄出来为他的父亲陈冤，受朝廷之恩赠给爵位，小妾也受到封赏，与沈襄白头到老。

名分定矣　嘉靖己丑年间，瑞州秀才刘文光和廖暹一同参加科举，都没考中，想要回去。廖暹想请媒人买妾，拉刘文光一起去选择，看中了一个女子，下定礼并约好日期。女子问说：“两位相公是哪位要聘妾？”廖暹开玩笑指着刘文光说：“是这位刘相公要娶你。”刘文光也大笑，女子就对刘文光敛容而拜。第二天备礼去娶，女子见婚书大为惊讶，说：“是刘相公要娶我，为何婚书上写廖某的名字？”媒人告知实情，女子脸上变色说：“作妾虽然很微贱，也关乎夫妻父子之道，怎可轻率指给他人以为戏言。我已拜刘相公，名分定下了！”父母再三婉言劝说，誓死不从。廖暹追悔莫及，劝刘文光娶了她。刘文光经济并不宽裕，约好下次科考再来娶。后来刘文光的正室逝世，娶她做了正妻。

各送半臂　宋祁一次晚上在曲江喝酒，忽觉寒冷，命人取半袖衣，十来个宠妾各送一件来。宋祁怕取舍之时得罪人，不敢穿，忍着寒冷回家。

臼中炊釜　江淮王生善于占卜，有个生意人张瞻将要回家，梦见在石臼中做饭。来问王生。王生说：“你回家将不见妻子了。

在石臼中做饭，是没有锅了。”张瞻回去，果然妻子已经去世了。

覆水难收　姜太公起初娶马氏，因他只读书不劳作，马氏要求离婚。后来姜太公封于齐地，马氏请求复合。姜太公取一盆水泼在地上，让她把水收回，只得一些泥。姜太公说：“如果离开还能再复合，泼出去的水岂不也不难收？”

婿

红丝　唐代郭元振丰姿秀美。宰相张嘉贞想招他为婿，说：“我有五女，每人拉一根丝线藏在布幔后。你牵丝，牵到的就做你妻子。”郭元振牵到一根红丝，娶了第三个女儿。

厩中骐骥　《南史》记载：杜广最初在刘景马厩中养马，一次与刘景谈话，刘景大惊，说：“我亏待贤者太久了！”回家告诉他妻子说：“我为女儿求婿二十年，想不到马厩里有千里马。”就将女儿嫁给杜广做妻子。

屏间孔雀　唐高祖皇后窦氏的父亲窦毅说：“我女儿有奇相，不可以随便许人。”于是在屏风上画两只孔雀，让求婚之人射两箭，都要射中眼睛。高祖李渊最后到，各射中一只眼睛，于是将女儿嫁给高祖。

玉镜台　晋朝温峤的姑姑有个女儿，嘱咐温峤帮寻女婿。温峤一直有娶她的意思，就说：“如果能找到一个我这样的可以吗？”姑姑说：“哪里指望跟你比啊！”过了一天，温峤说：“已经找到佳婿了。门第不下于我。”就以一枚玉镜台为定礼，姑姑大喜。婚后，姑姑的女儿打开纱扇，拍手笑说：“我本就怀疑是你这老家伙，果然如我所料！”

再娶小姨　欧阳修与王拱辰同为薛奎女婿，欧阳修先娶其长女，王拱辰娶了老二。后来欧阳修又娶了最小的，因此欧阳修有“旧女婿为新女婿，大姨夫作小姨夫”的玩笑话。

东床坦腹　郗鉴让门生到王导家挑女婿，王导领他到东厢下遍看王家子弟。门生回去对郗鉴说：“王氏子弟们都很矜持。只有一人，在东边床上光肚子躺着，吃着烧饼，仿佛没有听说这回事一样。”郗鉴说：“这是最好的！”寻访查问，才知道是王羲之，就嫁女做他妻子。

快婿　后魏刘延明，十四岁跟着博士郭瑀学习。郭瑀弟子五百多人，他有个女儿想要选婿，有意于刘延明。他放一座位，说：“我有个女儿，想找一个如意女婿，谁能坐在这里呢？”刘延明提起衣服就坐下了，说：“我刘延明就是那个人。”郭瑀就把女儿嫁给他。

乘龙　孙文英与李元礼都官拜司徒，都娶了太尉桓叔元的女儿。当时人称桓叔元的女儿都乘上了龙，是说得婿如龙之意。

岳丈　青城山是五岳之长，又名丈人山，所以称妻子的父亲为岳丈。又说泰山有丈人峰，所以称岳丈为泰山。

岳公泰水　欧阳修说：“现在人称呼妻子的父亲为岳公，因为泰山有丈人峰。但称呼妻子的母亲为泰水，不知出自哪本书。”

冰清玉润　晋朝卫玠，他岳父是乐广，两人都有高名。大家都说：“岳父像冰一样清秀，女婿像玉一样温润。”

天缘　蒙氏有个女儿，想为她择配偶。女儿说：“大王选择女婿，非上天之意。我想倒骑在牛背上，任牛走到何地，就嫁到何地。”国王听从她的请求。到了一个小巷，牛侧着角进去了，见一樵夫，女儿说：“这人就是我的女婿。”国王盛怒之下与女儿断绝关系。一天，女婿问说：“首饰是什么做的？”回答说：“是金子做的。”女婿说：“我砍柴之处有很多。”车载而归，都是金砖。国王刁难说：“如果能用金铺桥用银铺路，我就来看你们。”樵夫果然用金桥银路迎接国王。国王叹息说：“真是上天的缘分啊。”后给此地取名为辘角庄。

门多长者辙　张负孙女嫁了五次，丈夫都死了，陈平想娶她。张负说：“陈平虽然贫困，但门前多有有地位的人的车辙。”就把孙女嫁给他。并告诫说：“勿因贫困之故，而不仔细侍奉他。”

佳婿　唐代杨於陵做句容县主簿，当时韩滉正节制金陵，杨於陵以下属官吏的身份拜谒他，韩滉觉得他有异才。对妻子柳氏说：“夫人想要选择佳婿，没有比杨主簿更合适的了！”就将女儿嫁给了他。

翁婿登相府 范仲淹一看见富弼，就很器重他，说："这是王佐之才啊。"正好晏殊对范仲淹说："我有一女儿，烦请你帮我选择女婿。"范仲淹说："如果在国中最优秀的人物中选择，没有比富弼更合适的了！"晏殊就把女儿嫁给富弼。后来富弼与晏殊同为宰相，也是个奇观了。

此必国夫人 宋代马亮做夔州知府。当时吕蒙亨为下属官吏，他的儿子吕夷简也在，马亮一看到吕夷简，就许诺将女儿嫁给他。马亮的妻子非常生气。马亮说："女儿日后必定是封国夫人。"世人都佩服他的识鉴。

兄弟（附：子侄）

田氏紫荆 田真、田广、田庆三兄弟同住，他们家的紫荆树非常茂盛。后来商议分家，树就枯萎了。兄弟们不再商议分家之事，树又像从前一般茂盛起来。

昆玉 陆机、陆云兄弟二人出生于华亭，人们将他们比作昆冈出产的美玉，因此称他们为昆玉。

三间瓦屋 司徒蔡谟在洛阳，看到陆机兄弟二人住在参佐官员的署衙中，三间瓦屋，弟弟陆云住在东头，哥哥陆机住在西头。陆云为人文弱，让人喜爱，陆机身长七尺多，声如洪钟，言语慷慨豪爽。

难兄难弟 陈元方的儿子陈群和陈季方的儿子陈忠，各论他们的父亲的功德，争论许久没有结论，问爷爷陈寔，陈寔说："元方难做兄长，季方难做弟弟，兄弟不相上下。"

手足 袁绍两子袁谭、袁尚，父亲死后争继承权，率军队互相攻打。王修对他们说："兄弟，就是手足。人们要打仗，却被砍断右臂，能说我必胜吗？"两人不听劝告，被曹操消灭。

折矢 吐谷浑国王阿柴有二十个儿子。病得快要死时，让每个儿子献一支箭来，取一支给他弟弟慕利延，让他折断，慕利延一折便断。再让他取十九支箭折断，慕利延就无法折断了。阿柴长叹说："一支很容易折断，聚集起来则难摧毁。你们要记住啊！"

尺布斗粟 淮南厉王刘长与汉文帝是兄弟，在流放去蜀地的路上死了。民谣说："一尺布，尚可缝。一斗粟，尚可舂。兄弟二人不相容。"

分痛 《宋史》中记载：晋王赵光义有病，宋太祖亲自去探望，并亲自替他艾灸，晋王觉得很痛，太祖就拿艾绒烧自己，来分担疼痛。

皆有文名 罗愿兄长罗颢、罗籥（yù）、罗颉、罗颂，还有弟弟罗颒（huì），都很有文名，朱熹特别赞赏他们。

大小秦 唐代秦景通与弟秦暐（wěi），都精通《汉书》，号大秦、小秦。当时凡研究《汉书》的人，如果不是非自他们门下，就被认为没有师法。

束带未竟 刘琎（jīn）是刘瓛（huán）的弟弟。刘瓛曾夜里在隔壁叫他，刘琎下床穿好衣服端立，继而答应。刘瓛奇怪为什么耽误这么久，他说："方才衣服没穿戴整齐。"他的操守就是这样的。

龙虎狗 诸葛瑾在吴国为官，弟弟诸葛亮在蜀国为官，小弟诸葛诞在魏国为官。当时人称蜀国得龙，吴国得虎，魏国得狗。

棠棣碑 贾敦颐为洛州司马，洛州人在集市旁为他刻碑。后来他的弟弟贾敦实又来洛州当长史，洛州人也在兄长的碑旁边为他立碑，号为棠棣碑。

三张 晋代张载博学，善于写文章，曾写了一篇《剑阁铭》，晋武帝命人将它刻在剑阁上。他的弟弟张协幼年就才能出众，官拜河间内史；张亢也很熟悉词赋。当时号称三张。

三魏 魏允中是南乐人，兵备副使王世贞非常赏识他。万历四年秋试，王世贞与同僚在衙署饮酒，告诫守吏说："录取名单出来，若不是魏允中第一名就不要敲鼓。"到半夜听到鼓声，大家开心欢呼。后来，与他的哥哥魏允贞、弟弟魏允孚都中进士。当时人称“三魏”。

自缚请先季死　王琳十多岁时，父母双亡。遭逢乱离，乡邻四散，只有王琳兄弟独守父母坟墓前的草庐，大哭不肯离去。弟弟王季出去，遇上赤眉军，将要被杀。王琳把自己绑了，请求代替弟弟死。贼人赞赏他，就放了他们。

时称四皓　徐伯珍幼时孤苦贫寒，用竹叶当纸来学习写字。闭门苦读十九年，博通经史，多次征召也不出仕。兄弟四人头发都白了，当时人称四皓。

人所难言　刘正夫官拜左司谏。宋徽宗正调查蔡王的案子，刘正夫入朝奏对，引汉代淮南王“一尺布，尚可缝。一斗粟，尚可舂。兄弟二人不相容”的民谣。徽宗情绪才缓和，对刘正夫说：“兄弟之间，人所难言。你能理解，我很感动。”

俱九岁贡　宋代王应辰九岁时，已能诵读九经，可以写文章探讨《春秋》《论语》和《孟子》的大义，还精通子部和史部典籍，被贡入礼部国子监读书。过后几年，他的弟弟王应申也在九岁时入国子监读书。

一母所生　吴思达兄弟六人，开始依父亲之命分家。等父亲死后，哭着对母亲说：“我们兄弟分家各自生活已十多年，现在大多破产。一母所生，能忍心让他们贫富不均吗？”就又合为一家。

金友玉昆　辛攀的父亲辛奭，官拜尚书郎，辛攀的哥哥辛鉴、辛旷，弟弟辛宝、辛迅，都因有才识而知名于时。秦雍说：“五龙一门，金友玉昆。”

相煎太急　曹丕想要杀弟弟曹植，曹植写诗说：“煮豆燃豆萁，豆在釜中泣。本是同根生，相煎何太急！”

火攻伯仲　周顗的弟弟周嵩，醉酒而骂自己的哥哥，说：“哥哥的才华不及我，平白取得了大名声！”接着拿燃烛扔向周顗。周顗脸色不变，慢慢说：“用火攻之法，实在是下策。”

姜被　后汉姜肱与弟弟姜仲海、姜季江各娶妻子，兄弟互相恋恋不舍，不忍分居。就做了一床大被子，睡在一起。世人都称赞他们兄弟之情。

花萼集　李乂兄弟都以文章著称，共编一文集，叫《李氏花萼集》。

贾氏三虎　后汉贾彪有兄弟三人，都有很高的才名，而贾彪名声最大。因此天下人都说：“贾氏三虎，阿彪最优。”

二惠竞爽　《左传·昭公三年》记载，齐国公孙竈（zào）死了。晏子说：“可惜啊！他的儿子灾祸难免，惠公的两个儿子公孙竈和子尾都精明强干，现在走了一个，齐国姜姓就很危险了！”

双璧　陆晔和其弟陆恭之在当时都有名望。洛阳令看到他们，说：“我已经年老，有幸看到双璧。”

佳子弟　王羲之少时被其伯父王敦、王导所器重，王敦曾经对王羲之说："你是我们王家的佳子弟，不会差于阮主簿。"

吾家麒麟 晋朝时顾和的族叔顾荣，见顾和幼年就志气不凡，说："这是我家麒麟，兴盛宗族之人，一定是这个孩子。"

我家龙文 《北史》记载：杨愔幼年聪慧过人，他的叔叔很惊奇，说："杨愔，是出将入相之材。"常对别人说："这孩子牙还没换，已是我家龙马；到十岁时，就应扬名千里之外了。"

犹子 卢迈升迁为中书侍郎，娶了第二任妻子仍然没有儿子。人劝他多买小妾，卢迈说："兄弟之子，就如自己儿子一般，可以主持身后的祭祀。"

千里驹 苻朗是苻坚堂兄的儿子，苻坚经常称赞他说："这是我家的千里马。"

乌衣子弟 晋代王氏子弟大多居住在乌衣巷，一时富贵兴盛。人们称他们"乌衣子弟"。

小阮 竹林七贤中，阮咸是阮籍兄长的儿子，所以称为小阮。

大小王东阳 王承官拜东阳太守，多有惠民之政。他的弟弟王幼也当过东阳太守。当时朱异掌权，门口停满了求见的车马。魏郡申英指着朱异家门说："这里车轮聚集，都是唯利是图之人。能不屈从的，只有大小王东阳啊。"

臣叔不痴 王湛雅怀隐居之德，不理解的人觉得他痴傻。侄子王济去看望，见床头有《周易》，就一起谈论《周易》，剖析精深细致，王济深感意外，长叹说："家中有这般名士，居然三十年都不知道啊！"晋武帝曾问王济："你家痴叔死了吗？"王济答说："我家叔叔不痴。"晋武帝又问："可与谁比呢？"王济回答说："在山涛之下，魏舒之上。"

芝兰玉树　谢玄被叔叔谢安器重。谢安曾对子侄说："后生子弟关我什么事，为什么要让他们变得更好呢？"谢玄回答说："譬如芝兰玉树，想让它们生长在自家庭院吧。"

屐齿之折　谢安与客人下围棋，不久谢玄从淮河发来的战报到了，谢安看完信，随手放到床下，没有高兴之色，继续下棋。客人问他，慢慢回答说："小侄儿已经打败贼人了。"下完棋后，谢安回内室，过门槛时，磕断屐齿也没察觉。

三桂堂　宋代王之道性情刚直，崇尚风节，与兄长王之义、王之深同时中举，为书堂题名为"三桂"。曾经梦见天帝告诉他说："因你有功，应录取你的后人。"十个儿子，九个都当了官。

刻鹄类鹜　马援告诫子侄说：龙伯高敦厚谨慎，我希望你们都学习他；杜季良豪侠好义，我不希望你们仿效他。仿效龙伯高不成，犹是谨慎之人，所谓画鹄鸟不成，还可以像鸭子；但若仿效杜季良不成，就会被天下轻视鄙薄，所谓画虎不成，反像狗了。

析产取肥　汉代许武因两弟许晏、许普尚未显达，想让他们扬名，就三分家产，自取肥沃良田和宽敞住宅，两弟事后没有异议，人们都称赞他们能克己让人。于是许晏和许普被官府举为孝廉，许武才召集同族之人，哭诉分家产的原因，将过去占用的田宅悉数还给许晏和许普，全郡人都赞叹佩服他。

兄弟感泣　何文渊为温州知府。百姓中有兄弟二人为争财产而打官司的，何文渊写判词说："只缘花底莺声巧，致使天边雁影分。"兄弟二人感动落泪，亲睦如故。

兄弟争牛　张苌年官为汝南太守。有兄弟两人为分一头牛互争诉讼不决，张苌年把自己的牛送一头给他们，让他们均分家产。于是辖境内口耳相传，都敦敬礼让。

翕（xī）和堂　韩祥与其弟韩补同年考中进士，都以德行和文章扬名于世。宋理宗亲书"翕和堂"三字赐给他们。

弟请抵罪　唐代陆南金官为太子洗（xiǎn）马。曾藏匿卢崇道，被捕后应当严惩。他的弟弟陆璧请求抵罪，御史感到奇怪。陆璧说："母亲尚未埋葬，妹妹尚未出嫁，兄长可以操办这些事。而我活着也无益处，不如让我死。"御史认为他很仁义，就将两人一起免罪了。

兄惟一子　许荆之侄许世曾为了报仇而杀人，仇家拿刀攻击他。许荆下跪说："许世无礼，错在我。哥哥只有一个儿子，死了就绝了后嗣，我愿代替他死。"仇家说："许公是郡中贤人，我怎敢冒犯？"于是就放了他们。

急即扑杀　李勣病了，子弟坚持要他吃药。李勣说："我不过是山东农夫而已，现在官至三台，也快八十岁了，不是很过分吗？"命人摆酒奏乐，召集子弟，对弟弟李弼说："我看到房玄龄、杜如晦等人，苦苦建立门户，为后人着想，却被笨蛋子孙败家。我有这些猪狗一样的孩子，将托付给你；如果他们不听你教诲，可以立刻打死。"

嫂叔

戛羹　汉高祖刘邦贫贱时到大嫂家，大嫂正吃羹汤，反感小叔子到来，假称羹汤已经没有了，故意去刮锅。后来刘邦看到锅中还有羹汤，因此埋怨嫂子。后来成为皇帝后就封嫂子的儿子为戛羹侯。

为叔解围　谢道韫嫁给王凝之。见小叔王献之与客人辩论，多次词屈理穷。谢道韫派丫环传话给王献之说："愿为小叔子解围"。于是就在帐后与客人辩论，客人愧服而去。

亦食糠覈（hé）　陈平家住在贫穷之地，用破席当门。有人谈论陈平说："他吃什么这样肥胖？"陈平嫂子说："也一样吃糠啊。有这样的小叔子，不如没有。"陈平的哥哥听到这话就将妻子赶出家门。

嫂不为炊　苏秦游历列国，非常困顿地回到家，妻子不离织机迎接他，嫂子也不做饭。后来他成为六国合纵首领，佩带着六国的相印回来，她们都不敢直视他，跪地侍候他吃饭。苏秦笑着问嫂子说：“为什么从前倨傲而如今这般恭敬呢？”嫂子像蛇一样匍匐向前，以脸贴地谢罪说：“是看见弟弟富贵了啊。”

姊妹

聂政姊　聂政刺杀韩国的丞相侠累，然后将自己脸划破，挖出眼睛，掏出肠子。韩国人将其尸体示众并出赏钱来求他的名字。他的姐姐到尸体旁边哭道：“这是轵（zhǐ）深井村的聂政啊。因我还在世上的缘故，就自己毁容而隐去他的线索。我怎敢因为怕死而辱没贤弟的名声呢！”于是就在聂政尸体的旁边自杀。

屈原的姊姊女媭，听说屈原被逐，回到娘家，劝慰他自己宽心。乡亲也希望他听从，所以称此地叫“姊归”。《离骚》里说：“女媭之婵媛兮，申申其詈（lì）予。”

李勣姊　唐代李勣生性友爱，他的姐姐病了，亲自去为姐姐煮粥，把胡须烧了。姐姐阻止他。他回答说：“姐姐病了，而且年老，即便想为你煮粥，还能有多少次呢？”

班超妹 汉代曹寿的妻子班昭，听说班超在西域不能回来，就上书皇帝，于是皇帝便征召班超回国。

宋太祖姊 赵匡胤即将北征，忽听军中有人要立自己为天子，连忙去告诉家人。太祖的姐姐正在厨房，拿着擀面杖赶他出去，说：“大丈夫临大事，是否可行当由自己决定，竟来恐吓妇女？”太祖立刻跑了出去。

姚广孝姊 姚广孝因平定叛乱有功，封为荣国公，他拜见姐姐姚娄时，姚娄关门赶他走，说：“做和尚尚且不了了之，哪里会是一个好人？”最终拒不见他。

骆统姊 骆统遭逢灾年就节食，姐姐问原因，他说：“士大夫连糟糠都吃不饱，我怎么忍心独自饱食！”姐姐赠他一些粮食，骆统一天就把粮食分给了众人。

李燮（xiè）**姊** 李燮的姐姐是东汉谏臣李固的女儿。听到父亲危难，哭着说：“李氏将要亡了！”秘密派弟弟李燮去拜见父亲门生王成，并告诉他说：“您曾在父亲门下秉持道义，有古人节操。现在把他托付给您，李氏一族生死存亡就在这里了。”于是将李燮改换打扮偷偷带到徐州，而王成自己也乔装在集市中算卜为生，暗中往来。等到李燮免罪而回时，姐弟二人相对大哭，姐姐还告诫弟弟说：“先父正直，是汉朝忠臣，虽然死去，还像仍旧活着一样。你要谨慎，不要轻议权臣梁冀。”听到的人都悲痛不止。

季宗妹　季儿是季宗的妹妹，任延寿的妻子。任延寿怨恨季宗而暗中杀了他又被赦免。季儿整理衣服要求离婚。任延寿说："你杀了我吧！"季儿说："杀死丈夫是不义，侍奉兄长的仇人也是不义。我与你同床共枕，而你杀了我兄长，我又放了兄长的仇人，还有何脸面活在天地之间呢？"就告诉她的女儿说："情义上我绝不会留下，又没有地方可去。你要好生照管两个弟弟。"就自杀了。

师徒　先辈

北面　唐朝崔日用向武甄请教《春秋》疑义，武甄一一列举毫无保留。崔日用说："请让我面北，拜您为师。"

函丈　《礼记》中记载："如果不是吃饭的客人，就布置席子，席间留一丈距离以便讨论。"

夏楚　"夏"字与"榎（jiǎ）"字相通，是山楸（qiū）树。榎木形状是圆的，楚的形状是方的，用这二种树木做打人的用具，以警戒学生懒惰傲慢，使他们收敛威仪。

解颐　汉代匡衡精通经术，儒生们都说："不要解读《诗经》，等匡衡来说吧。匡衡说《诗经》，让人眉开眼笑。"

绛帐　汉代马融教授学生，常有一千多人。他坐在高堂上，四周垂着红色纱帐，前边教授学生，后边陈列女乐。

负笈　汉代苏章背着书箱四处求学，不远千里。

立雪　游酢和杨时是伊川先生的弟子。一天，他们侍奉在伊川先生一旁，伊川靠着桌子睡着了。两个学生站着不敢离去，等老师醒来，门外的雪已经有一尺多厚了。

坐春风中　朱光庭先生在汝州拜见明道先生程颢。回来后对人说：“我朱光庭在春风中坐了一个月。”

舌耕　汉代贾逵精通经书，向他学习的人不远千里而来，多有馈赠进献，积攒的粟米装满仓库。有人说：“贾逵并非以力气耕地，而是以舌头耕地啊。”

牧豕（shǐ）　东汉孙期小时候做学生时，精通《京氏易》《古文尚书》。家里很穷，常在大泽放猪。求学之人就拿着经书在田地边上，来追随他。

白首北面　贾琼说：“文中子王通十五岁为人师。陈留王孝逸是前辈学者中相当有傲气的，即便这样的长者仍然称王通为师，哪里在乎年龄呢。”

人师难遭　少年魏照恳求侍奉郭林宗，甘愿为他洒扫庭院。郭林宗说：“应该精心读书，为何要来做这些事？”魏照说：“讲经书的老师很多，教做人的老师却难得一遇。我愿以一块白布，亲近朱蓝。”

青出于蓝 《荀子》说：学习不可休止。青出于蓝，而比蓝更青；冰是水凝结的，而比水更寒冷。

师何常 《北史》中记载：李谧最初师从孔璠（fán），后来孔璠回头向李谧请业。同门学生说：“青变成蓝，蓝不如青。老师变换，在于明经。”

一字师 张咏有诗说：“独恨太平无一事，江南闲杀老尚书。”萧楚才说：“‘恨’字不妥，应改成‘幸’字。”张咏说：“你是我的‘一字师’啊。”

东家丘 汉代邴原向孙崧学习，孙崧说：“你舍弃身边的郑玄先生，却穿草鞋来这里，你把郑先生当‘东家丘’了吗？”邴原说：“每人各有其志，选择也不相同。先生说我以郑先生为‘东家丘’，那么先生把我当成西家蠢人了吧。”孙崧向邴原道歉。（《孔子家语》记载：孔子家西边有个蠢人，不知孔子是圣人，说：“东家的孔丘，我认识他啊。”）

吾道东 汉代郑玄向马融学习，学有所得。等到辞别而归时，马融长叹着对门人说：“我的学问也随他东去了！”

吾道南 宋代杨时师从明道先生程颢。等他回乡时，程颢送他出门，对在座的客人说：“我的学问随他南去了。”

易已东 汉代丁宽在田何处学《易》，等到学成，丁宽东回故乡。田何欣然对弟子说：“我的《易》已经东去了。”

关西夫子 东汉杨震通晓经籍、博览群书，被儒士们所尊崇，号称“关西夫子”。

南州阙里 兖州曲阜县阙里，是孔子居住之处。朱熹住在建阳，有考亭，习经书论大道，读书人都称之为“南州阙里”。

教授河汾 晋地人王通在黄河、汾水之间教学生，有很多弟子远道而来。朝廷多次征召却不出仕。赵郡李靖、清河房玄龄、钜鹿魏徵，一代栋梁之才，都出自他的门下。

师友渊源 古人学问必有渊源，杨恽一篇《报孙会宗书》，远高于同辈，而他正是司马迁的外孙。

吾道之托 黄榦字直卿。朱熹说：“黄直卿志向坚定、思想深刻，与他相处，大有好处。”于是嫁女以为妻。朱熹病重，临死时，把著述拿给黄榦，说：“我的大道都在这里，现在托付给你了。”

此吾老友 蔡元定八岁就会写诗。等到长大，登上泰山绝顶。他每天只吃荠菜，对书却无所不读。朱熹考查他的学问，大惊说：“这真是我的老朋友，不能位列弟子。”

通家 孔融十岁时，听说李膺非常有名，去拜访他。李膺问他：“我和您的父亲、祖父曾有交情吗？”孔融说：“是的。先人孔子与您家先人老子，德义相仿而互为师友，那么我家与先生家就是世代通家之交了。”

父执　《礼记·曲礼》中说：“看到与父亲有共同志向的朋友，没说进就不敢进，没说退就不敢退，不问话就不敢答。”

识荆　李白《与韩荆州书》中说：“我听到天下读书人都说：‘活着不必封万户侯，只求认识韩荆州。’如何让人仰慕到这种地步呢！”

山斗　韩愈在儒生中倡导六经之文。自韩愈死后，他的学说盛行，学者都仰慕他如泰山北斗。

函关紫气　老子将过函谷关，守关的关吏尹喜望见空中紫气，知道有神人要来。果然见老子骑着青牛驾着薄板车过关，尹喜就拜见他。老子教尹喜如何炼气，并把五千字的《道德经》传授给他。

倒屣　蔡邕听说王粲已到门前，急于迎接而穿倒了鞋子。王粲到了，年龄很小，身体又瘦弱，一座宾客都很吃惊。蔡邕说：“这位是王公孙，才能非凡，我不如他。我收藏的书籍文章，就全送给他了。”

下榻　徐穉字孺子，豫章人。陈蕃做豫章太守时，很少接见他人，唯独设一张专榻来款待徐墀，他走后就把榻悬挂起来。徐穉多次被荐却不出仕。郭林宗称他为“南州高士”。

御李　李膺性格清高，不太与人交接。荀爽曾拜谒李膺，为李膺驾车。回来后，欢喜地说：“今天竟然能为李公驾车。”

李郭仙舟　郭泰到洛阳游学，与河南尹李膺很亲近。后来他回乡，众人送到黄河边，车马数千。郭泰与李膺同舟过河，众宾客远远望去，两人如同神仙一般。世人称之为李郭仙舟。

北海樽 孔北海生性宽容好客，等到退居闲职，每天宾客满门，他常感慨说："座上客常满，樽中酒不空，我就没有忧愁了。"

千里命驾 晋朝吕安深深佩服嵇康的高雅情致，每每思念他时，就不远千里备车前去拜访。

高轩过 李贺七岁就能写文章，韩愈、皇甫湜（shí）来拜访，李贺写《高轩过》一诗感谢他们。

投辖 汉朝的陈遵，每到大摆酒席，宾客满堂时，就关上门将客人的车辖扔到井中，这样即便客人有急事，也走不了。

附骥 《后汉书》中说：苍蝇只能飞几步远，但是附着在骏马尾上就能超过马群。

披云 晋朝卫瓘看到乐广，为之惊奇，让子弟们去拜访，说："这个人，如冰壶洗魄一般，见到他感觉一片明亮，就好像拨云雾而得见青天。"

景星凤凰 韩愈给李勃的信中说："百官伸脖子向东眺望，就好像景星和凤凰刚刚出现，都想先睹为快。"

鄙吝复萌 汉朝的陈蕃曾对周举说："我十天半月不见黄叔度，粗俗鄙吝之心就又萌发了。"

朋友

莫逆 子祀、子舆、子犁、子来四个人约定："谁若知道死生存亡原为一体，那我就与他作朋友。"四个人相视而笑，心意相投，互为好友。

友道君逆 周宣王要杀他的臣子杜伯，但杜伯并无罪过。杜伯的好友左儒与宣王争论，九次进言，但宣王都不听。宣王说："你违逆君王而对朋友怀有深情。"左儒说："君王合于道而朋友逆于道，就顺从君王而诛杀朋友；朋友合于道而君王逆于道，就顺从朋友而违逆君王。"宣王杀杜伯后，左儒也自杀死了。

倾盖 孔子到郯国去，半路遇程子，二人车子的伞盖相靠谈论整天，非常投合融洽，回头对子路说："拿一捆帛来赠给先生。"

雷陈 东汉的雷义与陈重是好友，雷义被荐为茂才，想让给陈重，刺史不答应。他就假装发狂，披头散发奔走，不接受任命。同乡人称他们说："胶漆虽谓坚，不如雷与陈。"

侨札之好 季札会见郑国子产（公孙侨），两人一见如故，季札送他缟带，子产回赠他纻衣。后来称呼交情深契的，就说"侨札之好"。

杵臼定交　东汉公孙沙穆游学于太学，没有钱粮，于是换了衣服为人干活，被吴祐雇来舂米。吴祐与他谈论后，大惊，于是两人在舂米杵臼之间结为朋友。

刎颈交　陈余年轻时，侍奉张耳如同父亲，两人互为刎颈之交，但后来也有了嫌隙。

如饮醇醪　程普曾以盛气凌辱周瑜，周瑜从不怨恨，反而对他更加恭谨。程普自觉惭愧，与周瑜交好后说："与公瑾交往，就好像喝美酒，不知不觉中就醉了。"

廉庆　廉范与洛阳的庆鸿是刎颈之交。当时的人都说："前有管鲍，后有廉庆。"

管鲍分金　管仲和鲍叔牙交情很好。管仲说："我贫困时，曾与鲍叔牙一起做生意，分红时我就多分给自己些，鲍叔牙不认为我贪，知道我贫穷啊。生养我的是父母，理解我的人是鲍叔牙啊。"

停云　陶渊明《诗叙》："停云，是思亲友的诗。"所以后人称知心朋友为"停云"。

旧雨　是说旧交情。杜甫说："卧病长安旅次，多雨，寻常车马之客，旧，雨来，新，雨不来。"

题凤　嵇康与吕安是好友。一次吕安来访，正值嵇康不在家，他兄长嵇喜请他进来。吕安不进门，写了一个"鳳"字就走了。嵇喜告诉嵇康，嵇康说：“‘鳳’字，拆开就是‘凡鳥’啊。”

指囷（qūn） 鲁肃用财产赈济穷困，结交豪杰。周瑜拜访鲁肃，希望得到接济。鲁肃家有两谷仓大米，各三万斗。直接拨了一谷仓给周瑜，周瑜非常惊异，就与鲁肃结为亲家。

弹冠结绶 王吉与贡禹是好友，萧育与朱博是好友，四人互相举荐而得以显达。长安人都说：“王贡弹冠，萧朱结绶。”

更相为仆 宋代韩亿、李若谷未中进士时，都很贫困。到京师去参加考试，只带了一条毛毡和一领席子，就从中间割开，两人一起用。每次要出去拜访，互为仆人。李若谷先中举，韩亿为他背箱子，直到长社，设酒饯别。后来韩亿也中举了。

尔汝交 祢衡才华横溢，少时与孔融是不分彼此的尔汝之交。当时祢衡未满二十岁，而孔融已五十岁了，尊敬祢衡才华，一道结为朋友。

忘年交 张镫有很高的名声，陆贽十八岁去拜见他。张镫与他谈话三日，为之惊奇，称为忘年之交。

金兰簿 戴弘正每结交一个亲密朋友，就写在书简上，焚香告诉先人，号为“金兰簿”。

三友一龙 华歆与邴原、管宁是好朋友，时人称三人为一条龙：说华歆是龙头，邴原是龙腹，管宁是龙尾。

雉坛　五代时，三个人结为朋友，建祭坛，用红鸡、白犬歃血为盟，立誓说：“卿乘车，我戴笠，后日相逢下车揖。我步行，卿乘马，他日相逢君当下。”

总角之好　孙策说：“公瑾与我是总角之好（童年好友），骨肉之亲。”

耐久朋　唐代魏元同与裴炎结交，能善终善始。时人称为“耐久朋”。

平生欢　后汉马援与公孙述是关系很好的同乡。所以马援见到公孙述时认为两人应握手，像以往一样欢喜。

青云交　江淹说：“袁叔明和我，是青云之交，并非只喝杯酒的朋友而已。”

班荆　楚国声子和伍举关系很好，两人相遇于郑国郊外，铺些荆条于地，一道吃饭聊天。

范张鸡黍　范式、张劭是好友，春天时在京师作别，范式说：“深秋时我要去拜见令堂。”到了约定之期，张劭告诉母亲，杀鸡做饭等候范式到来。母亲说：“范巨卿相距千里，从前说的是玩笑话吧。”张劭说：“巨卿是诚信之人。”话还没说完，范式就到了。上堂拜见张劭母亲，两人尽欢而别。

系剑冢树　季札出使路过徐国，徐国国君喜欢季札的佩剑，不敢说出。季札知其心思，但还要出使别的大国，就未立即赠与他。回来时，路过徐国，徐国国君已死，季札就解下佩剑挂在国君墓前的树上才离去。季札的交情，不以生死而改变。

生死肉骨　楚国令尹薳（wěi）子冯说："我看到申叔豫夫子，听他的话简直能让死人复活，白骨生肉啊，怎敢忘记报答他呢！"

口头交　孟郊有诗说："兽中有人性，形异遭人隔。人中有兽心，几人能真识。古人形似兽，皆有大圣德。今人表似人，兽心安可测。虽笑未必和，虽哭未必戚。面结口头交，肚里生荆棘。"

交若醴　《庄子》说：君子之交都清淡如水，小人之交甘甜如醴。君子因清淡更加亲密，小人因甘甜而中断交谊。

贫交行　杜甫诗说："翻手作云覆手雨，纷纷轻薄何须数。君不见管鲍贫时交，此道今人弃如土。"

面朋面友　颜荛志说："见面相交如携手，见利益就放开手跑了。"杨雄说："朋而不心，面朋也；友而不心，面友也。"同类人称为"朋"，共志者称为"友"。

绝交恶声　燕国乐毅上书国君说："君子绝交，不出恶声；忠臣去国，不洁其名。"

五交　刘孝标在《广绝交论》中说，以权势相交、以谈辩相交、以穷困相交、权衡好处相交、贿赂别人相交，这五种交谊都不能救济贫穷，因此就应该中断它们。

识半面　汉代应奉曾去拜访袁贺，袁贺关了半扇门，只露半张脸来接待应奉，应奉即离去。所以与别人曾经见过的，就叫做“识半面”。

无逢故人　公孙弘给老友高贺吃只去壳的粗米饭，让他盖上粗布被。高贺说：“要老朋友的富贵何用？粗米布被而已。公孙弘自己家中吃饭用五鼎，对外却只有一道菜，是欺骗啊。”公孙弘说：“宁可碰到难缠的宾客，也别碰上老朋友。”

怀刺漫灭　祢衡意气高傲，从荆州向北游历许都，写一张名刺揣在怀里，字都磨灭了还没有投出。有人说：“为什么不跟随陈群、司马朗呢？”祢衡说：“你难道要让我跟随那些杀猪卖酒之辈吗？！”

负荆请罪　蔺相如为赵国上卿，地位在廉颇之上。廉颇说：“我见到蔺相如时，一定羞辱他。”蔺相如望见廉颇，让车子赶快避开。手下人都引以为耻。蔺相如说：“强秦不敢对赵国用兵，因为有我们两人。如果两虎争斗，势必不能共存。我是以国家急难为先而以个人私仇为后啊。”廉颇听到，脱光上衣背着荆条，上门谢罪。

翟公书门　《史记》中记载：翟公官至廷尉时，宾客盈门。等到罢官后，门可罗雀。后来又当廷尉，从前客人又想去拜访，翟公就在门上写：“一死一生，乃见交情。一贫一富，乃知交态。一贵一贱，交情乃见。”

布衣交　李孔修自号抱真子，混迹于市井，没有人认识他。陈献章见了说："这不是低头于当世的人啊。"李孔修平常戴管宁之帽，穿朱熹那样的深衣，只读《周易》。一天，送粮食到县里，县令觉得他的容貌举止非常，就问姓名，他不回答，只是拱拱手。县令喝叱说："哪来的小民，只是拱拱手！"他又拱了拱手。县令大怒，命令打五大板，他竟无言而出。县令很疑惑，后来渐渐知道了情况，于是大为尊敬并以礼相待。吴廷举做广东布政使，与他结为布衣之交。他死后没有儿子，尚书霍韬在西樵山安葬了他。

呼字定交　服虔字子慎，擅长讲解《春秋》。听说崔烈召集门人讲解《春秋》，就隐姓埋名，被雇去为听讲的学生做饭。每到讲解时就去偷听。觉得所授并不能超过自己，就与学生们讨论一下所言的得失。崔烈怀疑他就是服虔，早起去找他，到时他还未醒，崔烈就叫："子慎！子慎！"服虔惊醒后答应，于是结为好友。

死友　羊角哀、左伯桃二人到楚国，半路遇到下雪，估计不能都活着下来，左伯桃就将衣服与粮食都留给羊角哀，自己却死在了树林里。羊角哀到了楚国，成为大夫。楚王以礼埋葬左伯桃，羊角哀后来自杀以殉友。

奴婢

纪纲之仆 《左传》中记载：晋侯迎接夫人嬴氏回晋国，秦伯送给晋国侍卫三千人，实际上是给他们当仆人的。

渔童樵青 唐肃宗赠给高士张志和奴婢二人，张志和将他们配为夫妻，取名叫渔童、樵青。人问原因，他说："渔童让他拿钓具、收线，在苇中划船。樵青让她采兰花、伐桂树当柴，在竹林里煎茶。"

海山使者 晋朝的陶侃有家僮一百多人，只有一个奴仆不爱说话，常沉默地坐着。陶侃有一天出游郊外，奴仆执鞭跟随，西域僧人看到后大惊，尊敬地说："这是海山使者啊。"陶侃非常奇异。到夜里，奴仆就消失不见了。

读书婢 郑玄家的奴婢都读书。一次一个丫环不符合心意，郑玄派人把她拉出去跪在泥中。过了一会儿，另一个丫环问她："胡为乎泥中？"回答说："薄言往愬，逢彼之怒。"（问答都是《诗经》中的诗句。）

慕其博奥 萧颖士性格非常暴躁，家中有一仆人杜亮，每次责罚，都打到力气用完。杜亮把伤养好，仍然被他指使如故。有人劝他离开，他回答说："我难道不知道吗？只是仰慕其博学，才恋恋不舍啊。"

温公二仆　温国公司马光家有一个老仆，三十年了，只称司马光为"君实秀才"。学士苏轼来访，听到后教了他一番，第二天改口叫"大参相公"。司马光很惊讶，问他原因，仆人以实相告。司马光说："好好的一个仆人被苏东坡教坏了。"

司马光有一天去独乐园，见新建一厕所，就问守园人钱从哪里来的。回答说："都是游赏的人给的。"司马光说："为什么不留钱自用？"回答说："您不要这些钱啊。"

臧获　渤海到泰山之间的地方骂仆人说"臧"，骂丫环说"获"。因为古代没有奴婢，都是犯法的人被抓后，藉没入官府成为奴；妇女逃亡的，被人抓获就成为婢。

措大　称呼奴婢，有的叫厮养，有的叫苍头，有的叫卢儿，有的叫奚童，有的叫钳奴，有的叫措大。措大的意思是指他能办理大事。

开阁驱婢　王处仲曾经荒淫好色，身体疲劳，手下人劝止他，他说："我从前不觉得。既然如此，这也很容易啊。"于是就打开后阁，将所有婢女放出来，任由她们离开。

追婢　阮咸喜欢姑姑家一个鲜卑族的婢女。他为母服丧时，姑姑要远迁他乡，竟然将此婢女也带走了。阮咸借了客人的驴子，穿着丧服，亲自追赶，两个人同乘一驴回来。他说："人种不可丢失！"（这个婢女就是阮孚的母亲。）

银鹿 唐朝颜真卿有一家童名叫银鹿。欧阳修先生说："银鹿是鼎的名字。"

便了 汉朝王子渊名褒，从成都杨惠手中买奴仆时见到一个长胡子的奴仆，名字叫便了，协商卖一万五千，与他立卖身券，约定从事百种杂役。

长须赤脚 韩愈《寄卢仝诗》说："玉川先生洛城里，破屋数间而已矣。一奴长须不裹头，一婢赤脚老无齿。"苏东坡也有诗说："常呼赤脚婢，雨中撷（xié）园蔬。"

掌笺婢 唐代潞州节度使薛嵩，有叫红线的侍婢，薛嵩让她掌管信笺表章，称为"内记室"。

吹篪（chí）婢 后魏河间王有一婢女叫朝云，善于吹篪。羌族叛变时，河间王让朝云扮作老妪吹篪，羌人听了都流泪，于是因思乡而纷纷散去。

桃叶 晋朝的王献之有宠妾名叫桃叶，一次过秦淮口，王献之作诗送她。现在这里就叫做桃叶渡。（王献之诗歌说："桃叶复桃叶，渡江不用楫。但渡无所苦，我自来迎接。"）

雪儿歌 唐代李密有一宠姬名叫雪儿，每当有宾客写出瑰丽的文赋时，就将它交给雪儿调协音律来唱，所以叫雪儿歌。

绛桃柳枝　韩愈有两个侍姬，分别叫绛桃、柳枝。韩愈出使还没有归来，柳枝逃走，被家人追回。到镇州时，韩愈有诗说："别来杨柳街头树，摆乱春风只欲飞。惟有小桃园里在，柳花不发待郎归。"从此就专爱绛桃了。

樊素小蛮　白居易有两个婢女，一个叫樊素，一个叫小蛮。他有诗说："樱桃樊素口，杨柳小蛮腰。"

瓦剌辉　是明太祖驸马梅殷的仆人。谭深、赵曦二人谋杀驸马，永乐皇帝把这两个臣子杀了，瓦剌辉取二人心肝来祭驸马，痛哭殉死。

仆地泼毒酒　卫国的主父做了周天子大夫，三年不回家。他的妻子巫氏与人私通。一天，主父回家。他的妻子怕事情败露，想拿毒酒毒死他，命婢女葵枝倒酒。葵枝知道这个阴谋就暗自琢磨："顺从主母去杀主人，那是不义；受主母之托却揭露她，就害了主母，那又是不忠。"于是故意摔倒在地，把酒洒了。主父反认为婢女不敬，而要重责她，葵枝受到责打却不怨恨。

李元苍头　李善是汉代李元的仆人。李元家族全死于传染病，只有孤儿李续刚生下几十天，而有资产上万，奴仆们想谋害李续，瓜分财产。李善暗中带着李续逃走，躲藏在瑕丘，亲手把他养育成人。等到李续长大，把叛奴都告到官府，全部被诛杀。当时钟离意为瑕丘县令，上书朝廷汇报此事，光武帝任命李善和李续都当太子舍人。李善回老家，脱冠解带，为李元清扫墓门并修整祭祀，哭了好几天才离开。

定国侍儿 王巩字定国，因为跟苏轼同党，被贬到宾州。苏轼将北归，与王巩道别，王巩让自己的侍女柔奴为苏轼进酒。苏轼问柔奴说：“岭南应该不是好地方吧？”柔奴说：“此心安处，便是吾乡。”苏轼为此写了一首《定风波》赠予她。

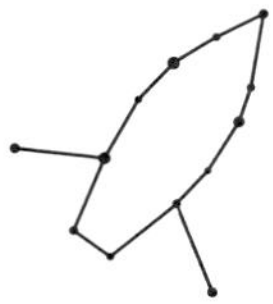

卷六

选举部

制科○乡试○会试○殿试○门生○下第○荐举
滥爵○官制○宰相参政（下丞相一等）○尚书部曹卿寺
宫詹学士翰苑○谏官○御史○使臣○郡守
州县（附：幕、判、丞、簿、尉、吏）○学官

制科

宾兴 《周礼·地官·大司徒》中说：用三方面内容教化百姓、荐举贤能。一是六德，就是智、仁、圣、义、忠、和；二是六行，就是孝、友、睦、姻、任、恤；三是六艺，就是礼、乐、射、御、书、数。

槐花黄 到了科考那年，考生到八月都要赶赴考场。当时有俗语说："槐花黄，举子忙。"

棘围 《通典》中说：礼部主持考试那天，严设士兵来护卫，还用棘刺把考场围起，以防止假冒替考或随意进出。五代的和凝主持科举考试之前，士子喜欢大声喧哗来吸引主考的注意。公布录取名单时也要用棘围起来，关闭官府的大门，禁止人员出入。和凝决定撤掉棘围，打开官府大门，而士子却肃然无声。中举的都是当时极有才华的人，被称为"得人"。

乡贡进士 《新唐书·选举志》中说：唐代制定为国家取士的科举，大多因袭隋朝的旧例。这种制度大致有两点：由学校推荐的叫生徒，由州县推荐的叫乡贡，都由主管部门来决定进退；考试的科目，有秀才、明经、进士三科。

观国之光　《易经·观卦》中说：六四爻（yáo），仰观国家辉煌的气象，可利于成为君王的宾客。《象传》说：仰观国家辉煌的气象，是说此国这时正礼敬贤士。

试士沿革　汉文帝开始以写策论为录取人才的标准，汉武帝增加了论述经书的疑义，左雄增加了撰写奏章。汉武帝开始以创作词赋为录取人才的标准，唐太宗增加了写判词和射箭。唐玄宗用诗赋来取士，唐德宗增加了撰写政论和诏诰文书。宋仁宗开始增加经义的考试，到王安石变法时才开始取消了声律对偶的内容。宋哲宗下令只学经义，开始废除诗赋的内容。唐太宗开始设置乡试和会试。宋代开始规定秋天乡试，春天在礼部朝廷会试。唐玄宗开始把贡举转交礼部主持，唐初是由郎官来主持。宋真宗开始下诏礼部三年一次贡试。唐中宗开始每次考试设置三场。汉文帝开始亲自考问士子的对策。唐代武则天在洛城殿考贡士的策问，才开始有了殿试。宋太祖开始在御殿进行复试。最初是武则天进行复试，崔沔后来偶尔举行。宋太宗开始不坐正殿而在御前殿临轩听宰相大臣读试卷。宋仁宗开始在正殿考试贡士，但殿试不再除名。宋孝宗开始让进士也要拉弓射箭，还要穿铠甲。唐代武则天后设置武举。宋代并给考生印刷试题。唐高祖开始在贡院设置兵卫，对考生要搜查衣服，稽察出入棘围的人。武则天开始规定把考卷封起来，并封掉考生的姓名。宋真宗开始允许考生在号会里铺席。后唐开始禁止私自挟带东西。唐玄宗开始严查考生的户口，禁止考生假冒籍贯。萧何开始考学童，能诵读九千字以上的为史。左雄奏请将十二岁通经的拜为童子郎，开始设置了童科。

汉文帝开始规定交纳粟米而入太学。宋仁宗开始设置太学的三舍法。汉武帝开始设置补博士弟子，称为秀才。元魏开始有生员。唐高祖开始有秀才及州县的考试。后魏命令公卿的子弟都要入学。唐睿宗命令举人落第后入学与否听其自便。宋代开宝六年，因为徐士廉上诉称主考不公平，宋太祖亲自到讲武殿主持复试，天子御试从此开始。考中的人赐给绿袍、靴、笏（hù），并赐宴赐诗，从太平兴国二年吕蒙正榜开始。分出甲次，赐同进士出身，从太平兴国八年宋白、王世则榜开始。在金殿唱名从雍熙二年梁灏（hào）榜开始。把试卷密封并加盖印章，从咸平三年开始。设置专人来誊录试卷、密封、复考、编排，都是从祥符八年开始。唐代的制度：礼部考试，夜里以三更为限。宋代则大都在白天举行，不在晚上了。

关节　考生行贿，请托试官，叫关节。明朝的杨士奇主持考试，在试院外门柱上贴对联说：“考场各列东西，两道文光齐射斗；垂帘分出内外，一毫关节不通风。”

甲乙科　汉平帝时，每年从太学考试中选甲科四十人做郎中，乙科二十人做太子舍人，丙科四十人做文学掌故。

通籍　举子登第后，宫廷禁门中都有了名单，举子就可以随意出入宫禁了。

正奏特奏　科举考上的称为正奏，恩赐出身的称为特奏。

金榜题名　崔绍死亡后复活，说看到阴间列榜，将相用金榜，其次是银榜，州县的小官都用铁榜。所以现在考中进士，就称之为金榜题名。

银袍鹄立　隋唐两朝参加科举的考生，都用“白衣卿相”称呼他们，又叫“白袍子”。考试的那天，把他们引入试院，称之为“银袍鹄立”。

乡试

天府贤书　《周礼·地官·乡大夫》记载：每三年就举行一次德艺大考，举荐贤能。放榜之日，乡老和乡中的大夫礼敬宾客。次日，乡老和乡中的大夫及群吏把贤能之士的书进献给君王，君王再拜后接受，然后登录于朝廷的府库中。

鹿鸣宴　《诗经·鹿鸣》篇，是宴请群臣、嘉宾的诗歌。贡院里编好了席舍座位，考试完毕，长吏用乡饮酒礼来分设宾主，陈列礼器祭器，唱诗经中的《鹿鸣》之诗。

孝廉　汉代的制度规定举人都叫孝廉，不是指科举考试的科目。曹操也曾被推举为孝廉。

破天荒　荆州参加考试的举人，大多都不成名，被称为天荒解元。刘蜕是从荆州解元选拔上来而登第的，当时号称为“破天荒”。

郁轮袍　王维善弹琵琶。岐王让他假扮伶人，带他到公主的府第，独自演奏新曲《郁轮袍》。然后进献怀中所带的诗，公主大惊说：“这些诗都是我平素背诵过的，我曾经以为是古人的佳作，原来竟是你写的啊！”于是让王维换了衣服，引他到客人的座位上，并召主考官来，派宫女传话，让王维作为解元及第。

会试

南宫　唐代开元年间，称尚书省为南省，门下省、中书省为北省。南宫就是礼部。以前由礼部郎中掌管官府文书，叫作南宫舍人。后来称赴春榜，也叫赴南宫。

知贡举　《新唐书·选举志》中说：唐玄宗开元二十四年，考功员外郎李昂主持科举，批评进士李权的文章，反被李权侮辱。玄宗因员外郎的威望太轻，便把贡举的权责移交礼部，由礼部侍郎主持，自此便成为定例。礼部主持进士考试从此开始。

玉笋班　唐代李宗闵主持贡举，取中的多是当时的名士，世人称之为玉笋班。

朱衣点头　欧阳修主持贡举，考试阅卷时，常常觉得有个红衣人在座位后面点头，然后评阅的文章就是合格的。开始时还怀疑是传达消息的官吏，等回头看时，却一无所见，所以把这事告诉同僚，大家都再三惊叹。曾经有诗句说："文章自古无凭据，惟愿朱衣暗点头。"

文无定价　韩昌黎参加科考时的题目是《不迁怒不贰过》，被陆贽废黜。第二年，还是陆贽主持科举，又出了这个题。韩愈把以前的旧作写上去，一字不改，陆贽大加称赏，取为第一。

奏改试期　宋朝的科举考试在八月中，苏辙忽然得了感冒，自己估计是来不及参加考试了。魏国公韩琦知道后进奏说："今年参加科考的人，只有苏轼、苏辙最有声望。听说苏辙突然病了，如果他不能参加考试，大家都会失望，应该延迟考试日期来等他参加。"皇帝同意了这个提议。直到苏辙病好后，才举行考试，比往常的日子迟了二十天。从那以后，科举考试就在九月举行了。相国吕大防不知道这个原因，苏轼告诉他，吕大防说："韩忠献（韩琦）先生这么贤明啊！"

同试走避　二苏刚去参加科举考试时，一起来参加考试的人很多。相国韩琦一次与客人说道："二苏在这里，怎么还有这么多人敢与他们较量比试，这是为什么呢？"于是十之八九弃考回去了。

屈居第二　嘉祐二年，欧阳修主持贡举，梅尧臣把苏轼《刑赏忠厚之至论》拿给欧阳修看，欧阳修非常惊喜，想把这篇文章评为第一，但又怀疑是自己的门生曾巩写的，便评为第二名。

龙虎榜　唐代贞元八年，陆贽主持科举考试，欧阳詹中进士，一同中举的还有韩愈、李绛、崔群、王涯、冯宿、庾承宣，都是天下名士，当时称为龙虎榜。

殿试

状元　唐代武则天天授元年二月，在洛阳殿前策问贡士。状元之名，就是从这时开始的。

淡墨书名　唐代的进士名单必定是在晚上书写，书写时一定用淡墨。有人说这是因为中举的人都是在阴间被注录而在阳间接受中举的成果，用淡墨来写，好像是鬼神的笔迹似的。

胪传　在集英殿唱名那天，皇帝亲临殿内，宰相进上前三名的试卷，在御案前诵读，而且要用牙棍点着读。然后宰相拆开看姓名，并报出这个名字。鸿胪寺就随着报出名字，传到御阶之下，然后卫士六七个人齐声传呼这人的名字，这就叫做“传胪”。

糊名　唐代初期根据外貌、言谈、书法、判词四类选择官吏，六品官以下的任用要集中考试，参加考试的人都要把名字糊上，然后让学士来判考卷。

临轩策士 宋代熙宁三年，吕公著主持贡举，秘密进奏说："天子亲自登殿策问士子，如果考诗赋的话，就违背选择贤人以求治国的初衷了。希望在廷试时能考拟诏书与策论，咨求治国之道。"从此天子驾临集英殿亲自主持考试，就只考策问。

天门放榜 范仲淹任陈州通判时，陈州太守的母亲病了，请来道士拜坛向天帝上奏章祈福，道士一整夜不动。到了五更才醒来，对太守说："太夫人还有六年阳寿。"太守问他为什么进奏章这么久，回答说："天门外在张挂明年春天中举的进士名录，观看的人堵满了道路，所以迟了。"问他状元是谁，回答说："姓王，名字有两个字，下边一个字被涂了墨，旁边注了一个字，但离得太远看不清楚。"第二年春放榜，状元是王拱寿，皇帝给他改名为"拱辰"。

湘灵鼓瑟 钱起在驿站留宿，听到外面有人说："曲终人不见，江上数峰青。"他起来把这句诗记下来。到殿试时，题目是《湘灵鼓瑟诗》，他便写道："善鼓云和瑟，常闻帝子灵。冯夷徒自舞，楚客不堪听。雅调凄金石，清音发杳冥。苍梧来暮怨，白芷动芳馨。流水传湘曲，悲风过洞庭。"最后一联迟迟想不出来，忽然想起了这两句，就用此写完诗篇。主考官看后说："这是神句啊。"于是他考中第一名。

志不在温饱 王曾刚刚考中进士，省试、礼部试和廷对都是第一。有人说："状元连中三场，一生吃穿不尽。"王曾说："我的平生志向不在温饱。"

琼林宴　宋代太平兴国二年，宋白等人进士及第，皇帝在琼林苑赐宴，后来就成为定制。又有人说这是从吕蒙正开始的。

泥金报喜　《天宝遗事》中说：刚刚考上进士，要在家信后附上泥金帖告捷，这叫做泥金报喜。

雁塔题名　唐代的韦肇考中进士，在慈恩寺大雁塔上题下自己的名字，后来人仿效他，就成为了惯例。自神龙年间以来，杏林宴过后就上大雁塔题名，在同年进士中推选擅长书法的来记录。以后如果其中出现将相之类的重臣，就把他的名字改为红色书写。

曲江宴　曲江池在西安府，唐朝登第的人，皇帝在曲江池赐宴。每年三月三日，这里的游人最盛。

蕊榜　世人相传：大罗天在蕊珠宫放榜，所以也称科举所放的榜为蕊榜。

一榜京官　宋太祖驾临西都，张齐贤以平民的身份向太祖进献了十道策论，宋太祖对太宗说："我到西都得到一个张齐贤，以后可以作宰相。"宋太宗即位后，放进士榜，想要把张齐贤列入前几名，可是主考官却把张齐贤放在三甲的末位，太宗很不高兴。等到给新进士授官时，为了留任张齐贤，就给中榜的人全部授予京官。

夺锦标 唐代的卢肇、黄颇都是宜春人，同时乡试中举，而郡守却只为黄颇设宴饯别。第二年，卢肇考中状元回来了，郡守邀请卢肇观赏竞渡，卢肇写诗说：“向道是龙君不信，果然夺得锦标归。”郡守十分惭愧。

释褐 宋代太平兴国二年，开始赏赐吕蒙正等进士脱去粗布衣，换上袍带。后来就成为惯例。

烧尾宴 唐代考生上榜，一定会大摆宴席，叫作烧尾宴，象征鱼化成龙，必然要烧掉它的尾巴。

赐花 唐懿宗在新科开榜时，要在同江大宴士子，还命人把折来的花朵放在金盒中，让宫中使者骑马送到宴会的地方，宣布天子的口谕：“就让大家戴上花朵参加饮宴。”士子无不引以为荣。

红绫饼餤（dàn） 唐昭宗驾临南内的兴庆池，泛舟游赏，正吃饼时，听说新科进士正在曲江池参加闻喜宴，昭宗命令御厨按进士的人数每人赐一个红绫馅饼。官吏用金盒盛饼进献，昭宗就让宦官骑马去赐给进士们。所以卢延让的诗说：“莫欺老缺残牙齿，曾吃红绫饼餤来。”

柳汁染衣 李固言在古柳树下散步，听到有弹指声说：“我是柳神，正用柳汁来染你的衣服。你中了进士穿上蓝袍，应当用枣糕来祭祀我。”没过多久，李固言果然进士及第了。

英雄入彀 唐太宗贞观年间微服驾幸端门，看到中举进士成群结队走出来，高兴地说：“天下的英雄都到我的手中了！”当时有人说：“太宗皇帝真长策，赚得英雄尽白头。”

取青紫 汉代的夏侯胜说：“读书人就怕不能通晓儒家经典，只要经典烂熟于心，做高官就像弯腰拾草芥一样容易。”

席帽离身 宋初的读书人还沿袭唐代旧俗，都穿着宽袍长带，出门时就戴着藤席帽。李巽屡试不第，乡里人说：“李秀才不知何时才能席帽离身？”他中举后，便送给乡亲一首诗说：“为报乡闾亲戚道，如今席帽已离身。”

一日看遍长安花 孟郊进士登第，非常得意，写了“一日看遍长安花”的诗句。

踏李三 王十朋是正榜的第一名，李三锡是副榜的第一名。当时有人写诗调侃正榜末位进士，说：“举头虽不见王十，伸脚犹能踏李三。”

五色云见 韩琦（忠献）弱冠考中进士，排名第二。正在唱名时，太史官上奏说：“下面有五色云出现。”于是就官拜右司谏，权领知制诰。

青钱学士 唐代张鷟位列制科的甲等，员半千称赞他说：张鷟的文辞好像青铜钱，万选万中。当时人就称他为“青钱学士”。

天子门生 王寄年少便扬名科场，他是文靖公李沆的门下客。后来李沆在宰相位上去世，宋真宗亲临祭奠，看到屏风上有王寄诗句："雁声不到歌楼上，秋色偏欺客路中。"非常欣赏，便召见了他。王寄应对很让真宗满意，就特许参加殿试。登第之后，王寄有答谢之诗说："不拜春官为座主，亲逢天子作门生。"

读卷贺得士　南宋开庆年间，王应麟任读卷官。读到第七份试卷时，叩头说："这份试卷有古贤之风，可引以为鉴，忠肝义胆有如铁石，我斗胆为朝廷得到不世之才而向陛下贺喜。"于是评为第一，这是文天祥的试卷。

门生

春官桃李　唐代刘禹锡《寄王侍郎放榜》诗说："礼闱新榜动长安，九陌人人走马看。一日声名遍天下，满园桃李属春官。"

谢衣钵　《唐摭（zhí）言》中说：从状元以下的中选士子，到主考官的府上去，排队站好，呈上名片通报，然后与主考官对拜。司礼执事说："请状元遍谢众人。然后第几名的人，要向主考官谢衣钵。"衣钵，是指名次与主考官当年名次相同的人，或者与主考官的先人名次相同的人，叫做谢衣钵。

传衣钵　范质中了进士，主考官和凝爱惜他的才能，把他列为第十三名，他对范质说："你的文章本来应该独占鳌头，之所以屈居第十三名，是想让你传承老夫的衣钵啊。”后来和凝做了宰相，范质也官拜宰相。

沆瀣一气　杜审权主持贡举，录取了卢处权。有人开玩笑说：“座主审权，门生处权。”乾符二年，崔沆录取了崔瀣，有人说：“考官门生，沆瀣一气。”

头脑冬烘　侍郎郑薰主持科考，怀疑颜标是鲁公颜真卿的后人，便把他评为状元。等到答谢主考官时，才发现不是，就后悔误取。当时人嘲笑说：“主司头脑太冬烘，错认颜标是鲁公。”

好脚迹门生　唐代的李逢吉主持贡举，还没发榜他便已经被拜为宰相，登第的士子都直接到中书省去参见他。当时人称他们是“好脚迹门生”。

陆氏荒庄　唐代的崔群主持贡举回家，他的妻子劝他购买田产。崔群说：“那三十个新科举子就是三十处好田产啊。”妻子说：“你不是陆贽的门生吗？你主持贡举，约束不让陆贽的儿子参加考试，陆贽如果以你为良田，那陆家的田庄就都荒芜了。”

门生门下见门生　唐代的裴皞官至仆射，宰相马胤孙、桑维翰都是他主考时录取的进士。马胤孙主持贡举，带着新科进士来拜见裴皞，裴皞写诗说：“门生门下见门生。”世人都认为这很荣耀。桑维翰拜访裴皞桑公时，裴皞既不迎也不送。有人问他，他回答说：“如果我在中书省见桑公，那我是普通官员；但他来我私宅见我，那他就是我的门生。为什么要迎送呢？”

天子门生　宋代赵逵在绍兴年间对策很合宋高宗之意，被评为第一，只因触犯了秦桧，被任命为地方官。宋高宗问赵逵在哪里任职，想任命他为秘书郎。赵逵乘一辆小车入朝觐见，守关吏为了迎合秦桧，就搜查赵逵，但行囊中只有书籍。等到秦桧死后，才升任起居郎。宋高宗说："你知道吗？你的官位始终是我亲自提拔的。秦桧从来没有一句话提到你，所以相信你不阿附权贵，是真正的天子门生啊。"

下第

点额　《三秦记》中说：鱼能从龙门上跳过去就变化为龙；跳不过去的，头就会撞上石壁。

康了　柳冕参加科举考试，他生性多忌讳，尤其忌"落"字，因"乐"与"落"音近，所以称"安乐"为"安康"。放榜那天，他让仆人去探看，仆人回来汇报说："秀才康了！"

曳白　天宝二年，主考官把御史中丞张倚的儿子张奭评为第一，舆论哗然。唐玄宗亲自主持复试，张奭整整一天也没有写出一个字，被称为"曳白"。

孙山外　孙山参加科举，排在上榜名单的最后一名。朋友写信问孙山结果，他回答说：“解名尽处是孙山，余人更在孙山外。”

我辈颜厚 刘蕡（fén）考对策时，言论极其得罪宦官。考官冯宿等人读到他的策论都非常赞叹，但畏惧宦官，不敢录取。放榜时，人们议论嚣然。李郃曰：“刘蕡落榜，我们这些人却考上了，能不脸皮厚吗？”

红勒帛 刘几考试常常第一，他经常写险僻奇怪的句子，欧阳修讨厌这种文风。考卷中有一篇说：“天地轧，万物茁，圣人发。”欧阳修说：“这肯定是刘几写的。”就在卷子上批道：“秀才辣，试官刷。”用大红笔横抹一遍，称为红勒帛。几年后，欧阳修又主持考试，考官出题是《尧舜性仁赋》，有一份卷子说：“静以延年，独高五帝之寿；动而有勇，形为四凶之诛！”欧阳修大为称赏，评为第一，唱名时才发现是改名为刘辉的刘几，欧阳修惊愕了很久。

花样不同 卢仝落榜便离开京都，在客店有人嘲笑他说：“如今花样不同，且自收拾回去。”

倒绷孩儿 苗振科考以第四名中举，去参加馆职的考试。宰相晏殊对他说：“应该把功课温习得熟一些。”苗振说：“哪里有当了三十年接生婆却把小孩倒着包裹的？”考试结束后，他果然没有考中。晏殊说：“苗君果然倒着包小孩了。”

大器晚成 《老子》说：“大器晚成。”汉代的马援人生失意，他的哥哥马况对马援说：“你是大器晚成啊。”

眼迷日五色　唐代李程参加考试，题目是《日五色》，他把卷子交给杨於陵。杨於陵许诺他作状元，但发榜时却没有李程的名字。杨於陵拿考卷给主考官看，主考官很懊悔遗憾，便与杨於陵商量，重新把李程评为状元。后来李廌（zhì）做苏轼的门客，苏轼主持贡举，李廌落榜，苏轼送给他的诗里说："平生漫说古战场，过眼终迷日五色。"

举子过夏　《遁斋闲览》：长安的举子，六月后落榜的就不离开京城，称之为"过夏"，他们大多在安静的市坊或寺庙里写文章，称之为"夏课"。

文星暗　唐代大中年间，天官上奏说："文曲星晦暗，科场应该会出事。"后来三科考试都重考，就有很多人落第。考官也都被罚了俸禄。

操眊（mào）瞈　《国史补》中说：进士的名字被登记入册，叫作"春关"。落榜而放纵饮食，称之为"操眊瞈"。匿名造谣毁谤别人，叫作"无名子"。

傍门户飞　唐代元和年间，士人落榜后，常写诗来讽刺考官。只有章孝标写了《归燕诗》来呈给主考官侍郎庾承宣，说："旧垒危巢泥已落，今年故向社前归。连云大厦无栖处，更傍谁家门户飞。"

荐举

征辟　凡是访求遗漏的贤人，由朝廷诏令叫征，由郡国举荐提拔叫辟。三代时的官员由寻访与荐举而得。汉代刺史、郡守、国相可以自行任命官员。隋炀帝开始，州县僚属的选举全部经由吏部。唐玄宗开始把文、武官员的铨选职责分归于吏部和兵部。

劝驾　汉高祖下诏说："贤良士大夫如果愿意追随我的，我能让他尊显富贵。如果其人德行明达，地方长官应当亲自去请他出仕，并为他安排好车驾。"

计偕　汉武帝元光五年，朝廷下诏征集官吏。百姓中能明达时务、熟习圣人学说的，令沿途郡县供给他们饮食，让他们与郡国计吏一起入朝。

鹗荐　东汉的祢衡刚成年时，孔融爱惜他的才能，与他结为朋友，上表推荐他说："鸷鸟上百，不如一鹗。使祢衡立朝廷之上，必有可观。"

先容　《史记·邹阳传》："弯曲的树根，形状盘曲离奇，却受万乘之君喜爱，是因为左右之人先做了雕饰。"

公门桃李　唐代的狄仁杰举荐张柬之为宰相，又推荐了夏官侍郎姚崇、监察御史桓彦范、太平州刺史史敬晖等数人，都是名臣。有人对狄仁杰说：“天下桃李尽属公门。”狄仁杰说：“荐贤为国，非为私利。”

药笼中物　元行冲对狄仁杰说：“下人侍奉主人，就好像富家人贮藏物资以便于自己使用一样，以脯肉、脂肪、肉干、脊肉为美味的膳食，以人参、白术、灵芝、茯苓来防治疾病。您门下可以充当美味的人太多了，小人我只愿能充当一味药。”狄仁杰赞叹说：“你正是我药笼中的必备之物，不可一天没有啊。”

道侧奇宝　韩愈举荐樊宗师给袁滋相公的信中说：“实在不忍心看到奇珍异宝被抛弃在路边。”

向阳花木　范仲淹为杭州知府，苏麟是属县的巡检。城中的官员大多获得范仲淹的举荐，只有苏麟因为一直在外县，没被范仲淹推荐过。一次因为公事去知州府衙，苏麟献诗说：“近水楼台先得月，向阳花木早为春。”范仲淹一看便举荐了他。

夹袋　吕蒙正夹袋中藏有折子，每当有客人从各地来拜见时，他一定问那里有什么人才。客人走了以后，他便立刻记录下来。朝廷要求贤，他就取夹袋来参考。

明珠暗投　《史记·邹阳传》载：明月珠、夜光璧扔在道路上，看到的人无不握剑互相顾盼，这是因为那些宝物不会没有原由而到面前的。

相见之晚　主父偃给朝廷上书，早晨上奏，晚上就被召见。当时徐乐、严安也上书议论时政。皇上召见这三人，说："你们在哪里啊，为什么与你们相见这么晚呢！"

齿牙余论　《南史》中说：谢朓喜欢奖励人才。会稽人孔闿有才华而未显贵，孔珪曾经让他起草辞让官职的奏章给谢朓看，谢朓吟诵了很久，亲自写信来推荐他，并对孔珪说："士人如果还未成名，就应当共同助成他，不要吝惜口头赞誉。"

铅刀一割　晋朝任命谯王司马承为湘州刺史。司马承走到武昌，王敦与他饮宴，对司马承说："足下是雅素佳士，但恐怕不是将相之才。"司马承说："先生还没了解我，即便是钝滞的铅刀，难道没有一割之用吗？"

四辈督趋　《新唐书·马周传》中记载：中郎将常何说："我的门客马周，一个忠孝之人。"唐太宗立刻要召见马周。马周没有来，太宗先后派了四组使者去督请他。

举贤良　汉武帝建元初年，开始下诏令天下举荐贤良方正、直言敢谏的士人。又采纳董仲舒的建议，令郡县每年举荐孝廉各一人，并定下四个标准：一是德行高洁，志节清白；二是学问通达、行为修持，是精研经书的博士；三是熟悉法令，可判案决疑，会写文书；四是性格刚毅，多有智略，遇事不惑，明智足以下决断，可胜任京城三辅的官员。让各县以此四标准取士，成了汉代一以贯之的政策。

举茂才 后汉安帝元嘉初年，尚书令左雄上书说：郡国都是壮年人出仕，从今开始孝廉不满四十岁，不应察举，应该让他们去公府，诸生在考了经学、文章、吏治等课程后方可奏上。如果有出众的才能和德行的，自然可以不论年龄而任用。安帝听从了他的建议。

滥爵

麒麟楦（xuàn） 唐代的杨炯常常称朝廷之士为“麒麟楦”，有人问他为什么，杨炯说：“现在扮演麒麟的人，一定是先做一副皮囊，披在驴身上，外貌看上去很像麒麟；等到把毛皮去掉，却还是驴罢了。没有德行却身居显位的人，与这有什么不同呢！”

白版侯 唐代武则天时，封侯的人很多，连铸造印章都跟不上了，于是就有许多只有版书封号而无印信的空头侯爵。

斜封官 唐代的太平公主与安乐公主等七位公主要求自立府署，选置僚属，但公主府署的僚属任用太滥，都出身于屠夫走卒，花钱买官。于是用墨敕，并斜着封敕令来给他们授官，所以称为“斜封官”。

铜臭 汉灵帝卖官鬻（yù）爵。崔烈花五百万铜钱做了司徒，常问他的儿子崔钧说：“我位居三公，外边有什么议论？”崔钧说：“大人少时便有英名，且此前历任卿守，现在做了三公，议论的人只是嫌有铜臭。”

斗酒博梁州　汉代的孟佗送给宦官张让一斗葡萄酒，从而得到了凉州刺史的官位。苏轼诗说：“伯一斗酒博梁州。”

烂羊头关内侯　更始皇帝刘玄纳了赵萌的女儿为皇后，便把政事委托给赵萌，日夜在后庭饮宴，对那些侍奉他的厨房伙夫，随意授爵。长安民谣说：“灶下养，中郎将。烂羊胃，骑都尉。烂羊头，关内侯。”

貂不足狗尾续　西晋赵王司马伦篡位，同谋的人都越阶升官，连他们的奴隶厮役，也都赐给爵位。每到朝会时，满座都是貂蝉冠。当时民谣说：“貂不足，狗尾续。”

弥天太保　更始年间，官爵泛滥，有“满天太保、遍地司空”之说。

櫂（zhào）推碗脱　武则天时滥授官职，当时有俗语说：“櫂推侍御史，碗脱校书郎。”四齿耙叫作櫂推，是说用官太泛滥，仿佛用耙齿搂在一起一样多。碗，是指小的盂。用碗脱化的模型，是说个个都一样。

官制

三公三孤　三公，指的是太师、太傅、太保。三孤，指的是少师、少傅、少保。“师”，即为天子之师；“傅”，即辅导天子；“保”，即保护天子。

六卿　吏部长官叫太宰或冢宰，户部叫大司徒，礼部叫大宗伯，工部叫大司空，兵部叫大司马，刑部叫大司寇。

六官　吏部称为天官，户部称为地官，礼部称为春官，兵部称为夏官，刑部称为秋官，工部称为冬官。

以龙纪官　伏羲用“龙”来标记官职：春官叫苍龙，夏官叫赤龙，秋官叫白龙，冬官叫黑龙，中官叫黄龙。

以火纪官　神农用“火”来标记官职：春官为大火，夏官为鹑火，秋官为西火，冬官为北火，中官为中火。

以云纪官　黄帝开始用“云”来标记官职：春官叫青云，夏官叫缙云，秋官叫作白云，冬官叫黑云，中官叫黄云。

以鸟纪官　黄帝后来又用“鸟”来标记官职：祝鸠氏是司农，雎鸠氏是司马，司鸠氏是司空，爽鸠氏是司寇，鹘（gǔ）鸠氏是司事。

以民事纪官 颛顼氏用民事标记官职：以少昊的儿子重司职木政，叫勾芒；该司职金正，叫蓐收；修熙相代水政，叫玄冥；炎帝的儿子司职土政，叫勾龙；颛顼的儿子司职火政，叫祝融。勾龙能平定水土，后世给他配社祭祀。

太尉仆射 太尉是秦朝的官职，相当于三公，掌握兵权。左右仆射也是秦朝的官职，等同于六卿。

九锡 一、天子所乘的大辂，用黑色的公马，并用八匹马来拉。二、穿衮衣、戴冕冠，并可配以红色的鞋子。三、可以在家中悬挂帝王所用的乐器，并用诸侯所用的六佾之舞。四、可以把居室的门漆成红色。五、可以有专门的陛来登殿。六、可以拥有虎贲卫士三百人。七、可以拥有帝王所用的斧、钺各一柄。八、可以有红色的弓一张，红色的箭一百支；黑色的弓十张，黑色的箭一千支。九、奖赏祭祀所用的香酒一樽，以及配合香酒祭祀的珪瓒。

勒名钟鼎 《周礼·司勋职》中说："铸鼎铭勋。"说对于有功勋的人，要铸造鼎器来记录他。

纪绩旗常 《尚书·周书》中说，周穆王对君牙说："只有你的祖辈和父辈，服劳王室，卓有成就，这些功绩都记录在太常上。"太常，就是帝王的旌旗。把有功劳的人写在上面，来表彰尊显。

砺山带河 汉高祖平定天下，剖开竹符分封功臣，并杀白马盟誓，封爵的誓词是："使黄河如带，泰山若砺。国以永存，爰及苗裔。"

丹书铁券 汉高祖与功臣剖开竹子以为凭信并起誓，然后用丹砂书写在铁券上，装在金盒石函中，再藏于宗庙。

尚宝 天子的玉玺用龙形花纹，皇后的玉玺用凤形花纹，亲王的金印用龟形印钮，勋爵的金印用麟形印钮，总兵的银印用虎形印钮，布政使用银印，府、州、县等级别的官员用铜印，御史用铁印。

六部称号 礼部又叫祠部、仪部、膳部。户部又叫民部、版部、金部、仓部。兵部又叫驾部。刑部又叫比部。工部又叫水部、虞部。这种称呼是从唐朝开始的。

都御史 左都御史，因为他是御史的表率，所以称为御史大夫。巡抚都御史，因为他是宪台之长，所以称为御史中丞。

大九卿 六部的尚书、都察院、通政司、大理寺卿，合称为大九卿。

小九卿 太常寺、太仆寺、光禄寺、鸿胪寺、上林苑等卿，翰林院、国子监祭酒、顺天府尹，合称为小九卿。

执金吾 汉武帝改秦朝的中尉为执金吾。因为"吾"就是"御"，指手执金刀防御非常之事。又有人说：金吾是一种鸟的名字，取这个名字是用来辟除恶鸟。

率更令 颜师古说："掌管漏刻并报时，所以叫作率更。""率"读音"律"。

三独坐 光武帝下诏让御史中丞与司隶校尉、尚书令会同，给他们设专席，京师称之为"三独坐"。

三老五更 东汉永平二年，辟雍、明堂、灵台建成，拜桓荣为五更。晋朝的某一年，天子驾幸太学，任命王祥为三老。三老、五更其实是一个人，与《尚书》里所说的"四岳"一样。

四姓小侯 汉朝的外戚樊、郭、阴、马四姓并非列侯，所以称为小侯。

诰敕 五品以下的大臣，他们的父母和妻子受到朝廷封赠的命令叫作敕命，印章要用敕命之宝，受封的人叫作敕封。五品以上的大臣，他的祖父母、父母和妻子受到朝廷封赠的命令叫作诰命，它的印章要用诰命之宝，受封的人叫作诰封。

封赠 臣子的父母与妻子生前受封的叫作敕封、诰封，人们称之为"封君"；死后受朝廷加封的叫"敕赠"，人们称他们为"赠君"。

母妻封号 凡有品级的官员封及他们的母亲、妻子，品级为正、从一品的，他们的母亲、妻子封为一品夫人；正、从二品的，母亲、妻子封为夫人；正、从三品的，母亲、妻子封为淑人；正、从四品的，母亲、妻子封为恭人；正、从五品的，母亲、妻子封为宜人；正、从六品的，母亲、妻子封为安人；正、从七品的，母亲、妻子封为孺人。

文官补服　一、二品官服上绣的分别是仙鹤与锦鸡，三、四品官服分别绣孔雀和大雁。五品官服只绣白鹇，六、七品官服分别绣鹭鸶和鸂鶒（xī chì）。八、九品官服和其他杂职分别绣鹌鹑、练雀和黄鹂。御史监察这样专门执法的部门，要特别增加獬豸（xiè zhì）的图案。

武官补服　公爵、侯爵、驸马、伯爵，官服上的补子绣麒麟和传说的神兽白泽。一、二品官服绣狮子，三、四品官服绣虎豹。五品官服绣熊罴，六、七品官服绣彪。八、九品官服绣海马，还可以绣犀牛。

文勋阶　文官正一品，开始授给特进荣禄大夫，然后升授、加授都是特进光禄大夫、左右柱国，月俸八十七石。从一品，开始授荣禄大夫，升授、加授都是光禄大夫、柱国，月俸七十二石。正二品，开始授资善大夫，升授资政大夫，加授资德大夫、正治上卿，月俸六十一石。从二品，开始授中奉大夫，升授通奉大夫，加授正奉大夫、正治卿，月俸四十八石。正三品，开始授嘉议大夫，升授通议大夫，加授正议大夫、资治尹，月俸三十五石。从三品，开始授亚中大夫，升授正中大夫，加授大中大夫、资治少尹，月俸二十六石。正四品，开始授中顺大夫，升授中宪大夫，加授中议大夫、赞治尹，月俸二十四石。从四品，开始授朝列大夫，升授、加授都是朝议大夫、赞治少尹，月俸二十石。正五品，开始授奉议大夫，升授、加授都是奉政大夫、修正庶尹，月俸十六石。从五品，开始授奉训大夫，升授、加授都是奉直大夫、协正庶尹，月俸十四石。正六品，开始授承直郎，升授承德郎，月俸十石。从六品，开始授承务郎，升授儒林郎（以儒士出身者）、宣德郎（以吏员才干出身者），月俸八石。正七品，开始授承仕郎，升授文林郎（以儒士出身者）、宣议郎（以吏员才干出身者），月俸七石五斗。从七品，开始授从仕郎，升授征仕郎，月俸七石。正八品，开始授迪功郎，升授修职郎，月俸六石六斗。从八品，开始授迪功佐郎，升授修职佐郎，月俸六石。正九品，开始授将仕郎，升授登仕郎，月俸五石五斗。从九品，开始授将仕佐郎，升授登仕佐郎，月俸五石。未入流的勋阶，月俸三石。

武勋阶　武官正一品，开始授特进荣禄大夫，升授、加授都是特进光禄大夫、右柱国。从一品，开始授荣禄大夫，升授、加授都是光禄大夫、柱国。正二品，开始授骠骑将军，升授金吾将军，加授龙虎将军、上护军。从二品，开始授镇国将军，升授定国将军，加授奉国将军、护军。正三品，开始授昭勇将军，升授昭毅将军，加授昭武将军、上轻车都尉。从三品，开始授怀远将军，升授定远将军，加授安远将军、轻车都尉。正四品，开始授明远将军，升授宣威将军，加授广威将军、上骑都尉。从四品，开始授宣武将军，升授显武将军，加授信武将军、中骑都尉。正五品，开始授武德将军，升授武节将军，加骁骑尉。从五品，开始授武备将军，升授武毅将军，加飞骑尉。正六品，开始授昭信校尉，升授承信校尉，加云骑尉。从六品，开始授忠显校尉，升授忠武校尉，加武骑尉。正七品，开始授忠翊校尉，升授忠勇校尉。从七品，开始授毅武校尉，升授修武校尉。正八品，开始授进义校尉，升授保义校尉。武官的月俸各级与文官都一样。

品级正从一品　正一品有：太师，太傅，太保，宗人令，左、右宗正，左、右宗人，左、右都督。从一品有：少师，少傅，少保，太子太师，太子太傅，太子太保，都督同知。

正从二品　正二品有：太子少师，太子少傅，太子少保，尚书，都御史，都督佥（qiān）事，正留守，都指挥使，袭封衍圣公。从二品有：布政使，都指挥同知。

正从三品　正三品有：太子宾客，侍郎，副都御史，通政使，大理寺卿，太常寺卿，詹事，府尹，按察使，副留守，都指挥佥事，指挥使。从三品有：光禄寺卿，太仆寺卿，行太仆寺卿，苑马寺卿，参政，都转运盐使，留守司指挥同知，宣慰使。

正从四品　正四品有：佥都御史，通政，大理寺少卿，太常寺少卿，太仆少卿，少詹事，鸿胪寺卿，京府丞，按察司副使，行太仆寺少卿，苑马寺少卿，知府，卫指挥佥事，宣慰司同知。从四品有：国子监祭酒，布政司参议，盐运司同知，宣慰司副使，宣抚司宣抚。

正从五品　正五品有：华盖、谨身、武英殿大学士，文渊、东阁、春坊大学士，翰林院学士，庶子，通政司参议，大理寺丞，尚宝司卿，光禄寺少卿，六部郎中，钦天监正，太医院使，京府治中，宗人府经历，上林苑监正，按察司佥事，府同知，王府长史，仪卫正，千户，宣抚司同知。从五品有：侍读侍讲学士，谕德，洗马，尚宝、鸿胪少卿，部员外郎，五府经历，知州，盐运司副使，盐课提举，卫镇抚，副千户，仪卫副，招讨，宣抚司副使，安抚使安抚。

正从六品　正六品有：大理寺正，詹事，丞，中允，侍读，侍讲，司业，太常寺丞，尚宝司丞，太仆寺、行太仆寺丞，主事，太医院判，都察院经历，京县知县，府通判，上林苑监副，钦天监副，五官正，兵马指挥，留守司、都司经历，断事，百户，典仗，审理正，神乐观提点，长官，副招讨，宣抚佥事，安抚同知，善世正。从六品有：赞善，司直郎，修撰，光禄寺丞、署正，鸿胪寺丞，大理寺副，京府推官，布政司经历、理问，盐运司判官，州同知，盐课司提举，市舶司、河梁副提举，安抚司副使。

正从七品　正七品有：都给事中，监察御史，编修，大理寺评事，行人司正，五府、都察院都事，通政司经历，太常寺博士、典簿，兵马副指挥，营膳司所正，京县丞，府推官，知县，按察司经历，留守司、都司的都事和副断事，审理，安抚司佥事，蛮夷长官。从七品有：翰林院检讨，左、右给事中，中书舍人，行人司副，光禄寺典簿、署丞，詹事府、太仆寺主簿，京府经历，灵台郎，祠祭署奉祀，州判官，盐课司副提举，布政司都事，副理问，盐运司、仪卫、宣慰、招讨司经历，蛮夷副长官。

正从八品　正八品有：国子监丞，五经博士，行人，部照磨，通政司知事，京主簿，保章正，御医，协律郎，典牧所提领，营缮所副，大通关、宝钞、龙江司提举，卫知事，府经历，县丞，煎盐司提举，按察司知事，宣慰都事，王府典宝、典簿、奉祀、良医、典膳正、纪善，讲经，至灵、元符崇真宫灵官。从八品有：清纪郎翰林院典籍，国子监助教、典簿、博士，光禄录事、监事，鸿胪寺主簿，京府、运司知事，挈壶正，祠祭署祀丞，布政司照磨，王府典膳、奉祀、典宝、良医副，宣慰司经历，神乐观知观，崇真宫副灵官，左右觉义、玄义。

正从九品　正九品有：校书，侍书，国子监学正，部检校，鸿胪寺署丞，五官监候、司历，营缮所丞，典牧所、会同馆、文思院丞，承运、宝钞广运、广积、赃罚、十字库，颜料、皮作、鞍辔、宝源局、织染所、京府织染局大使，龙江宝钞副提举，府知事，县主簿，长史司主簿、典仪正、典乐，牧监正，茶马大使，赞礼郎，奉銮、宣抚、安抚知事。从九品有：待诏，司谏，通事舍人，正字，詹事府录事，司务，学录，典籍，鸣赞，序班，司晨，漏刻博士，司牧大使，牧监副，圉长，太医院、提举司、盐课司、州所吏目，军储、御马、都督府、门仓、军器局大使，承运、宝钞广运、广积、赃罚、十字库副使，典牧所、会同馆、文思院副使，广盈、太仓银库、太仆寺、京府库、都税、宣课、柴炭司大使，颜料、皮作、鞍辔、宝源局、织染局、京府织染局副使，草场大使，孔、颜、孟子孙教授，按察司检校，府、宣抚司照磨，典仪，副教授，伴读，都司、运司、府、京卫，宣抚、宣慰司学教授，司库司、府仓、杂造、织染局、税库司大使，司狱，巡检，茶马副使，正术，正科，都纲，都纪，太常司乐，教坊韶舞、司乐。

未入流　孔目，国子监掌馔，学正，教谕，训导，兵马、断事、长官司吏目，司牲、司牧副使，府检校，县典史，军器局、柴炭司副使，递运所大使，驿丞，河泊所闸坝官，关大使，牧监，录事，郡长，提控，案牍，都督府、御马、军储、门仓副使，广盈库、都课、都税、税课司副使，茶盐课司使，府州县卫所仓场大使、副盐运司、府卫提举，司所州县库大使、副使，司府州军器、织染、杂造局副使，宣德仓、司竹、铁冶、河州、辽阳、青州府、乐安税课司大使，茶运批验所、巾帽针工局、庆远裕民司大副使，司库副使，盐仓、税课、钞纸、印钞、铸印、抽分竹木、惠民金银场、惠民局、水银朱砂场局、生药库、长史司仓、库大副使，县杂造局副使，典术，典科，训术，训科，副都纲，都纪，僧正，道正，僧会，道会。

仕途　隋炀帝开始设置进士科来选拔官员。唐代开始缙绅必须通过科目考试方可为官，开始看重资格。汉代官至二千石满三年，可以举荐一个同母所生的人为郎。秦朝开始让吏参加选官考试，汉代的丙吉、龚胜就是这样的。秦始皇因为旱灾和蝗灾开始捐粮封爵，汉武帝也沿袭了这种做法。到汉灵帝时，富裕的人为官先捐钱，贫穷的人为官加倍捐献。尧帝开始考查官吏的功绩。魏朝的崔亮开始设置在任年限。汉代的制度和上古一样，可以在任很久。晋宋开始制定守宰之官六年便为期满。汉代左雄开始规定孝廉必须实岁满四十方可参加察举。宋代叙述官阀，有所谓的官年和实年的区别。后周开始制定了官员犯罪其举主连坐的制度。汉顺帝时规定，任用官员时不可以交互为官，就是说姻亲的双方不可以在对方的家乡为官，相当于现在的隔选。唐太宗规定，有大功的人也不可以一起供职，相当于现在的回避。唐高宗才开始给官员授官的文凭，就是给札。唐代武则天开始设立在宫殿上悬挂门籍。门籍，是为了上朝参奏事以及待诏官的出入，每月换一次。伊尹才开始有退休制度。汉代的制度，二千石以上的官吏可以有在官休假的权利，病三月以上者也可以带印绶回家养病。唐代制度，五品以上官员退休要上表上奏，六品以下则由尚书省转奏。唐太宗时允许十九岁以下的子弟跟随父兄去任职之地。宋太祖下诏让群臣接父母到任职之地奉养。

宰相　参政（下丞相一等）

历代置相　颛顼帝设置乐正。黄帝设置七辅。商汤设置六傅。伏羲设置两位丞相。秦献公设置了左右二卿，称为丞相。秦庄襄王改称为相国。唐庄宗设置了丞相兼枢密。唐中宗开始设置大学士。五代设置了文明殿大学士，开始成为宰相的兼职。宋真宗设置资政殿学士，地位在翰林之上。汉武帝设置秘书令和太史令。汉桓帝设置秘书监。唐太宗开始让宰相监修国史。唐德宗开始诏令宰相的政事文书需几位宰相轮换书写。

通明相　汉代的翟方进为丞相，智慧与才能上佳，还兼通文法和吏事，用儒术来解释法律，时人称他通明相。

救时宰相　唐代姚崇被任命为宰相，他问齐澣说："我当宰相，与管仲、晏婴相比如何？"齐澣说："管仲、晏婴的法令，虽然不能施行于后世，但还可以终其一世。大人的法令，刚制定了就更改，只可做个救时宰相。"

知大体　汉代的丙吉不过问人横死道旁这件事，却问牛为什么会气喘。他下属说这是"失问"。丙吉说："宰相不亲自过问具体的事，民间发生械斗以至伤人命，有相应的官府来管。而现在正是春耕时节，牛却大喘，恐怕天地之间阴阳失调，宰相的职责就是调理阴阳，因此要过问。"人们称赞他识大体。

伴食相　唐代的卢怀慎为宰相，自以为才能不及姚崇，所以把政事都推给姚崇，自己不参与，当时人都讽刺他是伴食宰相。

纱笼中人　唐代有一个算命的人叫胡芦生，卜算很灵验，李藩曾经在他那里问卦，胡芦生说："先生是纱笼中人。"李藩不解所以。后来有一个神异的僧人说：凡是宰相，冥府必然会暗中用纱笼来保护他，害怕他被别的东西扰乱。李藩暗中对算命人的话非常欣赏，后来果然做了宰相。

琉璃瓶覆名　五代时唐废帝选择宰相，询问左右的大臣，众人都说卢文纪、姚颛有声望。于是皇帝把所有有清望之名的官员名字都写出来，然后放进琉璃瓶里，晚上焚香对天祈祷，用筷子挟了一个名字出来，是卢文纪，便欣然任命他为宰相。

金瓯覆名　唐玄宗以占卜选宰相，把候选人的名字都写出来，放到金瓯中，叫作“瓯卜”。一天，写下崔琳等人名字，问太子说：“这是宰相的名字，你猜是谁？”太子说：“不是崔琳、卢从愿吗？”唐玄宗说：“是的。”

枚卜　古代的天子以占卜择相，必须把有清望的官员写出来，放到金瓯或琉璃瓶里，然后焚香向天祈祷，再用筷子挟出来，得到谁名字，就任命此人为宰相。所以叫作“枚卜”，又叫“瓯卜”。

鱼头参政　宋代的鲁宗道做参政，当时枢密使曹利用恃权骄横，鲁宗道多次当着皇帝的面指责他。当时贵戚中掌权者，无不忌惮他，称他为鱼头参政。

骰子选　宋代的丁谓做参政，有人与杨亿一起来道贺，丁谓说：“不过是掷骰子选出来的，有什么值得称道的呢！”

尚书　部曹　卿寺

古纳言　唐玄宗任用牛仙客为尚书，张九龄进谏说：尚书，相当于古代的纳言，一般由前任宰相担当。牛仙客，本来是黄河、湟水一带的一个使典罢了，提拔他到清流的行列来，与皇帝近臣同列，这是官邪啊。

天之北斗　李固上疏说：陛下有尚书，就犹如天上有北斗星，北斗是天的喉舌，尚书就是陛下的喉舌。

六卿　隋文帝开始确定六部制度，依据东汉光武分署六曹的做法。吏曹的职务起自伏羲，汉光武帝定为选部，曹魏才改为吏部，位居诸曹之上。户曹的职务起自黄帝，吴国时才开始改为户部，唐代武则天开始将户部列于礼部之上。礼曹的职务起自颛顼的秩宗，隋朝时开始改为礼部。兵曹和刑曹的职务起自黄帝，隋朝时开始改为兵部、刑部。工曹的职务起自少昊，晋代叫起部，隋朝开始改为工部。宋神宗又依唐朝的旧例，以吏部、户部、礼部、兵部、刑部、工部为次序。

尚书　秦代派官吏到朝廷中撰写文书，才开始称为尚书。东汉才开始专门设这个职位。魏国时官阶为三品，南朝陈时加到一品。

侍郎　隋炀帝设置了六曹侍郎。副尚书的名字始于秦朝。

郎中　汉代设置尚书郎，分掌尚书之职，名称则始于秦朝。

员外　隋文帝命尚书六曹增设员外郎，名称始于汉代。

主事　隋炀帝设置了主事、副员外郎，名称始于汉武帝。

司务　宋代设置六部司务。

九卿　夏后氏开始设置九卿。汉代设九卿，但不用官名，只称为九寺。梁武帝才开始加“卿”字。后魏开始设置少卿，就把原来的卿称为正卿。

大理寺　黄帝设立了士师，有虞任士师。夏代时开始称为大理。秦代时设置大理正，即现在的大理寺卿；设置廷尉正，就是现在的大理寺正。魏朝设置少卿。晋武帝设置丞。隋炀帝设置评事。

太常寺　本来是周官中的春官之职。秦朝称为奉常。汉代又改为太常，名称始于有虞。后汉设置卿。秦朝设置丞。魏文帝设置博士。汉武帝设置郎、司乐、协律。隋朝设置郊社署，就是现在的天坛地坛祠祭署。唐代设置簿。

太仆寺、苑马寺，职务始于周官，梁代设置簿，汉代设置监。

光禄寺　本来是秦朝的设置，郎中令掌管宫掖。汉代叫光禄勋。梁代开始改为光禄卿。北齐则兼管膳食。隋朝才开始有专掌之职。唐代开始设置珍羞官，是因袭隋代的制度。隋代开始署大官名，是因袭秦朝的良酝署，即汉代的汤官，掌管酿酒，都是本于周官的酒正人。

鸿胪寺　汉武帝设置大鸿胪，梁武帝除去了“大”字，就是秦朝的典客、周朝的大行人。

国子监　周代设置师氏、保氏来教育天子的儿子，开始名为国子。晋武帝开始创立国子学。隋炀帝开始改为国子监。汉代开始规定其长官为祭酒，官衔名源于周代。隋炀帝设置司业，也是源于周代的职务。汉武帝设置博士，名称始于秦朝。晋武帝设置教官。隋炀帝设置丞。北齐高洋设置簿。宋神宗设置录。

宫詹　学士　翰苑

东宫官　秦始皇设置詹事，汉代让詹事掌管太子家。唐玄宗设置少詹事，让他一起辅导东宫。周公设置左、右庶子。唐高宗设置左、右谕德、赞善。隋文帝设置内允，就是中允。北齐设置门下、典书二坊。秦始皇设置洗马，以指导太子，晋朝开始变为詹事属官，掌管图书。汉代的兰台设置校书，北齐设置正字。

翰林　伏羲开始设置史官。唐玄宗设置修撰、编修、检讨。宋文帝设置学士。后魏设置太子侍讲。唐玄宗设置侍讲学士、侍读学士、侍讲、侍读、待诏。汉武帝设置博士。宋代设置孔目。

玉堂　宋代的苏易简为承旨时，多次恢复翰林院以前的旧例。宋太宗为他专门用飞法书写了翰林院的匾“玉堂”二字，并作诗赐给他。宋太宗说：“这将永远成为翰林院中的一件美事。”苏易简说：“自从有了翰林院，从未有今天这样的荣耀！”

木天　《类苑》中说：“秘书阁高大宏敞，所以称之为木天。”

鳌禁　宋白、贾黄中，都是前辈大儒，他们曾经一同供职翰林院。

内相　唐代的陆贽博学而又擅于写文章，进入翰林院。唐德宗器重他的才能，只以“先生”称呼他而不称名字。虽然外廷有宰相主持大议，但陆贽常常居中参与议政，当时人称他为“内相”。

摛（chī）**文堂**　宋徽宗政和五年，皇帝亲自书写“摛文堂”匾额，赐给学士院。

五凤齐飞　宋太宗时，贾黄中、宋白、李至、吕蒙正、苏易简五人同时官拜翰林学士。扈蒙说：“五凤齐飞入翰林。”

北门学士　唐代的刘祎之，少时就以文词著称，升至右弘文馆直学士。上元年间，与元万顷等人一起被召入宫中，参与决策政事，时人称为北门学士。

八砖学士　唐代的李程为学士。按常规：学士早上进入翰林院，以台阶前的日影为时限。李程性懒，每天日影超过了八块砖才到。时人称他为八砖学士。

谏官

忠言逆耳　刘邦看到秦朝宫殿富丽堂皇，便想住下。樊哙进谏说："凡是这种奢侈华丽的东西，都是秦朝灭亡的原因，您为什么还要用它呢？希望您回到灞上军营。"刘邦不听。张良说："忠言逆耳利于行。"刘邦这才回去了。

真谏议　萧钧为谏议大夫，永徽年间，众人争论偷盗国库财物的人是否该判死罪，他说："犯人罪当处死，但恐怕天下人会以为陛下重财物而轻法律，任凭喜怒而乱杀人。"皇帝赞叹说："这才是真谏议啊。"

六科给事中　名称始于秦朝，汉代设置了给事黄门，职务则始于秦朝，设置谏议大夫，唐代将其分为左、右谏议大夫。

真谏官　唐代的李景伯为谏议大夫。唐中宗与侍臣宴饮，让众位大臣写《回波诗》。众人都谄媚阿谀皇上。只有李景伯写了箴规的诗来讽谏，中宗不高兴。中书令萧至忠说："李景伯在娱乐时也不忘规谏，这是真的谏官啊。"

碎首金阶 唐敬宗喜欢游玩畋猎，刘栖楚官为拾遗，站出来苦苦谏阻，并用头叩金阶，血流满面。

铁补阙 唐代乾宁年间，杨贻德官任谏议大夫，他为人正直敢言，不避权责。当时人称他为“铁补阙”。

殿上虎 宋代的刘安世在朝为官神色庄严，经常在廷上当面指斥皇帝。每次触怒了皇帝，他就拿着书简退后站着，等皇帝的怒气稍微平息了，便再上前力争，一定要让皇帝采纳他的谏言才停止。当时人称他为“殿上虎”。

戆（zhuàng）章 宋代的任伯雨性格刚烈，持论正直。当谏官仅半年，上了一百道奏疏，都是关系到治理天下的，号称为“戆章”。

鲁直 鲁宗道官为右正言，只要听到有风吹草动就立刻上疏弹劾，宋真宗非常讨厌他，于是鲁宗道自己罢官而去。后来真宗回想起他曾经说的话，亲笔为他题写“鲁直”二字。

朝阳鸣凤 唐高宗时，自从韩瑗（yuàn）、褚遂良死后，朝廷内外都忌讳进谏。唐高宗建造奉天宫，李善感才上书力谏。当时人称他为“朝阳鸣凤”。

立仗马 李林甫专权，怕谏官谈论政事，便对他们说：“大家见过仪仗队中的马吧？整天安安静静，可以吃到三品饲料。如果叫了一声那立即就会被喝斥而去，那时纵使想不再鸣叫，也已经没有机会了。”

拾齿　宋太祖正在后苑拿弹弓打麻雀，张霭着急地请求上奏。见说的都是一些寻常事，宋太祖非常生气。张霭说："我以为还是要比打麻雀要紧一点。"宋太祖拿仪仗队所用的斧柄打他的牙齿，把牙齿打掉了，张霭慢慢地把牙拾了起来。宋太祖说："你是想控告我吗？"张霭说："我怎么敢控告陛下，但自有史官评论。"

古忠臣　宋代的邹浩官为右正言，曾极力陈述章惇误国，但奏章还未上报又听到立刘妃为皇后的消息。就又回到朝堂，再次当廷直谏，因此被贬官。史书称其为有古风的忠臣。邹浩与阳翟（dí）人田画友好，当初立刘皇后时，田画对人说："如果邹浩不进谏，那我们就可以绝交了。"邹浩因进言而获罪，田画在半路上迎接他，并严肃地说："如果邹兄在京师默然不语，遇到伤寒这样的病不出汗，五天就死了，难道只有去岭南海外才能死吗？"

抵家复逮　杨爵进言朝廷的政事有失人心，导致五大祸乱，入狱几年才被释放。恰好又有大臣来进谏，皇帝说："我就知道一放杨爵，妄言的人立刻就会来的！"就下令去逮捕杨爵。这时杨爵刚刚到家十天，忽然看到锦衣军校来了，军校假装说："我顺路来看看你。"杨爵笑着说："我是知道你的来意的。"便与军校一起吃饭，饭后便说："走吧？"军校说："为什么不进去道别一下呢？"杨爵就站在屏风之间说："朝廷下令逮捕我，我走啦。"于是再次被投入狱中，过了一年才获释。

为朕家事受楚毒　章纶上疏陈述有关修养德行、消弭灾祸的十四件事。又奏请让汪皇后重回中宫，以正后宫仪范；恢复沂王东宫太子的身份，以正国本。皇帝下令将他逮捕入狱，廷杖之后没有死。明英宗复位后，赞叹说：“章纶真是好臣子，为我的家事而受到这样的楚毒。”于是任命他为礼部侍郎。

碎朕衣矣 陈禾弹劾童贯专权，反复不停地进言，宋徽宗想要起身，陈禾拉着徽宗的衣服，请求让他把话说完。衣襟都被他扯掉了。徽宗说：“正言扯破我的衣服了！”陈禾说：“陛下如果不惜衣服被扯破，那我岂能吝惜用我的头颅来报答陛下！”内侍请徽宗换件衣服，徽宗拒绝了，说：“留着来表彰正直的大臣。”

惮黯威棱 汉武帝曾说：“汲黯真是太戆直了！”“古有社稷之臣，现在有汲黯。”汲黯上奏政事，武帝如果没有戴冠冕，就不敢接见他。淮南王想要造反，因为怕汲黯的威势，便作罢了。

贲育不能过 唐代的魏徵，是唐太宗时的谏议大夫，其貌不扬，但很有胆量，敢犯颜进谏，唐太宗非常生气，但魏徵却神色自若。评论的人都说古时勇士孟贲和夏育都不如他。

瓦为油衣 谷那律博览群书，褚遂良称他为“九经库”。一次随唐太宗外出打猎，遇到下雨，唐太宗问：“油布衣要如何做才不漏雨呢？”谷那律说：“要是用瓦片来做，一定不会漏雨。”（意为劝谏他不要过多外出打猎）唐太宗赞赏他的耿直。

谪死 陈刚中性格慷慨，敢议论政事。胡铨因为弹劾秦桧而被贬。陈刚中写给胡铨的信中说：“知无不言，愿借尚方之剑！不遇明主，不如归隐不仕。”秦桧大怒，就把他与张九成一起贬官。

最后客死他乡，又因贫穷而无法安葬。当时士人都为他可惜。

小官论大事　曹辅官为秘书正字。宋徽宗常常微服出行，曹辅上疏力谏。太宰余深说：“曹辅不过一个小官罢了，怎么敢妄议大事？”曹辅回答说：“大官不说，所以小官说。官有大小，但忠君爱国的心是一样的。”于是被贬谪至郴州。

忠良鲠直　陈谔有抗直的名声，检举弹劾不避权贵。明成祖称他为“大声秀才”。一次忤逆了成祖的旨意，成祖命令把他埋在奉天门外只露出头，埋了七天还没死，就把他放回来，他弹劾权贵更厉害了。他历任朝官和外官，所到之处都非常称职，终于被忌惮他的人所贬。成祖有一次问：“那个大声官儿在哪里？应该让他掌管辅导之职，让人可以知道自己的过错。”于是被召回朝中。成祖亲自写了“忠良鲠直”四个字赐给他，以示信任非比寻常。

直声震天下　海瑞官为南平县教谕，拜谒长官时，只是长揖而已，他说：“我的官职是教师，不可以跪拜。”后来主持户部政事，因为上疏进谏而入狱，正直的名声震动天下。

劾严嵩得惨祸　沈炼上疏弹劾严嵩父子为奸作恶，被诬陷为白莲教党徒，在边地被斩首。杨继盛上书论严嵩专权误国的五奸十大罪，被处死弃市。

弹劾宦官专权而受酷刑致死的谏官有：万璟被廷杖打死；高攀龙投水死；杨琏、左光斗、周顺昌、缪昌期、周宗建、黄尊素、魏大中被捕，在狱中被拷打致死；邹维连被发配边疆而死。这些都是江浙人。

御史

白简　晋代的傅玄为御史，每到要上奏弹劾逢傍晚时，他就手捧白简，整理冠带，认真念诵弹劾文，坐在那里等候天亮。达官贵人都因而慑服，御史台也变得虎虎有生气。

乌台　汉成帝时，御史府排列着柏树，有几千只野生的乌鸦栖息树上，所以御史台又称为乌台，也叫柏台。

法冠绣衣　《汉书》中说：法冠，就是御史之冠，本来是楚王的冠冕。秦国灭楚后，把楚王的冠赐给了御史。绣衣御史是汉武帝设置的。法冠，又叫獬豸冠。

独击鹘　宋代的王素官升御史后，气魄越加强劲。曾与同僚一起进奏，皇帝有些不高兴，别人都走了，王素还在论列是非，等到旨意下达，他才退下。皇帝赞叹说：“这才是真御史啊。”当时人称他为独击鹘。

石御史　唐代的刘思立中进士后，唐高宗提拔他为御史。他秉公执法、刚正不阿，敢于弹劾权贵，人称他为石御史。

骢（cōng）马御史　东汉的桓典为侍御史，直言无忌。经常乘一匹白马，京师官吏忌惮他，都说："行行且止，避骢马御史。"

铁面御史　宋代的赵抃少时孤苦贫寒，后来考中了进士。等到官至殿中侍御，弹劾官员不避权贵，人称铁面御史。

豹直　《汉书·舆服志》中说：帝王车驾的从属车辆有八十一乘，都是尚书台的官员乘坐，而最后一辆为侍御史乘坐，独悬豹尾，所以名为豹直。

节度胆落　唐敬宗时，夏州节度使李祐入朝，违诏进献财物，御史温造弹劾他。李祐急忙跑出来等待降罪，两腿打战，满头大汗，对人说："我雪夜袭取蔡州，擒拿吴元济，心里都没有这样害怕过，今天却被温御史把胆子都吓破了。"

埋轮当道　东汉的张纲为御史。汉安帝时，朝廷派遣八位御史巡视各地吏治与风俗，唯独张纲把车轮埋在洛阳的都亭，他说："朝廷豺狼当道，怎能只管地方上的狐狸？"于是便上奏弹劾大将军梁冀兄弟。

头轫乘舆　申屠刚，建武初年官拜侍御史，朝廷大臣都害怕他的刚正鲠直。当时陇、蜀两地尚未平复，光武帝想要出游，申屠刚极力谏阻，皇上不听。申屠刚就躺在车下，用自己的头挡车轮让马没法前行。

贵戚泥楼　汉代李景让为御史大夫，刚直自律，不畏权贵近臣。

宦官和外戚重臣如果有临街的楼阁，都用泥墙围上，怕遭他弹劾。

劾灯笼锦　宋代的唐介为御史，弹劾文彦博在当益州知府时进献灯笼锦讨好张贵妃，从而当上了宰相，请求罢免文彦博。宋仁宗大怒，把唐介贬为英州别驾。

炎暑为君寒　唐代岑参《送侍御韦思谦》诗说："闻欲朝金阙，应须拂豸冠。风霜随雁去，炎暑为君寒。"

天变得末减　杨瑄，天顺初年为御史，弹劾曹吉祥、石亨恃宠专权。后来被曹吉祥和石亨二人陷害而处死刑。将要行刑时，大风拔起树木，把正阳门下的马牌吹到了郊外，得以从轻论罪。他的儿子杨源为五官监候，用占卜物候为由上书指斥宦官刘瑾。刘瑾大怒说："你是什么官，也学别人来当忠臣吗？"将他杖责后流放边陲。刘瑾专权时，大臣及科、道两衙中的官员一天之内被勒令退休的有四十八人，并把他们的名字张榜公示天下。杨源的同乡御史熊卓也在其中。

使臣

一介行李　《左传》中说，晋国的使者子员说："郑伯您面对楚王的讨伐，也不使一介使者，来告诉我们君主。"

一乘之使　韩信攻破赵国，想要移兵再攻打燕国，武涉对韩信说："不如先派一派臣，拿着一尺长的书信出使燕国，燕国必然闻风而降。"

堂堂汉使　苏武出使匈奴，匈奴威胁苏武让他下拜，苏武不从。匈奴人拿刀架他项上，苏武说："我是堂堂汉使，怎么能屈膝于四夷呢！"

埋金还卤　唐代杜暹出使突厥，突厥人赠他黄金，杜暹坚决推辞。下属说："您出使绝域，不可以失却突厥人的心！"于是收下，偷偷埋在帐幕之下。等出了边境，才写信，请他们自己取出。突厥人大为惊异。

口伐可汗　唐代时突厥攻击太原，郑元璹（shú）作为朝廷的使者去与突厥谈判。到了后，突厥人责备唐朝不讲信用，郑元璹对他们的责备应对如流而没有一点屈服，然后从容不迫地数说突厥人背约之事，突厥人很惭愧，引兵而退。唐太宗赐书说："知道爱卿用口伐可汗，平息了边疆的战事，我何惜把你的事迹刻石流传呢！"

斩楼兰　龟兹、楼兰二国经常杀死汉朝的使节，傅介子对霍光说："楼兰、龟兹反复无常，不诛杀他们的元首就不能惩戒。"霍光便让傅介子出使。傅介子带了金币，以颁赐外国为名。楼兰王贪心于汉朝的宝物，求见傅介子。傅介子与他一起饮酒，把宝物展示给他看。楼兰王喝醉后，傅介子让壮士刺杀他，并向他们公布楼兰王有负汉廷的罪行，然后带着楼兰王的头颅回朝。皇帝嘉奖他的功劳，封他为义阳侯。

少年状元 宋代王拱辰，至和二年出使契丹，契丹皇帝在混同江接见他。大摆宴席，并在宴席上垂钓，每次钓到鱼，就一定给客人倒酒，还亲自弹琵琶助酒，对自己的宰相说："这是南朝的少年状元啊。"

臣不生还 曹利用与契丹议和，以崇仪副使的官名奉诏书前往。宋真宗说："如果契丹贪求岁贡，不是国家小事，如果索求过多而不能满足，就要以理拒绝。"曹利用回答说："契丹如妄求，那臣下不敢生还。"

执节不屈 张骞以使节身份出访大夏国，回来后官为校尉，封博望侯。后来做将军，再次出使大夏，探寻黄河的源头。《杨子·渊骞篇》中说："张骞、苏武奉节出使，执汉节而死，不屈王命，即使是古代最著名的使臣，也不如他们啊！"

郡守

京府 京都之守始于君陈在东郊成周为尹，汉武帝因此把内史更名为京兆尹，设置了丞和治中。宋太祖设置了通判、推官，依据

的是唐代节度使下属有推官、判官。

五马 《遁斋闲览》中说：汉代时朝臣出使乘坐四匹马拉的车，郡守增一马，所以称“郡守”为“五马”。

刺史 《新唐书·职官志》中说：在武德年间，改太守为刺史。天宝年间又把刺史改为太守。

郡守 魏文侯开始设置郡守。秦始皇开始设置郡丞，相当于现在的同知。汉代设置州牧，汉景帝改郡守为太守。宋高宗开始称为知府，把唐代的郡改为府。

黄堂 《吴郡志》中说：吴郡太守所住的地方，本来是战国时春申君的宫殿。因多次失火，于是就涂上雌黄，所以太守叫黄堂。

驱蚊扇 唐代的袁光庭出任名郡的太守，政绩卓异。唐明皇对宰辅大臣说：“袁光庭的性格嫉恶如仇，就像用扇子驱赶蚊子。”

五袴（kù） 汉代的廉范为蜀郡太守，废除了火禁，百姓生活因此而方便很多，他们唱歌说：“廉叔度，来何暮？不禁火，民安作。昔无襦，今五袴。”

麦两岐 汉代张堪为渔阳太守，抗击匈奴，开垦稻田上千万顷，力劝农耕，使百姓殷富。百姓唱歌说：“桑无附枝，麦秀两岐。张君为政，乐不可支。”

禾同颖 梁朝柳恽做吴兴太守，吴兴长出了两株禾苗共结一穗的嘉禾，还有一株禾苗长了两支稻穗。

水晶灯笼 宋朝时张中廉任详州刺史，能洞察治下民情的真伪。人称他为水晶灯笼。

照天蜡烛 田元均治理成都很有名声，民间若藏有罪恶，他立刻揭发。成都人称他为照天蜡烛。

卖刀买犊 汉代的龚遂任渤海太守，百姓有喜欢耍刀弄剑的，他就让这些人卖刀买牛来耕种。

独立使君 五代时裴侠镇守河北，入朝时，周太祖让他独站一处，说："裴侠清廉奉公，为天下之最。如果还有与裴侠一样的，请与他站在一起。"众人默然。朝野叹服，称他为独立使君。

天下长者 汉文帝对田叔说："先生知道谁是天下的长者吗？"田叔请问是谁。元帝说："先生是长者，应该知道还有谁。"田叔回答说："云中太守孟舒。"

召父杜母 汉代召信臣为南阳太守，兴利除害，官吏与百姓对他信任爱戴，称他为召父。杜诗也曾任南阳太守，他非常节俭，政治清平。南阳人说："前有召父，后有杜母。"

愿得耿君 汉代的耿纯任东郡太守，多有善政，境内盗贼都没有了。朝廷要召他回朝，百姓都思念不已。光武帝车驾路过东郡，百姓几千人跟随车驾，说："希望耿君回来。"

借寇 汉代寇恂任颍川太守，光武帝召他回朝任执金吾。后来光武帝驾临颍川，百姓拦住道路说："希望能再借寇君一年。"于是让他留下再任太守。

魏郡岑君 东汉的岑熙任魏郡太守，在任两年，人们唱歌说："我有荆棘，岑君伐之。我有蟊（máo）贼，岑君遏之。狗不吠夜，脚不生痂。"

平州田君 唐代的田仁会任平州太守，有一年大旱，自己在阳光下暴晒求雨，一会天降大雨，当年大丰收。人们都歌唱说："像父母一样啊田使君，以你的精神感动上天降下了甘霖。"

大小冯君 汉代的冯立迁任西河上郡太守，接替自己的哥哥冯野王。人民歌唱说："大冯君，小冯君，兄弟继踵相因循。聪明贤知恩惠民，政如鲁卫德化均，周公康叔犹二君。"

二邦争守 宋代的杜衍任乾州知府，任期未满，安抚使考察了他的治绩，便让他去作凤翔知府。两地的百姓就在地界上争夺他，一方说："这是我们的知州，你们怎么要夺去！"另一方说："现在已经是我们的了，你们已经没有了！"

一龟一鹤 宋代的赵抃到成都赴任，自己携带一只乌龟和一只鹤随行。等他第二次到成都赴任时，没带龟、鹤，只带一个仆人。执事张公裕给他赠诗说："马谙旧路行来滑，龟放长江不共来。"

卧治淮阳 汉武帝任命汲黯为淮阳太守，汲黯拜伏于地，不受官印。汉武帝说："你是轻视淮阳郡吗？我因为淮阳军民不融洽，想让你去那里，你卧着就可以把那里治理好。"于是给汲黯诸侯相国的俸禄，让他治理淮阳。

良二千石　汉宣帝说："老百姓之所以能安然在田地劳作，却没有叹息愁恨，就是因为政治安定、断狱合理啊。能与我共同治理天下的，是出色的拿二千石俸禄的郡守啊。"

承流宣化　董仲舒说："现在的郡守县令，就是百姓的良师和表率，继承古之风尚，教化百姓。"

褰（qiān）帷　贾琮为冀州刺史，要去郡县巡行，上了车后他说："刺史应当远听广视，纠察美丑，怎么能反倒垂下帷帐把自己遮住呢？"于是让驾车的人把帷帐打开。

露冕　郭贺任荆州刺史，政绩卓异。汉明帝巡视时，赐给他三公之服，并命车驾拆下轿前的幕布，露出他的冠冕，以便让百姓看到，以此来表彰他的德行。

儿童竹马　郭伋，字细侯。官拜并州牧。巡查西河时，看到有几百个小孩，骑着竹竿当马，在路上迎接他。他问："你们来干什么？"那些孩子回答说："听说使君大人到了，我们非常高兴，所以来欢迎你啊。"

河润九里　郭伋任颍川太守，受朝廷召见，皇帝慰劳他说："颍川郡有了贤能的太守，你离京城不远，恩泽广被，希望京师也能受到颍川福分。”

虎北渡河　东汉刘昆初任江陵县令，县里发生火灾，刘昆磕头祈求风转向，于是火就灭了。做弘农太守时，有老虎背着小孩渡河。皇帝嘉奖了他，请他作光禄勋，召见他问：“‘反风灭火’和‘虎北渡河’，你施行了什么德政可以达到这个效果呢？”刘昆回答说：“这不过是偶然罢了。”皇帝赞叹说：“这是忠厚长者的话啊！”

别利器　虞诩在朝歌为官时，有贼几千人袭击并杀死了长吏，虞诩的老朋友都来慰问他。虞诩说：“如果不是盘根错节的树木，怎能分辨出锋利的兵器呢？”

二天　东汉苏章为冀州刺史，有位朋友当清河县令，贪污乱法而败露，苏章摆酒来款待他。老朋友非常高兴地说：“一般人头上只有一个天，只有我有两重天。”苏章说：“今晚苏某与老朋友喝酒，是私人交情；明天冀州刺史查你的案子，是公法。”于是对其人依法治罪，全郡都立刻清平了。

治行第一　汉代黄霸任颍川太守，户口每年增加，治理的成绩天下第一。当时凤凰和神雀多次出现，颍川尤其多。朝廷赐给他关内侯的爵位，赏黄金百斤。

开鉴湖　汉代的马臻任会稽太守，开凿了鉴湖，开垦良田九千多顷。当地权贵厌恶他，诬告马臻开河掘了无数的古墓。于是被朝廷下狱，然后派官员来核实审理，那些人谎称看不到诉讼的人，是鬼来告状的。因此马臻被杀。此后越地百姓享受鉴湖带来的利益，立祠来祭祀他。

一钱清　东汉的刘宠任会稽太守，多有善政。将要离任时，乡亲父老拿着钱送他，说："自从大人到这里当太守以来，狗晚上都不叫，百姓不被官吏所扰。现在大人要升迁了，姑且临别相赠吧。"刘宠选了一个大钱接受了。现在这个地方叫做钱清。

鱼弘四尽　梁代的鱼弘曾对人说："我当郡守时有四尽，就是水里鱼鳖尽，山中麋鹿尽，田中粮食尽，村中人民尽。"

清恐人知　《三国志·魏书》中说：胡质任常山太守，在任九年，官吏与百姓便利安定，将士也听令。他的儿子胡威厉修清廉。一次他去看望父亲，辞归时，胡质赐给他一匹绢。胡威跪下说："父亲大人为官清白，不知道从哪里得到这匹绢？"胡质说："这是我余下的俸禄。"胡威这才接受。胡威官至前将军、青州刺史。他曾对魏武帝说："我父亲的清廉，生怕别人知道；而我的清廉，却生怕别人不知道。"

酌泉赋诗　吴隐之操行清廉，由晋陵太守转任广州刺史。到了石门，喝了贪泉之水，并赋诗说："古人云此水，一歃怀千金。试使夷齐饮，终当不易心。"喝过之后，清操不改，多次被朝廷褒奖。他的儿子吴延之任太守，吴延之的弟弟和儿子在郡县中任职，都以清廉谨慎为家风。

常悬蒲鞭　崔祖思在齐朝为官，任青、冀二州刺史，为政清廉勤谨，能礼贤下士，时常悬着一条蒲鞭，但从来没有用过。当他离任时，当地士人很怀念他，便为他立祠祭祀。

清风远著　崔光伯任北海太守，北魏孝明帝下诏说："崔光伯莅任以来，清风远著，可以再任三年，以广布风化。"

清廉石见　虞愿是会稽人，任晋安太守。海中有一块越王石，旁边常常隐约有云雾。相传只有清廉的太守才能看得清楚这块石头，虞愿前往观看，非常清彻，毫无隐蔽。

万石秦氏　东汉的秦彭与堂兄弟及诸子侄同时做郡守的就有五人，京城附近的人因此称他们为万石秦氏。秦彭转任山阳太守，百姓对他非常爱戴，没有人犯罪。又转任颍川太守，境内出现凤凰、麒麟、嘉禾、甘露之类的祥瑞。

得如马使君　马默任登州知府，士民都很爱戴。在他之后是苏轼来登州做知府，父老乡亲都来到路上迎接，说："大人为政爱民，得如马使君那样吗？"苏轼大为惊异。

邓侯挽不留　邓攸为人清和平简、贞正寡欲。被任命为吴郡太守，自己带着粮食赴任，连俸禄都不接受，只喝吴地的水而已。后来离开吴郡，上千百姓挽留他，牵着邓攸的船，所以船都没法走。吴地的人歌唱说："恍如打五鼓，鸡鸣天欲曙。邓侯挽不留，谢令推不去。"

六驳食兽　张华原任兖州刺史，判案清明宽仁，因此监狱都没犯人。原先，境内的猛兽是百姓的心腹之患，张华原一到任，甑山中便忽然出现了专吃怪兽的六驳，百姓的祸害立刻得以消除。

虎去蝗散 宋均任九江太守。九江郡多有老虎伤人之事，百姓以此为患。宋均到任后，下令说："用心思捕捉老虎，这不是忧民恤民的根本办法。关键是要斥退奸邪和贪污的人，进用良善的人，废除一切捕虎器械和陷阱。"之后老虎都渡江离开了。当时楚地和沛地发生了蝗灾，但一到九江的边界就立刻散去了。

冰上镜中 王觌（dí）任苏州知府，百姓歌颂他清廉："吏行冰上，人在镜中。"

民颂守德 陶安任饶州知府，当地民谣说："千里榛芜，侯来之初。万姓耕种，侯去之途。"又有民谣说："湖水悠悠，侯泽之流。湖水有塞，我思侯德。"

合浦还珠 孟尝任合浦太守。合浦郡盛产珍珠，当地人采来珍珠换米。之前的太守贪污，珍珠都迁徙走了。等到孟尝到任，廉洁奉公，施行教化，一年后，迁走的珍珠又重新回来了。

州县（附：幕、判、丞、簿、尉、吏）

知州 宋代设置了知州，因袭了唐代的名称。舜帝时就有了州

牧。宋太祖设置了州通判。

知县 周代设置了县正。秦孝公设置了县令和县丞。唐宣宗开始设置了知县。宋仁宗设置了县丞。隋炀帝设置了县主簿。

上应列宿 东汉的馆陶公主为儿子请求郎官的职位，汉明帝没有答应，但赏赐她金钱十万缗。明帝对群臣说："郎官上应星宿，要出朝掌管百里之地，如果不是合适的人，那么老百姓就要遭殃！"

凫舄（xì） 东汉时，王乔任叶县令，有神术。每月的初一和十五他都会来朝见皇帝，皇帝很奇怪他为什么来得这么快，又看不到随他而来的车马，就密令太史暗中观察他。太史说，他来时，有一对凫鸟从南边飞来，用罗网将他们捕获了，却是一双鞋子。下诏让专为帝王制造使用物品的尚方署来看，原来是从前赐给王乔的尚书履。

良令 《韩非子》中说，晋平公问赵武："中牟县，是我国的重要地带，也是邯郸的要冲地区。我想找一个好的县令，谁可以胜任呢？"赵武说："邢伯（赵武的仇人）可以。"

中牟三异 东汉的鲁恭任中牟县令，蝗虫都不进入其辖境。司徒袁安派使者前去观察，正好碰上鲁恭在桑树下乘凉，当时有一只野鸡在旁边，使者对小孩说："为什么不去捉它呢？"小孩回答说："这只野鸡带着小鸡呢。"使者对鲁恭说："大人为政有三异：积德而免灾，这是一异；仁爱施于禽兽，这是二异；小孩也有仁爱之心，这是三异。"

琴堂　宓子贱治理单父地区，他很喜欢弹琴，人不出琴堂，但单父却很和谐。唐诗说“百里春风回草野，一轮明月照琴堂”。

花满河阳　潘岳任河阳县令，公务之余种植桃李花，当时人都说花满河阳。

神君　晋代的乔智明任隆虑县令，百姓爱戴他，称他为神君。黄浮任童阳县令，也被称为神君。

圣君　晋代的曹摅补为临淄县令，放死囚回家团聚，然后在规定的日期再回来服刑，一县人都很叹服，称之为圣君。

慈父　房彦谦任长葛县令，政绩天下第一。百姓称他为慈父。后来升为司马，县民都哭着说：“房大人现在要离去了，我们这些人怎么活呢？”于是立碑颂扬他的德行。

陈太丘　汉代的袁隗问陈元方说：“你父亲在太丘做县令，远近赞颂称赞，他都做了什么事呢？”陈元方说：“强者绥之以德，弱者抚之以仁。”杜甫称赞姚通泉时说：“姚公美政谁与俦，不减当年陈太丘。”

元鲁山　唐代的元德秀任鲁山县令，以诚信教化百姓，士大夫颂扬他的德行，称他为元鲁山。

治县谱　齐朝的傅僧祐和他儿子傅琰都做过山阴县令，父子二人都留下了非常好的政绩。世人都说傅氏有《治县谱》的书，子孙相传，不给别人看。

莱公柏 宋代的寇准任巴东县令，亲手在县衙的庭院种了两棵柏树，当地民众把这比作周公的甘棠，称此为莱公柏（寇准被封为莱国公）。

鲁公浦 宋真宗时，鲁宗道任海盐县令，疏浚了东南的旧港口，引海水到城邑之下，百姓便利，称之为鲁公浦。

晋阳保障 晋国的赵简子任命尹铎为晋阳令，将要赴任时，尹铎请示说："要征收丝麻呢，还是以防卫为先呢？"赵简子说："防卫为先。"

花迎墨绶 唐代岑参的《送宇文舍人出宰元城》诗说："县花迎墨绶，关柳拂铜章。别后能为政，相思淇水长。"

第一策 刘玄明历任建康、山阴两地的县令，政绩常为天下第一。傅翙（huì）接替他时，问刘玄明说："希望能听你说说以前处理政事的方法。"刘玄明回答说："当县令没有别的方法，就是一天吃一升米饭但不要喝酒，这是第一策。"

公田种秫（shú） 陶潜任彭泽县令，县里有公田，都让种上可酿酒的黏米，说："让我经常有酒喝，就满足了。"

民之父母 王士弘任宁海知县，施政仁惠，为民求雨，驱除虎害。当地人唱歌说："打虎得虎，祈雨得雨。岂第君子，民之父母。"

辟荒 温县知县沃墅命令百姓开垦荒田，并种植桑树和枣树。百姓歌颂说："田野辟，沃公力。衣食足，沃公育。"

思我刘君 刘陶，是顺阳的长官，施政仁惠，因病而辞官。民众怀念他所以唱歌说："悒然不乐，思我刘君。何得复来，安我下民。"

进秩还治 周健任全州知州，任期已满，民众到朝廷恳请让他留任，于是朝廷增加了他的俸禄让他继续回到全州任职。杨士奇给他赠诗，有"归到清湘三月暮，郊南骑马劝春耕"的句子。

三善名堂 沈度任余干县令，父老乡亲用"三善"来称其厅堂：一善是田野没有荒芜的土地，二善是市井中没有无业游民，三善是监狱中没有多年关押的囚犯。

雀鹿之瑞 吴在木为余干知县，出现了白雀、青鹿的祥瑞。民众歌唱说："吴在木，政严肃。恶者忧羁囚，善者乐化育。鸟有白翎雀，兽有青毛鹿。不见大声急走人，昔之屡空今皆足。"

张侯 张谠（dǎng）任德兴知县，民众歌颂他说："张侯张侯，敷政优游。农乐其业，禾麦有秋。"

候御候食 何正任萍乡知县，民众歌颂他说："寇至候御之，民饥候食之。"

入幕之宾 晋代的郗超是桓温的参谋，谢安、王坦之到新亭来议论国事，桓温让郗超躺在帷幕后偷听，风吹开了帷幕，谢安笑着说："郗先生可谓是'入幕之宾'啊。"

莲花幕 《南史》中说：王俭任用庾杲之做卫将军长史，萧沔给王俭写信说："贵府的僚属很难选拔。不过庾杲之（景行）就像泛舟绿水、近依芙蓉，多么耀眼明亮啊！"当时人就把进入王俭的幕府称为"莲花幕"。

解事舍人 唐代的齐澣，在开元初年被姚崇提拔为中书舍人。他所撰写的论、驳、诏、诰文书，都引经据典。朝廷大政，一定会去咨询他。当时人称解事舍人。

判决无壅 《南史》中说：孔觊官拜长史，他常喝得大醉，但却明晓政事，清醒的时候判决，从未拖延。人们都说："孔公每月醉二十九天，胜过世人清醒二十九天。"

髯参短簿 晋代的桓温任命王珣为主簿，郗超为参军。郗超胡须很多，王珣体形矮小。当时人说："髯参军，短主簿。能令公喜，能令公怒。"

沧海遗珠 狄仁杰任汴州参军时，因为被属吏诬陷，被立刻审讯。黜陟使阎立本对他的才能非常惊异，道歉说："孔子说观过知人。你真可谓是沧海遗珠啊。"并推荐他为并州法曹参军。唐高宗驾幸汾阳宫，路过妒女祠。当地传说：穿着华丽的服装过这里会导致风雷。所以唐高宗打算派数万民夫新修一条路。狄仁杰进谏说："天子出行，风神刮风扫尘，雨师降雨清道，为什么要避开妒女呢！”谏止了这次的劳役，高宗赞赏他，让他出任宁州刺史。

亲耕劝农　裘贤任潮州通判，为政勤谨，爱民甚笃。曾经外出勉励百姓耕种，脱下官服，拿着农具耕种，他的妻子下田给他送饭。那一年庄稼大丰收，百姓都认为是裘贤鼓励农耕的结果。

不宽不猛　杨玙（yú）任高邮通判，民众歌颂他说：“为政不宽还不猛，处心无党更无偏。”

好官人　杨瑾任华亭知县，为官期满，父老乡亲做了两面旗子给他饯行，上面题着：“农人不为题诗句，但称一味好官人。”

老吏明　何滜任松江司李，知府王衡赠诗说：“关门共惜寒毡苦，断狱争夸老吏明。”

第一家　陶安字主敬，明太祖让他加入幕府，在他家的门上题榜文：“国朝谋略无双士，翰苑文章第一家。”

筑围堤　王斌，是龙阳的县丞，为百姓修筑大堤，使这里没有了旱涝之灾。民众歌颂他说：“王父母，筑围堤。民乐业，我无饥。”

祷神毙虎　王昇是桐城的县丞。当时黄檗（bò）山有老虎白天出来吃人，王昇向神祈祷，那只老虎就忽然死了。

余不负丞　唐代崔斯立任蓝田县丞。刚到任时，长叹说：“县丞啊，县丞啊！我不辜负你这个职务，但这个职务却辜负了我。”

庭院里有四行老槐树，南墙有千棵巨竹，崔斯立下决心清扫一遍，并种下两棵松树，每天在这里吟诗作赋。有来询问的人，他就说：“我正有公事，你先回去。”

赞府　裴子羽任下邳县令，张晴为县丞，两个人都有各自的想法，而且也都擅长辩论，于是讨论政事没完没了。属吏之间互相说：“咱们县的长官很不和睦：县令说‘雨’，县丞说‘晴’，这样的话终究是合不到一起去的。”

廉吏重听　汉代的黄霸为县令，许县丞已经很老了，耳朵也聋了，属吏向黄霸反映想把许县丞赶走。黄霸说：“许县丞是非常清廉的官吏，虽然老了，还能跪拜行礼，耳聋又有什么妨碍呢！”

清静无欲　东汉的张玄改任为陈仓县的县丞，他却清静无欲，专心研究经史。

仇香　东汉的仇览是陈留人。考城县令王涣听说仇览以德行来感化百姓，便请他来当主簿。王涣对仇览说：“主簿是不是少了一点鹰鹯（zhān）威猛的气魄呢？”仇览说：“我认为鹰鹯不如鸾凤。”王涣说：“但荆棘之中并非鸾凤的栖息之地，百里小县也不是大贤的出路。”

鸿渐之宾　《白氏六帖》中说：凤栖之位，鸿渐之宾。

千里驹　韦元将为郡主簿，杨彪称赞说：“韦主簿年龄虽然小但风度老成，仪态昂扬犹如千里驹。”

关中三杰 朱光庭调任万年县主簿，当地人称他为明镜。当时程伯淳为鄠（hù）县主簿，张三甫为武功县主簿，他们与朱光庭都有才名，所以关中人称他们为三杰。

才拍翰林肩 黄山谷《送谢主簿》诗中说："官栖仇览棘，才拍翰林肩。"

米易蝗 孙觉任合肥主簿，遇上大旱，官府要求民众捕捉蝗虫。孙觉说百姓没有饭吃，捕捉多少蝗虫，官府用米来换，他们必定更尽力捕捉。太守很高兴，就推行了这个办法，最后蝗灾竟然没有损害庄稼。

少府 李白有《赠瑕丘王少府》诗，杜甫有《赠华阳李少府》诗，唐朝县尉多被称为少府。

黄绶 唐朝县尉的印绶是黄色的。陈之昂《送齐少府序》说：黄绶位轻，而青云望重。

梅仙 西溪人梅福任南昌县尉，上疏进言却不为朝廷采纳，于是弃官而去，一天带着家人离开了九江，不知最后去了哪里。后来成了吴地看守门市的小吏。

聪明尉 唐代的魏奉古任雍丘县尉。一次官府宴会，有位客人写了一篇五百字的序文。魏奉古说："这是前人的旧作啊。"说完大声背诵一遍。写序的人默然无语。魏奉古从容地笑着说："哈哈，这是我刚才看一遍记下来的，这篇不是旧作。"因此而知名。

人称为“聪明尉”。

铁面少府 宋代的杨王休，调任台州黄岩县尉。当地有一个土豪武断乡里。杨王休调查清楚了他为非作歹的情况，然后报告给上司，把这人流放到别的州去了。民间都欢呼雀跃，称他为铁面少府。

五色丝棒 曹操二十岁时，被举为孝廉而出任郎官，成为洛阳北部尉。到了尉的官舍，就修缮四门，做了五色木棒，悬在门的左右。有犯罪的人，不管是不是豪强，都用棒打杀。京师许多人都因此有所收敛。

金滩鸂鶒 唐代河南道伊阊县前的河里，每当僚佐中将要有入台省为官的，就先露出河滩，其中的石砾都是金砂。牛僧孺任县尉时，一天有人汇报河滩出现了，有一个老吏观察之后说：“这回肯定是分司御史。如果是朝中的西台御史，应当有一对紫鸳鸯出现。”牛僧孺祈祷说：“既然已经露出了金滩，为什么还要吝惜紫鸳鸯呢？”话没说完，就看到有一对紫鸳鸯飞落下来。不过十天，牛僧孺就被朝廷封为西台御史。

郑尉除奸 郑虎臣是会稽县尉，押解贾似道到循州安置，贾似道的侍妾还有几十人，郑虎臣把她们都赶走，然后夺了他的宝玉，撤去了轿子上的盖子，让他暴晒在烈日中，并让轿夫唱杭州歌谣来戏谑他，对他窘辱备至。到了漳州的木棉庵，郑虎臣暗示贾似道自杀，贾似道不听从。郑虎臣说：“我为天下人杀此贼，虽死何憾！”于是把贾似道的儿子囚禁于另一间屋子里，在厕所里拉住贾似道用铁椎打死了他。

霹雳手 唐代裴琰之任同州司户，年龄尚小，刺史李崇义轻视他。同州有几百件多年未破的旧案，李崇义催促他判决。裴琰之让几个属吏供应纸笔，须臾之间就将旧案处理完毕。李崇义大吃一惊，说：“先生为何隐藏锋芒，来彰显我的过错？”裴琰之因此名声极大，人称为霹雳手。

廉自高 刘子敏由御史贬官为侯官典史，自己题诗说：“禄薄俭常足，官卑廉自高。”

刀笔 萧何、曹参出身刀笔小吏。古代文章写在木板上，小吏便用刀刻写，所以把吏称为刀笔功名。

学官

学校 有虞氏开始创立国家学府。汉代的文翁驻守蜀地，建立学宫，才开始让各地都建立学校。后来魏文帝才开始建立郡县的学校。唐高祖开始下诏在国学设立周公、孔子庙。唐高宗最早下令全天下都立庙，专门祭祀孔子，起初也一起祭周公。舜最早制定奠祭先圣先师的释奠、释采。魏国正始七年，开始在太学祭祀孔子，此前都是在阙里进行释奠仪式。晋武帝最早开始让皇太子来主持释奠仪式。隋朝在每季第二个月上旬丁日来进行释奠的仪式。魏国的曹芳开始以颜回配飨孔庙。唐太宗增加了左丘明等人来配享。宋神宗增加了孟子。

儒学 宋神宗在各府设置教授，负责教育诸生，这始于战国的博士祭酒。汉武帝在京师设置博士，在各个郡国设置了文学学馆。等到唐太宗时就下诏天下惇师为学官。

取法为则 胡瑗曾任湖州学官，用言行以身作则来教化学子，使诚明的人通达，昏愚的人努力，顽傲的人洗心革面。他的规矩严格而诚信，他的道义持久而受尊敬。从明道、景祐以来，堪为学者之师的，只有胡瑗与孙复、石介三个人而已。庆历四年，朝廷在京师建立了太学，主管的部门请求到湖州去学习胡瑗的教学之法来作为太学的模范，并召胡瑗来担任诸生官教授。

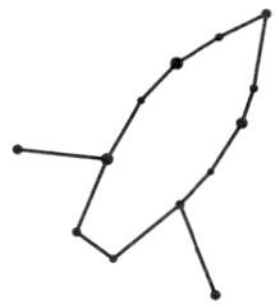

卷七

政事部

经济○烛奸○识断○清廉

受职○致仕 遗爱○降黜 贪鄙

经济 

平米价 清献公赵抃在熙宁年间任越州知府。两浙一带发生旱灾与蝗灾，米价腾跃，饿死的人触目可见。各州都在大路上贴告示，立赏格，禁止私涨米价。只有赵抃却在大路上贴告示，让有米的人来这里高价卖出，于是米商聚集，米价顿时平稳。

禁闭籴（dí） 有一年抚州饥荒，黄震奉朝廷之命前往救灾，到抚州以后他约定土豪乡绅某日相会，到了之后他写了“屯米不卖的人流放，强行买米的人斩首”等几个大字，米价就平稳了。

但笑佳禾 张全义见富饶的田地，就下马，与同僚一起观赏，并召来田地主人，用酒食来犒劳他。有擅长养蚕和收麦的，他就亲自到其家中，叫出一家老少，赐给他们茶叶和衣物。民间还说张公不喜声色美伎，只有看到佳麦良蚕才会笑逐颜开。因此百姓竞相耕作、养蚕，成为富庶之地。

击鼓剿贼 北魏的李崇，做兖州刺史。兖州一向多盗贼，李崇令每村建立一座高楼，楼上悬挂大鼓，盗贼出现的村子，就胡乱击鼓。旁边最早听到的村子，就击鼓一次，再边上的村子就击鼓两次，再边上的村子就击鼓三次。以此类推，顷刻之间，就可以声传百里，听到鼓声的地方就可以组织守卫，因此盗贼没有漏网的。

断绝扳累 简肃公薛奎镇守蜀地。一天在大东门外宴饮，其中有一个士兵作乱，立刻被擒，都监跑来向各位官员汇报，薛奎命令直接在擒获的地方处斩。民间认为这是明智的决断，不然，审讯起来就会株连蔓引，受到连累的人就会很多。

擢用枢密 都指挥使张旻奉旨选兵，他下令太过严峻，兵士恐惧，谋划叛变。皇帝召来中书省和枢密院讨论此事。王旦说："如果问罪于张旻，那今后将领还怎么领军？立即逮捕叛变的人，又会震惊京都。陛下几次想要任张旻为枢密使，现在如果升任，一则解除了他的兵权，二则叛变也会平息。"皇帝说："王旦善于处理大事，是真正的宰相啊。"

分封大国 汉朝时朝廷担心诸侯国太强大，主父偃就出谋让诸侯可以因私人的恩情把自己的领地分封给后人，而朝廷会为他们确定封号。朝廷对他们有了厚恩，而诸侯也因推恩令而变得弱小了。

征卤封禅 张说因为皇帝去泰山封禅，担心突厥乘机入侵，商议要增加兵力巩固边防。召来兵部郎中裴光庭谋划。裴光庭说："四夷之中，突厥最强大，近来屡屡请求和亲，朝廷没答应。现在派个使臣，请他们一个大臣随从去封禅泰山，他们一定欣然从命。突厥一来，其他戎狄的君长就没有不来的，这样就可以偃旗息鼓、高枕而卧了。"张说说："太好了，我不及你啊。"立刻上奏施行。

预给岁币 契丹奏请每年岁币之外再加拨钱币。宋真宗把奏书给王旦看。王旦说："夷狄贪婪，绝不可助长其气焰。可以在每年所拨的三十万里借三万给他们，但告诉他们要在第二年的岁币中扣除。"契丹得了钱，非常惭愧。到了第二年，朝廷又给有司下令说："契丹去年所借的六万金帛，是件小事，依旧按应给的数目给他们，今后永不为例。"

责具领状 王阳明捉住了反叛的宁王朱宸濠，囚禁在浙江省。当时明武宗正在南巡中，停驾在留都南京。宦官暗中让王阳明把朱宸濠放回江西，让皇帝亲自前往擒获，并派了宦官到浙江颁圣旨。王阳明责令宦官写下字据，宦官害怕，这事也就罢休了。

竞渡救荒 宋仁宗皇祐二年，吴地大饥荒。范仲淹正在杭州为官，开仓发粮赈灾并招募民众以保存粮饷，应变措施很完备。吴地的人喜欢竞渡，也好佛事。范仲淹便纵容民众竞渡，作为太守的他也每天在湖上宴饮，从春到夏，居民万人空巷出来游玩。范仲淹又召来各个佛寺的方丈对他们说："饥年的工价非常便宜，你们可以大兴土木。"于是各个寺院都开始了整修工程。此外，官府也建设新的仓库和官舍，每天都要用上千劳力。因此，两浙饥荒，只有杭州却安然无恙。

比折除过 韩琦任郓州知府，城中向来多有盗贼，缉拿法令以百日为限，到期还没抓获，捕快就要抵罪。韩琦允许抓获其他盗贼可抵偿他们的罪责，因此盗贼大多被抓住了。

中官毁券　梅国祯任固安知府，有宦官拿着猪蹄来请他吃，并请他帮忙向民众讨债。梅国祯说："今天为您了结这事。"就立刻下令把负债者抓来，督促他把妻子卖掉还宦官的债务，并假装有人出钱买他们的妻子，逼令他们的妻子与买家一起走，而负债的夫妇并不知情。梅国祯大声说："不是你们的父母官要立刻拆散你们夫妇，但你们欠了贵人的债，道义上也没法为你们说情。你们从此分离，一辈子就再也见不到了。容许你们道别吧。"说着就假装掉泪。负债的夫妇哀伤悲恸、难分难解。宦官也感到酸楚，最后撕了债券走了。

宣敕毙奸　况钟任苏州知府，刚任职时，表面装作木讷的样子，属吏作弊贪污，就暗地记下了。他的副职通判赵忱，放肆傲慢并对他侮辱不恭，况钟也不与他计较。过了一个月，有一天，忽然命令所有的属吏到官府集合，大声说："某人某日因某事暗中得到贿赂若干，对不对？又某日，某人也这样！"众人骇服，不敢辩解。况钟就立即杀掉了六人，并在闹市示众。又罢免了下属中五个贪官和十几个平庸懦弱的人。从此属吏与民众都非常震惊，洗心革面来执行命令。百姓都称他为况青天。

积弊顿革　刘大夏任户部侍郎，管理北边的粮草。尚书周经对他说："仓库空虚，但粮草物资大半由京城里的权势子弟经营。大人与这些人向来不合，这行恐怕免不了因刚直而惹祸。"刘大夏说："处理天下大事要凭理而不凭权势，决定天下事要尽快而不要拖延。等我到那边再想办法。”到任之后，就召来边地的父老日夜商谈，于是便明白了事情的关键。一天，在闹市张榜公示：“某处粮仓缺口有几千石，每石支给官价若干，管辖范围之内所有客商之家，凡有愿意交纳的人，粮限十石以上，草限百束以上，都允许来告纳，就是权贵子弟，也不禁止。”这样不到两个月，官仓积累丰厚，而民众也有了钱。原因是以前来交纳粮草，粮食要在千百石以上，草要在十万束以上才可以，以至权贵子弟四处收买零散的物资，从中赚取差价。自从刘大夏的新法确立后，有粮草的人家都自己前往交纳，不必等权贵子弟买来囤积至一定数量再整个来交纳。几十年的积弊，立刻就革除了。

筑墙屋外　许逵任乐陵县令，当时流寇势力强大，许逵预先修筑城墙并疏浚护城河，还让民众在自家的屋外修筑高墙，高过屋檐，墙中间开一个小洞，仅能过一个人。每家派两个壮丁拿着刀守在门口，其余的人都编入队伍，埋伏在街巷中，然后打开城门。贼兵到来就举旗，而伏兵尽出，贼人想放火、增员都不可能，于是都被擒拿处斩了。从此流寇再也不敢靠近乐陵县境了。

承命草制　梁储在内阁时，秦王上疏请求陕西的边地，以增加他的封地。朱宁、江彬二人受到秦王的贿赂，也帮助他来请求，明武宗答应了。兵部和各科道上奏谏止都不听，大学士杨廷和应当草拟诏书，却称病卧床不出。武宗震怒，宦官到内阁督促梁储说：“如果都称病，那谁来侍奉君王呢？”于是梁储只好领命为皇上拟诏说：“以前太祖皇帝曾经明令说：‘这里的土地不可以给藩王作封地，不是吝惜，而是考虑到这里的土地广袤富饶，藩王得到后，会蓄养兵马，由富而骄，如有奸人引诱他们图谋不轨，将不利于宗庙社稷。’现在秦王恳求甚笃，我念及骨肉之亲，就不吝惜地把此地封赏给你。但请在得到此地后一定更加谨慎，不要聚集奸险之人，不要蓄养太多的兵马，不要听奸人的劝诱而图谋不轨，那样震动边疆，危害社稷，到那时想我们再念及骨肉之亲就不可能了。秦王请一定谨慎，不要疏忽。”武宗看了文书，惊骇地说：“如果这样，这要慎重，还是不要给他封地了。”这件事就作罢了。

平定二乱　张佳胤因浙江的士兵被克扣粮饷而反抗巡抚，受命去两浙视察军队。将要到达杭州时，又听说市民因为劳役不公而聚众打劫乡绅，由亡命之徒丁仕卿带头。张佳胤催促车驾说：“快点赶车，还可以离间他们。”到了军营，召来作乱的士兵抚慰说：“你们全年守卫这里有功，此前的巡抚克减粮饷有错。现在有市井无赖也在作乱，他们又没有别的什么功劳，自然不能与你们一例看待，你们可以帮我把他们逮捕了，成功之后不单可以赎你们这次叛乱的罪过，而且还有赏赐。”士兵们都踊跃听令，于是便去攻打叛民，并打败了他们，擒获了丁仕卿等人。张佳胤立刻派官府来审讯这些人，查出了拿着武器抢夺钱财的五十多个人，全都斩首，剩下的都放了回去。于是这些无赖都立刻瓦解。张佳胤又回营发了兵饷，然后秘密查出其中作乱的首领，后来逮捕了几人说：“你们是作乱的头领，我想宽恕你们，但天子的法令不能宽恕。”所以也立刻斩首，然后派使者到军营遍告士兵，说：“作乱的人已经伏法而死。现在因为你们都有功于朝廷，不愿尽诛。你们要尽力报效国家。”就这样，不出五天，两个叛乱都被平定了。

转赐将士　李正己为平卢节度使，因为畏惧唐德宗的威名，上表献钱三十万缗。德宗想接受，又怕被骗，想拒绝但又没有理由。崔祐甫献策派使者去慰劳淄、青二地的将士，然后把李正己所献的钱都赐给他们，让将士们人人感激皇上的恩德；而其他节度使听了，也知道朝廷并不重视钱财。唐德宗非常高兴地同意了，李正己大为惭服。

一军皆甲　段秀实为邠州都虞候。行营节度郭晞放纵属下士卒的暴行，段秀实逮捕了士兵十七人，斩首后把头悬挂在长矛上，立在闹市门外。军队知道后都穿上甲胄，段秀实前往郭晞的军营，说：“杀一个老兵，哪里用全军都披甲啊！我把我的头带来了。”然后就以大义责备郭晞，郭晞听后幡然悔过而谢罪。从此邠州再无祸乱。

各自言姓名　大将田希鉴依附朱泚，朱泚兵败。李晟以节度使的身份巡查泾州，田希鉴在城郊迎接，李晟与他并肩进城，很高兴地叙旧，田希鉴便不再怀疑李晟。李晟埋伏了兵士后宴请大家，酒宴过后，领着各位将领下堂说：“我与大家相别时间长了，请大家自己再报一遍姓名。”于是知道了其中有三十多人是叛乱的人，就数说了他们的罪责，把他们都杀了。然后又回头看着田希鉴说：“田兄也不能说没有过错。”也一起杀了。

为三难　鲜于侁（shēn），字子骏。王安石的新法颁行时，各地骚动。鲜于侁奉命为官九年，处理政事秉持公心。苏轼称赞他上不害法、下不伤民、中不废亲是“三难”。后来司马光当权，任他为京东路转运使，称赞他说：“子骏是福星啊。”

平原自无　史弼为平原相时，正赶上朝廷要检举党人，只有平原郡声称没有，朝廷多次下诏书催逼。还特意派来从事责备史弼说：“青州六个郡，其余五个都有党人，怎么只有平原郡没有党人呢？”史弼说：“先王分疆治理天下，要画出界线分别地境，水土各异，风俗不同。那五郡自有，但平原自无，怎么可以相比？如果想让我谄媚上司，诬陷好人，那平原郡的人，每户都可以是党人。若要相逼，我不过一死，决不诬陷别人！”

烛奸

责具原状　李靖做岐州刺史，有人诬告他谋反，唐高祖让一个御史去审理。这位御史知道这是诬告，就请求与诬告的人同行一段路，而后他假称把原来的诉状丢了，表现出非常惊恐的样子，鞭打下属，并让那个诬告的人再写一张状子，然后与原状对比，果然不同，当天就回来上奏皇帝。唐高祖大吃一惊，而那个诬告的人也服罪而受到惩罚。

验火烧尸　张举任句章令。有一个妻子杀了丈夫，然后放火烧了房舍，说丈夫因火灾而死。丈夫的弟弟告了她。张举就拿了两头猪来，一头杀死一头活着，然后用柴火烧，再检查，发现杀死的猪嘴里没有灰，而活猪嘴里有灰。然后再检查她的丈夫，发现他的嘴里果然没有灰，用这个证据来审问她，她就伏罪了。

市布得盗　周新到浙江当按察使，快要到任时，路上看到马头边上聚集着蝇蚋（ruì），就派人尾随这些蝇蚋，发现了一具暴露的尸体，尸体上只有一小块布商的木印记，就取了回来。等到任后，命人在市场上买布，每次买回来都嫌不好，再另外买，直到买到一匹布上也有同样的一小块印记，然后把店主传来审问，果然就是劫杀那个布商的盗贼。

旋风吹叶　周新坐在大堂上审案，忽然旋风把奇异的叶子吹到面前，左右的人都说城中没有这样的树，这种叶子只在一个古寺里，离城很远。周新说："肯定是寺里僧人杀了人埋在树下，那些冤死的魂魄来告诉我。"就挖开树下的土，果然有一具女人的尸体，僧人也立刻认罪了。

帷钟辨盗　陈述古做浦城令。有人丢了东西，却没法查出盗贼，陈述古就假装说："我有一个钟能辨别盗贼，如果是盗贼摸一下钟就会响。"然后暗中让人在钟上涂了煤灰并用帷布遮起来。然后让囚犯进去摸钟，有一个囚犯手上没有煤灰的痕迹，然后审讯他，果然服罪了。

折芦辨盗　刘宰做泰兴令时，有人丢了金钗，当时只有两个仆妇在场。刘宰便讯问她们，但两人都不承认。刘宰让她们各自拿着一支芦管回去，并说："没有偷东西的，明天芦管不会有变化；偷了东西，明早芦管就会变长二寸。"第二天早上再看，一个人的芦管没有变化，而另一个人的却短了二寸。再询问她，那个偷东西的只好服罪。

遣妇缚奸　陆云任浚仪县令，发生命案却找不到凶手。陆云把被杀者妻子囚禁了十几天，然后让人偷偷跟在她身后，叮嘱说："她走不出十里，应当会有男子等她并同她说话，看到立刻把他捉拿来。"果然抓住了一个人，审问他，原来他与这个妻子私通，一起谋杀了她的丈夫，听到她出狱了就来探听消息，害怕离县城太近，所以在比较远的地方等候。全县人都称赞陆云神明。

捕僧释冤　元绛任上元县令。有甲、乙二人喝醉斗殴，甲回家睡觉，晚上却被盗贼砍断了脚，他妻子揪着乙来县里告状，说甲已经死了。元绛对这个妻子说："你先回去为你丈夫治丧吧，乙已经服罪了。"暗中派人跟在她后边，看到一个和尚迎住与她悄悄说话，便捉住了和尚，原来正是他与甲的妻子乘机谋杀了甲。

井中死人　张昇任润州知州，有人报告井中发现尸体，一个妇女去看后说："这是我的丈夫啊。"张昇命令其亲属和邻居来验证，但井太深看不清楚。张昇说："众人都分辨不清，这个女子怎么就知道是她的丈夫？"就把她交给官府审问，果然是这个女子与奸夫一起谋害的。

食用左手　王惟熙做盐城县尉时，有一群人喝酒，其中一人死了，大家都不承认是自己杀的。王惟熙去掉他们身上的枷锁让他们吃东西，然后问其中一个人："你习惯用左手，死者的伤正好在右边，你还有什么可抵赖的？"那个人无可争辩，就认罪了。

盗首私宰　叶宾任南安知府，有一头牛的舌头被人偷割了，主人来衙门告状。叶宾故意把他喝斥出去，但暗中却让他回家把牛宰了。立刻就有人来告密说有人私宰耕牛，叶宾说："你就是那个偷偷割人家牛舌的人。"那人果然认罪了。

留刀获盗　刘崇龟任广州刺史。有一个少年泊舟在江边，看到一个美丽的女子倚着门，完全不回避，少年挑逗她说："我黄昏时来你家。"当天晚上，那女子果然开门等他来。少年还没到，一个盗贼进了门，女子不知道，便起身来迎。盗贼以为要被抓，就刺死了女子，留下刀就跑了。少年来到后，踩到血上摔倒在地，一摸，发现是个死人，急忙跑出去。第二天，女子的家人沿着血迹追到江边，岸上有人说："夜间有某某的客船离开了。"抓捕的人把他追上逮了回来，他把实情都说了。刘崇龟看这把刀是屠夫用的，就下令说："某某日比武，大宴士人，让境内的厨师都来。"等大家集合后，又说："已经很晚了，请大家把自己的刀放在厨房里吧。"暗中用杀人的刀换了其中一把。第二天，大家都来取刀，只有一个屠夫不取，问他，他说："这不是我的刀，是某人的刀。"于是令人去擒拿嫌犯，却已经逃跑了。刘崇龟用死刑犯顶替，在夜晚行刑。逃跑的嫌犯以为囚犯已经被正法，没过一两天就回家了，立刻被捉拿归案。

命取佛首 程颢做鄠县主簿。寺院有尊石佛，有一年传说佛的头会放光，士人百姓都争相去看。程颢警告说："以后再放光，就取下你的头。"再看，光就没有了。

识猴为盗 杨绘在兴元做知县。有一个仓库的布匹被盗，细查踪迹，不像人留下的。于是叫来耍猴的人，一审问就服罪了。

闻哭知奸 国侨字子产，一次早上外出，听到妇人哭，让吏抓她来审问，果然她亲手杀死了丈夫。吏问原因，子产说："凡是对于自己所亲爱的人，生病时就忧愁，病危时就害怕，死后就哀伤。现在这人的丈夫已经死了，但她的哭声却不是哀伤而是恐惧，因此知道其中一定有奸情。"

河伯娶妇 西门豹做邺令，这里的风俗一向相信巫师，每年巫师都要为河伯娶妻，以此来谋利，而且要选没有出嫁的女子来扔到河里。西门豹在娶妻那天去看，指着女子说："这个太丑了。烦请巫师大人先去向河伯禀报，如果他觉得的确不好，就另选长得漂亮的。"就让属吏把一个巫师扔到了河里。过了一会，说："怎么这么久还没回复？"又要往河里扔人去催促。这时那群巫师害怕了，都乞求饶命。从此以后这一弊病就没有了。

哭夫不哀 严遵做扬州行部，听到路边有女子在哭，但哭声却并不哀伤，问她，她回答说："丈夫遇到火灾死了。"严遵让人把尸体送来，让人守护，说："一定会有东西去的。"过了几天，就有苍蝇聚集在尸体的头部，严遵让人细查，发现有一个铁锥贯顶而入，原来这是妻子与人偷情而杀死了丈夫。

命七给子 张咏做杭州知州。有一家人的儿子与女婿争讼家产，女婿说：“岳父死时，儿子才三岁，遗嘱说今后分家把三分给儿子，七分给女婿。”张咏说：“你岳父很有智慧啊，若把七分给儿子，儿子怕是已经死了。”于是下令三分给女婿，七分给儿子。

怒逮妇人 王克敬为两浙转运使，有人逮捕私盐犯，还抓住一个少妇。王克敬大怒说：“怎么能在百里外逮一个女子，让她与官兵杂处在一起，太有污礼教了！”此后就不许这样做，并且将此写入法令上。

断丝及鸡 傅琰做山阴县令，有卖针的和卖糖的老婆婆，为了争一团丝线向傅琰告状，傅琰命令把丝挂在柱子上，用鞭抽打，仔细看里面有铁屑，便惩罚了那个卖糖的人。又有两个村民争鸡，问他们用什么来喂鸡，一个说用豆，一个说用粟。把鸡剖开而发现了粟，便惩罚那个说豆的人。百姓称他为傅圣。

老翁儿无影 丙吉在陈留为官，有一个富翁九十岁了还没有儿子，娶了邻居家女儿，过了一夜富翁死了，后来生下一个男孩。富翁的女儿说：“我父亲刚刚娶了她，过一夜就死了，这个儿子肯定不是我父亲的儿子。”于是争夺财产很久也没有结果。丙吉说：“我曾听说老翁生的儿子没有影子，而且不耐寒。”当时正是暮秋，叫来几个同样大的孩子脱掉衣服试验，只有老翁的儿子喊冷，而且在太阳底下果然没有影子，所以就分清了这件事。

断鬼石　石璞，官为江西副使。当时有一个人娶妻，三天后女婿和妻子都拜访岳父家。女婿先回去，妻子后回来，但却失踪了，到处找也找不到。岳父状告女婿杀了自己的女儿，而女婿经不住拷打，便屈打成招。但石璞怀疑杀人弃尸，一定是有深仇大恨的人做的。这对夫妇新婚燕尔，为什么要这么做呢。晚上便斋戒沐浴，焚香祈祷说："这个案子事关纲常名教，万一是女子与人有私情，而她的丈夫却冤枉而死，而且还要承担杀人的污名，于理何安！请神人用梦来开示我吧。"果然梦见有神人授给他一个"麦"字。石璞说："这是两个人夹着一个人，看来这个案子有着落了。"第二天，命令把 囚犯铐起来等待行刑。囚犯还没出来，石璞就看见有一个道童偷窥门内，便让人把他带进来，说："你是个修道之人，为什么到这里来，难道是你师父让你来侦查某某囚犯的事吗？"道童大惊，说了实情。原来有两个道士一直与这个女子私通，现在把她藏在麦田里。人们因此称石璞为断鬼石。

视首皮肉　有一个觊觎侄子家产的人，在自己家里侄子趁醉而把他杀死了。而他的长子与妻子不合，想借此机会以通奸之名除掉她，于是便斩了妻子的头，然后也用大杖伪装打死的样子，再去报官。当时的知县尹见心正在二十里外迎接上司，听到报案回来已经是三更时分了，尹见心在灯下看头，一颗头的皮肉已经上缩，另一颗头却不上缩。便诘问他说："两个人是一起杀死的吗？"回答说："是的。"又问说："你妻子有子女吗？"回答说：

“有一个女儿，刚几岁。”尹见心说：“你暂且住在监狱里，明天早上我再审问。”然后另发一个传票，立刻把他们的女儿带来。女孩到了，就把她带进衙门，给她水果吃，用好话仔细问她，果然知道了真实情况。父子二人双双服罪。

法验女眉及喉　刘鸣谦为杭州太守。有刘氏的女儿住的地方比较简陋，邻居有一个姓张的少年偷看到女子的美貌，夜里跳上了楼，打破窗子跳了进来。女子大喊有贼，她的父亲惊觉而起，邻居少年无法逃走，被抓住剃了头发。少年的兄弟却对众人说：“那女子的父亲其实是用女儿做诱饵来设陷阱的。”女子听了，捶着胸口说：“天啊，怎么侮辱人到这个地步。”便上吊自杀了。张家便用钱贿赂刘氏的父亲，让他上状说女儿已经被玷污了，因羞于奸情败露而自杀。刘鸣谦知道了刘氏女贞烈和他的父亲接受金钱的详情，便命法医来检查刘氏女的眉头与喉咙，知道她仍然是处女。便与从事刘公来审讯这个案子，张氏伏法被诛。百姓有歌谣唱道：“两个姓刘的聪明，一个姓刘的刚烈，江、河、海汇合不分裂（按：刘氏女是浙江人，刘鸣谦是河南人，从事刘公是北海人）。”

花瓶水杀人　汪待举守郡部。有一个百姓请客人喝酒，客人醉卧空房中，晚上因醉而口渴，找不到水喝，便把花瓶中的水喝了。第二天早上开门，却发现客人已经死了，客人的家人便状告这一家。汪待举细问屋里的物品，只有瓶子中泡着旱莲花而已。他试着把瓶中的水拿来给死刑犯喝，喝了就死了，于是案子真相大白。

识断

斩乱丝　高洋内心聪明但外表糊涂，众人都不了解他，只有高欢觉得他与众人不同，说："这个儿子见识与智谋超过我。"当时高欢想看几个儿子的能力，便让每个人理一团乱丝，只有高洋一个人拿着刀把乱丝斩断了，他说："乱者必斩。"

立破枉狱　陆光祖为濬（xùn）地县令。濬地的才士卢柟（pián）被以前的县令冤枉而判了重刑，几十年来的历任县令都沿袭这一判罚，并且因为卢柟家里富有而不敢为他辩白。陆光祖到任后，查访到实情，当天就拆了枷锁把他放了，然后再向上司的使者报告。使者说："这个人的富裕是出名的啊。"陆光祖说："只应当问他冤枉不冤枉，不应当问他富裕不富裕。如果不冤枉，就是伯夷、叔齐也不能不惩罚；如果确实冤枉了，就是像陶朱公那么富也不能定罪。"使者听后非常器重他。后来便举荐他入吏部为官，陆光祖到吏部后对官员的升降都自己作主，从来不向台省长官汇报。

即斩叛使　胡兴为赵王府长史。汉王朱高煦将要谋反，秘密派使者联络赵王，赵王大惊，想把使者抓起来交给朝廷。胡兴说："他们起事已经有段时间了，哪里还有时间上奏朝廷呢？万一事情泄露，那就是驱使他们叛变了。”所以便在一天之内把使者全部杀了。汉王叛乱平息后，明宣宗也知道了赵王斩杀使者的事，说：“我的叔叔绝不是有二心的人啊！”所以赵王才得以免罪。

监国解纷　张说有辨才，能断大事。景云初年，皇帝对侍臣说：“方士说，五天内皇宫有兵变，怎么办？”左右的人都无话可说。张说进奏说：“这种谗言不过是想来危害太子罢了！陛下如果下令让太子监管国事，则帝位的名分就定下来了，而奸人也就害怕了，流言蜚语自然消失。”皇帝就如他所说来处理，这种议论果然平息了。

断杀不孝　张晋在刑部任职时，当时有个与父亲分开住的富人，他父亲晚上跳墙进来，儿子以为是盗贼，就打死了他，拿灯一看却是自己的父亲。属吏说：儿子杀父亲，不应该饶恕；但实际上却是拒盗，不知是自己的父亲，又不应该判罪。所以案子拖延不决。张晋判决说：“杀贼的事可以饶恕，但不孝当诛。儿子这么富，却使自己的父亲因贫穷而成为盗贼，明摆着是不孝。”最后就把他杀了。

刺酋试药　曹克明有智慧与谋略，宋真宗时屡次立功而做上了十州都巡检。边地的蛮族进献了一瓶药，说：“这种药给有箭伤的人敷上，伤口立刻痊愈。”曹克明说：“怎么来验证呢？”回答说：“请用在鸡和狗身上试验。”曹克明说：“应当在人身上试。”便用箭把一个蛮人的大腿刺伤，然后立刻敷了药，那个人却很快就死了。其他蛮人都惭愧害怕地走了。

杖逐桎梏　黄震为广德通判。广德有一种风俗，自己戴着枷锁去向神祈求赦免，黄震看到有一个人这样做，召来一问，原来是一个士兵。黄震让他自己说出自己的罪行，士兵说无罪。黄震说："你肯定犯过很多罪，只是无法对别人说，所以求神赦免你。"于是把他打一顿赶了出去。从此这种风气就消失了。

一钱斩吏　张咏在崇阳做官。有一个库吏从府库出来，鬓角上粘着一文钱，一问才知是库中的钱。张咏命人打板子。库吏勃然大怒说："一文钱算什么！这也要打我？"强横不屈。张咏坚持行杖刑。库吏说："你能用板子打我，总不能杀了我。"张咏写判词说："一日一钱，千日千钱。绳锯木断，水滴石穿。"就自己仗剑下台将他斩首，然后向上级上书检举自己的过失。崇阳人到现在还流传着这个故事。

强项令　董宣为洛阳令，湖阳公主的家奴杀了人，董宣就在公主车驾前抓捕了这名家奴并杀了他。公主向皇帝告状，皇帝命令董宣向公主跪拜谢罪，董宣坚决不跪。皇帝让人强按他下跪，董宣用手撑地拒不低头。皇帝只好下令说："强项令快回去吧。"

南山判　武则天时，李元纮调任雍州司户。太平公主与僧人争一个水磨，李元纮判给了僧人。长史窦怀贞非常恐惧，督促李元纮改判。李元纮用很大的字在判书最后写道："南山可以移，这道判文绝不可更改。"

腕可断　唐代宰相韦贻范的母亲去世了，朝廷想下诏让宰相回朝复位，韩偓应当草拟诏书，但韩偓认为韦贻范为母居丧没有几个月就让他来处理政事，会让孝子伤心。学士使马从皓逼迫韩偓撰写，韩偓说：“手腕可以断，制书绝不写！”

麻出必坏　唐德宗想让裴延龄当宰相。阳城是谏议大夫，说：“任命裴延龄为宰相的白麻诏书一出来，我就立刻去撕毁它，并在朝廷上恸哭。”裴延龄于是就没有得到宰相的职位。

判诛舞文　柳公绰为节度使，到乡县去巡视，有奸猾之吏玩弄文字来诬陷其县令贪污。县令知道柳公绰向来秉公持法，肯定要杀贪官了。但柳公绰判决说：“贪官虽然犯法但法还在，奸猾的小吏犯法就没有法了。”最后诛杀了玩弄文字的县吏。

铁船渡海　贾郁为人耿直，不能容忍过失。做仙游县令，快要离任时，有一个下属官吏酗酒，贾郁非常生气，说：“我如果再来这里当县令，就一定惩罚他。”这个属吏扬言说：“你再来就像造铁船渡海那样难。”贾郁后来果然又来仙游当县令，而那个属吏还偷了国库数万铜钱，贾郁判决说：“你铜钱来富家，并非铸造；我造铁船来渡海，却不用火炉与铁锤。”判处杖刑并流放。

其情可原　孙唐卿做陕州通判，有个人的母亲再嫁后死了，等到他埋葬父亲时，就盗偷来了母亲的骸骨与父亲合葬。有司要用法令判刑，孙唐卿说：“这人只知有孝，而不知有法，他的做法出于亲情，情有可原。”于是就把他放了。

问大姓主名　周纡做洛阳令。上任后，先问此地大户人家的名字，下吏细数了当地的豪强地主。周纡生气地大声说：“我本来是要问像马援、窦宪这样的贵戚，哪里有时间了解这些卖菜的人呢！”于是京师为之肃然。

引烛焚诏　李沆为宰相。一天晚上，宋真宗派使者拿着手谕，想把刘美人封为贵妃，李沆当着使者拿蜡烛把诏书烧了，并对使者说：“你就对皇上说，李沆认为不可行。”于是这个想法就暂息了。

天何言哉　宋真宗常以澶渊之盟为耻，听从王钦若的天书之计，准备去泰山行封禅之礼。待制孙奭对真宗说：“以下臣愚蠢的小见识，天怎么会说话呢？怎么会有天书呢？”真宗听了默然。

礼宜从厚　李宸妃死后，刘太后准备以普通宫女的礼仪在宫外治丧，吕夷简当时任首相，上奏说葬礼应该隆重。刘大后大怒说：“吕相公想要离间我们母子吗？”吕夷简说：“太后难道不想在今后保全刘氏家族吗？”当时有诏令，想要凿开宫城的城墙来出丧。吕夷简对宦官罗崇勋说：“李宸妃生下了当今天子，但丧礼如此简陋，他日定有人要为此承担罪责，到时候不要说我吕夷简没有说过。现在应当用皇后的服饰来入殓，并用水银来保护尸体不烂。”罗崇勋赶快跑回去报告刘太后，刘太后同意了。后来荆王赵元俨对宋仁宗说：“陛下是李宸妃所生，宸妃是死于非命的。”仁宗知道后痛哭了几天，并下诏自责，亲临洪福寺祭祀祷告，为了验明李宸妃的死因便要求打开棺材，亲自查看。发现李宸妃的尸体用水银保护得很好，颜色就像活着一样，冠服依照皇后仪制。仁宗长叹说："别人的谣言怎么能相信呢。"于是对待刘氏一族仍然亲厚。

奏留祠庙　张方平做应天府通判。当时的司农正依照王安石新法把祠庙卖给民众。张方平托刘挚代他上奏说："阏伯迁到商丘，主祀的香火，是国家的盛德，在历朝历代都被尊为大祀。微子，是宋国最早受封的君主，在这里立国，也是本朝受命而建大业的根源。还有双庙，是唐代张巡、许远守卫孤城而死的地方，二人能在大难中为国捍卫疆土。现在如果让小人买去用以谋求利益，什么样的亵渎都有可能发生！每年收取一点点税收，但却有伤国体。希望能留下这三座庙，以慰国人崇奉圣贤的意愿。"奏疏上达之后，神宗震怒，在简牍后边批语说："简慢神灵、侮辱国体，没有比这更厉害的了！"从此天下的祠庙便不准再卖了。

收缚诬罔　隽不疑做京兆尹。有一个男子乘坐牛车，来到皇宫的北门，自称是以前的汉武帝长子卫太子刘据。朝廷下诏让列侯公卿以下百官来验看，但到的人都不敢说话。隽不疑后到，喝令属吏将他逮捕。说："春秋时期蒯聩出逃，蒯辄拒而不纳，《春秋》都赞赏这种做法。卫太子因为得罪先帝，逃跑后还没死，现在不请自来，这是罪人啊。"于是就把此人逮入监狱。汉昭帝与霍光非常赞赏，说："公卿大臣还是应当用熟读经书、深明大义的人啊。"后来仔细审理，果然这个家伙是冒充的，于是判诬罔不道之罪，腰斩。

捕脯小龙　程颢做上元县主簿，施政清明。茅山池中有一条小龙，看到的人都奉之为神，百姓像发狂一样都跑去看。程颢把它抓住后制成了肉干。

汰僧为兵　宋代的胡旦任昇州通判。当时江南刚刚平定，他淘汰了南唐皇帝所度的僧人，十减六七。胡旦说："那些人没有田地和家业，可能会聚集起来成为盗贼。"于是全都给他们身上文身做了记号让他们去当兵，并把同时还俗的女尼配给他们为妻。

俟面奏　寇天叙以应天府丞的身份暂时代理府尹。当时明武宗南巡，权臣与宦官百般索取贿赂，如果违背了他们的心意，就立刻有大祸临头。寇天叙说："我与其因行贿而改变我的节操，不如获罪而丢掉官职。"所以凡有所求，直接回绝，并说："等我当面启奏皇上，皇上说可以给我就给。"谁也拿他没办法。皇帝停留了九个月，耗费极大，但这里的民众却并没有受到太大的侵扰。

破柱戮奸　李膺官拜司隶校尉，当时小黄门张让的弟弟张朔为野王令，贪婪无道，怕李膺的威严，逃回京师，藏匿在哥哥家里的空心柱里。李膺知道了这一情况，率领属吏及士兵来打开柱子逮走了张朔，交付给洛阳监狱。拿到口供后就将他杀掉。从此后这些黄门常侍都非常恭谨而小心。当时朝纲日渐混乱，法度废弛，只有李膺坚持风纪，以声名自重，有很多人非常景仰他。

清廉

冰壶　杜甫的诗说："冰壶玉鉴悬清秋。"姚元崇写了《冰壶诫》，是说冰壶全身没有一点瑕疵，而且清澈见底。东汉的杜诗非常清廉，就像冰壶。

斋马　唐代的冯元叔历任浚仪、始平府尹，向来一个人骑马赴任，从来不带家人一起去任职。他所骑的马，也不吃民间供应的粮草。人们都称它为斋马。

廉能　《周礼·天官》中说：平治官府的大计有六项，可以断官员的治绩：一是廉善，二是廉能，三是廉敬，四是廉正，五是廉法，六是廉辨。

冰清衡平　华康直任职光化，丰稷任职谷城，两人都清廉公允。当时人歌颂他们说："华光化，丰谷城。清如冰，平如衡。"

釜中生鱼　汉代的范冉字史云，汉桓帝时为莱芜长官。时人歌颂他说："甑中生尘范史云，釜中生鱼范莱芜。"

留犊　曹魏的时苗为寿春县令。刚上任时，乘坐着粗糙简陋的小车、驾着黄色的母牛、带着布被的行囊。过了一年多，母牛生了小牛犊。等他离任时，便把小牛犊留下了，对主簿说："我来时，本来没有这只小牛犊。牛犊是在这里出生的，所以让它留在这里。"明代的交河令叶好文，也曾留下三只牛犊给贫民耕地。

酹（lèi）酒还献　东汉的张奂，做安定属国的都尉。羌人来进献金钱和马匹，张奂召主簿张祁进来，在羌人面前，把酒倒在地上说："即使马像羊一样多，我也不要它们进入我的马厩；即使金钱像粟米那样多，我也不把它们揣在自己怀里。"把东西全还给了羌人，于是威望广泛传播。

食馔一口　北齐彭城王高攸从沧州受召还朝，当地父老都准备了饭菜，说："殿下只喝过这里的水，还没有尝过百姓的饭，我们姑且献上这一点微薄的饭菜。"高攸就吃了一口。

臣心如水　西汉成帝时，郑崇为尚书，喜欢直谏，贵戚常常说他坏话。成帝责备郑崇说："你家中也门庭若市，为什么想要禁绝贵戚交际呢？"郑崇回答说："臣虽门庭若市，但心如止水。"

清乎尚书之言　东汉钟离意为尚书令。交趾太守张恢因贪赃而伏法，他的财物都陈列在皇帝面前，皇帝下诏将其分赐给群臣。钟离意得到了珠玑，但都扔在地上。皇帝觉得奇怪，钟离意说："孔子忍着渴也不喝贪泉的水，曾参驾车不过胜母这个地方，都是因为厌恶它们的名字。现在这些都是贪赃的秽物，我实在不愿意接受。"皇上赞叹说："尚书的话很清廉啊。"

乘止一马　朱敬则做卢州刺史，卸任时，没有带走淮南的一件东西，只骑了一匹马。

酌水奉饯　隋代的赵轨做齐州别驾，离任回朝廷时，父老乡亲都来送行，说："大人清廉如水，请允许我们酌一杯水来与大人饯别。"

郁林石　吴国的陆绩为郁林太守，罢官归乡时没有什么行装，小船太轻没法在海上航行，就取了一块大石头放在船里回来了。人称之为郁林石。

只谈风月　徐勉调任吏部尚书，常与门人晚上集会，有门人来为人求官，徐勉说："今天晚上只谈风月，不宜谈公事。"

市肉三斤　海瑞为淳安县令，一天，总督胡宗宪对主管军事、民政、司法的三司官员说："昨天听说海县令竟然买了三斤肉，大家要去察看一下。"后来才知道是为给母亲上寿才买的。

一文不直　薛大楹做南昌主簿时，曾在他门上写："要一文，不直一文。"

原封回赠　吴让任临桂县知县，不出三年，就越级提拔为庆远知府。庆远府下属南丹县的各少数民族官员都送来金钱作为贺礼，吴让拒而不收，口诵一首绝句送给他们说："贪泉爽酌吾何敢，暮夜怀金岂不知。寄语丹州贤太守，原封回赠莫相疑。"

书堂自励　陈幼学任湖州知府，在大堂上写道："受一文枉法钱，幽有鬼神明有禁；行半点亏心事，远在儿孙近在身。"

画菜于堂　徐九经任句容县令，期满离任时，父老乡亲和小孩子都拉着他的衣服哭着说：“大人请给我们些教诲吧。”徐九经说：“只有三个字：俭、勤、忍。”他曾经在大堂上画了一棵白菜，在上面题辞道：“民不可有此色，士不可无此味。”到这时，父老乡亲便在家刻画下他的菜，并在上面写了“勤俭忍”三个字，称之为“徐公三字经”。

御书褒清　程元凤官拜右丞相兼枢密使。皇帝亲手写了“清忠儒硕昭光”六个字以褒奖他。

清白太守子　王应麟任徽州太守，他的父亲也曾经在这里当太守，徽州父老都说：“这就是那个清白太守的儿子啊。”

刘穷　刘玺是龙骧卫人。少时学习儒学，长大后袭父职，为官廉洁，人称他为青菜刘，也有人称他为刘穷。后来任督漕总兵，皇帝也知道他的清名，看到他的奏章就很高兴地说：“是那个刘穷吗？答应他的奏请。”

清化著名　韦谀小时候很喜欢文学，各家的言论和深奥的要旨，无不综览。后来在后赵石季龙手下做官，在七个郡任过职，都以清廉而著名。

廉让之间　范柏年第一次参见宋明帝，说到广州的贪泉，宋明帝问：“你主管的州里有没有这样的水？”范柏年回答说：“梁州只有文川武乡、廉泉让水。”宋明帝又问：“你家在哪里呢？”范柏年回答说：“我就住在廉泉和让水之间。”宋明帝赞叹他的善于应答。

清白遗子孙 郑述祖在北齐为官，为兖州刺史。他的父亲也曾在兖州为官。百姓歌颂他们说："大郑公，小郑公，相去五十载，风化尚有相同。"等到他得了重病，他说："我这一生富足了！把清白的名声留给子孙，更是死而无憾。"

清有父风 柳玭（pín）是柳仲郢的儿子，官拜岭南节度副使。官衙里的桔子熟了，他吃了以后，就把桔子钱送到官府里。后来官拜御史大夫，清廉正直有如其父。

悬鱼 羊续为南阳太守。进入南阳境内，就穿便服从小道走，各地县令长官是贪污还是廉洁，属吏和民众是善良还是狡猾，全都清楚了，全郡的人都很震动。府丞给他送了一些生鱼，他接受后悬挂在庭外，以此来杜绝以后的进献。他的妻子带领儿子羊祕来到郡衙，他却不接纳，妻子非常生气，检查屋里，只有布被和咸菜而已。

自控妻驴 宋代的李若谷赴任长社主簿，自己拉着妻子所乘的驴，老朋友韩亿为他背行李。快要入境了，对韩亿说："恐怕县吏要来迎接了。"行囊中只有六百文钱，便拿出一半赠给韩亿，二人互相拥抱大哭而别。

埋羹 王琎任宁波太守，操行廉洁，自己的用度更加节俭。一天，看到饭菜竟然既有鱼又有肉，大怒，命令把饭菜撤出埋起来，人们称他埋羹太守。

进饼不受 明代的戴鹏，任会稽知县，清慎自守。当时有大军驻扎四明，戴鹏前往供给粮饷。期限严迫，他率领民众步行前往，日落时非常饿，随从给他拿饼，他拒绝，只捧了路边的水喝。

仅一簏 明代的轩輗（ní）由御史出任按察使，为人清约自持，四季只穿一件布袍，经常吃蔬菜。约来同僚，三天才拿出俸禄去买一斤肉，不能再多。款待老朋友，只有一个豆菜，偶尔杀只鸡，大家便会非常惊讶地说："轩廉使竟然杀鸡待客。"后来以都御史的身份退休。皇帝问："以前浙江廉使任满回家，行李只有一个竹笼，是你吗？"轩輗磕头表示惭愧。

符青菜 明代的符验将做常州太守，赴任不携家人，仅带着两个旧的竹筐和一个童仆，每天吃的也只有蔬菜，人称之为符青菜。但他决心要锄强扶弱，凡是横行于乡里的人，即使已经逃跑或躲起来了，也一定要抓到。但若是依法投案自首的，也不过于深究。有一年大旱，又有蝗灾，每天都按照规定来监督捕蝗虫的情况。每次外出，用筐盛几升米、带几捆木柴以自给，不劳百姓供给。

清乃获罪 南朝的沈巑（cuán）之任丹徒县令，因为清廉正直不与皇帝左右的大臣交结而被诬陷，被逮捕下狱。皇帝召他问罪，他回答说："我因为清廉而获罪。"皇帝说："清廉怎么会获罪？"回答说："没有什么东西可以奉送权臣啊。"皇帝问他权臣是谁，他指着四周说："这里穿着红衣服的都是啊。"后来仍回丹徒任县令。

橐无可赠　南朝的刘溉任建安太守。老朋友任昉给刘溉寄来一首诗，向他求一件闽布衫。刘溉发现自己没有什么可以赠的，答诗说："予衣本百结，闽乡徒八蚕。"

不持一砚　包拯做端州知州。端州每年向朝廷进贡砚台，还一定要以进贡朝廷的数倍来赠给朝廷要人。包拯下令每年只交够进贡朝廷的数量就可以了。等他任职期满离开时，不带走一方砚台。

日唯啖菜　宋代的姚希得在静江做知府。衙门以前用锦来做幕布，姚希得说："我以书生起家，用这些奢华的东西干什么！"下令用普通的布代替。每天只吃蔬菜，不取分毫。

命还砧石　宋代的凌冲任含山县令，律己很严，一样东西都不乱取。离任时看到行装里有一块磨刀石，非常惊讶，说："这不是我来时带的东西啊。"令人归还。

毋挠其清　唐代的蒋沇（yǎn）历任长安、咸阳、高陵等地的县令，多有卓越的名声。郭子仪率军路过高陵，告诫其部下说："蒋贤令来为我军送给养，有蔬菜吃就可以了，不要扰乱他的清名。"

杯水饯公　隋代的赵轨为齐州别驾。东边的邻居家里有桑椹落到自己庭院里，赵轨派人拾起来送还。被朝廷召还时，父老乡亲都哭着送他说："大人像水一样清，我们不敢用酒浆污您清名，就敬持一杯水来饯别大人吧。"赵轨接受了这杯水并喝了它。

挂床去任　三国时的裴潜做兖州刺史。曾经做了一个胡床，离任时，就把它挂在梁上。人们都很佩服他的节操。

置瓜不剖　苏琼任清河太守时，有德行的前辈赵颖进献了一个园瓜，苏琼勉强收下但却放在梁上，不切开吃。人们都听说他接受了赵颖的瓜，便竞相去献上新鲜水果，到了门前，才知道那个瓜还在，只好相顾而去。

受职

筮仕　《左传》中说：毕万占卜在晋国做官的吉凶，得到的是屯卦变为比卦。辛廖为他解释说："吉。"

下车　李白为南昌宰写的《去思碑》说："未下车，人惧之；既下车，人爱之。"

瓜期　《左传》中说：齐侯让连称、管至父守卫葵丘，并答应在第二年瓜熟时派人接替。叫做"及瓜而代"。

书考　《书经》中说：三年要考察官员的政绩。三次考察之后要罢黜昏愚，奖拔贤明。

增秩　汉宣帝说：“太守是属吏与百姓的根本，变更太频繁下属就会不安。民众如果知道这个太守在任会比较久，那就不会欺骗他们，就会服从太守的教化。”所以太守有政绩，就用诏书来勉励，增加俸禄并赏赐黄金。

报政　《史记》中说：伯禽受封于鲁，过了三年才向周公汇报政绩。周公说：“为什么这么迟呢？”伯禽说：“改变他们的风俗，革除他们的祭祀与丧礼中不合礼仪的地方，三年才能做到，所以迟了。”姜太公封于齐地，五个月就来汇报政绩。周公说：“为什么这么快呢？”回答说：“我简化君臣间礼节，顺从他们的风俗，所以快啊。”

一行作吏　晋朝的嵇康（叔夜）《与山巨源绝交书》中说：“游玩大山深泽，观赏游鱼飞鸟，心里非常快乐。但一做官，这种快乐就没有了。”

穷猿奔林　李充字弘度，曾经叹息自己不被赏识。殷浩问他：“你能屈志做主管百里的县令吗？”李充回答说：“我怀才不遇的北门之叹，朝廷早就听到了。无处可去的猿猴奔向森林，哪里还有暇去选择哪棵树木呢？”于是便授职于剡县。

有蟹无监州　宋初通判与知州争权，往往说：“我是州监！”有一个叫钱昆的人，是浙江人，爱吃螃蟹，曾经要求到外郡去做知州，说：“希望那个地方只有螃蟹而没有监州就行了。”苏轼写诗说：“欲向君王乞符竹，但忧无蟹有监州。”

致仕　遗爱

蜘蛛隐　龚舍在楚地为官，看到有飞虫碰到蛛网而死，长叹说：“仕途也是给人设置的罗网啊。”于是辞官而去。当时人称之为蜘蛛隐。

从赤松子游　张良向汉高祖辞归：“我以三寸不烂之舌成为帝王师，封万户侯，这是普通人所希求的极致，我的愿望满足了。现在我想抛开人间的琐事，跟随神仙赤松子去修行。”

鸱（chī）夷子皮　范蠡帮助越王消灭吴国后，因为盛名之下难以久居，而且越王勾践可与共患难，不可以与同安乐，所以泛舟而去，自称为鸱夷子皮。

东门挂冠　汉代的逢萌见王莽杀了自己的儿子，便告诉朋友说：“三纲都断绝了！如果再不走，大祸将会降临。”于是把官帽挂在东门就离开了去。

思莼（chún）鲈　晋朝的张翰，齐王司马冏任他为大司马功曹。秋风一起，张翰便思念吴江的莼菜羹和鲈鱼脍，长叹说：“人生一世贵在让自己开心，怎么能被官位羁留在千里之外呢！”于是就坐船回乡了。

二疏归老 汉代的疏广官为太傅，他的侄子疏受官为少傅。疏广对疏受说：“我听说知足不辱，知止不殆。不如告老还乡，让我们的骸骨能归埋乡土。”于是当天就辞官，皇帝允许了。老朋友们在东门设宴作别，观看的人都说：“这两个大夫太贤明了。”

襆（fú）被而出 晋朝的魏舒任尚书郎。当时要裁撤郎官，没有相应才能的人都要罢免。魏舒：“我就是这样的人啦。”用包裹束了衣被就走了。那些向来没有清正名声的同僚都面有愧色。

弃茌席霉 晋文公扔掉了一领霉黑的旧席，他的舅舅子犯就要辞官回去，说是晋文公抛弃有了霉黑的席子。子犯认为他会喜新厌旧，所以辞官离开。

乞骸骨 汉宣帝时，丞相韦贤因年老而请求退休，朝廷赏赐黄金百斤，并赐安车驷马，让他卸职回家。丞相退休就是从韦贤开始的。

甘棠 《诗经》有诗说：“蔽芾（fèi）甘棠，勿剪勿伐，召伯所茇（bá）。”召伯巡行南阳，在甘棠树下处理政事。后人念及他的恩泽，所以告诫人们对甘棠不可剪枝也不可砍伐。

生祠 汉代的于定国审案分明，平民在他活着时就给立祠来祭祀他。生祠就是从这时开始的。

脱靴 唐代的崔戎由刺史升官，民众为了挽留他，都抱住他，并脱了他的靴子。现在的“脱靴”就始于此。

桐乡 西汉的朱邑为桐乡县令，病重时，对儿子说："我死后，属吏与百姓一定会把我埋葬在桐乡。后世子孙奉祀我，可能还不如桐乡的百姓。"

野哭 子产做郑国相。他死后，城里人在街上哀哭，农夫在田野哭，商人罢市哀哭，国人哭了三个月，听不到琴瑟之声。

堕泪碑 晋代的羊祜以道德高尚而著称。他死时，南州因之罢市，街巷上痛哭的人很多。羊祜葬在岘山，百姓看到他的碑就流泪，称之为堕泪碑。

童不歌谣 秦国五羖大夫百里奚死时，秦人在街巷大哭，小孩不唱歌谣，舂米的人也不唱号子。

下马陵 董仲舒的墓在长安，人们思慕他的德行，路过墓地就下马，称之为下马陵。后世误称为虾蟆陵。

扳辕卧辙 汉代的侯霸做临淮太守，被朝廷征召，百姓扳着他的车辕，躺在他的车轮前，希望他再留一年，就这样奔送上百里。

截镫留鞭 唐代的姚崇离任那一天，百姓和官吏都哭着抱着马头，拿走马镫扣留马鞭，希望他不要离开。

众庶从居 魏德深调任贵乡县长，为政清静，不用严刑就全县大治。再任馆陶县长，上任后，男女老少都像见了父母一样。后来两个县的父老都上书请求把他留下，郡守无法决断。刚好朝廷的使者来了，就断给贵乡县，于是馆陶县的民众迁徙到贵乡居住的人有数百家之多。

与侯同久　元朝时柳不华任武冈路总管，守卫边境保护百姓近二十年，民众歌颂他说："唐朝时有柳公绰，是武冈民众的父母。现在的郡侯，莫非就是他的后人？让我丰衣足食，保卫我的田亩。希望我的子子孙孙，都能与郡侯同久。"

不犯遗钱　郑綮任庐州刺史。黄巢劫掠淮南，郑綮给黄巢写信请不要侵犯庐州边境，黄巢因为这封信而约束士兵，因此只有庐州幸免于难。期满离职时，留下很多钱，收藏在庐州的仓库中。后来有盗贼到这里，说："这是郑使君的钱。"不敢冒犯。

天赐策　何比干字少卿，汝阴人，汉武帝时任廷尉。当时张汤持法严酷，而何比干则平正宽容，因他得以保全性命的有几千人，淮南一带称他为何公。忽然有一个老太婆来到门前说："大人的祖先积有阴德，可保大人一生，现在判案多为人平反，所以上天赐给你策符，让你的后人也受福佑。"于是便从怀中拿出九百九十枚策符，说："大人的子孙佩戴官印的应当有这么多。"

再任　陶侃两度任职于荆州，黄霸两度任职于颍州，郭伋两度任职于并州，陈蕃两度任职于乐安，寇恂两度任职于河南，耿纯两度任职于东郡。

降黜　贪鄙

咄咄书空　东晋的殷浩被罢免后，每天仍然清谈、吟诗，就是家人也看不出他有被流放的样子。只是每天都用手在空中书写“咄咄怪事”四个字。

胡椒八百　唐代的元载受贿，后来事情败露，官府抄查他的家产，仅钟乳就有五百两，胡椒八百斛，其他的财物不可胜算。

簠簋（fǔ guǐ）不饰　贾谊在《治安策》中说：“古代的大臣因为不廉洁而被罢免的，不说‘不廉’，而说‘簠簋（这是两种盛黍稷稻粱的礼器）不饰’。”

围棋献赂　蜀地的刺史安重霸，喜欢受贿。治下民众中有一个姓邓的卖油商，家财巨万，安重霸召他下围棋，让他站着下。安重霸故意下得很慢，一天也下不了几十子。邓站得非常疲倦，而且饥饿不堪。第二天，又召他来。有人告诉他说：“本来安大人也不是为了下棋，为什么不行贿呢？”邓赶快献上三锭金子，才得以免受折磨。

拔钉钱　五代时的赵在礼在宋州做长官，贪婪暴虐没有底线，百姓深感痛苦。后来调任永兴，百姓高兴地互相庆贺说：“终于把眼中钉拔去了！”赵在礼听到后，又请求朝廷让他再次回宋州任职，每年，境内的人不论户口是否在宋州，都各征一千钱，叫做拔钉钱。

捋（lǔ）须钱 南唐张崇做庐州长官，所作所为不遵法纪。一次入朝觐见，庐州百姓都说：“那家伙想必不会再回来了！”张崇回来后，就每天征收“那家伙钱”。第二年又入朝，盛传朝廷正在商议罢免他的官职，民众不敢指名实说，路上遇见，都摸胡须来庆祝。张崇回来后，就又征收“摸胡须钱”。

破贼露布 李义府做宰相时，杨行颖告发他贪赃营私，朝廷诏令司刑刘祥道会同三司审理此案，于是将李义府罢免，并流放巂州。有人戏作了一篇《河间道元帅刘祥道破铜山大贼李义府露布》张贴在大街上。

京师白劫 后魏的元修义官拜吏部尚书，只知道一味受贿，官职无论大小都有定价。中散大夫高居称他是京师白劫。

卷八

文学部

经史○书籍○博洽○勤学○著作

诗词○歌赋○书简○字学（汇入群书文章）

书画○不学○文具

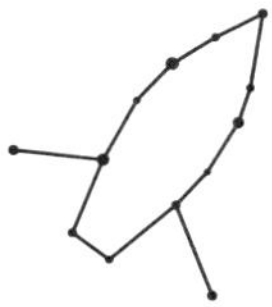

经史 

十三经　它们分别是：《易经》《书经》《诗经》《春秋》《礼记》《论语》《孝经》《尔雅》《左传》《公羊》《谷梁》《周礼》《仪礼》。

伏羲开始照着黄河所出的龙马神兽制作《易》，神农确定它的方位制成卦，历代的帝王将它视为传国之宝。

三易　在夏朝，易叫《连山》，它的卦以艮为首；在商朝，易叫《归藏》，它的卦以坤为首；在周朝，易以乾为首。伏羲定了卦名，文王写了彖辞，周公写了爻辞，孔子写了十翼，易的规则就完备了。

十翼　孔子写了《十翼》，分别是：《上彖传》一，《下彖传》二，《上爻传》三，《下爻传》四，《文言》五，《上系辞》六，《下系辞》七，《说卦》八，《序卦》九，《杂卦》十。

伏羲开始照着大龟制作《洛书》，神农照着《洛书》制作蓍草占卜的方法，黄帝照着这些方法占卜。

从前武库起火，上古的《河图》就没有传本了。现在都误以为《洛书》就是《河图》了，还以为王莽时的龟文就是《洛书》。

商瞿子木最初在孔子处学《易》。秦朝丢失了《说卦》三篇，黄河以北有个女子又得到了它。

洪范九畴　上天赐给大禹治理国家的九条大法：第一是遵照“五行”，第二是敬用“五事”，第三是农用“八政”，第四是协用“五纪”，第五是建用“皇极”，第六是乂用“三德”，第七是明用“稽疑”，第八是念用“庶征”，第九是向用“五福”（如果从善，用五福的因果奖赏），威用“六极”（如果作恶，就有六极的恶报惩戒）。

五行　一是水，二是火，三是木，四是金，五是土。水是向下润泽的，火是向上燃烧的，木是可以曲直的，金是可以顺从变化的，土是可以种植庄稼的。向下润泽会使味咸，向上会使味苦，曲直的味酸，可变化的味辛辣，庄稼的味甘甜。

五事　一是面容，二是语言，三是观察，四是倾听，五是思索。面容要恭敬，语言要顺从，观察要明了，倾听要灵敏，思索要明智。面容恭敬就会整肃，语言顺从就会振兴，观察明了就会贤明，倾听灵敏就会谋划，思索明智就会圣明。

八政　一是粮食，二是贸易，三是祭祀，四是水利，五是民事，六是司法，七是礼宾，八是军务。

五纪　一是年，二是月，三是日，四是星辰，五是历数。

三德　一是以正直治理，二是以强硬治理，三是以温和治理。康宁的以正直治理，倔强的以强硬治理，和顺的以温和治理。底层的以强硬治理，高层的以温和治理。

稽疑 决疑就得选择占卜者，让他们占卜。卦象有雨，就是水的征兆；卦象有霁，就是火的征兆；卦象有蒙，就是木的征兆；卦象有驿，是金的征兆；卦象有克，是土的征兆；卦象有贞，内卦就是贞；卦象有悔，外卦就是悔。

庶征 雨、晴、热、寒、风，这五者齐备，各按时序发生，草木就能繁盛生长。其中一种天气太多，就是凶险；一种天气没有，也是凶险。好的征兆是：君王整肃，如同雨水及时降下；君王清明，就如普照阳光；君王明哲，就如气候及时温暖；君王有智谋，就如天气适时转寒；君王明识通达，就如和煦之风及时吹来。不好的征兆是：君王的行为狂肆，就如久雨不停；君王办事有差错，就如久旱不雨；君王办事犹豫拖延，就如持久炎热；君王办事太过峻急，就如天气持久寒冷；君王昏庸蒙昧，就如持久刮风。

五福 一是长寿，二是富贵，三是健康安宁，四是修养美德，五是善终。

六极 一是短寿折命，二是多疾，三是多忧愁，四是贫穷，五是邪恶，六是愚懦。

三坟五典 三皇之书叫《三坟》，五帝之书叫《五典》。《抱朴子》中说：五典为笙簧，三坟为金玉。少昊、颛顼、高辛、唐尧、虞舜之书被称为《五典》。坟，是“大”的意思。三坟指山坟、气坟、形坟。山坟，是说君臣、民众财物、阴阳、兵象；气坟，是说蛰藏、发动、成长、生杀；形坟，是说天地、日月、山川、云气。就是伏羲、神农、黄帝之书。

九丘八索 九州的记载叫《九丘》，八卦的来历叫《八索》。

金简玉字 大禹登宛委山，打开石柜，得一册金简玉字的书，说治水要领，因而周行天下。伯益记录成了《山海经》。

六义诗 《诗经》中有六义，一是风，二是赋，三是比，四是兴，五是雅，六是颂。

诗经传 卜商最早为《诗经》作序。齐国辕固作注为《齐诗》。鲁国申公作训诂为《鲁诗》，为浮丘伯所传授。毛苌作古训为《毛诗》，为毛亨所传授。

五始 《春秋》的内容包括有“五始”，“元”为气运的开始，“春”为时令的开始，“王”为帝王受命于天的开始，“正月”为国家政治与教化的开始，“公即位”为国家的开始。

三传 《左传》文辞艳丽，纪事丰赡，其缺点是有太多的不实之事。《公羊传》有详细的辨析且有得当的剪裁，缺点是流于粗俗。《谷梁传》清通婉转，缺点是太少了。

二戴 汉宣帝时，东海后仓善于说《礼》，在曲台殿撰《礼》一百八十篇，叫作《后氏曲台记》。后仓传至梁国。戴德与其侄戴圣删《后氏记》为八十五篇，名《大戴礼》。戴圣又删《大戴礼》为四十六篇，名《小戴礼》。后来各家儒士又增《月令》《明堂位》《乐记》三篇，成四十九篇，就是现今的《礼记》。

毛诗　荀卿传授鲁国毛亨作训诂，又将它授给赵国毛苌。时人以毛亨为大毛公，以毛苌为小毛公，因《诗经》为二毛公所传授，故取名为《毛诗》。

汲冢周书　《晋书·束皙传》：晋朝太康二年，汲郡有人偷盗魏安釐王墓，得几十车竹简，是用蝌蚪文字写的经书。束皙时任著作郎，就对这批书进行分析，都有考证，称为《汲冢周书》。

乐记　汉文帝最早得窦公所献的周公《大司乐章》，河间献王与毛生采集书中的内容写作了《乐记》。

漆书　杜林在西州得漆书《古文尚书》一卷。卫宏、徐巡来学习，杜林就传授给二人，于是《古文尚书》得以流传。

壁经　鲁恭王刘余拆除孔子故宅，想建造宫殿，听壁中有琴瑟丝竹之声，就得到了《古文尚书》。汉武帝就下诏令孔安国校定此书。

断书　孔子断《书》百篇，为鲁恭王刘余最早在孔腾所藏壁中所得，定为五十九篇，伏生称之为《尚书》。

石经　汉灵帝熹平四年，蔡邕与太史令单飏等人，校正定本《五经》，刻于石碑，称之为石本《五经》。南齐衡阳王萧钧最早以小字书写，制成巾箱本的《五经》。

集注 《易经》有程颐集注和朱熹集注。《诗经》有朱熹集注。《书经》有朱熹女婿蔡沈集注。《春秋》现用胡安国的注本。《礼记》有陈皓集注，陈皓字青莲，因娶再嫁女人为妻，所以不入孔庙。

武经七书 分别是：《孙子》《吴子》《尉缭子》《司马兵法》《李卫公兵法》《黄石公三略》《六韬》。

佶屈聱牙 韩愈《进学解》中说：“周朝《大诰》与殷商《盘庚》，读来都佶屈聱牙；《春秋》叙述谨严，《左传》行文浮夸，《周易》奇而有法，《诗经》雅正华美。”

入室操戈 《后汉书·郑玄传》中说：任城人何休喜欢《公羊》之学，写《公羊墨守》《左氏膏肓》《谷梁废疾》等书。郑玄阐发《墨守》，针砭《膏肓》，兴起《废疾》。何休见后叹息说：“郑康成是进我室，操我戈，讨伐我啊！”

二十一史 分别是：司马迁的《史记》，班固的《前汉书》，范晔的《后汉书》，陈寿的《三国志》，唐太宗的《晋书》，沈约的《宋书》，萧子显的《南齐书》，姚思廉的《梁书》《陈书》，魏收的《北魏书》，李百药的《北齐书》，令狐德棻（fēn）的《后周书》，李延寿的《南史》（宋、齐、梁、陈）、《北史》（魏、齐、周、隋），魏徵的《隋书》，宋祁、欧阳修的《唐书》，欧阳修的《五代史》，脱脱的《宋史》《辽史》《金史》，宋濂的《元史》。

亥豕 子夏见读史的人说：“禁师伐秦，三豕涉河。”子夏说：“不对，恐怕不是‘三豕涉河’，应该是在己亥时过河。”求证于鲁史，果然。

无一字潦草　温国公司马光写作《资治通鉴》，草稿有几千余卷，颠倒涂抹，却无一字潦草。他立身行事的法度，大约也是这样的。

瓠史　梁朝有一僧人，南渡时携一葫芦，里面有汉代班仲坚的《汉书》草稿，宣城太守萧琛得到了它，称为《瓠史》。

即坏己作　陈寿好学，擅长写作。年轻时在四川为官，任著作郎，撰写《三国志》。当时夏侯湛等人也想写《魏书》，看到陈寿的著作，就销毁了自己的文章。

探奇禹穴　太史公司马迁说：我二十四岁就南游江、淮，登会稽，探禹穴，窥九疑，浮于沅江、湘江，涉汶水、泗水，在齐国与鲁国之都讲学，观察孔子的遗风，访问梁、楚而回，然后在石室的藏书中理出头绪作《史记》。

诸子有一百八十九家，故称百家。

石勒读史　石勒目不识丁，让别人读史给他听，听郦食其请求立六国之后，就说："这个法令是错的，汉朝怎么会有天下呢！"等听到留侯张良谏阻，才说："原来是这样啊！"

修唐书　宋祁撰《唐书》时，大雪，就添帐幕，点燃椽（chuán）烛，拥炉火，姬妾环侍。正在起草一人的小传未完，回头问侍姬："你们这些人从前见到的主人有这样的吗？"一人来自宗室，说：“我家太尉遇此天气，只知拥炉而坐，下幕命歌舞，间或以杂剧，满杯大醉而已。”宋祁说：“这也不坏。”于是就搁笔合书起身，喝酒到天明。

下酒物 苏子美为人豪放、好饮酒。在其岳父祁国公杜衍家中，每晚读书，以一斗酒为限。杜衍暗中观察，看到他读《汉书·张良传》中“张良与刺客狙击秦始皇”时，拍案叫道：“可惜啊，没有打中！”于是就饮酒满杯。又读到“张良说：‘最初我在下邳起事，与陛下于留县相会，是上天将我赐给陛下的’”，又拍案大叫：“君臣相处，难遇如此啊！”又喝一大杯。杜衍笑着说：“有这样的下酒菜，一斗酒不算多呀！”

修史人 李至刚修纂国史，只穿士人衣服与巾帽，自称“修史人李至刚”。馆中其他人听了，大笑，称他为“羞死人李至刚”。

七十二人传 孔安国撰《孔子弟子》，列有七十二人。刘向撰《列仙传》一书，也是七十二人。皇士安撰《高士传》，也是七十二人。陈长文撰《耆旧传》，仍是七十二人。

索米作传 陈寿曾做过武侯诸葛亮的文书小吏，受百杖刑罚；其父也被诸葛亮剃光头，因此《三国志·蜀书》多有诬陷虚假之处。另外丁廙（yì）、丁仪在魏国有盛名，陈寿对其儿子说：“你们可以找到一千斛米给我，我就为令尊写一篇好传。”丁氏后人不给，所以陈寿不给此二人立传。

雷震儿 陈子柽（jìng）写《通鉴续编》，写到宋太祖废周主为郑王时，忽然有雷打到其桌上，陈子柽大声说："老天爷就是打断我陈子柽的胳臂，也不会改变。"

直书枋头　孙盛作《晋春秋》，直书当时之事。桓温看到这部书，愤怒地对孙盛儿子说："枋头一战诚然失败，何至于像你父亲所说！若这部史书行于世，就是关乎你们家门户的大事。"孙盛之子立刻下拜谢罪，请允许修改。此时孙盛因为年老而居于家中，性格愈加急躁。儿子们都大哭磕头，请他为百口人考虑。孙盛大怒，不答应。儿子们就私下修改了。

为妓詈祖　欧阳修任推官时曾与一个妓女亲密，这个妓女被钱惟演夺去了，欧阳修非常气愤。后来写《五代史》，就诬陷钱惟演的祖父钱武肃王收税太重而引起民怨。小小的矛盾，就连累祖先，贤人竟然也免不了。

心史　郑所南写作《心史》，贬损元朝而怀念宋朝，用重铁盒子把书装起来沉于古吴的一口废井里。到明朝崇祯戊寅年已过去了三百五十六年，这本书才得以重新面世。

明不顾刑辟　孙可之说："做史官的，在阳间不怕获罪，在阴间不怕鬼怪，如果设法回避一些事情，他写的书就可以烧毁了。"

五代史韩通无传　苏东坡问欧阳修说："《五代史》可以流传后世吗？"欧阳修说："我写此书时怀有扬善责恶之志。"苏东坡说："韩通都没有专传，哪里能说是扬善责恶呢？"欧阳修默然无语。

赵盾弑君　赵穿杀了晋灵公，赵盾还没逃出国境就回来了。太史董狐在史书上写道：“赵盾弑君。”赵盾说：“不对啊。”太史董狐说：“你是正卿，逃亡却不出国境，回来也不讨伐弑君之贼，不是你是谁？”孔子说：“董狐，是古代的良史啊，记录历史的法则就是绝不隐藏。”

史评　《晋书》《南北史》《旧唐书》，都是野史小说。《新唐书》，是伪造的古书。《五代史》，是学究的史论。《宋史》《元史》，是错乱的朝廷通报而已。与其像《新唐书》一样简单，不如像《南北史》一样丰富；与其像《宋史》一样繁杂，不如像《辽史》一样简洁。

书籍

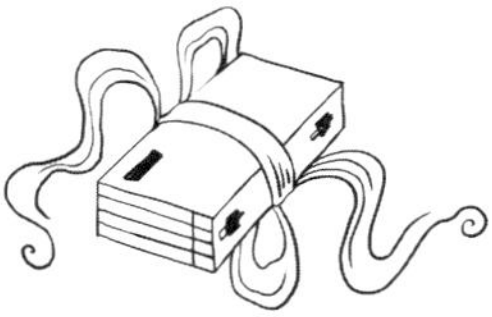

二酉藏书　大酉山、小酉山是轩辕黄帝藏书的处所。

兰台秘典　汉朝图书典籍库所在地，有石渠、石室、延阁、广内，是宫外的藏书室。又有御史中丞居于朝廷之中，掌管兰台藏书。至于麒麟阁与天禄阁，是宫内的藏书处。

石室䌷（chōu）书　司马迁做太史官，“䌷金匮石室之书”。“䌷”，是收集编次的意思。用金做匣子，用石头做房屋，多重密封，非常慎重了。

家有赐书 班彪家里有皇帝的赐书，慕名的士人就从远方赶来，父辈中甚至扬雄等人也都登门造访。

南面百城 李谧杜门谢客，自己也不出门，变卖家产买书，并对书亲自删削。每每叹息说："大丈夫拥书万卷，哪里需要去掌管百城！"

三十乘 晋朝的张华喜欢书，曾在迁居时，装运书籍的车子达三十辆，大凡天下最奇异秘藏的书，世人没有的都在张华这里。他写有《博物志》流传于世。

曹氏书仓 曹曾藏书一万多卷。等到乱世，曹曾害怕书籍丢失，就用石头垒成一座仓库，收藏书籍，世人称为曹氏书仓。

五车书 《庄子》中说：惠施多有学识，他的藏书足有五车。

八万卷 梁元帝萧绎（著有《金楼子》）收集书籍四十年，得书八万卷，就连朝廷的秘书省也不及他的书多。

三万轴 唐朝的李泌家藏书三万轴。韩愈写诗说："邺侯家多书，架插三万轴。一一悬牙签，新若手未触。"

黄卷 古人写书，都用黄纸，用黄蘖染过，可驱逐蠹鱼，所以叫黄卷。若有错字，就用雌黄涂改。

杀青 古人写书，以竹子作书简。新竹有汁液，容易腐烂和招蠹虫。凡是用竹作简的，就要先在火上烤去汁液，杀去竹子的青色，所以也叫汗简。

铅椠（qiàn） 上古时结绳记事，尧、舜二帝以来，才有了简册：用竹子做，用漆书写，或用板以铅画上去，所以有刀笔铅椠之说。

湘帖 古人在书卷之外必有帖保护，就是现在的包裹一类。白居易曾把自己的文集放在庐山草堂，屡次丢失。宋真宗令崇文院抄写校正，外面用斑竹帖包裹送回寺里。

四部 《经籍志》中说：唐玄宗在东、西二都内各收集图书四部，以甲、乙、丙、丁为号：甲，是经部，用红牙签；乙，是史部，用绿牙签；丙，是子部，用碧色牙签；丁，就是集部，用白色牙签。

芸编 芸香草能辟蠹虫，藏书的人用芸香来熏书，所以书也叫芸编。古诗中有“芸叶熏香走蠹鱼”。

书楼孙氏 孙祈的六世祖孙长孺喜欢藏书，几万卷书放在楼上，当时人称他书楼孙氏。

汗牛充栋 陆文通的藏书，可以装满整个屋子，运输这些书能把牛累出大汗。

悬国门 吕不韦编撰《吕氏春秋》，书成后，公示于咸阳街头，并在书上挂上千金，能加减一字的人就获得千金的奖赏。没有人能有所增损。

市肆阅书 王充喜欢博览群书，但家贫无书，就在洛阳各家书店转，仔细阅读那些售卖的书，看过一遍就记下了，于是就博通百家的学问，写出《论衡》八十五篇。

帐中秘书 王充写的《论衡》，中原地区没有传本，蔡邕到吴地才看到，秘藏在家，用作谈话的资料。后来王朗得到了这本书，等到他回到洛阳，当时人称赞他才华的进步，说："不是见到非凡的人，就是见到了非凡的书。"

藏书法 赵子昂写的跋文中说："收书和藏书，实在不是易事！善于读书的人，要让心境澄澈，擦干净桌子并焚香而坐，不可以卷书脑，不可以折书角，不可以用手去抠字，不可以用指沾唾沫揭书页，不可以把书当枕头，不可以把书夹名片，随损随修，随开随合。今后得到我书的人，一并奉赠这个方法。"

等身书 宋朝的贾黄中幼时聪明过人，他父亲和老师就取来一堆高度与他一样的书，令他读，叫作等身书。

蔡邕遗书 蔡文姬从沙漠归来，曹操问她父亲蔡邕的藏书在哪里，蔡文姬说："父亲死后，遗书有四千多册，但流离失所，没有存下来的。现在我能诵忆的只有四百多篇。请给我纸笔，要用真书草书则由您决定。"于是写出来送入曹操府中，没有遗漏与错误。

嘉则殿　隋炀帝嘉则殿的藏书分为三品，有红琉璃、绀（gàn）琉璃、漆轴的不同。嘉则殿四周垂以锦幔，环绕的墙上刻着飞仙。隋炀帝幸临藏书室，脚踩秘密机关，就有飞仙在上打开锦幔，书架的门也自动打开；隋炀帝一离开，门就关上。隋朝的藏书，共计有三十七万卷。

补亡书三箧　汉代的张安世博学。汉武帝驾幸河东，丢失了三箱子图书，下诏询问群臣，大家都不知道，只有张安世记得，为此写了原本补进去。后来汉武帝购求到了那些书，用来互相校对，竟然没有遗漏错误。

博洽

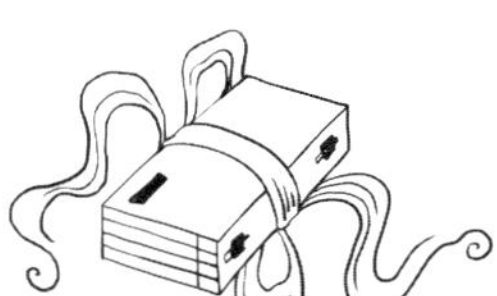

舌耕　汉朝的贾逵精通经学，门徒前来求学，不远千里，进献的粟米装满了仓库。有人说，贾逵不是用力气耕地，而是用舌头耕地。

书厨　陆澄博览群书，无所不知，而王俭自己以为能超过他。等到两人谈话，陆澄谈及已经佚失的书籍几百个条目，都是王俭从未看过的，这才叹服地说：“陆先生，是书厨啊。”

学府　《南史》中说：梁昭博学古今，人称他为学府。

人物志 唐朝的李守素通晓天下人物的评价，世人称为“肉谱”。虞世南说：从前任彦升通晓经术，世人称为“五经笥（sì）”。现在把李守素称为“人物志”，该可以吧！

九经库 唐朝的谷那律博览经书，被世人器重，号称“九经库”。还有，房晖远也广见博闻强记，学者们称他为“五经库”。

稽古力 汉朝的桓荣本性喜欢读书，光武帝时官拜太子少傅。他把朝廷赐给他的车马都陈列在院子里，对学生们说：“这就是考察古事的能力啊。”

柳箧子 唐人柳璨提拔为左拾遗，公卿大臣都争相托他代写奏章，一时声誉极高，因他博学多才，号称柳箧子。

五总龟 唐朝的殷践猷精通经典，贺知章称他叫“五总龟”（乌龟一千岁为一总，这一千年中发生的事都知道）。任秘书省的学士。

行秘书 唐太宗有一次出行，有官员请示要将副书带在车上随行。唐太宗说：“不用。虞世南在这里，就是秘书了。”

八斗才 谢灵运说：“全天下的才能共有一石，曹子建独得八斗，我占一斗，从古至今的其他人共同用一斗。”奇才博识，谁足以继承呢？

扪腹藏书 杨玠娶了崔季让的女儿，崔季让家藏书很多，杨玠在他家闲逛书房时，边看边记。然后说：“崔家的书被人盗光了。”崔季让忙让人检查，杨玠摸着自己的肚子说："已经藏在我肚子的书柜里了。”

三万卷书 吴莱喜好游历，曾经东到齐鲁，北达燕赵之地，只要遇到名胜与名山，一定留恋很长时间。曾经对人说："胸中若无三万卷书，眼中无天下的奇山异水，就不会写出好文章；即便写了，也无非是些儿女私语罢了。”

了却残书 朱晦翁（朱熹）在回给陈同文的信中说："奉告老兄，请不要打扰我了，留着我在山里吃点菜根，然后了却几本残书吧。”

书淫 刘峻家贫却好学，经常点着麻油烛，从夜晚读到白天，有时不小心睡着了，被烛火烧到了头发，醒来继续读书。常怕见闻不多，听到哪里有奇异的书，就一定去恳求相借。崔慰祖称他叫书淫。

勤学

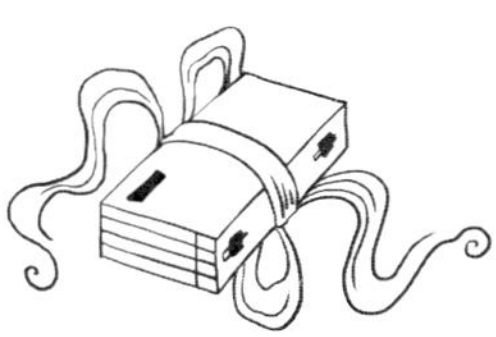

帐中灯焰 范仲淹每天夜里在帐中读书，帐顶如墨。等到他做了高官，他夫人把熏黑的地方指给儿子们看，并说："你们父亲小时候勤学，这是灯焰的痕迹啊。”

佣作读书　匡衡好学，同邑有一家富户家里藏书很多，匡衡为他家干活不要酬劳，说："希望能借主人的书读。"终于博览群书。

带经而锄　倪宽在孔安国处做学生，时常还要去打工，带着经书去锄地，实在太累，就稍微休息一会，再起来读书。

燃叶　柳璨，小时候孤苦贫困，却非常好学，白天砍柴换钱，晚上点燃树叶读书。

圆木警枕　司马光经常用圆木做警枕，稍微睡一会枕头转动，就醒来，即起床读书，在学问方面无所不通。

穿膝　管宁家贫好学，坐在一个木制的小床上有五十多年，被褥与膝盖接触的地方都磨穿了。

燃糠自照　顾欢家里贫困，乡里有学堂，顾欢就靠在后墙上偷听，没有遗忘的。晚上点燃松节来读书，或点燃谷糠照明。

杜门读书　邢劭是任丘人。小时候游历洛阳，遇到下雨，就杜门五日读《汉书》，都熟记无遗。写文章典雅华丽，丰赡又快捷，与温子昇齐名。官至太常卿，兼任中书监、国子监祭酒，朝廷之士都觉得他极其尊荣，但他却雅性洒脱，不因自己位高名重而自以为尊，平常只在一间小屋里歇宿，并不进官府歇宿。他自己说："曾经白天进入内阁，却被狗狂吠。"

著作

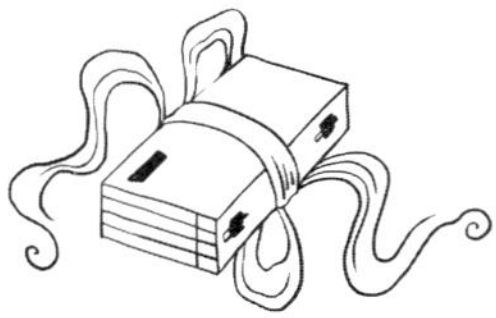

字字挟风霜　淮南王刘安撰写《鸿烈》二十一篇，每个字都包含有风霜之气。扬雄认为，能为它增删一字，都价值百金。

月露风云　隋朝的李谔上书朝廷说：“连篇累牍，不出月露之形；积案盈箱，尽是风云之状。”

文阵雄师　唐朝的苏颋写文章思如泉涌，张九龄对同僚说：“苏先生的文章俊美丰赡无敌，真是文章阵地上的一队雄师啊。”

词人之冠　唐朝的张九龄七岁就能写文章，唐太宗时任职中书舍人，当时号称词人之冠。

文章宿老　唐朝的李峤任凤阁舍人，富有才思，宫中的文册号令多由他写。往前可以与王勃、杨炯相近，中间可与崔安成、苏味道齐名，学者都称他为文章宿老。

口吐白凤　汉朝的扬雄写《甘泉赋》，才思豪迈，赋写成后，梦见自己嘴里吐出一只白凤。

咽丹篆　唐朝的韩愈小时候梦见有人给他篆文丹书一卷，强行让他吃进去，旁边有一个人拍手大笑。醒来觉得胸中如同咽过东西一样，此后文章越来越华美了。后来见到孟郊，发现就是梦中在旁边大笑的人。

锦心绣口　唐朝李白在一篇送弟序中说："兄心肝五脏都是锦心绣口吗？不然，怎么能开口成文，挥毫就像雾散呢。"

宫体轻丽　《唐高祖纪》中说：东海的徐摛文体轻丽，当时人称为宫体。

自出机杼（zhù）　祖莹因为文学才华被器重，常对人说："写文章必须能自出机杼，成就一家筋骨，怎么能与别人一样来生活呢！"

倚马奇才　桓温北征鲜卑时，召来袁宏靠在马前写公告，手不停笔，一下子就写满了七张纸，文辞非常可观。

文不加点　江夏太守黄祖大会宾客，有人进献了一只鹦鹉，黄祖命令祢衡说："希望先生能给鹦鹉写篇赋。"祢衡提笔就写，文章一气呵成，文辞非常华美。

干将莫邪　李邕的文名遍及天下，卢藏用说："李邕的文章如同干将莫邪一样，谁都难与它争锋，只是担心它自己损伤罢了。"

洛阳纸贵　左思写出了《三都赋》，豪贵之家竞相传抄，洛阳的纸价都因此而昂贵起来。邢劭的文章典雅华丽，每篇文章刚写好，京师就四处传写，纸张也因此而昂贵。

此愈我疾　陈琳小时候就有辩才，草写的一份讨伐檄文被人拿给曹操。曹操正被头痛病所苦，这天躺在床上读到陈琳的檄文，突然坐起，说："这治好了我的头痛病啊！"

台阁文章　吴处厚在《青箱杂记》中说："文章有两类，一类是山林草野之文，一类是朝廷台阁之文。王安国说：'文章格调须有官样。'难道说的不就是台阁之气吗？"

捕龙搏虎　柳宗元说：人们看到韩昌黎的《毛颖传》，大为惊叹，并觉得奇怪。我读这篇文章，就好像去抓龙蛇，搏虎豹，急切地与其角力，而力量上不敢有丝毫放松。

捕长蛇骑生马　唐朝孙樵书写了玉川子的《月蚀歌》和韩愈的《进学解》，没有一个字不拔地倚天，每句话都像要活过来似的，读时就像空手去抓长蛇，没准备缰绳和马鞍而去骑一匹没被驯服的马。

驱屈宋鞭扬马　《李翰林集》的序中称赞李白："追逐屈原与宋玉，鞭挞扬雄与司马相如，千年独步的，只有您一人。"

点鬼簿、算博士　唐朝的王勃、杨炯、卢照邻、骆宾王，都有文名，当时人议论他们的缺点说："杨炯喜欢用古人的姓名，可以说他是点鬼簿；骆宾王喜欢用数目字来作对仗，可以说他是算博士。"

玄圃积玉　同时代的人看待陆机的文章就像是玄圃里的宝玉，无处不闪烁着夜光。

造五凤楼　韩溥与弟弟韩洎都有文名。韩洎曾说：“我哥哥写文章就像用绳子来盖草房，只是暂且遮挡风雨。而我的文章却是在建造五凤楼。”韩溥因此给韩洎寄了一些蜀地的信笺，并附诗说：“十样鸾笺出益州，近来新寄浣溪头。老兄得此全无用，助汝添修五凤楼。”

梦涤肠胃　王仁裕小时候，曾梦到有人剖开他的肠胃，用西江的水清洗，看到江中的沙石，都是篆字与籀文。从此以后文思并进，有诗集一百卷，叫《西江集》。

鼠坻牛场　扬雄在《答刘歆书》中引用张竦的话说：“扬雄的《太玄经》，就像鼠窝和牛场，如果用上了，可以结出五谷养育人民；如果没有用上，那就只是粪土，被抛弃在路旁罢了。”

帖括　帖就是簿籍的意思，用帖籍赅括义理并背诵。

诊（líng）痴符　和凝写文章，以多为富，有文集上百卷，自己雕版印刷发行，有识之士都不以为然，说：“这就是颜之推所说的诊痴符啊。”

焚弃笔砚　陆机天才秀逸，辞藻宏丽。张茂先（张华）曾经对他说：“人们写文章，都怕自己的才能太少，而你却怕太多。”陆机的弟弟陆云说：“茂先看到我哥哥的文章，就想烧毁、扔掉自己的笔砚了。”

齐丘窃谭峭　五代时，宋地人齐丘想要窃取谭景升的《化书》，占为已有，就把谭景升投到江里。后来渔人撒网，捞出了谭景升的尸体，手中还持有《化书》三卷，于是改《齐丘子》为《谭子化书》。

郢削 《庄子》中说：郢地有个人，有白垩泥沾在他的鼻子尖上，就像苍蝇的翅膀一样，他让一位姓石的匠人为他砍削掉。姓石的匠人挥起斧头，就像一阵风一样，把白泥砍掉却不伤及鼻子。所以，恳求别人修改自己的诗文，称为郢削。

藏拙 梁朝的徐陵出使北齐，当时魏收的文学在北朝颇为出众，于是就抄录自己的文集赠给徐陵，让他带回江东流传。徐陵回梁朝，过江时把书沉到江里去，随从问他原因，他说："我是为魏收先生藏拙。"

韩山一片石 庾信从南朝到了北朝，只喜欢温子昇所写的《韩山碑》。有人问北方怎么样，庾信回答说："只有韩山一片石还可以说说，其他的就是驴鸣犬吠罢了。"

福先寺碑 裴度修建福先寺，想恳请白居易为他写一篇碑文。他的判官皇甫湜大怒说："我皇甫湜就在您身边，您却舍近求远找白居易，那我现在就请求辞职。"裴度当即道歉，随即请皇甫湜写这篇文章。皇甫湜喝了酒，一挥而就。裴度赏给他车、马和各种赏玩之器大约值一千缗，皇甫湜又大怒，说："碑文有三千字，每个字还不值三匹绢吗？"裴度就又按照字数给他酬劳。皇甫湜还要索取文章修改，裴度笑着说："文章已经妙绝，一个字也加不了啦。”

聪明过人　韩文公（韩愈）曾经对李程说："我与丞相崔群同年进士，交往多年，觉得他真是聪明过人。"李程问："什么地方过人呢？"韩愈说："与我交往二十几年，从来不曾说过文章的事。"

金银管　湘东王辑录忠臣义士的文章，用的笔有三种：忠孝两全的，用金管笔书写；德行纯粹的，用银管笔书写；文章华丽的，用斑竹管笔书写。

杜撰　五代的广成先生杜光庭，写了许多关于神仙的书，都是胡乱编撰的，如《神仙感遇传》之类。所以人们把说假话称为"杜撰"。又有人说是杜默，这是不对的。在杜默之前就有这个说法了。

千字文　梁朝的散骑员外周兴嗣因犯事被关到大狱，梁武帝命他用一千个字辑成一篇文章，就可以放了他。他一个晚上写成，胡须与鬓角都白了。

兔园册　汉朝梁孝王有个园圃名叫兔园，梁孝王死，太后很哀伤。汉景帝就把这个园子给了农民耕种，并设置了官府管理，收租税，用以供应祭祀。他们的账簿和户籍都用的是市井俚语，所以乡村看的书被叫作《兔园册》。

书肆说铃　扬雄说："喜欢读书但不遵循孔子的，就像读书而不解其意；好发议论但不遵循孔子的，就像不合大雅的闲论。"

昭明文选六臣注　六臣分别是：李善、吕延济、刘良、张铣

（xiǎn）、李周翰、吕向，这六个人都是唐朝人；张铣、吕向、李周翰都是没有官衔的士人。

艾子　苏东坡编有《艾子》一书，都是一些笑话。最初不了解此书命名的意义，后来见《杂记》里说：宋仁宗用灼艾治病，让演员们比赛说笑话，以忘记痛苦。用“艾子”命名这本书，也就是这个意思。又有人说，是弟弟苏子由灼烧艾草治病，苏轼写此书，用来分担弟弟的痛苦。

四本论　钟会撰写《四本论》刚结束，很想让嵇康看看，放在怀里，已经决定了，又有些畏难，不敢拿出来，就在嵇康家外面远远地扔了进去，并赶快往跑回家了。

庄子郭注　晋朝向秀注了庄子《南华经》，剖析书中的玄妙的道理。郭象偷窃了，用自己的名字流传于世。

叙字　苏东坡的祖父名字叫苏序，所以苏轼为人作序，都用“叙”字。

颜鲁公书　颜鲁公（颜真卿）的著作，有《大言》《小言》《乐语》《滑语》《谗语》《醉语》，都没有流传下来。

无字　《周易》中的“無”写作“无”。晋朝的王述说：“天屈西北为无。”现在要在“无”字上加一点，就是古代的“既”字。

三都赋序　徐文长说：皇甫谧为《三都赋》作序，足以让左太冲（左思）的文章增色，而陈师锡为《五代史》作序，却配不上欧阳修的文章。那么我的文章虽然没有序，也是可以的。

诗词

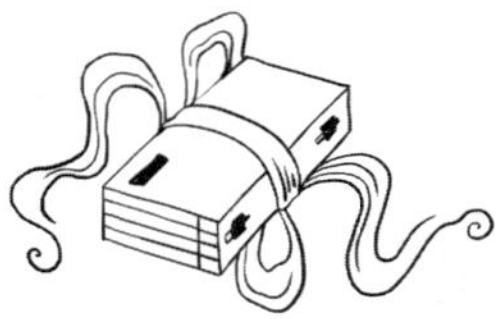

伏羲开始写长短句的诗，汉武帝开始写联句诗，曹植开始写绝句诗，沈佺期开始写律诗。

舜开始写四言诗，汉代的唐山夫人开始写三言诗，枚乘的《古诗十九首》开始写五言诗，唐代开始写排律，宋代开始写集句诗。

颜延年、谢元晖开始作诗相唱和，元微之、李绅、白居易开始唱和并依对方之诗次韵，颜鲁公开始严格按照对方的韵脚押韵。

南朝宋国的周颙开始制定四声切韵（还有沈约的《四声谱》、夏侯该的《四声韵略》），唐朝的孙愐开始辑集成《唐韵》。

魏国的孙炎开始用反切法来为字注音（原本是西域二合音，如“不可”为“叵”，“而已”为“耳”之类），五代时的僧人守温开始制定三十二个字母。

乐府　汉武帝开始在郊庙祭祀和燕射时，规定必须写出诗篇，没有太多的文体，就制作成了乐府，以《离骚》《九歌》《招魂》为依据。

李延年开始创作乐府新声二十八解（依照胡人之曲而制作的），古代叫“章”，魏晋以来叫“解”。

唐朝开始把乐府变为词调，宋朝开始把词调变为长短句。

晋朝的荀勖开始制作清商三调，依照周代的《房中乐》制作了平调、清调与瑟调。汉朝的《房中乐》是楚调。另外，侧调生于清调，总称相和调。

清商曲流传江东，成为梁朝、宋朝的新音乐，才开始尊尚歌辞（说到歌辞，汉朝只有音律，夷、伊、那、何之类的只是声音）。大曲前有“艳”，后有“趋”与“乱”。隋炀帝最早照声命令为其填词。王涯开始在乐曲中填词。李白开始创作小词。

诗体　严羽《沧浪诗话》里说：诗体开始于《国风》、三《颂》、二《雅》，流变成《离骚》、古乐府、古诗十九首。后来又有建安体（汉朝年号，曹氏父子和邺中七才子的诗）、黄初体（魏国年号，与建安相接）、正始体（魏国年号，嵇康、阮籍等人的诗）、太康体（晋朝的年号，左思、潘岳、二张、二陆的诗）、元嘉体（南朝宋的年号，颜延之、鲍照、谢灵运等人的诗）、永明体（齐朝的年号，齐朝各位诗人的诗）、齐梁体（齐梁两朝的诗。杜甫有诗说“恐与齐梁作后尘”）、南北朝体（北魏、北周的诗）、初唐体（指沿袭陈朝、隋朝体制的诗）、盛唐体（开元、天宝的诗）、中唐体、晚唐体、宋元祐体（黄庭坚、苏东坡、陈后山、刘后村、戴石斋的诗）。

《唐诗品汇》的总论说：简略而言，唐诗可分初唐、盛唐、中唐、晚唐的不同。细致地说，贞观、永徽年间，虞世南、魏徵等人稍稍改变了齐梁的旧习，王勃、杨炯、卢照邻、骆宾王为诗作增加了它的美丽；刘希夷有写闺阁之作，上官婉儿的诗有婉媚的风姿。这是初唐作品的体制。神龙后，自开元初年起，陈子昂的诗作古风雅正，李巨山是文坛宿老，沈佺期、宋之问创设了格律的新声，苏颋、张说已是大手笔气象。这是初唐诗作开始兴盛了。开元、天宝年间，就有李白的飘逸，杜甫的沉郁，孟浩然的清雅，王维的精爽，储光义的真率，王昌龄的隽拔，高适、岑参的悲壮，李颀、常建的雄快，这就是盛唐的盛大了。大历、贞元年间，则又有韦应物的淡雅，刘长卿的闲旷；钱起、郎士元的清赡，皇甫冉、皇甫曾的竞秀，秦公绪的山林之气，李从一的台阁之风，这就是中唐的再次兴盛了。再到元和之际，又有柳宗元的超然复古，韩昌黎的博大沉雄，张籍、王建的乐府写得平实，元稹、白居易的乐府叙事分明，至于李贺、卢仝的鬼怪气息，孟郊、贾岛的瘦寒之态，这些都是晚唐的变化了。再到开成年间以后，又有杜牧之的豪纵，温庭筠的绮靡，李商隐的隐癖，许用晦的对偶，其他如刘沧、马戴、李频、李群玉等人，这些都是晚唐变化的极致。

诗评　敖陶孙在诗评中说："魏武帝如同幽燕老将，气度沉雄。曹植如三河少年，风流自赏。鲍明远如饥饿的雄鹰独出天际，奇矫无前。谢康乐如同东海扬帆，风日流丽。陶渊明如同轻云在天，舒卷自如。王右丞如同秋水芙蓉，倚风自笑。韦苏州如同园客独茧，暗合音徽。孟浩然如同洞庭轻波，树叶微落。杜牧之如同铜丸走坂，骏马下坡。白乐天如同山东父老劝农桑，每一言都踏实。元微之如同李龟年说天宝遗事，容貌憔悴但神情不伤。刘梦得如同刻冰雕玉，流光自照。李白如同淮南王刘安家的鸡犬，声音都在白云之上，想确定位置，却恍然无定。韩退之如同囊沙堵水，只有韩信这样的名将才能做到。李长吉如同汉武帝吃承露盘上的露水，却无补于事。孟东野如同隐蔽在泉水的断剑、偃卧在山谷的寒松。张籍如俳优在乡间游历，应酬交往，时时流露出诙谐之气。柳宗元如同秋高独眺，暮晚吹笛。李义山如同百宝流苏，千丝铁网，绮丽厚密，并不适用。本朝的苏东坡如同水流天河，再接沧海，变化眩目，千奇百怪，终究归于浑雄。欧阳修如同瑚琏祭器，可置于宗庙高堂。王荆公如同邓艾把天兵入蜀，以险绝为功。黄山谷如同陶弘景入宫，析理谈玄，但松风之梦仍在。梅圣俞如同大河上任船漂流，瞬息无声。秦少游如同女孩踏春，终伤婉弱。陈后山如同仙鹤独自鸣于九皋，深林之中孤芳独赏。韩子苍如同梨园奏乐，各得其宜。吕居仁如同散仙坐禅，自有奇逸。其他作者，不易详述了。惟独唐代的杜甫，就像周公的制礼，后世都没法评议。”敖陶孙的语言爽直又俊秀，评价也算妥帖，只是稍微为宋代作者曲笔照顾而已，因此全部抄录在此。

苦吟　孟浩然眉毛都掉落了，裴祐袖子都磨烂了，王维则是走到了醋瓮里，这些都是苦于吟诗的人。

警句　杨徽之长于写诗，宋太宗把他诗歌中的警句写在皇宫的屏风上。僧人文莹说，用天地之间的露水在金瓯、雪盘里洗涤毛笔，才能与这些诗句的神气、骨格相投。

推敲　贾岛在京师的驴背得到两句诗“鸟宿池边树，僧敲月下门”，先用了“敲”字，又想用“推”字，锤炼不定，用手来作“推”“敲”姿势。当时韩愈正做京兆尹，贾岛不知不觉冲犯了韩愈行进的卫队，被士兵抓到韩愈面前，详细解释了原因。韩愈说：“还是‘敲’字好些。”然后就与贾岛一起骑马归来，成了布衣之交。

柏梁体　七言诗开始于汉朝的柏梁体。汉武帝修建柏梁台，下诏请群臣中擅长写诗的人上座，用七言的句式，每句用韵，各述其事。

古锦囊　李贺专注于写诗，每天一早出去，骑着一匹慢马，几个小仆人跟随，背着古旧的锦囊，若有新的诗句，就装在锦囊中。他母亲见了说：“这孩子要把心肝呕出来才肯罢休啊！”

压倒元白　唐代宝历年间，杨嗣复大宴宾客，元稹、白居易也参与赋诗，只有杨汝士写得最好，元稹、白居易也都叹服。杨汝士大醉而归，对子弟说：“我今天压倒元、白！”

诗中有画　王维精于诗、画。苏东坡说：“摩诘之诗，诗中有画；摩诘之画，画中有诗。”

枫落吴江冷　崔信明、郑世翼在江中相遇，郑世翼对崔信明说：“听说先生有‘枫落吴江冷’的诗，希望看看另外的诗。”崔信明很高兴，就把其他的一大堆诗都拿出来，郑世翼没等看完，说："看到的还不及听到的！"把崔的诗稿扔到江中，开船离去。

依样葫芦　宋代的陶谷很长时间在翰林任职，宋太祖说："听说翰林们都拿前人的旧本改换点词语就应付差事了，这就是所谓的'依样葫芦'吧。"后来陶谷写诗题在翰林院的玉堂壁上，诗说："官职须由生处有，才能不管用时无。堪笑翰林陶学士，年年依样画葫芦。"

卖平天冠　宋代的廖融精通《诗经》的学问，有很多学生。宋太宗说："现在用词赋和策论来选取士子，廖融的学生大多都跑了。"廖融说："哪里知道现在研究《诗经》之道，竟然像在闹市中卖平天冠一样，无人问津。"

技痒　《懒真子》说：杜甫《哀郑虔》一诗中有"荟蕞（zuì）何技痒"的句子，说的是一个人有技艺不能忍，就像搔痒一样。

投溷（hùn）　李贺一个表兄，与李贺在写作上结了怨仇，痛恨李贺的倨傲。李贺忽然死了，他就骗来李贺的诗稿，全部扔到了厕所中。

点金成铁　梁朝的王籍在诗中有"蝉噪林逾静，鸟鸣山更幽"的佳句，王安石把这个句子改成了"一鸟不鸣山更幽"，黄庭坚嘲笑他说："这是点金成铁的手啊。"

易吾肝肠　张籍酷爱杜甫的诗，取杜甫的诗集，烧成灰后用蜜调和成膏，并立刻把它喝了，说："这会让我的肝肠从此变换。"

贾岛佛　李洞仰慕贾岛的诗，为贾岛铸造了一个铜像，把他当神一样，常在铜像前念"贾岛佛"。

偷诗　杨衡开始隐居在庐山时，有人剽窃了他的诗而登科及第。杨衡后来也考上了，见到那个人问："'一一鹤声飞上天'这一句还在吗？"对方回答说："这一句我知道老兄最爱惜，不敢偷。"杨衡说："还是可以原谅的。"

诋诗　张率十六岁的时候，写颂赋二千多首，虞讷看到后就贬低这些颂赋。张率就将它们都烧了，再写诗给虞讷看，假托是沈约写的。虞讷就句句夸奖，简直无字不妙。张率说："这就是我写的。"虞讷羞惭，就退走了。

爱杀诗人　唐代宋之问非常喜爱刘希夷的诗，见到"年年岁岁花相似，岁岁年年人不同"的句子，恳求把这个句子让给他，刘希夷不答应，宋之问大怒，用土囊把刘希夷压死了。

出诗示人　殷浩小时候与桓温齐名，常常有与桓温比拼之心。桓温问殷浩："你跟我相比如何？"殷浩说："我与自己周旋时间长了，还是宁愿做我自己。"殷浩曾写诗给桓温看，桓温看后戏弄他说："你小心不要得罪我，得罪我，就把你的诗给人看！"

歌赋 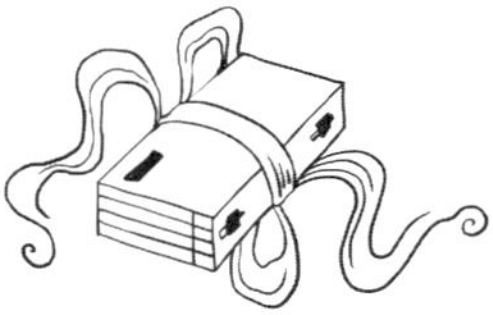

伏羲氏时有《网罟（gǔ）之歌》，最早作歌。葛天氏拿着牛的尾巴，跳脚，唱八阕，最早分阕。孔甲作《破斧之歌》，最早有东音。涂山氏（大禹妃子）唱《候人歌》，最早作《周南》《召南》。有娀氏感于飞燕，最早有北音。周昭王时，西瞿迁家宅到西河，最早有西音。（今天的歌曲统称南北音。《凉州》《伊州》《甘州》《渭州》皆为西音，并且是北歌曲。）

鼓吹 黄帝命岐伯制作鼓吹。凯歌，汉代为铙（náo）歌，依据鼓吹而作。

相和歌 汉代有杂歌、艳歌、倚歌、蹈歌，最初为相和歌，凭借讴谣与丝竹互相应和，执板打节拍而歌唱。

乐府采诗 汉武帝成立乐府机关，采诗民间于夜里唱诵，有赵国、代国、秦国、楚国歌谣，最初以声音为主，尚歌。

白纻歌 梁武帝最早依照吴歌中《白纻》，改为《子夜吴声四时歌》。

薤（xiè）露蒿里 田横随从人员最早制作《薤露》《蒿里》歌。

魏国缪袭最早为挽歌作辞。

郊祀歌　有三言与四言。谢庄为《五帝》作辞，有三言与九言，以五行为数。汉歌每篇八句转韵。张华、夏侯湛两三句一转韵。傅玄改韵太频繁。王韶之、颜延之最早四句一转韵，疏密适得其中。

铙吹　唐代柳宗元作《铙歌鼓吹曲》十二篇，歌颂唐朝战功。

檀来歌　周世宗南征军士唱《檀来歌》，歌声能传出数十里。

阳春白雪　《文选·宋玉〈对楚王问〉》一文说：有客人在郢中唱歌的，最早唱《下里》《巴人》，和歌者几千人；唱《向阳》《薤露》，和歌者只几百人；唱《阳春》《白雪》，和歌者只剩几十人；唱曲调高古之歌，并间杂以流徵，和歌者只几人。可见其曲调越高，和歌者愈少。

奉旨填词　柳永（耆卿）官屯田员外郎，最早名叫柳三变，自写词曰："才子词人，自是白衣卿相。"后来有人将他荐给朝廷，宋仁宗说："此人喜欢风前月下的生活，且去填词吧。"因此不得志。他自称是"奉圣旨填词柳三变"。

纂组成文　司马相如说：把精美的织锦合起来成图案，把锦绣排列起来成质地，有经有纬，有宫有商，这就是作赋的轨迹。作赋者的心胸，要包罗宇宙，要囊括人物，这只能内心去领会，没办法传授他人。

登高作赋　古时候的人如果登高能作诗，面对山川能祭祀，率军队能打仗，遇到丧事时能作诔文，制作器物时能写铭文，那就可以做大夫了。

五经鼓吹　孙绰非常博学，善于写文章，极其重视张衡、左思写的赋，常说："《三都赋》《二京赋》，那是为五经鼓吹的大作。"

雕虫小技　有人问扬雄说："先生您是从小就喜欢作赋吗？"扬雄回答说："是的。是小孩子所学的雕虫小技。"接着又说："大人就不要做这种事了。"

风送滕王阁　都督阎伯屿重新整修滕王阁，落成后宴请宾客，叮嘱女婿吴子章预先写一篇《滕王阁赋》，到时候出示给客人以得到夸赞。当时王勃从马当朝南走了七百余里，到南昌参加了这个宴会。等到主人谦让诸位宾客作赋，他接受了纸笔而不推辞。阎伯屿大怒，回屋去了，让手下官吏等王勃写出句子立即汇报。到了"落霞与孤鹜齐飞，秋水共长天一色"一句时，他说："这是天才啊！"就让他的女婿不要写了。

海赋　张融写了篇《海赋》，顾恺之说："你这篇赋确实写得玄虚，只是没有说到盐啊。"张融随即提笔增加了几句："漉沙构白，熬波出素。积雪中春，飞霜暑路。"

木华海赋　木华创作《海赋》，思路偶有不畅，有人告诉他说："你为什么不从海的上下和四周来写呢？"木华照他的说法，《海赋》就写成了。

八叉手　温庭筠善于写赋，每次替别人作赋，手叉八次就完成了八韵之赋。又说温庭筠写赋，从不起草，吟一声成一韵，科场中称他温八吟，也叫温八叉。

书简

伏羲最早制作了契，把字刻在木头上。黄帝最早用刀书写。舜最早用漆书写。中古时代最早是用石头磨墨汁书写。

黄帝最早在鼎、彝等祭器上铸字。周宣王最早在石头上刻字。五代时和凝最早用梨木板刻书。

隋文帝制作印板。冯道请唐明宗发行印板，最早印《五经》，最早依据石经的文字，刊行《九经》板。宋真宗最早摹印司马迁《史记》、班固《汉书》诸多版本。

鲤素　《古乐府》诗说："客从远方来，遗我双鲤鱼。呼童烹鲤鱼，中有尺素书。长跪读素书，书中意何如。上有加餐饭，下有长相思。"

云锦书　李白《以诗代书答元丹丘》："青鸟海上来，今朝发何处。口衔云锦书，与我忽飞去。鸟去凌紫烟，书留绮窗前。开缄方一笑，乃是故人传。”

青泥书 后汉邓训为上谷守。故吏知晓邓训喜欢用青泥封书，就从黎阳步行推鹿车，载青泥送到上谷，赠予邓训。

飞奴 张九龄家中养群鸽，每当要给亲朋送信，就将信系在鸽子脚上放出，称之飞奴。

代兼金 陆机《赠冯文罴》诗：“愧无杂佩赠，良讯代兼金。”

寄飞燕 江淹诗：“袖中有短札，欲寄双飞燕。”孟郊诗：“欲写加餐字，寄之西飞翼。”

白绢斜封 卢仝《谢孟简惠茶歌》：“日高长五睡正浓，将军扣门惊周公。口传谏议送书信，白绢斜封三道印。”

十部从事 晋代刘弘任荆州刺史时，每给郡国写信，都殷切叮咛关照，人们没有不感动喜悦的，都说：“得到刘大人一封信，胜于做十部从事官。”

家书万金 王筠久住沙阳。一天，得到家信，说：“抵得上万两黄金啊。”杜甫诗中说：“烽火连三月，家书抵万金。”

风月相思 周弘让在《答王褒书》中说：“苍雁赪（chēng）鳞，时留尺素；清风明月，俱寄相思。”

千里对面 唐高祖说：“房玄龄每为我的儿子陈述事理，千里外犹如面谈。”

不为致书邮　晋代的殷浩提拔为豫章太守，都城里托他带信的就有上百人，当他走到石头城时，把这些书信全都扔到了水里，说："沉者自沉，浮者自浮，我殷浩绝不给人做邮差。”

字学（汇入群书文章）

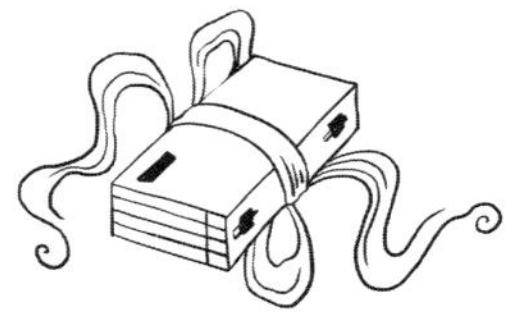

神农最早制定历法。文王最早制定经书。周公最早作政书。黄帝受玄女指教最早作《兵符》。吕望最早作《韬略》。周公最早写《四方志》。李悝（kuī）编撰各国的法律，最早作《法经》。周公最早设置稗官。战国时最早作小说。宋高宗时最早作词话。神农氏尝百草，最早著药书。黄帝与岐伯问答，雷公学习了这些，著《内外经》。师巫占验六岁以下小孩的生死，著《颅囟（xìn）经》。汉代的甘公最早著相命的书，唐举最早著看相的书，郭璞最早著看风水的书。景虑最早受大月氏王的使者尹存口授《浮屠经》。蔡愔、秦景最早奉皇帝之命到天竺国求得佛经，梁武帝合五千四百卷佛经成为《三藏》。黄帝让史甲作戒，这才有最早的著书。成汤最早制定书名（凡书都各有名字）。黄帝最早制作铭和箴。帝喾最早制作颂。伏羲最早作记事。司马迁最早制定本纪。沈约最早制定类事。子夏最早制作序。公羊高最早做注。郑玄最早作笺释。赵岐最早写题跋。庄周最早作说文。田骈最早用辨文。荀卿最早作论解。夏启最早作檄文，伊尹最早作训文。黄帝最早作传记。周公最早作诔文。鬻熊最早作诸子文。庾仲容最早作钞文。刘歆最早编集。南朝最早分清楚什么是文、什么是笔（现在诗文通称为文笔）。晋朝至刘宋时最早为文章而收礼。隋朝最早受钱，唐代开始盛行。汉代最早称贾逵叫舌耕，唐朝最早称王勃为笔耕（用写文章取得报酬）。高颎（jiǒng）最早索要润笔。王隐君最早唱歌卖文。

任昉在《文章缘起》中说：三言诗是晋朝散骑常侍夏侯湛最早写的。四言诗是前汉楚王的老师韦孟的《谏楚王戊》诗。五言诗是汉代骑都尉李陵的《与苏武》诗。六言诗是汉代大司农谷永最早写的。七言诗，最早是汉武帝的《柏梁台》连句。九言诗，最早是魏国的高贵乡公所作的。赋是楚国大夫宋玉作的。歌始于荆轲作的《易水歌》。《离骚》是楚国的屈原所作。诏令，最早开始于秦朝的玺文，秦始皇最早传国玺。册文，最早起于汉武帝封三王的册文。表，最早淮南王刘安有《谏代闽表》。让表，最早汉代东平王刘苍《上表让骠骑将军》。上书最早起于秦国的丞相李斯《上始皇书》；汉代的最早起于太史令司马迁《报任少卿书》。对贤良策，最早起于汉代太子家令晁错。上疏，最早起于汉代大中大夫东方朔。启，最早有晋代吏部郎山涛作的《选启》。奏记，最早有汉代江都相《诣公孙弘奏记》。笺，最早起于汉代护军班固《说东平王笺》。谢恩，最早是汉代丞相魏相《诣公车谢恩》。令，最早是汉代淮南王的《谢群公令》。奏，最早是汉代枚乘《奏书谏吴王濞（pì）》。驳，最早是汉代吾丘寿王的《驳公孙弘禁民不得挟弓》。议论，有王褒的《四子讲德论》和汉代韦玄成《奏罢郡国庙议》。弹文，最早是晋朝刘州刺史王深《集杂弹文》。骚，最早是汉代扬雄所作。荐，最早是后汉云阳令朱云的《荐伏湛》。教，最早是京兆尹王尊的《出教告属县》。封事，最早是汉代魏相的《奏霍氏专权封事》。白事，最早是汉代孔融主簿作的《白事书》。移书，最早是汉代刘歆的《移书谏太学博士》。论，最早是《左氏春秋》。铭，最早是秦始皇会稽山的刻石铭。箴，最早是扬雄的《九州百官箴》。封禅书，最早是汉代文园令司马相如作。赞，最早是司马相如作的《荆轲赞》。颂，最早是汉代王褒作的《圣主得贤臣颂》。序，最早是汉代沛郡太守作的《邓后序》。引，最早的琴操有《箜篌引》。《志录》，是扬雄作的。记，最早也是扬雄作的《蜀记》。碑，最早是汉惠帝作的《四皓碑》。碣，最早是晋代的潘尼作的《潘黄门碣》。诰，最早是汉代的司隶从事冯衍作的。誓，最早是汉代蔡邕作的《艰誓》。露布，最早是汉代贾弘为马超伐曹操时作的。檄文，最早是汉代的丞相祭酒陈琳作的《檄曹操文》。明文，最早是汉代泰山太守应劭所作。对问，最早是宋玉作的《对楚王问》。传，最早是汉代东方朔作的《非有先生传》。上章，最早是孔融作的《上章谢大中大夫》。《解嘲》，是扬雄所作。训，最早是汉代丞相主簿繁钦作的《祠其先生训》。乐府，即古诗各体。词，最早是汉武帝作的《秋风词》。旨，最早是后汉崔骃（yīn）作的《达旨》。劝进，最早是魏国尚书令荀攸作的《劝魏王进文》。喻难，最早是汉代的司马相如作的《喻巴蜀》，还有《难蜀父老文》。诫，最早是后汉杜笃作的《女诫》。吊文，最早是贾谊作的《吊屈原文》。告，最早是魏国阮瑀为魏文帝作的《舒告》。传赞，最早是刘歆作的《列女传赞》。谒文，最早是后汉别部司马张超作的《谒孔子文》。析文，最早是后汉的傅毅作的《高阙析文》。祝文，最早是董仲舒作的《祝日蚀文》。行状，最早是汉代的丞相仓曹傅朝幹作的《杨元相行状》。哀策，最早是汉代乐安相李亢作的《和帝哀策》。哀颂，最早是汉代会稽东郡尉张纮作的《陶侯哀颂》。墓志，最早是晋代东阳太守殷仲文作的《从弟墓志》。诔，最早是汉武帝作的《公孙弘诔》。悲文，最早是蔡邕作的《悲温舒文》。祭文，而后汉车骑郎杜笃作《祭延钟文》。哀词，最早是汉代的班固作的《梁氏哀词》。挽词，最早是魏光禄勋缪袭作的。发，最早是汉代的枚乘作的《七发》。离合词，最早是孔融作的《四言离合诗》。《连珠》是扬雄所作。篇，最早是汉代的司马相如作的《凡将篇》。歌诗，最早是枚乘作的《丽人歌诗》。遗命，最早是晋散骑常侍江统所作。图，最早是汉代的河间相张人作的《玄图》。势，最早是汉代的济北相崔瑗作的《草书势》。约，最早是王褒作的《僮约》。

伏羲命令仓颉和沮诵最早造字。仓颉造出文字，上天下起了粟米，有鬼在夜里号哭，龙也潜藏了起来。

六书　仓颉造字，有六种书写方式：一是象形（指“日”“月”之类的字，仿照日、月的形体），二是假借（指“令”“长”之类的字，一字两用），三是指事（指“上”“下”之类的字，“人”在“一”上是“上”，“人”在“一”下是“下”，分别指示它的意义，成新的字），四是会意（指“武”“信”之类的字，“止戈”就是“武”，“人言”就是“信”，用两个字合在一起表示一个字的意思），五是转注（指“考”“老”之类的字，左右相转，分别代表新的字），六是谐声（指“江”“河”，之类的字，用“水”作为形旁，用“工”“可”作为声旁）。

字祖　蝌蚪书是汉字的始祖。庖牺氏时有了龙的祥瑞，就产生了龙书。神农氏时有嘉穗的祥瑞，就产生了穗书。黄帝因为有了卿云的祥瑞而产生了云书。尧因为出现了灵龟的祥瑞而产生了龟书。夏后氏制作了钟鼎，就产生了钟书。朱宣氏因为出现了凤的祥瑞而产生了凤书。周文王时有红色的大雁衔书飞来，周武王时有红色的鸟进入室内，所以产生了鸟书，因为白鱼跳入舟中而产生了鱼书。

周宣王时，史籀最早写大篆，叫籀篆。李斯最早写小篆，叫玉箸篆。

历朝断书　从仓颉以来，书写字体共有五次变化：古文，蝌蚪文，籀篆文，隶书，草书。

秦书八体　秦代书写字体，分别有八种：大篆、小篆、刻符书（鸟头云脚，印符用）、虫书、摹印（曲体刻印用，也叫缪篆）、署书（萧何题写未央宫的字体）、殳书（刻在兵器上的字体）、隶书。

汉六体　考试官吏的六体：古文、奇字、篆、隶、缪篆、虫书。

唐定五体　唐代定的五种字体是：古文、大篆、小篆、虫书、隶书。

张怀瓘十体断书　分别是：古文、大篆、籀文、小篆、八分、隶、章、草、行书、飞白。

唐度之十体　分别是：古文、大篆、小篆、八分、飞白、薤叶（源于隐士务光）、悬针、垂露（用于表章，三曹喜欢用）、鸟书、连珠。

宋十二体　殳书、传信、鸟书、刻符、萧籀、署书、芝英书（汉武帝种植灵芝时制作）、气候直时书（司马相如选日月星辰和虫子的形状而制作）、鹤头书（汉朝颁发诏令所用）、偃波书（鹤头书纤乱些）、转宿篆（宋国星官子韦因荧惑星退三舍而制作）、蚕书（秋胡的妻子制作）。

小篆体八鼎　小篆、薤叶、垂露、悬针、缨络（刘德昇夜观星象而制作）、柳叶（卫瓘创作）、剪刀（韦诞制作）、外国胡书。

韵之字数　沈约韵共有一万一千五百二十字，《广韵》有二万六千一百九十四字。

八分书　蔡文姬说，舍程邈所创隶书的八分取二分；舍李斯小篆的二分取八分，因此叫八分书。

章草　汉元帝时，黄门令史游写《急就章》，把隶书改变了，叫作章草。

书画 

兰亭真本　王羲之写《兰亭集序》，气韵妩媚而遒劲，仿佛有神助。后来自己再写几十幅，都不及第一幅。王羲之把这幅字传给王徽之，王徽之传给第七代孙智永和尚，智永传给弟子辨才，辨才被御史萧翼哄骗，这幅字进了皇家仓库，最后殉葬在唐太宗的昭陵里。

草圣草贤　唐朝的张旭擅长草书，喝酒后大醉，喊叫着狂奔，有时用头发蘸墨汁写字，人称草圣。崔瑗擅长写章草，人称草贤。

怒猊渴骥　唐朝的徐浩写《张九龄告身》，多用渴笔，就是说干枯无墨的样子，对书法家来说比较为难。世人形容他的书法就好像愤怒的狻猊（suān ní）踢开石块，口渴的良马奔向清泉。

家鸡野鹜　晋朝庾翼少年时，书法与王羲之齐名，而学书法的人都学王羲之。庾翼很不服气。他在给都下友人的信中说："小儿辈竟然看不起家鸡，反而喜欢野鹜，都去学王羲之的法帖。"

伯英筋肉　晋朝的卫瓘、索靖都擅长书法，当时人说卫瓘得张伯英之筋，而索靖得到了张伯英之肉。

池水尽黑　张奂的长子张芝，字伯英，善于写草书，学崔瑗和杜度的笔法，家中的布帛，都必先用来写字再去练染。他临池学书，在池里洗笔，池水都全黑了。

游云惊鸿　晋朝的王羲之擅长草书，论书法的人称他的笔势飘忽如同游云，矫健得如同惊鸿。

龙跳虎卧　晋朝的王羲之擅长书法，人们说王右军的字就像龙跳天门、虎卧凤阙一样。

风樯阵马　宋朝的米芾擅长书法。苏东坡说："米元章平生所写的篆、隶、真、行、草等书，共分十卷，如风帆战马，应当与钟繇、王羲之并驾齐驱，一点也不羞愧了。"

柿叶学书　郑虔喜欢书法，常常苦于没有纸张，就在慈恩寺贮藏了几屋子柿树叶，每天取来学写字，时间一久也就把柿叶用完了。

绿天庵　怀素喜欢学习书法，种了几万株芭蕉，摘取芭蕉的叶子代替纸张，把他所住的地方称为绿天庵。

驻马观碑　欧阳询在赶路时见到有一块古碑是索靖写的，停下马观看，很久才走，走了几百步又回来，下马伫立碑前，疲倦了就席地而坐继续看，还歇宿在石碑之下，三天后才离开。

铁户限　智永和尚是王羲之的七世孙，精于书法。人们争相来求字、请题匾额，人多得就像集市一样，住地的门槛都被踩坏了，于是只好用铁皮包起来，人们称之为铁户限。

溺水持帖　赵孟坚一次得到了姜白石所藏的定武不损本《兰亭集序》法帖，乘船晚上回家，船到升山时，大风把船吹翻了，行李和包裹都被淹没。赵孟坚却披着湿衣站在浅水中，手持法帖，对人说："《兰亭集序》在这里，其他的都不重要了。"

钟繇掘墓　魏国的钟繇向韦诞请教蔡邕的笔法，韦诞吝啬不给他，钟繇就捶打自己的胸口以至于吐血，魏祖用五灵丹才救活了他。等到韦诞死后，钟繇让盗墓贼去掘开韦诞的坟墓，得到了法帖。因此书法大为长进，日夜琢磨书法的事。睡觉时在被子上写字竟把被面划破，上厕所琢磨写字一整天都忘了回来。见到万物，都想着笔画。钟繇的儿子钟会，字士季，书法也有乃父的风格。

字以人重　在书法上有自己擅长的绝技的，往往因为品行而被看重，要是品行不好则只会留下污点罢了。所以曹操的书法虽然好但却没有传世，而褚遂良、颜真卿、柳公权的书法却只要家里藏有小纸片般大小的，也如同珍惜径尺的璧玉一样，不只是因为字写得好啊。

换羊书　黄庭坚对苏东坡说："从前王羲之的法帖被称为换鹅书。现在韩宗儒每次得到先生的一张法帖，就去见殿帅姚麟换十几斤羊肉。可以把先生的书法称为'换羊书'了。"一天，苏东坡在翰林院，因为皇帝的诞辰，要写的东西很多，韩宗儒一天里写了好几封信希望能获得苏轼回信，让人立在庭下讨要得急。苏东坡笑着对那人说："请传个话，本官今天不杀羊了。"

见书流涕　王羲之十岁时就擅长书法了。十二岁，见到前代的《笔说》在他父亲的枕中，偷着读了。他的父亲说："你为什么来偷看我的秘藏之物？"不到一个月，王羲之的书法就有很大进步。卫夫人看到，对太常王荣说："这孩子一定看了什么书法秘籍，近来看到他的字，已经有成熟的笔墨了。"因而流泪说："这个孩子必然会遮蔽我的名声。"

书不择笔　唐代的裴行俭工于草书和隶书，常说："褚遂良没有精美的纸和上佳的笔就不肯写字，不择笔墨又书写迅捷的，只有我和虞世南啊。"

五云佳体　唐代的韦陟被封为郇公，擅长草书，让侍妾手持五彩笺纸，按他的授意回信，韦陟只是署名。人们说他写的"陟"字，像五朵云，号称郇公五云体。

登梯安榜　韦诞擅长书法。魏明帝建大殿，想要写一份安榜告示，让韦诞登上梯子书写。写完下来，头发和鬓角都白了，于是告诫儿孙们不要学习书法了。

换鹅书　山阴有一个道士养了很漂亮的鹅，王羲之前去观看，非常喜欢，请求买几只。道士说："你为我写《道德经》，我把鹅赠给你。"王羲之欣然为他写好，用笼提着鹅回来。有人问："鹅又不是什么好东西，你却这么喜爱它，为什么？"王羲之说："我爱它鸣叫的声音清长。"

寝食其下　阎立本初次看到张僧繇在江陵的画壁，说："浪得虚名啊。"第二次去看时，说："还算是近代的名手吧。"第三次去看，歇宿、吃饭都待在壁画下，几天后才离开。

画龙点睛　张僧繇为了避侯景之乱逃到湘东，曾经在天皇寺画龙，没有立刻点睛。僧人和民众纷纷求他点睛，施舍的钱达到数万，他下笔之后，雷雨交加天色变暗，忽然龙就飞走了。

画鱼　唐朝的李思训一条鱼刚画完，正想点染一点藻荇水草，有客人敲门，出门看，回屋就找不到鱼了。让人寻找，原来是让风吹到池子里了，拾起来一看，鱼却没有了，只剩一张白纸。后来李思训画大同殿的墙壁，唐明皇对他说："你画的墙壁，常常在夜里能闻到水声，真是入神的手笔啊。"（李思训在开元年间被提拔成卫将军，与他的儿子李道昭都深得山水之妙，当时号称大李、小李。）

画牛隐见　宋太宗时，李至献画的牛，白天在栏外吃草，晚上却回卧到栏中，不知道是什么缘故。僧人赞宁说："这是幻药所画。日本国有一种蚌泪，混到颜色里画东西，白天能见晚上不能见。沃焦山有一种石头，用它研磨颜色画东西，白天不能见晚上可以见。"

滚尘图　唐朝的宁王擅长画马，在花萼楼的墙壁上画《六马滚尘图》，唐明皇最爱的一匹是玉面花骢，后来这匹马竟化驰而去，只留有五匹马了。

画龙祷雨　曹不兴曾在小溪中看到一条赤龙，在波浪间飞腾，就画出献给孙皓。到宋文帝时，好几个月干旱，祈祷也没有效果。文帝把曹不兴画的龙放在水边，立时就降了大雨。

画鹰逐鸽 润州的兴国寺，苦恼于斑鸠、鸽子之类的鸟栖息在梁上而污秽佛像。于是张僧繇在东边的墙壁上画了一只鹰，西边的墙壁上画一只鹞，都侧着头向着房檐外，从此斑鸠、鸽子不敢再来。

李营丘 李成，营丘人，善画山水林木，在当时称为第一，能看到的每幅作品都极其珍贵。他平生所画，只供自娱，权势不能相逼，利益不能诱惑，传世作品不多。（郭熙是他的弟子。）

范蓬头 范宽住山林，经常独坐整天，放眼四顾，以求山林的趣味。北宋时，天下画山水的名家，只有范宽与李成，议论者说，李成所画的，近看也有千里之遥；范宽所画的，远看也觉得没离坐席之外。他们都创造了神奇。

董北苑 沈括《梦溪笔谈》中说：江南中主时，有董北苑非常善作画，尤其擅长画秋山的云雾远景，给人画江南山水，可以称为奇峭。后来建康的僧人巨然，学习了这种久远的画法，都达到了绝妙之境。

王摩诘 唐代的王维字摩诘，别墅在辋川，他曾经画过《辋川图》，山谷盘桓，白云连着流水，意境在红尘之外，奇妙的境象生于他的笔端。秦观说："我病了，高符仲带《辋川图》来给我看，说：'看这个可以治病。'我非常喜悦，仿佛与王维一起进入辋川，几天后病就好了。”

李龙眠　舒城的李公麟号龙眠，工于白描，画人物以陆探微、吴道子为师，画牛马则又细心学习韩幹、戴嵩，画山水又揣摩王维、李思训。他画的画大多不上色，只用澄心堂的纸来画。只有临摹古画时，才用绢素。著色笔法，如行云流水，应当是宋画中的第一。

画仕女　仕女画得好，在于画出仕女的闺阁之态。唐代的周昉、张萱，五代的杜霄、周文矩，下到苏汉臣等人，都得其妙，不在于涂抹颜色，或点缀金玉以为精致。

画人物　画人物画，最难画好。顾恺之、陆探微的画世上不多见，吴道子是画家之圣，到了宋朝李龙眠一出，与古人争先。得到李龙眠的三张画，可当吴道子的两张画，可当顾恺之的一张画，价值悬殊就是这样。

扇上图山水　《南史》中说，萧贲是竟陵王萧子良的孙子。善于书画，常在扇子上画山水，咫尺的画幅内，就觉得有万里之遥。但他慎重不外传，只是自娱而已。

画圣　北齐的杨子华把马画在墙上，每到夜晚这些马就撕咬大叫，好像要吃水草。人们称他为画圣。

颊上三毛　顾恺之画裴楷，脸颊上的三根毛，尤其画得有神采。画殷仲堪的像，因为殷仲堪有眼疾，顾恺之就画出瞳子，并用飞白笔法轻拂过上面，如轻云蔽日，殷仲堪也称赞这一妙法。

周昉传真　周昉善于给人画写真像。郭令公要为他的女婿赵纵画像，让韩幹画，再让周昉画，辨不出优劣。赵国夫人说：“两幅画都像。前面一幅只得赵郎的形貌，后面一幅有形貌、神气、性情、说笑时的样子。”

一丘一壑　顾恺之把谢幼舆画在岩石里，有人问他原因，顾恺之说：“谢幼舆说过：‘一丘一壑，自谓过之。’这个人就适宜在丘壑中。”

郑虔三绝　唐代的郑虔善画山水，曾经题了自己写的诗在自己的画上，献给皇帝，在画的末尾用大字题着：“郑虔三绝。”

传神阿堵　顾恺之画人物，有的几年都不画眼睛。有人问他原因，顾恺之说：“四肢画得好坏，本来也并不影响整个人妙处，传神写照，正在这里。”

画风鸢　郭恕先寓居在岐山下，有个富人的儿子喜欢画，每天给他好酒，待他很优厚，时间久了，就告诉他想要求得一幅画的想法，并给了他一匹画布。郭恕先就为他画了一个儿童，正拿着线车放风筝，线放开有几丈长，把画布填满了。富人的儿子大怒，于是与郭恕先绝交。

维摩像　顾恺之要在瓦棺寺画维摩诘像，闭门揣摩了一百多天。画完，将要画眼睛，对僧人说：“第一天开光，要让参观的人布施十万，第二天布施五万，第三天依你们的旧例即可。”等到开光那天，光明照耀寺庙，布施的人挤满了庙门。

画花鸟　五代时，黄荃与他的儿子黄居寀都画花卉，称为写生。他们的绝妙之处在于上色不用笔墨，都用轻色染成，称为没骨图。

画枝叶蕊萼　江南的徐熙，先用笔勾勒出枝叶蕊萼，然后上色，所以风度神采充满骨气，成为古今的绝笔。

韩幹马　唐明皇让韩幹去看皇宫收藏的画家画的马，韩幹说：“不必看了，陛下马厩中养的马上万匹，都是臣的老师。”

戴嵩牛　戴嵩善于画牛。画一头牛喝水，那么水中就能看到牛的影子。画牧童牵牛，那么牛的瞳仁中就有牧童的影子。

《东坡志林》中记载：四川有个杜处士，喜好书画，收藏的珍宝多达上百件。其中就有戴嵩画的一幅牛，尤其钟爱，用锦囊、玉轴装饰它，常常带在身边。一天，正在晾晒书画，被一个牧童见到，拍手大笑说：“这画的是斗牛啊，牛相斗时力气在牛角上，尾巴应该夹在两腿之间，这幅画却画它们扬尾角斗，错了啊！”杜处士笑着同意了。古人说“耕当问奴，织当问婢”，这是不会改变的。

鲍鼎虎　宣城的鲍鼎每次画虎时，要把屋子打扫干净，不让人说话，还堵上门窗，从屋顶开个小洞采光，喝一斗酒，脱了衣服伏在地上，卧倒、起立、来回观察，自己看自己是一头真的老虎了。

画竹　文与可画竹，是竹子的左丘明，而苏东坡画的竹好比庄子。又有一个人叫李衎，号息斋道人，也以画竹闻名。苏东坡画的竹，妙而不真；李衎画的竹，真而不妙。梅道人吴镇经过研究而达到画竹的极致，但流传太久，又真假混淆了。

画梅花　衡州的花光长老善于画梅花，黄庭坚看见后说："如同微寒的春晓走在西湖孤山水边的篱墙之间，只是少了一点香气。"另外，杨补之的墨梅也画得清丽绝俗。

花竹翎毛　宋朝的崔白、艾宣擅长画花鸟 。唐朝画花鸟的，边鸾画得栩栩如生。

吴地一僧人善于画草虫，画了一个扇面送给司马光，司马光写了一首感谢的诗："吴僧画团扇，点染成微虫。秋毫皆不爽，真窃天地功。"

米南宫　米芾字元章，天资高远。初见宋徽宗，进献他的《楚山清晓图》，让皇上非常称心。即便画的是枯木松石，也常有新意，但作品传世不多。他的儿子米友仁，字元晖，能传承他的艺术，画山水，清雅美好，自成一家。

宋四大家　南宋以后，李唐、刘松年、马远、夏珪称为宋四大家，都进入朝廷，名闻艺苑。

元四大家　赵子昂字孟頫，号松雪。吴镇字仲圭，号梅花道人。黄公望字可久，号大痴，又号一峰老人。王蒙字叔明，一号黄鹤山樵。都生于元末明初，以画闻名于世。

不学

没字碑　五代的任圜说：“崔协不识文字，虚有其表，号称叫没字碑。”

腹负将军　宋朝的党进官做到太尉，却不识字不看书。一天，他摸着肚子说：“我可没有辜负你！”一个婢女回应说：“将军没有辜负肚子，这个肚子辜负了将军。”

视肉撮囊　庄子说：“人不学习，就是看到肉就吃的动物；学习了却不实行，就是挂着不用的口袋。”

马牛襟裾　韩愈诗中说：“人不通古今，牛马两襟裾。”

书簏　晋朝的傅迪广泛读书但却不理解其中的意义，唐朝的李德博古通今，却不会写文章。都可以称为藏书的书簏。

杕（dì）杜　李林甫不认识“杕杜”，对韦陟说：“这里说的‘杖杜’，是什么意思呢？”韦陟低下头，不好回答。

金根车　韩退之（愈）的儿子韩昶（chǎng），性格愚昧低劣，担任集贤校理。史传中有“金根车”，韩昶以为是错字，就改为“银”字，韩愈斥责他。

弄獐　唐朝的姜度生了儿子，李林甫手写一封信来道贺说：“听说有弄獐之喜。”客人看到后，掩口而笑。苏东坡诗歌《贺陈述古弟章生子》中说：“甚欲去为汤饼客，却愁错写弄獐书。”

蹲鸱　张九龄有一天给萧炅送山芋，信里用芋的代称“蹲鸱”。萧炅回信说：“您送山芋我已经收到了，只是那个‘蹲鸱’还没收到。不过我们贫寒人家少见多怪，也不愿见这样的恶鸟。”张九龄把信给在座的宾客看，无不大笑。

纥字　鲁国的臧武仲名为纥，孔子的父亲叫叔梁纥，可是世人多数读成“核”。萧颖士听到有人读错了臧武仲的名字，就说：“你‘纥’字也不识！”

伏猎　萧炅为侍郎，不读书。常给严挺之写信，称“伏腊”为“伏猎”。严挺之笑着说：“朝廷中还能容纳伏猎侍郎吗？”于是告诉张九龄将他逐出了朝廷。

春菟　桓温篡位时，尚书误将“春蒐（sōu）”写成“春菟”，从丞相以下的官员都被罢免了。

目不识丁　唐朝的张弘靖说：“天下无战事，你们能拉两石的弓，还不如认一个字。”“个”字误写成了“丁”字，因为它们笔画相近。

行尸走肉　在《拾遗记》中，任末说："一个人不学习，那他就是行尸走肉啊！"

心聋　《列子》里说：人不学习，就像心灵的聋子。

白面书生　宋文帝想要北征，沈庆之进谏劝阻。江湛之说："耕种应该问奴仆，织布应该问婢女。现在想要讨伐外国，却与白面书生商议，有什么用？"

口耳之学　《荀子》说："小人的学问，是耳朵里进去，嘴巴里出来，嘴与耳之间只有四寸而已，哪里能彰显七尺的身躯？！"

文具

毛笔　大舜最早制作羊毛笔，用鹿毛做笔柱。蒙恬最早制作兔毫笔，用狐狸毛做笔柱。

毛颖　韩愈在《毛颖传》中说：毛颖，中山人，蒙恬把他带回朝廷，秦始皇把他封在管城，所以号为管城子，后来官拜中书令，称为中书君。

蒙恬造笔　蒙恬取了中山的兔毛来制作毛笔。王羲之《笔经》中说：各地的兔毛中，只有赵国中山一带的山兔肉肥毛长适用。

须要在仲秋月采用，先用人的几根头发，混合青羊毛和兔毛，把它们裁齐后再用麻纸裹到根部再制作；之后取上等兔毛薄薄地覆盖在笔柱上，让笔柱看不见。蒙恬最早制作毛笔时，用枯木做笔管，鹿毛做笔柱，羊皮做笔被，就是所谓的苍毫。

毛锥 《五代史》中弘肇说："安定朝廷，平定祸乱，需要长枪大戟才可以，像那些笔杆子能干什么呢？"三司使王章回答说："没有笔杆子，军费从哪里来呢？"弘肇说不出话了。

椽笔 晋人王珣梦见有人把一根像椽子一样的大笔送给他，醒来后，说："这应该有用大手笔的事了。"不一会，晋武帝驾崩，写哀策和拟定谥号的谥议，都是由王珣起草。

鼠须笔 王羲之得到的用笔方法来自于白云先生，白云先生赠给他鼠须笔。张芝、钟繇也都用鼠须笔，写的字笔锋强劲，很有锋芒。

鸡毛笔 岭南地区很少有兔子，用野鸡的毛来制作毛笔也很妙，就是苏东坡说的三钱鸡毛笔。苏东坡写《归去来辞》，很像李邕的字，流畅飘逸，但缺乏劲道，应该是用三钱鸡毛笔写的。

呵笔 李白被皇帝召来在便殿对策，撰写诏诰。当时正值十月天气大寒，牙笔冻僵了。皇帝让宫女十人侍奉在李白左右，并命令她们拿着牙笔呵气让它变软。

笔冢 长沙的僧人怀素得到了草圣的秘籍，写完扔弃的笔堆积，埋在山下，叫做笔冢。

右军笔经　从前的人用琉璃与象牙制作笔管，装饰很美，但笔应该轻便才好，重了就笨拙了。近来有人把绿沈漆的竹管和镂管的笔送我，用了多年，很是爱惜，怎么就必须是黄金珠宝的雕饰，才可以作为赠品呢？

梦笔生花　李白少年时，梦见笔头上长出花朵，后来天才纵横，名闻天下。

五色笔　江淹梦见有人送他一支五色笔，从此词藻华丽。后来歇宿在野外一座亭子，梦见有一个人自称叫郭璞，对江淹说："我有笔在你那里很多年，可以还我了。"江淹于是从怀里取出一支五色笔还给那人。从此以后，再写不出好的诗句了，当时人都说他才能用尽了。

笔匣　汉朝最早用各种宝物来装饰笔匣，用犀角、象牙、琉璃来制作笔管。王羲之最早崇尚竹管。

梁朝的简文帝最早制作笔床，以四支笔为一床。

大手笔　唐朝的苏颋被封为许国公，张说被封为燕国公，都是因为文章好而扬名，与他们的声望相当，当时人称他们叫燕许大手笔。

研　黄帝得到一块玉，最早制作成墨海研，上面刻着"帝鸿氏研"这几个字。孔子制作石研，仲由制作瓦研，汉代制作漆研，晋代制作铁研，魏代制作银研。

溪研　唐玄宗时，一个叶姓的制砚人家最早选取龙尾溪上的石头制作砚台，深溪的是上品。南唐时最早开掘端溪的坑石制作砚台，北岩的是上品。样式上有辟雍样、郎官样。宋仁宗时，端溪石、龙尾溪石都发掘完了。

研谱　端溪三种岩石，分上、中、下三岩。西坑、后历、下岩没有新的岩石，而上、中岩也有新旧之分。旧坑的是龙岩、汲绠、黄圃三种石头；新坑的是后历、小湘、唐窦、黄坑、蚌坑、铁坑六处，都在山的东边。其中最好的子石出自水中，其次是鸲鹆（qú yù）眼，有红、白、黄色的点，绿絛、环绕着金线纹，纹理黄色。还有白絛、青絛、青纹，眼筋短纹，火黯微斑。赤裂、黄霞、铁线、白钻、压矢，都有色斑。龙尾溪最佳的岩石是金星石，次一等的是罗纹眉子、水舷、枣心、松纹、豆斑、角浪、刷丝、驴坑等等。《研谱》里说：最好的叫红丝，出自土中，次一等的叫黑角、褐金、紫金、鹊金、黑玉等等。

苏易简研谱　端溪的砚台，用水里的石头制成的颜色是青色的，用山中的石头制成的颜色是紫色的，用山顶的石头制成的颜色则极其温润，颜色如猪肝的最好。有一个匠人了解山的脉理，开凿一个石窟，得到圆石，制成砚台，价值千金，称为紫石研。苏轼记载说：“孰形无情，石亦卵生。黄膘胞络，以孕黝赪。”

即墨侯　文嵩在《石虚中传》中说：南越一个人，姓石，名虚中，字居默，官拜即墨侯。一个叫薛稷的制了砚台，封为石乡侯。

马肝　汉朝的元鼎五年，郅支国进贡马肝石，混和丹砂为药丸，吃了后，就整年不会饥饿。拿它擦拭白发，白发会全部变黑。用它制砚台，墨就会有光泽。

凤咮（zhòu）　苏东坡诗："苏子一研名凤咮，坐令龙尾羞牛后。"（龙尾，是溪水名，这条溪水出产的石头可以制砚。）

龙尾研　李后主留意笔墨，所用的是澄心堂纸、李廷珪墨、龙尾砚，三样都是天下最好的，当时就珍贵至极。龙尾石大多是水中出产的，所以极其温润，坚硬又细密，敲打它声音清越，就像玉的响声一样，与其他的石头不同，颜色大多是苍黑色的。也有青绿色的石头，但纹理较粗，用手抚摸它，隐隐约约会有锋芒，发墨尤其快。

鸲鹆眼　《东坡笔录》中说：黄黑相间的砚台，黑眼睛在内的，晶莹可爱的称为活眼；而四边的纹理散乱的称为泪眼；形状大致不错，内外都是白色，全无光彩的称为死眼。活眼好过泪眼，泪眼好过死眼。

澄泥研　米芾说：绛县人善于制作澄泥砚台，用细绢两重淘洗，澄清后选取极其细腻的做砚，有颜色绿如春水的，质地细滑，蘸的墨也不费笔。

铁研　苏易简《砚谱》中说：青州用熟铁制作砚台，发墨上佳。

五代时的桑维翰考进士，主考官因厌恶他的姓与“丧”同音，就没录取他。桑维翰制铸了一个铁砚台，出示给别人说：“砚用坏了再改业。”最终进士及第。

铜雀研　魏国时铜雀台的遗址，人们经常去发掘那里的古瓦，很细致地雕琢打磨，贮水几天都不会干燥。人们传说：这里的瓦都是用陶澄泥烧制的，还以纱滤过，加上胡桃油合土制作，所以与其他的瓦不同。

结邻　李卫公收藏的砚台非常多，其中最好的叫结邻，意思是互相结为邻居。按：结邻是月神的名字，这方砚台样子浑圆又光泽，所以取了这个名字。

纸　古代用布帛来书写，汉代用幡纸。蔡伦造出了麻纸，又捣旧的鱼网为网纸，用木皮做榖纸。王羲之制作了榖藤皮纸。王玙最早用竹和草造纸。晋代的桓玄最早制造青赤嫖姚笺纸。石季龙造五色纸。薛涛最早制出了短笺。

笺纸　蔡伦玉版纸、贡余纸，都是用碎布、破鞋和乱麻造的。甚至还有经屑表光纸，晋代密香纸也一样。古罗马出过唐代的硬黄纸，是用黄柏染的。段成式还记载了一种云蓝纸。南唐后主李煜用澄心堂纸。齐高帝时还有凝光纸。萧诚的斑文纸是用野麻、土榖造的。四川的王衍造有霞光纸。宋代有黄白经笺、碧云春树笺、龙凤笺、团花笺、金花笺、乌孙栏等。颜方叔还有杏红笺、露桃红笺、天水碧，都在纸上压制了花、竹、鸟、鱼及山水、人物，还有元春膏笺、冰玉笺、两面光的蜡色茧纸。越剡藤苔笺，就是汉代的侧理纸，用南越的海苔来制作。四川有麻面、薛骨、金花、玉屑、鱼子十色笺，就是薛涛的深红、粉红、杏红、铜绿、明黄、深青、浅绿云笺。

密香纸　用密香树的皮做的纸，微褐色，还有鱼的花纹，非常香还很坚韧，被水浸泡也不溃烂。

玉版　成都浣花溪造的纸，纸面光滑，取名玉版。苏轼有诗句说："溪石作马肝，剡藤开玉版。"

剡藤　剡溪一带古藤非常多，造出来的纸也非常美。唐代舒元舆写《吊剡溪藤文》，说现在胡乱写文章的人，都大大地糟蹋了剡溪的古藤了。

蚕茧纸　王羲之书写《兰亭集序》，用的是蚕茧纸。这种纸像蚕茧而有光泽。

赫蹏　薄而小的纸。《西京杂记》中又称为薄蹏。

蔡伦纸　汉和帝时，中常侍蔡伦掌管尚方署，于是别出心裁，用树皮、麻头和破布、鱼网造纸。奏给皇上。所以天下人都称它为蔡侯纸。

侧理纸　张华创作出《博物志》，晋武帝赐给他于阗的青铁砚，辽西的麟角笔，南越的侧理纸。这种纸又叫水苔纸，是南方人用海苔制作的，纸的纹理纵横斜侧，所以取了这个名字。

澄心堂纸　李后主造了一种澄心堂纸，细薄光润，是当时最好的纸。相传《淳化帖》就是用这种纸拓的。宋代许多名家写的字以及李龙眠画的画，多用这种纸。

薛涛笺　元和初年，元稹出使四川，营妓薛涛将十色彩笺纸赠给元稹，元稹在松花纸上写诗回赠薛涛。四川有松花纸、金沙纸、杂色流沙纸、彩霞金粉龙凤纸，近年都没有了，只有绫纹纸还在。（薛涛纸笺狭小，只可在上面写一首四韵的小诗。）

左伯纸　左伯与蔡伦生在同一个时代，也能造纸，甚至比蔡伦造的纸更加精美。皇上召韦诞草拟诏书，韦诞说：要是用张芝的笔、左伯的纸和我的墨，三种都齐备了，又由我来写，就可写出直径一丈的大字。

《墨谱》上说：上古时没有墨，用漆在竹子和木板上书写。中古时用石头来磨汁，有人说是延安府出产石液。到了魏、齐时，开始有墨丸，是用漆烟和松煤混合而成。所以晋代人多用中心凹陷的砚台，想在磨墨之后存放一些沉淀的墨汁。

麦光　苏轼诗歌中有“麦光铺几净无瑕”的句子，也有“香云蔼麦光”的句子。麦光，是一种纸名；香云，是墨的名字。

李廷珪墨　唐代的李超，是易水人，与他的儿子李廷珪流亡歙州。这个地方有很多松树，他们就留下居住，他们一家以制墨而闻名，他们家制的墨坚硬如玉，纹理像犀角。其制法是：松烟一斤、珍珠三两、玉屑一两、龙脑一两，和一些生漆，捣十万次，所以坚硬如玉，能放在水中，三年不坏。

小道士墨　唐玄宗皇帝御案上有一方墨叫龙香剂。一天，唐玄宗看到墨上有一个小道士，像蝇蚊一样行走。皇帝喝斥他，就立刻高呼万岁，说："小臣是墨精，名叫黑松使者。世上凡是会写文章的人，都有十二个龙宾相随。"皇帝非常惊异。就把这方墨分赐给写文章的官员。

陈玄　《毛颖传》说：毛颖与绛县人陈玄、弘农人陶泓、会稽的褚先生是好朋友，他们出门，就会一起同行。

松滋侯　《长杨赋》里借子墨为客卿以讽喻。有人称墨为易玄光，字处晦，被封为松滋侯。

隃（yú）麋　隃麋，是墨的代称。唐代高丽朝贡的松烟墨，用松烟和麋鹿胶造成，取名隃麋。

卷九

礼乐部

礼制·婚姻一 ○ 礼制·丧事二

礼制·祭祀三 ○ 律吕 ○ 乐律

礼制·婚姻一

冠礼 古代举行冠礼，需要为冠礼的日子和嘉宾占卜，以示对冠礼的敬重。在东边台阶加冠，以示辈分。在客位行冠礼，加冠三次以显尊贵（先加淄布冠，再加皮冠，再加爵弁），加了冠并为他取了字表示已经成人了。拜见母亲，母亲也向他回礼；拜见兄弟，兄弟也向他回礼。因为已经是成人了所以要对他回礼。戴黑色的冠冕，带着礼物见君王、卿大夫、乡贤，都以成人之礼拜见。

鲁两生 汉代的叔孙通制定礼仪，朝廷征召了鲁地三十多位儒生，有两位不肯去，说："礼仪必须积累百年德行才会兴盛，现在天下初定，哪有闲暇来制定这个礼仪呢？"叔孙通笑着说："乡野的儒生，不知道时移事异的道理。"

应时而变 《庄子》中说：三皇、五帝时的礼仪与法度，并不在乎是否相同，而在乎是否能治理天下，就好像山楂、梨子、橘子、柚子，它们味道不同，但都很可口。所以礼仪与法度要应时而变。

晋侯受玉 《左传》中说：周天子派召武公和内史过到晋国给晋侯传达指令。晋侯接受玉符时满不在乎。内史过回来，对周天子说："晋侯可能没有未来了！对待王使之命和玉符他竟然满不在乎，这是自己先抛弃自己啊，怎么能有未来呢？礼节，是国家根本；恭敬，是行礼的根本。不恭敬，礼就无法实行；礼无法实行，那么上下尊卑就会混乱，怎么能长久呢？"

绵蕝　叔孙通与他的一百多名弟子在野外制订朝仪典章，练习了一个多月，礼成形了。汉高祖让群臣在长乐宫学习，学成后，群臣都来按礼朝贺，没人不振恐肃敬的。汉高祖说："我今天才知道做皇帝的尊贵啊。"

婚礼　人皇氏开始有了夫妇之道，伏羲开始制定嫁娶之规。女娲氏与伏羲同母而生，辅佐伏羲正婚姻之道，所以成了婚姻的神媒。夏后氏开始制定迎亲的礼仪。秦始皇开始规定在娶妻时要交纳丝麻鞋（取和谐之意）。后汉开始用墨作聘礼。汉代重视墨，现在答聘都用它。开始在婚礼上用羊（取其吉祥之意）。巫咸创制了撒帐压制邪气的巫术。京房将女儿嫁给翼奉之子，翼奉以撒豆谷的方式来避邪。唐代宰相张嘉贞嫁女，制定了绣幕牵红的方式。唐代新娘的轿子到了大门，不可身子坐地。晚唐的制度是：新娘上轿，要用布遮膝盖脸。五代时开始，新媳妇进门要跨马鞍。北朝迎亲，十几个人大喊，催着新娘上轿，新娘家的亲戚与宾客中的女子都来追打新郎，拳脚相加。

昏礼　昏礼是将两家合为一家的喜事，上得以祭祀宗庙，下得以后继有人，所以君子非常重视它。因此有纳采、问名、纳吉、纳征、请期等礼数，都是主人在宗庙中办筵席，并拜迎于门外。进门，揖让升堂，在宗庙中行礼，以表示恭敬、慎重，从而使婚礼名正言顺（纳采，是以一只大雁作为求婚的礼物。问名，是问女子的姓名和生辰八字。纳吉，就是男方卜得吉兆而告诉女方。纳征，是给女方钱币作为婚姻的证明。请期，是男方把婚姻的日期告诉女方以请示获准。这五种礼再加上最后的迎亲，叫作六礼）。

迎亲礼 父亲亲手给儿子酌酒，让儿子去迎接，男方先去女方家。儿子奉命迎接，新娘的父亲在宗庙中设筵，并在门外拜迎。新郎拿着大雁进来，揖让着上堂，拜两次然后献上大雁，表明对父母的亲情。下堂后，驾驭女方的车，将登车的引绳交给新郎，驾车让车轮行驶三圈，然后先回家在门外等候。新娘到了，新郎作揖请新娘进屋，共同吃肉，并各拿着一瓢一起饮酒，是要让结合以后的夫妻能尊卑与共，亲密无间。

见舅姑 早早起来，新娘洗漱完毕等待公婆的接见。等到天亮了，赞礼者引导新娘前去拜见公婆，新娘拿着笲（fán）装的枣子、栗子、干果和特制的干肉参见，赞礼的人代表公婆给新娘赐酒。新娘上祭肉干和酒，行食前祭礼，就完成了新娘的拜见之礼。这时公婆进入室内，新娘要献上一头小猪，表明新娘的孝顺（这里说的天亮，指的是婚礼的次日。赞，指的是主持礼仪的人。笲，是竹筐之类的器物，以盛枣、栗、肉干之类。脩，就是肉干，加了姜、桂等调味料而制作的叫作段脩）。

飨以一献 天明时，公婆要共同款待新娘，以一献之礼来奠酬（即主人敬酒而客人并不举杯之礼）。公婆先从西阶下堂，新娘则从阼阶下堂，用来表明世代辈分的不同。（厥明，指婚礼第二天早上。公婆各斟一次酒，共同完成一献之礼。阼是大堂主要的台阶，表明新娘将要代替婆婆成为家庭的主妇了。）

结缡三命 女儿出嫁时，父亲告诫说："要谨慎，听从公公之言！"母亲告诫说："要谨慎，听从婆婆之言！"伯母、叔母等人为她结佩盛手巾细物的小囊，并告诫说："要谨慎，听从父母之言！"

四德三从 古代的女子出嫁前三个月，如果祖庙还在，就在祖庙中教育她；祖庙已经毁了，就在宗室中教育她，教给她妇德、妇言、妇容、妇功四种德行。教完后进行祭祀，用鱼作为牲礼，用蘋藻为芼菜，表示可以成就妻子顺从丈夫的意思。三从，指的是女子在家里要服从父亲，出嫁要服从丈夫，丈夫死后要服从儿子。

伉俪 《左传》中说：齐侯向晋国请求娶一个女子为继室，晋国卿大夫韩宣子让叔向回答对方说："我们国君还没有伉俪呢，不能完成您的使命，但这也给了我们很大的恩惠啊。"

朱陈 白居易的诗："徐州古丰县，有村曰朱陈。去县百余里，桑麻青氛氲。一村惟两姓，世世为婚姻。"

撒帐果 汉武帝时，李夫人初入皇宫，乘坐七宝流苏辇，手握凤羽长生扇，武帝迎她入帐，一起坐着喝合卺（jǐn）酒。预先让宫女们远远地撒五色同心花果，武帝与李夫人用衣襟接住，叫"得多"，即多多得子的意思。所以后世也有了撒帐的遗风。

月老检书　唐代的韦固在旅途中暂宿于宋城，遇见有老人在月下翻书，并对韦固说："这是天下人的婚姻册。"韦固就问他自己的妻子是谁，老人回答："你妻子就是旅店后边卖菜的那个陈婆婆的女儿。"韦固第二天就去看究竟，见到一个老太婆抱着一个三岁的女孩，形象丑陋。于是就让人去刺杀她，但只刺中了眉心。十四年后，相州刺史王泰把自己的女儿嫁给韦固，容貌极美，但眉心常贴花钿。韦固仔细问她，她才说："我是刺史大人的侄女。我父亲在宋城去世。我在襁褓时遭贼人刺杀，伤痕还在眉心。"宋城的长官知道后，把当年韦固住过的旅店命名为定婚店。

金屋贮之　汉武帝年幼时，汉景帝问他："儿子，你愿意娶个妻子吗？"长公主指着自己的女儿说："把阿娇嫁给你好不好？"武帝说："如果能得到阿娇，那我要用金子建屋子，给她住。"

丹桂近嫦娥　袁筠要娶萧安的女儿，订了婚，没多久，袁筠中了进士。罗隐给他赠诗说："细看月轮还有意，定知丹桂近嫦娥。"

女萝附松柏　李靖拜见杨素，一个侍妾手执红拂侍立一旁，看了李靖很久。李靖回到旅馆，半夜忽然有紫衣人敲门，请进来，那人脱下衣帽，竟然是个美女。李靖非常惊讶，问她来此原因。她告诉李靖说："我就是杨素家那个手执红拂的侍妾。女萝愿意依附松柏。"于是就与他一起回了太原。

续断弦　《十洲记》中说：凤麟州用凤凰的嘴和麒麟的角来制作胶，可以把断了的弦重新续上。

门楣　唐玄宗对杨贵妃一家宠爱优待，杨贵妃的堂兄杨国忠加封御史大夫，杨铦封为鸿胪卿，姐妹们也分别封为韩国夫人、虢国夫人、秦国夫人。当时的民谣说："男不封侯女作妃，君看女却为门楣。"

冰人　令狐策梦见自己站在冰上，与冰下的人说话。占卜的说："在冰上面与冰下面的人说话，是阳向阴说话，应当是要为人做媒，时间在冰将消融时。"太守田豹为自己的儿子求娶张徵的女儿，让令狐策为媒，仲春成婚。所以现在称"媒人"为"冰人"。

卖犬嫁女　晋代的吴隐之要嫁女，谢石知道他家穷，给女儿的陪嫁肯定很简单，就让自己的厨房和账房人员去帮他筹划操办。那些人到了他家，只看到有一个婢女牵着一只狗在卖，除此之外就没有任何准备了。

练裳遣嫁　汉代的隐士戴良有五个女儿，他用白布衣服、竹筐和木鞋子就把她们嫁了。苏轼有诗说："竹笥与练裳，愿得毕婚嫁。"

葭莩　汉代中山靖王赏封手下群臣，没有一点葭莩私情。（葭莩，指竹子内壁上的薄膜。）

潘杨　晋代的杨经，潘岳为他写的诔文是："藉三叶世亲之恩，而子之姑，予之伉俪焉。潘杨之睦，有自来矣。"

凤占　《左传》中说：陈国的公子完到齐国，齐侯想让他做卿。

齐国的大夫懿氏想把女儿嫁给他为妻，占卜得到的卦辞是："凤凰于飞，和鸣锵锵。有妫之后，将育于姜。五世其昌。"

结缡　《诗经·东山》说："之子于归，皇驳其马，亲结其缡，九十其仪。"（缡，指古代妇女出嫁时所系的佩巾。）

示之以礼　马超投奔到蜀国，却轻视刘备，经常直呼刘备的大名。关羽大怒，请求允许杀了马超。刘备说："人家境况不好来投奔，因为叫了个名字就杀了他，这要怎么面对天下人呢？"张飞说："那也应该让他知道什么是礼。"第二天，刘备大摆宴席宴请各位将领，也请了马超，关羽、张飞却都拿着刀站立侍卫。马超环顾座席，没看见关羽和张飞，却看见他们站立着做侍卫，才大吃一惊。于是尊敬地事奉刘备，不敢再直呼其名字了。

议礼聚讼　汉章帝要制定礼乐，班固说："贤人能说礼的很多，应该广泛召集他们。"汉章帝说："俗话说得好：'筑舍道旁，三年不成。'如果把大家都召来商讨礼乐，那就是让大家来争论不绝了。"

礼制·丧事二

丧礼　黄帝开始制作棺椁。周公制作了棺材的饰物。周代制作了

殉葬的陶俑。虞卿制作了殉葬的桐木偶。左伯椀制作了尸体穿的新衣。史佚制作了下葬的棺衣。夫差制作了冥帽，并最早开始制作覆盖在死者脸上的面帛。夏代规定了专门用于随葬的物品。五代规定了灵座前的以木、土、蜡等做成的供祭祀的果品。舜规定了吊祭之礼。晋代的制度，吊丧的客人到有丧事的人家要鸣鼓为号。巫咸制作纸钱来代替真正的钱，名叫寓线。汉代向神祈祷要埋钱。王玙开始在丧事祭奠中烧纸钱。周代规定，在丧事中要驱除疫鬼和山川精怪的神灵方相来做丧事的前驱。汉代规定，改为戴面具的魌（qī）头，俗称为开路显道神。这开始于嫘（léi）祖于路边的死亡，嫫姆监护时所制定。商代开始制作铭旌来书写死者姓名。魏国时开始书写死者的字号。后汉开始制作墓碑，上面刻着文字易于辨识。黄帝开始建京观高冢，才开始造坟墓。周公开始有合葬。周桓王开始有改葬。秦武公开始用人殉葬。宋文公开始用贵重的器物殉葬。秦朝把天子墓称为山。汉代开始称为陵。汉文帝开始在生前预先建造寿陵。少康封给自己的儿子祭祀。大禹开始设立了守陵人。秦始皇建造了皇帝死后的寝宫，有石麟、辟邪、兕（sì）马，臣下的墓则有石人和羊、虎柱：因为水怪罔象喜欢吃死人的肝，所以制作这些东西来驱逐罔象。宋真宗开始给无主尸骨建造义冢，称为漏泽园。

服制　黄帝开始制定丧礼。禹开始制定五等以亲疏为差等的丧服。尧开始制定三年的守丧期，如果是父亲的丧事要穿粗麻布制成不缝边缘的丧服，为母亲服丧要穿粗麻布制成而下摆缝齐的丧服。唐代武则天规定，如果父亲还在而母亲去世，那就为母亲守丧三年，与为父亲守丧的仪式相同。宋太祖规定，为公公和婆婆也要守三年丧。周公规定，对于自己的生母要穿齐衰丧服三个月。鲁昭公制作了慈母服（为养母守丧穿）。唐玄宗又增加了母党服。魏徵规定，叔嫂的关系使用小功服。戴德规定，朋友的关系穿缌麻服。晋襄公制作了守丧期未满就应召出仕的起复之礼，始于伯禽征讨徐戎时兵卒虽在丧期仍应征而出，汉、唐都沿用了。这才开始对大臣的夺情之礼。汉元帝开始让博士回家为父母守丧。汉文帝开始用天数换月数来计算守丧时间。汉景帝用三十六天为期，期满可除去丧服。唐肃宗开始规定服丧期为二十七日。

丧礼五服　穿斩衰（cuī）的丧服，需要三年，这是儿子为父母服丧的丧服。女儿如果在家，或订了婚但还没有出嫁，或嫁了却被休而仍在家的，与儿子的妻子相同。儿子为继母、慈母、养母守丧也用斩衰，儿子的妻子与此相同。庶子为自己的生母，为名分上的嫡母守丧也用斩衰，庶子的妻子相同。上门继承人家香火的女婿与妻子相同，嫡孙为自己的祖父母、高曾父母守丧用斩衰，若其人与父俱为嫡长，而父先亡，则承受宗庙与丧祭之重任的孙子为祖父母守丧也同样用斩衰。妻子为丈夫用斩衰，妾为丈夫也相同。

齐衰杖期　嫡子、众子为父亲的妾守丧要穿齐衰并手拿丧棒，他们的妻子也一样。以下情况相同：儿子为已改嫁了的母亲，为已被休了的母亲；丈夫为妻子；嫡孙，如果祖父还在世，而父亲已经不在世时，为祖母也得着齐衰拿丧棒。

齐衰不杖期 祖父为嫡孙，父母为嫡长子及嫡长子的妻子，还有其他儿子，包括没有出嫁的女儿，还有过继给别人的儿子，都要穿齐衰，但不拿丧棒。以下人与此相同：继母为长子，众子侄为伯叔父母，亲兄弟之间，亲兄弟没有出嫁的女儿或没有分家另过的儿子。孙子为祖父母，孙女出嫁和未出嫁的都相同。过继给别人的为他的亲生父母。出嫁的女儿，为她的亲生父母。小妾为丈夫的正妻，小妾为丈夫的父母，小妾为丈夫的儿子以及与自己所生的儿子。穿齐衰的丧服守丧五个月，适用于曾孙为曾祖父母，曾孙女相同。穿齐衰的丧服守丧三个月，适用于玄孙为高祖父母，玄孙女相同。

大功九月 穿用熟麻布做成的较粗的丧服守丧九个月，适用于如下对象：祖父母为嫡长孙之外的其他孙子们和还没有出嫁的孙女们；父母为长媳之外的其他儿媳和已经出嫁的女儿；伯叔父母为侄媳和出嫁的侄女；妻子为丈夫的祖父母，妻子为丈夫的伯叔父母；丈夫过继给别人的，他的妻子为丈夫的亲生父母。

小功五月 穿用熟麻布做成的较细的丧服守丧五个月，适用于以下对象：为伯叔的祖父母，为堂伯叔的父母，为同曾祖的兄弟，为兄弟的妻子，祖父为嫡孙的妻子，为外祖父母，为母亲的兄弟姐妹。

缌麻三月 穿用细麻布制成的丧服守丧三个月，适用于以下对象：祖父为除嫡长孙媳之外的其他孙媳，曾祖父母为曾孙，祖母为嫡孙，众孙妇为乳母，为妻子的父母，为女婿，为外孙，为叔伯兄弟的妻子。

三父 是指同居的继父，不同居的继父，以及同继母改嫁的继父。这些继父中，说的是父亲死后母亲再嫁儿子随母去的。如果住在一起，那么要服一年丧，没有住在一起就不用服丧。而随继母改嫁而去的，则应该穿齐衰丧服并持丧棒一年。

八母 嫡母、继母、养母（指的是从小过继给别人的）、慈母（指亲母死后，父亲让别的妾来抚养的）、嫁母（指亲生母亲因父亲去世而再嫁他人的）、出母（指亲生母亲被父亲所休的）、庶母（父亲的妾生了子女的）、乳母（即奶妈，也要穿细麻布制的丧服）。

七出 七种休妻的条款：没有儿子，淫荡逸乐，不孝，挑弄是非，盗窃，妒忌，身患恶疾。三种不可休妻的情况：曾与丈夫一起为他的父母亲守丧三年的；婚前贫贱而婚后富贵的；妻子娘家亲人都离世，休后无家可归的。

读礼 《礼记·曲礼》中说：家有丧事还未下葬就要读下葬的礼仪，已经下葬了就要读祭祀的礼仪。

弥留 快要死时，还有呼吸，眼睛没有闭上，这叫弥留。

属纩（kuàng） 属，使用。纩，新丝绵。因为棉新丝绵很轻容易动，因此把它放在临死者的嘴和鼻子上，以检验是否已经死亡。

易箦 曾子得了重病，他的儿子曾元、曾申坐在曾子脚下，童仆坐在角落里拿着蜡烛。童仆说："这个席子华丽而平滑，是大夫才能享用的竹席吗？"曾子说："是啊，这是大夫季孙赐给我的，我没有换它。曾元，扶我起来换席！"扶他起来换席子，还没能把曾子再放到席子上他就死了。

捐馆 《史记·苏秦传》中说：奉阳君死了，抛弃馆舍而去。

鬼录 魏文帝在《与吴质书》中说：以前常得病，亲人朋友也多遭灾难，看他们的姓名，都已经登上了鬼录。

就木 晋文公奔逃到狄国，娶了季隗为妻，他将要去齐国，就对季隗说："等我二十五年，如果我不回来你就改嫁吧。"季隗回答说："我要是像你说的那样再改嫁的话，都已经快要进棺材了。"

盖棺论定 晋代的刘毅说："大丈夫盖棺论方定。"

修文郎 春秋时，苏韶死了，后来他的堂弟苏节在白天见到苏韶，就问他阴间之事。苏韶说："颜回、卜商死了后，都在阴间任修文郎。"

白玉楼 李贺将要死时，有红衣人驾着红色虬龙，捧着雷版来召李贺说："天帝建成白玉楼，召你去写文章。天上的差事快乐不苦。"

一鉴亡 魏徵死后，唐太宗在朝廷上叹息说："以铜为镜，可以照出美丑；以人为镜，可以明白得失。现在魏徵死了，一面镜子没了。”

月犯少微　谢敷在剡中隐居。当时月亮侵犯少微星，占卜的结果是“处士当心”。吴国的戴逵名气比谢敷大，就很担忧。不久谢敷死了，当时人就说：“吴中高士，求死不得。”

岁在龙蛇　郑玄梦见孔子对他说：“起来，起来，今年是龙年，明年是蛇年。”郑玄醒来后，想起这与一个谶语相合，就知道自己命不久矣。那谶语是：“岁在龙蛇贤人嗟。”

梦书白驹　杜牧梦到自己在写“白驹”两个字，有人说这是指“过隙”。于是杜牧立刻烧毁自己全部的文章诗词，果然就死了。

一朝千古　唐代的薛收死了，秦王说：“吾与伯褒共军旅，岂期一朝成千古！”

脱骖　孔子遇到以前掌管馆舍之人的丧事，进去哀伤痛哭，出来，让子贡把马解下来帮助他办完丧事。

麦舟　范尧夫的船中有五百斛麦子，全给了老友石曼卿，来帮助他办丧事。

生刍一束　郭林宗在为母守丧，徐稺前往吊唁，在门前放了一束鲜草就走了。众人都奇怪，不知什么缘故。郭林宗说：“这一定是南州高士徐孺子。《诗经》不是有说吗，‘生刍一束，其人如玉’，我有何德，能当得起这样的夸奖呢？”

素车白马 范巨卿、张元伯是朋友。元伯死了，范巨卿梦见张元伯喊他说："巨卿兄，我已某日死，某日葬。"范巨卿连忙驾车赶去吊唁。还没到达，张元伯的葬礼已经开始了。棺材到墓穴前，就怎么也搬不动了。他母亲说："元伯啊，难道你还有什么期盼么？"就停下棺材。过了一会，看到有人乘着素车白马，大哭而来。他母亲说："这一定是范巨卿。"于是范巨卿拉着牵引棺材的绳索在前边引导，棺材这才可以移动。

归见父母 陈尧佐临终前，给自己写墓志铭，道：大宋颍川书生陈尧佐，字希先，享寿八十二，已不算早夭；官居一品，也不算低贱；卿相名册中也有名字，也不辱祖先，可以到灵魂栖息的地方去归见父母了。

翁仲 《水经注》中说：鄗（hào）南的千秋亭坛庙东边的枕道上，有两个石翁仲。黄山谷有诗句"往者不可言，古柏守翁仲"。

九京 晋献文子说："这是希望保全性命，去九京追随亡祖亡父啊。"

佳城 汉代的滕公驾车到东都门，马悲鸣不走。滕公命人挖掘，挖出一副石棺，上面用蝌蚪文写着："佳城郁郁，三千年见白日，吁嗟滕公居此室。"滕公长叹说："天啊！我死后是要葬在这里吗？"后来果然埋葬在这里。

牛眠 东晋陶侃家举行葬礼时，忽然丢失了一头牛，哪儿都找不着。遇到一个老汉，对陶侃说："前面山岗上躺着一头牛，如果把墓地选在那里，以后一定位极人臣。”陶侃在那找到了牛，又把先人葬在那里。

寿藏　唐代姚勖（xù）活着时就给自己在万安山曾祖父墓旁建了一个墓地，题名“安居穴以土，为床曰化台”。

挽歌　汉高祖时，田横自杀，追随他的人都不敢哭，只是对着他的灵柩诉说哀情，后人就继承这种方式而成为挽歌。汉武帝时，李延年把挽歌分为两类：《薤（xiè）露》，以送王公贵客；《蒿里》，以送士大夫和庶人。

吊柳七　柳永死时，家里没有多余的钱财，一群妓女凑钱把他葬在郊外，每年春天都来上坟，称为吊柳七。

漆灯　唐代沈彬的家门外有一棵大树，他曾说：“我死后可以葬在这里。”等他死后要埋葬时，才发现下面有一个古墓，里面还有一盏古灯，灯台上有漆书篆文：“佳城今已开，虽开不葬埋。漆灯犹未灭，留待沈彬来。”

金粟冈　唐玄宗驾临桥陵，看到金粟冈有龙盘凤翥之地势，对侍臣说：“我死后应该葬在这里。”等到去世时，大臣们依从他的旨意将他葬于此地。

马鬣封　《礼记》中记载，子夏说：“从前孔夫子说：我见过把坟墓建得四方而高好像堂基地，见过又长又窄好像堤防的，见过旁广而卑好像夏代房屋的，也见过像斧头那样简单省事的。像斧头一样就是俗称的马鬣封。”

长夜室　苏轼《赠章默》诗说：“章子亲未葬，余生抱羸疾。朝吟噎邻里，夜泪腐茵席。愿求不毛田，亲筑长夜室。”

土馒头　范成大在《重九日行营寿藏之地》诗中说：“家山随处可行楸，荷锸携壶似醉刘。纵有千年铁门限，终须一个土馒头。三轮世界犹灰劫，四大形骸强首丘。蝼蚁乌鸢何厚薄，临风拊掌菊花秋。”

要离冢　梁鸿死后，皋伯通等人为他寻找葬地，于是葬在要离的墓边。说：“梁鸿是高贤，要离是烈士，正可以引为同类。”后人就把那个地方叫梁溪，就是今天的无锡。

玉钩斜　在吴公台下，是隋炀帝埋葬宫女的地方。唐代窦巩《宫人斜》诗中说：“离宫路远北原斜，生死恩深不到家。云雨今归何处去，黄鹂飞上野棠花。”

葬龙耳　晋元帝听说郭璞为别人看风水选墓地，就穿平民便服去看，对那家的主人说：“这个葬地叫‘龙角’，若葬于此必有灭族之祸。”主人说：“郭璞说这叫‘龙耳’，三年中会有天子到来。”元帝问：“是会出一个天子吗？”回答说：“不是，是能让天子来过问。”

方相　《周礼》中说：方相氏驱逐罔象，因为罔象喜欢吃死人的肝，但却害怕老虎和柏树，所以在墓上种柏树，路口设石虎，原因在于此。

不慭（yìn）遗一老　孔子死后，鲁哀公作诔说："上天不仁，不留下一位国老，来捍卫我居于君位，使我孤独无依忧愁成病。呜呼哀哉尼父！我失去了律己的榜样了。"子贡说："国君怕是不能在鲁国善终吧。"

五谷瓶　魏国王肃在《丧服要记》中记载，鲁哀公说："五谷囊始于伯夷、叔齐，他们不愿吃周粟而死，因此作了五谷囊。我父亲是有饭吃而死的，要这有什么用呢？"现在人就制作了五谷瓶。

青蝇为吊客　虞翻字仲翔，流放于海南，自恨节操孤高，骨体无媚，犯上获罪，要死在海角了。感慨活着时无人可交谈，死后只有青蝇为吊客，如果天下有一人能为知己，也可以死而无憾。

墓木拱　《左传》中秦穆公差人对蹇（jiǎn）叔说："你知道什么？你年寿已尽，等大军凯旋，你坟上的树都有两手合抱那么粗了。"

瓜奠　唐代莱国公杜如晦去世，唐太宗诏令虞世南写墓碑。后来唐太宗吃了个美味的香瓜，忆起杜如晦，怆然泪下，于是吃了一半不吃了，派人把香瓜放在杜如晦的灵前祭奠。

哀些　宋玉《招魂》里有句："光风转蕙，氾崇兰些。"些，是语气词。宋玉《招魂》的句末都有"些"，所以挽歌也称"哀些。"

长眠　《太平广记》中说：郑尤路遇一坟，上有两棵竹子，就作诗道："冢上两竿竹，风吹常臬臬。"墓里的人续诗道："下有百年人，长眠不知晓。"

赙赗（fù fèng） 赙，是助的意思。赗，是报的意思。以此来帮助生者、送别死者，并表达情意。货财叫赙，车马叫赗。赏玩之物叫赠，衣服叫襚。

铭旌 铭，是明的意思，因为死者无法区分自己，所以用他的旗帜作标识。杜牧的诗说："黄壤不沾新雨露，粉书空换旧铭旌。"

谥 姜太公与周公辅佐嗣王时，最早制定了谥的规矩。天子的谥始于黄帝。加谥号达到十几字的，始于唐玄宗。太子的谥号始于申生。卿大夫的谥号始于周朝。处士谥号始于陶弘景。公卿没有爵位而有谥号的始于王导。宦官有谥号，术士有谥号，始于北魏公卿大夫。祖、父有谥号的始于元朝。妇人有谥号的始于穆天子给盛妃加谥。哀悼皇后的谥号始于汉高祖尊谥母亲为昭灵。公主的谥号始于唐高祖给女儿平阳公主取谥号为昭。活着就赐给谥号的，始于卫侯赐谥给北宫喜，谥为贞，析朱钼（chú）谥为成。私人有谥号的始于黔娄。妻子私下为丈夫取谥号的始于柳下惠。

窀穸（zhūn xī）《左传》中说：得以保全性命而善终，就有这些祭祀安葬之事。

襄事 《左传》中说：安葬鲁定公时，因下雨而没把丧礼办完，这就是礼。

葛茀　《左传》中说：埋葬敬嬴时，天旱，没有麻，只好用葛茀。

祖载　《白虎通义》中说：祖载是将葬之际，祖祭于庭，乘出丧的车辞别祖先，所以叫祖载。

命终　天子死称崩，诸侯死称薨（hōng），大夫死称卒，士人死称不禄，庶人直接称死。死后在床上称尸，在棺材中称柩。飞鸟死了称降，四足兽死了称渍。死于敌手的称兵。

执绋　《礼记》中说：在出葬时去吊丧就要执绳索拉柩车，如果跟着柩车到墓穴旁，就要帮忙执绋下葬。

礼制·祭祀三

祭法　有虞氏用禘（tì）礼祭祀黄帝，用郊礼祭祀帝喾，以颛顼（zhuān xū）为祖而以尧帝为宗。夏后氏也用禘礼祭祀黄帝，用郊礼祭祀鲧（gǔn），以颛顼为祖而以大禹为宗。殷人用禘礼祭祀帝喾，用郊礼祭祀冥，以契为祖而以汤为宗。周人用禘礼祭祀帝喾，用郊礼祭祀稷，则以文王为祖而以武王为宗。少昊最早制宗庙，周公最早设立七庙，舜最早制定庙号。舜在庙里接受帝位，最早有大事必在祖庙祭祀。伏羲最早制定祭祀祖先之礼，少昊最早制定四季的庙祭，舜最早制定帝王的禘祭，夏朝的帝槐最早制定不迁宗的祭礼。殷商规定五年举行一次祫祭。周朝每三年在文王庙中祭祀一次。北齐最早制定别室，加献烧烤祭品。殷商的太甲最早制定功臣可以在大庙中配享。大禹最早设立世室灵位，制定祭台。伊尹制定宗庙石室。宋真宗最早制定了百官从祭的位次牌。左彻最早用木头刻制了黄帝的像。秦始皇最早制定宿于墓侧的规矩，汉朝沿用了它，并布置了死者生前起居、衣冠等，并上饭。天子正月上陵，开始祭扫。王导拜祭元帝陵，最早有了大臣拜祭帝王陵墓。伏羲最早在冬、夏到郊外祭祀皇天后土。殷汤最早制定对感生帝的祭祀。周公最早制定祭祀神州地祇。舜最早制定了禘祭与郊祭的配食。秦始皇制定了三年一次的郊祭。汉平帝最早在南郊合祀天地，位置都是面向南，地位偏东。神农氏最早制定在明堂大祭五天。尧帝最早制定了五人帝、五人神，配五天帝。舜制定了五郊，祭祀五方天帝以迎五候。黄帝最早制定设坛祭祀。秦献公最早制定了祭祀白帝的畦畤之祭。秦始皇最早制定四畤，来自襄公的西畤，文公的鄜畤，都是为了祭祀白帝。宣公密畤是祭祀青帝，灵公的上畤是祭祀黄帝，下畤是祭祀炎帝。汉高祖最早增加制定五畤。汉武帝最早祭祀太乙（五帝之主），从晚上进行到白天，最早制定了泰畤。汉文帝最早规定五帝庙同在一个大殿。晋武帝最早下诏让五帝同被尊为昊天，又听从王肃的建议废除了五帝座。秦始皇最早规定郊祀爟火。帝喾开始制定六宗，祭日月、星辰、寒暑、四时、风雨、雷云。无怀氏最早制定封禅之礼。黄帝最早制定了四坎以祭祀川、谷、水、泉，设四坛以祭祀山、林、丘、陵。舜最早制定秩祭，以祭祀四岳和四水。

黄帝最早制定社祭五土，把稷放在五土之中，以表彰原野能生长谷物。秦朝规定郡县建庙祭祀社稷。宋真宗最早制定了郡县祭社稷的礼仪。神农最早制定了年终的蜡祭。少昊制定祭祀先农与蚕。舜规定祭祀四方的百物。大禹祭祀司寒的冰神。秦德公祭祀伏天。商汤时因为大旱，最早将稷神的庙宇迁移并弃祀。商汤最早制定五种祭祀：户祭、灶祭、门祭、路祭、中霤（liù）祭。周公制定了七祀，加上了泰厉祭和司命祭。汉高祖废除了户祭又加了井祭。汉高祖最早祭祀蚩尤。唐玄宗最早祭九宫神（在皇帝生日的千秋节设坛祭祀）。颛顼制定在军队驻地进行祃（mà）祭。舜制定了祭天与五帝的类祭。大禹制定了祭天的大旅。神农最早制定祝文。汉武帝最早举行郊祀，并建立乐府。黄帝最早在祭祀前沐浴、斋戒。后魏最早在拜祭时行香。太康被后羿篡位失国，最早发现日食，也最早有了救日之祭。神农最早制定拜祭求子。商汤制定了求雨的雩（yú）祭。周公制定了在雩祭祈祷丰年。神农氏最早制定求雨之法。商汤最早制作土龙以求雨。隋文帝最早规定求雨时禁止屠宰牲口，也禁止用扇子。

宗伯职责：大凡祭祀大神、大鬼、大祇时，带着执事者用龟占卜日期，第二个任务是到祭祀场所煮香草、审察祭祀用的牲畜、向主祭报告牲畜洁净、报告准备就绪、把祭祀余下的肉送归皇帝并赐福。

九祭六器 《周礼》中说：太祝掌管九祭六器。六器是：苍璧、黄琮、青珪、赤璋、白琥、玄璜。九祭是：一叫命，二叫衍，三叫炮，四叫庙，五叫振，六叫擩，七叫绝，八叫燎，九叫共。

郊祀　将玉帛、牺牲焚于南郊泰坛，是祭天；将玉帛、牺牲埋于北郊泰圻，是祭地。牲畜要用红牛犊。

六宗　埋猪羊祭品在泰昭，是祭祀节气；在坎坛迎祖，是祭寒暑；在日坛设王宫之祭是祭日；在月坛设夜明之祭是祭月；设星坛作幽宗之祭是祭星；设云坛作云宗之祭是祭水旱。

五畤祠　祭祀青帝叫密畤祠，祭祀黄帝叫上畤祠，祭祀炎帝叫下畤祠，祭祀白帝叫畦畤祠，祭祀黑帝叫北畤。

五祀　春季祀户，夏季祀灶，秋季祀门，冬季祀行，季夏祀中霤。

七祀　天子有七祀，即：宫中的司命、中霤、国门、国行、古帝王无后之鬼、户、灶。诸侯有五祀，即：宫中的司命、中霤、国门、国行、古诸侯无后之鬼。大夫有三祀，即：古大家族无后之鬼、国门、国行。士人二祀，即国门、国行。庶人一祀，或者立户，或者立灶。

八蜡　天子较大的蜡祭有八种：一祭先啬（神农），二祭司啬（后稷），三祭农（即掌管农事之神），四祭邮表畷（田畔之屋），五祭猫虎，六祭堵（蓄水），七祭水庸（水沟），八祭昆虫。

祀典　圣王制定祭祀的规则是：有法令普施于民的祭祀他，为民众而死的祭祀他，以自己的力量安邦定国的祭祀他，为民众防止自然灾害的祭祀他，捍卫国家免于战乱的祭祀他。这就是厉山氏（炎帝）统治天下的原因。他的儿子叫农，能指导民众种植百谷；后来夏衰亡了，周弃又继承了，所以他们被后人当作稷祭祀。共工氏称霸九州，他的儿子叫后土，能安定九州，所以后人把他当作社来祭祀。帝喾以星辰安排时间，让民众知晓；尧帝能公平赏善惩恶，且终让位于贤人；舜帝勤于国事而死于郊野，鲧为堵截洪水未成而被流放至死，大禹修改鲧的治水方式而建功；黄帝制定百物之工以使人分工合作，颛顼能增益它；契做舜的司徒而教化民众；冥身为水利之官而殉职；商汤以宽治民众而革除夏桀暴政；文王用文治、武王用武功去除民众的灾祸：这些都是有丰功伟绩的。此外，日月星辰为民众所瞻仰，山林、川谷与丘陵是民众财物及日用的来源，也应祭祀。未在此中提及的，不在祭祀之中。

祭主　天子要祭祀天地、祭祀四方、祭祀山川、祭祀五祀，每年一次。诸侯则各祭一方的神祇，祭祀山川、祭祀五祀即可，每年一次。大夫祭祀五祀，每年一次。士人只祭祖先。

祭孔庙　唐玄宗最早给孔子封王。宋太祖开始下诏在孔庙中立戟，宋仁宗开始下诏使用祭歌，宋徽宗开始听从蒋靖奏请用有十二条垂饰的礼冠、九种花纹的礼服。汉武帝开始封孔子的后人为侯以祭祀孔子。汉成帝开始为孔子后人封谥。北周开始下诏让孔子后人做曲阜令。宋仁宗开始下诏封孔子后人为衍圣公。

丁祭用鹿　汉高祖经过曲阜，用太牢祭祀孔子。现在的制度是，郡县用鹿祭祀孔子。

淫祀 大凡祭祀之礼，有该废除的，就没人敢兴起。有该举行的，就没有人敢废除。不该祭而祭的，就叫淫祀，淫祀是不被福佑的。

牺牲 天子祭祀用纯色的牛，诸侯用肥牛，大夫用挑选出来的牛，士人用羊或者猪。

凡是宗庙祭礼，牛叫一元大武，大猪叫刚鬣，小猪叫腯（tú）肥，羊叫柔毛，鸡叫翰音，犬叫羹献，雉叫疏趾，兔叫明视。脯叫尹祭，槁鱼叫商祭，鲜鱼叫脡祭。水叫清涤，酒叫清酌，黍叫芗合，粱叫芗萁，稷叫明粢（zī），稻叫嘉蔬，韭叫丰本，盐叫咸鹾（cuó），玉叫嘉玉，币叫量币。

方诸明水 方诸，就是大蛤，摩擦变热后令其向着月亮，就会生出水来，古人取此水用于庙祭，称为明水。

祭号 祭祖父叫皇祖考，祖母叫皇祖妣。父亲叫皇考，母亲叫皇妣，丈夫叫皇辟。

庙制 天子有七庙，三昭三穆，加上太祖之庙共七庙。诸侯有五庙，二昭二穆，加上太祖之庙共五庙。大夫有三庙，一昭一穆，加上太祖之庙共三庙。士人有一庙。普通人就在寝室祭祀。

祭时 天子诸侯宗庙的祀祭，在春天举行叫礿（yuè），在夏天举行叫禘，在秋天举行叫尝，在冬天举行叫蒸。天子可以进行礿祭、禘祭、尝祭、蒸祭。诸侯则是举行礿祭就不再禘祭，举行禘祭就不再尝祭，举行尝祭就不再蒸祭，举行蒸祭就不再勺祭。诸侯的礿祭也是特祭；诸侯的禘祭，一年为特祭、一年为合祭；尝祭与蒸祭都算合祭。

牲制　天子祭祀社稷都用太牢（牛、羊、猪），诸侯祭祀社稷都用少牢（猪和羊）。大夫和士人的宗庙之祭，有田地的举行祭礼，没有田地的举行荐礼。平民春天以韭菜献荐，夏天以小麦献荐，秋天以黍米献荐，冬天以稻米献荐，韭菜要配蛋，小麦要配鱼，黍米要配豚，稻米要配大雁。

牛制　祭祀天地用的牛，牛角要像蚕茧或栗子那么小；宗庙祭祀用的牛，牛角应有一握之长；宴请宾客用的牛，牛角应有一尺长。

六礼　分别是冠礼、婚礼、丧礼、祭礼、乡礼、相见礼。

七教　包括父子、兄弟、夫妇、君臣、长幼、朋友、宾客。

八政　包括饮食、衣服、百工技艺、五方用器不同、长度、体积、数字、布帛的规则。

乡饮酒礼　主人在乡学门外拜迎宾客，客人入门后作揖三次到台阶前，相互推让三次然后登上台阶，这是为表达尊重和礼让。洗手然后举杯饮酒，这是为了表示洁净。主人拜迎宾客的到来、宾客拜谢主人洗杯和献酒、主人拜送宾客取酒和干杯，这是为了表达尊敬。尊重、礼让、洁净、敬重，是君子交往的礼仪。

五象 宾和主，象征天地。介和僎，象征阴阳。主宾、介宾和众宾，象征日月星三光。谦让三次，象征月朔之后三天复明。四面而坐，象征春夏秋冬四季。

贵礼贱财 宾客所献的祭酒和祭肉，是表示尊敬主人待客之礼。尝一口肺，表示接受主人的礼；吃一口酒，表示成全主人的礼。喝酒时移到席的西头末位，是为了表明此席的真正用意：不是专门为了饮食，而是为了行礼，这就是重礼轻财的意思。

别贵贱 乡饮之前，主人亲临主宾及辅佐宾客的家中去敦请，其他宾客则到主宾家中，跟随着一起前往。到主人门外，主人拜迎主宾和介，其他宾客则自己入内。这样是为了判别贵贱之义。

辨隆杀 主宾三揖走到台阶，彼此再谦让三次，之后主人引导主宾上台阶，拜谢主宾的到来，又斟酒献宾，宾再回敬主人，这样辞让的礼节很多；至于主人与介之间，礼节就简省了。至于普通宾客，登台升受，坐着祭祀，站着饮酒，不回敬主人就可以下台。这是为了区分礼的隆重与减省。

和乐不流 乐工进入屋子之后，升堂唱《鹿鸣》《四牡》《皇皇者华》三篇后，主人献酒给他；吹笙的人进入屋子后，在堂下演奏出《南陔（gāi）》《白华》《华黍》三曲后，主人献酒给他；乐工与吹笙的又轮流相间地一唱一吹，各自表演完三篇后，然后再合起来同时表演，表演三首后，乐工向主宾报告，乐歌已表演完毕，然后就可以出去了。这时主人的属下有一人举杯敬宾客，于是让一个人做司正，就知道在乡饮中能够和谐欢乐却不放肆了。

弟长无遗　主宾先饮再劝主人饮，主人又劝介宾饮，介宾再劝众宾客饮，以长幼为次序，一直到那些洗涮、干活的人，就知道乡饮酒礼按年龄而不会遗漏。

安燕不乱　撤下酒之后，下堂把鞋子脱掉，再登堂入座，彼此劝酒，不计杯数。饮酒的礼节是，早上饮酒不误早朝，晚上饮酒不误晚朝。宾客离去，主人拜送，仪式于是完成，就知道乡饮安然饮酒而不致错乱。

律吕

伏羲最早纪录阳气初生，制定了音律之法。建日冬至这天吹出的声音，以黄钟为宫（黄钟从冬至开始，依次运行，每一天就分为宫、商、徵，以此类推）。黄帝听到凤凰的鸣声，节候与声音相应，就用黄钟宫比附，就可以相应和了，就这样定音律的基础。神瞽协调中声，开始定律度。武王伐纣，吹律听声，就制定了七律（分别用年月日星辰五位和三所来使用，一同其数，从而用律来和声）。汉武帝时，让张苍制定音律，他向京房学习了律吕相生的变化，制定了六十律（在十二律之外，中宫上生执始，执始上生去灭，上下相生，结束于南事）。五代的钱乐之、沈重又按京房的六十律再扩展六倍，制成了三百六十律（每天对应一管，宫、徵等音旋转对位，分别以此类推）。黄帝取用嶰谷的竹子，从两节之间截断吹奏。京房认为竹管声音太小无法定调，就用作音准来确定音位（音准形状像瑟，长一丈，十三弦，分寸较粗，容易定音）。

后魏的陈仲儒请求用准来代替律。魏杜夔（kuí）命令柴玉铸钟。荀勖（xù）校订了杜夔的钟律，制造了十二支笛子。笛子都有五音，以此来对应京房的律法（各自依凭律法，用宫音为基调上行，宫就是高音，在宫音处钻孔作为本宫。而用徵音为基调上行，徵就是高音）。梁朝的君主萧衍制定成四通（设立四种乐器，命名为通，每种都安装两根弦，用来通声调，还转通月气）。又用笛子模仿通的声音。沈重开始制定了半音，以正常的音来统摄半音，无论多少都可以合为一律（一部中正常的律为母音，一中气所有的日为半音。还可以为变宫、变徵之音。在羽宫之间，靠近宫音的地方设一声，稍高于宫音，角音与徵音之间，靠近徵音的地方设一声，稍低于徵音，这就是变徵）。还有四个清声。隋朝的郑译最早创立七调，用七调校对七声。七声之外，再立一声为应。姜宝常最早创立八十四调，一百四十律，而变化则终于十声。它的音比郑译所创的调低二律。何妥奏请用黄钟一个宫调，只击打七钟，而以其余五钟为哑钟。唐朝的张文收与祖孝孙二人吹调五钟，才使得十二钟都能响应。唐末（黄巢之乱），工匠与乐器都散失了。博士殷盈孙铸造了十二面镈钟。处士萧承训校订了石磬的音准（只能在金石的记载上找到方法）。王朴开始寻找古法，得到十二律管，依此律管校准了十三弦，以此定准声。宋太祖命令和岘把王朴的乐声调低了两个音符。宋仁宗又下诏让李炤校定。宋代礼官杨杰请求依照人声来制定乐音，以歌声为本。四川的方士魏汉津依据夏禹以自己的身体为刻度的记载，取了大禹中指三寸作为刻度。

伏羲最早作音乐。黄帝的大臣伶伦最早制定六律和六吕。荣缓铸造十二钟，以协调时间与乐律的关系，并以五音相和。周朝最早在礼仪中奏鼓吹（大乐是用钟鼓演奏，钟师是掌管金属节奏的），并制定了古乐九夏。梁武帝依据九夏制定十二雅（按十二律开始制定大乐，此后世代沿袭）。祖孝孙根据十二雅创制了十二和。秦朝焚烧《乐经》。汉朝立国后，汉高祖开始制定《武德》之乐，文帝时扩充为四时乐。叔孙通最早制定庙乐。汉武帝最早制定郊祀乐十九章。汉明帝最早制定四种大乐（郊庙祭祀奏上陵大予乐，辟雍奏燕射雅颂乐，燕飨奏黄门鼓吹乐，军中奏短箫铙歌乐）。汉末京都战乱，正统音乐都遗失了，魏武帝曹操开始命令杜夔创作雅乐四个部类，正统音乐初步具备。到了晋朝永嘉之乱，雅乐又散失了，梁武帝改变了乐制，到了周太祖、隋文帝再详细校定雅乐，就很合适了。到了唐高宗，命令祖孝孙考据古代的音律，再斟酌南北的方音，开始制作唐乐。汉武帝设立乐府，各种乐调和杂舞都用乐器伴奏。陈后主最早制作新乐《玉树后庭花》，隋炀帝有《金钗两臂垂》（传说都是陈后主制作的）。唐玄宗有立部伎、坐部伎，还有三十六曲。隋文帝开始分雅、俗二部。唐玄宗最早将法曲与胡部音乐合奏。汉朝开始设立鼓吹官府，把北狄之乐分为二部。朝会时用鼓吹曲，也有用箫笳的。军中马上用横吹曲，也有用鼓角的。隋朝以后，开始把横吹曲用于皇帝的卤簿大驾中，与鼓吹曲同列为四部（㭎鼓部、铙鼓部、大横吹部、小横吹部），总称鼓吹，以供皇帝大驾及皇太子和王公欣赏。张骞入西域，得胡音，开始用胡角应和。胡笳本来是黄帝的吹角，在涿鹿之战时用过，魏时减成半鸣的声音才衰落。汉朝唐山夫人创作了房中祠乐，来源于周朝的房中乐讽，是用丝竹遗声奏出的清乐。隋高祖制作房内乐。隋炀帝开始增加了歌钟、歌磬，并用丝竹配合应和。元魏孝文帝篡汉，获得南音，最早作清商乐，来源于汉朝的三调。隋文帝最喜欢清乐，设置了清商署，分清乐为七部。隋炀帝最早规定清乐为九部。唐高祖仍然设九部，唐太宗设十部，主要都是清商乐。唐玄宗最早设置教坊隶。散乐始于周朝，有缦乐和散乐。秦、汉沿袭，变为杂伎。汉武帝最早用于俳优百戏，总称为散乐。

舜调理八音，用乐器八百种。到了周朝，改为宫、商、角、徵、羽五音，使用的乐器减到五百种。唐朝又减到了三百种。周朝制作音乐，编悬钟磬各有八种，二八一十六，全都悬挂在专用的木架上，半叫堵，全叫肆。黄帝杀死夔龙，用它的皮制作冒鼓，帝喾作了小摇鼓，禹作鞀（táo）鼓，倕作鼙（pí）鼓，周有瓦鼓，汉有杖鼓，唐有羯鼓。毋句最早作磬。南齐作云板，梁朝作方响。黄帝与蚩尤作战，制作钲角，帝喾平定共工，制作了埙篪（xūn chí）、柷敔（zhù yǔ，就是控揭）。神农最早制作钟，大禹制作铎，汤制作錞（chún，用钟应和鼓声）。女娲氏制作笙簧，随制作竽，神农制作籥（yuè），伏羲制作箫，师延制作箜篌，蒙恬制作筝。沈怀远作绕梁（像箜篌）。伶伦砍伐昆溪之竹制作笛子，汉朝的丘仲开始完善笛子的制法。女娲氏开始制作管。唐朝刘係制作七星管。伏羲最早制作瑟。黄帝最早让素女将瑟破为二十五弦（伏羲制作的瑟为五十弦）。梁朝的柳恽制作了可以打击的瑟和琴。唐朝的道源制作了击瓯。李琬制作了水盏（两者都可以用筷子击打）。师旷制作了月琴。秦朝一个苦役把鞉（táo）鼓加上弦弹奏，制作了琵琶。李伯阳进入西戎，制作了胡笳。黄幡绰侍奉唐明皇，制作了拍板琴。伏羲氏最早用桐木制琴，初有十弦。神农最早制作了五弦琴，有五种音色。文王始增少宫、少商二弦，成为七弦。伏羲最早制作《琴操》。师延最早创作新曲。赵定最早创作散操，有九引十二操，都用声音互相应和，没有歌辞（也有人认为琴曲都是魏晋时人所作）。到了梁朝琴曲才开始有了歌辞。

古琴名　伏羲的琴名离徵，黄帝的琴名清角，帝俊的琴名电母，伊陟的琴名国阿，周宣王的琴名响风，秦惠文王的琴名宣和、闲邪，楚庄王的琴名绕梁，齐桓公的琴名鸣廉、号钟，庄子的琴名橘梧，闵损的琴名掩容，卫国师曹的琴名凤嗉，鲁国谢涓的琴名龙腰，魏国师坚的琴名履杯，鲁国贺云的琴名龙颔，魏国杨英的琴名凤势，秦国陈章的琴名神晖，赵国胡言的琴名亚额（琴额上有女亚的字样），李斯的琴名龙腮，秦始皇的琴就名秦琴（弦、轸、徽、尾都是黑色），司马相如的琴名绿绮，荣启期的琴名双月，张道的琴名响泉，赵飞燕的琴名凤凰，梁鸿的琴名灵机，马明的琴名四峰，宋蒙的琴名蝉翼，扬雄的琴名清英，晋朝刘安的琴名云泉，王钦的琴名古瓶，谢庄的琴名怡神、仙人，庄女的琴名落霞，李勉的琴名百纳，徐勉的琴名玉床，荀季和的琴名龙唇、枧敌，祝牧的琴名太古，赵孟頫的琴名震余（是采许旌阳手植梧桐所制），吴越王钱俶的琴名洗凡（是砍瀑布泉的亭柱所制）。

琴操　高雅的标准有五等，分别是伏羲、舜、仲尼、灵关、云和。有十二操，分别是：孔子的《将归操》《猗（yī）兰操》《电山操》，周公的《越裳操》，周文王的《拘幽操》，周太王的《岐山操》，尹伯奇的《履霜操》，牧渎的《雉朝飞操》，商陵牧子的《别鹤操》，曾子的《残形操》，伯牙的《水仙操》《怀陵操》。九引，分别是：楚国樊姬的《烈女引》，鲁国伯妃的《伯妃引》，晋国漆室女的《贞女引》，卫女的《思归引》，楚国漆商梁的《霹雳引》，樗里牧恭的《走马引》，樗里子的《箜篌引》，秦国的漆屠高门的《琴引》，楚国的漆龙丘高的《楚引》。蔡邕有五弄：《游春弄》《渌水弄》《幽居弄》《坐愁弄》《秋思弄》。师涓有四时操：春操是《离鸿》《去雁》《应苹》；夏操是《明晨》《焦泉》《流金》；秋操是《商风》《落叶》《吹蓬》；冬操是《凝和》《流阴》《沉云》。

乐律

历代乐名　黄帝创作《咸池》，颛顼创作《六英》，帝喾创作《五茎》，尧创作《大章》，舜创作《大韶》，禹创作《大夏》，汤创作《大濩（huò）》，武王创作《大武》。

嶰谷　黄帝让伶伦制作音律。伶伦在嶰谷选取竹子，选那些中空与外壁的厚薄均匀的，在两节之间截断，制成六寸九分的长度吹奏，成为黄钟管。再制十二管以仿效凤凰的鸣声，雄凤鸣声有六，雌凰鸣声有六，成为律吕。

律吕　是五声的根本，是从黄钟律中生发出来的。黄钟律有十二音，其中六阳叫律，六阴叫吕。律用来统领气息模仿事物，一叫黄钟，二叫太簇，三叫姑铣，四叫蕤宾，五叫夷则，六叫无射。吕用来集中天阳以发抒气息，一叫林钟，二叫南吕，三叫应钟，四叫大吕，五叫夹钟，六叫中吕。律吕象征朝代正朔。其职责在太常，太常掌管它。

葭灰气候　隋文帝取律吕，向里面装入葭草之灰以等待节候，向牛弘询问，牛弘回答说：“如果草灰飞出一半就是和气，草灰全部飞出就是猛气，一点都飞不出就是衰气。”

五音　宫象征君王，商象征臣子，角象征民众，徵象征政事，羽象征万物，五音不乱，就没有不和之音。宫音乱就会流于荒蛮，这是由于君主骄慢；商音乱就会流于邪僻，这是由于臣子败坏；角音乱就会流于忧伤，这是由于民众有怨；徵音乱就会流于悲哀，这是由于劳役繁多；羽音乱就会流于危险，这是由于财物匮乏。如果五音都乱，互相侵犯，这就是轻慢，这样离亡国就不远了。

乱世之音　郑、卫两国的音乐，是乱世之音，都争相表现轻慢。桑间、濮上之音，尽是亡国之音，国家的政治离散，民众流亡，诬上行私而无法制止。

溺音　魏文侯问："什么是溺音？"子夏回答说："郑国的音乐滥情而没有节制，宋国的音乐多是宴会与女子所以会让人心志沉溺，卫国的音乐急促得让人厌烦，齐国的音乐倨傲邪辟使人心骄横。这四种音乐都过于沉溺表象而有害于德行，所以祭祀时是不能使用的。"

六声　钟的声音铿锵，铿锵的声音可以使人意气纵横，意气可以激起勇武之心。君子听到钟声，就会想起武将。石磬的声音刚劲，刚劲的声音可以让人节义分明，节义分明可以使人舍生忘死。君子听到石磬之声，就会想起保卫疆土献身的臣子。丝弦的声音悲哀，悲哀的声音可以使人正直，正直可以使人充满志气。君子听琴瑟之声，会想起有志气和大义的臣子。竹管可以发出广泛的声音，广泛的声音会合就能使众人集聚，所以君子听到竽、笙、箫、管的声音，就会想起能集聚民众的臣子。鼓鼙的声音欢腾，欢腾的声音可以使人激动，激动可以让人奋进。君子听到鼓鼙的声音，就会想起统率大军的臣子。君子听音乐，不是听音乐的铿锵之声，而要从中生发共鸣。

学琴师襄　孔子向师襄学琴。孔子说："我学会了这支曲子，再熟习弹奏的技法，现在又领悟到了它的情志，于是很恭敬地深思着什么，这曲子欣然喜悦，志存高远。这样我就知道作曲的是怎么样一个人了，黑皮肤，高个子，眼睛像汪洋大海，胸襟好像要包容天下、统治四方诸侯，如果不是周文王，谁又能这样呢？"师襄起身离席，对孔子拜了两拜说："我的老师就说这是《文王操》啊。"

四面　王宫悬，就是四面都悬挂乐器；诸侯轩悬，就是把南面悬挂的去掉，以回避君王；大夫判悬，就是在诸侯的基础上再去掉北面的，仅存一半；士特悬，就是再去掉西南的，来表示特立的意思。

铜山崩　汉武帝时，未央宫殿前的钟没有来由地响起。汉武帝下诏问东方朔，东方朔回答说："我听说铜是山的儿子，山是铜的母亲。母子之间可以互相感应，钟自鸣，山肯定有呼应。"过了三天，南郡太守上书说有山崩塌了，崩塌长达二十余里。魏国皇帝殿前的大钟，也不敲自响，人们都觉得奇怪，问张华，张华回答："这是因为蜀地的铜山崩塌了，所以钟自鸣呼应。"不久蜀地上书说到这件事，与张华所说一样。

錞于　北魏孝武帝被迫西迁长安，庙堂雅乐多有缺乏，有一种乐器叫錞于，已经很久没出现了。有人在蜀地得到，没人能认识。斛斯徵说：“这是錞于啊。”于是依照干宝《周礼注》所说，用芒筒来敲击它，声音非常宏大。

金錞　《周礼》中说：少师用金錞应和鼓声。金錞的外形如钟，头大腹合，用蹲伏的兽类做鼻子，里面挂着铃，铃上有铜舌。奏乐时摇响，可与鼓声相应和。（类似佛子铃）

蕤宾铁　乐工廉郊在池塘上弹秦蕤宾调，忽然听到荷叶间有东西在跳跃，细看是一片方响。明白的人知道是蕤宾铁，音乐的感应能达到这种程度。

驷马仰秣（mò）　伯牙弹琴，连驷马都为此而仰头吐料，就是说马为此而笑了。

万壑松　郭伯山得到了唐代的名琴万壑松，是宋徽宗时皇宫的东西。李白在一首诗中说：“蜀僧抱绿绮，西下峨眉峰。为我一挥手，如听万壑松。客心洗流水，余响入霜钟。”

琴有杀心　蔡邕应邻居之约去赴宴。到了门口，听到有人弹琴，蔡邕暗中听了一会，说：“用音乐召我来，但乐声听着有杀伐之意，这是怎么回事呢？”于是就转身回去了。主人发现后亲自去追他。蔡邕详细地说明了原因。客人说：“我刚才弹琴，看到有螳螂正在捕蝉，惟恐它失败，难道杀心出现在手指下了吗？”蔡邕笑着说：“这就足够影响到琴声了呀。”

高山流水　伯牙弹琴，钟子期听。伯牙想志在高山，子期说：“真美啊，高耸如嵩山！”伯牙志在流水，子期说：“真美啊，奔腾如江河！”后来钟子期死了，伯牙破琴绝弦，终身不再弹琴。

濮水琴瑟　晋人师延给商纣王创作了靡靡之乐，周武王讨伐纣王，师延自己跳濮水而死。后来卫灵公夜里途经濮水，听到琴声，召来师涓并记录下来。师旷说：“这是亡国之音！”

焦尾　蔡邕流亡吴地时，吴地人用桐木当柴烧，蔡邕听到着火的声音说：“这是好木头啊。”请求让他截一段做琴，做完后果然琴声绝美。琴尾还是烧焦了的，所以这把琴叫焦尾琴。

相如琴台　司马相如有琴台，在淀花溪正路的金花寺北边，魏国讨伐蜀国时，曾在这里安营挖筑战壕，挖出了二十余口大缸，是用来扩大琴声的。

松雪　雷威制琴，不一定都用桐木。遇到大雪天，就独自一人前往峨眉山，穿着蓑笠到松林深处，听到有声音连绵清越的松树，就砍来做琴，品质之妙竟超过桐木。世人称之为雷公琴。有一把是他最爱惜的，名叫松雪。

斫（zhuó）琴名手　晋代的雷威、雷珏、雷文、雷迅、郭亮都是四川人，沈镣、张钺都是江南人，这些人都是制琴名手。

震余　鲜于枢把一把震余琴送给了赵孟頫，这是许逊（旌阳）亲手种植的桐树，被雷击断砍来做的琴。琴背面还能清楚地看到许旌阳的印剑痕迹，真是人间至宝。

绿绮　司马相如有把琴叫绿绮，说是峄阳的一棵孤桐砍伐做成的，一时名重天下。

无弦琴　陶渊明不会弹琴，却收藏了一张素琴，弦徽皆无，他常抚琴说：“但识琴中趣，何劳弦上声。”

将移我情　伯牙向成连学琴，三年没学成。成连说：“我的老师方子春住在东海中，他能让人变易情志。”于是将伯牙领到东海蓬莱山的旁边，他自己说要撑船去迎接方子春，但走了十天半个月都不回来。伯牙引颈四望，也见不着人，只听到海水汹涌之声，山林绵远而昏暗，群鸟在天际悲鸣，伯牙怆然叹息说：“先生是想这样来变易我的情志啊！”于是就弹唱出了《水仙之操》。

绕殿雷　冯道的儿子善弹琵琶，用皮当弦，周世宗让他弹奏，非常喜欢。所以称之为“绕殿雷”。

游鱼出听　荀子说：“瓠巴弹起瑟来，连游鱼也会钻出水倾听。”

箜篌　箜篌的形状像瑟但小一些，要用拨片来弹。汉灵帝非常喜欢弹。它外形弯而长，有二十三弦，竖着抱在怀里，两只手一齐弹奏，俗语称为劈箜篌。

见狸逐鼠　孔子正在弹琴，曾子、子贡在门边听。一曲终了，曾子说：“哎！夫子的琴声，竟然有贪狼之志，邪僻之行，这多么不仁啊！”子贡把这话告诉了孔子，孔子说：“刚才弹琴时，有一只老鼠出来，狸猫看到后，就沿着屋梁跟踪，想要去抓又躲开，压着身子弯着脊背，却没有抓到。我用琴来表达，曾参认为琴声贪狼、邪僻，说得不对吗？”

筑 筑的形状如琴但头部稍大，有十三弦，它的项部很细，肩部很圆，弹奏的方法是用左手抱着筑，右手用竹尺来击打，随着调子来呼应节拍。

寇先生 嵇康曾到离洛阳数十里的华阳亭投宿。一更时弹琴，听到空中有人称善，嵇康招呼他下来相见，于是就现形了，用手托着他的头颅，与嵇康一起讨论音乐，后来就传授嵇康《广陵散》。这个鬼名叫寇先生，生前很善于弹琴，被宋景公所杀。嵇康得到《广陵散》后，秘不授人。后来临刑时长叹说：“《广陵散》今后就绝迹了！”

楚明光 王彦伯曾途经吴地，把小舟靠在河边，登上小亭望月，弹琴唱《泫露》之诗。一会儿有一个女子掀帷而进，抚琴挥弦，音调哀切雅正。王彦伯问这是什么曲子，女子说：“这是古人所说的《楚明光》，嵇叔夜会弹这个曲子。从那以后，得到这个曲子的只有寥寥几个人罢了。”王彦伯请求传授给他，女子说：“这曲子并不适宜华艳的俗世，只有隐居于山谷的隐士才可以用此曲自娱。”说着弹琴而歌，唱完，天已经亮了，就告辞而去。

天际真人想 大司马桓温说：“谢仁祖在北窗下跷着脚弹琵琶，

有天际真人想（天上神仙的样子）。”

拨阮　武则天时，有人从古墓得到一个铜器，像琵琶，形体端正而圆，人们都不能辨识。元行冲说：“这是阮咸作的。”命匠人用木头仿造，于是乐师就给它取名为“阮咸”。又因为它的形状像月亮，而声音像琴，所以又叫月琴。现在人只称呼为“阮”，或叫“拨阮”“摘阮”，都可以。

柯亭竹椽　蔡邕避难江南，在柯亭住宿，听到庭院中第十六条竹椽迎风有美妙之音，蔡邕说：“这是上佳的竹子。”取来做笛子，声音特绝，代代相传，后来被孙绰侍妓折断了。

秦声楚声　李龟年到岐王宅第，听到琴声，说：“这是秦地的音乐。”过一会儿，又说：“这是楚地的音乐。”后来问主人，果然前面弹琴的是陇西的沈妍，后面的是扬州的薛满。两个歌妓对他大为佩服。

好竽　齐王好听竽，有个到齐国去求官的人，操着一张瑟前去，在齐王家门口呆了三年，也不得其门而入。有人说：“齐王喜欢竽，而你却弹瑟，瑟弹得再好，奈何齐王不喜欢啊！”

羯鼓　唐明皇不喜欢琴，弹奏者一曲还没弹完，就喝斥弹奏者出去。并对内侍说：“快让花奴拿羯鼓来，给我除去秽气。”

渔阳掺挝（zhuā）　祢衡被魏武帝曹操贬为鼓吏。正月十五，要试鼓，祢衡扬桴奏出了《渔阳掺挝》，鼓声有金石之声，四座宾客听后都为之动容。掺，是击鼓之法。挝，是击鼓用的捶。

回帆挝　王敦大将军坐在武昌的钓台上，听行船打鼓，叹赏其鼓声之妙。忽然有一捶稍有不同，王敦用扇柄敲打桌子说：“可恨！”当时王应在旁边陪侍，说：“这是回帆挝。”让人去看，回报说：“船正入夹口。”

十八拍　蔡琰字文姬，先嫁给河东人卫仲道，丈夫去世了。兴平年间遭遇战乱，被虏获到南匈奴。左贤王十二年春天，登上匈奴人的宫殿，有感于胡笳的声音，创作了《胡笳十八拍》。后来曹操用钱财赎回了她，把她嫁给董祀。

簨虡（音损巨。横的叫簨，直的叫虡）《周礼》中说，木工制作了簨和虡。天下大的兽类有五种：牛羊类、猪类、虎豹类、飞禽类、鱼类。将这些动物的图案刻画在悬挂的乐器上，那些声音洪亮有力的动物画在钟虡上，声音清弱无力的动物就画在磬虡上。

周郎顾　周瑜妙解音律，即便酒过三巡，若演奏有一点小失误，周瑜必然会回头去看。当时人说：“曲有误，周郎顾。”

击壤　击壤是一种石戏。壤用木头做成，前宽后尖，长四尺三寸，宽三寸，它的形状如鞋子。开始游戏时，先把一个壤侧放在三四十步外，用手中的另一个壤去击打它，击中的就得胜。

禁鼓响一千一百三十声叫一通，三千六百九十声叫三通；更鼓响三百六十挝叫一通，一千捶叫三通。其余的鼓三百三十三声叫一通。画角十二声叫一叠。

钟声 早晚各撞钟一百零八下，是一年的含义。因为一年有十二个月，有二十四个节气，又有七十二个节候，加起来正好得到这个数字。《越州歌》说："紧十八，慢十八,六遍共成一百八。"

埙篪 埙是用土做的，尖头平底，如秤锤，有六个孔，有人说有八个孔。大如鸭蛋，叫雅埙。小如鸡卵，叫颂篪，用竹子制成，大的长一尺四寸、有八个孔，小的长一尺二寸、有七个孔，横着吹，与埙的声音相应和。埙、篪两种乐器，是周昭王时的暴辛公制作的。

柷敔 柷，形状如漆桶，用木头做的，直径二尺四寸，深一尺八寸，中间有椎柄，连接底部，用它撞击旁边的壁，就可以奏乐了。方圆二尺四寸，是阴数。敔，形状如伏虎，背上有二十七个栉齿形的东西，是木头刻成，长有一尺多，用木头敲击它，表示要音乐停止的意思。二十七个栉齿，是阳数。柷、敔两种乐器，是舜帝时制作的。

洗凡清绝 吴越忠懿王钱俶得到天台寺中正对着瀑布的泉亭的柱子，制成两张琴。一张叫洗凡，一张叫清绝，是稀世之宝。后来钱俶把它们献给宋太宗，收藏在皇家御府。

舞剑器 《剑器》是武术类舞蹈的曲名。这种舞要让舞者女扮男装，事实上是空手舞。

梨园子弟　唐明皇酷爱清雅的法乐，挑选了坐部伎子弟三百人，在梨园教授他们，称之为梨园子弟，让他们住在宜春北苑。当时马仙期、李龟年、贺怀智都通晓音律。安禄山从范阳入朝觐见，也进献了白玉箫管之类的几百种乐器，都陈列在梨园。音乐之声不像人间所有。

李天下　唐庄宗说一天不听音乐，饮食无味。即使他正在暴打左右的侍从，一听到音乐，就怡然自适，什么事都忘了。他还善于唱歌，有时自己粉墨登场，与优伶们一起演戏。自己取了个艺名叫李天下。

雍门鼓　雍门周携琴面见孟尝君，孟尝君说："先生弹琴，能让我田文悲伤吗？"雍门周说："千秋万岁后，楼台已坏，坟墓已塌，小孩、年轻人和打柴的人都在上面徘徊唱歌，说，凭孟尝君那样的尊贵，竟到如此境地吗？"孟尝君泪流满面，说："先生您让我田文好像国破家亡一般！"

桓伊弄笛　晋朝的桓伊有一支柯亭笛，常常吹奏。王徽之泊舟清溪，听到笛声赞叹不已。有人告诉他说："这是桓伊。"王徽之让侍从请他为自己吹笛。桓伊下车，坐在胡床上，吹笛三弄，上车而去，主客两人没说一句话。

皋亭石鼓　吴郡临平堤岸崩塌，得到一面石鼓，却敲不响。问黄门侍郎张华，张华说："用蜀中的铜材刻成鱼的形状，敲它就响了。"按照他说的去做，声音能闻几十里。

响遏行云 《列子》中说：薛谭向秦青学唱歌，还没有学完秦青的技艺，自以为学尽了，要告辞回家。秦青也不阻止，就在郊外举行道别宴，秦青打着节拍唱出悲壮的歌，声振林木，响遏行云。薛谭立刻谢罪，请求回来学习，从此终身不敢再提回家了。

余音绕梁 秦青说：从前韩娥东去齐国，没有粮食，路过雍门时，用唱歌换粮食。在她去后，这里还余音绕梁，三日不绝。李白写过一句诗"醉舞纷绮席，清歌绕飞梁"。

声入云霄 戚夫人擅长跳翘折腰的舞，唱《出塞》《入塞》的歌，几百名侍女跟着她学。后宫常齐声高唱，声入云霄。

水调歌头 唐明皇喜爱《水调歌》的曲调，安禄山进犯京城，明皇想要迁居他处，他登上花萼楼，让楼下少年中有善唱《水调歌》的人唱这个曲子，唱词是："山川满目泪沾衣，富贵荣华不几时。不见只今汾水上，惟有年年秋雁飞。"明皇听了潸然泪下，问："谁作的词？"左右回答说："是宰相李峤。"明皇称赞说："这才叫真才子啊。"

卷十

兵刑部

军旅○刑法

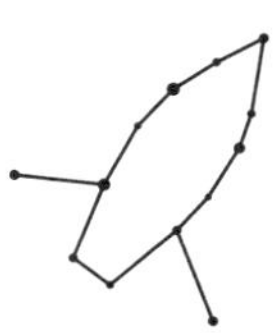

军旅

黄帝征讨蚩尤是战争之始，颛顼诛杀共工才有了阵势，风后最早有奇异的阵图，力牧最早创建营垒。黄帝在涿鹿之战才最早开始征兵，大禹征讨苗疆才开始有了传令，商纣王抵御周朝的军队才最早有了戍守。

黄帝设置了记录路程的里鼓，还最早设置侦察兵，汉武帝建瞭望台，黄帝设置演武场，周公设置了辕门。黄帝制造了战车辅助军队，还设置骑兵作侦探。

吕望最早制战舰。周武王于孟津会诸侯，命仓兕制舟楫。公输班制作船战的钩拒。伍子胥演练水战，制造了楼船、滩船。智伯决开汾水，开始将水用于战争。

蚩尤最早用火攻。孙子最早总结出火人、火积、火辎、火库、火队等五种火攻法。魏国的马均最早制作爆仗引火。隋炀帝用火药来制作杂戏，开始用有火药的枪炮。

黄帝最早制造火炮，吕望制造火铳，范蠡制造机械射出飞石。

黄帝制作战旗、五彩牙幢。大禹制作战旗上的飘带，挂在战车上作为区别。周公制作了九色旗。

伏羲制作了盾与戈。挥于制作了弓。牟夷制作了箭。舜制作了弓袋、箭筒。黄帝制作了弩。

黄帝最早用首山的铜铸造刀、斧；蚩尤最早选取昆吾山的铁制作剑、铠甲、矛、戟、长刀。

蚩尤最早以皮革制作铠甲。大禹最早制作函甲。

黄帝最早制作长枪，孔明增加了它的长度。舜还制造了匕首。

黄帝制作云梯，古时名叫钩援。牟夷制作挨牌，古时名叫傍排。

孙武制作了铁蒺藜，刘馥制作了悬苫，现在叫悬帘。岳飞制作了藤牌。

殷商的盘庚规定烽火示警。赵武灵王规定以刁斗传警。魏国规定用鸡翘旗报警，并用露布与漆竿传捷报。

五兵　矛、戟、戈、剑、弓被称为五兵。

专主旗鼓　吴起临战前，左右给他献上宝剑，吴起说："将帅必须专注于旗鼓，临难时要能决断，指挥兵士的进退，才是将帅的职责。持一剑杀敌，非将帅之任。"

授斧钺　国有危难，君王占卜一个吉日，传授旗鼓。将军进入太庙，小步急行到堂下，面朝北方站立，君王手执斧钺，拿着钺头，把钺柄递给将军，说：“从这里一直到天上，都请将军管制。”再拿着斧头，把斧柄递给将军，说：“从这里一直到大海，都请将军管制。”

投醪 秦穆公讨伐晋国，到了黄河，想慰劳三军，只有一杯酒。蹇叔说：“一杯酒也可以倒到河里，把河水酿成酒。”秦穆公就把酒倒入黄河，三军都取水喝下。

吮疽（jū） 吴起为魏国去攻打中山国。士兵中有长疮的，吴起用嘴为他吸脓。士兵的母亲听到后大哭。别人问说：“你儿子不过是个士兵罢了，而吴起将军亲自为他吸脓，为什么要哭啊？”回答说：“往年吴将军为这孩子的父亲吸脓，孩子的父亲作战没多久，就战死了。今天又来为我儿子吸脓，我不知道他会死在哪里。”后来吴起去了楚国，那个士兵果然战死了。

纶巾羽扇 诸葛亮与司马懿在渭河对峙，约定日期要夜战。司马懿着戎装视察军务，派人去看诸葛亮，见他独乘素车，戴青丝巾挥鹅毛扇，指挥三军，三军随其一道进退。司马懿赞叹说：“诸葛先生可谓名士了！”

金钩 吴王阖闾以莫邪剑为珍宝，又下令全国人作金钩，说：“能做出好金钩的人赏千金。”有个人贪图赏赐，就杀了他的两个儿子，以血涂于金上，于是做成两只钩，献给吴王。吴王说：“这钩有何特殊之处啊？”回答说：“我为了做这个钩，求得赏赐而杀了两个儿子，以血铸成，所以它与众不同。”于是对着钩叫自已两儿名字："吴鸿、扈稽，我在这里！"话音未落，两只钩一道飞了起来，停在父亲胸膛之上。吴王大惊，就赏赐了他。于是随身佩带这两把钩。

七制　兵法有七种，一叫征服、二叫攻打、三叫侵略、四叫讨伐、五叫列阵、六叫大战、七叫争斗。

挟纩　楚国军队围攻萧国，申公巫臣说："兵士们都感到很冷。"楚王巡视三军，拍着士兵们的肩膀勉励他们，三军兵士都如同穿上棉衣一般。

呼庚癸　吴国申叔仪到晋国求粮，公孙有山氏对他说："细粮没有了，粗粮还有些。若你登上首山，大声喊'庚癸乎'，就能得到允诺（庚，指西方之神，主掌谷物。癸，指北方之神，主掌水。这是用巫术教他隐语）。"

盗马　秦穆公丢了他马车的右边一匹马，发现一山野人正在吃马，秦穆公笑说："吃马肉而不喝酒，恐怕会伤身体。"于是与他喝了个痛快才走。过了一年，秦晋发生韩原之战，晋军包围了秦穆公的马车。那山野人率三百多人迅速到车下参战，于是大败晋军。

剑名　剑口叫镡，剑鼻叫璏（wèi），剑把叫铗，剑鞘叫室，剑衣叫韬，也叫襓，剑把上的绳叫蒯缑（kuǎi gōu）。

五名剑　越王勾践有五把宝剑：一叫纯钩、二叫湛卢、三叫豪曹、四叫鱼肠、五叫巨阙。

斩蛇剑　汉高祖在南山得到一把铁剑，长三尺，铭文为“赤霄”，大篆书写，就是那把斩蛇剑。等到显贵后，经常佩带它。晋朝太康三年，武库失火，中书监张华派兵防卫，看见汉高祖的斩蛇剑穿破屋顶飞走，不知去向。

佽飞　荆地有个叫佽飞的人，在长江边上得了一把宝剑。过江时，行至中途，有两条蛟龙夹着小舟。佽飞脱下衣服，拔剑刺向蛟龙，杀死了它们。荆王任他为官，并赐给他爵位。

干将莫邪　干将是吴国人，妻子莫邪，两人为吴王阖闾铸剑，未铸成。干将说：“神物之造化，须得人的气息方可铸成。”妻子就铰下头发剪下指甲，投入火炉中，金铁都熔化了，于是铸成两把宝剑，阳剑叫干将，阴剑叫莫邪。

龙泉太阿　司空张华看见牛、斗两星宿之间有紫气，星象对应之地在丰城，就让雷焕作丰城县令。到县里上任后，挖掘监狱至二丈深的土里，挖到一石匣子并打开，得到两把宝剑，一把叫龙泉，一把叫太阿。雷焕留下其中一把，另一把献给张华，说：“灵异之物，终究会变化而去。”张华死后，剑就飞入襄城河水中。后来，雷焕之子任建安从事，经过延津，宝剑忽然从腰间跃入河水中，让人入水寻剑，只见双龙盘旋蜿蜒，不敢靠近。

华阴土　雷焕从丰城狱中得到宝剑，取用南昌西山的黄白土擦拭它，剑光闪亮耀眼；张华又用华阴的红土擦拭，剑光更加鲜亮。

金仆姑　箭的名字。《左传》中记载，鲁庄公用金仆姑射南宫长万。

石马流汗　安禄山叛乱，哥舒翰与叛将崔乾祐激战，看见几百名黄旗军赶来助战，忽然又消失了。这天，唐太宗昭陵的石马身上都流了汗。

露布　军中开始有露布，是因为后魏每次征伐得胜后，想让天下闻知，便上书布帛挂在漆竿上，名为露布，用来宣扬战功。

蒋庙泥兵　南京钟山，有汉代秣陵尉蒋子文庙，大约是因蒋子文追捕盗贼死在此处，孙权为他立了庙，封蒋侯。孙权为避讳祖父的“钟”字，改名为蒋山。后来孙权与敌人大战，夜里大雨，蒋侯就来相助。第二天，见庙里的泥兵身上都湿了。

箭塞水注　刘倚善于射箭。装满的水桶，用箭去射，把箭拔出，水就如注而出，接着射一箭能把孔堵上。人们都佩服他箭法精妙。

檿（yǎn）**弧箕服**　檿，就是山桑。木制的弓叫弧。服，用来装箭。箕草像荻，细细织出，用来做衣服。

娘子军　唐朝平阳公主，嫁给柴绍。当初，唐高祖起兵，与柴绍一起将家产都拿出来招募亡命之徒。渡过黄河后，平阳公主率领精兵万人与秦王会师于渭北。柴绍与公主分别开设幕府，分定首都，号称娘子军。

夫人城　晋朝朱序镇守襄阳，当时苻坚派遣军队攻打。朱序母亲看到城西北角首当其冲会被攻破，亲自率领百来名婢女和女家丁，斜着修筑了一道二十多丈的新城。敌人猛攻西北角，守军果然溃败，众人退守新城，敌人于是退去，因此号为夫人城。

紫电青霜　王勃在《滕王阁序》中说："紫电、青霜（宝剑名），王将军之武库。"

榻侧鼾睡　宋太祖要讨伐江南，徐铉入朝上奏请求罢兵。宋太祖说："江南国主能有什么罪呢？但卧榻之侧，岂容他人鼾睡！"

廉颇善饭　廉颇一顿吃掉一斗米，十斤肉，披甲上马，以示自己还有用。郭开对赵王说："廉将军虽然老了，饭量还很好。然而与我坐在一起，才一会儿，就上了三次厕所。"于是赵王认为廉颇老了，不再召用。

杜彪　梁朝荆州刺史杜嶷（yí），膂力过人，骑着奔驰的马射箭，箭无虚发。他所佩带的霞明朱弓，拉力有四石多，每次出来挑战，北魏军队都很忌惮他，称他为杜彪。

飞将　唐朝单雄信极其英勇，尽心事奉李密，人们称他叫飞将。后周韩果打败稽胡，稽胡忌惮韩果英勇，也称其为飞将。

铁猛兽　后周蔡祐与齐军打仗，身着明光铠甲，所向无敌。齐人害怕他，称之铁猛兽。

熊虎将　周瑜曾对孙权说："刘备有关羽、张飞这样熊虎般勇猛的大将，有在长江饮马的志向。"又说关羽、张飞，可挡万人之敌。

细柳营　汉文帝时，匈奴大举入侵边境。文帝让周亚夫在细柳驻军，以防匈奴。文帝亲自犒劳军队，先驱人员到军门，说："天子到！"守门都尉说："军中只听从将军命令，不听从天子命令。"文帝派使者持着节符下诏给将军周亚夫说："我要犒劳军队。"周亚夫才打开营门。文帝扣紧马缰缓缓前行，周亚夫以军礼参见文帝。文帝说："唉，这才是真正的将军呀！"

飞将军　汉朝李广为北平太守，匈奴人畏惧他，称他为汉飞将军，避与之战多年。

贯虱　《列子》中说，纪昌向飞卫学射箭，飞卫说："要视小如大，视微如著，若能达到再告诉我。"纪昌用牛尾的毛绑一只虱子在南窗上，面向南方而望它。十来天之后，虱子逐渐增大；三年后，大如车轮。于是用弓箭去射它，射穿虱子心脏。

来嚼铁　唐朝来瑱（tiàn）任颍川太守。贼人攻城，来瑱射箭，敌人纷纷应声而倒。贼人向城跪拜求降，称他为来嚼铁。

半段枪　唐代哥舒翰为河西卫前将军，吐蕃大举侵略边境，哥舒翰手持半段枪迎战敌兵锋锐，所向披靡。

黄驺（zōu）**少年**　北周裴果勇冠三军，与敌兵战斗时，骑一匹黄骢马冲在前面，军中人称黄骢少年。

白袍先锋　唐朝薛仁贵曾跟随唐太宗出征。每次出战，总是身披白袍，所向无敌。唐太宗远远看见，问那个白袍先锋是谁。于是特别召见，赐给他战马、绢布，欢喜于得到一员虎将。

大树将军　东汉的冯异性格谦逊寡言，别的将领至休息处，就坐在一起论功，冯异常常独自隐身树下，人称大树将军。

霹雳闪电　唐朝长孙无忌的父亲长孙晟讨伐突厥，敌人害怕长孙晟，听到他的弓声，称之为“霹雳”；看见他骑马奔跑，称之为“闪电”。晋王杨广笑着说：“将军震怒，威行域外。”

辕门二龙　唐朝乌承玼，在开元年间，与族兄乌承恩都是平虏先锋，号称辕门二龙。

一韩一范　文正公范仲淹和魏国公韩琦都当过西北边疆的将帅，边疆士兵有歌谣说：“军中有一韩，西贼闻之心胆寒；军中有一范，西贼闻之惊破胆。”西夏皇帝元昊害怕他们，于是向宋朝称臣。

八遇八克　唐朝娄师德，武则天时期招募勇士讨伐吐蕃，就自告奋勇，戴红色抹额前来应诏。后来与敌人作战，八次遇敌八次克敌。

七纵七擒　诸葛亮与孟获作战，总共七纵七擒。后来孟获终于叹服说：“您有如此天威，我们南边的人不敢再反叛了。”

钲止兵进　狄青与西戎之敌交战，密令军中，钲响一声就停止，响两声严阵以待并假装退却，钲声一旦停止就大声呼喊向前冲锋。敌人大为惊愕，因此取得了胜利。

以少击众　唐朝的马璘武艺绝伦，以一百骑兵打败了五千敌人。李光弼说：“我没见过以少击众能像马将军这样的！”人们称他为中兴锐将。

朕之关张　宋朝的狄青，京师都称呼他叫狄天使，皇上赞赏他的勇武，任命他为泾原路兵马总管。皇上想见他，诏令入朝。正碰上有敌军进逼平凉，就又下令让他去前线阻击，只好让人画像进宫见皇上。皇上看了这幅画像后说：“这是我的关羽和张飞啊。”

立汉赤帜　韩信攻打赵国，命令兵士说：“赵军若见我们败走，必然会倾巢而出追击我军，你们就赶快进入他们的营盘，拔掉赵国的白旗，树上我们大汉的红旗。”于是韩信假装败走，赵军果然追赶，等回营时看到红旗，军心大乱。汉兵内外夹击，大败赵军。

下马作露布　《南史》中记载，傅永官拜安远将军，皇帝赞叹说：“上马能杀贼，下马能作露布，惟有傅修期（傅永）可以做到啊！”

三箭定天山　薛仁贵为行军副总管。九姓部落敌军多达十余万人，他们让精锐的骑兵前来挑战，薛仁贵射了三箭，就杀死了三个骑兵，敌人的气势被威慑，都投降了。

三鼓夺昆仑　狄青带兵平定广西，侬智高镇守昆仑关。狄青兵到宾州，正值上元节，四处大张灯火，第一天晚上摆宴奏乐通宵，第二天晚上又摆宴。二更时，狄青忽然说身体难受，进入内室，让孙元规主持宴席，说他稍吃点药就出来，还多次让人给在座的宾客劝酒，到天亮酒席都未散。忽然有快马来报："当晚三更时分，狄青将军已经夺取了昆仑关。"

顺昌旗帜　宋朝的刘锜与金兀术在柘皋交战，敌人远远望见，大惊，说："这是顺昌府的旗帜啊。"立刻引兵撤退。

每饭不忘巨鹿　汉文帝对冯唐说："从前有人对我说起李齐的贤能，他指挥将士在巨鹿作战。现在我每次吃饭，心思没有一次不在巨鹿。"

铸错　唐朝的罗绍威因为魏博镇的卫兵太过骄横，就把他们全杀了，于是被梁国的朱温压制，就对亲近的属吏说："聚集六州四十三县的铁，也铸造不出这么大一个'错'字！"

得陇望蜀　司马懿对曹操说："今天攻克汉中，益州就会震动，进兵攻打，势必瓦解。"曹操说："人都苦于不知足，得陇还要望蜀。"

塞创复战　隋朝的张定和，敌人刺中了他的脖颈，张定和以草塞住伤口继续作战，神气自若，敌人于是大败。

杜伏威　唐朝的杜伏威与陈稜的军队作战，敌人射中了杜伏威的额头，杜伏威大怒说："不杀你我誓不拔箭！"骑马冲进陈稜的军阵，抓获那个射箭的将领，让他拔了箭，然后杀了他。

首级　秦朝的法令是斩下敌人一个头就拜爵一级，所以叫首级。后人说，割一个头，必割他的生殖器，认为拜爵一级是不对的。

梓树化牛　秦文公讨伐雍国，雍国南山的梓树变成了牛，派骑兵去攻击，却无法取胜。有士兵从马上坠落在地，头发披散，牛非常害怕，躲入水中。秦国因此设置了披发武士，让他们在骑兵前充当先锋。

勒石燕然　燕然，是山的名字，在塞外三千里。汉朝窦宪大败单于，登上燕然山，刻石纪功，称颂汉朝的功德。

九章　《管子》中记载："举着有太阳图案的旗子则为白天行军，举着月亮图案的旗子则为夜间行军，举着龙图案的旗子则为水中行军，举着老虎图案的旗子则为树林中行军，举着飞鸟图案的旗子则为山坡上行军，举着蛇图案的旗子则为沼泽中行军，举着鹊图案的旗子则为陆地上行军，举着狼图案的旗子则为山中行军，举着牲畜图案的旗子则为带着食物行军。"

啼哭郎君　都统制曲端异常勇猛强悍，每次与敌人作战，就叫来偏将头目，对他说徽、钦二帝蒙难，现正在金人的五国城中当奴仆倒酒，凡是臣子都听之痛心，想之切骨，于是放声大哭。全军将士都大哭，奋身上马，勇气百倍，敌人远远望见就躲开，称他为啼哭郎君。

鸽笼分部　曲端的军队分为五部，一笼养五只信鸽，要召唤一部军队，就开笼放一只信鸽前往，于是一部兵马立刻到达，异常神速，见者皆被镇服。

玉帐术　杜子美有诗：“空留玉帐术，愁杀锦城人。”玉帐是领兵之人施巫术的方位，主将若在这个方位设置军帐，就坚不可摧。方法是：黄帝遁甲以月建，后三位取之，如正月建寅，则巳为玉帐。

寇来没处畔　陈后主建造齐云观，有歌谣说：“齐云观，寇来没处畔。”所以现在人把躲避别人叫“畔”。

府兵　西魏最早设立府兵。隋唐最早有了番号，入为兵，出为民。周太祖开始在士兵脸上刺字。唐末刘仁恭抓住民众刺字为兵，供给食物，以补充兵源。

渠答　就是蒺藜，用铁制作，立下营寨后就撒到营帐周围。

绕指柔　平望湖中掘出一把宝剑，弯屈后剑头可以与剑尾相接，放手后又恢复原状，剑锋犀利，可以切断金属铁器。有识的人说：“这就是古代所说的‘绕指柔’啊。”

刑法

郑国制订《刑书》，晋国制订《执秩》，赵国制订《国律》，楚国制订《仆区》（“区”读音“欧”），这些都是法令律条的名字。仆，就是隐的意思；区，就是藏匿的意思；是为隐匿逃亡者所作的刑法。

历代狱名 夏朝监狱叫夏台，商朝监狱叫羑（yǒu）里，周朝监狱叫囹圄（yǔ），汉朝监狱叫请室。

五听 《周礼》中记载：少司寇用五种方法来审判案情，一是观察言辞，二是观察气色，三是观察呼吸，四是观察听觉，五是观察眼神。

三刺 判案者应该咨询三方意见：一是咨询群臣，二是咨询群吏，三是咨询万民。

古刑 墨（刺面）、劓（割鼻）、剕（断足）、宫（阉割生殖器）、大辟（死刑），后来又增加了流（流放）、赎（赎罪）、鞭（鞭打）、朴（朴打），合称九刑。

古刑名 城旦、舂：城旦，就是早起修筑城墙；舂，就是舂米。

此为四年的刑罚。鬼薪、白粲：鬼薪，就是给宗庙打柴；白粲就是把白米都挑选出来。此为三年的刑罚。

五毒 给脖子和脚带枷锁叫桁杨，只给脖子带枷锁叫荷校，给手足带枷锁叫桎梏，用锁链绑住叫锒铛，用鞭子抽打叫榜掠。拷打逼供叫五毒俱备，意思是说五种刑罚都用到了。

三木 三木是指用枷锁铐住脖子和手脚的刑法。

三宥 一种可以宽宥的是不知情，第二种可以宽宥的是有过失，第三种可以宽宥的是遗忘。

三赦 第一种可以赦免的是幼弱，第二种可以赦免的是老迈，第三种可以赦免的是愚蠢。

虞芮争田 周文王时，虞国和芮国君主互相争执土地而无果，一道请周文王裁决。进入周文王辖境，看到那里耕种之人都让出田塍（chéng），行路之人都让路。两君主互相说："我等小人，不可以踏足君子的庭院！"于是让出有争议的土地作了闲田。

除肉刑 汉朝太仓令淳于意没有儿子，有五个女儿。淳于意犯了罪应当判刑，就骂道："生女儿不生儿子，遇到急事用不上！"他的幼女缇萦就向朝廷上书，说人死了就不能再活过来，处刑后也不可能再赎罪。自己愿意卖身为奴，来赎父亲的罪。汉文帝很同情她，一并废除了残害身体的肉刑。

后五刑　残害身体的肉刑被废除后，又把笞（鞭打）、杖（以木板击打）、徒（关押并强制劳动）、流（流放）、死五种刑罚称为五刑。

髡（kūn）**钳**　髡，就是剃除头发的意思。钳，就是用铁制的东西罩住头的意思。钳钛，《汉书·陈咸传》中有"私解脱钳钛"。钳罩头，钛罩脚，都是用铁制成的。

胥靡　胥，是相互的意思；靡，是跟随的意思；二者关联，就是相互跟随服役。犹如现在的囚徒，以铁索把他们连起服劳役。

弃市　汉景帝把磔刑改为弃市，不再使用磔刑了。磔刑，是分裂尸体。弃市，是在人众集聚的闹市执行死刑。

刑具　《汉书·刑法志》中记载：最重的刑罚要用甲兵，其次用斧钺；中刑用刀锯，其次用钻凿，最轻的刑罚用鞭子或木板。

锻炼　锻炼是说精熟捶打。苛严的官吏给人判罪，就好像锻炼铜铁，使它成熟。

钳网　李林甫做宰相，捏造大案来诬陷异己，宠信任用吉温、罗希奭二人为御史，给他人强加罪名。当时人称罗钳吉网。

罗织　武则天任用来俊臣、周兴二人，共同撰写《罗网经》数千字，教其下属给别人罗织罪名，无人得以逃脱。

蚕室　受了阉割之刑的人必要入蚕室，因为蚕适宜生存在密室中，生火保持室温。新受刑的人最忌吹风，在密室里才得以保全性命，因此称这种密室为蚕室。

庾死 汉宣帝下诏说：“服刑的人受饥寒之苦而庾死狱中，我很痛惜他们。”

枭首 百劳鸟的名字叫枭，因为它食母不孝。于是古人赐给臣下枭肉汤，将它的脑袋悬于树上。所以处决人后，将首级悬挂示众，就叫枭首。

缿（xiàng）筒 赵广汉任颍川太守，痛恨朋比为奸，就允许互相揭发或匿名相告，设置缿筒，让大家把状信投于其中。

铜匦（guǐ） 武则天自李敬业反叛后，恐有人图谋暗杀自己，大开告密之门。有个叫鱼保家的人，奏请用铜做成盒子，其式样是盒子有四面，上各有孔，可以向里面投信但无法取出，武则天很赞赏。不久，鱼保家的仇人就向告密箱中投信，状告他曾为李敬业造兵器，于是鱼保家就被处死。

请君入瓮 武则天时，左金吾大将军丘神勣因谋反被杀，有人状告右丞周兴与丘神勣通谋，武则天让来俊臣去审理。来俊臣与周兴在审案中对坐吃饭，就问周兴：“囚犯若不招认，应用什么办法呢？”周兴说：“这很容易啊！取一只大瓮，用炭火在四周烤它，让囚犯到里面去，有何事不肯招认的？”来俊臣立刻拿来一只大瓮，按周兴所说如法炮制，起身对周兴说：“有人秘密告发你，请君入瓮吧。”周兴惶恐而服罪。依法当判死刑，从宽发落，被流放至岭南。

炮烙之刑　商纣王残暴酷虐，老百姓怨声载道。有诸侯反叛，妲己认为处罚太轻，无以立威信。纣王就建造铜柱，以油涂其上，架之于炭火之上，然后让有罪的人在上面行走，立刻掉到炭火中，以此博取妲己一笑，称为炮烙之刑。

苍鹰　郅都执行法令严酷，不避权贵。列侯及宗室看到郅都，都不敢正视，称他叫苍鹰。

乳虎　宁成好发脾气，当小吏时，必然欺凌他的上司；而做别人上司时，对待下属就如捆湿柴火一样，奸猾如贼任性逞威。升迁济南都尉，他的治理方式就好像狼牧羊，民众都不堪忍受。后来官拜关都尉，凡是郡国中有要出关入关的人，都说："宁愿碰到小老虎，也不愿遇到宁成发怒。"

鹰击毛挚　义纵做定襄太守时，用鹰捕猎时张开翅膀的气势治理百姓，他所诛杀的人非常多，郡中人都不寒而栗。

掘狱讯鼠　张汤小时候，父亲让他看家，老鼠偷了肉吃，父亲大怒，鞭打张汤。张汤掘了老鼠洞，找到了老鼠及没吃完的肉，为此写了狱辞，将老鼠分尸堂下。他的父亲看到这般情景，见他的文辞如老狱吏一般，大为吃惊，就让他审理案件，后来成为了酷吏。

十恶不赦　一恶叫谋反，二恶叫谋大逆，三恶叫谋叛，四恶叫谋恶逆，五恶叫不道，六恶叫大不敬，七恶叫不孝，八恶叫作不睦，九恶叫不义，十恶叫内乱。

八议 八种可减轻处罚者，一叫议亲（就是皇家五服以上的亲人，还有太皇、太后、皇太后的亲人），二叫议故（就是与皇家有故旧交情者，特别蒙受皇恩的人），三叫议功（就是那些开疆拓土功勋之人），四叫议贤（就是贤人君子），五叫议能（就是富有才干，为帝王辅佐、人间伦理表率的人），六叫议勤（就是日夜奉公，或出使远方，历经艰难的人），七叫议贵（就是官爵一品以及文武职的军官三品以上、散官二品以上的人），八叫议宾（就是前朝国君的后人）。

例分八字 以（即与主犯一样。若监守者买卖官家之物，就与主犯无异，所以要以枉法论罪，或以盗贼论处，并可除名、刺字，罪大的还可以处斩、绞刑等）。准（即与主犯有区别。按枉法论处，盗窃论处，但只按其罪论处，却不除名、刺字，只杖一百，流放三千里）。皆（即不分首犯还是从犯，都按相同的罪论处。监护、守卫等职以及与盗贼勾结者，他所监守的官物和赃物达到斩首范围者）。各（即彼此都一样定罪。如让各种匠人到官内工作，如果不亲自去，却雇人冒名顶替，那么与代替的人都各杖一百）。其（即如果讨论一个人的定罪而与此前奏请的不同就需要请求改变。犯有十恶不赦的，不用这一律条）。及（即定罪还要考虑此后的事。彼此都是犯罪的赃物及应禁的物品，可直接充公）。即（如果犯罪者事发在逃，众人证词却非常明白，那就可以定罪）。若（即犯罪时并不老无病，但被发现时却已老或有病。如果还在判刑年限，那么老了的和有病的也应与别人相同）。

顾山钱 女子犯罪被释放回家，只要求她每月出三百钱，雇人在山上伐木，叫顾山钱。

平反　隽不疑任京兆尹。每次到属县去核录囚犯后回家，母亲总要问："有平反的吗？救活多少人了？"平，就是重审不平的案件；反，就是从轻定罪。

录囚　北方人说话把"录"当"虑"。现今所说的"录囚"，有人误以为是"虑囚"，不是这样的。

颂系　汉景帝下令，年龄八十以上，十岁以下的，怀孕而尚未哺乳的，盲人，侏儒，若要审问，都必须"颂系"。"颂"读音"容"，是宽容的意思，即不戴枷锁。

爰书　爰，是换的意思，说的是用文书代替口供。

末减　罪责从轻处理。末，是薄的意思；减，是轻的意思。

狱吏之贵　周勃下狱，狱吏欺辱他。周勃出狱后，说："我常领兵百万，但怎么知道狱吏才是最尊贵的！"

死灰复然　韩安国犯法抵罪，狱吏田甲侮辱他。韩安国说："难道死灰不会复燃吗？"田甲说："这样的话就用尿浇灭它。"

六月飞霜　邹衍事奉燕惠王非常忠心，左右的人诬陷他，燕惠王将他关进监狱。邹衍仰天长叹，六月天气为他而飞霜。

太子断狱　汉景帝时，防年因继母杀了他父亲，就杀了继母。廷尉判他大逆之罪，景帝为此疑惑。汉武帝当时只是十二岁的太子，侍立一旁，回答说："继母之所以如同母亲，是因为父亲的关系。现在继母杀了他父亲，下手时，不再是母亲了！她只是父亲的仇人，不应判大逆。”

钱可通神　张延赏想要审理一桩冤案，在桌上得一纸条：“奉上钱三万，请不再审理此案。”张延赏大怒，把左右的人都抓来审问。第二天，在洗漱的地方得一纸条：“送钱五万。”又在寝室的门上得一纸条：“送钱十万。”张延赏长叹说：“送钱高达十万，可以通神了！我也畏惧祸事啊。”于是不再审问。

祭皋陶　范滂因党锢之祸，被关在黄门北寺狱。狱吏对他说：“凡是因罪入狱的都要祭皋陶。”范滂说：“皋陶是贤者，若知我无罪，就会说服皇帝；若有罪，祭他又有何益！”

刮肠涤胃　齐高帝有一个旧下属竺景秀，因为过失而下狱，常说：“若允许我改过自新，我就吞刀刮肠，饮灰洗胃。”齐高帝欣赏他的说法，就放了他。

青衣报赦　苻坚避开众人写赦文，有只大苍蝇飞进来，声音很响，驱出后复又飞回。不久后，人人都知道要大赦，问从哪里听到的，说有一个青衣童子在闹市中呼叫，就是那只大苍蝇。

于门高大　西汉的于公家门坏了，父老帮他修理。于公让把门建得高大一些，足以容纳四匹马的马车通过，并说：“我断案多有阴德，子孙后代必然兴旺。”后来他的儿子于定国果然做了丞相。

论囚渭赤　秦国商鞅性情惨烈刻毒，曾在渭水上处决囚犯，河水全部染成了赤红色。

肉鼓吹　五代后蜀的李匡远性情严峻，一天不断刑，就惨然不乐，他曾在听到击打犯人的声音时说："这是一部肉鼓吹出的乐曲啊。"

无冤民　张释之和于定国为廷尉，尽职尽责，朝廷称赞他们说："张释之为廷尉，天下无冤民；于定国为廷尉，民众自以为不冤屈。"

疏狱天晴　宋代淳熙二年，阴雨连绵，皇帝亲笔批示，准备让天下各地疏遣狱中囚犯。这一天天空放晴，皇帝大喜。

上蔡犬　秦朝的李斯被赵高诬陷，秦二世将他抓捕。李斯父子二人临刑时长叹说："我想牵着黄犬出上蔡东门追逐狡兔，还有这样的机会吗！"后来夷灭了他的三族。

华亭鹤　陆机在晋朝为官，被孟玫在成都王司马颖前诬陷，成都王就让人抓捕陆机，陆机长叹说："华亭鹤叫的声音还能听到吗？"之后就遇害了。

走狗烹　韩信被吕后诛杀，叹息说："高鸟尽，良弓藏；狡兔死，走狗烹；敌国破，谋臣亡。"

支解人　齐景公时，有人犯罪，齐景公非常愤怒，把罪犯绑到廷前，命左右肢解他。晏子左手抓住头，右手拿着刀问："古代明君肢解人时，是从哪里开始的？"齐景公听了，离开坐席说："放了吧。"

屦（jù）贱踊贵　齐景公时刑罚太多，有卖踊的人（踊，被砍了脚的人穿的鞋子）。齐景公问晏子说："你住的地方离闹市近，你知道什么贵什么贱吗？"晏子说："踊贵而鞋贱啊。"齐景公立刻醒悟，便减省了刑罚。

同文馆狱　章惇罗织了同文馆大案，想杀刘挚、梁焘和王岩叟等人。后来立元祐党人碑，就是从此开始的。

金鸡集树　《新唐书·百官志》中记载：中书令在供赦日，在树干的南面树立一只金鸡，树竿长七尺，鸡高四尺，黄金装饰鸡头，口中衔着七尺布幅，用红旗装饰，用来作供物。武则天封嵩山，大赦天下，坛南边有树，就把金鸡放在树梢上，叫着金鸡树。

天鸡星动　古代称"金鸡放赦"，现在皇帝写诏书于五凤楼上，然后用金鸡衔下来。《三国典略》中记载，司马膺之说："据《海中星占》说，天鸡星一动就有大赦。所以君王用金鸡发布赦命。"

雀角鼠牙　《诗经》"谁谓雀无角，何以穿我屋？谁谓女无家，何以速我狱？""谁谓鼠无牙，何以穿我墉？谁谓女无家，何以速我讼！"

吹毛求疵　汉武帝时，天下人大多认为晁错冤枉，以为一定要裁抑诸侯，就多次上奏诸侯王的过错，吹毛求疵，拷打各诸侯国的臣子，让他们指证其君主。

犴狴　就是监狱。犴，是胡地之狗。野狗可作守卫，故称监狱为犴狴。建造监狱需用肺石和嘉石，所以监狱又名肺嘉。

子代父死　梁朝吉翂（fēn）的父亲做原乡令，被奸吏诬陷，论罪当死。吉翂年当十五，就去敲击登闻鼓，求代父亲受死刑。梁武帝怀疑有人教唆，就让廷尉把刑具摆满，他仍然不改心意，于是就宽恕了他的父亲。

发奸擿（tī）伏　擿，是挑的意思，说的是做了坏事而隐匿的，必然会被发现。

请谳（yàn）　谳，就是商议，是说定罪但还有可疑之处的需再与廷尉商议。

刑狱爰始　黄帝最早制定了分尸、流放、鞭打、杖击、斩首等重刑。蚩尤制定了割鼻、割耳、刺面、宫刑等重刑。纣王制定了烹煮、剁酱、车裂、凌迟等重刑。周公制定了绞刑。黄帝斩杀蚩尤时开始割头悬示。秦文公最早制定族诛。公孙鞅最早制定连坐。大禹制定了城旦和舂。周公制定了徒刑。唐太宗增设了服役、流放。周太祖最早增设了刺配。

赎刑　舜最早制定以钱赎罪来避鞭刑。周穆王最早制定五种刑罚均可赎罪。汉宣帝最早制定女子徒刑可以出钱雇役。宋太祖最早制定各种刑罚的责杖数目。

三法司 隋文帝最早制定死罪要上奏三次后才可行刑。唐朝开始，凡是大案就诏令刑部尚书、都御史、大理寺正卿三司一起会审。

越诉 隋文帝规定申诉应该由下而上，最早禁止越级申诉。皋陶最早创制监狱。汉朝下令用周朝的囹圄做监狱。北齐将犯人囚于官府的治所。皋陶最早制定律法。萧何最早制定《九章律》，张仓重新修订。

卷十一

日用部

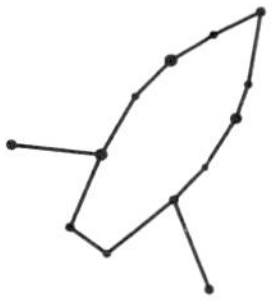

宫室○衣冠○衣裳○饮食

宫室

有巢氏开始用木头搭巢穴。古皇氏开始用木槿制草庐。黄帝开始制作宫室。黄帝制作庭、楼、阁、观。神农制作堂。燧人氏制作台。黄帝制作榭。尧帝制作亭。汉宣帝制作轩。唐虞制作宅。周朝制作房子和府第。汉代制作官邸。六朝后开始增加听事为厅。秦孝公开始制作宫殿，于是就有了陛。萧何制作未央宫，立了东阙、北阙，这才开始了后代相沿的宫阙。后梁朱温按照《河图》制作五凤楼。魏开始制作城门楼，名叫丽谯。张说制作京城的鼓楼。鲧制作城郭。禹制作宫室。

左彻制作祠庙，汉宣帝制作斋室。周穆王召来尹轨、杜冲住在终南山尹真人的草楼上，最早把道士所居称为观。汉明帝时，摩腾、竺法兰从西域来到鸿胪寺，最早把僧人所居称为寺。隋炀帝制作道场，把观改为玄坛，五代和宋改制为宫。孙权开始建佛塔。东晋何充最早把自己的住宅施舍出来做尼寺。

唐玄宗制作了书院。后汉的刘淑制作了精舍。殷仲堪制作读书斋。欧阳修退朝闲居，开始用门户把许多房间连通，名叫画舫斋。

黄帝制作了大门，文王制作了墙壁的大门，周公制作了戟门、辕门、人门。秦始皇制作了走马廊和千步廊。黄帝制作了台阶和梯子。尧建立了墙。伊尹制作了能透光的窗格。神农制作了地窖。伏羲制作了厨房。黄帝制作了灶台和蚕室。周代制作染衣的暴室。黄帝制作了畜养禽兽以供观赏的园林。尧创制了城池。秦始皇创制了护城河。

公署 汉代建立了开府，创设九卿办公的官府。北齐开始用官名来称呼寺。隋代创设了监。唐代创设了院、省、局。汉代创设了南宫。唐代创设了东台。唐玄宗创设了黄门省。周代创设了馆。汉创设了藁（gǎo）街（相当于今天的四夷馆，汉武帝创设）。宋朝设置了马铺，创设了驿站。夏代建立了官府来收藏文书和财物。商汤、周武创设仓库来收藏。

平泉庄 李德裕的平泉庄占地十里，建了堂榭上百所，天下的奇花、异卉、怪石、古松，都收罗到这里。自己写记文说："如果有人把平泉庄卖了，那就不是我的子孙！把平泉庄中的一石一树给别人的，也不是这个家族的好后代！我死后，如果此庄被权贵夺走，就把祖先这番话哭着告诉他。"

午桥庄 张齐贤以司空的官职退休回洛阳，得到了裴度的午桥庄，于是凿渠通流水，栽花种绿竹，每天与老朋友乘着小车带着酒，去游玩垂钓。

辋川别业 在蓝田，是宋之问所建，后来王维得到了它。辋川的水四通八达，连接竹洲和花坞，王维每天与秀才裴迪泛舟赋诗，斋中只有茶铛、酒臼、经案、竹床而已。

高阳池 汉代的侍中习郁在岘山之南，照着范蠡养鱼的方法建了鱼池，池边有高堤，种着竹子和高大的花楸树，挨着岸边有许多芙蓉花，水面上则覆盖着菱芡，是有名的游玩之地。山简每次到这个池边，没有不大醉而回的，他说：“这就是我的高阳池啊。”

迷楼 隋炀帝没有一天不建造宫室。浙江人项昇进献一幅新宫图，隋炀帝很高兴，当天就召来负责修建的官府备办材料、召集工匠，一年后建成，但国库都被耗空了。炀帝驾临后非常高兴地说：“即使真的神仙在这里游玩，也会迷路的。”因此署名叫迷楼。

西苑 隋炀帝建西苑，周长三百里，里面是一个大湖，周长有十多里，还有方丈、瀛洲、蓬莱等仙山和岛屿，高出水面一百多丈，其中有龙鳞筑在海内蜿蜒，沿着这个建了十六个都临水的院门，每个院子都让一个四品夫人来主掌。殿堂楼观，穷极华丽，秋冬季节树木凋落，就剪彩布做成花朵，点缀在树枝上，颜色褪了就换新的，像阳春三月一样。隋炀帝喜欢在有月的夜晚，带着数千宫女来西苑赏玩，创作《清夜游曲》，在马背上演奏。

阿房宫 东西有五百步，南北有五十丈，上面可以坐一万人，下面可以建五丈高的旗。环线四周建了阁道，从殿下一直抵达南山。在山上修了门楼作为标志。从阁道上就可以渡过渭水，属于咸阳。为建造宫殿，役使七十多万受过宫刑或徒刑的人。卢生曾劝说秦始皇不要让人知道行踪和居所，这样的话才有可能得到不死之药。于是秦始皇下令，咸阳宫三百里内的宫观都用阁道相连，到处安置了帷帐、钟鼓、美人，这些就不再移动，他所驾临的地方，如果有透露他行踪的，一律处死。

驾霄亭　张镃（功甫）是循王张俊的子孙，他的池塘园林、声乐歌伎和衣服珍玩都甲于天下，他曾经在南湖园建了一座驾霄亭，在四棵古松之间，用巨大的铁索连接在半空之中，风清月明之夜，与客人由梯子登上驾霄亭，就像飘荡云天之外。

水斋　羊侃性格豪放奢侈。最初到衡州为官，将两艘船联在一起，在上面起造三间通梁水斋，以珠玉锦缋来装饰，并设置了很多围屏，陈列歌舞伎。有潮水来时，就解开缆绳，对着波涛摆酒，沿岸靠水，前来观看的人们都堵住了道路。

清秘阁　倪瓒（云林）居住的地方，有清秘阁和云林堂。其中清秘阁尤其妙绝，前面种着碧绿的梧桐，四周排列着各种奇石，里面收藏着古代的书法、名画，客人如果没有上好品位，不可以进入。曾经有一个外国人来进贡，路过无锡，听说倪瓒大名，想要拜见他，以一百斤沉香作为见面之礼，倪瓒让人告诉他说："主人恰好去惠山饮泉水去了。"第二天再来，又说出去看梅花了。那个外国人得不到见面的机会，在倪家前后徘徊。倪瓒暗中让人打开云林堂让他登堂观赏，东边陈列着古代玉器，西边陈设的是古代的鼎、彝、尊、罍（léi），外国人惊奇四顾，又问倪瓒的家人说："听说还有清秘阁，可以看看吗？"家人说："清秘阁不是随便什么人都可以进入的。况且我家主人已经外出了，所以不能看。”外国人望着清秘阁两次礼拜后才离去。

泖湖　杨铁崖晚年住泖湖，曾说：“我还不到七十岁，辞官生活在九峰三泖之间，现已过了二十年，优游的光景超过了白乐天。又有李五峰、张句曲、周易痴、钱思复等人做我唱和的诗友，桃叶、柳枝、琼花、翠羽做我的歌伎。风光明媚的日子，驾着我的春水宅（舟名）穿越吴越之间，热心人召集，仿效前人水仙舫的旧事，荡漾于湖光山色与绿岛之间，望见的人称我为铁龙仙伯，不知香山老人白居易有没有这样的享受。”客人中有一个叫小海生的，称贺杨先生是“江山风月神仙福人”，并把杨先生老年时的样子画了出来，用这八个字题写在边上，还赋诗一首：“二十四考中书令，二百六字太师衔。不如八字神仙福，风月湖山一担担。”

咸阳北阪　秦始皇消灭六国后，画下六国的宫室，在咸阳北阪上重新修建，从雍门以东到泾水与渭水的交界处，各种楼阁和阁道四周相连，但又各自独立。即使一砖一瓦的形状也与原来一样。而且上面各自写着国号，互不雷同，还把从六国俘获的后宫佳丽都安顿在这里。

花萼楼　唐玄宗对兄弟极其友爱，设五王幄，与各位兄弟住在一起。后来在皇宫中建楼，就题名为“花萼相辉之楼”。

黄鹤楼　晋朝时有一个酒保姓辛，在江夏卖酒，有个道士常来喝酒，酒保从不要钱，这样持续三年。一天，道士喝完酒，用橘皮画了只仙鹤在墙上，用筷子招呼它，它就从墙上下来跳舞，从此，这里贵客盈门，酒保很快致富了，于是建了座黄鹤楼。后来，道士就骑鹤而去。

滕王阁　滕王，是唐高祖皇帝的儿子，武德年间出任洪州刺史，喜欢山水，酷爱蝴蝶，尤其擅长书法，喜欢音律。闲暇之日，驾着青雀舸（gě），在芳草丛生的水中小岛上建造了一座楼阁用于登临，仍用滕王的名字命名它。

轮奂　晋献文子赵武宫室落成，晋国大夫都前往祝贺。张老说：“美轮美奂啊！既可以在这里祭祀欢庆，也可以在这里居丧哭泣，还可以在这里宴请宗族与宾客。”赵武说：“我赵武在这里祭祀欢庆、居丧哭泣、与宗族宾客宴饮，是希望保全性命，以追随先人于九泉啊。”君子都称他善于歌颂也善于祈福。

爽垲　齐景公想让晏子换个住所，就对晏子说：“你的住所离市场太近，低湿喧闹，不宜居，请换到爽垲（地名）去吧。”晏子出使晋国，景公就更换了他的住所。等晏子回来，已经办妥了。在拜谢景公之后，晏子仍然回到了自己的旧屋里。

绿野堂　唐代的裴度官做到东都留守加中书令，他已经不再有治理天下的想法了，于是在洛阳的集贤里建了一所府第，取名绿野堂，树木青翠浅近，穿着朴素萧散自然。

铜雀台　位于彰德县，是曹操所建。上面有一楼，铸了一个大铜雀，高一丈五尺，放在楼顶。他临终遗言：“挂好帷帐，让宫女们在里面唱歌奏乐，望着我的西陵。”西陵，就是曹操埋葬的地方。

华林园　梁简文帝每次进入华林园，就回顾左右的人说：“会心的人不必另去寻找深幽美景，身处浓密的树林，就让人自然产生超脱凡尘之想，觉得连鸟兽禽鱼都过来与人亲近。”

金谷园　石崇做荆州刺史时，劫掠远行的使者与商人，积累致富。他有一处别墅，在河阳的金谷，又名梓泽园，其中有清泉茂林，竹柏、药草之类，无所不备。曾经与客人游乐开宴，多次更换地方，有的登高临下，有的列坐水边，琴瑟笙筑等乐器都装在车里，在路上就开始演奏，还让他们与打鼓的交替演奏，日夜不停。石崇的后房也有几百人，都是标致的美女，她们以食物精美相竞争，以求得石崇的宠幸。

衣冠

冠　辰氏最早开始教民众用绳束发。尧开始制定戴帽子的礼仪。黄帝开始制作冠冕。女娲氏开始制作簪导。尧开始制作冠缨。伏羲开始制作弁髦（biàn máo），使用经过加工熟制的柔韧兽皮。鲁昭公开始换用白色的绢。周公开始用丝帛做成幅巾。汉末流行幅巾，并制作了角巾。晋代制作接诸巾和葛巾，并开始用巾作为礼品。秦始皇为武将加了絳袙（jiàng pà），用来区别等级的贵贱。汉元帝的额前有丛生的头发，就开始使用帻巾。王莽因为秃头，开始在帻上加盖子，从此开始用头巾。从前没有头巾，从前的巾只用来罩酒器。

帽　黄帝的大臣荀始制作了帽子，舜制作了帽冠。汉成帝开始制作显贵大臣戴的乌纱帽，后来从魏到隋都沿用。唐太宗开始制作纱帽，为临朝理事或会见来宾，上下通用。秦、汉开始仿效羌人制作毡帽。晋代开始用席做帽骨而制作席帽。隋朝开始制作帷帽来遮挡尘土，为远行之人准备的，制作方法是用黑纱布连接在油帽或毡笠前面。唐代制作了大帽，后魏孝文帝开始赐帽给百官。魏文帝开始在立冬时赐给百官暖帽。现在赐给百官暖耳耳套，根源在此。

幞头　北朝的周武帝裁布开始制作幞头。一说是六国时赵魏用全幅的布向后扎住头发，通称头巾，俗称幞头。

帞　魏武帝制作了帞帽，在闲居时戴它（以其颜色来分别贵贱）。荀文若开始制作帽尾分岔的帞，因为他发巾被树枝划破，后人纷纷仿效这种样式。

纵　周公制作了纵，用来捆束头发。宋大祖制了网巾，明太祖把它颁行天下。

古冠名 尧有黄收冠、牟追冠；汤有哻冠；周武王有委貌冠；秦始皇有远游冠；汉高祖有通天冠、高山冠、鹊尾冠、长冠、竹皮冠；唐太宗有翼善冠、交天冠；宋有平天冠——这些都是皇帝的冠。殷商有章甫冠；汉代有梁冠（以帽梁数量区分），后汉有进贤冠；唐太宗有进德冠；楚王有獬豸冠；汉代有却非冠；赵武灵王有惠文冠，用金珰、豹尾装饰。汉武帝的帽子仿效惠文冠而增加了蝉翼，有鵔鸃（jùn yì）冠、繁冠、鹖（hé）冠。秦孝公有武帻，汉文帝有介帻。西汉有翠帽，唐代有縠帽，李晟有绣帽，沈庆之有狐皮帽、汝阳王琎有砑光帽，南汉有平顶帽，后周有独孤帽、侧帽，韩熙载有轻纱帽，萧载有小博风帽。唐代有乌匼纱巾、夹罗巾，员头巾、平头巾、方头巾，宋代有云巾、鹖鸱巾，汉文帝有平巾，唐中宗有踣养巾，昭宗有珠巾，诸葛孔明有纶巾，谢万有白纶巾，祢衡有练巾，石季伦有紫纶巾，桑维翰有蝉翼纱巾。张孝秀有縠皮巾，陶弘景有鹿皮巾，王衍有尖巾，顾况有华阳巾，山简有白鹭巾，高九万有渔巾，程伊川有阔幅巾，苏子瞻有加辅方巾，牛弘有卜桐巾，王邻有菱角巾，罗隐有减样平方巾。

履 黄帝的大臣於则开始制作了单底履，周公制作复底履、有带子的单底履以及木屐。伊尹制作了草履，周文王制作了麻履，秦朝开始用丝来做鞋，秦始皇开始制作靸金泥飞头鞋，并开始用鞋字称呼。汉代开始用布带锦料为鞋上下做装饰，东晋开始用草木编织成履，如用漂洗的芙蓉花做成的一样。

靴　赵武灵王制作了靴，靴短。隋炀帝制作了皂靴，开始用长靴。马周加了衬垫和丝带，开始穿着上朝奏事。

三代冠制　夏代叫母追（读音“牟堆”），周代叫委貌。衡，是维持帽冠平衡的；纨，是冠两侧垂下的丝绳；弦缨，是从下而上的；綖，是覆在冠上的部分。这些都是冠上的装饰。

冕制　有虞氏的冕叫皇，夏后氏的冕叫收，商汤氏的冕叫哻，周武王的叫冕。衮冕，一品官戴；鷩冕，二品官戴；毳（cuì）冕，三品官戴；希冕，四品官戴；玄冕，五品官戴；平冕，郊庙武舞郎戴。爵弁是六品以下、九品以上的官员随从祭祀所戴；武弁是武官参殿廷、武舞郎、堂下鼓人鼓吹按工的所戴；弁服是九品文官处理公事时戴的。

旒制　汉明帝采用《周官》和《礼记》中的规制，来制定冠冕的制度，宽七寸、长一尺二寸，在两端系上白色珍珠，称为旒。天子规定为十二旒，三公和诸侯为九旒，卿大夫为七旒。

冠制　太白冠，是远古白布冠。通天冠，是天子的冠名。惠文冠，是汉代御史戴的法冠。葛巾，是用葛布制成的冠，隐士和乡野平民穿戴的。方山冠，祭宗庙时乐舞之人所戴。铁柱冠，就是獬豸冠，后来用铁来做冠柱，取其执法如铁的涵义，所以御史戴这种冠。

鵔䴊冠　汉惠帝时，郎中都戴鵔䴊冠，还要涂脂抹粉。岸帻，掀起冠帽露出前额叫岸。

雄鸡冠　子路性格粗鄙，好逞勇斗力，戴雄鸡冠，佩公猪饰物，欺凌孔子，孔子用礼乐来教导子路。子路后来为之折服，送上拜师之礼，通过门人请求做孔子的弟子。

竹皮冠　汉高祖当亭长时，用竹皮做成冠。成为皇帝之后，也常常戴这种冠，就是所谓的“刘氏冠”。还下诏说：“爵位不在公乘以上的人，不可以戴刘氏冠。”公乘，是指第八爵。

弁髦　男子到加冠之年先用弁髦，加冠后就抛弃不用。所以凡是被弃置之物就被称为弁髦。

帽制　接，指白色的帽子。浑脱，指毡帽。褦（nài）襶，指现在夏季所戴的凉帽，里面用笠作帽骨，外面用青布垂在帽檐下遮蔽日光。

进贤冠　现在文臣所戴的纱帽，就是古代的进贤冠。

貂蝉冠　侍中、中常侍所佩戴的冠，用黄金作耳饰，并附有蝉的图样，用貂尾作装饰，侍中插左边，常侍插右边。

鹖冠　楚地有一个人住在深山，用鹖鸟的羽毛装饰头冠，写了一本书，共十九篇，自称鹖冠子。

虎贲冠　勇士的冠要插两支鹖鸟的尾羽，竖在左右两边。鹖鸟是一种刚毅果敢的猛禽，因此秦汉时期武士佩戴此冠。

黄冠　是道士之冠。文天祥（文山）希望戴黄冠回故乡，以方外之人做顾问。

椰子冠　苏东坡有椰子冠，是广东所产，俗称茄瓢。

束发之冠　是古时的制度。古代三王的画像多戴着这种冠，虽然叫束发，也只能束住一缕发髻而已。

折角巾　后汉的郭林宗常行走在梁、陈二国之间，遇到雨，头巾有一角折起来。此后梁陈二国的名士戴头巾，没有不折角的，称作林宗巾。可见大家对郭林宗的敬慕之情了。

折上巾　汉魏以前的人戴幅巾，晋宋时期开始用幂，后周用三尺长的皂绢向后把头发笼起来，名折上巾。

方巾　明代的杨维桢被皇帝召见，明太祖问他说：“你戴的是什么巾？”杨回答说：“四方平定巾。”明太祖喜欢这个名字，下诏让中书省依照此巾的样式颁行天下，于是天下人都开始戴方巾了。

网巾　明太祖有一天微服到访神乐观，看见有个道士扎着网巾，明太祖问扎这个有什么用，道士回答说：“扎网巾用来裹头，有了它万发都整齐了。”第二天，朝廷就有旨意，令道官取来十三顶网巾颁行天下，无论贵贱，都用它裹头。

衣裳

有巢氏最早开始用毛皮做衣服。轩辕妃嫘祖开始用织布机做布帛。尧帝开始增加制作絺（chī）苎、木棉、草布和毛罽（jì）。黄帝的臣子胡曹开始制上衣，伯余开始制下装，还给衣裳加短小皮饰。舜制作了祭服的蔽膝，三代时增了纹样；汉明帝使用红色的皮；魏、晋开始改用络纱。黄帝开始制作衮袍，到舜时已完备，至周代更周详。

傅说制作长袍，长到脚。隋代制作大袍，宇文护开始增加了上衣下摆的横幅，为襕。舜制定了上下衣裳相连的衣服。马周制作了襕衫。汉代制作了衣服的方心和曲领，唐代制作了圆领。

唐太宗制作了在朝廷参拜的朝服，公事谒见时穿戴，从此公服开始有了分别。北齐入中国，有了胡服，短肩窄袖，唐玄宗开始有官服，宽襟大袍。

伏羲制作裘衣（有人说是黄帝）。大禹制作披风、襦（短衣）。伊尹制作夹袄。汉高祖制作汗衫（汉高祖与楚争战，汗把衣服湿透了，所以得名）。唐高祖制作半袖（隋文帝时有长袖。唐高祖缩短为秃袖，像背心)。马周制作了开髈(即现在的四髈衫)。周文王制作满裆裤，大禹制作分裤，周武王改为褶裤；用布料制作，敬王用缯制作；汉章帝用绫制作，并开始增加了下摆。

晋朝的董威制作了百衲衣(用杂色小碎布做的)。宋太祖制作截褶、海青(都是仿照南番的式样做的)。宇文涉制作了毡衫。

陈成子制作了雨衣、雨帽。宇文涉制作雨笼。於则制作了角袜(前后两两相承，中间用带系之)。魏文帝的吴妃开始裁制成现在的样子。后魏开始赐给僧尼偏衫。

黄帝开始制作君王的服饰，颜色随王运。周公开始制作天子的服饰，四季各依季节颜色。隋文帝开始独尊黄色。唐玄宗时，韦韬奏请天子服装和用具都用黄色，并禁止他人使用。

隋炀帝下诏命牛弘等人开始分别服装颜色，三、四品穿紫色，五品穿红色，六品以下穿绿色，胥吏穿青色，百姓穿白色，商人穿黑色。这出自秦始皇用紫、绯、绿三色的服饰制度。

后魏制作僧衣，用红布，后周改换成黄布，北周换成褐布。北齐忌讳黑色，因为僧袍多为黑色，开始在出兵时忌讳僧人。

鱼袋　就是古代的鱼符(用于标明官员身份的随身物)，刻画鱼的形象，用袋子装着，并用金、银、玉来装饰。

三代制作等袋，用熟牛皮。唐高祖制作鱼袋，用金银来装饰。武则天改为龟，是为了与之前有区别；后来又恢复为鱼，并增加铜饰；宋仁宗增加玉饰。唐玄宗下令让官品低下的人可以借用红色的官衣与鱼袋。

笏　商汤开始制作笏，用以书写命令以防疏忽和遗忘。武王诛杀殷纣王，太公解剑带笏，开始制为等级。周代规定诸侯用象笏。晋、宋以来，只有朝廷的八座官员可以用，其余的都只能手执手板。周武帝开始百官都拿着笏来朝参，且用以行礼。汉高祖制定了像笏一样的手板，魏武帝制作了露板（木简）。

带绶　黄帝制作了衣带，秦二世称为腰带，唐高宗开始制作金、玉、犀、银、鍮（tōu）、鉐（shí）、铜、铁等不同材料的衣带，分出等级。

佩　尧开始制作佩玉，周代变成等级。七国去掉佩玉而留下绶带，开始用彩组连结绶带，古代用绶来穿佩，转赠给别人称之为绶，改自秦代的名称，出自三代。汉高祖规定不同等级加丝织的绶带不同。天子佩戴白色的玉并用黑色丝带，公侯佩戴黑色的玉并用红色丝带，大夫佩水黑色的玉并用白色丝带，世子佩戴美玉并用青黑色丝带，士子佩美石并用赤黄色丝带，孔子佩五寸的象牙环并用青黑色丝带。

牙牌　宋太祖开始制作牙牌，赐给立功的武臣悬带，并命令朝参的官员都用它。颛顼制作了丝绦。商汤制作了革制的囊。

厕牏是贴身小衣服，也就是现在的汗衫。

绣髫（jué）就是用羽衣来做半袖，《后汉书》说“诸于绣掘（jué）”。字的写法不同，但意义是一样的。

襳褵（xiān lí） 就是羽衣，又叫氅（chǎng）衣。乱麻为絮制成的衣服。袯襫（bó shì），就是蓑衣。畹（读音为夷）褕，就是雨衣。

襜褕 就是单衣。武安侯田蚡因为穿着襜褕谒见皇帝，被视为不敬，他的封国就被废除了。

吉光裘 汉武帝时，西域有人献上吉光裘，裘是黄色的，因为是神马吉光的皮毛制成的，所以入水不湿，入火不燃。

雉头裘 太医程据献上雉头裘，晋武帝下诏给程据说：这件裘衣不是寻常衣服，消耗、浪费资源，就在殿前烧了它。

狐白裘 孟尝君派人游说秦昭王所宠幸的姬女，以求释放。姬女说：“我想要你的白狐裘衣。”这件裘衣孟尝君已经献给昭王了，孟尝君的门客中有人善于偷盗，就在晚上潜入秦国的宫中，把狐裘偷出来献给姬女，于是孟尝君被释放了。

集翠裘 武则天赐给张昌宗集翠裘，并令狄仁杰与张昌宗用它打赌。狄仁杰就用自己的紫拖袍做赌注，武则天说：“这个赌注不对等。”狄仁杰说：“这可是大臣上朝所穿的服装呢。”张昌宗几局连败，狄仁杰夺下他身上的集翠裘，向武则天谢恩出来，赐给了自己轿前的仆人。

鹔鹴裘 司马相如起初与卓文君回到成都，因贫困愁苦，就把常穿的鹔鹴裘拿到商人杨昌那里换酒，给卓文君解闷。

深衣 古代的深衣，有固定规制，短不能露出肌肤，长不能拖到地面。制衣用布十二幅，象征一年十二个月；袖子为圆形，象征圆规；领子为方形，象征方矩；背缝长达脚后跟，象征直；下摆如权衡之器，以象征公平。

黑貂裘 苏秦起初游说赵国，赵相李兑赠给他一件黑貂裘。等到苏秦再去游说秦王，秦王不任用他，他等得黑貂裘都破了。

通天犀带 南唐严续相公的歌姬和唐镐给事的通天犀带，都是一代尤物，二人分别拿出歌伎和犀带来打赌。结果唐镐博得彩头大胜，就给严续斟酒，让歌姬唱一首歌与严续告别，严续怅然良久。

月影犀带 张九成有一条犀带，文理缜密，中间有月影，每月十五就会出现。比通天犀带还贵重，因为犀牛望月时间很长，所以让月亮的影子留在了它的角上。

黄琅带 唐太宗赐给房玄龄黄琅带，据说佩戴这个带子后鬼神都会畏惧。

百花带 宗测春天出游山谷，看到奇花异草就插在腰带上，回家就画出它的形状，所以叫作百花带，旁人纷纷效仿。

笏囊 唐代规定：公卿大夫都要把笏插在腰带上，然后上马。张九龄身体虚弱，需要有人拿着笏，因此设置了笏囊。笏囊从此开始使用。

只逊　殿上当值者的军官鹅帽锦衣，总称为“只逊”。曾经见圣旨下令给工部，要造只逊八百副。

身衣弋绨　张安世尊为公侯，身上却穿着黑色的粗布衣服，都是他的夫人自己纺织的。

衣不重帛　晋国为奢侈之风所苦，晋文公用俭朴来矫正，于是穿衣不穿两层帛，每顿饭不吃两种以上的肉。没过多久，晋国的人都穿粗布衣，吃糙米饭。

韎（mèi）韦跗注　韎，就是红色。跗注，就是军服，像裤子垂到脚，与裤子相连，这是说军中君子的服饰。

飞云履　白居易在庐山草堂炼丹，制作了一双飞云履，以黑绫为材料，四面用素绢作云朵，再熏染多种香，穿着这双履，就像在烟雾中一样。白居易常穿这双鞋展示给他的道友，说：“我脚下生云，估计不久后就可升天成仙了。”

襕衫　明朝高皇后看到秀才的服饰与小吏相同，就改儒巾为唐代襕衫的样式，让明太祖穿。太祖说：“这才是真的儒士之服啊。”于是颁行天下。

毳衣　《诗经》说：“毳衣如菼（tǎn）。”这是天子、大夫的服装。纨绔，是贵家子弟的服装。逢腋，是肘部和腋部非常宽大的衣服，是平民穿的服装。

初服 初，就是开始，指的是出仕为官前的清洁服装，所以退休回乡时，叫作“得遂初衣”。

轻裘缓带 羊祜在军中曾经穿轻裘缓带。偏裻（dú），是军衣的名字；肠夷，是铠甲的名字；这都是从军的人所穿的服饰。

赤芾（fú） 芾，是冕上的饰物。大夫以上的官员，可穿红色的蔽膝乘车。

饮食

有巢氏最早开始教民食果，燧人氏开始教民烹调，发明醴酪（蒸酿让食物变熟）。神农氏开始教民吃五谷，放在烧热的石头上再吃。黄帝开始有了五谷的种子（地神所献）。烈山氏之子柱开始种庄稼，并教民吃蔬菜。燧人氏开始制作干肉和肉块。黄帝开始制作烤肉。成汤开始制作肉酱。大禹开始制作干鱼，吴国的寿梦开始制作鱼酱。

神农时的诸侯夙沙氏开始煮盐，嫘祖开始开始制作醯浆，神农氏制作了油，殷果制作了醋，周公制作了酱，公刘制作了蜜。唐太宗煎煮甘蔗制作砂糖。黄帝制作羹汤与腌菜。少昊制作肉羹。神农制作炒饭。黄帝制作蒸饭和稀粥。公刘制作糕饼、麻团。周公制作汤圆。汝颓制作粽子。诸葛亮制作馅饺（dàn）和馒头。石崇制作馄饨。秦昭王制作蒸饼。汉高祖制作汉饼。金日磾（dī）制作胡饼。魏代制作汤饼。晋代制作不托（即面条，比汤饼简易）。

酒最早始于在空桑中剩饭，积久生味。黄帝开始制作醴酒（一夜），仪狄开始制作酒醪，杜康制作米酒。周公反复多次酿出了三重酒。汉代制作宗庙祭祀的九酝酒（五月始制，八月始成）。魏文侯开始制作酒杯。齐桓公制作酒令。汝阳王李琎写成《酒法》。唐代人开始用“春”字给酒命名。刘表开始以酒器称雅（有伯、仲、季等雅称。“雅集”一词即源于此）。晋代隐士张元制作酒帘。南齐开始以樗蒲头赌酒喝。宋武帝延揽萧介吟诗摆酒，始称即席。

名酒　齐人田无已的中山酒（一说是狄希），汉武帝的兰生酒（采来百草之花做的美酒），曹操的缥醪酒，刘白堕的桑落酒（此酒成于桑落之时）、千里酒（此酒在六月暴晒不动），唐玄宗的三辰酒，虢国夫人的天圣酒（用鹿肉来做），裴度的鱼儿酒（用凝固的龙脑香刻成鱼形投入酒中），魏徵的翠涛，孙思邈的屠苏（在元日入药），隋炀帝的玉薤（仿照少数民族的制作方法），陈后主的红粱新酝，魏国贾锵的昆仑觞（绛紫色，用瓢接河源水来酿造），房寿的碧芳酒，羊雅舒的抱瓮醪（冬天让人抱着酿造），向恭伯的芗林、秋露，殷子新的黄娇，易毅夫的瓮中云，胡长文的银光，宋代安定郡王的洞庭春（用柑橘酿造），苏轼的罗浮春、真一酒，陆放翁的玉清堂，贾似道的长春法酒，欧阳修的冰堂春。

茶　商汤制作茶，黄帝试食百草，得茶可解毒。晋代的王蒙、齐代的王肃开始学习喝茶。钱超、赵莒兴办茶会。唐代的陆羽始著《茶经》，制作茶具，茶始盛行。唐代的常衮，是唐德宗时期人，任建州刺史，开始将茶叶蒸、焙并研磨为末。宋代的郑可闻剔出银丝叶制成水牙，开始去除龙脑香。唐代茶叶以阳羡最佳，唐末北苑才开始出产。南唐开始鼓励县民采茶，北苑造出膏茶、腊面，而以京铤最佳。宋太宗开始制作龙凤模型，在北苑里造出团茶，与普通人用的相区别，并用茶碾，现在炒制用茶芽，废除团茶了。王涯开始献茶，朝廷命令王涯掌管茶叶的专卖。唐代回纥开始入朝交易茶叶。宋太祖开始禁止民间私自贩卖茶，宋太宗开始官府贴射税收决定茶叶的交易，后来慢慢改为用交引凭证。宋代开始称绝品的茶为斗，次一级的为亚斗。开始制作进贡的茶叶，列出粗细的类别。

蒙山茶　蜀地蒙山顶上的茶多不胜数，叶片都很重，在唐代被认为是仙品。现在的蒙茶，是青州蒙阴山石头上的地衣，味苦而性寒，也不易取得。

密云龙　苏轼有密云龙茶，非常甘美芳香。当时黄庭坚、秦观、晁补之、张耒号称“苏门四学士”，苏轼待他们很仁厚，每次他们来访，都一定会让侍妾朝云取密云龙茶款待。

天柱峰茶　李德裕有一个亲信官授舒州牧，李德裕说：“到任时，请把天柱峰茶给我送上三四角。”那个人就给李德裕送了好几斤，李德裕拒不接受。第二年那人离任了，特意千挑万选，取得几角茶，献给李德裕，李德裕看后接受了，说：“这种茶可消酒肉之毒。”于是命人煮一碗倒在肉上，用银盒密封，第二天早上打开看，肉已化成了水，众人都佩服李德裕的见多识广。

惊雷荚 觉林院的和尚志崇收获的茶分为三等，用惊雷荚款待客人，自己喝萱草带，用紫茸供佛。香客凡是来赴茶会的，都用油布口袋把喝剩下的残茶装好拿回家去。

石岩白 蔡襄擅长识别茶品。建安的能仁寺有茶生在石缝之间，名叫石岩白，寺里的僧人派人赠给内翰王禹玉。蔡襄到京城拜访王禹玉，王禹玉煮茶款待他，蔡襄刚捧起茶杯未及亲尝，就说：“这茶非常像能仁寺的石岩白，你是怎么得到的？”王禹玉对他赞叹佩服。

仙人掌 荆州的玉泉寺，靠近清溪近旁的群山，这里有很多长石钟乳的溶洞，溶洞里有很多玉泉流出，水边茶苗丛生，树枝与叶子翠绿如玉，形状则像拳头相握一样重重叠叠，号称仙人掌，这是旷古未见的。只有玉泉寺的真公经常采来煮着喝，年龄都八十多了，还面如桃色。这种茶清香浓烈，与其他茶大为不同，所以能使人还童振枯、延年益寿。

水厄 晋代的司徒长史王濛喜欢喝茶，客人到他家后就拼命劝喝，士大夫都对此很害怕，每次前往，一定会说：“今天有水厄。”

汤社 和凝在朝廷为官时，带领同僚们轮流带茶相互比试茶品，谁带的茶味道不好，就接受处罚，号称汤社。

茗战　建阳人把斗茶称为茗战。

卢仝七碗　卢仝写过一首《走笔谢孟谏议寄新茶》歌："一碗喉吻润，二碗破孤闷；三碗搜枯肠，惟有文字五千卷；四碗发轻汗，平生不平事，尽向毛孔散；五碗肌骨清，六碗通仙灵；七碗吃不得也，惟觉两腋习习清风生。"

九难　《茶经》中说，茶有九难：阴天采摘夜晚烘焙，不是制茶的方式；大嚼尝味、鼻子闻香，不是品茶的方式；膻腥的容器，不是饮茶的用具；普通的厨房炭火，不是烘焙茶叶的用火；飞奔的急流与停滞的积水，不是冲茶的用水；没有烧透的水，不是冲茶的热水；青绿色的粉末和青白色的茶粉不是好茶末；操作生疏又搗搅急促，不是煮茶的方式；夏天饮茶而冬天不喝，不是喝茶的习惯。

六物　《礼记·月令》中记载，冬季向酿酒的大酋发出指令：高粱大米必须齐备，放酒曲发酵必须适时，浸泡和蒸煮米曲必须清洁，泉水必须香甜，陶器必须精良，火候必须充足。这六项都要注意到，还要有大酋监督，不可以有差池。

昆仑觞　魏国的贾锵有一个仆人善于识别水质，贾锵经常让他乘小艇去黄河中流，用瓢接河源的水，一天七八升，放一夜，颜色如绛，用来酿酒，名叫昆仑觞，酒之芳味世间所无。

白堕鹤觞　河东人刘白堕善于酿酒，他常在六月时用罂瓶盛酒，暴晒在太阳下整整十天，里面的酒看上去没有改变。喝了它会感觉香美，醉后整个月都不会醒。朝廷大臣互相馈赠，甚至远至千里。因为此酒能到很远的地方，所以号称“鹤觞”，是说像鹤那样一飞千里。

椒花雨 杨诚斋退休隐居后，把温和的酒叫金盘露，暴烈的酒叫椒花雨。

鲁酒 楚国会盟诸侯，鲁国、赵国都向楚王献酒。主酒吏私下向赵国索酒，赵国不给，主酒吏生气了，就把赵国味道醇厚的酒换成鲁国味道淡薄的酒进献上去，楚王因为赵国献薄酒，发兵围攻赵国邯郸。所以说：“鲁酒薄而邯郸围。”

酿王 汝阳王李琎，自称“酿王”。种放号称“云溪醉侯”。蔡邕能喝一石的酒，常常醉卧路边，人称“醉龙”。李白嗜酒，醉后的诗更加奇妙，号称“醉圣”。白居易自称“醉尹”，又称“醉吟先生”。皮日休自称“醉士”。王绩号称“斗酒学士”，又称“五斗先生”。山简称“高阳酒徒”。

狂花病叶 饮酒者称醉后怒目忤视者为狂花；称醉后闭目而睡者为病叶。

八珍 分别是：龙肝、凤髓、豹胎、猩唇、鲤尾、鸮（xiāo）炙、熊掌、驼峰。

内则八珍 据《礼记·内则》记载的八珍：一是淳（zhūn）熬（用肉酱浇饭）；二是淳母（用肉酱浇小米）；三是烤炸炖猪肉；四是

烤炸炖羊肉；五是捣珍（捶捣并除去牛羊鹿肉的筋腱后再蒸煮）；六是渍（把新鲜牛肉用酒腌制）；七是熬（捶打牛肉后用盐和调料腌制再放在炭火上烤熟）；八是肝膋（liáo）（把狗肝涂油烤熟）。这是烹饪八法，养老所用。

麟脯　王方平到蔡经家，和麻姑一起摆设宴席，撕下麒麟的胸脯肉下酒。

牛心炙　王羲之十三岁时，拜见吏部尚书周顗（yǐ），周顗对他非常惊异。当时烤牛心肉是宴客时很重要的一道菜品，出席的其他宾客还没下筷吃，周顗就先割牛心炙给王羲之吃。于是王羲之开始为世所知。

五侯鲭　王氏有五侯，都独自宴请宾客，互相不往来。娄护轮流在五侯家吃饭，深得五侯的欢心，五侯家都竞相摆出山珍海味，娄护合五侯家珍膳而烹饪成的杂烩，被称为五侯鲭，成为世间绝味。

醒酒鲭　齐世祖驾幸芳林园，向侍中虞悰（cóng）索要扁米粽子，虞悰献上粽子和各种几十车菜肴，菜品连宫中都比不上。齐世祖向虞悰要这些菜的做法，虞悰秘不肯传。齐世祖喝醉后，身体不适，虞悰才献上了一道醒酒鱼汤的秘方。

甘露羹　李林甫的女婿郑平是省部郎官，李林甫看见郑平的鬓发洁白，就把皇帝赐的甘露羹给他吃。过了一晚，郑平的鬓发就变黑了。

玉糁（shēn）羹　苏轼说："小儿苏过忽然别出心裁，用山芋作玉糁羹，色、香、味都奇绝。天上的酥酡不知什么味，但人间是绝对没有这种美味的。"然后写诗赞道："香似龙涎仍酿白，味如牛乳更全清。莫将南海金齑脍，轻比东坡玉糁羹。"

三升良醪斗酒学士　唐代的王绩，字无功。武德初年，在门下省做官。按旧例，门下省的官员每天供酒三升，有人问："做官有什么乐趣？"他回答说："每天配三升美酒就是安慰。"门下省长官侍中陈叔达听说此事，命令每天给王绩一斗美酒，于是王绩号称斗酒学士。

六和汤　医生用酸养骨，用辛养节，用苦养心，用咸养脉，用甘养肉，用滑养窍。

段成式《酉阳杂俎》中的食品有寿木花、玄木叶、梦泽芹、具区菁、杨朴姜、招摇桂、越辂囷、长泽卵、三危露、昆仑井、蒲叶菘、竹根粟、麻湖菱、绿施笋。

伞子盐　朐䏰（chǔn rùn）县有一口盐井，有一块方寸大的盐，中间隆起，像一把打开的伞，名叫伞子盐。

鸡栖半露　晋代的苻朗善于辨别味道。会稽王司马道子为他准备了盛宴。吃过后，问他菜色与关中相比如何。苻朗说："都好，只是盐下的稍微有些晚。"司马道子立刻问厨师，果然如他所说。有人杀鸡招待他，苻朗说："这只鸡栖息时经常有一半是露天的。"问养鸡的人，也果然如此。

崖蜜　又叫石饴，味道甘甜，能滋润五脏，益气强志，治疗百病，服用后就不会饿，就是石崖之间的蜂蜜。

豆腐　是汉代淮南王刘安最早制作出的，所以孔庙祭祀中不用豆腐。

五谷　指稻、黍、稷、麦、菽。黍，就是小米；稷，就是高粱；菽，就是大豆。

昆仑瓜　茄子又叫落苏，也叫昆仑瓜。

莼　八月以前的叫绿莼，冬至的叫赭（zhě）莼，秋天会长到一丈多长，凝脂很清。张季鹰的秋风之思，所思念的就是这种秋莼。

食宪章　段文昌丞相精于厨艺：府第中的厨房题名“练珍堂”，传菜的地方题名“行珍馆”，段文昌自编《食经》五十卷，当时人称《邹平公食宪章》。

郇公厨　韦陟承袭祖上的封号为郇国公，本性奢侈放纵，尤其喜欢钻研各种美食。厨中饮食香味错杂，能进到府上的人，都会大饱口福而归。当时人说：“人欲不饭筋骨舒，夤（yín）缘须入郇公厨。”

遗饼不受　王悦之小时候就能秉持清廉的节操。做吏部侍郎时，邻省来朝会的人赠他一盒饼，他拒不接受，说：“这点东西虽然微不足道，但我不愿意为此而迎合别人的意思。”

嗟来食　齐国遭受大饥荒。黔敖准备了食物在路上等待饥民来吃。有一个饥饿的人用袖子蒙着脸，拖着鞋子，双眼昏昏地走来。黔敖左手捧着食物，右手端着茶水，说：“嗟，来吃饭！”那人抬眼看着黔敖，说：“我就是因为不愿意吃嗟来之食，才落到这个地步。”黔敖跟在后面向他道歉、谢罪。这人终因不吃东西而饿死。

馒头　诸葛武侯南征孟获时，泸水汹涌，无法渡过。有人说必须人头祭奠才可以过去，诸葛亮说：“我们是仁义之师，怎忍心用杀人来代替祭祀用的牺牲呢？”于是就用面做成皮，里面裹上猪羊肉，模仿人头的形状来祭祀。后来的馒头就开始于此。

五美菜　诸葛亮率军出征，凡是扎营的地方，就会种蔓菁，即萝卜菜，蜀人称为诸葛菜。这种菜有五美：一美是可以生吃；二美是可以做腌菜；三美是根茎可以充饥；四美是生吃可以消痰止渴；五美是煮着吃能进补。所以又叫五美菜。

酪奴　彭城王元勰（xié）对王肃说：“您放弃齐鲁大邦（指羊肉），而接受邾莒小国（指鱼肉），请允许我明天为您设下如邾莒小国一样的宴，也备有酪奴。”所以称茶为“酪奴”。

龙凤团　古人把茶做成团饼，印上龙凤花纹，供给皇帝的用金镂刻龙凤，每八块饼重一斤。庆历年间，蔡君谟开始制作小片团饼，每二十片重一斤。天子每次到南郊祭祀，给中书、枢密院各赐一饼，宫女们常常在这些茶饼上镂刻金花图案。

茶异名 《国史》上说：剑南有茶叫蒙顶石花，湖州有茶叫霍山嫩笋，峡州有茶叫碧涧明月。

露芽 陶弘景在《杂录》上说："蜀地雅州蒙山上顶有茶叫露芽，火前的最好，火后的次之。"火，指禁火，就是寒食节。

雪芽 越郡的茶有龙山、瑞草、日铸、雪芽。欧阳修说，两浙的茶，属日铸为第一。

反覆没饮 郑泉曾经说："希望能有一艘装满五百斛美酒的大船，摆上一年四季所需要的鲜美的菜肴，然后反复痛饮，不是很快活吗！"

上樽 《汉书·平当传》上说：一斗稻米酿造出的一斗酒，称为上樽；一斗稷米酿造出的一斗酒，称为中樽；一斗粟米酿造出的一斗酒，称为下樽。

梨花春 在杭州酿酒，要趁梨花开时酿成，号称为梨花春。

碧筒劝 用荷叶装酒，再用簪子刺通叶茎与叶心，把叶茎弯曲绕成象鼻状，拿着叶茎就可吸酒了，这个叫碧筒劝。

蕉叶饮 苏轼曾经对人说："我的族兄苏子明喝酒不能超过三杯蕉叶杯。我小时望见酒杯就醉了，现在也竟然可以用蕉叶杯喝酒了。"

中山千日酒 刘玄石在中山买酒，酒家给他千日酒喝，他大醉而归，他家人以为他死了，就把他埋葬了。后来卖酒的人计算着日子，一千日后去他家看望他，才忙让家人打开棺材，刘玄石才从大醉中刚刚醒来。

青州从事 《世说新语》里说：桓温的主簿善于识别酒的好坏，把美酒称作青州从事，因为青州有一个齐郡（齐与脐同音），是说好酒的酒劲可以一直深入到腹脐；不好的酒叫平原督邮，因为平原有一个鬲县，是说不好的酒酒劲只能到膈上。

防风粥 白居易在翰林院时，皇上赐他一碗防风粥，吃了以后，一连七天都有口香。

胡麻饭 晋代的刘晨、阮肇入天台山采药，迷了路，在流水中得到一杯胡麻饭的碎屑，两人商量说："这里应该离民宅不远。"就沿水流向源头寻找，看见两个女子，女子说："两位郎君，怎么这么晚才来！"然后邀请他们到家，用胡麻饭、山龙脯来款待他们，并与他们结为夫妻。一个月后，两人告辞而回，找到自己的家，发现他们的子孙后代已经过了七代人了。

青精饭 道士邓伯元得到一块青精石，拿它当饭吃，延年益寿。

莼羹 从前陆机拜访王济，王济指着羊酪对陆机说："东吴有什么东西能与之媲美呢？"陆机说："千里湖的莼羹不用加盐豉调味就可以与它匹敌。"

锦带羹 荆、湘之间有一种草花，红、白相间就像锦带，苗嫩且脆，可做羹。杜甫诗说“滑忆雕胡饭，香闻锦带羹”。

安期枣　安期生是琅琊人，在海上卖药，说自己已经有一千岁了，吃的枣像瓜那么大。

韭萍齑　石崇款待客人时，常在冬天做韭萍齑和豆粥，很快就能煮好。王恺私下请教石崇手下的人，回答说豆子最难熟，所以须预先煮熟，等客人来了，再加入白粥就可以了。韭萍齑，是韭菜夹杂麦苗捣碎而成。

金齑玉鲙（kuài）　南方人作鱼鲙，把金橙切成细丝相拌，号称金齑玉鲙。隋朝时，吴郡进献松江鲙，隋炀帝说：“这个金齑玉鲙，是东南美味啊。”

玉版　苏轼邀请刘器之参见玉版禅师。到了寺里，吃烧笋，觉得味道极美，苏轼说：“这道菜就叫玉版了。”并作一首偈语说：“不怕石头路，来参玉版师。聊凭锦珠子，与问箨（tuò）龙儿。”

碧海菜　《汉武内传》记载，西王母说：“仙界的上乘之药，有一种是碧海上的美玉之菜。”

肉山酒海　魏国曹植在《与季重书》中说：“愿举泰山以为肉，倾东海以为酒。”又有，殷纣王曾以肉为林，以酒为池。

石髓　嵇康遇到王烈，与他一起入山，王烈看到山中有石头裂开，取到了石髓吃。然后拿少许给嵇康，但已经凝结成青石，敲击它有琤琤（chēng）的声音。再去看时，发现断裂的山石已经重新合起来了。

松肪 苏轼有诗“为探松肪寄一车”（松肪即松脂）。另外，松花叫作松黄，吃了可以使身体轻盈。

杯中物 晋代的吴术喜欢喝酒，因为一次喝醉后辱骂了权贵，就戒了酒。阮宣用拳打他的背部，说：“眼看就老成了呆汉，忍心戒断杯中物吗？”于是他又像当初一样快活地喝起酒来。

惩羹吹齑 唐代的傅奕说：“唐朝立朝后会有变更。被热羹烫过的人端着冷菜也会吹气，被弓箭射伤过的鸟看到弯曲的木头也会受到惊吓。”陆贽在奏议中说：从前有人因为吃饭时噎了就不再吃饭，也有人因为害怕被淹死就投水自尽。

酒肉地狱 苏轼任杭州通判，不胜酒力。但同僚慕其名，每天都聚会宴饮。苏轼疲于应付，所以把杭州通判之职视为酒肉地狱。后来袁毂代替苏轼为通判，而同僚及下属却很疏远，袁毂对人说：“听说这里是酒肉地狱，怎么我一来，正好遇到地狱空着时。”大家把这句话传为笑谈。

齑赋 范仲淹少年时写了一篇《齑赋》，其中有名的一句是：“陶家瓮内，腌成碧、绿、青、黄；措大口中，嚼出宫、商、角、徵。”大概他曾亲历贫困，所以能发现齑中深藏的趣味。

绛雪嵰雪 《汉武帝内传》中说：“仙家妙药，有的叫玄霜、绛雪。”另外，西王母进奉的嵰山红雪，也叫绛雪。又，雪糕也叫甜雪。

冰桃雪藕 周穆王招罗的方士会集在春霄宫，西王母乘飞辇而来，与周穆王相会，进奉万岁冰桃、千年雪藕。

玉食珍羞 《尚书·洪范》有“惟辟玉食”的句子；李白也有诗句“金鼎罗珍羞”。

竹叶珍珠 杜甫诗有“三杯竹叶春”的句子；李贺诗中有“小槽酒滴真珠红”的句子。

鸭绿鹅黄 李白有诗：“遥看春水鸭头绿，恰似葡萄初泼醅。”杜甫有诗：“鹅儿黄似酒。”苏轼有诗：“小舟浮鸭绿，大勺泻鹅黄。”

白粲 长腰米叫白粲。苏轼有诗“白粲连樯一万艘”。江南有“长腰粳米、缩项鳊鱼”的谚语。

钓诗扫愁 苏轼称酒为“钓诗钩”，也称“扫愁帚”。

太羹玄酒 《礼记》说：“太羹不和。”玄酒，就是清水，可用于祭祀。

僧家诡名 《东城志林》中说：僧人把酒称作般若汤，把鱼叫作水梭花，把鸡叫作穿篱菜。有人做了不义的事，却用仁义为之美名，与这有什么不同！

饕餮 据《左传》记载：缙云氏有不成器的儿子，沉溺于饮食，贪得无厌，天下人都叫他饕餮。

欲炙 《晋书》中记载：顾荣与同僚饮酒，看到端送烤肉的人非常想吃烤肉，顾荣就将自己那份给他吃。后来赵王司马伦篡位，顾荣在危难之中，被人救了出来，救他的正是那个接受烤肉的人。

每饭不忘 《史记》记载，汉文帝说：“我每次吃饭，心思没有不在巨鹿的。”

白饭青刍 杜甫有诗：“与奴白饭马青刍。”

炊金爨（cuàn）玉 骆宾王称丰盛的宴席叫炊金爨玉，是说精美的饮食，如同金、玉之类贵重的东西。

抹月批风 苏轼有诗：“贫家无可娱客，但知抹月披风”。

敲冰煮茗 《白孔六帖》记载：王休住在太白山，每到冬月就敲冰煮茶，款待宾客。

酒囊饭袋 《荆湖近事》记载：楚王马殷奢侈而僭越，各院的王子，都仆从如云，但不曾留心学习文武之道。当时人称他们为酒囊饭袋。

卷十二

宝玩部

金玉 ○ 珍宝 ○ 玩器

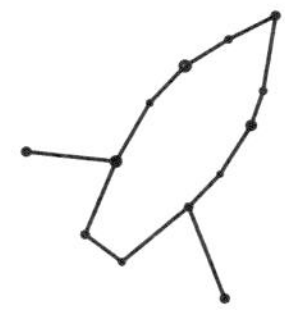

金玉

历代传宝　赤色的刀、先王的遗训、大玉璧、玉圭，摆在宫室的西厢；太玉、夷人进献的玉器、雍州进献的玉器、河图洛书，摆在宫室的东厢。这八样都是历代传承的珍宝。

九鼎　从前夏朝实行德政时，远方各地奇异百物画成图像并进献金玉之物，九州的官员铸造大鼎模仿百物，让民众了解那些神灵鬼怪。所以民众进入沼泽山林，那些魑魅魍魉之类的怪物就不敢来犯了。

四宝　周有美玉叫砥砨，宋有美玉叫结绿，梁有美玉叫县黎，楚有美玉叫和璞，这四种宝物是天下著名的珍宝。

六瑞　封王者上朝时手里拿的玉器叫镇圭，封公爵的人上朝时手拿的叫桓圭，封侯爵的人上朝手拿的叫信圭，封伯爵的人上朝时手拿的叫躬圭，封子爵的人上朝时手拿的叫穀璧，封男爵的人上朝时手拿的叫蒲璧。

环玦　定婚下聘礼时用玉圭，询问士人用玉璧，召见下臣用玉瑗，断绝关系用玉玦，恢复往来关系用玉环。

琬琰　夏桀讨伐岷山国，岷山国王献出他的两个女儿：一个叫琬、一个叫琰。夏桀非常喜爱她们，把她们的名字刻在苕华两块玉上，苕玉上刻的是“琬”，华玉上刻的是“琰”。

鼎彝尊卣（yǒu）　作为一种祭器，不只是刻上饕餮来表示警戒，还要刻毒虫于鼎上来防备被毒虫咬，刻上舟来防止溺水，刻上奕车觚的花纹来防止翻覆。

照胆镜　秦始皇有一面方镜，可以照见人的心胆。凡是女子有邪心的，照之，会发现她胆张心动。

辟寒金　魏明帝时期，昆明国献上一只鸟，名叫漱金鸟，常会吐粟米大小的金屑，古人用这种金屑装饰钗佩，称为辟寒金。

火玉　《杜阳杂编》中记载：唐武宗时，扶余国进贡一种火玉，光热可以达数十步远，放在屋中，就不用穿绵衣。

尺玉　《尹文子》中记载：魏国的农夫得到一块直径一尺的玉，邻居说：“这不过是一块怪石罢了。”放到房廊下，第二天一早，发现宝玉通明，照亮了整个房子，非常恐惧，就把它扔到了野外。邻居拿来献给魏王，玉工说：“这是无价之宝啊。”魏王赐给献玉者千金，让他享受大夫的俸禄。

玉燕钗　《洞冥记》中记载：汉武帝时建了招灵阁，有两位神女各留下了一支玉钗，武帝把它赐给了赵婕妤。到了元凤年间，宫女发现了这两支玉钗，打算砸碎它。第二天早晨打开匣子，只见两只白色的燕子飞上天去，因此称之为玉燕钗。

解肺热 《天宝遗事》中记载：杨贵妃常犯热燥病，唐明皇让她含玉咽津，来解肺热。

麟趾马蹄 汉武帝下诏说：以前在太山发现了金子，又有白麟和神马的祥瑞，应该用黄金铸造白麟的爪子和神马的蹄子，与祥瑞相呼应。

碧玉 有云碧和西碧两种，颜色枯涩的叫云碧，产地云南；颜色娇润，上有跳蚤大小斑点的叫西碧，产自西洋。

五币 珠币、玉币是最上品的，黄币、白币次之，刀币是下品。

瓜子金 宋太祖驾到赵普府第，当时吴越王钱俶正好派使者给赵普送书信，还有海产十瓶，陈列在廊。宋太祖说："这些海产一定很好。"命令打开，却全部都装满瓜子大小的金粒。赵普非常惶恐，叩首谢罪说："我实在不知情。"宋太祖笑着说："他们还以为国家大事，都是由你们书生来作主呢。"

晁采 晁，是古代的"朝"字；采，就是光彩。是说美玉每天早晨有白虹的气色，光彩升腾，所以叫晁采。

十二时镜 范文正家有一面古镜，背部有十二时，大小像博戏用的棋子。每到某个时刻，对应的棋子就明亮如月。如此循环不停。

碔砆（wǔ fū）乱玉　碔砆是非常像玉的石头，它的样子常会让人混淆为玉。

燕石　宋国有人把一种燕山产的石头当美玉，世代珍藏，被内行的人嘲笑。

削玉为楮　《列子》记载：宋国有人用玉雕刻一枚楮树的叶子，花了三年才完成。

怀瑾握瑜　《楚辞》有诗句说：“怀瑾握瑜兮，穷不知所示。”

钓璜　半璧叫作璜。《尚书中侯》中记载：周文王到了磻溪，看见吕望钓到一块玉璜，上面刻着“姬受命，吕佐之”。

抛砖引玉　用砖称自己，用玉赞誉别人，是说因自己的话而引出别的话。

匹夫怀璧　《左传》中记载：虞公索要虞叔收藏的美玉，虞叔不肯进献。过后，虞叔后悔地说：“百姓没有罪，但拥有贵重之物就是罪。我为何因这个东西招致灾祸呢？”就将这块美玉献给了虞公。

璠瑜　《逸论语》中记载：璠瑜是鲁国的宝玉。孔子说：璠瑜多么美啊，远望宝光灿烂，近看纹理细腻。一则有纹理之美，一则有熠熠光华。

珍宝

十二时盘 唐代的朝廷内库有一个盘子，颜色正黄，周长三尺，四周刻着动物的图案。比如辰时，就刻画草丛中游戏的龙，到了巳时就是蛇，午时是马。称为十二时盘。

游仙枕 龟兹国进贡了一个枕头，颜色像玛瑙，枕着它，十洲、三岛、四海、五湖，都会入梦，皇帝称之游仙枕。

火浣布 外国有个火林山，山里有一种火光兽，大如老鼠，尾巴长三四寸，有红有白。山绵延三百里，黑夜里能看到这里的山林，就因为有这种火光兽的光芒照着。外国人用它的兽毛来织布，衣服脏了，用火一烧，污垢自然像洗过一样落下来，所以叫火浣布。

冰蚕丝 东海的员峤山上有一种冰蚕，长七寸，黑色，有鳞有角，用霜雪将自己包裹起来，然后做成茧。茧长一尺一，有五种色彩，如果织成锦缎，放到水里不会打湿，放到火里也不会烧着，盛夏时放在座位上，整个屋子都会清凉。在唐尧时代，有海上的人进献冰蚕，尧帝将它织为花纹华美的衣服。

耀光绫 越地有人在石帆山里采收野茧抽丝，夜里梦到有神人告诉他说：“禹穴三千年开一次，你所得到的茧，就是《江淹集》中所说的‘壁鱼’变成的，用它抽丝来织布做衣裳，一定会有奇美的花纹。”后来果然与梦中说的一样。

各珠　龙珠在下巴，蚊珠在皮里，蛇珠在口中，鱼珠在眼里，蚌珠在肚子中，鳖珠在脚里，乌龟珠在龟甲中。

九曲珠　有人得到一颗九曲珠，想要穿绳却无论如何穿不进那个九曲的孔。孔子教他在线上涂油，让粘着线的蚂蚁爬过去。

木难　直径一寸，产于黄支国，是金翅鸟嘴里的唾沫结成的碧色宝珠。这就是古代所说的夜光珠。

火齐　“齐”读音霁，就是红色的珍珠，也叫玫瑰，是珍珠中品质最差的一种。

火珠　《白孔六帖》中记载：南蛮有一种珍珠形如鸡蛋，太阳正中时把艾绒放在珠上，就会着火，因此号称火珠。

水珠　唐顺宗时，拘弘国进贡一颗水珠，颜色像铁，拿着它进入江海，就可以在洪水之上行走，随后化成龙了。

记事珠　张说当宰相时，有人献上一颗珍珠，透着青红的光芒。如果遗忘了事情，把玩这颗珍珠，就会觉得心神通达，记起原本遗忘的事来，所以叫记事珠。

定风珠　蜘蛛的肚子中有珍珠，颜色皎洁，拿着它到江海中去，遇到风波，握珠在手，风波就会停止，所以叫定风珠。

鲛人泣珠 《博物志》中记载：鲛人从水中出来，曾经寄住在一户人家，每天织布贩卖，临走时，向主人索要了一个器皿，将眼泪变成珍珠，送给主人。

宝贝 贝是海中的介虫，大的称为宝，交趾以南的海里都有这种宝贝。

红靺鞨（mò hé） 即红玛瑙，大小如同粟米，赤红灿烂像樱桃，看上去像是不能触碰，但真正摸着感觉却非常坚硬，佩带的人可被鬼神保护，入水不溺，入火不燃。

青琅玕 生在海底，海边的人用网打捞上来。刚出海是红色的，时间长了就变成青黑色，树枝像珊瑚，上面有像虫蛀的孔洞，敲打它会发出金石之声。

金刚钻 有一种形如老鼠的动物，它的粪便青黑，生长在西域百丈深的水底磐石上，当地人潜水去捕捞它，用来镌（juān）刻，无坚不破，只有用羚羊角来敲击才会碎。

奇南香 也叫迦南。这种木非常大，树枝之间有孔洞露在外面，大蚂蚁在这里钻穴，吃了石蜜，在洞里留下粪便，树木受了蜜的香气，结成了香木。颜色发红且质地坚硬的叫作生结，颜色发黑而质地稍软的叫作糖结，木性多而香味稀薄的叫作虎斑结、金绿结。

猫儿眼 是一种宝石。形状与颜色都酷似猫眼，宝石里有一条光线，就像猫眼中的瞳仁，可用来确定时辰。

祖母绿 也是一种宝石。绿得像鹦哥身上的毛，光芒四射，随着远近观看的距离不同，宝石的光芒会闪烁变幻。武将上阵打仗，用它装饰头盔，就会让敌方射箭的人目眩，无法射中。

刚卯 《汉书·王莽传》中记载：刚卯，长有三寸，宽一寸四分。或用金，或用玉做成，上刻“正月刚卯”，分两行书写，还刻“疾日刚卯”，共有六十六个字。在正月的卯日作这种符来佩戴，可以避不祥之事。

镔铁 西番有一种镔铁，铁面上作出螺旋花或芝麻雪花。凡是用它制造刀剑器皿，把表面磨光，用金丝矾来擦拭，上面的花就越加清楚，价格比银还贵。

聚宝盆 明朝初年沈万三家里有个聚宝盆，只要把金银珠宝放到里面，过一夜盆就满了。明太祖在南门修筑陵墓，下有龙潭，深不可测，用土石填埋，怎么也填不满。明太祖取来沈万三的聚宝盆扔进去，再往下填石头，立刻就满了。太祖还欺骗龙说，到五更就把龙潭还给它。所以现在南门都不打五更鼓，到四更天就亮了。

钱名 《通典》中记载：自从太昊以来，就出现了钱币。太昊氏、高阳氏称之为金；有熊氏、高辛氏称之为货；陶唐氏称之为泉；商、周称之为布；齐、莒二国称之为刀，又称教化随着风俗变更。货币随着时代而改变：夏朝用黑色的贝壳，周朝则用紫色的石头，后世或用金钱，或用刀布。

朱提　是县的名字，属于犍（qián）为郡管辖，出产上好的白银。就是现在四川嘉定州的犍为县。

青蚨（fú）《搜神记》中记载：青蚨像蝉但稍大一些，母子不分离，生活在草丛中，像蚕一样。如果抓了幼子，它的母亲就会立刻飞来。用青蚨母亲的血涂八十一文铜钱，再用青蚨幼子的血涂八十一文铜钱，每次买东西，或先用母钱，或先用子钱，最后这些钱都会再飞回来，永远循环不停。

阿堵物　晋代王衍的妻子喜欢敛财，王衍厌恶她的贪婪，所以口中从来不说钱字。妻子想试试他，让丫鬟用钱绕床堆放，让他不能走路。王衍早上起床看到钱，对丫鬟说："快把这些阿堵物弄走！"

鹅眼　《宋略》记载：南朝宋明帝泰始年间，有人私造铜钱，钱制破坏，一贯钱长不过三寸，被人称为鹅眼钱。

明月夜光　《南越志》中记载说：海中有明月珠、水精珠。《魏略》中记载说：夜光珠、真白珠出产于大秦国。

剖腹藏珠　《唐史》中记载，唐太宗说："西域有一个商人得到非常华美的珍珠，就剖腹藏珠，这是爱珍珠而不爱自己的身体啊。"

钱成蝶舞　《杜阳杂编》中记载：唐穆宗时，宫禁中花开，有一群蝴蝶飞到花上。皇帝命人拿网把蝴蝶捕住，得到数万只，仔细一看，却发现竟然是国库中的金钱。

玩器

柴窑　柴世宗时进献皇帝的瓷器中，有一件颜色翠绿，赛过绿宝石，如果能得到这种瓷片，用网圈定，就是奇宝。

定窑　定瓷有白定、花定之分，样式质朴，颜色呆白，毫无一丝火气。

汝窑　宋代因为定州白瓷光芒耀眼不堪用，于是命人在汝州制造青色瓷器，这种瓷器冠绝邓州和耀州。

哥窑　宋代时处州人章生一与弟弟章生二都制作瓷器。哥哥章生一制造的瓷器比弟弟的颜色稍微白，且断纹多，号称白级碎，被称为“哥窑”，被世人所珍爱。

官窑　宋代政和年间，汴京开窑烧制瓷器，章生二烧制的瓷器为青色，纯粹如玉，虽然次于汝窑，但也被世人所珍爱。

钧州窑　钧州窑的瓷器稍大，各种颜色都有，但光彩太露，大多只能作为花缸、花盆。

内窑　宋代的郁成章官为提举，在汴京修内司开窑，所造模子非常精细，烧制出的瓷器颜色晶莹清澈，不输官窑。

青田核　《鸡跖（zhí）集》中记载：乌孙国有一种青田核，不知道它的树木与果实形状，但核像瓠一样，可以装五六升东西，用来盛水，不久就会变成酒。刘章曾经得到两个，会集宾客后把它摆出来，一个核里的酒刚喝完，另一个核里的酒又熟了，可以供应二十位客人，名叫青田壶。

金银酒器　李适之的酒器有蓬莱盏、海山螺、瓠子卮、幔卷荷、金蕉叶、玉蟾儿，制作精良，均堪称鬼斧神工。

金叵罗　李白有诗："葡萄酒，金叵罗，吴姬十五细马驮。"

银凿落　韩愈联句中有"泽发解兜鍪，酡颜倾凿落"。白居易有诗"金屑琵琶槽，银含凿落盏"。

婪尾杯　宋景有诗"迎新送旧只如此，且尽灯前婪尾杯"。白居易也有诗句"三杯蓝尾酒"，把"婪尾"改成了"蓝尾"。

高丽席　不是很宽大，长一丈多，花纹精美，坚牢紧凑，不易损坏。

蕹叶簟　蕲州出产美竹，可以用来制梅花笛、蕹叶簟。白居易有诗说："笛愁春梦梅花里，簟冷秋生蕹叶中。"

博山炉　《初学记》中记载：丁谖制作了九层的博山炉，在上面雕刻奇禽怪兽，自然而能动。黄庭坚有诗说："博山香霭鹧鸪斑。"

偏提　元和年间，斟酒的酒壶称作注子。后来宦官仇士良厌恶这个名字与郑注同音，就去掉了一边的手柄，改名叫偏提。

三代铜　花觚入土千年，就浑身青绿之色，其中以细腰美人觚为第一，有全花、半花的区别，花纹全的器身瘦小，但价钱达到数百。山西、陕西出土的多为商彝、周鼎；河南出土的多为汉器，因为河南地中盐碱较多，所以器物上的铜都剥落了，价格也就便宜了。所以出土铜器有河南、陕西的区别。

灵壁石　米芾被派守涟水时，与灵璧接壤，他收藏了很多奇石，常把这些奇石拿出来一一欣赏，在屋子中把玩它们整天不出来办公。杨次公做廉访使，规劝他说："朝廷把千里之郡托付给您，怎么能整天玩弄石头！"米芾径直走到他面前，从左袖中取出一块石头，体态玲珑，峰峦洞穴都有，颜色极其青翠温润，他把石头翻来覆去，对杨杰说："这块石头怎么样？"杨杰不理会。米芾就把它放回袖中，再拿出一块来，层峦叠嶂，奇巧又胜于前边那块石头；然后又放回袖中，最后拿出一块石头，极尽鬼斧神工之妙，对杨杰说："像这样的石头怎么能不爱呢？"杨杰忽然说："不只是您喜爱，我也很喜爱。"说完就从米芾手上夺走，径直登车而去。

无锡瓷壶　紫砂壶以龚春所造的最好，时大彬所造的次之，规格大体上大朴不雕；那些精泥细工的都是后人仿造的。

成窑　明朝成化年间所制。有五彩鸡缸，淡青花的各种瓷器如茶瓯、酒杯，都要价极高。

宣窑　明朝宣德年间所制。青花瓷与纯白瓷的工艺达到顶峰，瓷面上有鸡皮纹隐约可辨。醮坛的茶杯，一只有值一两银子的，有“酒”字、“枣汤”字、“姜汤”字之类的稍微便宜一些。

靖窑　明朝嘉靖年间所制，质地为白色，有青花纹，世间没有可以与它比拟的。

万历初窑　万历年间官窑的瓷器，万历初年的最好，即使是被淘汰的次品都非常精妙，民间都很珍爱它。

厂盒　古延厂，是永乐年间所制造的，重枝叠叶，坚如珊瑚，稍带些沉色。新厂是宣德年间所造，雕刻极细，颜色好像朱砂，鲜艳无比，有蒸饼式、甘蔗节两种，越小越妙，要价极高。

宣铜　宣德年间三殿发生了火灾，金、银、铜都熔成一块，堆积如山。明宣宗把内库所藏的古代窑器拿出来，仿效其形，铸成香炉、花瓶之类，妙绝古今，传为世宝。

倭漆　漆器的精妙，没有比得过日本的。宣德皇帝派杨瑄去日本学习数年，精熟地掌握了日本的技艺。因此宣德漆器与日本的一样精美。

宣铁　宣德年间所制的铁琴、铁笛、铁箫，声音清脆响亮，不是那些用竹木所制的琴、笛、箫能比得上的。

照世杯 洪武初年，帖木儿派使者奉表，有“钦仰圣心，如照世杯”的句子。有人说他们国家曾传说有一种杯子，光明洞彻，对着它照就可知世事，所以如此描述。

嘉兴锡壶 论制造的精妙，以黄元吉所造最好，归懋德次之。一开始要价很高，后来渐渐便宜了。

螺钿器皿 论嵌镶螺钿的梳妆匣、印箱等物，以周柱所造最好，花色娇艳，如同鲜花。他造的螺钿杯箸等器皿，也无不精妙。

竹器 南京制造的竹器，以濮仲谦造的最好，他雕琢的东西，一定要竹根盘结怪异的，才肯动手。当时人得到他的一件东西，都很珍重。另外，用斑竹来做椅桌的，以姜姓出品为第一，因此有姜竹之称。

夹纱物件 赵士元制作夹纱以及夹纱的帐帏和屏风，他刻绘的翎毛花卉，颜色鲜明，毛羽生动，妙不可言。每一扇上都是黄荃、吕纪的得意名画。

卷十三

容貌部

形体 ○ 妇女

形体

圣贤异相　尧眉八彩。舜目重瞳。文王四乳。仓颉四目。禹有三个耳洞，被称为大通，可以兴利除害，决江疏河。

四十九表　孔子出生时就有四十九种外表特征：披头散发，凹脸，额角像月亮，鼻子像太阳，眼睛平长，嘴大，唇厚，面容正，下巴方，两个喉结，牙齿重叠，身形像龙，脊背像龟，掌如虎爪，肋骨相连，三块胸肌，头顶塌陷，肚脐像山，骨骼像树林，手臂像鸟翼，凹头，隆鼻，耸肩，眉毛像河堤，扁平足，像山谷一样的七窍，声音如雷，腹部如沼泽，面部像蒙倛，双眼如方相，手能过膝，眉毛有十二种色彩，眼睛有二十四种纹理，站着如同凤凰耸立，坐着仿佛巨龙深蹲，手里握着天文，脚底踏着“度”字，远望像要摔倒，近看像要飞升，上身修长下身短小，伸领驼背，耳朵后翻，瞻视高远，耳垂大天庭饱满，他的脖子像尧，他的额头像舜，他的肩像子产，从腰以下比禹短了三寸，胸前有“制作定世符”五字，身高九尺六寸，腰有六十围。（参见《祖庭广记》）。

老子有七十二相，八十一好。（参见《法轮经》）。

如来佛祖有三十二相。（参见《般若经》）。

昭烈异相 蜀国的先主刘备身高七尺五寸，眼睛可以回看到自己的耳朵，手臂垂下能过膝。

碧眼 孙权小时候眼睛是青绿色的，号称碧眼小儿。

猿臂 汉代将军李广手臂如猿猴，擅长射箭。

独眼龙 李克用因一目失明，又号独眼龙。

胆大如斗 姜维死后剖腹来看，发现他的胆大如斗。张世杰（宋末抗元名将）也是胆大如斗，焚烧不化。

半面笑 贾弼梦见自己换了头，于是能半边脸哭，半边脸笑。

玉楼银海 苏东坡的诗《雪后书北台壁》说："冻合玉楼寒起粟，光摇银海眩生花。"王安石说："道家把两肩称作玉楼，两眼称为银海。"苏东坡说："只有荆公知道这些。"

缄口 孔子看到周庙里有一座铜铸的人像，人像的口被封了三重，于是在人像的背后写了一篇铭说：这是古代慎于言语的人。大家谨慎啊！谨慎啊！不要多说，言多必失；不要多事，多事就多患。

舌存齿亡 常枞有病，老子说："先生病得如此，没有遗言要告诉弟子吗？"于是常枞张开他的嘴，说："我的舌头还在吗？"

老子回答说：“在。难道不是因为它软吗？”常摐说：“我的牙齿没了吧？”老子回答说：“没了。难道不是因为它太硬吗？”常摐说：“天下的事情道理都包含在这里了。”

芳兰竟体　梁武帝平定了建业，朝廷之士都来造访。谢览当时年仅二十，官为太子舍人，意气闲雅，看上去非常聪慧。梁武帝看了他良久，对徐勉说：“感觉这个人香气满身。”

眼如岩电　王戎字濬（jùn）冲，身材矮小，但眼睛非常清澈透亮，直视太阳都不觉得眩目。裴楷说：“王戎目光闪闪，就好像山岩下的闪电。”

面如傅粉　何晏姿容俊美，脸面极白。魏明帝怀疑他涂了粉，盛夏时，赐给何晏滚热的汤面。何晏吃后大汗淋漓，他就用红色的衣服擦拭，脸色却更白净了。

璧人　卫玠年幼时，乘坐白羊车在洛阳市集行走，人们都问：“这是谁家璧人啊？”

看杀卫玠　卫玠从豫章来京都，京都人早就听说了他美貌的名声，来看他的人围得像一堵墙。卫玠本来身体就虚弱易得病，最后不堪劳累，竟然得重病而死。当时人都说是“看杀卫玠”。

觉我形秽　王济是卫玠的舅舅，长得潇洒俊朗。但每次见到卫玠，就会赞叹说：“珠玉在侧，觉得自己形象丑陋。”

渺小丈夫　孟尝君访问赵国，赵国人听说他是贤能之人，就出来观看他，而后都大笑说：“起初以为孟尝君是一个魁梧大汉，现在看来，只不过是一个矮小男子罢了。”

妇人好女　司马迁说：“我本以为留侯张良一定是一个身材魁梧的奇男子，直到看到他的画像才发现，他的相貌如同眉清目秀的女子。”

精神顿生　张九龄风仪秀整，皇帝在朝廷上望见他，对左右大臣说：“我每次看到张九龄，都会精神顿生。”

琳琅珠玉　有人拜访王太尉，遇到了王戎、大将军王敦及丞相王导也都在坐。到另一个屋子里去，看见了王诩与王衍的儿子王澄。那人对别人说：“今日之行，看到的全是琳琅珠玉。”

若朝霞举　李白在便殿参见唐玄宗，他神气高朗，光彩焕发如同朝霞飞升。

倚玉树　魏明帝让皇后的弟弟毛曾与夏侯玄并坐，当时人称为“蒹葭倚玉树”。

掷果　潘安姿容出众。少年时拿着弹弓乘小车走在洛阳道上，女人遇到他，没有不拉起手来围住他的，争相给他的车里扔水果，把车都装满才回家。

屋漏中来　祖广走路时总是缩着脖子。南郡公桓玄刚到任，就打趣说：“天气晴朗，祖参军却好像从漏雨的屋子里出来一样。”

四肘　成汤的手臂有四肘。《韵会》中说："一肘是二尺。"也有人说一肘是一尺五寸。

姬公反握　周公的手可以反握。

骈胁　骈，是联的意思。晋文公名叫重耳，他的胁骨是联成一体的。

铄金销骨　西汉有文章说："众口铄金，积毁销骨。"这是说谗言诽谤的利害。

敲骨吸髓　敲开骨头吸食骨髓，比喻朝廷使用暴政来横加征敛。

掣肘　《说苑》中记载：鲁国派宓子贱做单县的县令，宓子贱向鲁国的国君借了两个擅长写字的人来让他们抄写文书，在他们写字时从旁拉他们的胳膊，字写得不好，就对他们发怒，他们想要重新写好，宓子贱就又拉住他们胳膊。抄写的人告辞而归，告诉了鲁国国君。国君说："这就好像我总是干扰他，让他不能施善政啊。"于是下令不要向单县征发。不过多久，单县就政治修明，教化盛行。

厚颜　《尚书》中说："厚颜有忸怩。"这是说羞愧的神色显在了脸上。

摇唇鼓舌　《庄子》中说："摇唇鼓舌，擅生是非。"

怒发冲冠　秦王答应用十五座城池来换赵王的和氏璧，蔺相如捧着和氏璧到秦国，见秦王没有诚意交付城池，怒发冲冠，英气勃勃。

生而有髭 《皇览》中记载：周灵王生下来时就有髭须，所以称为髭王。

注醋囚鼻 《旧唐书》中记载：酷吏来俊臣审问囚犯时，常常把醋灌到囚犯的鼻子里。

春笋秋波 是说纤细的手指如同春笋一样又尖又长，媚眼如同秋天的水波一样清澈。

蓝面鬼 卢杞外号蓝面鬼，经常到郭子仪家去问病。郭子仪听说卢杞到了，就让所有的姬妾侍女都退下，自己靠着几案等着卢杞。家人问其缘故，他说："卢杞外貌丑陋而内心险恶，左右这些人见了他必定会嘲笑，如果他日后掌了权，我们这一族就会死无葬身之地了。"

善用三短 后魏的李谐身材矮小，而且长了六个手指头。因为他脖子上有瘿，所以昂首挺胸；因为跛脚，所以尽量缓步走；因为口吃，所以尽量慢慢说。人们都说李谐善于利用他的三个短处。

乱唾掷瓦石 左思长相很丑，但他也仿效美男潘安那样乘车在闹市游玩，一群妇女都向他吐唾沫，于是就神情萎靡地回来了。张载也很丑，每次出行，小孩子都用瓦片、石块来扔他，可以装满一车。

龙虎变化 韩愈写的《马燧志》中说：当时在北亭拜见北平庄武王时，觉得他就像在高山深林中的龙虎一样变化不测，是豪杰魁首。再回来拜见他的弟弟太子少傅，觉得他像翠竹碧梧中停立的鸾凤一样安静。

长人 苻坚的拂盖郎（护卫）申香、夏默、护磨那三人，都有一丈九尺高，每顿饭吃一石粮食、三十斤肉。

矮短人 王蒙身高三尺，张仲师身高二尺五寸。

重人 安禄山体重三百五十斤，司马保有八百斤，孟业有一千斤。

澹台灭明 李龙眠所画的孔门七十二子人物像中，澹台灭明看上去比子路勇猛刚毅，于是孔子说的“以貌取人，失之子羽”，就是指澹台灭明外貌似武生，而行为却是个文雅的儒生。

祖龙 秦始皇的嘴像老虎，额头隆起，眼睛似乎有火，高鼻梁，胸像鸷鸟，声音像豹，身高八尺六寸，腰有七围，手能握兵器、拉弓射箭，号称祖龙。秦始皇的方士侯生说他的贪淫暴虐，万倍于商均、丹朱，千倍于夏桀、商纣。

好笑 陆士龙喜欢笑。曾经穿着丧服上船，在水中看到自己的倒影，大笑不止，差点落水。

笑中有刀 李义府为人貌似恭敬，与人说话时，会和善地微笑，但背地里却非常阴险，气量小。凡是不称他意的人，都被诬蔑中伤。时人称他为笑中有刀。

方睛　管辂说："眼有方睛，高寿之相。"陶弘景晚年时，眼中的瞳仁偶尔会呈方形。

百体五官　人体有百块骨骼，所以叫百体。官，就是管辖的意思。五官指耳、目、口、鼻、心。

须发所属　头发属心管辖，秉承有火气，所以向上生长；胡须属肾脏管辖，秉承有水气，所以向下生长；眉毛属肝脏管辖，秉承了木性，所以向两边生长。男子肾气向外扩散，在上面是胡须，在下边是男根；女人和宦官因为没有男根，所以没有胡须。

重瞳四乳　舜帝的一只眼睛有两个瞳仁，项羽也是重瞳，隋朝的鱼俱罗、朱梁康、王友敬，永乐年间的楚王之子，也都是这样。周文王有四个乳头，宋代的范镃百、常文子，明代的倪谦，也都有四个乳头。

身长一丈　中国人身高一丈的，皇帝中有黄帝、尧帝和周文王；臣子中有吴国的伍子胥、汉代的巨毋霸，都身高十尺。巨毋霸腰围有三尺多，伍子胥眉间距有一尺。孔子身高十尺，一说是九尺六寸。按：据庄子说"孔子从腰以下比大禹短三寸"，那么后一种说法对。宋代《程史》中记载，有一个姓唐的人和他妹妹都身高一丈二尺。

身长七尺以上　大禹身高九尺九寸，商汤九尺，秦始皇八尺七寸，汉高祖七尺八寸，光武帝刘秀七尺三寸，昭烈帝刘备七尺五寸，宋武帝七尺六寸，陈武帝七尺五寸，北周太祖宇文泰八尺，项羽八尺二寸，韩王韩信八尺九寸，王莽七尺五寸，刘渊八尺四寸，刘曜九尺四寸，慕容皝（huàng）七尺八寸，姚襄八尺五寸，曹交九尺四寸，冉闵、什翼健、宇文泰都是八尺，慕容垂七尺四寸，慕容德八尺二寸。唐朝之后，高个子的臣子就少了。韦康成十五岁时就身高八尺，姜宇十五岁高七尺九寸，刘曜的儿子刘胤十岁时身高七尺五寸，而且姿容与面貌极美，眉目如画。很少有人小小年纪就长到这么高，但刘胤最后只长到八尺四寸，没他父亲高。

丈六金身　佛高一丈六尺，大家视之如神，而他的小弟阿难和徒弟调达都高一丈四尺五寸，那时候印度的高个子还是不少的。

谗国　沈颜在《谗论》中说：宰嚭谗害伍子胥导致吴国灭亡，赵高谗害李斯导致秦国灭亡，无极谗害伍奢导致楚昭王败逃，靳尚谗害屈原导致楚怀王被囚。所以说：人们都知道佞臣的谗言害了忠良，却不知道他们的谗言害的是国家。

舌本间强　俗话说："三天不言，舌本强。"殷仲堪说：三天不读《道德经》，就觉得舌根僵硬。

皮里阳秋　晋朝的褚褒字季野，桓彝评价他说："褚季野是皮里阳秋。"是说他表面看来不评价人好坏，其实心里有所褒贬。

断送头皮　宋真宗封禅泰山后，寻访到隐士杨朴。宋真宗问：

“你临走时，可有人写诗送你？”杨朴回答说：“臣下的妻子送了一首诗说：‘更休落魄耽杯酒，切莫猖狂爱作诗。今日捉将官里去，这回断送老头皮。’”

唾掌 公孙瓒说：“天下大军四起，都觉得江山唾掌可得。”李翱说：“天下太平如翻手掌一样容易。”

扪膝 后魏的贾景兴隐居不做官，葛荣攻陷冀州，贾景兴称病不去拜见，每每摸着膝说：“我不会辜负你们。”这是不去拜见葛荣的缘故。另，宋朝的喻汝砺号称扪膝先生。

鸡肋 晋朝刘伶曾在喝醉时与市井俗人争吵，那个人捋起袖子要打他。刘伶说：“我的这几根鸡肋骨哪里抵挡得住好汉的拳头。”那人大笑而停手了。曹操进入汉中讨伐刘备，无法进一步攻打，就想放弃，于是传号令为“鸡肋”。官吏与下属都不知道是什么意思。杨修说：“鸡肋就是扔了可惜，要吃却没什么肉。这就好比是汉中，大王是想要回师了。”于是禀报曹操，班师回朝。

噬脐 楚文王讨伐申国，路过邓国。邓国君主说：“这是我的外甥啊。”就让楚军停下并款待他们。邓祁侯另外几个外甥即骓甥、聃甥、养甥都请求杀死楚文王，但邓祁侯不同意。聃甥说：“今后消灭邓国的一定是这个人。如果不及早计划，以后君王会像嘴咬肚脐够不着一样后悔莫及。”

交臂 《庄子》记载：颜渊问孔子说：“老师您慢走我也慢走，您急走我也急走。但您若狂奔，我就只能眼巴巴地落在后面了。”孔子说：“我一直和你朝夕相处，而你却错过了，不是很可悲吗？”

三折肱　晋国权臣范氏和中行氏将要讨伐晋定公，齐国的高彊说：“断过三次胳膊的人都成为良医。我就是因为攻打国君才沦落至此啊。”

髀里肉生　刘备在刘表的酒席上感慨流泪说：“以前身子不离开马鞍，大腿上的肉都消瘦了下去；现在长时间不骑马，大腿上的肉又长起来了。时间像流水一样，人就快老了，但还没有建功立业，所以才会悲哀啊。”

炙手可热　唐代的崔铉官升左仆射，与郑鲁、杨绍复、段瑰、薛蒙等人参议国事。当时的人都说：“郑、杨、段、薛，炙手可热；想要亨通，鲁、绍、瑰、蒙。”

如左右手　韩信逃亡，萧何亲自去追赶。下属不知情就向汉高祖报告说：“丞相萧何逃跑了。”汉高祖大怒，就好像失去了左右手。

高下其手　这是说人判案徇私，玩弄手法，串通作弊。

幼廉一脚指　北齐的李幼廉做瀛州长史，高欢巡行要求查验文簿，李幼廉领命后立刻就办完了。高欢责问其他的人说：“你们能抵得上李幼廉一个脚指头吗？”

握拳啮齿　苏东坡作了一副对联：“张睢阳生犹骂贼，啮齿穿龈；颜平原死不忘君，握拳透爪。”

豕心　《左传》记载：以前有仍氏生了个女儿，乐官后夔娶了她，生下伯封，这个伯封一颗豕心，贪婪无厌。人们都叫他“封豕”。

锁子骨　李邺侯小时候身体很轻，能行走在屏风上。长大后，又练习道家的辟谷和导引之术，身上的骨节都嘎嘎有声。人们称之为“锁子骨”。

一身是胆　赵子龙与魏国军队交战，魏兵一直追到兵营门口，怀疑有埋伏，才退兵而去。第二天，刘备到兵营视察，说：“子龙一身都是胆啊。”

抽筋绝髓　郭弘霸讨伐徐敬业时说：“我发誓要抽其筋，吃其肉，喝其血，绝其髓。”武则天很高兴，封他为御史。当时人称“四其”御史。

铁石心肠　皮日休说：“宋广平当丞相，让人怀疑他长着铁石心肠，根本不懂得说柔美之词。但看他的《梅花赋》，却精巧富艳，与他的为人完全不同。”

伐毛洗髓　《汉武记》中记载，黄眉翁指着东方朔说：“我每三千年就清洗身上的骨髓，三千年刮去身上的皮毛。现在我已经三次洗髓、三次刮毛了。”

笑比黄河清　宋代的包拯非常严肃冷峻，从没见过他笑，人们都说他的笑容就好像黄河变清一样难以见到。

连璧 晋代的潘岳与夏侯湛都长得很俊美，两人出行，同车同席，京城人称他们为连璧。

乳臭 刘邦派韩信去攻打魏王豹，问郦食其："魏的大将是谁？"回答说"是柏植"。刘邦说："这人不过是乳臭未干的小子，怎么能敌过我们的韩信？"

貌不扬 晋国的叔向去郑国，鬷（zōng）蔑其貌不扬，站在堂下说了一句话，说得很好，叔向听了就说："这一定是鬷蔑啊！"就下堂拉着他的手上来，说："你要是不说话，我几乎错失了你啊。"

貌侵 汉代的田蚡，是孝景帝皇后同母异父的弟弟，官至丞相。他为人貌侵——意思是说人长得矮小而丑陋。

獐头鼠目 唐代的苗晋卿推荐元载。李揆认为元载面相不好，对苗晋卿说："有龙凤之相的人没见到，长得獐头鼠目的却要来求官？"元载就一直对他怀恨在心。

龙钟 裴度还没考上科举时，有一次停留在洛中，骑驴上天津桥。当时淮西很不太平，有两个老人靠着桥柱说："蔡州什么时候才能平定啊？"看到裴度，非常惊讶地说："刚才还担心蔡州难平，看来得等这个人当宰相呢。"仆人听说后告诉裴度，裴度说："这是看到我龙钟失意，故意戏弄我的。"后来裴度在唐宪宗时果然当了宰相，并平定了淮西和蔡州。

牙缺 张玄之八岁时掉了牙，一个前辈开玩笑地说："你这嘴怎么开了个狗洞？”张玄之回答：“要让你们这些人从中出入呀。”

口吃　汉代的周昌在争论立太子时说：“臣期期不能奉命。”邓艾自称“艾艾”。韩非和扬雄也都口吃，却擅长写文章。后来刘贡父、王汾在史馆中，王汾口吃，刘贡父为他写了评语：“恐是昌家，又疑非类；未闻雄名，只有艾气。”

吾舌尚存　张仪曾与楚相喝酒，楚相丢失了玉璧，觉得是张仪偷的，抓住张仪鞭打。张仪回家后，他的妻子责备他。张仪说：“看看我的舌头还在不？”妻子笑说：“在。”张仪说：“这就够了。”

借听于聋　韩愈《答陈生书》中说：足下是想求得快速成仙之术，来问我，可以说是借听于聋，问道于盲。没见过有成果的。

青白眼　阮籍能做青眼、白眼，看到遵从礼法的凡俗之士，就用白眼来对待。他的母亲去世了，嵇喜前来吊唁，阮籍就翻白眼。嵇喜的弟弟嵇康抱着琴带着酒来，阮籍非常开心，于是用青眼相对。

邯郸学步　班固《汉书叙传》说：传说以前有人学习邯郸人的走路姿势，没有学到，还忘记自己以前的走路方式，最后只好爬着回去。

美须　谢灵运的胡须很美，他被处刑时，把胡须舍给南海祗洹寺维摩诘像。唐中宗时，安乐公主在端午节玩斗草，想要以巧取胜，就派人骑驿站的马去取这些胡须，又怕被别人也取，就把其余的都剪了扔掉。

貌似刘琨　桓温自己觉得自己雄姿飒爽，是司马懿、刘琨一类人物。等到讨伐前秦而还军时，在北方遇到一个做手工活的老妪，曾是刘琨的丫鬟。她一看到桓温，就潸然流泪说："您很像我们刘司空。"桓温非常高兴，忙到外面去，整理了一下衣冠，再叫来仔细问，那个老妪说："脸很像，可惜福薄了点；眼睛很像，可惜小了点；胡须很像，可惜有些发红；身形很像，可惜太矮；声音也很像，可惜有些女气。"桓温听后扔掉帽子解衣就睡，难过了好几天。

补唇先生　方干的嘴唇有唇裂，官府认为不可以给他科第功名。他连着参加了十几次考试都没被录取，就隐居鉴湖。过了几十年，他遇到一个医生给他把唇裂补好了，但已经老了。人称他为补唇先生。

眇一目　南齐的湘东王萧绎有一只眼睛瞎了，在与刘谅游览长江时，赞叹秋景的美丽。刘谅回答说："今天可以称得上是'帝子降于北渚'了。"因为《离骚》中说："帝子降于北渚，目渺渺而愁予！"湘东王觉得这是在讽刺自己，怀恨在心。后来湘东王起兵，王伟给侯景写檄文说："项羽重瞳，尚有乌江之败；湘东一目，宁为赤县所归？"后来竟因此而被当了皇帝的萧绎所杀。

半面妆　徐妃因为梁元帝萧绎只有一只眼睛，知道皇帝要来，就只画了半面妆。梁元帝见了大怒而去。

塌鼻 刘贡父晚年得了重病，胡须和眉毛都落光了，鼻梁也塌了。一天，与苏轼一起喝酒，苏轼引用刘邦的《大风歌》来戏弄他说：“大风起兮眉飞扬，安得猛士兮守鼻梁！”

头有二角 隋文帝生下来头上就有两只角，一天长三次鳞片，他的母亲害怕就把他丢弃了。有老尼姑抱走，喂养他。尼姑偶尔外出，叮嘱他的母亲照看。他的母亲看到他长出了须发，头上有角，熠熠发光，非常惊恐，把他扔到地上。尼姑赶快跑回来，抱起来说：“惊着我的孩子了，这要让他晚得天下多少年。”后来他果然六十才登极为帝。

岐嶷 《诗经》说：“克岐克嶷，以就口食。”是赞美后稷的。岐嶷，就是山峰峻茂的样子，后多形容年幼聪慧。

口有悬河 晋朝的郭象擅清谈。王衍说：“每次听到郭子玄讲话，就像悬着的大河倾泻一样，多久都不会枯竭。”

侏儒 《左传》中记载：臧纥败给了狐骀。国人说：“侏儒侏儒，使我败于邾。”注解说：狐骀，是一个地名。侏儒，是短小的意思。

捷捷幡幡 《诗经》说：“捷捷幡幡，谋欲谮言。”

胸中冰炭 俗话说：不作风波于世上，自无冰炭在胸中。

唇亡齿寒 《左传》中记载：晋国君主又想向虞国借路去攻打虢国。宫子奇劝谏说："虢国是虞国的屏障。谚语说面颊与牙床骨相互依存，嘴唇没了，牙齿会寒冷的，这说的就是虞国和虢国啊。"

足上首下 《庄子》中说：失信于世俗，就是把人民颠倒放置，就好像脚朝上而头朝下一样，把尊卑弄反了。

扬眉吐气 李白在《与韩朝宗书》中说：如今全天下的人都把君侯您看作是评定文章、衡量人物高下的权威人士，一得到您的品评，就被认作美士。您又何必吝惜台阶前一尺之地，而不让我李白扬眉吐气、激昂青云呢！

推心置腹 《东观汉记》中记载：萧王刘秀示出自己的真诚，好像把自己的赤心放到别人肚子里一样。

方寸已乱 《三国志》中记载：徐庶的母亲被曹操抓走，徐庶向先主刘备告辞时说："本来想跟将军共创统一天下的千秋大业，如今失去了老母，我的方寸已乱了，请允许我从此告辞吧。"

黑甜息偃 苏轼《发广州》诗说："三杯软饱后，一枕黑甜余。"《诗经》中有"或偃息在床"的句子。

肉眼 《唐摭言》中记载：郑光业去参加科举考试，夜里有人唐突地闯进来，郑光业留他住下。那人又让郑光业给他端水煮茶，郑光业都欣然去做。后来郑光业考上了状元，那人送信谢罪说："既帮我端水，又帮我煮茶。当时没认出您是贵人，因为我凡夫肉眼；今天成为您的后辈，我本是穷相骨头。”

青睛 《南史》中记载：南朝诗人徐陵的眼中有青睛（乌黑的眼珠），人们都认为这是聪慧的标志。

丹心 心又叫“丹府”，心神叫“丹元”。

腆颜 《文选·奏弹王源》说，明目腆颜，难道就没有惭愧和畏惧？

可口 《庄子》说，樝（zhā）梨橘柚，都很可口。

置之度外 《后汉书》中记载，光武帝说：“应当把这两人放在考虑之外”。这是指隗嚣和公孙述。

秦人视越 韩愈《争臣论》中说：看待朝政得失，就好像秦国人看到越国人的胖瘦一样毫不在意，心里没有一点喜悦或忧愁的波动。

行尸走肉 《拾遗记》中记载，任末说：“好学的人，即使死了也像活着一样；不好学的人即使活着，也是行尸走肉罢了。”

颜甲 《开元天宝遗事》中记载，有一个进士杨光远，拜求权势豪门不知满足。有时遭到鞭挞的羞辱，也一点不知悔改。时人说：“杨光远的脸皮厚得有十层铁甲。”

高髻 后汉的马廖上疏说：“吴王好剑客，百姓多创瘢。楚王好细腰，宫中多饿死。”“城中好高髻，四方高一尺。城中好广眉，四方且半额。城中好大袖，四方全匹帛。”

面谩　樊哙说：“我愿率领十万大军，横行于匈奴的土地上。”季布说：“樊哙说大话，这是面谩（欺骗）！”

掉舌　汉代的郦食其游说齐王与汉求和。蒯彻向韩信进言说：“郦食其不过是一个士子，坐在车上动动三寸不烂之舌，就降服了齐国七十余座城池。”

妇女

妲己赐周公　五官中郎将曹丕娶了袁熙的妻子，孔文举在《与曹操书》中说：“武王讨纣，以妲己赐周公。”曹操因为孔文举非常博学，就信以为真。后来问孔文举，孔文举回答说：“以今度之，想当然耳。”

效颦　西施心痛时就捧心皱眉，愈发显出她的娇媚。一个丑女子羡慕而效仿她，这就叫“效颦”。黄庭坚的诗说：“今代捧心学，取笑类西施。”

新剥鸡头肉　杨贵妃沐浴过后，对镜梳妆，衣裙褪下来露出了一个乳房，唐明皇用手抚摸着说："软温新剥鸡头肉。"安禄山在旁边接上说："润滑犹如塞上酥。"

长舌 《诗经》说："妇有长舌，维厉之阶。"

守符 楚昭王的夫人是齐国的女子。昭王出去游玩，留夫人在天文台。长江的洪水大举涌来，昭王派使者去迎接夫人，却忘了拿符。夫人说："大王与我约定，要召见我必定用符。"现在使者没有拿符，就不敢随行。使者只好回去取符，这时渐台崩塌，夫人就被淹死了。

女博士 甄皇后九岁时，非常喜欢读书，常使用她几个哥哥的笔砚。哥哥说："你是想要做女博士吗？"她说："古代贤惠的女子没有不看经书典籍的，不这样，怎么能知道成败呢？"

灵蛇髻 甄皇后入魏宫以后，宫廷里有一条绿色的蛇，嘴里常衔着一颗赤色珠子，像梧桐籽那么大，从不伤人；若有人想伤害它，它就消失不见了。每天皇后梳妆时，它就盘结成一个发髻的形状，皇后就仿效它的形状来盘发髻，巧夺天工。因此皇后的发髻每天都不同，号称灵蛇髻。宫女也仿效皇后，但连一两分都学不到。

女怀清台 《史记·货殖传》记载：巴蜀之地有个寡妇叫清，她的祖先得到一个产丹砂的矿穴，于是几代人获利，家里很富。并且用财产来自卫，没有受到侵犯与欺辱。秦始皇为她建造了"女怀清台"。

国色 《战国策》中记载：骊姬是绝色女子。《开元天宝遗事》记载：京都名妓楚莲香，国色无双，每次出门都有蜜蜂和蝴蝶追随，皆因爱慕她身上的香气。

长女子 东汉明帝的马皇后与东汉桓帝邓皇后都身高七尺三寸，刘曜的刘皇后身高七尺八寸，同时也都以美貌闻名。

妇人有须 李光弼的母亲李氏被封为韩国太夫人，有数十根胡须，长达五寸，这是女子奇贵之相。

夜辨绝弦 蔡琰六岁时，夜里听父亲蔡邕弹琴，有一根弦断了。蔡琰说："断的是第二根弦。"蔡邕就故意再断一根，蔡琰说："这是第四根弦。"蔡邕说："这不过是偶然猜中罢了。"蔡琰说："季札观察国风，就知道四国的兴衰；师旷吹奏，从南风乐音微弱知道楚国必败。从这些例子来看，怎么能说我就不知断的是哪根弦呢？"

尤物 《左传》中记载：叔向想要娶申公巫臣的女儿，他的母亲说："你为什么要做这件事呢？绝色美女，足以移易一个人的情志。如果所行不合于礼义，就一定会招致灾祸。"

钩弋宫 钩弋夫人是齐人，右手天生不展。望气术士说："东方有贵人气。"汉武帝到了齐地发现钩弋夫人姿色绝美，武帝将她的手展开，得到一个玉钩，此后她的手就不再握拳了。因此把她住的宫殿叫钩弋宫。

花见羞　五代时刘获（huò）的侍妾王氏貌美非凡，人称花见羞。

疗饥　隋炀帝每次看到妃子绛仙，就回头跟宦官们说："古人说秀色可餐。像绛仙这样的人，就可以疗饥了。"

倾城倾国　李延年的《佳人歌》："北方有美人，绝世而独立。一顾倾人城，再顾倾人国。宁不知倾城与倾国，佳人难再得！"

远山眉　赵飞燕为她的妹妹赵合德蓄发，称为新兴髻；修淡眉，称为远山黛；点小点的朱砂，称为慵来妆。另外，《玉京记》中记载："卓文君的眉毛不用黛色来画，看上去像远山一样。人们都效仿，称为远山眉。"

鸦髻　巴陵的乌鸦不怕人，除夕时，女子各抓一只来，用粮食喂它。元旦一早，用五色丝线系在乌鸦的头顶，然后放飞，看它们的去向来占卜一年的吉凶。其占辞说："鸦子东，兴女红；鸦子西，喜事齐；鸦子南，利桑蚕；鸦子北，织作息。"很灵验。还有，在元旦梳头时，先用梳子梳理乌鸦的羽毛，祈祷说："愿我妇女，黰发髟（biāo）髟，惟百斯年，似其羽毛。"楚地的人称女子的发髻为"鸦髻"。

淡妆　《杨妃传》中记载：杨贵妃的姐姐虢国夫人不施妆粉，自恃容貌美丽，经常只画淡妆就朝见天子。杜甫诗说："虢国夫人承主恩，平明上马入宫门。却嫌脂粉涴颜色，淡扫蛾眉朝至尊。"

嫫母　黄帝的妃子嫫母，相貌丑陋，但却很贤惠，黄帝非常爱她。欧阳修《答原父》诗说："反蒙华衮褒，如誉嫫母艳。"

无盐 《列女传》中记载：无盐是齐国的丑女，她自请见齐宣王，陈述齐国时政，齐宣王封她为皇后。

书仙 《丽情集》中记载：长安城中有个妓女叫曹文姬，擅长写字，是关中第一，当时号称书仙。

钱树子 《乐府杂录》中记载：许子和，吉州永新人，以歌妓身份入宫，取名永新，能变新妆。临死时，对她母亲说："阿妈，钱树子倒了呀！"

章台柳 唐代的韩翃与妓女柳姬交情极好，第二年，淄青节度使侯希逸上奏朝廷，任韩翃为从事官。经过了三年离别，韩翃寄诗给柳姬："章台柳，章台柳，往日青青今在否。纵使长条似旧垂，也应攀折他人手。"柳姬答诗："杨柳枝，芳菲节，可恨年年赠离别。一夜西风忽报秋，纵使君来岂堪折！"

桐叶题诗 蜀地的侯继图倚靠在大慈寺楼，见到一片随风飘落的大桐叶，上面有诗："拭翠敛双蛾，为郁心中事。搦管下庭除，书成相思字。此字不书石，此字不书纸。书向秋叶上，愿逐秋风起。天下有心人，尽解相思死；天下负心人，不识相思意。有心与负心，不知落何地。"过了几年，侯继图娶了任氏为妻，她正是题诗桐叶的人。

白团扇 晋朝中书令王珉与嫂子的侍婢感情很好，但嫂子却经常鞭打侍婢。侍婢向来擅长唱歌，而王珉又喜欢拿着白团扇，侍婢就作了一首《团扇歌》：“团扇复团扇，许持自障面。憔悴无复理，羞与郎相见。”

金莲步 南齐东昏侯把金子凿制成莲花贴在地上，让潘妃在上面行走，说：“这是步步生金莲啊。”

邮亭一宿 陶谷学士出使江南，韩熙载让妓女秦弱兰伪装成驿吏女，拿着笤帚扫地，陶谷就与她谐鱼水之欢，并赠了一首《风光好》给她：“好因缘，恶因缘。只得邮亭一夜眠。别神仙。琵琶别尽相思调，知音少。待得鸾胶续断弦。是何年。”

司空见惯 唐代的杜鸿渐官拜司空，镇守洛阳时，苏州刺史韦应物路过洛阳，杜鸿渐设宴款待，叫来两个歌妓唱歌跳舞，喝酒到酣畅处，就让歌妓向韦应物求诗。韦应物醉倒了。半夜醒来看到有两个歌妓睡在旁边，大吃一惊，就问缘故，歌妓回答说因为酒席上他作了诗，所以司空大人命她们来侍寝。韦应物让她们读一下他作的诗，她们读道：“高髻和云鬟，歌女宫内妆。如坐春风里，一曲《杜韦娘》。司空自见惯，视此浑如常。可怜韦刺史，心动已断肠。”

媚猪 南汉之主刘张得到一个波斯女，又黑壮又妖艳，刘张（chǎng）非常宠爱她，赐号媚猪。

燕脂虎 陆慎言的妻子朱氏，为人阴沉残忍又忌妒狡猾。陆慎言在尉氏做县尉，但政事却不由自己，官民都称朱氏叫燕脂虎。

燕脂　商纣王用红蓝花汁凝结成脂，来做桃花妆。这出自燕国，所以取名燕脂。现在写成“燕”字加“月”字旁，已经不对了；甚至有人写成“因”字加“月”字旁，那就更是大错了。《留青日札》中记载说：美人妆的方法，在脸上先打底粉，再在手掌中把燕脂调匀，轻抹在两颊，浓的叫“酒晕妆”，浅的叫“桃花妆”，若略抹一些朱砂，再用粉覆盖，这叫“飞霞妆”。唐代僖宗和昭宗时，京城都争相化妆嘴唇，女子用这来区分美丽与否。其中有名为“石榴娇”“大红春”“小红春”等十七种。

偷香　晋朝的韩寿姿容很美，太尉贾充让他掌管会计事务。贾充的女儿偷偷窥视韩寿，很喜欢他，就与他私通。当时，外国进贡一种奇特香料，染到衣服上一个月都不会散尽，皇帝把它赐给贾充。贾充的女儿偷来送给韩寿。后来贾充发现了这件事，就把女儿给韩寿做了妻子。

宿瘤女　《列女传》中记载：起初，齐王出朝游玩，百姓都去观看，有一个脖子长瘤的女子却依旧去采桑。齐王觉得奇怪，问她原因，她回答说：“小女受父母之命采桑，没有受命来看大王。”齐王认为她很贤惠，就想让她上车带她入宫，她说：“有父母在，如果没有得到他们的命令就跟人走，那就是私奔。”齐王就捧着礼物去她家下聘。她父母很惊讶，想要让她沐浴打扮一番，她说：“改变容貌和衣服，齐王就不认识了。”于是就跟采桑时一样到了宫里，齐王封她为王后。

飞天紒　唐末宫中的发髻叫闹扫妆，形状好像被大风吹散了一样，就类似于“盘鸦髻”“堕马髻”之类。宋文帝元嘉年间，民间有女子结发髻时，把头发的三分从发髻中抽出来，向上梳直，叫作飞天髻。

流苏髻　有个叫轻云的女子，头发很长，每次梳头，站在床上头发还会垂到地面，挽了发髻后，左右剩下的头发还各有一指粗，就再束成同心带，垂在两肩上，再用珠宝装饰，这就叫“流苏髻”。富人家的女孩子大多用黑色丝线来模仿这种发型。

断臂　五代时的王凝娶妻李氏。王凝家住在青州和齐州之间，官为虢州司户参军，后病死于任所。王凝一向家穷，儿子年纪很小。李氏带着孩子运送他的骸骨回乡。过开封时，旅店主人不让她住宿。正好天晚了，李氏不肯离开那里，主人拉着她的胳膊把她拽出去。李氏痛哭说：“我是个妇女，却不能守节，而任人来拉我的胳膊吗！我不能让这只手来侮辱我的身体。”于是拿斧头砍断了自己的胳膊。开封府尹听说这件事，厚恤李氏，并惩罚了那个旅店主。

截耳断鼻　夏侯令的女儿，是谯国人曹爽堂弟曹文叔的妻子。曹文叔早死，她怕家里逼她改嫁，就断发明志。后来家里果然要她改嫁，她又用刀割去了两耳。等到曹爽被司马懿诛杀，她丈夫的家族已被消灭殆尽，她父亲又让人来劝她，她又割了自己的鼻子，表示不改变她坚持守节的志向。

割鼻毁容　高行，是梁国的贞节妇女，相貌艳丽，行为更美。

她丈夫早死了，她没有再嫁。梁王派丞相去下聘礼，发了几次。高行说："妇女的品行，在于嫁一次而不再更改。如果贪生怕死，见利忘义，怎么能算是人呢？"于是对着镜子拿刀割下了自己的鼻子，说："梁王之所以要娶我，不过是因为我的美貌罢了。现在我已经是残废之人，大王可以放开我了吧。"梁王的丞相回去报告梁王，梁王赐她"高行"的封号。

守义陷火　伯姬是宋共公的夫人，鲁宣公的女儿。宋共公死了，伯姬守寡独居。有天半夜住所失火，左右的人问："夫人逃离避火吧？"伯姬说："妇人的义，就是有保傅在前，才会在夜里走出房间。"过了一会儿，左右的人又问："夫人能否稍微出来避一下火呢？"伯姬说："越义而生，不若守义而死！"于是死在火中。

请备父役　有个女孩叫娟。赵简子攻打楚国时，与津吏约好了日期，小吏却喝醉了，不能引渡，赵简子想杀了他。小吏的女儿娟请求让自己来代父受刑，说："我父亲还在酒醉之中，恐怕心里知道错了但身体却不知道痛。"赵简子释放了她的父亲。将要渡河时，少了一个划船的人，女子娟请求担负父亲的任务划船，赵简子不允许，娟说："商汤讨伐夏朝时，左边是雌黑马，右边是雌黄马，最后仍然把夏桀流放了；周武王讨伐殷商时，左边是雌青黑马，右边是雌黑鬃红马，仍然打败了殷纣王。主君渡河，用一个女子又有什么关系呢？"并唱了一首《河激之歌》来表达自己的想法。赵简子很高兴，说："以前我梦到娶妻，难道就是这个女子吗！"他就让人祈祷上天赐福，立娟为夫人。娟说：

“按照女子应行的礼仪，如果没有媒人就不出嫁。小女子有父亲在堂，所以不敢听从大人的命令。”于是赵简子给她父亲送上彩礼，然后娶娟为妻。

以身当熊　冯昭仪是冯奉世的女儿，汉元帝选他入宫为婕妤。元帝前往虎圈游玩，有只熊跑出圈外，左右随从都惊慌逃命，只有冯婕妤站在熊面前挡着，熊后来被杀死了。元帝问冯说：“人人都恐惧，你为什么挡在熊面前呢？”她回答：“我听说猛兽抓住一个人就会停止攻击，我担心伤及皇上，所以用身体挡住它。”元帝赞叹了很久，立她为昭仪。

速尽为幸　皇甫规的妻子善于写文章，而且工于草书和篆书。皇甫规死后，董卓用厚礼聘娶，她大骂说：“你是羌胡的杂种，毒害天下还不够吗？皇甫氏是汉室忠臣，你不过是大汉的一个小吏，竟敢对上非礼！”董卓大怒，把她的头部吊在院子里，用鞭子和棍子交替抽打。她对打手说：“快把我打死好了。”

义保　鲁孝公的保姆。起初，鲁武公生了三个儿子，长子叫括，次子叫戏，幼子叫称。鲁武公去朝见周宣王，带着括、戏去。周宣王看到戏端庄稳重，就命鲁武公立戏为太子。等到鲁武公死后，国人就拥立了戏，这就是鲁懿公。括的儿子伯御杀了鲁懿公自立为君，还四处搜寻公子称并想杀了他。公子称的保姆听到后，就把自己的儿子放在公子的床上躺着，让公子换了衣服藏在其他地方。伯御就杀了床上的公子。保姆抱着换了衣服的公子，逃到公子的母亲家里。鲁国的大夫们都为她的义气感动，一起上书请求周天子诛杀伯御并立称为君，这就是鲁孝公。各国的诸侯也都很敬重保姆的义气，于是称她为“义保”。

作歌明志　陶婴是鲁国陶门的女儿，她的丈夫早逝，她靠纺织为生抚养孤儿。鲁国人听说她年轻貌美，都想向她求婚。陶婴听说后写了一首歌来表明心志：“悲夫黄鹄之早寡兮，七年不双。宛颈独宿兮，不与众同。夜半悲鸣兮，想其故雄。天命早寡兮，独宿何伤。寡妇念此兮，泣下数行。呜呼哀哉兮，死者不可忘。飞鸟尚然兮，况于贞良。虽有贤雄兮，终不重行。”鲁人听后都肃然起敬，没有再说去求娶的了。

天子主婚　胡氏是学士胡广的女儿。解缙与胡广是同乡，同年中进士，一起入翰林院。有一天，两人一起侍奉建文帝。建文帝说：“听说二位爱卿的孩子都要出生了，我为你们主婚，让你们两家结为亲家吧。”胡广回答说：“昨天晚上解缙已经生了儿子，如果我再生个男孩，那该怎么办？”建文帝笑着说：“我既有这样的主意，你一定会生女儿。”胡广家果然生了女儿。后来建文帝被迫让出皇位，而解缙又被汉王诬陷而死，妻子与子女都被流放辽东，胡广就想悔婚。胡氏哭着说：“女儿虽然命不好，但这是天子亲自主婚，怎么敢自轻自贱呢？”所以就割去左耳来明志。仁宗登基后，下诏赠还解缙的官爵，还让他的儿子任中书舍人，批准他假期让他与胡氏举行婚礼，还赐给胡氏金币作为嫁妆。听到这件事的人都觉得荣耀至极。

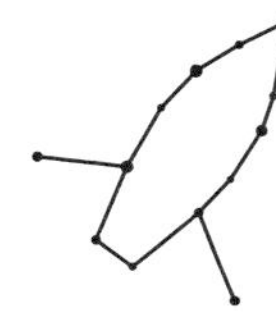

卷十四

九流部

道教○佛教○医○历代名医图赞

相○葬○卜算○拆字　杂技

道教

道家三宝 《太经》中说：眼睛是精神的窗户，鼻子是气息的门户，尾闾是精气的道路。用眼过多就耗费精神，呼吸过多就会导致气息虚弱，欲望过多就会精气枯竭。所以必须闭目养神，调理呼吸养气，清心寡欲养精。精气充足气息也就充裕，气息充裕神气也就充足。这就是道家的"三宝"。

三全 《洞灵经》中说：疏导筋骨多活动就可使形体康健，剪除情欲就可使精神饱满，少说话就可保使福气健旺。保这三全，这就是圣贤了。

铅汞 《东坡志林》中说：人的生死都依赖坎离。坎离相交就生，分开就死；离就是心，坎就是肾。所谓龙，就是汞，就是精血，它出于肾肝，藏在坎中。所谓虎，就是铅，也就是气力，它出于心肺，藏在离中。不学道的人，龙就经常从水中出来，龙一飞走那么汞就轻了；虎经常从火中出来，虎一出走那么铅就枯了。所以得道的真人说："龙从火里出，虎向水中生。"人如果能正坐闭目，慢慢调息，那么丹田就湿润而水气上行，就会像云一样蒸腾在泥丸宫。火是水妃，妃是配的意思，热气必然跟从，这就是"龙从火里出"。龙出于火，那么龙就不飞，所以汞就不干，十天半月后，觉得脑髓充盈而腰足轻健，再经常卷起舌头舔上腭。时间长了汞就进入口中，咽下去送到丹田，久后就化为铅，这就是所谓的“火向水中生”。

三闭　就是不看，不听，不说话。

八禽　道家经书记载，有熊罴悬吊之术、飞鸟伸脚之术、凫雁浮游之术、猿猴跳跃之术、鸱鸮环视之术、老虎回顾之术、鵁（jiāo）鸟引气之术、乌龟伸缩之术，总称八禽。

五气朝元　眼不外视，魂就藏在肝里；耳不外听，精就藏在肾里；舌不妄语，神就藏在心里；鼻不外嗅，魄就藏在肺里；四肢不妄动，意就藏在脾里。这就叫“五气朝元”。

三华聚顶　把精变成气，把气变成神，炼神还虚，这叫“三华聚顶”。

九易　西王母对汉武帝说：你只要护住精气，再闭气吞咽唾液。那么一年就可以换气，两年可换血，三年可以换精，四年可以换脉，五年可以换骨髓，六年可以换皮肤，七年可以换骨骼，八年可以换头发，九年可以换形体。换了形体就可以变化，可以变化就修成道了，修成道就成仙人了。

三关　华阳真人说：子时肺的精华都在肾里，称为金晶。晶，就是金水还没有分开，而肺肾的气合而为一。这个时候功法如下：从尾闾穴的下关搬到夹脊的中关，从中关搬到玉京的上关，按次序开关之后，一下子冲过三关，直入泥丸宫。所谓的三关，海波对着大骨节的地方是尾闾下关，腰内两肾对着夹脊的地方是中关，又称双关，左右两肩的正中，在胸顶部下会处的高骨节是玉枕上关。这就是所谓的“三关”。

三尸　刘根遇到一个奇异的人，对他说：“如果想要长生不老，就要先去三尸。人的身体中有神，都想让人活，而三尸却只想让人死。人死了神也就变化了，尸变成鬼；子孙后代就要祭祀，鬼也一起享受到了祭祀。人若梦到与恶人争斗，其实是尸和神在战斗。”

鸣天鼓　道书中记载：“学道的人必须要学会鸣天鼓，可以用来召唤众神。”左边的牙齿互相叩击叫鸣天钟，右边的相互叩击叫鸣天磬，上下相互叩击叫鸣天鼓。如果要驱除不祥之事就鸣天钟，可以讨伐鬼怪；如果要制伏邪恶就鸣天磬，可以召集百神；如果要修道养性，就鸣天鼓，可以朝见真人圣人。鸣天鼓时要闭上嘴、舒缓双颊，让声音虚空并且响应深邃。

三清　玉清，是元始天尊；上清，是玉宸道君，也叫灵宝天尊；太清，是混元老君，也叫道德天尊。

老君　老君就是老聃李耳，写了《道德经》五千字，成为道家的开山之祖。因为他年纪很老，所以称他的书为《老子》。在亳州南宫的九龙井前，有升仙桧、炼丹井，都是有关他的遗迹。

羡门　紫阳真人周义山到蒙山中，遇到仙人羡门子骑着白鹿，佩戴着青髦节，他几次下拜乞求长生秘诀。羡门子说：“你的名字在神仙的居所，还担心成不了神仙吗？”

偓佺 《列仙传》中记载：偓佺是槐里的采药人，吃松果，身体长出四寸长的毛，能飞行，奔跑迅捷。

壶公 汉代的壶公卖药，在集市上挂着空壶，晚上就跳到壶里去。费长房在楼上看到了这一幕，知道他不是常人，就每天向他进献食物，壶公对他说：“跟着我跳到壶里去吧，传授给你方术。”

广成子 黄帝听说广成子在崆峒山，就前去询问长生之术。广成子说：“必静必清，毋劳尔形，无摇尔精，可以长生。”

许飞琼 西王母降临到汉武帝的宫殿里，有四名侍女随行。汉武帝问她们的名字，她们答说：“许飞琼，董双成，婉凌华，段安香。”

安期生 安期生在海边卖药，秦始皇东游时，请求与他交谈，谈了三天三夜，赏赐给他数以千万计的金璧，他出来买了阜乡亭然后就走了，留下一双玉制的鞋作为报答，并留了一封信给秦始皇说：“再过几十年到蓬莱山下找我。”安期生曾在喝醉时把墨汁洒在石上，石头就变成了桃花石。

隔两尘 韦子威拜丁约为师，一天他准备告辞离开，丁约对韦子威说：“你离得道还隔着两尘。”儒家叫“世”，佛家叫“劫”，道家叫“尘”，这是说韦子威还要有两世的尘缘未了。

地行仙 张安道生日时，苏轼以铁拄杖为他贺寿，并写诗说：

“先生真是地行仙，住世因循五百年。”

仙台郎 《续仙传》中记载：晋代的侯道华早晨起来，就飞上了松树顶，拜谢众人说：“玉皇大帝召我当仙台郎，现在就走了。”

仙人好楼居 《郊祀志》中记载：汉武帝因为道士公孙卿说仙人喜欢住在楼里，于是就造了首山宫，又建了章安宫、光明宫，千门万户，都极为奢侈，就是希望让神仙能来这上面居住。

画水成路 吴猛喜欢道术，带着弟子回豫章时，江水湍流，人无法渡过去。吴猛用手里的扇子向江水划了一下，江流就成了陆路，大家慢慢地走过去。过了一会儿，水又恢复到原样。

噀酒救火 后汉的栾巴做尚书郎。元旦时，皇帝赐酒给他，他喝后向着蜀地喷吐，官府上奏说他不敬。栾巴谢罪说：“臣是因为成都失火，所以喷酒来救火。”后来成都上奏朝廷说失了火，但很快下了一场大雨把火扑灭了，雨中带着酒气。

吐饭成蜂 《列仙传》中记载：葛玄跟随左元放学《九丹经》。仙人与客人面对面吃饭，把饭吐出来就变成几百只大蜜蜂，再张口，蜂又飞进嘴里，嚼了嚼，还是饭。大旱时，百姓很忧愁，于是就作符书到社庙里，天很快就暗下来，然后大雨如注。

叱石成羊 《神仙传》中记载：黄初平小时候放羊，有一个道士引他到金华山的石屋子里，几年的时间，教他学仙术。他的哥哥黄初起四处找他，后来问一个道士，那人说：“金华山里有一个放羊的孩子。”哥哥就跟着去，与初平相见，问他羊在哪里，他回答说：“在山的东面。”哥哥与他一起去，只见山下遍布白色石头，初平喝叱一声，这些石头全都站起来变成了羊。

钻石成丹 《真诰》中记载：傅先生进入焦山，太上老君给了他一个木钻，让他把一块厚五尺的石头钻穿，告诉他如果钻穿了就可以得道。傅先生日夜不停地钻，钻了四十七年，才把石头钻穿，于是得到仙丹飞升成仙了。

剪罗成蝶 宋代庆历年间，有个人叫九哥，混迹在市集的乞丐中，燕王叫他来赏赐给他酒，于是他请求表演杂技取悦燕王。他要了一匹黄罗绮，一把金剪刀，把罗绮叠起来用剪刀剪碎，那些碎布头一会儿就变成了无数的蜜蜂和蝴蝶，有的飞到燕王的衣袖上，有的停在宫女的头发上。九哥召唤它们，就又一一飞回，又恢复成了一匹罗绮。但中间有一个蝴蝶形状的孔，原来是有一个宫女不经意捉住了一只蝴蝶。燕王问：“这匹罗绮还能恢复如初吗？”九哥回答说：“不用复原了，暂且留着它来见证神奇吧。”

羽客 南唐保大年间，有个道士叫谭紫霄，号称金门羽客。

外丹内丹 道家把烹鼎金石之术叫“外丹”，把吐故纳新之术叫“内丹”。

黄冠 唐代李淳风的父亲李播，在隋朝当官，后来弃官当了道士，自号黄冠子。

卧风雪中　谭峭字景升，冬天就穿一件绿布衫，有时躺在雪中。他父亲常常派家童出来找他，并寄给他冬天的衣物和钱财。但谭峭得到这些东西，就把它分给穷人，或者留在酒家，自己一无所留。

八仙　汉钟离，本名权，字云房，晋朝时以副将的身份跟着周处与齐万年大战，战败后逃进终南山，遇到东华王真人。到了唐朝他才回到世上来一次，度吕岩成仙。自称是“天下都散汉”。

吕纯阳，名岩，字洞宾。没考上进士，遇到汉钟离。当时他们同在一家旅店休息，汉钟离起来烧饭。吕洞宾却忽然昏睡过去，梦见自己以进士身份进京，并成了状元，历任高官，前后两次娶了权贵的女儿，有五个儿子十个孙子，满门富贵，这样过了四十年，后来官至宰相，并且一人独揽宰相大权长达十年，权势熏天。忽然被判重罪，抄了家产，押到云阳行刑，砍头瞬间，他忽然惊醒，于是就大为叹息。汉钟离在旁边，饭还没有熟，就笑着问他：“黄粱饭还没有熟，而你却已经梦到了华胥国。”吕洞宾大吃一惊说：“你怎么知道我做梦了？”汉钟离说：“你刚才做的梦，升沉起浮，荣辱不一,五十年来，也不过是一瞬之间，如果没有大智慧，怎么会知道人世才是真正的一场大梦呢！”吕洞宾听后忽然就开悟了，就拜汉钟离，请求他度化自己。

蓝采和，不知道是何许人。经常穿着破烂的蓝衣服，系着黑腰带，一只脚光着，另一只脚穿着鞋，醉了就拿着三尺的大拍板，边走边唱：“踢踏歌，蓝采和，世界能几何。红颜一春树，光阴一掷梭。古人滚滚去不还，今人纷纷来更多。朝骑鸾凤到碧落，暮见桑田生白波。”歌词大多数是随性写的。后来到了濠梁，忽然登仙，扔下靴子、腰带和拍板，乘着云朵而去了。

韩湘子，是韩愈的堂侄。小时候开始学道，流落他乡，很久以后才回家。正赶上韩愈的生日，韩愈对于他流落在外很生气，韩湘子说：“不要生气！请让我献上学到的小技艺。”于是就为韩愈种了一枝顷刻花，每片花瓣上都写了一联诗：“云横秦岭家何在？雪拥蓝关马不前。”韩愈不明白是什么意思，就遣他走了。后来韩愈被朝廷贬到了潮州，到蓝关时，韩湘子前来问候。韩愈这才觉悟，于是又做了三联诗，来补足前边那一联，然后才告别。

张果老，隐居在恒州中条山，唐代时被朝廷征召。开元年间，得到的宠幸及待遇可媲美道士叶静能。自己说他在尧帝时官为侍中，叶静能偷偷告诉别人：“他是混沌初开时的白蝙蝠精。”朝廷授他为银紫光禄大夫，然后任他归山。天宝年间留下形骸成仙而去。《明皇杂录》中记载：张果老隐居于中条山，经常乘着白驴，日行万里，晚上就把驴叠起来，放在箱子里，原来只是张纸；要乘时用水一喷，就又变成了驴。

曹国舅，不知其名，传说是丞相曹彬的儿子，曹皇后的弟弟，所以称为国舅。小时候长得俊美，喜欢平淡安静，皇上与皇后都很器重他。有一天他请求出家求道，皇上把一金牌赐给他。到了黄河，因为船家要船钱，仓促间就用金牌来抵付。吕洞宾认为他非同常人，于是他就拜吕洞宾为师，从而得道成仙。

何仙姑，零陵市的一位女子。出生时就有紫云绕着屋子，家住云母溪，梦见有神人教她吃云母粉，于是行走如飞。遇到吕洞宾给了她一个桃子，她只吃了一半，就不再饿了。她能知道未来的吉凶。唐代的武则天召见她，但中途就不知道她到哪里去了。

铁拐李，原本身材魁梧，小时候就听闻了得道之语，然后在山洞里修炼。一天，赴太上老君的华山之会，叮嘱他的徒弟说："我的魄在这里，如果我的魂七天不回来，就把魄火化了。"徒弟因为母亲生病赶快回了家，忘了具体的日子，在第六天时就把魄火化了。而铁拐李第七天回来，没有魄可以依附，就附在一个饿死鬼的尸体上起来，所以形体很丑，还跛足，其实这并非他原本的样貌。

化金济贫　王霸在梁代时渡过长江进入福建，住在西郊外，凿井炼药，能变成黄金。饥荒时里就把金子拿出来买米，广济穷人。

擗麟脯麻姑　仙人王方平曾经到蔡经家拜访，并派人去请麻姑来相见，一会儿她就到了。蔡经全家人都看到了，麻姑是个貌美女子，手像鸟爪一样，衣服上有花纹但却并非锦绣。坐定后，各自进献饭菜，香气飘到了门外，分了麟脯肉来下酒。麻姑说："我到这里以来，东海已经多次变成桑田了，蓬莱的水也又一次变浅了。"宴会结束后，就乘云而去。麻姑是后赵麻胡秋的女儿，她父亲非常凶悍，人们都怕他。他下令筑墙，非常严酷，日夜不停，只能在鸡鸣时稍微休息一下。麻姑体恤百姓，就模仿鸡鸣的声音，全城的鸡都跟着鸣叫。她父亲发觉后就要鞭挞她，麻姑害怕就逃进了山洞，后来竟然飞升成仙。

蓑衣真人 何中立是淮阳的一个书生。一天，他焚书撕帽，然后逃到了苏州，在天庆观建了个草庐，披着一件蓑衣，睡觉也不换下来，随便预言都很灵验。凡是得病的人，把蓑衣的草给人吃，立刻就好；如果不给草，那人的病就好不了。因此人称他蓑衣真人。宋孝宗派宦官拿着礼物来问话，却不说想要问什么，何中立低头说："有华夏族的人，就有其他族的人；有太阳就有月亮。"宦官回去禀报，宋孝宗说："的确说中了我的心事。"原来他想要问的，就是收复北方和现在没有皇后这两件事。

自举焚身 宋代建炎初年，颜笔仙卖笔，每天卖十支就收了。遇到转运使，给了他一斗酒喝，喝完后，作了个揖就走了，留下了笔篮。转运使派左右的人拿去还给他，但左右用尽全力都拿不起来。凡是得到他的笔的人，笔管中有诗或偈语，所说的祸福之事没有不灵验的。他九十七岁那年，堆好芦苇坐在上面，点火自焚，有人见到他乘着火云飞升而去。

金书姓名 广陵人李珏，以卖米为业，每斗米只赚两分利，用来赡养父母。有人来买米，他就把斗给他们自己量。当朝丞相李珏到淮南做节度使时，梦到自己进入一个洞府，看到有块石头，刻着金色姓名，其中就有"李珏"二字，正开心时，有两个仙童说："这是江阳的平民李珏。"

独立水上 葛仙公叫葛玄，有仙术。曾经跟随吴国君主到溧阳，狂风大作，船翻了。葛玄独立在水上，衣服和鞋子都没沾湿。后来白天就飞天升仙。勾漏县令葛洪就是他的孙子。

李白题庵　许宣平隐居在城阳山，一粒米都不吃，但容颜仿佛四十岁，走路快得像奔马。常常背着柴到市场上卖。曾经独自吟诗说：“负荆朝出卖，沽酒日西归。借问家何处，穿云入翠微。”李白入山去寻找他，没有见到，只好在他的庵上题字而回。

使聘不出　墨子名字为墨翟，宋国人。外治经典，内修道术，写了十篇文章，名为《墨子》。八十二岁时，汉武帝派使者去请他出山，他不答应。据说看他的气色，好像五十来岁的人。

冬日卖桃　李犊子活了几百岁，他的容貌有时年轻有时老，有时好看有时丑。阳都的酒家有一个女儿，天生眉毛连着耳朵，又细又长，大家都觉得奇异。正好李犊子牵一头黄牛从这里经过，那个女子很喜欢他，就跟着他走了，人们都追不上。冬天，还常看到李犊子在市集上卖桃子和李子。

贞一　司马承祯师事潘师正，学习辟谷、导引的道术。唐睿宗召他来问这些道术，他回答说：“修道就是情欲文饰一天比一天减少，不停减少，直到没有。”唐睿宗说：“修身要这样，那治国应该怎么样呢？”他回答说：“国家就像身体，悠游让心境自在，淡然处之，心平气和，达到无私欲的境界，这样天下就安定了。”皇帝叹息说：“这是广成子的话呀！”于是赐他谥号为“贞一先生”。

点化天下　贺兰善于吐纳术。宋真宗召他来问：“人们都说先生能点石成金，这是真的吗？”他回答说：“我希望陛下以尧舜之道来点化天下，方士那些伪术是不足道的。”宋真宗就给他赐号为宗玄大师。

临葬复生 张三丰住在宝鸡县金台观。洪武二十六年九月二十日，自言要辞世，留下颂辞后就死了。当地百姓杨轨山等人买来棺材，把他装进棺材准备下葬时，他却又复活了。

弘道真人 周思得是钱塘人，得灵官法，可以预测祸福。明成祖北征，召他随行，多次预测都很灵验，称他为弘道真人。在此之前，皇帝在东海获得一个灵官的藤像，于是早晚都崇敬礼拜，征伐时也一定带着它一起行军；到了金川河时，藤像却怎么也抬不动，就问周思得，回答说：“天帝是有界限的，就在这里。”后来，果然就有了榆川之役。

瓶中辄应 冷谦是洪武初年的协律郎（乐官），朝廷祭祀的乐章都是他撰写的。他有一个朋友家里很穷，冷谦就在墙壁上画了一扇门，让他朋友进去拿两锭银子。朋友进去却随意取了就出来，又不小心把入库凭证丢在里面了。后来，朝廷发现银库失窃，只有两锭没有被登记在案。小吏通过入库凭证追查，将他们缉拿归案。冷谦口渴要求喝水，狱卒给了他一瓶水，冷谦就跳进了瓶中，狱卒惊慌失措，冷谦说：“没事，你只要把瓶子拿到皇上面前就行了。”皇帝召唤冷谦，瓶子就答应。皇帝说：“你为什么不出来？”他回答说：“臣有罪，不敢出来。”皇帝命人把瓶子打碎，结果每一个碎片都能应声。

入火不热 周颠仙。明朝初年，皇帝到南昌，周颠仙在路旁拜见，说："告太平，打破一个桶，另置一个桶。"并随皇帝到了金陵。他曾经说自己可以入火不热。皇帝命人用大瓮把他罩住，堆了木柴来烧他。火灭之后，揭开瓮一看，里面寒气凛然。后来他告辞去了庐山，就不知所踪了。

指李树为姓 老子的母亲看见太阳之精像流星一样滴落，飞到自己嘴中，因而怀孕。七十二年后，在陈国涡水的李子树下，剖开左腋把孩子生下来。孩子一生下来就指着李树说："这就是我的姓。"他的耳朵有三个洞，头顶上有日光，身上到处是白血，脸上凝结着金色，舌头上满是锦绣文字，身高一丈二尺，牙齿有四十八颗。习得了元君神箓宝章变化的法术，还有还丹、伏火、冰汞、液金之术，共七十二篇。

陆地生莲 尹喜出生时，他家屋里的地上生出了莲花。他就用草盖了一座楼，在里面沉思修道。

白石生 白石生煮白石为粮食，有人问他为什么不愿飞升，他笑着说："天上有太多尊贵的神仙要侍奉，比人间更劳苦。"当时号称他为隐遁仙人。

古丈人 嵩华松下有古代的一个老人和两个女子，有人说那老人是秦朝服役的人，那两个女子是秦朝的宫女，本该殉葬，但幸运地逃脱了骊山的劳役，隐居于此地。

掌录舌学 董谒向人家要来犬羊皮做成裘衣，用棘草编成床，把鸟兽的毛铺在上面睡觉。他非常喜欢奇异的书，一看到就记在手掌上，回家后再往竹片上抄写，写完后用舌头把手上的字舔掉，后来他的舌头变黑、手掌变烂。人们都说董谒是用手掌记录而用舌头学习。

负图先生 季充号为负图先生。伏生十岁时，就到石壁中向季充学习《尚书》，季充向他传授了四代之事。伏生用绳子绕住腰和脖子，每读一遍《尚书》就打一个结，不久八十尺的长绳就打满了结。季充常食菊花和白术，十天半月也不说话，有人问他缘故，他说：“这世界上没有什么可以吃的，也没有什么可以说话的人。”

目光如电 涉正闭目养神二十年，他的弟子一直请求他睁开眼，后来涉正睁开眼，就听到电闪雷劈，其眼中之光如闪电。然后，涉正又闭上了眼睛。

守天厕 淮南王刘安升天拜见太清仙伯时，因为坐姿不恭，被罚去守天厕。

墨池 梅福住在南昌县，那里有水有竹，环境幽雅。王羲之任职临川郡时，每次路过这里都徘徊不想离去，于是该地号称为墨池。早些时候梅福在池中种了莲花，叹息着说：“生为我酷，身为我梏。形为我辱，妻为我毒。”于是抛弃妻子，去了洪厓山。

青童绛节 张道陵住在渠亭山，他看到有青衣童子手持红色仪杖引路，对他说：“太上老君到了。”有两个随从，都是二十岁左右。有人指着他们说："这是子房和子渊。"

金莲花 元藏几有三只驯服的鸟，有点像鹤，经常在空中翱翔，一召唤立刻就到跟前，还能学人讲话。他曾经在出海时漂流到一个小岛，有人说："这是沧州。"当地出产一种分蒂瓜，长一尺；绿枣红栗，像梨那样大。水池中有足鱼和金莲花，女人采来做首饰，并说："不戴金莲花，不得在仙家。"

刺树成酒 葛玄遇到亲朋好友，就邀请他们到树下，折草刺树，并用杯子接着，树汁就像泉水一样流下，到杯满为止，味道像美酒。取来土石草木劝客人吃，吃下就像果脯一样。指着蛤蟆、飞龟让它们跳舞，也都随着节拍而跳，就像神人。为人斟酒时，杯子自动传送到客人面前，酒没喝完，杯子就不会离开。

林樾长啸 黄野人游览罗浮山，长啸几声，响声传遍林木。宋代咸淳年间，有一个人戴着乌方帽、穿着靴子，在罗浮山出没，见人就大笑，回头就跑，三年了都不说自己的姓氏。有一天喝醉回来，忽然拿一块煤在墙上写道："云意不知沧海，春光欲上翠微。人间一堕十劫，犹爱梅花未归。"这也是黄野人一类人。

脑子诵经 司马承祯擅长书法，自创"金剪刀书"；他脑中有小孩诵经的声音，清脆如振玉；额上有一块铜钱大小的亮光，可以照耀整张床席。

许大夫妇 许大为许旌阳打理家务。夫妇俩都隐居在西山，不想被人知道他们的姓氏，就改姓"午"，后来又改姓"干"。夫妻两个都会解诗。许大曾写了几句：“不是藏名混世俗，卖柴沽酒贵忘言。”妻子接了两句：“儿家只在西山住，除却白云谁到门！”

服石子　单道开服食细石子，一次可以吃好几粒。唐子西为他写了一首赞辞说：“世人茹柔，刚则吐之。匙抄烂饭，牛口如饲。至人忘物，刚柔一致。其视食石，如啖饼饵。北平饮羽，出于无心。食石之理，于此可寻。我虽不能，而识其理。庶几漱之，以砺厥齿。”

驱邪院判官　白紫清说：“颜真卿现在任职北极驱邪院的左判官。”

符钉画龙　毒龙潭有两条真龙飞进殿中，与张僧繇所画的龙斗法，一时间雷电交加、风雨大作。道士丁玄真画了铁符来镇压毒龙潭的龙，那两条龙穿山而逃；他再用铁符钉住画龙的眼睛，祸患才停止。

摸先生　有一个先生头顶梳着两个发髻，背着一个小竹筐卖药，遇到病人，用手摸一下就马上好了。人们都叫他“摸先生”。

尊号道士　周穆王求仙问道，开始尊称道士。西王母让周穆王看到元始天君的真容，才开始有了道士行礼的仪式。汉桓帝将老子的画像迎入宫中，并用郊天乐来祭祀，道教这才开始与佛教并列崇奉。

天师　魏世祖拜寇谦之为天师，设立道场，领受符箓。周武帝又封他为国公，唐中宗增加了金紫阶，唐玄宗赐号先生，宋神宗赐号处士。寇谦之修炼张鲁的法术，开始音诵和科仪，后来号召百神导养丹砂之术。唐高祖开始授道官。宋太宗增设道副录都监。宋太祖开始颁令道士不可娶妻生子。

改称真人　张道陵的子孙世袭道教的天师，执掌道教。后来明太祖说："天是至尊，怎么有师？"下诏改为"真人"。最初，张道陵在蜀地的鹤鸣山学习长生之术。山上有一只石鹤，一鸣叫就表示有得道之人到来。张道陵居住在此，石鹤就鸣叫。

真武　净乐国王的太子遇到天神，授他一把宝剑，他到武当山修道。很久都没有得道，就想出山。看到一个老婆婆正拿着铁棒在石头上磨，问她磨这个做什么，她说："做针。"问她："这不是很难的事吗？"老太婆说："功久自成。"太子猛然醒悟，于是就继续精进修行了四十二年，终于得道升仙了。

陈抟　陈抟字图南，是亳州人。四五岁时，遇到一个青衣妇人来喂养了他。从此就聪慧异常，看书一目十行。偶遇孙君仿，告诉他说武当山的九室岩可以居住，他就去了，辟谷修行二十多年。忽然夜里看到有一个金人拿着剑对他说："你得道了。"后来搬到华山。宋太宗召见他，赐号"希夷先生"。

张三丰　张三丰又叫邋遢张。明太祖寻访不得。如果有人问他仙术，他都不回答；问他经书，却说得津津有味、不绝于口。他一顿可以吃好几斗米，但也能几个月不进食仍谈笑自若。深冬季节也能躺在雪地里。

佛教

禅门五宗　南岳怀让禅师的衣钵继承人：南岳怀让禅师后三世是百丈海禅师，四世是沩山灵祐禅师，五世是仰山慧寂禅师，称为沩仰宗；南岳怀让禅师后四世是黄檗希运禅师，五世是临济义玄禅师，称为临济宗。青原行思禅师的衣钵继承人：青原行思禅师后六世是曹山本寂禅师，七世是洞山道延禅师，称为曹洞宗；青原行思禅师后五世是德山宣鉴禅师，六世是雪峰义存禅师，七世是云门文偃禅师，称为云门宗；青原行思禅师后八世是罗汉琛禅师，九世是清凉文益禅师，称为法眼宗。这五宗之中，现在天下就属曹洞宗、临济宗最兴盛。

佛入中国　汉明帝梦到一个金人身长一丈多，从空中飞下。他咨问群臣，大臣傅毅说："西域有位神灵，他的名字叫佛。"于是汉明帝就派蔡愔等人前往天竺国寻求佛道，得到了佛家的经典及传法僧人，从此佛教流入了中国。

象教　如来佛涅槃以后，他的弟子们都想念不已，用木头雕刻佛陀的样子，以供敬仰。杜甫诗中有"方知象教力"的句子。

优昙钵 《法华经》中说：这样的人比优昙钵还稀少。优昙，是一种花名，三千年才应瑞开放一次，如果开放那么金轮王就会出现。

般若航 清凉禅师说："所谓般若，就是苦海中的慈航，暗路中的巨烛。"

兜率天 《法苑珠林》中记载：兜率天像下雨一样落下摩尼珠，护世城则落下各种佳肴，阿修罗天则落下兵器，阎浮世界赐清净。之所以说像下雨一样，是说人们承受恩惠，也就像说受赐一样。

西方圣人 《列子》中记载，太宰嚭问孔子说："谁是圣人？"孔子说："西方有圣人，从不治理天下但天下不乱，从不说话但大家都相信他，从不施行教化但百姓却自己知道怎么去做，他恩义浩荡呀，百姓无法言说。"

不二法门 《文选·头陀寺碑文》注引《维摩诘经》记载，文殊菩萨对维摩诘说："什么是不二法门？"维摩诘默然不答，文殊菩萨说："已经达到了不立文字和语言的境地，这才是真正的不二法门。"

即心即佛 《传灯录》中记载，有僧人问大梅和尚："你见到马祖，得到了什么？"大梅说："马祖对我说'即心即佛'。"僧人就说："马祖最近又说'非心非佛'。"大梅说："这老汉专门来扰乱人，任你说'非心非佛'，我只管'即心即佛'。"那个僧人把这话告诉马祖，马祖说："梅子熟了。"

舍利塔 《说苑》中记载：阿育王所造的释迦牟尼真身舍利塔，出现在明州鄞县。宋太宗命人取舍利，在开宝寺中找了一块地方，建造了十一层塔来贮藏。

沙门 《汉记》中记载：沙门是汉语中的“息心”的意思，就是止息欲望而居于无为。梵语叫“沙门那”，或者叫“沙门”，汉语叫“勤息”，也译为“勤行”，又叫“善觉”，又叫“沙弥”，又叫“比丘”。秦地叫“乞士”，又叫“上人”。

苾刍 《尊胜经》中记载：苾刍，是一种草名，有五种含义：生长不背着太阳；冬夏都是绿色的；它的外表与本质都非常柔软；它的香气飘散得很远；周围蔓草密布。它是佛的徒弟，所以叫作僧。

紫衣 《史略》中记载，唐代武则天时，赐给僧人法朗等人紫色的袈裟。给僧人赐紫衣，就从武则天开始。

五戒 凡是出家人，师父已经答应的，就要受五戒，即一不杀生，二不偷盗，三不邪淫，四不妄语，五不饮酒。

传灯 佛家的书都用灯来做比喻，是说它们能破除无明。六祖所传之法就叫“传灯”。现在有《传灯录》。杜甫诗有诗“灯传无白日”。

飞锡 《高僧传》中记载：梁武帝时，僧人宝志非常喜爱舒州潜山的奇绝景色，当时有一个方士叫白鹤道人，也想得到这个地方。梁武帝让两人各自用法器来标记此地，得到的就居住在这里。道人用仙鹤停栖之处为标记，宝志以禅杖停下的地方为标记。过了一会儿，仙鹤先飞了出来，忽然听到空中有禅杖飞来的声音，就看到禅杖停在了山坡上，仙鹤只好停在别处，于是他们各自到停止的地方去建房屋。所以称行走的僧人为“飞锡”，住下的僧人为“卓锡”，又叫“挂锡”。

祝发　祝贺僧人剃去头发皈依佛教，顶相明亮。《唐书》说“祝发刬（chǎn）草”，僧人剃去头发叫作“刬草”。

檀那檀越　梵语“陀那钵底”，汉语将“施主”称为“檀那”，是把“陀”讹称为“檀”，又去掉“钵底”，所以就变成“檀那”。又有叫“檀越”的，是说此人能实“檀施”，能跨越贫穷之海。

伊蒲馔　后汉时楚王刘英到朝廷来进献缣布以赎罪，朝廷下令给他说，楚王爱好道家的黄老之言，也崇尚西域的佛教，把这些东西拿回去帮助在家居士作供应之物吧。

风幡论　《传灯录》中记载：六祖惠能刚到法性寺时，风吹幡动。有两个僧人争论不休，一个说是风动，一个说是幡动。六祖说：“风幡都没动，是你们的心动了。”

传衣钵　五祖想要传自己的衣钵，就召集手下五百名僧人说：“谁能作出无像偈，就传他衣钵。”首座写的偈语是：“身似菩提树，心为明镜台。时时勤拂拭，勿使染尘埃。”惠能把这个偈语改为：“菩提本非树，明镜亦非台。不劳勤拂拭，何处惹尘埃？”

五祖大吃一惊："这首偈语全是悟道之言，而且超然不著于像迹，我没有什么顾虑的了。"就把法宝和袈裟都交付给了他。

得真印　梁朝时达摩带着佛衣来到中国，得道的人将此佛衣当作真印一直往下传。六祖惠能在韶州受戒，在曹溪说法，把佛衣安置不传了，后来皇帝赐惠能谥号大鉴禅师。

杨枝水　佛图澄是印度人，精通玄妙的法术，善于念诵咒语，能调动鬼神。石勒听说他的名声，召他试验法术。他取钵盛水然后烧香，过了一会儿，钵中就生出了青莲花。石勒最心爱的儿子得病突然死了，他取来杨树枝洒水并对其念咒，病人就立刻复活了。

披襟当箭　《传灯录》中记载：石巩和尚经常拉开弓搭上箭，来对待前来求学的人。义思禅师前去拜访他，石巩和尚说："看箭！"义思禅师解开衣服面对着他。石巩和尚笑着说："三十年张弓架箭，只射得半个汉。"

一坞白云　广严院的咸泽禅师逍遥自在。有僧人问："如何才是广严家风？"咸泽禅师答："一坞白云，三间茅屋。"

安心竟　慧可大师问初祖达摩说："诸佛的法印，可以讲给我听吗？"初祖说："诸佛的法印，不是从别人那里得来的。"慧可大师说："我的心不宁静，请师父帮我安心。"初祖说："把心拿来，我给你安好。"慧可大师过了好久说："找不到心。"初祖说："我已经把你的心安好了。"

求解脱　道信大师向三祖施礼说：“愿和尚大发慈悲，乞请您告诉我解脱的法门。”三祖说：“谁绑你了？”道信大师说：“没绑。”三祖说：“既然没人绑，又何必来寻解脱？”道信大师当下就开悟了。

入门来　世尊看见文殊菩萨站在门外，就说：“为何不进来？”文殊菩萨说：“我在门外没有看到任何的法，怎么让我进门来呢？”

再转法轮　世尊快要涅槃时，文殊菩萨请求佛再转法轮。世尊训斥说：“我住在世间四十九年，不曾说过一个字的佛法。你请我再转法轮，是说我已经转过一次法轮了吗？”

汝得吾髓　达摩将要寂灭，让门人们说说自己所证的道。副座说：“我所证到的是，不执着于文字、也不离开文字就是道。”达摩说：“你得到了我的皮毛。”总持僧说：“我今天证到的是，以后就不会再证到了。”达摩说：“你得到了我的血肉。”道育说：“四大皆空，而我所证到的没有一法可以得到。”达摩说：“你得到了我的筋骨。”最后慧可礼拜达摩后在自己的位子站着，达摩说：“你得到了我的精髓。”

不起无相　般若尊者问达摩：“各种事物中什么是无相的？”回答说：“在各种事物中不起无相。”

洗钵盂去　有僧人问赵州和尚：“求法之人初来寺庙，请禅师开示。”赵州和尚说：“吃粥了没有？”回答说：“吃了。”赵州和尚说：“那洗碗去。”那个僧人一下就开悟了。

使得十二时 有僧人问赵州和尚："在一天十二个时辰里应该怎么用心呢？"赵州和尚说："你被十二个时辰所役使，老僧我可以役使十二个时辰。"

天雨花 梁代有一个高僧在天龙寺讲经，天上下起了宝花，缤纷而落。徐玉泉赠诗说："锡杖飞身到赤霞，石桥闲坐演三车。一声野鹤仙涛起，白昼天风送宝花。"

石点头 晋代有一个叫玉生的奇僧，又叫竺道生，人尊称他为生公。他在虎丘寺讲经，没有人相信。于是他就把石头聚在一起当他的徒弟，然后坐下来说法，石头听了都纷纷点头。

龙听讲 梁代时，一个僧人讲经，有一个老人来听，问他姓氏，原来是潭中的龙，自称"岁旱得闲，来此听法"。僧人说："能救旱吗？"它说："天帝封了江湖，不得擅自使用。"僧人说："用砚台里的水可以吗？"它说："可以。"于是在砚台上吸水而去，当天晚上就下了大雨，水都是黑的。

离此壳漏子 《传灯录》中记载：洞山良价和尚即将圆寂，对众人说："离开这个壳漏子，到什么地方再相见？"众人都回答不出，他就俨然坐化了。

只履西归 后汉时二十八祖达摩，从印度来传禅宗佛法，初祖是迦叶尊者，到达摩是第二十八祖。梁武帝大通元年才到中国，成为中土禅宗的始祖，后来安然而逝。过了三年，北魏的宋云出使西域，归来时在葱岭竟然遇到了达摩祖师，手里拿着一只鞋，翩然而去，问他到哪里去，他说：“西天去。”北魏孝明帝打开他的坟墓，发现里面只有一只鞋。

阇（shé）维荼毗　印度国的第九祖要入寂灭之境了，众人都用香油和檀香来涂他身体，然后火化。僧人把去世火化叫作“阇维”，又叫“荼毗”。苏轼在曹溪借宿，借《传灯录》读，灯花落下烧了一个“僧”字，苏轼就用笔在台上写道：“曹溪夜岑寂，灯下读传灯。不觉灯花落，荼毗一个僧。”

截却一指　天龙和尚合掌顶礼拜问古德说：“请问佛在什么地方？”古德说：“佛在你的指头上。”于是天龙竖起一个指头早晚观看，古德从背后截断了他那一个指头，天龙豁然大悟。后人便说：“天龙截却一指，痛处即是悟处。”

吃在肚里　有老和尚吃饭，有人问他：“和尚吃饭与常人有什么不一样吗？”和尚说：“老僧我吃饭，口口都吃在肚里。”

放生　北朝的使者李谐到了梁朝，梁武帝和他一起参观。偶然走到放生的地方，梁武帝问他说：“你们国家也放生吗？”李谐说：“不抓也不放。”梁武帝大为惭愧。

海鸥石虎　佛图澄依附石勒、石虎，号为大和尚。他用麻油涂在手掌上，可以占卜出几百里之外的吉凶。听寺庙的铃声，就可以预知祸福。石虎即位，把他当国师一样来侍奉，当时人说佛图澄把石虎当作海鸥。

帝言日中　虎丘的道生在石头上讲经，宋文帝召集僧众来施舍食物，有人说僧人的戒律是太阳过了正午就不能再吃东西了。宋文帝说：“才刚到正午。”道生说：“太阳在天上运行，天如果要说中的话，哪里不是中呢？”随即拿起筷子就吃。

碎却笔砚　李泌在衡山拜明瓒禅师为师，明瓒禅师说：“想要学佛，要先把笔和砚台砸碎了。”

六道　佛家有六道轮回之说，就是天道、人道、魔道、地狱道、饿鬼道、畜生道。

捱日庵　善导和尚所住的庵名叫“捱日”，告诉众人说：“如果能体会这两个字的意义，就可以一生受用了。”

抱佛脚　云南的南边有一个小番国，那里崇尚佛教。如果有人犯了死罪，跑到寺庙中，抱着佛脚忏悔自己的过失，并愿剃发为僧，就会赦免他的罪过。现在有谚语“闲时不烧香，急来抱佛脚”，就出于此。

九日杜鹃　唐代的周宝镇守润州时，知道鹤林寺的杜鹃花非常奇绝，就对僧人殷七七说：“你可以让这些花立即开放来为重阳节助兴吗？”殷七七说：“好。”到了九月九日，杜鹃花果然开得烂漫如春。

摩顶止啼　宋代安东有个人叫娄通，出生时就有异相，手掌里有一只眼睛，中指有七个关节。长大后成为承天寺的僧人。曾经被召入皇宫，正好宋仁宗刚刚出生，啼哭不止，他摸着宋仁宗的头说："莫叫莫叫，何似当初莫笑。"宋仁宗果然就不哭了。

玉带镇山门 了元和尚号为佛印，住在金山寺，苏轼去拜访他。了元说："大人为什么来这里？这里没有你坐的地方。"苏轼戏谑地说："借和尚四大（佛教称人的身体为'四大'）作禅床。"了元和尚说："四大本空，五蕴非有。"苏轼就赠给他一条玉带镇守山门，了元和尚回赠苏轼一套僧衣。

白土杂饭 新罗国的僧人金地藏，在唐代至德年间渡过大海，住在九华山，拿岩石间的白土来就着饭吃。九十九天后忽然召来众位徒弟告别，然后就在棺材中坐化了。三年后打开看，脸色还和活着一样，抬他时，骨节都在动。

涤肠 保昌姓黎的人家的儿子小释迦，九岁时入山，勤修五年而悟道。有一天回家探望母亲，母亲给他吃肉，他出门后就到小溪里，用刀剖开肠子洗净。唐代赐他为澄虚大师。

释解 文通慧本姓张，后来离家剃发为僧，师父命他负责厕所的洗手盆。忽然有一个卖鱼的在盆中洗鱼，文通慧打了他一下，没想到对方就倒在地上死了。文通慧非常害怕，就逃到了西华寺。很久以后，他成为西华寺的长老。有一天忽然说："三十年前有一段公案，今天应当了结了。"众人问他是什么，他说："到中午自然就会知道。"中午，一个兵卒拿着弓箭到了法堂，瞪着眼睛看文通慧，就想用箭射他。文通慧笑着说："老僧我已经等了你很久了。”兵卒说：“我一看到你就想加害，不知道与你有什么仇？”文通慧告诉了他原因。那个兵卒恍然大悟说：“冤冤相报何时了，劫劫相缠岂偶然。不若与师俱解释，如今立地往西天。”再看发现他已经站着离世了，文通慧要了笔写下偈语后也坐化了。

冤家亦生　宝志和尚，梁武帝事奉他如同老师。梁武帝生了皇子，宝志说：“冤家也出生了。”后来知道皇子与侯景（后来叛乱）是同一天生的。

正大衍历　僧人一行拜普寂禅师为师。唐玄宗召他来问说：“你有什么才能？”他回答说：“擅长记忆。”唐玄宗就拿宫女的名册试验他，果然记得一个不漏，唐玄宗称他圣人。汉代的洛下闳制订《大衍历》时说：“经过八百年，历法会有一天的误差，那时会有人出来修正。”一行正好生在八百年后，于是就订正了《大衍历》。

雨随足注　莲花大师名叫袾宏，是沈家的儿子，原本是儒生，后来出家为僧。他看到云栖这个地方非常幽静，就结庐而居，断粮七天，靠墙壁端坐。云栖这个地方老虎很多，都迁徙到别处去了。大旱的年份，他敲击木鱼绕田地念佛，雨就随着他的足迹落下来。人们都觉得神异，于是在这里建造了一座寺庙，他专门以修净土为修行的普遍法门，著述很多，各方都尊他为佛门的周公、孔子。

为让帝剃发　南州法师名叫博洽，山阴人，修禅养性之余，努力学习词章。他住在金陵，靖难之役时，曾打开金川门为建文帝剃落发。明成祖朱棣听到后把他囚禁了十多年。姚广孝临死前，皇帝来看他，问他想说什么，他在床上叩头说："博洽在监狱里关太久了。"皇帝当天就把博洽放了出来。后来明仁宗即位，博洽多次被召见咨问。在宣德年间留下偈语后坐化了。

赍（jī）药僧　住得，号赤脚僧，曾住在庐山。洪武年间，皇帝身体不舒服，住得送药夹到皇宫，说这药是天眼尊者和周颠仙奉上的。皇帝服用后，立刻就痊愈了，于是写了诗赐给他。

乞宥沙弥　冰蘖名叫维则。洪武二十五年，皇帝下令，全天下凡有一个有名籍的僧人，都要有一个俗家人为之服兵役。维则当时奏上偈语七条，第七条说："天街密雨却烦嚣，百稼臻成春气饶。乞宥沙弥疏戒检，袈裟道在祝神尧。"皇帝看到这些偈语，收回了之前的命令。

日月灯　王安石曾经看到点蜡烛，就说："佛书里有日月灯光明佛，灯光怎么能配得上日月呢？"吕吉甫说："太阳照亮白天，月亮照亮夜晚，灯光却能日夜并照，这是太阳、月亮都做不到的，所以它们的作用并没有差别。"王安石觉得说得太好了。

卧佛　《涅槃经》说："如来背痛，就在两树之间面北而卧。"因此后来有人画如来佛时，就画成这个样子。晋朝时庾亮曾经去过寺庙，见到卧佛，就说："这位先生因普度众生而疲惫了。"当时人把这看作是一句名言。

佛像　张玄之和顾敷分别是顾和的外孙和孙子，都从小聪慧，顾和知道这一点，但总觉得顾敷更胜过张玄之。当时张玄之九岁，顾敷七岁。顾和与他们一起到寺庙里，看到如来佛涅槃之像，佛的弟子有的哭泣，有的不哭泣。顾和拿这个来问两孙儿。张玄之说："与佛祖较亲近的就哭，比较不亲近的就不哭。"顾敷说："不是这样，忘情的就不哭，不能忘情的就哭。"

天女散花　《维摩经》说，法会中有天女来散花，落到菩萨身上都又落到地上，而落到大弟子身上的，却沾在身上没落下。天女说："烦恼没有除尽，花就沾身；除尽烦恼，花不沾身。"

三乘　佛家说大乘、中乘、小乘。乘是车乘的乘。阿罗汉只了自己的生死，不度他人，所以叫小乘；圆觉的人，一半为人，一半为己，所以叫中乘；菩萨就是行大乘道的人，就好像很大的车，可以度一切众生。所以佛教又叫"三车之教"。

三空　是生、法、俱。三慧，是闻、思、修。三身，是法、报、化。三宝，是佛、法、僧。三界，是欲界、色界、无色界。三毒，是贪、嗔、痴。三漏，是欲漏、有漏、无明漏。三业，是身、口、意。三灾，是饥馑、疾疫、刀兵。三大灾，就是火、水、风。

弩目低眉　薛道衡游览开善寺时，对一个沙弥说："金刚为什么怒目视人？菩萨为什么低眉善目？"沙弥说："金刚怒目，是要镇服群魔；菩萨低眉善目，是要用慈悲来度化六道众生。”

速脱此难 《大集经》中说，从前有一个人要逃避两个灾难：如醉的众生和生死无常。于是攀缘在一根藤（命根）上进入井中（无常），发现有一黑一白两个老鼠（日、月）一直在嚼咬藤条，都快咬断了，旁边还有四条蛇（身体）想要螫人，下面还有三条龙（三毒）吐着火张牙舞爪地对着他，这人仰头看天，已经爬到井口边上了，忧愁和烦恼就快要过去了。忽然一只蜜蜂飞过，掉下一滴蜜到他口中（人的五种欲望），这个人用嘴接了蜜，全然忘记了危险和恐惧。有智慧的人见到这样，定会各自修行，赶紧逃离这个苦难。

五蕴皆空 五蕴：世间众生秉持的本质有形状与数量的物质叫色蕴；用现在的领受顺、逆两种境界，能生出苦乐感受的叫受蕴；用因缘法去思虑过去、现在、未来三世境界的名叫想蕴；把想法付诸行动，任何新的行为都不停止叫行蕴；能明了分辨叫识蕴。五蕴都可以掩盖真如本性，覆盖有真妙的明心，所以总称为蕴，也叫五阴，又叫五众。

慧业文人 会稽太守孟颉，精勤奉佛法，但却被谢灵运轻视。谢灵运曾对他说：“能得道的必须是有宿慧的文人，你升天在我谢灵运之前，但成佛却一定在我之后。”

拔絮诵经 佛图澄左乳旁有一个小孔，可以一直通到腹中，他经常用棉絮塞住。到了夜里想要诵佛，就把棉絮拔出来，就会洞然明澈；有时走过水边，还把肠子拉出来洗一洗，然后再装进去。

世尊生日 《周书异记》中记载：周昭王二十四年四月八日，山川震动，有五色光芒穿过太微星。太史苏由上奏说："有大圣人生于西方，一千年之后，他的名声和教义就会来到我国。"那天是如来佛的生日。周穆王五十三年二月十五日，天地震动，西方有十二道白虹日夜不灭。太史扈多说："西方的大圣人要灭度了，现在显现衰相。"当时正是如来涅槃之时。

悉达太子 《周书异记》还记载说：天竺迦维卫国的净饭王妃，梦见天上降下一个金人，于是有了身孕，并在四月八日从右胁生下太子，名叫悉达多。十九岁时，进入檀特山修行证道，在周穆王三年明星出现时成佛，号为世尊。在熙连河边说《大涅槃经》，用正法眼藏把金缕僧伽黎衣传给弟子大迦叶，这就是第一世祖。周穆王五十三年二月十五日，去拘尸城娑罗树之间涅槃，在这个世上教化众生四十九年，这就是释迦牟尼，刹利种姓。

六祖 禅宗的第一祖是达摩，二祖是慧可，三祖是僧粲，四祖是道信，五祖是弘忍，六祖是慧能。一祖留下一只鞋，二祖只有一条胳臂，三祖有风疾，四祖凭借一只虎说法，五祖原是栽松道人，六祖是碓房伙夫。梁武帝大通元年，达摩从西方来到中土，把袈裟传授给慧可，说："如来佛把正法眼藏传给了迦叶，辗转传给我，现在我传给你。我死后二百年，袈裟就不再传了。"于是说了一个偈语："我本来兹土，传法救迷情。一花开五叶，结果自然成。"

佛始生 周昭王二十四年到周孝王元年如来佛涅槃，佛的名字才开始出现在经书上，汉武帝得到休屠王的祭天金人，佛像才开始传入中国。周穆王时，西极国才开始有僧人来访。秦始皇时，才开始有僧人室利房等人到中国，但秦始皇将他们囚禁起来，夜里，有金人破门而出。到了汉明帝，才有天竺僧人摩腾来到中国，隋文帝时开始有从西域大食进入中国（回回教门）。元魏时开始造巨大的佛像，高达四十三尺，用黄金和铜做材料。五代时用铁作罗汉像。

后秦开始尊称鸠摩罗什叫法师，宋徽宗称僧人为德士。汉灵帝时安世高开始立戒律，魏国的朱士行是最早受戒出家为僧的中国人。后魏开始创立戒坛，宋太祖又创立了尼戒坛。

汉明帝开始允许阳城侯刘峻的女儿出家，石虎允许百姓出家为僧、尼，唐睿宗把公主（西域公主、隆昌公主）度为道士。

后魏太祖开始授命僧官，隋文帝开始制定僧官十统，唐代制定两处僧录司，唐代武则天开始把僧尼隶属于礼部，唐玄宗开始给僧人发放资格凭证。

汉章帝时，西域的僧人作念珠，象征一年的十二月、二十四气、七十二节候，共有一百零八颗珠子。五代时的僧人志林制作了木鱼。

汉武帝平定南越，开始流行禁咒术，唐中宗时西京才开始掷筊（当时寿安的墨石山有灵神祠，过客都投筊求吉利）。

唐太宗派玄奘到西域去求取各种经籍和佛像。到了罽宾国，道路危险有虎豹出没，无法通过，玄奘关起门静坐，忽然看到一个老和尚来向他传授了一卷《心经》，让他诵读，于是虎豹都隐藏了行迹。玄奘到了佛国，取了六百部经书回来。

孰为大庆法王 傅珪作礼部尚书时，明武宗崇佛，自称“大庆法王”。西域僧人上奏请求千亩良田做法王下院，明武宗就批示让礼部议行，并自署“大庆法王”，并与圣旨等同。傅珪假装不知道，就向这个西域僧人问罪：“谁是大庆法王，竟敢与皇上并列，这是大不敬！”明武宗下诏让傅珪不要问罪。

医

《神农经》中记载的“上药养命”，是说五石可以修炼形体，五种灵芝可益寿延年；“中药养性”是说合欢可以祛除忿怒、萱草可以忘记忧愁；“下药治病”是说大黄可以除去积食、当归可以止疼痛。

君臣佐使 凡是药就有上、中、下三品，配药时最好用一份君药、二份臣药、三份佐药、四份使药，这是行家开药的规范。还要分辨药的五味、三性、七情，然后才能制成好的药剂。五味指的是咸、酸、甘、苦、辛。酸是肝，咸是肾，甘是脾，苦是心，辛是肺，这五味其实属于五脏。三性是说寒性、湿性、热性。七情有独行者，有相须者，有相使者，有相畏者，有相恶者，有相反者，有相杀者，它的功用又须辅佐。选用汤、丸、酒，敬哪种剂型，要看病的深浅和所处部位的不同服用。

砭石 梁代的金元起想注解《素问》一书，就砭石一事向人请教，王僧孺说："古代人曾经用石头磨成针，而不用铁来做；后世找不到理想的砭石，所以用铁来代替。"

病有六不治 骄恣不讲道理，这是一不治；轻视身体而重视财物，这是二不治；衣食不能适度，这是三不治；阴阳不调、脉气不稳，这是四不治；身体羸弱得连药也服不进了，这是五不治；相信巫师而不相信医生，这是六不治。

兄弟行医 魏文侯问扁鹊："你们家兄弟三人，谁的医术最高明？"扁鹊回："大哥为人看病只观测病人的神气，还没有发病就已经被治好了，所以他的名气传不出家门；二哥治病，在病情初始就治好了，所以他的名气传不出街巷；而我扁鹊治病，穿针放血，让人吃烈性药，用药膏敷肌肤，名声却连诸侯都知道。"魏文侯说："说得太好了！"

见垣一方 扁鹊年少时遇到长桑君，长桑君拿出怀中的药，让他喝了上池的水，三十天后，扁鹊就可以隔墙见人。他用这种本领看病，能透视五脏中哪里有病，只是以诊脉为幌子罢了。见垣一方，意思是隔着墙也能看见另一边的人。

病在骨髓　扁鹊到齐国去，齐桓侯招待他。他入朝拜见，说：“君王在肌肤纹理间有小病，不治疗恐怕要加重。”齐桓侯说：“我没有病。”过了五天再次觐见齐桓侯，扁鹊说：“君王的病在血脉中了。”齐桓侯仍然说没有病。又过了五天再见齐桓公，扁鹊说：“君王的病已经在肠胃里了。”齐桓侯还是说没有病。再过了五天，扁鹊一望见齐桓侯，连忙离开。说：“君王的病已经深到骨髓了，这是用汤药、针砭或是酒药都无法治好的。”几天后，齐桓侯病情加剧，召扁鹊，扁鹊已经逃走了，齐桓侯就死了。

扁鹊被刺　扁鹊名闻天下。过邯郸时，听说这个地方以妇人为贵，就治疗妇科病；过洛阳时，听说这个地方很爱护老人，就开始治疗听力与视力的病；再入咸阳，听说秦地的人爱护小孩，就治疗小孩的病：总之是随俗而变。秦地的太医令是李醯（xī），知道自己医术不如扁鹊，就派人刺杀了扁鹊。

病入膏肓　晋侯向秦国求医，秦伯让医生缓去治病。缓还没到，晋侯梦到有两个小孩说：“那人是个良医，恐怕会伤到我们，怎么逃呢？”其中一个说：“藏在肓之上、膏之下，他能奈我何？”医生到了后，说：“病已经没法治了。病在肓之上、膏之下，针石、药力都到不了那儿。”晋侯说：“你真是良医啊。”送了一份厚礼给他，让他回去了。

姚剂三解　后周的姚僧垣擅长医术。伊娄从腰到肚脐，好像有三重束缚。姚僧垣开了三剂药，喝了第一剂，上边那重束缚就解除了；喝了第二剂，中间的束缚也解了；再喝第三剂，三重束缚全部解除了。

太仓公 太仓公姓淳于，名意。为人治病，立决生死，多数都很准确，用药如神。

东垣十书 《李杲传》中说，李杲继承了易州张元素的秘方，士大夫如果不是很危急的病，不敢请他，当时都把他看作是神医。著有医书《东垣十书》。

刮骨疗毒 华佗说：病在肠胃中不能驱散的，可以喝药酒，剖开肚子把积累的病因洗净，再涂上一些神奇的药膏缝合，立刻就能痊愈。就好像割开关公的胳臂疗毒、用针刺曹操的头可以治好头风痛一样。

医国手 《国语》中记载，晋平公有病，秦伯派人去看望他。赵文子问："能医治国家吗？" 那人回答说："上医医国，其次医人，医国本来就是医生的职责。"

杏林 《庐山记》中记载：董奉每当治好一个人的病，病愈后，就会让他们种一棵杏树，后来就成了一片杏林。董奉最后也成了仙人，升天了。

徙痈 薛伯宗善于转移疮痈。公孙泰背上长了个疮，薛伯宗用气把它封住，迁徙到书斋前的柳树上。第二天疮就消了，但树上起了一个瘤像拳头那么大。等长了二十多天后，瘤变大并且溃烂了，流出一斗多黄色或红色的汁液，树也因此而萎靡不振。

橘井 晋代的苏耽种橘子、凿井，用来治疗人们的疾病。有得了传染病的人，就给他们吃橘叶，喝井水，立刻就治愈了。世人称为橘井。

肘后方 葛洪抄录了一百卷《金匮方》、四卷《肘后要急方》。

千金方 孙真人治愈了龙的疾病，被授以《龙宫秘方》一卷用来治病，非常神奇灵验，后来收集成《千金方》传世。

照病镜 叶法善有一面铁镜，就像水一样能照出物体。如果有人有病拿镜照看，就可清楚地看到脏腑里所滞留的东西，然后再用药来治，病立刻就好。

医称郎中 朝廷中的郎中要知道五府六部的事务，而医生要知道人体内五脏六腑的状况，所以医生也被称为郎中。北方人为了区别于官名，于是又称医生为大夫。

蕲水名医 庞安常，宋神宗、哲宗年间驰名京都，博览群书，最精通的是《伤寒论》，尽得张仲景的精华。他性格豪迈，每次应病人的邀请，一定要驾四条船，一条船上是歌伎，一条船上是厨子，一条船上是宾客，一条船上是杂七杂八的各种艺人，每天花费很大。

俞跗　俞跗开始割开皮肤与肌肉并洗涤内脏；后仓公开始解剖头颅，卢医开始挖心，华佗效法他们。黄帝开始制针灸之术，神农开始让僦贷季（岐伯的老师）来察看面色和脉象，巫彭开始制丸药，伊尹开始制煎药，秦和开始制作药方。

医谏　高鏊，正德年间的太医院医士。皇帝将要南巡，高鏊以养身之道劝阻。皇帝大怒说："高鏊是我的家官，难道也敢附和外官来阻碍吗？"命人把他打了一百杖发配到乌撒去。明世宗即位，召他回来复职。当时有一个占星的官员杨源，也借星象来进谏，结果死在了贬谪的地方。

历代名医图赞

伏羲氏赞　茫茫上古，世及庖牺。始画八卦，爰分四时。究病之源，以类而推。神农之降，得而因之。

神农氏赞　仰惟神农，植艺五谷。斯民有生，以化以育。虑及夭伤，复尝草木。民到于今，悉沾其福。

黄帝轩辕氏赞　伟哉黄帝，圣德天授。岐伯俞跗，以左以右。导养精微，日穷日究。利及生民，勿替于后。

岐伯全元起赞　天师岐伯，善答轩辕。制立《素问》，始显医源。

雷公名敩（xiào）赞　太乙雷公，医药之宗。炙煿炮制，千古无穷。

秦越人扁鹊赞　秦神扁鹊，精研医药。编集《难经》，古今钦若。

淳于意赞　汉淳于意，时遇文帝。封赠仓公，名传万世。

张仲景机赞　汉张仲景，《伤寒》论证。表里实虚，载名亚圣。

华佗赞　魏有华佗，设立疮科。刮骨疗疾，神效良多。

太医王叔和赞　晋王叔和，方脉之科。撰成要诀，普济沉疴。

皇甫士安谧赞　皇甫士安，治法千般。经言《甲乙》，造化实难。

葛稚川洪赞　隐居罗浮，优游养导。世号仙翁，方传《肘后》。

孙思邈赞　唐孙真人，方药绝伦。扶危拯弱，应效如神。

韦慈藏讯赞　大唐药王，德号慈藏。老师韦讯，万古名扬。

相

相圣人 姑布子卿给孔子看面相后说："他额头像尧，头顶像皋陶，肩膀像子产，不过从腰部以下比大禹短了三寸，身高有九尺三寸，颓唐的样子像丧家狗。"

弹血作公 陶侃的左手有条纹线，一直抵达中指最上边的横指节。有个叫师圭的相面者对他说："你左手中指上有竖纹，如果能一直贯通到指尖，以后你的官位就会很大了。"陶侃就用针把皮肤挑开让纹线贯通，他把鲜血弹到墙上变成了一个"公"字。后来果然应了这个兆头。

官至封侯 卫青少年时，父亲让他牧羊，他的兄弟都把他当奴仆对待。有一个被施过钳刑的人看了他的面相后说："你以后一定能封侯。"卫青笑着说："奴隶一样的生活，能免除打骂就已经很满足了，哪能封侯呢？"

须如猬毛 刘惔说桓温的胡须就像反着的刺猬毛，眉毛就像紫石棱，一定会是孙权、司马懿一流的人。

螣蛇入口 汉代的周亚夫官做河南守，许负给他看面相说："你三年之后当封侯。八年后当宰相，秉持国政。但再过九年就会饿死。”周亚夫笑着说：“既然能达到你所说的那样的高位，又怎么会饿死？”许负指着他的嘴说：“因为螣蛇入口啊。”后来果然如此。

豕喙牛腹 《国语》中记载：叔鱼出生时，他的母亲看到他的相貌感叹：“这孩子眼睛像虎，嘴巴像猪，肩膀像鹰，肚子像牛。溪谷和沟壑能够填满，他的欲望是无法满足的。将来必定因受贿而死。”

虎厄 晋简文帝最初没有儿子，让相面者把宫内女子全相一遍。当时李太后正在宫内服役，相面者指着李太后说她会生贵子，但会带来虎厄。简文帝临幸了李太后，果然生下了晋孝武帝，她也成了太后，于是非常佩服相面者的灵验，但却很奇怪相面者所说的虎厄没有应验。她也从未见过老虎的样子，于是简文帝命人画了老虎的形状来给她看，她开玩笑地用手打了图一下，手就肿了，于是患了手肿之疾而去世。

蜂目豺声 潘滔看到年少时的王敦就对他说：“你蜜蜂一样的眼睛已经显露出来了，但豺狼一样的声音还不是很显著。以后你一定会害人，但最终也会被人所害。”

鬼躁鬼幽 管辂说：“邓飏走路时，筋管不住骨，这叫‘鬼躁’。何晏的脸色像槁木，这叫‘鬼幽’。”

识武则天 袁天纲看见武则天的母亲时说：“夫人一定生有贵子。”当时武则天还小，她母亲抱她出来给袁天纲看，谎称她是男孩，袁天纲仔细看了一会儿说：“龙瞳凤颈，如果是男孩，一定做天子。”

伏犀贯玉枕　袁天纲看了窦轨说：“你的前额骨隆起直贯脑后玉枕处，下巴浑圆肥大，十年之内会显身扬名，立功之地在梁州、益州一带。”

盼刀　相士陈训背后说甘卓：“甘大人昂头仰视，在相术上叫‘盼刀’；眼睛里有红筋灌入瞳仁，必定会战死。”

识王安石　宋代的李承之在宋仁宗朝做郡守，有属吏报告说包拯官拜参政，有人说：“朝廷从此要多事了。”李承之严肃地说：“包公不会做出什么来，我刚知道鄞县的王安石，眼睛多眼白，极像王敦。以后乱天下的，是这个人。”

麻衣道人　宋代的钱若水拜谒陈希夷，陈希夷正与一个老僧围炉坐着，老僧仔细打量了钱若水，用火钳在灰烬上写：“做不得。”并慢慢说：“是急流勇退的人呢。”后来再去，陈希夷说：“我初见你时，见你神气清朗，觉得可以成仙。当时请麻衣道人来判断，却说你只可以做公卿啊。”

耳白于面　欧阳修耳比脸白，所以名满天下；但嘴唇包不住牙齿，所以会无故遭人诽谤。

始相人　史佚最早开始给人相面，另一种说法是姑布子卿开始观面而知人，内史服唐举、吕公都精通这种相术，伯益开始相马。

柳庄相 明代的袁珙在嵩山寺遇到了僧人道衍，袁珙给他相面后说："长着一双三角眼，眼白多，形如病虎，天性好杀戮，以后一定是刘秉忠之类的人物。"后来道衍在北平的小酒馆里结识了燕王朱棣，推荐袁珙给他相面，袁珙称他为"太平天子"。袁珙的儿子袁忠彻也善于相面，燕王朱棣让他把谢贵等人全相了一遍，而后发动了靖难之役。

好相人 单父的吕公喜欢给人相面，看到刘邦的状貌，觉得很惊奇，就把女儿嫁给他，这就是后来的吕后。

有封侯骨 汉代的翟方进小时候父亲就去世，侍奉后母非常孝顺。曾经在郡中当小吏，被同僚辱骂，于是就请蔡父相面，蔡父大为惊奇，说："你这个小吏有封侯之相。"于是他辞别后母，到长安游学。后母不忍他小小年纪单独外出，就随他一起进京，织鞋来供他读书，后来他成了一代名儒，做了高官，官拜丞相，封为高陵侯。

五老峰下叟 五代时的黄损与桑维翰、宋齐丘游览五老峰，看见一个老者啸而至，看了桑维翰的面相后说："你以后会官至宰相，但太狡猾，狡猾就不得好死。"再看宋齐丘说："你也会作宰相，但为人太残忍，残忍的人也不得好死。"唯独觉得黄损很奇异，说："你有修仙得道之气，会有善终。"后来桑维翰为后晋的宰相，宋齐丘为南唐的宰相，但都被杀了，世人都认为这是前生注定的。而黄损在后梁做官，官至左仆射，以诗文扬名于世。

贵不可言　蒯彻用相术来游说韩信说："看你的面相，不过封侯；但看你的背，则贵不可言。"

龟息　李峤的母亲问袁天纲，李峤怎么样，袁天纲回答说："神气清秀，恐怕寿命不长。"又请他等李峤睡下，听他的鼻息，于是祝贺说："这是龟息，必定会大贵且长寿。"

葬

客土无气　僧人泓师帮张说买坟地，看到东北角已被挖了两道坎，大吃一惊说："大人富贵了一辈子，但您的儿子们却无法继续了。"张说很恐慌，想要填平那两个坎。泓师说："别处的土无地气，与地脉不连，就如身上长了疮，用别处的肉来补也没有用。"

折臂三公　晋时有一个术士看了羊祜的祖墓，认为会出皇帝，羊祜听了，就去把地势挖断了，破坏风水。相士说："还能出现断臂的三公。"羊祜后来骑马不慎坠地，摔断了胳臂，但仍然官至三公。

冢上白气　萧吉经过华阴，看见杨素的坟墓上有白气冲天，就暗暗告诉隋炀帝，说："杨素家会有兵祸，还有灭门之象。除非改地而葬，或才可以避免。"隋炀帝就把这些都告诉了杨素的儿子杨玄感，并劝他早点改葬。杨玄感认为这是吉祥的兆头，就借口辽东未灭，没时间考虑私事。没多久，他就因为谋反而被杀。

示葬地 孙钟以种瓜为业。一天，有三个人登门拜访，孙钟用瓜招待他们。三个人说："告诉你一个葬人的风水宝地，下山走一百步，不要回头。"孙钟没走六十步，回头看，见有三只白鹤凌空飞去，于是就在那里安葬了他的母亲，后来孙钟就生了孙坚。

相冢书 方回著《山经》，书中说："如果山川能说话，风水先生就要失业。如果肺腑能说话，医生就会脸色如土。"

风水地理 大禹开始了看风水的习俗，公刘开始看阴阳，周公开始设置二十四局，汉代王况制定了五宅姓，管辂制作格盘来选择安葬之处。

不卜日 汉代的吴雄官至廷尉。小时候家里很穷，母亲死了，只好葬到别人不要的地方，丧事办得仓促，也来不及选择时日。风水先生都断言他们的家族要灭了，但他的儿子吴䜣（xīn）、孙子吴恭，三世都官至廷尉。

真天子地 明代的王贤曾经梦见有人给他一本书，并说："读这本书可以做大官，穿大红袍，不读此书只能做小官，穿绿袍。"几天后他在路上捡到了一本书，仔细看，原来是《青乌说》。深入品读很久，于是渐渐因为精通风水术而闻名。当时为钧州的佐官，皇上召令他选择一处风水宝地，他看到了窦五郎以前的旧地，说："势如万马，自天而下，真是天子安息之地。"

乌山出天子　梁武帝时有童谣说：“乌山出天子。”因此江南的凡是用“乌”来命名的山都被开凿以破坏风水，只有长兴的雉山完好无损。陈武帝陈霸先的祖坟就在这里，那个童谣竟然应验了。

堪舆　《扬子》中说：“属堪舆以壁垒兮。”注：“堪舆，是天地的总名。”现在人称呼“风水先生”为“堪舆”。

凿方山　秦始皇时，有相士说金陵有天子气，秦始皇就派遣了三千人穿着红衣来凿断方山，疏浚秦淮河，以掘断地脉。

牛眠　陶侃将要埋葬亲人，忽然跑失了一头牛，不知在哪里。遇到一个老人说：“前边山冈上一头牛眠卧处，非常吉祥，把人葬在那里，后人一定位极人臣。”陶侃找到牛后，就把亲人葬在了那里。

卜算

君平卖卜　汉代的严君平隐居成都，靠算卦为生，如果看到有人要做坏事，就借着算卦用严肃的话来陈说利害；对儿子说要行孝，对弟弟说要行悌，对臣子说要行忠。不同的人就因势利导，用善意来引导他们。每天只见几人，赚得一百个钱够养活自己，就关门放下帘子，开始讲解《老子》。

青丘传授　唐代的王远知精通《易经》，能预知生死，写了《易总》十五卷。有一天雷雨交加，云雾中出现一个老人叱问他："那本泄密的书在哪里？上帝命我带着六丁来追取。"王远知跪在地上。老人说："上天正严禁文字流传，所以有飞天神王来保卫，你怎么敢偷藏在箱子里？"王远知说："是青丘元老传授给我的啊。"老人取书后直接走了。

青囊经　郭璞师从河东的郭公，郭公给了郭璞《青囊书》九卷，于是他就精通了五行、天文、卜筮的道术，可以禳灾为福，无所不知。后来《青囊书》被门人赵载偷走，还没来得及打开阅读，就被火烧了。

震厄　王丞相命令郭璞算一个卦，卦成后，郭璞看上去脸色很差，他说："大人会有雷击之灾。"王丞相问："有办法消灾吗？"郭璞说："命人驾马车往西走几里，会看到一棵柏树，照您的身高截一段下来，拿回来放在床上您常睡觉的地方，灾祸即可消除。"王丞相听了他的话，果然几天后那段木头就被雷击得粉碎。

蓍筮掘金　晋代的隗炤，精通《周易》。临终前在木板上写好字给妻子说："五年后的春天，会有一个姓龚的使者来这里，他欠我的钱，你就拿这块木板去向他索取吧。"五年后，姓龚的使者果然来了。他的妻子拿着木板去了。龚使者愣了很久，才醒悟，取出蓍草算卦，唱道："我不欠你钱，你家自有钱。知我懂易经，因此写木板。黄金五百斤，就在屋东边。离墙一丈远。"妻子挖掘，果然如此。

占算辄应　唐代的闭珊居集是沾益夷人。精通算卦。他的方法是用细竹四十九枝，或用鸡骨代替，算卦非常灵验。夷中人称他为筮师。

京师火灾　郎颛的父亲郎宗，是研究京房《京氏易》的，善于风角之术，六日七分之术，还能观察气色占卜吉凶。在吴县当官时，看到突然起了暴风，就知道京城有火灾，记下当时的时间，后来果然像他说的一样。太卜郑詹尹曾经也为屈原解决过疑难。

飘风哭子　管公明坐在王弘直家里，突然庭院中有大风高二尺，从西南吹来，旗子都被吹动了。管公明说："东方有马吏来，恐怕有父亲要哭儿子了。"第二天有官吏来，报告了王弘直儿子的死讯。

伏羲开始制作算卦用的卜龟，神农开始制作算卦用的蓍草。颛顼开始把龟甲上的裂缝称为玉兆，尧帝制作瓦兆。师旷开始制造谶语，鬼谷子也就是王诩制作了镜听。汉武帝制作了用鸡骨占卜的方式，并让军中使用。张良制作了灵棋，共有十二个子，分为上中下掷。京房制作了易课，开始用铜钱占卜。王远知制作玄女课，邵尧夫用拆字和观梅数来占卜。后魏的孙绍开始推算人的禄命，唐代李虚中开始研究一个人出生的年、月、日、时的生死兴衰，又有人说李虚中是从西域来的。

徐子平，名居易，作了《子平》，现在人使用的都是宋末徐彦升整理的《渊海子平》。鬼谷子作了《纳音》。赵达作了《九宫算》。

北齐的祖亘作了《缀术》。

各卜　鸟卜者，东女国初年入山，有鸟飞来停在手掌上，像雌野鸡，剖开肚子看，如果肚子里有粟的话就表示今年丰收，若有砂石就表示有灾害。钱卜，是西蜀严君平用铜钱来占卜的方法。有诗曾说：“岸余织女支机石，井有君平掷卦钱。”瓦卜，元稹有诗云“病赛乌称鬼，巫占瓦代龟”。棋卜，是黄石公用它行军打仗的。鸡卜，是柳州洞民用鸡骨来占卜年头的。胡人用羊胫骨卜吉凶。苗人用鸡蛋占卜葬地。响卜，李郭、王建都怀着镜子听卜辞。

为上皇筮　仝寅是山西人。小时候就失明了，学习《京房易》，占卜大多很精准。明英宗被瓦剌俘虏后，派使者让镇守太监裴当来问仝寅，仝寅占卜得“乾之初九”的卦，就上奏说：“大吉。龙是君王的象征，四是最初的兆应。龙从下跃上，一定对应秋天，在‘庚午浃岁’时更革；龙，是变化莫测的神物，‘庚’就是‘更’。圣驾会在庚午中秋回来！回来一定会暂时幽闭而不复位。所以说‘或跃应焉’。说‘或’这个字，就是表示怀疑。但再过七八年一定回复原位。午，是火德之正。丁，合于壬。那一定是丁丑年，壬寅月，壬午日！从现在开始年份改变，‘九跃则必飞’。‘九’，是乾之用，南面子冲午，所以说大吉大利。”明英宗后来果然复位，就授仝寅为锦衣卫百户。

占与仝合　万祺小时候遇到异人，那人给他相面后说：“你有仙骨，不成仙也可大富大贵。”于是给了他一本书，是《禄命法》。之后他开始精研占卜之术。后来以吏员的身份到吏部任职。朝中公卿贵戚都认为他的占卜之术很灵，考核后授他为鸿胪寺序班，后来升任主簿。景泰帝召见他，他的预言都应验了，景泰帝就赐给他白金、文绮。景泰帝身体不好，而太子还没定下来，石亨来问万祺，万祺说："皇帝（指明英宗）就在南宫，还用到别的地方去寻找吗？"他所占卜的复辟时间，与仝寅是一样的。后来他官至尚书。

当有圣母出 《汉书》中记载：王翁孺迁到魏郡的委粟里。元城建公说："从前春秋时有沙麓崩塌。晋国史臣占卜说：六百四十五年后，当有圣母出。王翁孺正好迁到这个地方，时间也与卜辞相符。"后来王翁孺的儿子王禁生下了元后。汉平帝年幼，元后果然上朝听政了。

占定三秦 汉代扶嘉，母亲在万县的汤溪水边，因感应到龙而生下扶嘉。他可以预测吉凶，常常准得出奇。汉高祖还是汉王时召见他，他以占卜的方式劝刘邦平定三秦，所以刘邦赐给他扶姓，就说他有志于扶助王室。后来官拜廷尉，以朐䏰为食邑。

拆字　杂技

朝字 宣和年间，有一个术士因擅长拆字而驰名。宋徽宗写了一个"朝"字，让一个宦官拿着去测试他。术士看到字，再仔细

看了宦官一会儿说："这不是大人写的字。"宦官惊讶地说："那你根据字来说吧。"术士一拍脑门说："'朝'字，分拆开来就是'十月十日'，若不是这一月这一日出生的天子（十月十日是宋徽宗的生日），还能是谁写的呢！"在座的人都大吃一惊，宦官骑马回报。第二天皇帝召见，封官为承信郎，还给很多赏赐。

杭字　建炎年间，有一个叫周生的术士，拆字以断吉凶。当时宋高宗的车驾逃往杭州，被金兵惊吓之余，人心惶惶。执政官叫来周生，宋高宗随便写了一个"杭"字让他看。周生说："恐怕有让人惊慌的事禀报，因为金兵又要进逼了。"他拆解了这个字，把右边那一点配在"木"字上，就成了"兀术"。不到十天，果然就得到金兀术南下入侵的急报。

串字　有一个士人占卜功名，写了一个"串"字问周生，周生说："不但能登科，而且是连连高中。因为'串'字里有两个'中'字。"后来果然应验。下一科有一个人听了这个故事，也来问功名，也写了一个"串"字，周生说："你不但不会考上，还要小心会生病。"那个士人问："为什么同样一个字却有两种完全不同的说法？"周生说："前边那个人写'串'字，是出于无心，所以预言他要连中；现在你写这个'串'字，是出于有心，所以是'患'字了，怎么能没有病呢！"

春字　宋高宗让谢石拆一个"春"字，谢石说："'春'字'秦'头太重，压得'日'没了光芒。"于是他就触犯了丞相秦桧，后来死在了发配地。

竒（qí）字　贾似道有叛乱之心。一个术士能拆字，贾似道就用马鞭在地上写了一个“竒”字让他拆。术士说：“大人的事恐怕办不成了！说‘立’又不可立，说‘可’又不可。”贾似道默然不语，让他走了。

也字　一个朝廷官员，妻子怀孕过月，就手写了一个“也”字，让丈夫拿去问谢石。谢石仔细看了字，对官员说：“这是您的夫人写的吧？”官员说：“为什么这么说呢？”谢石说：“写的是语助词‘焉哉乎也’中的字，所以就知道是贤内助所写。”又问：“她的年龄是三十一岁吧？因为“也”字上面‘卅’（卅为三十），下边是‘一’。”官员问：“我想升迁，能如愿吗？”谢石说：“‘也’字加水旁就是‘池’，靠着马就是‘驰’。现在‘池’却没有水，‘驰’也没有马，哪里能迁动呢？”又问说：“您夫人的父母兄弟应当都不在世了吧，家产也差不多荡然无存了吧。因为‘也’字加人字就是‘他’，现在只见‘也’却不见‘人’；加土字就是‘地’，现在不见土，所以知道她既无人，也无产业了。”官员说：“确实如你所说。不过这些都不是我想问的，我要问的是怀孕过月的事。”谢石说：“难道要十三个月吗？因为‘也’字中间有‘十’字，加上旁边两竖就是‘十三’。”谢石又仔细看了看官员说：“有一件事我觉得怪异，想不说，但你问的又正是此事，我能直接说吗？”官员请他尽管说。谢石说：“‘也’字加‘虫’就是‘虵（shé）’字，您夫人所怀的，恐怕是蛇妖。不过现在不见‘虫’，那么就不会为害。我这里有药，可以打下来，也并不痛苦。”官员对他的说法大为惊异，一定要请他到家里，用药来服，果然产下数百条小蛇。京都的人也都惊异，不知道他究竟用的什么方术。

囚字　郑仰田小时很愚鲁，不知道去自营生计，父母都很反感他，他就在荒郊野外哭泣。一个老和尚遇见他，对他说："我等你很久了。"老和尚带着他入山，向他传授了青囊、壬遁种种法术，于是他预测吉凶祸福没有不中的。宦官魏忠贤召他来问运数，指着"囚"字来问，郑仰田说："这是国中第一人的意思。"魏忠贤非常高兴。郑仰田出来对人说："囚就是囚犯！我用假话逃命而已。"

洴（píng）**澼纩**　《庄子》中记载：宋国有人善于做防止手冻裂的药，所以他家世代以洗丝绵为业（洴澼，洗的意思。纩，是丝绵。因为有不让手冻裂的药，所以以洗绵为业）。有外地人听到了这件事，就请求用一百金买他的秘方。他召集族人商量说："我们家世代洗丝绵，也不过能得到几金。现在一下把方子卖了，就可以得到百金，还是卖给他吧。"对方得到这个方子，献给吴王，吴王任他为将，冬天与越国打水战，大败越人，并因此而得到封地。不裂手的药，有人因它而得到封地，有人却用来洗棉布，就是因为用在不同地方啊。

轮扁斫轮　《庄子》中记载：齐桓公在堂上读书，轮扁在堂下削车轮，他放下凿子说："您所读的，不过是古人的糟粕罢了。我削车轮，不慢不快，心有所得，手里就能做出来，嘴里虽然说不出方法，但却心里有数。我没法教给我的儿子，我的儿子也没法从我这里学到诀窍，我已经七十岁了却还在削车轮子。”

屠龙技 《庄子》中记载：朱泙漫向支离益学屠龙术，散尽了千金家产，用来学习屠龙，三年学成后，却没有地方可以施展他的技巧。

象纬示警 宦官王振力劝明英宗亲征瓦剌首领也先，文武百官在朝堂上叩头恳求皇帝留下，皇帝不听。不久，从居庸关到宣府，败报接踵而至，跟从的人接连上奏章恳求皇上回师。王振大怒，让这些人都到军中压阵。队伍到了大同，王振进兵更急，钦天监彭德清斥责王振说：“各种征兆都在示警，不可以再往前行。若有疏漏，把万乘之主陷于草莽，谁能承担这个罪过？”王振怒骂他，于是导致了土木之变。

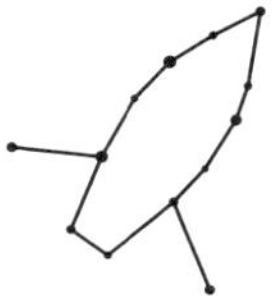

卷十五

外国部

夷语 ○ 外译

夷语

撑犁孤涂　匈奴人把天称作“撑犁”，把儿子称作“孤涂”。戎索，是夷人的法律。鞮，是夷人乐官的名字。倓，是夷人赎罪的财物。喽丽，是南方夷人的语言。象胥，是翻译的人。款塞，款，是“叩”的意思。驰义，是仰慕仁义而来的意思。区脱，是胡人建造来防备汉人的堡垒。阏氏（读音“烟脂”），是单于的皇后。裨王，是匈奴的小王。藁街，蛮人居住的地方，建立于汉代。毭毼（读音“兜达”），是夷人的服装。谷蠡（读音“鹿厘”），是匈奴的名字。雁臣，北方的酋长秋天到洛阳朝见，冬天再回自己的部落，所以称为雁臣。天兄日弟，倭国之王把天当兄，把日当弟。天没有明就听政，太阳出来就停止理事，所谓委托给弟弟办理。賨（cóng）幪，是蛮夷人的布匹。䩕（áng）角，朝鲜的列水之间叫作抑角。貗（jù）薄，是旄牛。徼（jiào）外，是夷人的地方。绝幕，“幕”，就是沙漠，直接穿过叫作“绝”。白题，是国家名。汉代颍阴侯曾斩过白题国一个将领。戎狄荐居，就是聚集而居的意思。魋结，是匈奴捆扎头发的形状。休屠，匈奴的君长。浑邪，也是匈奴的属部。䗖（dì）林，是匈奴的祭祀。龟兹（读音为“纠慈”），是国名（《汉书》写作“丘慈”；《后汉书》写作“屈沮”）。乌孙，也是国名（《吕氏春秋》写作“户孙”）。煇粥（读音为

“熏育”),《史记·五帝本纪》说：“向北追赶荤粥。”冒顿（读音是“幕突”），匈奴名。日磾（读音是“密底”），人名。令支（“令”读为“零”），国名。乌托（读音为“鸦茶”），国名。朝鲜（读音为“招先”），太阳刚出来，就照在他们的土地上，所以叫这个名字。近来读为“潮”，是错的。

可汗（读音为“克寒”），匈奴君主的尊号。唐代时匈奴尊称唐代天子为天可汗。弓闾，出自《卫青传》，是穹庐。辒辌，是匈奴的车子。

革笥木荐，《治安策》说“匈奴之革笥木荐”，是盾之类的东西。左薁（yù）健，匈奴王号。强犷（guō），“戎夷强犷”。犷，是粗野难看的样子。呼韩邪，汉代单于的名字。屠耆，匈奴俗称“贤”为“屠耆”。赞普，吐蕃国俗称强雄的人为“赞”，称丈夫为“普”，所以他们称自己的君王叫“赞普”。牙官，戎狄国大官的称谓。叶护，回纥国俗称其太子为“叶护”。南膜，胡人称礼拜为“南膜”，就是现在口诵佛号时所说的“南无”。徼人，是界外之人。那颜，就是汉语的“大人”。者，就是汉语说的“是”。身毒（读音“捐烛”），是西域的国名。

煤蠡（读音是“觅螺”），是匈奴的部落。襜褴（读音“担蓝”），又叫临驷，是代北胡人的国名。三表五饵，三表，说的是仁、信、义；五饵，说的是用声色、车服、珍珠、房屋、娱乐，来败坏人的耳、目、口、腹、心。二庭，指南北单于。卢龙，就是里永，属于辽西，现在属永平府。北方人称“里”为“卢”，称“永”

为“龙”。吐谷浑，是慕容廆（wěi）的族兄，后来也用此称他的国。丐月，突厥国中有丐月城。越裳南蛮，就是九真。殊裔遐圻，是说教化协调各种不同的民族，风气熏染了遥远之地。

竫人（“竫”读“净”），就是小人。柳宗元诗中说：“竫人长九寸。”海外有竫人国。月氏（读音“肉支”），西域国名。楼烦、白羊，都是匈奴地名。白登，位于大同，上面有白登台。夜郎，夷人之地，现在属贵州。蛮烟棘雨，指夷地的风景。筰关，指西南的夷地。邛筰（qióng zuó），现在属叙州。冉駹（máng），是指西夷的两个民族。羌棘，指西南夷人的地方。龙城，西边夷人的地方。朔方，现在属于宁夏。大宛，西域国名。于寘（tián），西域国名。越嶲，现在属于邛州。玄菟，朝鲜的郡名。受降城，汉武帝派公孙敖在塞外修筑的城池。庐朐，匈奴的山名。渠犁，西域国名。楼兰，西域国名。鬴鍑，《匈奴传》中说：“多带大锅和柴禾，重得不可胜任。”比疏，辫子的饰物。径路留犁，径路，指匈奴的宝刀；留犁，是吃饭用的匕首。根肖速鲁奈奈，榜葛剌国唱歌跳舞劝客人喝酒，叫作“根肖速鲁奈奈”。坚昆国，那里人红发，绿瞳仁。李陵曾住在那里，生来黑瞳的，都说是李陵的后代。阴山，汉武帝夺了这块地方，匈奴路过这里的人，没有不哭的。逻些城（“些”读“琐”），是吐蕃的都城。徼外（“徼”读“教”），东北叫作塞，西南叫作徼。羸陵（读音为“连篓”），交趾的地名。

外译

朝鲜国　周代时是箕子的封国。秦朝时属于辽东。汉武帝平定朝鲜，设置了真番、临屯、乐浪、玄菟四个郡，汉昭帝合并为乐浪、玄菟两个郡，汉末被公孙度占据。传到公孙渊，被魏国消灭。晋朝永嘉末年，被高句丽消灭。高句丽本是扶余的分支，他们的君王高琏居住平壤城。唐朝征讨高句丽，攻下平壤，设置安东都护府。后唐时，王建代替高氏，并拥有新罗、百济，以平壤为西京，历宋、辽、金三朝，都派使臣朝贡。元朝时，西京纳入版图。明代洪武初年，朝鲜上表祝贺朱元璋即位，朱元璋赐以金印，封高丽王。后来他们君主昏庸，让门下侍郎李成桂主持国事。不久下诏改名为朝鲜，每年进贡不绝。万历年间，丰臣秀吉侵略朝鲜，朝鲜求救于明朝，派兵征伐并协助朝鲜复国。

日本国　古代的倭奴国，他们的国主以王为姓，一直没有改变。从汉武帝时就有翻译来建立外交关系，直到光武帝时才来朝贡。后来他们发生国乱，国人拥立一个叫毕弥呼的女子为王，她的长女又继承了王位，后来又再立男子为王，并领受中国封的爵位，自魏国、晋朝、刘宋、隋朝，都来进贡，并且也稍微学习了些汉语。唐代咸亨初年，因为不喜欢“倭”这个名字，改名国号“日本”，因为国家距离日出的地方近，所以叫这个名字。宋朝时来进贡的，都是僧人。元世祖派使者召唤，却最终没有应召。明代洪武初年，又派使者来朝贡，从永乐以来，他们的国王登基都被明朝册封，他们国土东西南北各有几千里，有五畿七道，和一百多个附庸小国。

琉球国　其国的君主有三个：一个是中山王，一个是山南王，一个是山北王。汉魏以来，不与中华往来。隋朝大业年间，隋炀帝令羽骑朱宽寻访海外异俗，才到这个国家。因为语言不通，他就抓了一个当地人回来。经历唐、宋、元，都没有遣使朝贡。到了明代初年，三个君王都派使者朝贡，后来中山王也到中国朝见，还让王子和陪臣之子来太学学习，山南、山北的两个王都已被中山王吞并了。

安南国　古代的南交趾，秦朝时属象郡。汉朝初年，被南越王赵佗占据。汉武帝平定了南越，设置了交趾、九真、日南三郡。建安年间改为交州，设置刺史。唐代改为安南都护府，安南的名字就是从这时开始的。唐末被当地土豪曲承美窃据，不久又被汉南的刘隐兼并，没过多久，众人推举丁涟为州帅。宋代乾德初年归顺内地，不久黎桓篡位，李公蕴又篡了黎氏位，陈日煚再篡李氏之位。宋朝以地处偏远，就置之不理，都封为交趾郡王。元代时兴兵讨伐，于是归附，被封为安南国王。明代洪武初年，派使臣朝贡，沿用从前的封号，赐给金印。权臣黎季杀君主立儿子为君。永乐初年，明朝发兵征讨，俘虏了黎氏父子，改为郡县，设了十七个府，四十七个州，一百五十七个县。此后经常反叛，宣德年间，陈氏的后人陈暠上表恳请继续做安南王，于是明朝放弃了这个地方，封给了陈氏。陈暠不久去世，黎氏接管。嘉靖中期，莫登庸篡位，乞求归降明朝，于是降为安南都统使司，以莫登庸为都统使。万历年间，黎氏再次当国，莫氏逃到高平，明朝下诏以黎维谭为都统使，莫敬用为高平令，世代守卫朝贡，不要互相侵害。

占城国　古代越裳氏的国界。秦朝时是象郡的林邑，汉代属于日南郡，唐代称为占城。到明代洪武初年开始朝贡，下诏封为占城国王。

暹罗国　原本是暹和罗斛两个国家，暹是汉代赤眉军的后代。元代至正年间，暹向罗斛投降，合并为一个国。明代洪武初年，向明朝呈交用金叶写的表文进贡，明朝下诏赐给印绶，并赐《大统历》，他们也请求也用明朝量衡制度，明朝允许了。

爪哇国　古代的阇婆国。南朝刘宋元嘉年间，开始与中国通好，后来中断了。元代称其为“爪哇”。明代洪武初年开始来朝贡，永乐二年时，赐给他们镀金的银印。

真腊国　原是扶南的属国，也叫“占腊”。隋朝开始与中国通好，分有水真腊和陆真腊，明代洪武初年开始入贡。

满剌加国　以前没与中国通好，从明代永乐初年开始朝贡，明朝赐给金印，并下诏封为国王。永乐九年，其国王率儿子前来朝贡后，进贡不绝。

三佛齐国　南蛮的另一支，有十五个州。唐代开始与中国通好，明代洪武初年开始朝贡，朝廷赐给他们驼纽镀金印。

浡泥国　本来属于阇婆国，统辖十四个州。宋代太平兴国年间开始与中国通好。明代洪武年间，进献金表；永乐初年，其国王率妻儿来中国朝贡，死于南京会同馆。永乐皇帝下诏赐谥号为恭顺，赐葬于石子冈，并遣送他的妻儿回国。

苏门答剌国　明代前无法考证。明代洪武年间，奉上金叶表文，进贡了当地的特产；永乐初年，赐封给金印。

苏禄国　该国分为东西两峒，共有三个王：东王为尊，西峒的两个王次之。明代永乐年间，其国王率妻儿来朝贡，住在德州，死了。中国按王的礼法埋葬他，并赐谥号为恭定，并遣送他的妃妾回国。

彭亨国　此前无法考证。明代洪武十一年，派使者送来表文，并进贡特产。永乐十二年，再次入贡。

锡兰山　古代无法考证。明代永乐年间，太监郑和俘获他们的国王回来，于是封他的族人耶巴乃那为国王，国人认可此人贤良，明朝就册封他。正统、天顺年间，曾派使者来朝贡。

柯支　古代的槃国。明代永乐二年，派使者来朝贡。

祖法儿　又名“左法儿”。此前无从考证。明代永乐年间前来进贡。

溜山　此前无从考证。明代永乐年间，派使者前来进贡。

百花　此前无从考证。明代洪武年间来进贡。

婆罗　又名“娑罗”。此前无从考证。明代永乐年间来进贡。

合猫里　此前无从考证。明代永乐年间，与爪哇国一起来进贡。

忽鲁谟斯　此前无从考证。明代永乐年间来进贡。

西洋古里国　西洋各国的交会处。明代永乐年间，派使者前来朝贡，被封为古里国王。

西番　就是吐蕃。他们的祖先是羌族，共有一百多支，散处在黄河、西宁河、长江、岷江之间。唐贞观年间，开始与中国通好。宋代时，一直朝贡没有间断。元代，曾将吐蕃之地划为郡县。明代洪武初年，下诏各族的酋长，让所有原本就有官职的人到京师来让皇帝授职。从此，吐蕃僧人有被封为灌顶国师及赞善王、阐化王、正觉大乘法王、如来大宝法王的，都赐给银印。三年一朝贡，或者隔一年就到京城朝贡。该地设三个指挥司、一个宣慰使司、六个招讨司、四个万户府，另有两个宣慰使司、十七个千户所。

撒马儿罕　汉代的罽宾国。明代洪武、永乐、正统年间，都曾派使者来中国朝贡。

罕东卫 古代的西戎部族。明代洪武年间与明朝通好并进贡，明朝在那里设置了卫所，任酋长锁南吉刺思为指挥佥事。

安定卫 鞑靼的另一支。从明代洪武年间开始朝贡，明朝赐给他们织金绸缎，设了安定和阿端两个卫所。

曲先卫 古代西戎的部落。明代洪武四年设置了卫所。

榜葛剌国 西边有五个印度国，榜葛剌国在东印度，这个国家最大，明代永乐初年开始朝贡。

天方国 古代的筠冲。又叫西域。明代宣德年间开始朝贡。

默德那国 就是回回的祖国。开始，国王谟罕蓦德出生而受神灵保佑，平定了西域各国。隋朝开国时，与中国通好。明代宣德年间，派使者到天方国，开始朝贡。

哈烈 又名“黑鲁”。四面都是大山。在明代洪武年间，下诏告示其酋长，赐给金币。永乐正统年间，派遣使臣前来进贡马匹。

于阗 地处葱岭以北。从汉代到唐代，都到中国进贡。明代永乐初年，派使臣进贡玉石。

哈蜜卫 古代的伊吾庐领地。地处西域诸国往来的交通要塞，汉明帝在这里屯田。唐代成为西伊州。明代永乐年在该地设置卫所，封克安帖木儿为忠顺王，赐给文书和金印。

火州 本来是汉代时车师前王的旧地。汉元帝时，设置戊己校尉，在这里屯田，名叫高昌垒。前凉时张骏设置了高昌郡，唐改为交河郡，后来被吐番所灭。有回鹘人杂居，所以又叫回鹘。宋、元两朝时都派使者入朝进贡。明朝名叫火州。永乐、宣德年间，都曾派遣使入朝进贡良马。

亦力把力 地处沙漠之中，可能就是焉耆，或者龟兹的旧地。从明代洪武年间以来，一直进贡不绝。

赤斤蒙古卫 西戎的领地。战国时为月氏国所居，秦末汉初时属于匈奴，汉武帝时成为酒泉、敦煌二郡的属地。唐代被吐番吞并，宋代并入西夏。明代永乐初年，以前的鞑靼丞相率领部众前来归降。明朝下诏建了千户所，不久又升级为卫所。正德年间卫所遭到废弃。

土鲁番 汉代车师前王旧地。唐代设置了西州交河郡，并分拆为县，有一个安乐城，方圆一二里，地势平坦，四面是山。明代永乐年间朝贡，一直未断。但也曾入侵哈密，并进犯嘉峪关外七个卫所，地广人多，与从前实力悬殊。

拂菻 从前无从考证。明代洪武年间开始朝贡。

鞑靼 种族不一，历代名称也不尽相同。夏代叫“獯鬻（xūn yù）”，周代叫“猃（xiǎn）狁”，秦汉时叫“匈奴”，唐代叫“突厥”，宋代叫“契丹”。汉代之后匈奴衰弱，乌桓兴起，鲜卑消灭乌桓。后魏时蠕蠕却独强。蠕蠕灭亡后突厥又兴起。唐代李靖战胜突厥后，契丹又开始强盛。随后蒙古把契丹兼并，就代替了宋朝而改国号为元。到了明代兴盛，元代君主逃回到沙漠，其后裔世代称可汗。永乐初年，马哈木、阿鲁台两处进贡极恭谨，于是封马哈木为顺宁王，阿鲁台为和宁王。正统年间，马哈木的孙子也先大举入侵。成化年间，也先的后人叫小王子的开始通好进贡，他的次子叫阿著者先，有三个儿子：长子吉囊、次子俺答、第三子叫老把都，俺答最桀骜不驯。隆庆年间抓住叛变明朝的人来进献，被封顺义王，他的儿子黄台吉等人授为都督官，开始通市朝贡。

兀良哈　古代山戎的地界。秦朝为辽西郡北境，汉代被奚族占据，后来归属契丹。元代为大宁路北境，明洪武年间，割让锦义、建刹等州隶属辽东，又在惠州设置都司，管理营兴，共有二十多个卫所，属北平行都司管理。后朱元璋的儿子朱权封宁王，建大宁、宽河州、会州、富峪四座城池，留重兵居守，后来因为北部讲和并来归降的人太多，明朝就下诏分兀良哈，设置三个卫所：从锦义、辽河到白云山叫泰宁；从黄泥洼经沈阳、铁岭到开原叫福余；从广宁前屯过喜峰近宣府叫朵颜。任命其首领为指挥使，这些所部就是东北外藩。靖难之初，朱棣先攻打大宁，就召来兀良哈各位酋长率领各自部落，跟随有功，就用大宁作为三卫的分界，把宁王移封到南昌，把行都司也迁往保定，把藩篱撤了，但朵颜属地险要，他们与北卤互相通婚，暗暗作向导，名为外卫而实际上控制它们。后来另二卫都衰弱了，只有朵颜卫独强，所以被都称为“朵颜三卫”。

女真　古代肃慎之地。在混同江的东边，开原的北边，是金人的后裔。汉代叫“挹娄”，魏国叫“勿吉”，唐代叫“靺鞨”，元代叫“合兰府”。明代时全境归降，就在其部落所住的地方设置一个都司、一百八十四个卫所、二十个千户所，任命其官长为都督指挥、指挥千百户、镇抚等，给他们官印，让他们依旧统治自己的族人，按时朝贡。共有三十八座城池，二站九口、三河口。

吏部员外郎陈诚记录：洪武年间来朝贡的，有西洋琐里、琐里、览邦、淡巴。永乐年间来朝贡的，有古里班卒、阿鲁、阿丹、小葛兰、碟里、打回、日罗夏治、忽鲁毋恩、吕宋、甘巴里、古麻剌（该国国王前来朝贡，到了福州死了。皇帝赐他谥号“康靖”，赐他葬在闽县）。沼纳扑儿、加异勒、敏真诚、八答黑商、别失八里、鲁陈、沙鹿海牙、赛蓝、火剌札、吃刀麻儿、失剌思、纳失者罕、亦思把罕、白松虎儿、答儿密、阿迷、沙哈鲁、黑葛达等国。同黑葛达一起来朝贡的共有十六个国家，分别是南巫里、急兰丹、奇剌尼、夏剌北、窟察尼、乌涉剌踢、阿哇、麻利、鲁密、彭加那、舍剌齐、八可意、坎巴夷替、八答黑、日落。到了宣德年间曾经朝贡的，有黑娄、哈失哈力、讨来思、白葛达。

卷十六

植物部

草木 ○ 花卉

草木

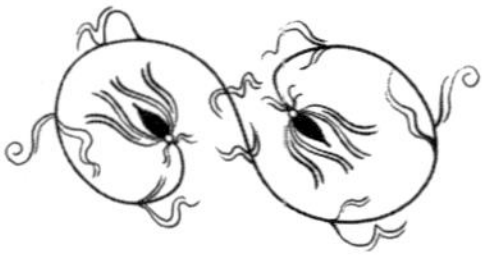

蓂荚　尧的时代，有一种叫蓂荚的草生长在庭院里。每月十五日之前，每天长出一片叶子，十五日之后，每天落一片叶子，如果是小月，就会有一片叶子衰而不落。看这种草就可以知道在一个月的确切日期，所以又被称为历草。

翣脯　尧的时代，厨房里会生长出肉脯来，薄得如同扇子，摇动就会有风，让食物温度降低而不致腐臭。

佳谷　神农在羊头山（位于潞安长子县）得到了上好的谷种。宋真宗开始给民众占城稻的种子（现在的糯米）。

屈轶　尧的时代，庭院里生长一种草，如果有奸人入朝，这种草就会弯曲指向这个人，所以名为“屈轶”。

峄阳孤桐　在峄县的峄山，从三代到现在，只剩下一株了。明代天启年间，妖贼作乱，砍掉烧饭，桐树就绝迹了。

五大夫松　今人称泰山的“五大夫松”，都说是五株松树，而不知道的是，秦始皇上泰山封禅，风雨忽至，就在松树下休息，于是封这株松树为五大夫。五大夫是秦朝的第九等爵位。这段话可订正千古相沿的错误。

虞美人草　虞美人自刎之后，葬在雅州的名山县，她的墓中长出一种草，形同鸡冠花，叶子都相向而长，如果有人唱《虞美人曲》，草就会随节拍跳舞，所以俗称虞美人草。

蓍草　蓍草一千年才长一株，茎下定有神龟守护，用于占卜。大多生长在伏羲与文王陵上。

挂剑草　季札的墓前长着一种草，形状就像挂着的剑，所以取这个名字。这种草可以治疗心病。

斑竹　尧的两个女儿成为舜帝的两个妃子，叫湘君、湘夫人。舜死于苍梧，二妃哭泣，哭出的泪洒到湘竹上，湘竹尽是斑点，所以又称为湘妃竹。

梅梁　会稽山的大禹庙有一根梅梁，有雷雨的夜晚，这根大梁就会飞出去，到五更又飞回来。早上看，梁上还常带水藻。后来被梅太守换掉了。

萍实　楚王渡江时得到萍实，大得像斗，红得像太阳，剖开食，甜得像蜜一样。

孔庙桧　曲阜的孔庙有孔子亲手种植的桧树，就像降香一样，整株树没有枝叶，坚硬得如金似铁，树纹都向左转，如果有圣人出世，树就长出一个旁枝，这样就可以占卜时世运势。按：桧树经历了周、秦、汉、晋千百余年，到晋怀帝永嘉三年就枯萎了；枯萎三百零九年后到隋恭帝义宁元年又复活；过了五十一年到唐高宗乾封三年再次枯萎；枯萎三百七十四年到宋仁宗康定元年再次繁茂；到金宣宗贞祐三年遭遇兵火，枝叶都被烧了，仅留下树干；后来过了八十一年，元世祖三十一年再次萌发；到明太祖洪武二十二年发了好几枝，极其茂盛，到了建文四年就又枯萎了。

汉柏 泰安州东岳庙的东廊，有汉武帝亲手种植的六株柏树，枝叶茂盛，翠如铜绿，敲它的树干，好像有金属之声。曹操时，赤眉军叛乱，用大斧砍这些树，发现流出了血就停止了。现在还能看见留下的斧头印迹。

唐槐 在峄县的孟子庙中，有唐太宗亲手种植的槐树，枝叶浓密，树干粗壮，但树身较矮。

邵平瓜 邵平是秦朝以前的东陵侯。秦朝灭亡后成为平民布衣，在长安城的东边种瓜，他种的瓜经常会长出五种颜色，味道甘美，世称“东陵瓜”。五代时，胡峤把西域的西瓜引入中国。

赤草 刘小鹤说：未央宫的所在地，有一丈多长的一块地生长的草都是红色的，相传是淮阴侯韩信受刑的地方，他的怨恨之气郁结成了这种草。

桐历 桐树知道日期、月份和闰月。生有十二片叶子，每边有六片，从下往上数一片叶子为一月，若有闰月就有十三片叶子，叶子小就代表闰月。如果不长叶子，那天下就要换君王了。

知风草　南海有一种草，丛生，像藤蔓一样。当地人看它的节来预测这一年的大风，有一节就有一场大风，没有节就没有风，所以称为“知风草”。

护门草　长在常山。取来种在门边，人有从门前过，草就会招呼他。又称“百灵草”。

虹草　乐浪的东边有一个背明国，长着一种虹草，枝干长有一丈，叶子大如车轮，草根大得像车毂，花朵的颜色像早上的彩虹。齐桓公讨伐山戎时，其国人进献这种草的种子并种植在庭院中，用来表示成就霸业者的吉祥之气。

不死草　东海的祖洲上有一种不死草，又名养神芝，生长在琼田中，它的叶子像菰苗，丛生，长有三四尺。如果有人死了，用这种草盖住就可以复活，一株草可以复活一个人，吃这种草可以让人延年益寿。

怀梦草　钟火山有一种红色的香草，长得像蒲，白天缩到地里，半夜抽芽萌发，把这种草放在身上，就可以知道梦的好坏。汉武帝思念死去的李夫人，东方朔献上了这种草。汉武帝把它放在身边，就梦见了李夫人，所以也称怀梦草。

书带草　郑玄字康成，住在城南山中教授弟子。山下有一种草长得像薤，叶子又长又细，异常坚韧，当时人称它为“康成书带”。

八芳草　宋代宫廷寿山艮岳边上长有八芳草，即：金蛾，玉蝉，虎耳，凤毛，素馨，渠那，茉莉，含笑。

钩吻草　钩吻草生长在深山之中，形状像黄精，吃进口中，口会开裂，碰到肉，肉会溃烂，名叫钩吻，吃了立即会死。但这种草的花是紫色的，而黄精的花是白色的；这种草的叶子有绒毛，而黄精的叶子是光滑的，这是它们的区别。

金井梧桐　世人常说："金井梧桐一叶飘。"梧桐叶上的黄圈纹理像井一样，所以叫"金井"，并不是井栏啊。

沙棠木　这种木可以防水，它的果实叫蒉，形状像葵，味道像葱，吃它可以让你解除疲劳，又能让人入水不会溺死。

君迁　《吴都赋》里说到"平仲君迁"，这些都是树木的名字，但没有注释。按：司马光《名苑记》里说，君迁的果实像马奶，俗称牛奶柿。现在制造扇子要用柿油，所以也叫柿漆。

芋历　芋艿结十二个子，到闰月就多结一个。当时人称为"芋历"。

肉芝　萧静之掘地时得到一个"人手"，又光润亮泽又很白，煮来吃，过了一月，掉了的牙齿和头发又长了出来。一个道士说："这就是肉芝啊。"《抱朴子》里说：在山中行走，如果看见有七八寸的小人乘着车马的，那就是肉芝，捉住服用，就可成仙。

桑木　是箕星（二十八宿之一）的精华，是神木。蚕吃了会吐出漂亮花纹，人吃了会返老还童。

肉树 是端山的猪肉子。端山在德庆州，这种猪肉子像茶杯一样大，若烤着吃，味道就像猪肉一样鲜美。

哀家梨 哀仲家有一株梨，品种很好，有一升那么大，入口即化。汉武帝的樊川园有一种大梨，像五升瓶子那么大，落地就碎了。要摘的话先用布囊接着，名叫“含消梨”。

涂林 张骞出使安石国十八年，带回了涂林的种子，即安石榴。又得到胡麻的种子，在中国广泛种植。

阿魏树 出自海外的三佛齐国，这种树上面有树瘿，瘿中的汁液毒性很强，人的身体沾到就会糜烂，人不敢接近。每到采时，把羊拴在树下，骑快马从远处射树，汁液沾到羊身上，羊就烂了。所以称“飞鸟取阿魏”。

葡萄苜蓿 汉朝将军李广利开始将大苑国（西亚小国）的葡萄和苜蓿引进中国。

甘蔗 宋神宗问吕惠卿说：“‘蔗’字从‘庶’，这是为什么？”吕惠卿答：“所有的草木种下后都正向生长，只有甘蔗是横着长，这就叫庶出，所以从‘庶’。”顾恺之（长康）吃甘蔗，先从尾部吃起，人问为什么，他说：“这样可以渐入佳境。”

乌树 就是柘树。枝条极长而且坚韧，乌鸦停在树上把树枝压弯了，将要起飞时，树枝的弹力把乌鸦弹出去，乌鸦就呼号。用这种树枝作弓，快而有力，所以名叫“乌号之弓”。

共枕树　潘章容貌俊美，他与楚国人王仲先交情深厚，死后就合葬一起。墓上生了树，枝条和叶子都簇拥在一起。所以叫“共枕树”。

木奴　李衡官为丹阳太守，在龙阳洲上种了上千株橘树。临终前，告诉儿子说：“我的洲里有千头木奴，不需要你负责衣食，每年给你供应一匹绢，也足够你用了。”

化枳　晏子说：“橘生淮南就是橘，生在淮北就变成了枳。只有叶子相似，它的果实味道却大不相同。因为水土不同。”

七星剑草　七星剑草物形状长得像剑，上面七颗星，排列得像北斗七星一样。

骨牌草　骨牌草叶上有一二三四五六的斑点，和骨牌没有什么差别。

刘寄奴草　刘裕贫贱时在新洲砍柴，见到一条长几丈的大蛇，刘裕用箭射它。第二天又到原地，看见几个小孩在捣树叶，刘裕问原因，小孩回答说：“我家大王被刘寄奴伤了，现在弄药来治疗。”刘裕说：“为什么不杀了仇人呢？”回答说：“刘寄奴是要当皇帝的人，杀不死的。”刘裕大喝一声，这些人都跑了。刘裕得到了药，抹刀枪的伤立刻就好。于是就称这种草为“刘寄奴”，“寄奴”是刘裕的小名。

益智树　叶子如同襄荷，树干像竹箭，果实从中心长出。一个树枝有十颗果实，果肉又白又滑。从四面破开把果肉去掉，取外皮，加上蜂蜜煮后包成粽子，有辛味。卢循曾用它款待过宋武帝刘裕，还款待过慧远大师，名叫“益智粽”。

祁连仙树　祁连山有一株仙树，它的果实像枣，有四种味道。用竹刀剖开味道是甜的，用铁刀剖开味道就是苦的，用木刀剖开味道就是酸的，用芦刀剖开味道就是辣的。

桂　《南方草木状》中说：桂树有三种，叶子像柏树叶，树皮红色的是丹桂；叶子像柿树叶的叫菌桂；叶子像枇杷叶的叫牡桂。现在福建一带桂树很多，四季都开花结子，这是真桂。江南那些八九月开花却没有结果的，是木樨。

酒树　《扶南记》中说：顿逊国（东南亚小国）有一种树长得像石榴，采摘它的花将它的汁液放入瓮中，几天就变成酒了，味道很美，所以称它为酒树。

面树　又名桄榔树。树有四五抱那么粗，长有五六丈，树干粗大直立没有枝条，树顶上长有叶子，只有几十片，像栟榈；它的果实带穗，也生在树顶；它的皮可以作绳，遇见水就更加柔韧。胡人用这种绳连接木头做舟，树皮里有像面一样的碎屑，多的会有好几十斛，吃起来，跟正常的面一样。

杨柳　隋炀帝开凿成运河后，内史侍郎虞世基请求在河堤上栽种柳树，一来柳树的根四通八达，可以保护河堤；二来拉纤的女子可以在树荫下休息；三来拉舟的羊也可以吃到树叶。皇帝大喜，下令民间如果进献一株柳树就赐给一匹布；于是百姓争相进献。隋炀帝亲自种了一株，文武百官也依次各种一株。种完后，隋炀帝亲笔赐给垂柳杨姓，所以现在叫“杨柳”。

薏苡　马援在交趾（今越南北部）时，因为薏苡的果实能抑制瘴气，所以回来时，载了满满一车。等到马援去世时，有人上书诬陷他，说他以前回国时车上拉的全是明珠文犀之类的宝物。

橄榄　也叫南威。《金楼子》上记载：有一种树名叫独根，分出两个大枝，其中向东的一枝是木威，向南的一枝是橄榄。这种树高不可攀。在树根下面刻个口子，把盐放进去，一晚上它的果实就会掉落了。这种树可以制作船和桨，因为没到水里就会浮起来。苏轼诗说：“纷纷青子落红盐，正味森森苦且严。待得余甘回齿颊，已输崖蜜十分甜。”三国时的吴国开始进贡橄榄，皇帝将它赐给近臣。

瑞柳　唐代中书省有一棵古柳，忽然之间就枯死了。唐德宗从梁归来，树又重新茂盛，人称此树为“瑞柳”。

义竹　《唐纪》中说：唐明皇的后苑有稠密相拥的竹丛，明皇对几个封王的兄弟说：“兄弟间彼此亲近，应当像这些竹子一样。”所以称此竹为“义竹”。

椰树　如同栟榈树，高有五六丈，没有枝条，它的果实大如西瓜，外有粗皮，皮下还有壳，壳圆又坚固，剖开有白色的果肉，足有半寸厚，味道像核桃却更为甘美，还有果浆，喝起来有酒气。俗人称它“越王头”。它的果壳可以镶成杯子或水壶，也可以做成水瓢。

文林果 宋代的王谨任职曹州从事时，得到林檎果，进贡给宋高宗，这种果子长得像朱柰。宋高宗大为欢喜，所以赐王谨为文林郎，称这种果为文林果。又有一种说法，广泛栽林檎是从唐高宗时的王方言开始的。

不灰木 《抱朴子》中说：在南海的萧丘上，有自生自灭的火，春天烧起来，秋天就灭了。萧丘上只长着一种树木，被火烧过也只有少许焦黑。有人得到这种木头来做柴禾，只要把饭烧熟了就用水把火浇灭，永远用不完。束皙在《发蒙》中说：“西域有用火来洗的布，东海有烧不尽的木头。”

三槐 王旦的父亲王祐积有阴德，曾经在庭院里亲手种了三株槐树，说：“我们家后世一定有位列三公的人，我种这三株树来作为标记。”

寇公柏 寇准最初授官为巴东令，所以人们都用“寇巴东”称呼他。他亲手种了两株柏树在院子里，被称为寇公柏，人们把它比作邵伯（周召公）的甘棠。

铁树 广西殷都指挥使司家中，有一株高三四尺的铁树，树干和树叶都是紫黑色，叶子的形状像石榴叶。遇见丁卯年就开花，花有四瓣，为紫白色，就像瑞香，稍圆一点。盛开一次几月不谢，闻着有铁的气味。

莱公竹　寇准（莱公）去世后，归葬于西京（今西安）。需经过荆南的公安县，人人都在路上设祭祀的灵位大哭，折下竹子插在地上以挂纸钱。过了几个月一看，那些枯竹竟然都长出了竹笋，人们称它为“莱公竹”。于是人们在此立了神祠，名为竹林寇公祠。

迎凉草　唐代的李辅国夏天会见宾客，在庭院里种植迎凉草，于是庭院中会有清风徐来。这种草颜色碧绿，枝干类似苦竹，叶子细如杉树。

荔枝　北宋的蔡君谟说：福建的荔枝，以兴化的最为奇特，尤以陈紫荔枝为特别。陈紫荔枝熟得晚，果实上大下圆，直径可达一寸五，香气清新悠远，色泽是鲜艳的紫色，果壳薄而平，果瓤厚而晶莹，果膜像桃花一样鲜红，果核如丁香母，剥开就如同凝结的水晶，口感就像绛雪一样易化，味道甘甜芬芳，好得难以形容。

宋家香　宋氏家族曾经用他们家的香荔枝赠与蔡君谟，蔡君谟写了《诗序》感谢说：世上传承这种植物已经三百年了。黄巢兵过时，想砍伐它，当时它的主人是一个姓王的人，他家的老太太宁愿抱树同死，树才保存了下来。现在这树虽然已经老了，但结的果实却越加繁密了，味道也越加甘甜爽滑了，真是奇异的品种啊。

瑞榴　宋代时邵武的县学门口，有一株石榴，士子们以它结石榴的多少来预测县学考上进士的人数，每次都能应验，所以名叫

“瑞榴”。

柯柏　明朝莆田状元柯潜官拜少詹事，亲手种植了两株柏树在翰林苑的后堂，号称学士柏，又建造了瀛洲亭，与柏树相伴。

种松　晋朝的孙绰隐居在会稽山，写了篇《天台赋》，范荣期说：“这篇赋掷地会有金石之声。”孙绰在书房前种了一株松树，经常亲手培土浇水。邻居高柔说：“你种的松树虽然说不上楚楚可怜，也不是栋梁之材啊！”孙绰说：“枫树、柳树即使粗有合抱，又有什么用呢？”

连理木　宋代梁世基家里的荔枝树长成了连理，宋神宗皇帝赐诗给他说：“横浦江南岸，梁家闻世贤。一株连理木，五月荔枝天。”

树头酒　缅甸有一种树，类似棕树，高有五六丈，结出的果实如手掌。当地人把面放在罐子中，将罐子挂在果实下。把果实划破取出汁液来就成了酒。它的叶子就是贝叶，是写缅甸文字用的。

嗜鲜荔枝　唐代天宝年间，杨贵妃非常喜欢吃新鲜的荔枝。涪州每年让驿站飞骑传送，七天七夜送到长安，然后人和马都累死了。杜牧诗说“一骑红尘妃子笑，无人知是荔枝来”。

荔奴　龙眼长得像荔枝，但叶子略小一些，冬天也不凋谢。七月结果实，果壳青黄色，有鳞甲一样的花纹，形状圆得像弹丸，肉白而且有浆，味道非常甜美。果实极繁，一串有五六十颗，作穗就像葡萄一样。荔枝才过，龙眼就熟了。南方人把它看作是荔枝的奴仆。

此君 东晋名士王子猷暂时寄住在别人空着的屋子里，就让人种上竹子，有人问他，他说："何可一日无此君！"

报竹平安 唐朝的将军李靖（卫公）说：北都（太原）只有童子寺有一丛竹子，才有几尺长。而寺庙的管理者每天都要向方丈汇报竹子的平安。

蕉迷 南汉王朝的宠臣赵纯卿只喜欢芭蕉，家里凡是轩窗馆宇全种芭蕉。当时人称他为蕉迷。

卖宅留松 海虞的孙齐之亲手种了一株松，珍惜备至。家产已全卖给了别人，却只有松树不肯卖。跟一个卖茶水的邻居约好，每年赠邻居一千钱，请求他在墙上开一个小窗户，不时带着水去浇灌，只要从窗户里看松树上有刺毛，就立刻告诉主人，孙齐之就亲自去清理干净，清理完就走。后来他的儿子孙林和孙森都很孝顺，就努力又把家产买了回来。

青田核 《鸡跖集》中说：乌孙国有一种青田核，不知道树和果实长什么模样，但这种核却大得如瓢，可以装五六升东西，用来装水，一会儿就变成了酒。刘章得到两个，用它招待宾客，一个核中的酒刚喝完，另一个核中的酒又酿好了，可以供二十个客人畅饮。名叫"青田壶"。

桃核 洪武乙卯年展出过元代宫廷内库所藏的巨型桃核，半面长达五寸，宽面四寸七分，前面刻着“西王母赐汉武桃”和“宣和殿”十个字，并涂上金粉，中间画了龟鹤云气图，又刻了“庚子甲申月丁酉日记”字样。皇帝特命宋濂为此作赋。

龙眼荔枝　汉高祖时，南粤王开始进献龙眼树；汉武帝时才得到交趾的荔枝，种在上林苑；魏文帝开始下诏让南方每年进贡龙眼和荔枝。

药名　将要分离时赠给人的芍药，也叫可离。召集朋友就赠文无，文无也叫当归。想让人忘掉忧愁，就赠他丹棘，所以也叫忘忧。想要消除别人的愤怒，就赠他青棠，所以青棠又叫合欢。后来人们在送别时折下柳枝来相赠，也有人折下梅花来寄给远方的游子（参见《古今注》和《董子》）。还有叫帝不愁的（参见《山海经》），芍药能怡情养性（参见《博物志》），皋苏能释放忿愤懑心情（参见《王粲志》），甘枣可以让人不惑（参见束皙《发蒙记》），树中有可以长生的树（参见《邺中志》），木中有可以辟鬼的无患木（参见《纂异文》）。

碧鲜赋　五代时后周的监察御史扈载去相国寺游玩，看见院中竹子可爱，写了一篇《碧鲜赋》。后周皇帝柴世宗派遣小黄门到墙壁前抄录下来，看后大为称赞。刘宽夫《竹记》说：“坚实可以配得上松柏，劲节可以凌霜雪。稠密可以消散清烟，稀疏又可以漏下霄月。”

榕城　福州的榕树，树粗达十围，到了冬天叶子也不凋谢，郡城里的尤其茂盛，所以福州号称榕城。

相思树　潮州的凤凰山有很多相思树，树里有树神，披发光脚。

念珠树　这种树生在大理府，每个穗上能结出一百零八颗果实。从前一位姓李的贤者寓居在大理周城，借住的主人的妻子难产，这位贤者摘下自己身上的一颗念珠让她吞服下去，于是孩子顺利出生，手里还拿着那颗念珠，后来，扔那颗念珠的地方，生长出很多树来，就叫念珠树。

席草　储福是靖难时的守兵，流落在曲靖，不吃东西，饿死了。他的妻子范氏侍奉婆婆非常周到，一天看见河边有一种草长得像苏草，采来织成席子给婆婆用。她的婆婆死后，那种草就不再生长了。

蒌叶藤　叶子像葛叶，但藤蔓缠绕在树上，可以做成酱，就是《汉书》中所说的“蒟酱”，果实像桑葚，皮黑果白、味道幸辣，与槟榔同吃，可以抵御瘴气。

神木　明朝永乐四年，官府在沐川采伐楠木。正要开通道路把楠木运出，一天晚上，楠木自己移动了几里，所以朝廷封这座山为神木山。

独本葱　元代初年，马湖的蛮人每年都来进献独本葱（天麻），沿途郡县疲于运送，元贞初年终于停止了。

邛竹 《蜀记》中说：张骞奉皇帝之命出使西域时，在邛山得到高节竹的种子。现在常用来做手杖，非常雅致。

天符 容子山有一种树木的叶子，名叫天符，叶子像荔枝叶但略长，纹路好像虫蚀的篆文，不知这是什么树木，有人认为这是刘真人的仙迹。

吕公樟 松江的北禅寺，宋代有一个姓回的先生从此经过，亲手种了一株樟树在殿里。过了几年树死了，回先生又来造访，问樟公在哪里，然后从瓢里取了一丸药，埋到树根下，樟树就活了，每片叶子上都显示出瓢的痕迹。人们才明白过来这个先生就是吕洞宾。

陈朝双桧 静安寺里有两株桧树，宋代政和年间，媚臣朱勔把它画成图进献朝廷，朝廷派使者伐取，恰在此时暴雨雷电把其中一株劈碎了，朝廷也就罢休了。

竹诗 胡闰在吴芮祠的墙壁上题诗说："幽人无俗怀，写此苍龙骨。九天风雨来，飞腾作灵物。"明太祖看见后大为赞赏，封胡闰为大理卿。

苦笋反甘 《梦溪笔谈》中说：太虚观有一丛修竹，相传是陆修静亲手种植，生出的苦笋味道反而甘美；归宗寺里造的盐薤味道清淡，都是中山的佳品。

水晶葱 宋孝宗皇帝问左丞相周必大说："你家乡吉安盛产什

么？”周必大回答说：“金柑玉版笋，银杏水晶葱。”

巨楠　赤城阁前有一株巨楠，高几十丈，粗三十尺，世人相传是范寂亲手种植的。范寂得到了长生不老之术，蜀汉先主多次征召做官他不去，先主就敕封他为逍遥公。

希夷所种　《方舆胜览》中说：普州土地贫瘠，没有特产，只有铁山枣、崇龛梨、天池藕三种东西，都是希夷先生陈抟老祖种的。

骑鲸柏　大邑凤凰山有一株紫柏，大有十围，树根盘在巨石上，号称骑鲸柏。

芦根　秦始皇因为发现东南有王者之气，所以凿开了连江的九龙山，得到一株芦根，有几丈长，斩断后还有血迹，把这座山命名为荻芦峡。

榕树门　是桂林府的南门。唐代修建城门时，有一株榕树跨在城门内外，盘根错节长成城门的样子，车马往来，直接从树根下穿过。杨基写了一句诗“榕树城门却倒垂”，说的就是这个门。

苴草　苴草是广西所产，形状像茅草，吃了会让人长寿。夏天放置在筵席上，苍蝇和蚊子也不敢飞近，食物也不会腐烂，所以又叫不死草。另外还有一种木生子，形状像猪肾，能除药毒，名叫“猪腰子”。

罗浮橘　严州城南，有座山非常险峻，不易攀登，山上有一株罗浮橘，果实成熟时随风飘落在地上，捡到的人都说这是仙橘。

玉芝 会稽山陶堰岭出产一种花生，它叶子下的根每年生出一个舂米的臼来，把它拿来用面裹住煮熟了吃，可以达到辟谷的效果。

百谷 《名物通》中说：粱是小米、粟子之类的总称。稻是水田出产作物的总称。菽是各种豆类作物的总称。三种谷物各有二十种，共六十种。蔬菜、水果也辅助谷物，各有二十种，合起来就称“百谷”。

君子竹 苏轼诗说：“惟有长身六君子，猗猗犹得似淇园。”另外，篔筜也属于竹类，生长在水边，高有数丈，粗有一尺五，一节就有六七尺长。

樗栎 《庄子》中说，我有一株大树，人们都称其为樗。它的树干，因过于粗大而无法做成木板；它的小枝又过于弯曲而无法衡量。《通志》中说：南方多有槲树，北方多有栎树，长得像樗，就是柞栎树。古话说：“社庙前的栎树因为不成材，所以能长寿。”

楩楠 《文选》中说，楩木、楠木与豫章木都是能胜任大用的木材。

瓜田李下 《文选》上说：君子防患于未然，不处嫌疑间。瓜田边莫提鞋，李树下莫正冠。

薰莸异器　《左传》中说：一薰一莸，十年之后还有臭气。注释里说：薰，就是香草；莸，就是臭草。

蒲柳先槁　《世说新语》中说：顾悦之和简文帝同岁，头发却早已经白了。简文帝问他，他回答说："松柏经霜之后依然茂盛；而蒲柳还没到秋天就已经凋零了。"

余桃　《韩非子》中说：弥子瑕吃一个桃子觉得很甜，就把剩下的半个给卫国国君吃，国君说："他真是爱我啊。"后来弥子瑕犯了罪，国君说："这就是那个把吃剩下的桃子给我吃的货色。"

二桃杀三士　齐国的公孙接、田开彊、古冶子都勇猛却无礼。晏子告诉齐景公，可以赏给他们三人两颗桃，让他们论功来吃。最终三个人都自杀而死。

祥桑　在商朝的亳都，有桑树和榖树共同生在朝堂上，七天就长得有两手合抱那么粗大了。大臣伊陟说："妖异不能胜过德行。"于是商王太戊修行先王德政，养老怜贫、问候病人，清早早朝，很晚退朝。三天后桑树和榖树就死了。

金杏　金杏出产于分流山。比梨子大，比橘子黄。汉武帝寻访蓬莱、瀛洲时，有人进献它，现在被称为汉帝果。

花卉

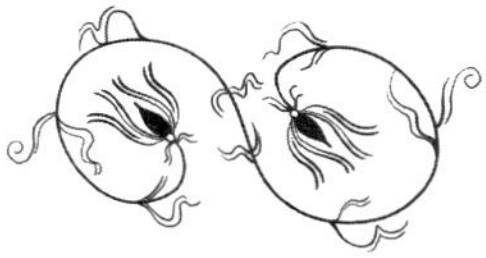

桂花　一般草木的花是五瓣，而雪花是六瓣，朱文公说这就是"地六生水"的意思。然而桂花只有四瓣，潘笠江先生说，土地上生长的，成数是"五"，所以草木的花都是五瓣，只有桂花是月亮中的草木，位居西方，而"四"是西方属金的成数，所以四瓣金色，而且还在秋天开放。

天花　生在五台山，属于草本植物。花像牡丹，更大一些，颜色白得像雪，花下还有白蛇守护，如果有人来摘花，一定会受伤。当地人用巧妙的办法来偷花，蛇看见花没了，就会自己撞死。把花晒干后，大得如同新鲜的牡丹，拿几片花瓣来放到汤里，味道非常鲜美，它的价格非常昂贵。

琼花　王兴在秋长山，看见一种琼花，花茎长八九寸，叶子像白檀叶，花像荷花，花香几里。唐代时有人在广陵的蕃釐观种下过一株，到元代时枯死了，就用八仙花补种在原来的琼花台前。

金带围　江都的芍药，共三十二种，只有金带围这种是最不容易得到的。韩琦当郡守时，金带围忽然开了四朵。当时王珪是副职，王安石是幕官，陈升之以卫尉丞的身份初到，韩琦在花下大摆宴席，并且四人各戴一朵。后来四个人相继拜为宰相，这是“花瑞”啊。

蔓花 胡人把茉莉叫蔓花，宋徽宗时才取名为茉莉。

洛如花 吴兴的山中有一株树，像竹子但却结有果实，果实像皂荚，乡里人看见后，来问陆澄。陆澄说：“这种花名叫洛如花，州郡若有名士，就会长出这种花来。”

王者香 《孔子家语》中说：孔子看见兰花，叹息说：“兰花本来应当是王者之花，现在却只能与众花为伍。”于是操琴创作了《猗兰操》。

伊兰花 金粟花香气浓烈，戴在发髻上，能香闻十步，而且一个月也不会消散。西域以“伊”字为尊，就像中国的“天”字，所以将“蒲”称为“伊蒲”，将“兰”称为“伊兰”，就是因其尊贵而这样称呼，是说它的香气无花可比。大概就是今天的真珠和木兰吧。

断肠花 从前有个女子思念情人，不能相见就悲伤哭泣，眼泪流到了北墙下。被泪水打湿的地方长出一种草，它开出的花美如女子的面容，它的叶子正面是绿的，但背面是红的，秋天盛开，就是现在的秋海棠。

蝴蝶花 贵州的玄妙观有蝴蝶花，春天开花时娇艳无比。花落时，就变成蝴蝶翩翩飞远了，枝头不留痕迹。

优钵罗花　北京礼部仪制司优钵罗花，每次开放必在四月八日，冬天结果实，形状像鬼莲蓬，剥开果实的外壳，它的核像一尊金佛，形体与相貌都极其相似。

娑罗　夏津当昌化县令时，当地有一株娑罗树，开花时香闻十里。夏津笑着说："这里真是'花县'啊。"

兰花　蜜蜂采花时，采普通的花用脚把花粉沾走。采兰花就背着花粉走，因为这是要献给蜂王的。如果进献其他花，蜂王会赏它蜜，如果进献稻花就会被处死，这就是蜂王的道德准则。

婪尾春　桑维翰说：唐末文人把芍药称为"婪尾春"，因为婪尾酒是宴席上的最后一杯酒，而芍药花开于春末，所以取"婪尾春"这样的名字。唐代留守李迪把芍药装在驿车内进献皇帝，唐玄宗从此将它种植在宫苑之中。

姚黄魏紫　《西京杂记》中说：牡丹花中最为奇异的两个品种，是姚家黄和魏家紫。

木莲　白居易说：我游览临邛的白鹤山寺，看见佛殿前有两株木莲，高达几丈，叶子坚实肥厚好像桂叶，在盛夏开花，形状像荷花，香气也非常相似。寺里的僧人说："折花的响声如同破开竹子的声音。"这样的花一郡也只有两株，不知道从哪里来的。成都多有奇花，但这样的也不常见。世上有木芙蓉，但还没听说过有木莲花呢。

国色天香 唐文宗在内殿赏花，问程修己说："京师传唱的牡丹诗中谁者第一？"程修己答："李正封的诗'国色朝酣酒，天香夜染衣。'"唐文宗就对贵妃说："你在妆镜前用紫金盏喝一杯酒，就正好切合李正封的诗句了。"

茶花 茶花以滇茶为第一，日丹次之。滇茶出于云南，大红色，大小像茶碗，花瓣不多，花瓣中间多有分层和皱褶，红花黄心，模样可爱。

佛桑 出于岭南，枝叶形状像江南的木槿，而花却像中州的芍药，不过比芍药更轻柔。开花在二三月间，婀娜可爱，有深红、浅红、淡红几种，剪下枝条插在地上就可以成活。

花癖 唐代张籍生性极爱花卉，听说贵人公侯家有一株山茶，花朵如盆，他琢磨无法得到，就用心爱的姬妾去换。人称他"张籍花淫"。

海棠 宋真宗时海棠开始与牡丹齐名。宋真宗亲笔写了十首杂诗，《海棠》为第一首。而种植红海棠和红梅是从晏殊开始的，把黄梅命名为蜡梅则是从苏东坡开始的。

花品 周敦颐在《爱莲说》中说：菊花，是花中的隐士；牡丹，是花中的贵人；莲花，是花中的君子。

舍东桑 《三国志·蜀书》中说：先主刘备房舍东边有一株桑树，有一丈多高，枝条垂下来如同华盖，由此经过的人都很奇怪这株树气象非凡，当出贵人。刘备小时候跟一群小孩在树下游戏，说："我以后一定要乘坐有这样车盖的豪车。"

张绪柳 《南史》中说：齐武帝时，益州进献蜀地的柳树，枝条很长，形状如同丝线。齐武帝把它种植在太昌灵和殿殿前，说："这株柳树风流可爱，就像黄门郎张绪少年时。"

美人蕉 这种花一年四季都盛开，颜色深红，灿烂耀眼，盛开后一个月都不凋谢。

海棠香国 从前有一个人被调到昌州为太守，但他希望换一个更好的地方。彭渊才听到后就劝他，说："昌州是个好地方啊！"那个州守问他原因，他说："海棠的缺点，在于没有香味，但唯独昌州产的海裳香气扑鼻，所以被称为'海棠香国'，难道不是个好地方吗？"

思梅再任 南朝诗人何逊任职扬州的法曹，公馆旁有一株梅花树，何逊经常在树下写诗。后来他居住洛阳，想念梅花却看不到，于是请求再次到扬州做官。到任的那天，梅花开满树，何逊遍请宾客到树下赏花喝酒。

榴花洞 唐代一个砍柴的樵夫叫蓝超，在福州东山追一只鹿，鹿跑进了一个石门，里面有鸡犬和人烟。遇见一个老翁，对他说："我们都是躲避秦时战乱而来到这里的，你留在这里行吗？"蓝超说："等我回去辞别妻子再来吧。"那个老翁赠他一枝石榴花，他就出来了。后来再去寻找，却迷路了。

桃花山　桃花山在定海，千岁翁安期生就在这里炼丹，把墨汁洒在石头上就成了桃花，下过雨后就更加鲜艳，好像真桃花一样。

攀枝花　产于广州，高达四五丈，很像山茶，颜色像锦缎一样殷红，又叫木棉。

一年三花　在嵩山的西麓，汉代时有道士从外国带了贝多子来这里种植，成活了四株，一年开花三次，花呈白色，香味独特。

白藕　韩愈的诗《古意》中说："太华峰头玉井莲，开花十丈藕如船。冷比雪霜甘比蜜，一片入口沉疴痊。"

萱草忘忧宜男　《博物志》中说，萱草又称忘忧草，也叫宜男花。孟郊在《百忧》诗中说："萱草女儿花，不解壮士忧。"

冰肌玉骨　袁丰之品评梅花时说："冰肌玉骨，世外佳人，只遗憾没有倾国倾城的笑容啊。"

菊比隐逸　菊花不与群花争夺春天的芳香，在百花开过后它才开，所以把它比作隐逸之士。

花似六郎　称赞武则天男宠张昌宗的人说："六郎貌似莲花。"宰相杨再思说："其实是莲花长得像六郎啊。"

先后开　南野县大庾岭上的梅花，南枝上的花已经落了，而北枝上的花才刚开放，这是由于冷热不同啊。

卷十七

四灵部

飞禽 ○ 走兽 ○ 鳞介 ○ 虫豸

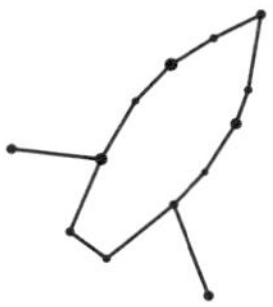

飞禽

鸟社　大禹即位十年后，到东方去巡狩，死在会稽，就葬在那里。后来有一种鸟飞来坟头除草，春天拔草根，秋天啄杂草，所以被称为鸟社。县官严令民众不得加害这种鸟，违犯者绝不轻饶。

精卫鸟　炎帝的女儿淹死在渤海，变成了精卫鸟，每天衔来西山的木头石块，要用来填渤海，至死不倦。

凤　《论语谶》中说："凤凰有六象九苞。"所谓"六象"，就是头像天，眼睛像太阳，脊背像月亮，翅膀像风，足像大地，尾巴像群星。所谓"九苞"，就是口包命，心能合度，耳朵聪达，舌可屈伸，色彩光泽，冠为红色，脚有尖钩，声音激扬，腹有花纹。它行走时鸣叫被称为"归嬉"，栖止时鸣叫称为"提扶"，夜里鸣叫称为"善哉"，早晨鸣叫称为"贺世"，飞行时鸣叫称为"郎都"。它只吃梧桐和竹子的果实。所以孔子都想隐居到九夷之地去，与凤凰嬉游。

鸾　是一种吉祥鸟。张华注释说：鸾是仅次于凤凰的鸟，刚出生时像凤凰，过段时间身上的五彩会发生改变，它的声音像风铃。周代礼乐完备，法车上系有风铃，就像鸾的声音，所以把法车的名字改为鸾驾。

像凤 太史令蔡衡说：大凡长得像凤凰的鸟都有五色。红色多的是凤凰，青色多的是鸾，黄色多的是鹓雏，紫色多的是鸑鷟，白色多的是鹄。这只鸟是青色的，是鸾，不是凤凰。

迦陵鸟 鸣叫声像笙箫一样清脆悠扬，巧妙地迎合了五音的韵律，可以模仿出百虫的声音。《楞严经》中说："迦陵仙音，遍十方界。"

毕方鸟 《山海经》中说：章蛾山有一种鸟，形状像鹤，只有一足，青色的羽毛、红色的花纹、白色的嘴巴，名字叫毕方。它的鸣声就像叫自己的名字。它出现的地方会有磷火。

鸾影 南朝刘宋时的范泰在他所著的《鸾鸟诗序》中说："从前罽宾国王在峻卯山结网，抓了一只鸾，这只鸾三年都不鸣叫。王后说：'曾听说鸟见到自己的同类就会鸣叫，为什么不挂一面镜子让它照照看呢？'国王听了王后的话，鸾看见自己的身影后悲哀地鸣叫起来，然后冲天一飞而死。这样的鸟用情之深，真让人叹息啊！"据说鸾鸟的血可以做胶，用来接续弓箭、琴瑟的弦。

吐绶鸡 形状、毛色都像普通的大鸡。天气晴朗、景色宜人时，它的颔下就会吐出一条绶带，有一尺见方，金碧耀眼，上面的花纹就像蜀锦，中间有一个字，是篆文"寿"字；阴雨天时就不吐。所以也叫寿字鸡，又名锦带功曹。

孔雀　孔雀非常爱惜自己的尾巴，遇见好天气和好景色，听到音乐响起都会展开尾翼，翩翩起舞。本性妒忌，看见女人盛装打扮，会追上去啄她。山中栖息时，会先选择好地方安放尾巴，然后再安置身体。要想活捉它，要等下大雨时。因为尾巴沾水变重，捕鸟人到了，它却还爱惜尾巴，不敢轻举妄动。

杜鹃　蜀地有一个国王叫杜宇，禅让给了鳖灵，隐居在西山，死后变成杜鹃。蜀人听到它的鸣叫，就思念他，所以又叫作望帝。又有人说杜鹃把幼雏生在别的鸟巢里，百鸟帮它喂食。

鸿鹄六翮　刘向说："鸿鹄可以一飞冲天，它所凭借的是两翼啊。至于肚子或脊背上的毛多一把或少一把，也不会让它飞得更高或者更低。"

号寒虫　五台山有一种鸟，名叫"号寒虫"。四只脚，长有肉翅却不能飞，它的粪就是五灵脂。盛夏时，它的羽毛花纹与色彩绚烂，就自鸣得意地说："凤凰不如我。"到了冬天，毛都脱落了，就鸣叫道："得过且过。"

秦吉了　岭南的一种灵鸟。又名了哥。形似八哥，身体黑色，两肩是黄色，头顶上的毛有缝，就像人的头发中分的一样。听力好，心智高，能学人说话。有外国人用几万钱买了一只带走，秦吉了说："我是汉地的鸟，绝不去胡人的地方！"于是在惊惶中死了。

变化　《礼记·月令》中说：三月，田鼠变鴽（rú），八月再变为田鼠。这两种东西互相变化，“鴽”就是现在的鹌鹑。二月鹰变成斑鸠，八月斑鸠再变为鹰，也是互相变化。

赤乌 周武王讨伐纣王，渡过孟津时，有火球从天而降，落在了周武王住的屋上，变成了乌鸦，颜色是红的，发出噼噼啪啪的响声。

布谷鸟 就是斑鸠。杜甫有“布谷催春种”句。张华说：农事方起，这种鸟就在桑间飞鸣，像在叫“谷可布种”了。又说，它的声音像说“家家撒谷”，还有人说像“脱却破裤”。都像它的叫声。

蟁（wén）母 这种鸟像鸡一样大，黑色，生长在南方池塘沼泽的芦苇丛中，它的声音就好像人呕吐的声音，每叫一声，嘴里就吐出一二升的蚊子。

稚子 又名竹豚。喜欢吃竹笋，善于隐蔽，不让人发现自己。所以杜甫有诗“笋根稚子无人见”。

鹢 是一种水鸟，能镇住水神，所以画在船头，船也称为彩鹢。

捕鹯 魏国的公子无忌正与客人喝酒。忽然有鹯鸟追击一只斑鸠，斑鸠躲到了公子的案底，鹯鸟追赶，并在公子面前杀了斑鸠。公子觉得羞愤，让人设网，抓了十几只鹯鸟，斥责它们杀斑鸠的罪名，并说：“杀斑鸠的要处死。”有一只鹯鸟低下头不敢仰视；其他的都拍着翅膀鸣叫。于是公子就杀了那只低头的，把其他的都放了。

鹁鸽井　汉高祖的庙在临城的鹁鸽井旁，庙里《碑记》上说：“沛公刘邦曾在井中避难，有两只鸽子停在井中，追兵就不疑，沛公得以逃脱。”

雪衣娘　唐明皇时，岭南进献了一只白鹦鹉，聪慧能言，皇上称它为“雪衣娘”。皇上常与诸王、贵妃玩博游，如果皇帝要输了，左右宫女就会呼叫“雪衣娘”，它就在博局上乱飞，把博局弄乱。有一天它竟然说：“昨夜梦见被猛禽搏杀。”后来，果然被鹰杀死，死后埋在宫苑中，称“鹦鹉冢”。唐代李繁说：“东都有人养鹦鹉，因为很聪明，就施舍给僧人。僧人教它诵读佛经。它时常在架上不语也不动，问它为什么，它回答说：‘身心俱不动，为求无上道。’等它死时，火化后有舍利。”

白鹇　宋末皇帝跑到厓山，被元兵追赶，丞相陆秀夫抱着皇帝跳海而死。当时御舟上有一只白鹇，奋击哀鸣，然后也投海殉死。

鹁鸽诗　宋高宗喜欢养鸽，亲自放飞。有一个士人题诗说：“鹁鸽飞腾绕帝都，朝收暮放费工夫。何如养个南来雁，沙漠能传二帝书。”宋高宗听到这首诗后，召见士人，当即赏予官职。

长鸣鸡　宋处宗曾买到一只长鸣鸡，放在窗前。后来鸡竟然开始说人话，与宋处宗终日谈论，宋处宗因此而学业大进。

宋厨鸡蛋　宋文帝的尚食厨在准备御膳时，要煮鸡蛋，忽然听到锅里有很细微的声音，原来是这些鸡蛋在叫观世音，凄怆异常。当值的人将此事报告宋文帝，宋文帝亲自去验证，果然如此，叹息说："想不到佛家的神力竟然能达到这种地步！"就下令以后不许再煮鸡蛋，还禁止杀生。

雁书 苏武出使匈奴，匈奴把他扣留并流放北海牧羊。汉朝派使者寻找他，匈奴谎称苏武已死。常惠教使者对奴王说："天子在上林射雁时，发现雁脚上绑着一封书信，说苏武在某某大泽之中。"单于听后非常惊讶，慌忙谢罪，并让苏武还朝。《礼记》中有"鸿雁来宾"的话（先到的是主人，后到的是宾客）。

孤雁 张华说：大雁夜里栖息在大河或沼泽中，千百成群，一定会让一只孤雁巡逻守夜，如有警报就鸣叫告诉众雁。所以师旷在《禽经》里说："群栖独警。"

飞奴 宰相张九龄家里养了一群鸽子，每次与亲朋好友写信，就把信系在鸽子的脚上让鸽子去送，称之为"飞奴"。

鸩毒 《左传》中说："宴安鸩毒，不可怀也。"鸩，一种有毒的鸟，身体是黑的，眼睛是红的，它爱吃蝮蛇，所以用鸩毛蘸过的饭菜，可以毒死人。

周周鸟 名字叫周周。因为头重尾曲，想在河里喝水，就会一头栽到河里去，所以要用嘴衔着尾巴来喝水。

金衣公子 唐明皇在禁苑游玩，看见一只黄莺羽毛鲜艳光洁，就称呼它为金衣公子。

戴颙在春阳高照时带着两个柑子和一斗酒出门，有人问他去干什么，他回答说：去听**黄鹂声**，这是治疗俗耳的良药，激发诗兴的仙音。

养木鸡 《庄子》中说：渻子帮宣王养斗鸡，十天后，宣王问："鸡可以战斗了吗？"他回答说："还不行，它还虚浮骄矜，自恃意气。"又过了十天问他。回答说："差不多了，如果有别的鸡挑衅，它已经没有什么反应了。看上去像木头做的，如此一来它的战斗能力就完美了。与别的鸡斗，没有敢来挑战的，都逃走了。"

季郈斗鸡 《左传》中说：季平子和郈昭伯氏斗鸡，季氏在鸡的羽毛中洒上芥粉，郈氏给鸡的爪子装上了金距。刘孝威写诗说："翅中含白芥，距外曜金芒。"

乘轩鹤 卫懿公喜欢鹤，以至于王宫里的鹤有乘坐轩车的。等到狄人来讨伐卫国时，那些兵士都说："鹤身居高位，为什么不派鹤去打仗呢？"于是卫国就灭亡了。

翩成纵去 高僧支道林喜欢鹤。有人送给他一双鹤，支道林剪去了它们翅膀的羽毛，鹤常低头看自己光秃秃的翅膀，看上去苦恼疼惜。支道林说："鹤有冲天之志，哪里愿意成为人们身边观赏的玩物呢！"就把它们翅膀的羽毛养出来，让它们飞了。

羊公鹤 从前羊叔子养的一只鹤擅长跳舞，他曾向客人夸耀，客人让他把鹤叫出，却羽毛松垮，不肯跳舞。所以人们用“羊公鹤”来比喻有名无实的人。

斥鷃笑鹏　《庄子》中记载：在草木不生的极北之地，有一只鸟名叫鹏，乘着云气直上可飞九万里，它要去南溟，小麻雀嘲笑它说：“你到那里干什么去？我向上飞腾跳跃，不超过几丈就落下来，最多在蓬蒿之间翱翔。你没事干为什么要飞到南海去呢？”

打鸭惊鸯　吕士隆任宣州太守时，喜欢鞭打官妓。恰好一个杭州的官妓来到宣州，吕士隆很喜欢她。一天，一群官妓小有过失，吕士隆又要鞭打她们。那些官妓说：“我们不敢推卸罪责，只是怕让杭州来的那位官妓心里不安。”吕士隆就宽恕了她们。梅尧臣听说此事后写了一首《打鸭诗》：“莫打鸭，惊鸳鸯。鸳鸯新向池中落，不比孤州老鸹（guā）鸧。鸹鸧尚欲远飞去，何况鸳鸯羽翼长。”

乌　燕国太子丹在秦国做人质，秦王对待他无礼，太子丹就想回国。秦王不允许，就托词说：“等乌鸦的头变白、马生出犄角来，就可以回国。”太子丹仰天叹息，乌鸦的头就变白了，马也生了犄角，秦王不得已，只好放他回国。

乌伤　颜乌是一个孝子，父亲死后，他一点一点背土来筑坟，一群乌鸦也衔土相助，结果乌鸦的嘴喙都受伤了，因此将此地命名为“乌伤”。《广雅》中说：“纯黑色并且懂得反哺的叫乌；小一些肚子下为白色，不会反哺的叫鸦。”

燕居旧巢　武瓘在一首诗中说："花开蝶满枝，花谢蝶还希。惟有旧巢燕，主人贫亦归。"另外，唐诗中说："旧时王谢堂前燕，飞入寻常百姓家。"

斗鸭　陆龟蒙在水边养有一群花鸭。一天，驿使乘舟经过陆龟蒙所居之地，用弹丸击毙了一只绿头鸭，看见的人告诉了陆龟蒙，于是他告诉驿使说："此鸭乃非常之鸭，它会说人话，我正准备献给皇上，你为什么要把它杀死？"驿使听后既震惊又惭愧，送上身上的两千银两，临走时询问道，这鸭子会说什么话。陆龟蒙答道："常常叫自己的名字罢了。"驿使又好气又好笑，甩了甩袖子，上马要走。陆龟蒙把钱还给他，说："开玩笑罢了。"

孝鹅　唐代天宝末年，长兴的沈氏养了一只母鹅，马上要病死了，小鹅悲伤地鸣叫，不再吃食；母鹅死后，它用嘴衔来破席子把母鹅盖住，又衔了刍草列在前边，好像祭祀的样子，然后向天长号叫着死去了。沈氏大为惊奇，将它埋在蒋湾，取名孝鹅冢。

蔡确鹦鹉　蔡确贬到新州，有一个侍妾名叫琵琶，她养的鹦鹉非常聪慧，常为蔡确呼唤琵琶。琵琶死了后，鹦鹉还不时唤她的名字。蔡确写了一首诗来凭吊。

雁丘　金代的元好问路过阳曲，看见一个猎人说："捕获了两只大雁，其中一只死了，另一只逃脱网罗，但在空中哀鸣很久后来也撞地而死。"元好问就用钱赎回了两只大雁，把它们埋在汾水岸边，垒土做坟。就是现在的雁丘。

见弹求鸮 《庄子》中说，长梧子说：“你计划得太急了，看见鸡蛋就想着夜里打鸣，看见弹弓就要烤好的鸡腿。”

燕巢于幕 季札出使晋国，准备在戚邑住宿。忽然听到音乐声。季札向晋国人询问，得知是晋国大臣孙文子在欣赏音乐。季札对身边人说：“真奇怪呀！我听说人若是有辩才而没有德行，必将遭到杀戮。晋国的这个孙文子就因为有辩才而没有德行被晋国国君治过罪，他做事小心谨慎尚嫌不够，怎么还能沉溺于靡靡之音呢？孙文子在这里，就像燕子在帷幕之上筑巢那样危险。晋国刚刚死去的国君的灵柩还没有安葬，他怎么可以演奏音乐呢？”说完，季札就离开了戚邑。《吕氏春秋》说：燕雀住在堂上，母子之间相亲相爱，但是如果灶起了火烧了房子，它们却还不知大祸临头。

禽经 金子沾上伯劳的血就会变暗，铁器得到鹈鹕（tī）的油就光洁，石头沾上鸟鹊的骨髓就化，银子沾上雉的粪就色泽干萎。翡翠可以粉碎金子，鵁鶄（jiāo jīng）鸟可以将火扑灭。

风雨霜露 《禽经》上说：“风翔则风。”风，是鸢鸟。“雨舞则雨。”雨，是商羊。“霜飞则霜。”霜，是鹔鹴。“露翥则露。”露，是仙鹤。又说：“以豚可预测风，用鼍可预测雨。”豚，就是江豚。喜鹊能预知风，蚂蚁能预知雨。

禽智 工部郎中陈所敏说：鸂鶒鸟能在水中自由行走，所以水中的动物无法伤害它。啄木鸟遇见蠹虫的洞穴，能用嘴画出符咒，蠹虫自己就出来了。鹤能走天罡之步，蛇就不敢动。乌鸦有隐秘的巢穴，所以猛禽看不见。燕衔泥筑巢时一般会避开戊己日以免犯土，所以巢不会倾倒。鹳有一种长水石，这样在自己巢里养鱼，水就不会干。燕子不喜欢艾草，雀鸟想占有它的巢，就衔来艾草放在燕巢里，燕子就只好躲开。这都是飞禽的智慧。

大鸟悲鸣　东汉名臣杨震下葬的前几天，有只大鸟，高一丈多，飞到杨震停丧的地方悲鸣，葬完后才离开。皇上听说，才醒悟到杨震是蒙冤而死的，特派使臣去祭祀，并封他的儿子为官。

化鹤　《职方乘》中说：南昌有个洗马池，曾经有个少年人看见七个美女，把五彩衣脱在岸边，到池中沐浴。少年想戏弄她们，藏了一件彩衣，美女们沐浴后穿上衣服，就变成白鹤飞走了。只有丢失衣服的那位留了下来，随少年到了他家，结为夫妇，约定三年后归还她的彩衣。三年后，她也穿上衣服飞走了。所以又叫浴仙池。

化为大鸟　王次仲把仓颉的旧字体变成现在的隶书。秦始皇征召王次仲为官，他屡次推辞不就，秦始皇大怒，下诏用囚车把他送来。王次仲就变成大鸟飞走了，落下两根翮毛在延庆州，现在还有大翮山。

五色雀　生长在广东罗浮山。有贵人到来，它会先飞舞。

鵕鸃鸟　生长在广东肇庆，形状像山鸡，羽毛有光泽。汉代以它的羽毛来装饰侍中的官帽。

凤巢　隋代时有两只凤凰来永福安巢，宋代初年又来了，当地长官向朝廷报告，宋太宗派使者开凿巢下的石头，竟然得到一块美玉，就把这座山叫凤凰山。

群乌啼噪　海盐有个乌夜村，晋朝时何准寓居在此。一天晚上，一群乌鸦一直乱啼叫，这时何准生了女儿。后来乌鸦又在晚上啼叫，正是晋穆帝立何准的女儿为皇后的日子。

问上皇　郭浩到兰州巡查，看见有一红一白两只鹦鹉在林间鸣叫，问他："上皇可好？"郭浩询问原因。原来兰州向朝廷岁贡鹦鹉，宋徽宗将它们放在安妃阁。后来送回了本土，两只鸟一直感恩不忘。

凤历　凤凰知道天时，所以用"凤"字来称历法。凤凰一鸣天下的鸡都会跟着鸣叫。凤凰的尾巴有十二根翎毛，到闰年还可生出第十三根翎毛。现在乐府调尾声有十二板，是模仿凤凰之尾，所以叫尾声。有人再增加四个字，同时再加一板，以模仿闰年。

鸡五德　《韩诗外传》上说："头上戴着鸡冠，有'文'。脚上有搏斗的距，有'武'。看见敌人敢战斗，有'勇'。看见食物相互呼唤，有'义'。守夜从不误时，有'信'。"所以鸡又叫作德禽。

陈宝　秦穆公时，陈仓有人挖地时得到一个东西准备进献，在路上遇见两个童子，说："这个东西是蝹（yūn）。"蝹说："那两个童子叫陈宝，得到雄的就可以称王，得到雌的就可以称霸。"这个陈仓人就舍弃蝹而去追那两个童子，童子变成野雉，飞进了树林。陈仓人把这事告诉了秦穆公，穆公就发动大规模围猎，果然得到了一只雌的，但却变成了石头，穆公把它放在汧河与渭河之间，并建了陈宝祠，于是秦国称霸西戎。

腰缠骑鹤 从前有人各言其志。一个希望做扬州刺史，一个希望有很多财产，一个希望乘鹤飞升以成仙。还有一个人说："我希望能腰缠十万贯，骑鹤上扬州。"

隋珠弹雀 古话说，用隋侯珠去打千仞高山上的麻雀，世人一定会笑话的。因为他所使用的东西很贵重，希望得到的东西却微不足道。

雀跃是说人在喜悦时，像麻雀一样跳跃。

爱屋及乌 《诗经》上有"瞻乌爰止，于谁之屋"的句子，是害怕因打乌鸦而伤到了房屋。

越鸡鹄卵 《庄子》中说："越地的鸡不能孵化鸿鹄的蛋。"是说其体形太小了。

燕贺 《淮南子》中说：大厦将落成时燕子和麻雀都会相互庆贺。

贯双雕 《唐书》中说：高骈看见天上有两只大雕飞过，心中祈祷说："如果以后会大贵的话就保佑我一箭射中。"却一箭双雕，所以被称为双雕侍郎。

鹊巢鸠占 《诗经》中说："喜鹊建巢，斑鸠居之。"

闻鸡起舞　祖逖与刘琨晚上睡在一张床上，半夜鸡叫，祖逖就把刘琨踢醒说："这个声音不难听！"就起身舞起剑来。

走兽

药兽　神农时，有人进献了一头药兽。如果有人生了病，就摸这个兽，对它说话，说完，它就到野外去，衔回一株草来，把草捣出汁喝了病就好了。神农命令风后记住它衔回来的什么草治什么病。时间久了，这些方子都得到了验证。虞卿说："神农以药兽为师，精通了医术。"

夔　黄帝在东海流波山得到一只奇兽，形状像牛，浑身黑色，没有犄角，一条腿，能入水，它吐水的话就会下雨，目光如同日月，声音仿佛雷霆，名叫夔。黄帝让人杀了它，用皮做成战鼓，并用它的骨头做鼓槌来敲打，鼓声能传五百里远。

獬豸（zhì）　皋陶判案时，就有獬豸（一种独角兽）在法庭上走过，遇到罪行疑而不决的人，就让它来判断，有罪它就会用角来牴，没有罪它就不牴，就凭此断案。

黄熊　舜帝将鲧流放到羽山。鲧变成了黄熊，并进入羽泉。所以大禹庙里严禁用熊作祭品。

白狐　大禹三十岁没有娶妻，行经涂山时，有一只九尾白狐来拜访大禹。涂山有民谣唱道："白狐绥绥，九尾庞庞。成子家室，乃都攸昌。"于是大禹就娶她为妻，称她为女峤。

野兔　周文王被囚禁在羑里七年，儿子伯邑考去探视父亲。纣王叫伯邑考围棋，伯邑考态度无礼，纣王怒杀了伯邑考，并把他剁成肉酱，让人送给周文王吃。周文王吃完再告诉他真相，文王痛哭后呕吐出来，呕吐出的东西全部变成野兔跑了。

麟绂　孔子的母亲怀孕时，有一只麒麟来孔子家吐出一本玉书，玉书上的文字说："水精的子孙，维系衰弱周朝的无冕之王。"孔子的母亲就用绣了花纹的丝带系在麒麟的角上，麒麟连住两晚后离开了。到了鲁定公时，鲁国人在大泽耕田时捕得一只麒麟，让孔子看，绑在角上的丝带还在。孔子知道自己的生命将要结束了，抱住麒麟解开丝带，泪水横流。

白泽　东望山有一种野兽叫白泽，能通人言。如果君王有德，能察微知著，恩德广布，白泽就会自己到来。

昆蹄　昆蹄是大地上的神兽，英明灵秀，能说人言，是因大禹治水有功它才出现。

角端　元太祖把军队驻扎在东印度时，发现一只很大的野兽，高几丈，一只角，像犀牛一样，用人话说："这里不是帝王的世界，您最好赶快回去吧。"耶律楚材进言说："这只野兽名叫角端。有圣人在位的话，就会奉书前来。能日行一万八千里，像鬼神一样灵异，不可冒犯。”

象　是猪一类的动物。张开嘴就会把五脏都露出来，所以叫“象”。《易经》用“象曰”，也正是用的这个意思。

狮子　又叫狻猊。《博物志》中说：魏武帝曹操讨伐匈奴，经过白狼山，遇见狮子，让人猎杀，却被它咬死咬伤很多人。忽然有一个生物从树木里出来，像狸猫一样，跳上魏武帝的车辕。狮子攻到这里时，它就跳到狮子头上，狮子就趴下不敢动，这样才杀了狮子。带着狮子回到洛阳时，方圆三十里内的鸡犬没有敢叫出声的。

酋耳　身体像虎豹，尾巴长度是身体的三倍，能吃虎豹。如果君主可以威服四夷，它就会出现。

虎伥　如果人被虎吃了，他的魂魄就会成为虎的仆役，为虎作前导。所以凡是被虎咬死的人，他的衣服、帽子、鞋都脱在地上，不是老虎的威风可以使人自己脱下，实际上是鬼魂脱的。

虎威　老虎身上有一根骨头，形状像“乙”字，长过一寸，位于两胁旁的皮肤里，尾巴尖上也有，名叫“虎威”，如果佩带它当官，可以威服众人。又：老虎能夜视，一只眼睛放光，一只眼睛来看万物。猎人伺机射杀它，箭刚射到，虎眼放出的光就让箭掉在地上变成白色石头，并深入到地下一尺多。若记下白石掉落的地方，将其挖出来，可以用来抑制小孩的哭闹。

仓兕　尚父为周朝司马，率领大军讨伐纣王。到了孟津渡口上，举着斧钺军旗，号令部下说：“河中有仓兕。”仓兕是一种水中的兽类，善于弄翻人乘坐的船，神异多变。尚父的意思是让大家赶快渡河，否则，仓兕就会祸害你。

斗穀於菟　《左传》中说：斗伯比奸淫了郧（yún）子的女儿，生下子文。郧夫人因子文是私生子，弃之于梦泽荒野中，老虎喂养他。郧子打猎时，看见老虎在喂养一个孩子，很害怕，回来后，夫人告诉了他实情，于是把孩子收养了。楚语把“乳”叫“穀”，称“虎”为“於菟”，所以就给孩子起名为“斗穀於菟”。

貘　长着大象的鼻子，犀牛的眼睛，牛的尾巴，虎的爪子，喜欢吃铁，生长在南方的山谷。睡在它的皮上可以防潮，画它的图形可以辟邪。

穷奇　西北有一种野兽叫穷奇，又名神狗。它的形状像虎，还有翅膀可以飞，会吃人，会说人言。遇见忠诚正直的人，就咬死吃掉；遇见奸邪的小人，却抓捕飞禽走兽送他吃。

梼杌　西方边荒之地的野兽，形状像虎，毛有三尺多长，长着人脸虎爪，口中的牙有一丈八尺长，好争斗，到死不退却，是最凶恶的野兽。

山都　山都极像昆仑奴，遍体是毛，看见人就闭上眼睛，张开嘴像在微笑，喜爱在深洞里翻石头找螃蟹来吃。

饕餮　长着羊身人面，眼睛在腋窝下面，还有老虎一样的牙齿和人一样的手，声音像婴儿，住在钩玉山里。

狼狈　这是两种野兽的名字。狼前腿长，后腿短；狈前腿短，后腿长。狼要没有狈就立不起来，狈要没有狼就无法行走。如果它们分开了，就会进退两难。所以人们遇事不顺，就说“狼狈”。

风马牛　马喜欢逆风奔跑，牛却喜欢顺风奔跑，因此吹北风时，牛向南跑而马向北跑，吹南风时则牛向北跑而马向南跑。所以说“风马牛不相及”。

种羊　西域有种羊的风俗。初冬时，选择一个未日，杀一只羊，把肉切成方寸大小埋入土中。来年春季，选择上未日，请一个僧人来吹奏胡笳，念咒语，土里就会冒起一个泡，像鸭蛋一样。几天之后，风吹破这个泡，就会有小羊从土里生出来。这是在胎生、卵生、湿化和化生之外，又有一种诞生生命的方式。

猫　出产于西方天竺国，唐三藏把它带回来用以保护经书，防止老鼠来咬，这才开始在中国繁衍。所以“猫”字在经传上没有记载。《诗经》有“猫”字，《礼记》中的“迎猫”，都不是指这种猫。

万羊　大臣李德裕召来一个僧人询问吉凶，僧人说：“大人是万羊丞相，现在已经吃过了九千六百只了。几天后会有人送给大人四百只羊，正好满一万。”李德裕大吃一惊，不想接受。僧人说：“羊到了，已经是大人的了。”果然十几天后就被贬为潮州司马，又贬为连州司户，不久就去世了。

艾豭（jiā）　卫灵公的夫人南子与宋国公子宋朝通奸，宋国的老百姓唱歌说："既然已经满足了你们的娄猪，为什么不归还我们的艾豭呢。"（娄猪就是母猪，艾豭就是公猪。）

辽东豕　辽东有一只猪，生的小猪头是白的，主人觉得很奇异就打算进献给皇帝。走到河东，发现这里的猪头都是白的，就惭愧地回家了。现在彭宠邀功，与这有什么不同的呢？

李猫　李义府外表温和恭敬，但其实狡猾阴险又妒忌刻薄，当时人叫他"李猫"。

麋鹿触寇　秦始皇想要扩大皇家园林，一个叫旃的优伶说："太好了，多养禽兽在园林里，如果贼寇从东面来侵犯，我们让麋鹿来抵抗，就足够了！"

犹豫　犹这种野兽，生性多疑。一听到声音，就先爬上树，观顾四周，没有人才敢下来。过一会儿又上去，像这样反复好多次。所以现在有人考虑事情无法决定，就被叫作"犹豫"。

沐猴　一种小猴，出自罽宾国。史书中有"沐猴而冠"，把"沐"当作"沐浴"的"沐"，是错的。

刑天　一种野兽的名字，就是"浑沌"，见于《山海经》。能挥舞盾、斧。陶渊明有诗句"刑天舞干戚"，现在写成"刑天無干戚"。是错的。

猬　形状像猪，经常在地下吃死人的脑髓。如果要杀掉它，就要用柏树插在坟墓上，所以现在坟墓上多种柏树。又叫蝹。秦缪公时，陈仓人挖地时得到一个猬。

猾　这种野兽没有骨头，到了虎的嘴里，虎也无法咬，进入虎腹，还会从里面咬出来。《尚书》说“蛮夷猾夏”，就是取的这个意思。

犀角　又名通天，也名分水，还有名叫骇鸡。叫“通天”是说用它做簪子，就会做梦登上天府，而知天上诸事；叫“分水”是说把它刻成鱼形，衔着进入水中，水就会分开三尺，可得呼吸之空气；叫“骇鸡”是说鸡看见它，就会被吓得落荒而逃。

驯獭　永州驯养水獭，用来代替鸬鹚入水捕鱼，经常一次能捕到几十斤，可以供应一家之需。有重达一二十斤的鱼，可以用两只水獭一起抬出来。

明驼　骆驼卧着时，腹部不会贴在地上，而是屈着脚。这样腹部下面就会漏光，可以行走千里，所以叫明驼。唐代规定，驿站有明驼使，不是边塞的军情，就不能擅自使用。杨贵妃私下派遣明驼，赐给安禄山荔枝。

瘈（zhì）**狗**　《左传》中说：“国狗之瘈，无不噬也。”杜预注释说：“瘈，就是狂犬。”也就是现在说的疯狗。《宋书》上说：“张收被疯狗咬了，吃蛤蟆后才疾愈。”另外，还可以把杏仁捣碎放到伤口处，会立即疾愈。

畜犬　《晋书》中说：养一条浑身白色头为黑色的狗，能发财；

养一条浑身白色尾巴是黑色的狗就会世代做高官；养一条浑身黑色但耳朵是白色的狗，会得到富贵；养一条浑身黑色但两条前腿是白色的狗，会给子孙带来好运；养一条浑身黄色但耳朵是白色的狗，会世代为名门望族。

风生兽　生于炎州，大如狸，黑色。堆几车木柴烧它，木柴都烧尽了也不会死，连毛都不会焦，刀斧伤不了，打它就像打在囊袋上一样，用铁锤打它脑袋几十下才会死，如果它张着嘴朝着风，一下就会复活。用石头上的菖蒲塞住它的鼻子，就会立刻死掉。取出它的脑子与菊花一起吃，吃上十斤，就可以活到五百岁。

月支猛兽　汉武帝时，月支国进献一头猛兽，体形像生下来五六十天的小狗，模样像黄色的狸猫。汉武帝很轻视它，使者说："野兽的能力不在于大小。"于是指着那只野兽，让它叫一声。那只野兽舐着嘴唇好久，忽然吼叫了一声，响声大如霹雳，两只眼睛有像闪电的光芒。汉武帝当时就被震得战战兢兢，不能自已。连那些卫士也都吓得扔掉仪仗趴在地上，所有的野兽都吓跑了，就连老虎也吓得屈服在地。

舞马　唐玄宗有舞马四百匹，分为左右两部，有的名叫某家骄。舞蹈时的乐曲叫《倾杯乐》。马身上都穿上锦绣，佩戴金银饰物，音乐一响起，就扬头甩尾，踏着节拍起舞。

舞象　唐明皇有几十头舞象。安禄山叛乱，占据了长安，放出舞象，命令左右的人教它们向自己朝拜。舞象都怒目不动，安禄山大怒，下令把舞象全部杀了。

弄猴 唐昭宗逃离长安，有一只供把玩的猴子也跟随着皇帝的车驾，随着文武百官一起朝拜。唐昭宗赐给它绯红的官袍，号为供奉。罗隐的诗句“何如学取孙供奉，一笑君王就著绯”，说的就是这只猴子。后来朱全忠篡位立后梁，得到猴子，令它在殿下朝拜。猴子一见朱全忠，直接跑到前边来，跳起来奋力袭击他，于是就被杀了。

忽雷驳 是秦叔宝所乘的马。喂草料时，常让它喝酒。秦叔宝常在月光明亮时试骑，它能一步跳过三个毡房。秦叔宝死后，这匹马悲鸣不已，最后绝食而死。

铁象 南宋的曲端入狱后，自知会死，仰天长叹，指着他乘坐的那匹名叫铁象的马说：“老天爷不想让我收复中原吗？可惜啊！”铁象也流下了几行眼泪。

铸马 慕容廆有匹骏马，叫赭白，卓尔不群，耐力持久。到了光寿元年，马已经四十九岁了，但仍然奔驰如飞，慕容廆很是惊异，把它比作鲍宣那匹著名的骏马，命人为它铸一个铜像，并亲自为它写了铭文赞美，刻在铜像旁，像铸成后，马就死了。

白獭 魏国的徐邈善于绘画，魏明帝游洛水，看见一只白獭，非常喜爱，却得不到。徐邈说：“白獭特别嗜好鲻鱼，为了吃鲻鱼死都不避。”于是画了一条鲻鱼悬在岸边，一群白獭竞相跑来，一下子就抓住了。魏明帝赞叹：“爱卿的画太传神了！”

赎马　周代的田子方出门，路上见一匹老马，一问才知是一只家畜，叹息说："它年轻时使用了它的力气，老了就将它抛弃，这不是仁义之人做的事啊。"就把它买了回来。

袁氏　后唐有个人叫孙恪，娶了袁氏为妻。后来到峡山寺进香，袁氏拿了一个碧玉环献给老和尚。不一会儿，有野猴数十只，攀着藤萝跳跃而来。袁氏就拿笔题诗，然后变成猿猴走了。老和尚才醒悟，这个袁氏就是以前寺庙里养的一只猿猴，那个碧玉是戴在它脖子上的旧物。

果下马　罗定州出产一种马，高不过三尺，奇异之处是有两条脊梁骨，又叫双脊马，体格强健，善于奔驰。因为它能在果树下走，所以名叫果下马。

秽鼠易肠　唐公房全家升天，连鸡、狗都成了仙，只有老鼠不干净，不能去。老鼠非常后悔，每天吐三次，想换掉肠子，让自己清净一些。

八骏　周穆王有八匹骏马，第一匹叫绝地，奔跑时足不践土；第二匹叫翻羽，跑得比飞鸟快；第三匹叫奔宵，能夜行万里；第四匹叫超影，能追着太阳跑；第五匹叫逾辉，毛色灿烂发亮；第六匹叫超光，因为跑得太快，所以一个马身会有十个影子；第七匹叫腾雾，可以乘着云雾奔跑；第八匹叫挟翼，身上长有翅膀。又有一匹骅骝，也是古代的良马。

黑牡丹　唐末的刘训，是京师富人。京师的春游，以观看牡丹为最佳节目。刘训邀请客人赏花，就把上百头水牛绑在门口。人们都指着水牛说："这就是刘训家的黑牡丹。"

辟暑犀　《孔帖》上记载：唐文宗延请学士到朝廷内殿。李训给学士们主讲《易经》，时值盛夏，唐文宗命人拿辟暑犀赐给李训。

辟寒犀　《开元天宝遗事》中说，交趾进贡了一只犀牛角，颜色如黄金。冬天放在宫殿里，温暖得就像在熏笼里一样。唐玄宗问使者，回答说："这是辟寒犀。"

养虎遗患　汉王刘邦想要东归，张良说："汉已经占据了大半天下，而楚兵饥饿疲劳，现在放松不去攻击的话，就是养老虎给自己留祸患。"刘邦听从了他的建议。

狐假虎威　楚王问群臣："北方诸侯害怕我的大臣昭奚恤，这是为什么呢？"江乙回答说："老虎抓到一只狐狸，狐狸说：'你不要吃我，天帝让我掌管百兽，如果不信，我先走，你跟在我后边看。'野兽看见的都跑了。老虎不知道这些野兽害怕的是自己，还以为是害怕狐狸。现在北方诸侯也不是害怕昭奚恤，他们害怕的是大王的军队啊。"

狐疑　"狐疑"的意思是狐狸生性多疑，所以把心中无法决断叫作狐疑。

黔驴之技　柳宗元在《黔之驴》中记载：黔地没有驴，有一个多事的人用船运来一只驴，放在山下。老虎看见这个庞然大物，就在树木间环绕着窥视它。驴叫了一声，老虎大惊，以为它要咬自己。但又反复仔细看，似乎也没有什么特殊本领。渐渐习惯了它的声音，就敢离它近一些，碰倚撞冒挑逗它。驴非常生气，用蹄子来踢老虎。老虎非常高兴，心里想：“原来驴的技艺也就这样了。”就跳起来攻击，咬断了驴的喉咙，吃光了它的肉，才离开。

马首是瞻　晋国大将荀偃对部下说：“鸡一打鸣就出兵，填井平灶，全军都看我的马头所向行事！”

不及马腹　楚国攻打宋国，宋国向晋国告急。晋侯想出兵相救，伯宗说：“不可。古人曾说：‘马鞭虽然长，但够不着马肚子。’上天正保佑楚国，所以不可以与他们为敌。”

塞翁失马　《北史》中说：塞上有一位老翁，他家一匹马跑到胡地去了，人们都来安慰他。老翁说：“怎么知道这不是福气呢？”后来那匹马领着胡人的骏马回来了。人们又来祝贺他，老翁说：“怎么知道这不是祸呢？”后来他的儿子骑这匹马，摔断了腿。人们又来慰问他，老翁说：“怎么知道这一次又不是福气呢？”后来发生战争，每户都要出壮丁，他儿子却被免了兵役，因为跛脚得以保全性命。

弃人用犬　晋灵公请赵盾喝酒，预先埋伏士兵想要杀他，赵盾的护卫提弥明发现了情况，就快步上堂，扶赵盾下堂。晋灵公放出猛犬，提弥明徒手搏击猛犬，把它打死了。赵盾说：“弃人而用犬，虽然很凶猛但又有何用？”

跖犬吠尧　汉高祖刘邦杀了韩信后，下诏缉捕蒯彻。捕获以后，汉高祖说：“是你让淮阴侯韩信反叛的吗？”蒯彻回答说：“是的。秦朝失了统治地位，天下人都可以去争。只是才能高跑得快的人先得到罢了。盗跖的狗对着尧帝吠叫，不是尧帝不仁，是因为他不是自己的主人。”

指鹿为马　秦朝的赵高想专权，先作了一个试验，他把一头鹿献给秦二世，说：“这是马！”秦二世大笑说：“丞相错了，把鹿当作马。”问左右，有的人沉默，有的人说话。赵高暗中陷害了那些说是鹿的人。

守株待兔　《韩非子》中说：宋国有一个人在耕地，田边有株树，一只兔子跑来撞到树上，折断脖子而死，于是这人就不再耕地而守着树，希望能再捡到兔子，成为宋国的笑话。

多歧亡羊　《列子》中说：杨子的邻人丢了羊，邻人不但率领自己的家人，还请来杨子的仆人一起追赶。杨子说：“丢了一只羊，为什么要这么多人去找呢？”邻居回答：“因为有岔路。”后来回来了，杨子问：“追到羊了吗？”邻居说：“已经不见了。”杨子说：“为什么找不见了呢？”邻居说：“岔路中又有岔路，我不知道该向哪条岔路去追，所以只好回来了。”

飞越峰　洪武初年，有夷人进献良马十匹，其中有一匹白色的，是在贵州养龙坑得到的。坑边的水非常深远，下面有灵物。春天天气晴朗时就在坑边拴一些母马，一会儿云雾弥漫，就有灵物来与马交配，产下的都是龙驹。所以这种马头高九尺，身长一丈余，无法驾驭。皇帝下令让养马的人准备四百斤的沙袋，压在马身上然后骑它，奔跑起来仍然像闪电一样迅速，连一粒尘土都不会惊动，皇帝赐名为飞越峰，并命学士宋濂写了一篇赞美的文章。

燧人氏开始给物、虫、鸟、兽命名。鲧开始驯服牛。相土开始乘马。伏羲开始用牺牲来祭祀。夏后氏开始吃蛋。汉文帝开始在养六畜时进行阉割。后魏开始禁止屠宰牛和马。唐高祖开始禁止屠宰一切动物。

黄耳　陆机养有一只跑得极快的叫黄耳的狗，非常聪慧，能听懂人言，跟随陆机到了洛阳。因为很久没有家书，陆机就写一封信用竹筒装着戴在狗的脖子上，令它跑回去，还能带了回信再回来。现在还有黄耳冢。

白鹿夹毂　汉代的郑弘做淮阴太守时，有一年大旱，郑弘行走在田间，突遇大雨。当时有白鹿在路上行走，紧挨着郑弘的车轮。主簿祝贺他说：“听说三公的车轮上画着鹿，大人一定会官拜三公！”后来果然应验了。

麈　出自终南山。鹿中体型大的叫麈，群鹿都跟着它，以麈的尾巴作向导，所以古代聊天的人用手拿着麈尾来挥动。

飞鼠　这种动物可以在飞着时产子。如果有人难产，用飞鼠的皮盖住就会容易生，所以飞鼠又叫催生。

糖牛　最早出于桂平。当地人知道糖牛喜欢吃盐，就用皮裹住手，把盐涂在手上，伸到洞穴里去抓它。它的角像玉，取来可以制成器皿。

射鹿为僧　陈惠度在剡山射鹿，这只鹿已经怀孕，被箭射伤，生下小鹿后，用舌头舐小鹿，舐干后母鹿就死了。陈惠度就去寺庙里出家为僧了。后来那只鹿死的地方长出一种草，名叫鹿胎草。

野宾　宋代王仁裕曾经豢养过一只猿猴，取名野宾。一天，把它在嶓冢山放生了。后来王仁裕路过这里，看见一只猿猴在道旁相迎，随从说："这是野宾啊。"它跟随了几十里，最后哀伤地叫着走了。

凭黑虎　卓敬十五岁时，在宝香山读书，一个风雨之夜回家时迷路，看见一只兕牛，卓敬尾随着它才回到了家，进入家门时，才发现那原来是一只黑虎。

题《虎顾众彪图》　明成祖拿一幅《虎顾众彪图》，让解缙题诗。解缙的诗是："虎为百兽尊，谁敢撄其怒？惟有父子恩，一步一回顾。"明成祖对这首诗大有感触，当即命令夏原吉把太子从南京接回来。

熊入京城　弘治年间，一只熊进入西直门，何孟春对同僚们说："熊是一种征兆，要小心失火。"没多久，几处都出现火灾。有人问何孟春："这个预测出自哪本占卜的书呢？"何孟春说："我曾看过《宋纪》上说：永嘉大火前几天，就有熊到城下，当时永嘉太守高世则对通判赵允绍说，‘熊’这个字是‘能火’，郡中要小心火。后来果然烧掉了十之七八的地方。我想起这件事，不料真的应验了。”

不忍麑（ní） 孟孙猎获一只麑，让西巴带回。母麑跟着哭泣，西巴不忍心，放了它。孟孙大怒，驱逐了西巴。不久又请他做自己儿子的老师，对左右的人说：“他天性对麑都不忍心伤害，何况我的儿子！”

的卢 刘表赠给刘备一匹马，名叫的卢。一天，遇见伊籍，伊籍说：“这匹马的面相凶恶，必然害主人。”刘备不信。刘表的妻子蔡氏忌恨刘备，叮嘱弟弟蔡瑁设筵暗害他。刘备发觉后，骑马逃跑，被檀溪挡住去路，后有蔡瑁的追兵，只好入水打马，说：“的卢的卢，今日害吾。”的卢在急流深处，一跳三丈远，跃到了西岸。蔡瑁惊骇不已，只好退兵。

获两虎 《史记》中记载，陈轸说：“卞庄子准备杀虎，馆竖子阻止他说：‘两虎正在同吃一头牛，牛肉味美它们就会争斗，争斗起来大虎会伤，小虎会亡，随后杀它，一举两得。’果然抓获了两只虎。”

牛羊犬豕别名 《礼记》中说：牛叫太牢，羊叫少牢。又，牛也叫一元大武，羊叫柔毛，又叫长髯主簿。猪叫刚鬣，又叫乌喙将军。韩猲是六国时韩国的黑狗。楚犷、宋猎，都是上等名犬。又说：“大夫之家，无故不杀猪狗。”家豹、乌圆，都是猫的美称。

鹿死谁手　石勒说：“假使我遇见汉高祖，只能臣服。但假使遇见光武帝，我就可以和他并驱中原，不知会鹿死谁手。”

续貂　《晋书》中说：赵王司马伦篡位，奴仆兵卒都封了官，满座官员都佩戴貂尾。当时流传：“貂不足，狗尾续！”

拒虎进狼　《鉴断》中说：汉和帝十四岁时，就能抓捕窦氏，足有继承汉昭帝的威猛刚烈。可惜他常与宦官一起商量大事，这也开启了中常侍灭亡汉朝的开端。俗话说：“前门拒虎，后门进狼。”说的就是这样的事。

焉得虎子　《三国志·吴书》中说：吕蒙想要跟随姐夫出征，他母亲训斥他。吕蒙说：“不入虎穴，焉得虎子？”另外，班超出使西域，鄯善王对他礼数周全。但匈奴的使者来了，就马虎怠慢起来。班超集合手下的三十六人，说：“不入虎穴，不得虎子。”于是夜里攻击敌人的营寨，斩杀了匈奴的使者。

羊触藩篱　《易经》上说：“公羊若强行去撞藩篱，角就会被缠住。”

制千虎　《宋史》中记载，常安民给吕公著的书信里说：“送走小人很容易，要战胜小人却很难。我曾经见过猛虎负隅顽抗，却最终还是被人战胜了，因为人多而虎少。现在怎么凭几十个人去打上千只虎呢？”吕公著看了这封信，默然无语。

搏蹇兔　《史记》中记载，范雎对秦昭王说：“以秦国的强大来对付诸侯，就犹如放出猛犬韩卢去追击跛足的兔子。”

瞎马临池　《世说新语》中说，顾恺之和殷仲堪比试谁说的事惊险，有一个参军也在旁边，他说：“盲人骑瞎马，夜半临深池。”恰好殷仲堪有一只眼看不见。

教猱升木　猱，属于猴类，生性善于爬树，不用教就有这个能力。《诗经》中就说“毋教猱升木”。

城狐社鼠　《韩诗外传》有“不要打社庙里的老鼠，不要烧城墙上的狐狸”的话，是害怕毁坏城墙和社庙。

陶犬瓦鸡　《金楼子》中说：用陶土做成的狗不能守夜，用泥土做成的鸡不能报晓。

羊质虎皮　《杨子》中说：羊披上虎皮，看见草仍然高兴，看见豺狼仍然战栗，它已忘了披着老虎的皮。

九尾狐　宋代的陈彭年阴险奸诈，当时人称九尾狐。

猬务　刺猬像豪猪但比较小，它的毛竖立着像利箭一样，人们说，事务繁多如刺猬的毛。所以事情多又难处理称作猬务。

鳞介

龙有九子　第一子叫赑屃（bì xì），形状似乌龟，喜欢背负重物，所以被立为碑座；第二子叫螭吻，喜欢远望，所以装饰在屋脊上；第三子叫蒲牢，像龙但要小一些，喜欢吼叫，所以刻在钟纽上；第四子叫狴犴，形如猛虎，有威力，所以立在牢狱门边；第五子叫饕餮，贪婪好吃，所以刻在锅盖上；第六子叫趴蝮，生性好水，所以立在桥柱上；第七子叫睚眦，嗜好杀戮，所以刻在刀环上；第八子叫金猊，形似狮子，喜欢烟火，所以刻在香炉上；第九子叫椒图，形似螺蚌，喜欢紧闭，所以刻在大门上。

尺木　龙头上有一个东西，形似博山炉，名叫尺木。龙没有尺木，就不能升天。

攀龙髯　黄帝采铜，在荆山铸鼎。鼎造成后，有条龙垂下胡须，迎接黄帝让他骑在龙身上，群臣和后宫跟着一起上去的有七十多个人，有一些小臣上不去，就抓住龙的胡须，胡须被拔下，黄帝的弓也掉了下来。小臣抱着那张弓大哭。后来就把那个地方叫鼎湖，把那张弓叫乌号。

龙漦（chí）　夏后把龙的唾沫藏在宝匣中，周厉王打开观看，龙涎洒流到廷外，化为一只“玄鼋（yuán）”爬进王府，一个小妾碰上了这只鳖，就受了孕，生一女婴。女婴被扔弃道旁，被褒人偷偷捡回家养大。后来褒人获罪，将她献给周幽王，她就是褒姒。

痴龙 从前有人掉到洛中的一个洞穴中，看见有宫殿和人物共九处，抓住大羊的胡须，取得一枚宝珠，就吃了。出洞后请教张华，张华说：“那是九仙馆，那只大羊就是痴龙。”

龙看不见石头，人看不见风，鱼看不见水，鬼看不见地。

梭龙 陶侃小时，曾在雷泽捕鱼，得到了一枚铁梭，回家后挂在墙上。过了一会，雷雨大作，铁梭变成一条赤龙，腾空而去。

画龙 叶公子高喜欢龙，家里到处都画着龙。有一天，真龙来到他家，叶公却被吓跑，失魂落魄。所以说叶公不是真心喜欢龙，他喜欢的是像龙而不是真龙的东西。

行雨不职 唐代的普闻法师聚集徒弟说法，有一个老人在旁边，别人问他，他回答：“我是这座山上的龙，因为病了，所以行雨不力而受罚，求大师救我。”普闻法师说：“你可以变身再来。”过了一会儿，他变成小蛇，普闻法师把他引进了净瓶，再用袈裟盖住。忽然阴云密布，雷电交加，然后停了。小蛇出来，再变回老人致谢说：“要不是大师的法力，我就会死在这里，沾污此地了。”作为报答，它引来一泓泉水。

金吾 也是一种龙。形体像美人，头尾像鱼，有两个翅膀，秉性通灵，能整晚不睡，所以用来巡逻警戒。

螺女 福建人谢端得到一个田螺，其大如斗，养在家里。每次回家，饭都做好了。他就偷偷查看，发现原来是一个很美的女子。问她，回答说："我是天上银河中的白水素女。天帝派我来给你做饭。今天要走了，把壳留给你吧。"谢端用这个壳来储藏粮食，粮食一直是满的。

射鳝 越王郢在福州的小溪中，看见有一条长有三丈的鳝鱼，郢射中了它，但鳝鱼用尾巴把越王郢和马都缠了起来，连人带马都被拖到溪水里。

鲙残鱼 出自松江。从前吴王在江上航行时吃鲙鱼，把吃剩的鲙鱼扔水里，就变成了鲙残鱼。

横行介士 《抱朴子》中记载，山林中有在辰日那天自称是无肠公子的，就是螃蟹。《蟹谱》中也说：出兵安营扎寨时，如果忽然看见螃蟹，要称它为横行介士。

蛟龙得云雨 周瑜对孙权说："刘备有关羽、张飞这样的虎狼猛将，怎么肯长久地屈居人下呢？恐怕就像蛟龙得到云雨的帮助，终究不会是池中之物。"

生龟脱筒 金华俞清老说：王安石想劝我脱去儒生的服装，穿上僧人的袈裟，这样就可以摆脱家室妻子的拖累，但这就好像把活着的乌龟剥去壳一样，是很难忍受的啊。

杯中蛇影 乐广任河南尹时，有次宴请宾客，墙壁上挂的弓弩的影子映照在杯子里，就像蛇一样，客人还以为蛇在杯中并且喝进了肚子，因此得了病。后来再到原处，知道是弓影，病就好了。

率然 《博物志》中说：常山有一种蛇名叫率然，一个身体有两个头，要是攻击其中一个头，另一个头就会来反击；攻击中间的话两个头会一起来反击。所以行军打仗的阵法有长蛇阵。

鱼求去钓 汉武帝想要讨伐昆明，凿池练水军，把石头刻成鲸鱼的样子，每到打雷下雨时，这石鲸就会鸣叫，胡须和尾巴都会动。曾经有人在这里钓鱼，鱼挣断钓丝跑了。有鱼托梦给汉武帝，请求帮它去掉鱼钩。第二天，汉武帝在池上游玩，见一条鱼衔着钩，汉武帝说：“这难道就是昨晚梦到的那条鱼吗？”于是为它把钩去掉放了它。后来汉武帝再到池边游玩，得到一双明月珠，感叹说：“难道是那条鱼的报答吗？！”

打草惊蛇 王鲁任当涂县令时，以搜刮民财为要务。正好会稽一些百姓递上状子告县里的主簿受贿，王鲁判案时说：“你们虽是打草，但已惊吓了我这条蛇。”

干蟹愈疟 《梦溪笔谈》中说：关中没有螃蟹，有人收得一只干蟹，当地人惊奇于螃蟹的形状怪异，每每有人家里患了疟疾的，就借去挂在门上，病人就痊愈了。这说明不但是人不认识它，连鬼也不认识它。

鱼婢蟹奴 《尔雅》中说，鱼婢是小鱼，也叫妾鱼。大螃蟹肚子下面的几十只小螃蟹，叫作蟹奴。

画蛇添足 陈轸对楚国使者说，有三人一起喝酒，约定在地上画蛇，先画成的人先喝酒。一个人先画好，就把酒拿了起来，说："我先画成了，让我再给它添上几只脚。"另一人夺过了酒就喝，说："蛇无脚，你添上脚，就不是蛇了。"

髯蛇 长十丈，粗有七八尺。常在树上等鹿一类的野兽经过，就低头缠绕它，一会儿，鹿死了，就先用唾沫把鹿弄湿，然后就把它吞吃了，鹿的头、角、骨头都会钻出蛇的皮肤。

珠鳖 广东电白的海里出产一种珠鳖，形状像肺，有四眼六脚，还能吐珍珠。又叫文魮，头像鸟而尾像鱼，鸣叫像磬敲击的声音，并且还能生出美玉。

鯈（tiáo）鱼 建昌的修水出产鯈鱼。郭璞说："有水名修，有鱼名鯈。天下大乱，此地无忧。"一般把修水称为西河。

墨龙 抚州的学馆有右军墨池。韩子苍在《杂记》中记载，墨池中的水会突然变黑，称为墨龙。要是出现此种迹象，应试的士人高中的就居多。这个预言屡屡应验。

飞鱼 晋朝的吴隶在湖中修筑了一条鱼塞，忽然听空中有人说："今晚上会有大鱼冲过鱼塞，不要杀它。"过了一会儿，果然有大鱼游来，后面还跟着一群鱼。吴隶误杀了大鱼，当晚风雨大作，湖中的鱼都飞到了树上。

咒死龙　石勒当政时天大旱，高僧佛图澄在石井冈掘到一条死龙，念着咒语祭奠它，龙就腾空而上，立刻天降大雨。现在还有龙冈驿。

四蛇卫之　开州有一座鲋山。《山海经》记载：颛顼葬在此山的南面，他的九个妃子葬在山的北面，有四条蛇在这里守卫着陵墓。

白帝子　汉高祖还是平民时，看见有条白蛇当道，就仗剑杀了它。后来见一个老太婆哭着说："我儿子是白帝子，变蛇挡住道路，却被赤帝子杀了。"

唤鱼潭　青神县的中岩有唤鱼潭，有人到这里，只要拍手，潭中的鱼就成群结队地游出。

斩蛟　隋朝的赵昱做嘉州太守。犍为县的水潭中有一条老蛟作恶，赵昱拿了刀跳进水中，一会儿潭水变红，老蛟已被他斩杀了。一天，他弃官而去。后来嘉陵水涨，有人看见赵昱在云雾中骑着白马，宋太宗赐封他为"神勇"。

孩儿鱼　磁州出产一种鱼，四脚、长尾，声音像娃娃的哭声，所以取名叫孩儿鱼，如果点燃它的骨头，火就不会熄灭。

黄雀鱼　出于广东惠州。八月时变成雀，十月后入海变成鱼。

五色鱼　陇州的鱼龙川口有一种鱼，身上有五色，人们都不敢去抓它。杜甫有诗句"水落鱼龙夜"，说的就是这种鱼。

视龙犹蝘蜓　大禹去南方巡猎，在涂山会见诸侯，拿着玉帛来进贡的上万计。大禹渡江时，有黄龙游来拱起船，船上的人都很害怕。大禹仰天长叹说："我受上天之命，竭力为天下苍生辛苦。活着不过像暂寄于世一样，死了才是归于家乡，又怎么会害怕龙呢？"看着龙就像看见壁虎，脸上毫无惧色。过一会儿，黄龙低头隐尾而去。

双鲤　萧山县城有座城山，山顶有一口泉，泉中出产一种上好的鱼。吴王阖闾侵犯越国，越王勾践退守此山，吴王以为山上肯定缺水，就赠给勾践大米和盐。勾践从泉中取出一对鲤鱼来回报，吴国当天晚上就退兵了。

石蟹　生在崖山（属海南岛）的榆林中，海港内有半里左右的土地，土壤细腻，性亦寒，螃蟹一来就不能运动了，过一会儿就冻成了石块，人们得到后，称此为石蟹。放在桌子上，能明目。

鲥鱼　又名箭鱼。肚子下有像箭一样的细骨，这就是彭渊材说的"鲥鱼多骨之恨"处。这种鱼味道最鲜美的地方在鱼皮和鱼鳞之间，所以吃时不能去鳞。肋鱼很像鲥鱼但稍小一些，身体单薄，鱼骨也细，冬天抓住的叫雪肋，味道最好。到了夏天，味道就差些了。

龟历　尧帝时，越裳国进献一只千岁的神龟，有三尺左右，龟背上有文字，都是蝌蚪细文，记录了开天辟地以来的事。尧帝命人抄录下来，称为龟历。

元绪　孙权时，有个永康人进山，遇见一只大乌龟，就把它用船运到吴地，夜晚船泊在越里，把船系在大桑树下。到了半夜，大桑树对乌龟说：“辛苦了元绪，你要做什么呢？”因此人们把乌龟叫元绪。

河豚　形状像蝌蚪，腹部白色，脊背青黑色，有黄色的纹理，眼能闭合，一碰到东西就发怒，肚子就鼓得像球，浮在水上，人们就可以去捕获了。河豚的毒在于它的眼睛、它产的鱼子还有血液这三个地方。中毒的人，会感到血麻、子胀、眼睛酸，用芦笋、甘蔗、白糖可以解毒。

集鳣　杨震聚集门徒讲学，有鸟衔着三只鳣鱼停在讲堂前。大家都说：“鳣鱼是卿大夫所穿官服的图案。有三只，则是三公的意思。先生从此要高升了。”后来果真如此。

子鱼　宋代显仁太后对秦桧妻子说：“子鱼很少有块头大的。”秦桧的妻子说：“我们家的鱼就有大的。”秦桧听说后，斥责她说错了话，就拿了上百头青鱼进献给太后。显仁太后笑着说：“我说这个村妇没见过世面吧，果然如此！”

鲭鱼　长达两丈，鱼皮可以用来打磨东西。它的幼鱼早晨从它的嘴里出来，晚上从它的肚脐眼进去。它肚子里有两个洞肠，里面装着水用来养育后代，一个肠子可以容纳两条小鱼，两个肠子就可以养四条小鱼。

岩蛇　有乌龟的身体、蛇的尾巴、鹰的嘴、鼍的外壳，下面有四只脚，脚上有五爪，大小像癞头鼋，坚硬如穿山甲，它的壳非常硬，爪子非常锋利，竹子、木柴到嘴里就碎了，咬人的肌肤，足以把骨头咬穿。台州和温州一带的山下，这种动物很多。

懒妇鱼　江南有一种懒妇鱼，就是现在所说的江豚。这种鱼多脂肪，把它的油熬出可以用来点灯。用这种灯照纺织物很暗淡，照宴会就很明亮，所以被称为馋灯。

脆蛇　这种蛇没有胆，害怕人。产于昆仑山下。听到人的声音，身体就断为小截，过一会自己再续上，重新变回为原来的模样。凡是患上色痨病的人，因为惊恐伤胆，吃它可以续命，它还兼治恶疽、大麻疯和癞痢。腰以上有病服用它的头，腰以下吃它的尾巴。

瓦楞蚶　宁海的沿海处有蚶田，把大蚶捣成汁，用竹刷子蘸汁洒出，一点水就变成一只蚶，它的形状像荸荠，再用缸砂遮盖起来，就会变肥大。

蝤蛑（yóu móu）　陶谷出使吴越，忠懿王钱俶设宴招待，席上他吃到蝤蛑蟹，问它的名字和种类，忠懿王命人把蝤蛑到彭琪，罗列了十几种让他看。陶谷看后，笑着对忠懿王说：“这就是所谓‘一蟹不如一蟹’啊。”

牡蛎　又名蠔山。《本草衍义》中说：牡蛎附在石头上生活，一块一块的连在一起像房子一样。刚开始生在海岸，身体像拳头那么大，然后慢慢地向四面生长，有长到一两丈长的。一个小房里有蠔肉一块，肉的大小，随房子的大小而定。每到海潮来时，每间房子都打开，有小虫子进入，就立刻合上，用来充饥。

绿毛龟 蕲州出产绿毛龟。龟背部有绿毛，长有一尺多，浮在水中，它的毛会自己漂起来。把它压在墙壁之间，几年都不会死，还能驱除飞蛇。

蛤 隋炀帝好吃蛤蜊，吃过的蛤蜊数以千万计。一次把一只蛤蜊放在几案上，一夜发光。到了天明，蛤蜊的肉自己脱落了，里面却有一个佛像和两个菩萨像，炀帝从此后再也不吃蛤蜊了。

蚌 沈宫闻在栖水游玩，得到一只蚌。煮好准备要吃时，发现中间有一颗珠子，有半寸长，俨然是观音菩萨的像，可惜煮熟后失了光彩。被一个徽商买去。

舅得詹事 燕文贞公张说的女儿嫁给了卢氏之子，一次为公公求官。张说下朝，她来打探结果。张说没说话，指着支床的乌龟示意。女儿拜谢而回，并对其丈夫说：“公公得到詹事的职位了。”

三足鳖 黄庭宣在太仓做知府，有人吃了三只脚的鳖，就化入地里了，只留下一缕头发和衣服，好像蜕壳一样，人们说是他的妻子杀了丈夫并报了官。黄庭宣命人捕到三足鳖，招来那个妇女按照此前的方法烹调，然后让一个重刑犯吃，吃过后竟然也化去了。

鱼羹荆花 襄毅公许进在山左为官，有百姓耕田，他妻子给他送食物，他吃完后就死了。许进问了她丈夫吃的食物以及经过的道路。那个妇女说："是鱼汤和米饭，从荆林过来。"许进就买了鱼来做饭，并把荆花放入，让狗和猪试吃，果然吃了都死了。

毒鳝　铅山一个卖柴的人特别爱吃鳝鱼。有一天，买了鳝鱼回来，煮熟了吃，吃过后肚痛而死。张昺来判这个案子。他招来渔夫打捞几百斤鳝鱼，其中有七条长两三寸的鳝鱼，昂着头在水面上，把它们煮熟了给死刑犯吃，吃过后也都肚痛而死。

两头蛇　孙叔敖小时在路上遇见一条两头蛇，就把蛇杀死埋在地里。传说见到两头蛇的人都要死，他回来哭着告诉母亲。母亲说："那条蛇在哪里？"他回答说："我担心它再害别人，已经杀死并埋了。"他母亲说："你能替他人着想，上天会保佑你的！"后来果然没有什么灾难。

筝弦化龙　唐代的刺史韦宥，在永嘉江边的沙洲里得到了一根筝上的弦，扔到江里，忽然看见它变成一条白龙腾空而去。

蹀蚌珠之仇　夏原吉治理浙西的水灾，借宿于湖州的慈感寺，夜里一个老妇人带着一个女孩来说："我久住潮音桥下，每年豪强的邻居都要夺走我女儿，乞求大人写幅字来镇住他们。"夏原吉就写了一首诗给她。夏原吉到了吴淞江，梦见一个金甲神来告诉他说："我给一个邻居的女儿下聘礼很久了，但他耍无赖哄来了大人的手笔，抵赖不肯嫁过来，还请大人改判。"夏原吉瞪大眼睛盯着他，那个金甲神很害怕地躲避。夏原吉突然回想起来："这就是慈感寺那个蚌珠的仇人啊。"就给海神下了一道命令。第二天，风雨大作，上天在钱溪的北边震死了一条蛟龙。

与蛇同产　窦武出生时，同时也生出一条蛇，家人在树林把蛇放生了。后来窦武的母亲死了，有一条大蛇直接来到停灵的地方，用头撞棺材，好像在悲伤地哭泣，过一会儿了才离开。当时人说这是窦氏的祥兆。

得鱼忘筌　《庄子》中说："鱼篮是用来捕鱼的，捕得鱼后就忘了鱼篮。"比喻受到恩惠而不知报答。

鱼游釜中　广陵叛乱的张婴听了张纲的劝说后哭泣着说："我们这些边荒之地的愚民，举兵叛乱不过是苟且偷生，就像鱼在锅里游泳，自己也知道不能长久。现在见到大人，正是我们的重生之时啊。"

巴蛇　《山海经》中记载："巴蛇吞吃了大象，三年后把它的骨头吐出来。"

虫豸

鞠通　孙凤有一把古琴能自己弹奏，一个道士指着琴背的蛀孔说："这里面有虫子，如果不除去的话，琴很快就会朽烂的。"他

从袖子拿出一个竹筒，倒了一点黑色的药，放在蛀孔边，一条绿色虫子就出来了，虫背上有金线一样的花纹，道士把虫子放到竹筒里就走了。从此以后，琴就不再自己弹奏了。有见识的人说："这个虫子名叫鞠通，有人耳朵聋了，放在他耳朵边，一会儿，耳朵就能听到了。这种虫子喜爱吃古墨。"孙凤这才明白那个道士的黑药其实就是古墨的碎屑。

蝗虫 蝗虫有四种：吃花蕊的叫螟，吃叶子的叫蝥，吃根的叫蟊，吃枝干的叫贼。赵抃做青州太守时，有蝗虫从青州、齐州飞来，遇见大风就向后飞，都掉在水里淹死了。马援任武陵太守时，当地接连蝗灾，马援赈济贫困，减低赋税，蝗虫飞到海里，变成了鱼虾。孙觉任合肥主簿时，令百姓捕蝗虫，官府用米来交换，于是蝗虫竟然没有损害庄稼。宋均任九江太守时，蝗虫到九江就散去了。贞观二年，唐太宗祈求上天吞灭蝗虫，于是蝗虫就不能为害。

水母 东海有一种动物，形状像凝结的血块，大有几尺，正方形或圆形，名叫水母，俗名海蜇，又叫虾蛇（读音为"射"）。没头没眼，它停留的地方有无数的虾跟着它，它把虾当作自己的眼睛。它的颜色呈淡紫色。《越绝书》说："水母以虾为目，海镜以蟹为肠。"

海镜 广东的海中一种带圆壳的动物，中间晶莹润滑，光照上去就像云母。圆壳里有少许像蚌一样的肉，肚子里有小的螃蟹。如果饿了，螃蟹就出去觅食，吃饱后回到海镜肚子里，海镜也就饱了。如果用火来烤，螃蟹就会爬出，这种动物就会立刻死去。

百嘴虫　温会在江州看鱼，看见有一个渔夫忽然上岸狂奔。温会问他怎么了，渔夫只能反过手指着脊背，却说不出话。他的头和脸都变黑了，仔细看，有一种像荷叶一样的东西，一尺见方，上面到处都是眼睛，咬住人就取不掉。温会让人用火烤它，这个东西才掉下来，每一只眼下都有一张像钉子一样的嘴。渔夫的背上流了几升血后就死了。还是没人认识它是什么动物。

自缢虫　汉光武帝六年，山阴出现了上千万的小虫子，都像人的形状，第二天都悬挂在树枝上，自缢而死。

螟蛉　《诗经》里说："螟蛉有子，蜾蠃负之。"螟蛉，是桑虫。蜾蠃，是蒲芦蜂。蒲芦蜂偷去桑虫子，背着回去，养大后当作自己的子女。所以世人把养子称为螟蛉。蒲芦蜂背着幼虫，祈祷说："像我，像我！"七天七夜后就变得像它了，所以又称为"速肖"。

萤火虫　是腐烂的草变化而成的。隋炀帝在景华宫时，下令征求萤火虫，得到几袋子，就用大纱囊装着，夜里出游，这些纱囊就像散布在山谷中的火光一样。

怒蛙　越王勾践受吴国侮辱后，想要复仇。有一天出去游玩，看见一只鼓着气的青蛙，就向它敬礼，左右随从问为什么这样做，越王说："它能如此争气，我怎么能不向它敬礼呢！"士兵们听了都斗志高昂，帮助越国反击吴国。

守宫　用容器把蜥蜴养起来，喂它吃丹砂，吃满七斤时，把它捣烂，点在女子身上，终身都不会消失，如果有了越轨的性行为就会消失。号称可以防止女人淫邪，所以被称为“守宫”。

绿螈　《二酉余谈》中记载：有一个人被蛇咬伤，痛苦得要命。遇到一个小孩说：“可以用两把刀在水里相磨，然后喝磨过的水，有奇效。”说完，就变成绿螈，钻到墙壁的小洞里去了。那个人就照方子服药，立刻就好了。所以称绿螈为蛇医。还有一种说法：蛇医形体很大，颜色为黄色，如果蛇身上有伤，这种虫子就衔草给蛇敷药，所以有“蛇医”之称。

蜥蜴喻油　钱镠王的宫中，让一个老婆婆守夜。一天晚上，有一只蜥蜴沿着灯盏偷油喝，喝完油后却突然不见。第二天钱镠王说：“我昨天晚上梦见喝芝麻油喝得极饱。”守更的老婆婆大吃一惊。

寄居虫　形体像蜘蛛，脚更长一些。本来没有壳，就钻进空的螺壳里背着壳走。一触碰它，它就像螺一样把脚缩进壳中，用火烤才会出来。

蝤虫　有一种蝤虫，一个身体却有两张口，为争食相互撕咬对方，自取灭亡。臣子之间互相争斗，并导致国家灭亡的，都是蝤虫。

螳臂　螳螂，一名刀螂。两只前足像刀一样并有很多锯齿，能捕蝉。看见动物就想用两只前足去抓扯，遇见车轮也想用前足来抵挡，所以叫螳臂当车。

蚬 又名缢女。长一寸多，头呈红色，身体呈黑色，喜欢吐丝自悬。据说是以美色祸乱齐国的东郭姜自缢而死后变化而成的。

恙 这是一种毒虫，能伤人。古时人们住在草地上露天而卧，早起相见问候时一定会说："无恙吗？" 又有人说，恙是忧愁的意思。还有人说，是一种食人兽。

泥 南海有一种虫，没有骨头，名叫泥。在水中能活，离开水就像醉了一样，像一堆泥。所以东汉时，有人讽刺周泽说"一日不斋醉如泥"。

蜮 一名短狐，生活在江水里，能含着沙子射人，被射中的人会头痛发热，严重的还会死。又名射影，凡是被射中的人，就会生出疥疮。四月一日开始射人，八月一日停止，人眼看不见它，但鹅能吃它。有人说被射中后用鸡肠草捣烂涂于患处，一天就好了。

蚁斗 殷仲堪的父亲患了痁疾，听到床下有蚂蚁在打斗，非常害怕，说是牛在打斗。

书押 米芾任无为州太守时，池塘里的蛙声吵人，米芾拿了瓦片写了一个"押"字扔进池中，青蛙就不再叫了。这个池塘上还有米芾写的"墨池"匾额。

白虾　赵抃镇守蜀地时，给妻子余氏寄去白虾。这白虾养在池子中，就可以活下去，养在其他地方，颜色就变白。虾池位于开化县。

西施舌　像车螯，但稍扁，生在海泥中，经常会吐出一寸多长的肉，如同舌头。世人因其味甘美，因此取名为西施。

蛛鹰　方宽做淮安太守，有人被强盗所杀，不知道凶手是谁。正好有蜘蛛掉在几案上，又见有鹰停在庭院中。方宽说："凶手难道是叫朱英吗？"就按户籍查访，果然。

五蜂飞引　万鹏举任万安县丞时，有一个妇女来告状说自己的丈夫和五个孩子被强盗所杀，不知尸体在哪里。一天，有五只蜜蜂在万鹏举跟前盘旋，万鹏举说："你们如果真的是死者的魂魄，就请在前面带路。"蜜蜂就将人带到了埋尸体的地方，在死者身上发现了几个买布人的名字，将这些人抓来审问，果然真相大白，为死者申了冤。

水虎　沔水里有一种动物名叫水虎，就好像三四岁的小孩，身上的鳞甲就像穿山甲一样，用箭都射不进去。七八月的时候喜欢在石头上晒太阳。膝盖像老虎，而爪子经常藏在水下，只露出膝盖。如果小孩子不认识它，想拿来玩耍，就会被它所杀。

商蚷　《庄子》中说："就好像让蚊子背起大山，让商蚷渡过河，肯定无法胜任。"商蚷，就是马陆。

偃鼠　《庄子》中说：“鹪鹩在深林筑巢，只占用其中一个树枝；偃鼠在河中饮水，也只把肚子喝饱。”

谢豹　虢郡有一种虫子名叫谢豹，看见人就用前脚交叉起来盖住头，好像害羞的样子。所以得罪人时，说“负谢豹之耻”。

玄驹　就是蚂蚁。唐代安南河内有一人曾看见有数万兵马，却只有小米粒那么大，往来奔驰，从早到晚。家人拿火来烧，人全变成了蚊子，马全变成了蚂蚁。所以现在人们还把蚊子叫黍民，把蚂蚁叫玄驹。

鼷鼠五技　《荀子》中说：“鼷鼠有五种本领但仍常陷入窘境。”说的是它会飞，但飞不上屋；会爬树，但爬不到树顶；会游泳，但渡不过溪河；会挖洞穴，但自己的身子都藏不住；会跑，但跑不过人。

飞蝉集冠　梁代的朱异官为通事舍人，后来官拜中书郎。当时中书郎的任命要到秋天才出，就有飞蝉停在朱异的帽子上，有人说这是做高官的兆头。

群蚁附膻　卢垣在一封信中说：“现在的人为区区一点俸禄而奔走，为毫毛的小利而追逐，就像一群蚂蚁附于膻腥之味，飞蛾投向炬火一样，取不怕丑，贪不避亡。”

萤丸却矢　萤，又名宵烛、丹凤。《艺文类聚》中记载：用萤做弹丸可以挡弓矢。汉代的武威太守刘子南用这个方法合成弹丸佩带在身上，曾经与胡虏交战，被敌人包围，箭来如雨，但离他还有一段距离时就纷纷落地，无法伤害他。胡虏觉得太神异，就惊奇地散去了。

丈人承蜩　《庄子》中说：一个驼背的人粘蝉，就像拾取东西一样容易。孔子说：“你是有技巧呢，还是得道了呢？”驼背的人回答说：“我是得道了。经过五六个月的练习能在竿上累两个弹丸而不掉，那么粘蝉就很少失手；如果能累三个弹丸而不掉，失手的机会只有十分之一；如果累五个弹丸而不掉，粘蝉时就好像在地上捡东西一样容易。”孔子说：“用志不分，乃凝于神。”

以蚓投鱼　陈朝派傅縡出使北齐，北齐让薛道衡来接待他。傅縡给薛道衡赠诗五十韵，薛道衡也和诗一首，一时间南北赞美。太子太傅魏收说：“傅縡这是所谓的‘以蚓投鱼’啊。”

投鼠忌器　贾谊在《治安策》中说：“谚语云‘欲投鼠而忌器’，老鼠接近于瓷器，就心有顾虑不敢打，何况那些地位高贵的臣子离皇上那么近！”

蝶庵　后梁时代的李愚嗜好睡觉，一直想要建一座蝶庵，以庄周为开山第一祖师，陈抟在旁边一同供奉，宰予、陶渊明等人就供在廊屋里。

箕敛蜂窠　皇甫湜曾经令他的儿子皇甫松抄录几首诗，一字抄错，就跳脚大骂，来不及拿手杖来责打，就用牙齿咬得皇甫松的手腕鲜血直流。他还曾被蜂螫了手指，也勃然大怒，散钱给乡里小孩和奴仆，让他们把蜂窠弄到庭院里，命人把它捶碎成汁，以偿还螫痛。

石中金蚕 丹阳有个人在积石中找可以制碑的石材，得到一个拳头大的石头。把石头打破，里面有一只小虫，像金龟子，还能蠕动，没人知道是何物，就随手扔掉了。后来听有人说：“如果要富贵，不如得到石头里的金蚕，养一只金蚕，那财宝就会自己进门。”询问金蚕的形状，正是他在石头中看见的小虫。

凤子 这是一种大蝴蝶，韩偓的诗中写到过。《异物志》中记载：从前有人出海，看见一个怪物，貌似一张蒲草帆，快到船前了，大家竞相用船桨打它，终于打落在地，仔细一看，原来是只蝴蝶。渡海的人们去掉它的翅膀和爪子，剩下的肉足有八十斤，吃了，味道鲜美。

蜈蚣 葛洪在《遐观赋》中说，最大的蜈蚣长有一百步，头就像马车的车厢，如果杀死它并割取它的肉，会发现它的肉雪白如西葫芦。《南越志》中说，大蜈蚣的皮可以拿来蒙鼓，把它的肉晒成肉干，比牛肉还好吃。

蝶幸 唐明皇春天在宫中大摆宴席，让嫔妃都在头上插满鲜花，唐明皇亲自捉了一只蝴蝶放飞，蝴蝶停在哪个妃子头上皇帝就临幸哪个妃子。这就叫蝶幸。后来杨贵妃专宠，就不再玩这个游戏了。

蠋 《埤雅》中说，蠋，是一种大青虫，像指头又像蚕，又叫厄。而《韩非子》中说，鳝鱼像蛇，蚕像大青虫，人们看见蛇就害怕，看见大青虫就汗毛直竖。但女子拿蚕，渔夫抓鳝鱼都毫不畏惧，所以说只要为了利益，人人都会变得像古代勇士孟贲和夏育一样。

蠁 《广雅》中说：这是能懂声音的一种虫子。《埤雅》记载说：蠁，能让人不迷路，所以它的字从“嚮”字而来。左思在《蜀都赋》中有“景福肸蠁而兴作”的句子，说是的福气总像虫一样成群降临。

蟋蟀 贾似道在《促织经》里说：蟋蟀，白色不如黑色，黑色不如红色，红色不如青麻头。青色脖子、金色翅膀、额头上有金银丝的，是最上等的；黄麻头的是次等；紫金黑色的是再次等。蟋蟀的形状以头和脖子肥，腿长、身体和背部宽阔为优，头和脖子很紧，脚瘦腿薄的为优。蟋蟀的毛病有四种：一是仰头，二是卷须，三是练牙，四是踢脚。如果得了其中任意一种，就不能用了。蟋蟀又名促织，意思是督促织布。所以说“促织鸣，懒妇惊”。袁瓘在《秋日诗》中说：“芳草不复绿，王孙今又归。”人们都不理解是什么意思，施荫看后说：“王孙，就是蟋蟀啊。”

虱 苏隐夜卧在床，听到被子下有一群人一齐诵读杜牧的《阿房宫赋》，声音既快又小，急忙打开被子一看，发现只有十几只大虱子。

蠛蠓 又名醯鸡，属于蜉蝣之类的昆虫。郭璞说：“蠛蠓飞的样子如果像研磨，就会有风，如果像舂米，就会有雨。”

虮虱　《东观汉记》中说，马援攻打寻阳山的盗贼，但盗贼躲在竹林里，难以抓捕。于是上书朝廷说："准备把山上的竹子全部砍掉，好比婴儿头上长了很多虱子，只要把头发剃了也就没了一样，因为虱子就没有可以依附的地方了。"书奏上后，皇上看了大喜，把小宦官拉出来，凡是头发上有虱子的都把头给剃了。

蚊　从前传说有个女子和嫂子路过高邮，离城三十里远，天阴，蚊子多，路边有农夫田舍。嫂子想要与她一起留宿，女子说："我宁被蚊子咬死也不能失节呀。"于是就露宿一夜，结果被蚊子咬死了，身上衣不蔽体，青筋暴露。人们为她立了祠庙，名叫露筋庙。

当蚊　鲁国司寇展禽，小时候就没了父亲，与母亲相依为命，给人做工以赡养母亲。蚊子很多时，就躺在母亲床下，用自己的身体喂蚊子。

为官为私　晋惠帝曾在华林园，听见蛤蟆叫，对左右的侍从说："它在这里鸣叫是为官，还是为私？"

卷十八

荒唐部

鬼神○怪异

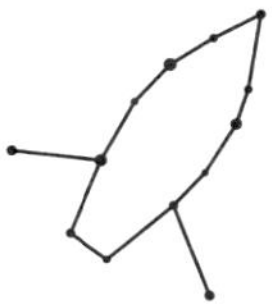

鬼神

伯有为厉　郑国的子晳杀了伯有，伯有化为了厉鬼。赵景子很惊讶，问郑国的子产：“伯有真能变成厉鬼吗？”子产说：“能啊。人刚死去被称为魄，变成魄之后，阳气被称为魂。活着时衣食精美的人，魂魄就强健有力，因此能现形，可以达到神明的境界。普通男女若不能善终，他们的魂魄还能附在别人身上，惑乱他人，何况伯有家族（良宵）三世执政，却不得善终，他能成厉鬼，不是合理的吗？”

豕立人啼　齐襄公在贝丘打猎，见到一头大猪，随从说：“这是被主公杀死的公子彭生。”那头猪就像人一样站起来叫喊。

披发搏膺　晋侯杀了赵同和赵括，后来他生了病，梦见一个厉鬼披头散发，捶着胸脯跳跃，说：“杀了我的孙子，这是你的不义，我已经请求上天为我申冤了。”

何忽见坏　王伯阳在润州城的东边租借了一块地埋葬妻子，忽然看见一个人乘着轿子前呼后拥而来，说：“我是鲁子敬，葬在这里二百多年，为什么忽然把我的墓地毁坏？”说着命随从让王伯阳看刀，王伯阳就死了。

墓中谈易　陆机刚去洛阳时，路过河南，进入偃师。夜里迷了路，到一个旅舍投宿。旅舍主人是个少年，邀请陆机坐下，与陆机谈《周易》，言语精妙玄微，第二天一早，陆机先告别了。到一个村子里租马，向人询问那个旅舍主人的情况，村人回答说："从这里往东并无村落，只有山阳郡王家的墓。"陆机非常惆怅，这才明白昨晚投宿之地，是玄学大师王弼之墓。

生死报知　王坦之与佛门中的竺法师关系亲密，每每谈阴阳轮回及因果报应之事，双方约定先死的人要给活着的人报告阴间的消息。后来过了一年，竺法师来拜访王坦之，说："贫僧已经死了，阴间的罪福奖惩都不是假的。只有勤勉修积道德，才能上升神明。"说完，就消失不见了。

乞神语　宰相赵普病了很久，眼看生命将尽了，就解下自己所珍爱的双鱼犀带，派家臣小吏甄潜到上清宫去拜祭神明。上清宫的道士姜道玄为赵普而叩求神灵的指示。神说："赵普是开国勋臣，奈何冤家不肯饶恕。"姜道玄又叩问冤家是谁。神用淡墨写了四个字，但浓烟笼罩墨迹，只能看见最后有一个"火"字。姜道玄把这些告诉赵普。赵普说："我知道了，一定是'秦王赵廷美'。"后来就撒手而去了。

无鬼论　从前阮瞻一直秉持无鬼论，自称这个道理可以辨明阴阳。有一天，忽然有个客人送上名帖要拜见阮瞻，阮瞻与他谈论鬼神之事，互相辩论了很久。客人忽然变脸说："鬼神是古今圣贤都承认的，为何你偏说没有？我就是鬼！"说完就变身，转眼间就消失不见了。

魑魅争光　嵇康（官至中散大夫）在灯下弹琴。有一个人进入屋中，刚来时，脸很小，一会儿就变大了，身高一丈多，脸色很黑，穿着单衣，系着皮带。嵇康仔细看了良久，就把灯吹灭了，说："我耻于和鬼共用一盏灯光！"

厕鬼可憎　阮侃曾经在厕所中见到一个鬼，身高一丈多，颜色很黑，眼睛很大，穿着黑色的单衣，戴着平头巾，与阮侃近在咫尺。阮侃缓缓地看着他，笑着说："人们都说鬼令人厌恶，果然如此。"那个鬼羞愧地走了。

大书鬼手　享有少保高位的冯亮小时候，夜里读书，忽然见一只大手从窗子上伸了进来，冯亮就用笔在他手上大大画了一个押。窗外大声喊一声："快给我洗掉！"冯亮并不理睬倒头睡去。天快亮了，只听到窗外还在哀鸣，并且说："大人将要显贵了。我开玩笑冒犯于您，您又怎么忍心置我于绝境呢！您难道没听说过温峤燃犀照水而死的故事吗？"冯亮醒悟，就用水将鬼怪的手掌洗了字迹，鬼怪态度恭谨地谢恩而去。

司书之鬼　管书籍的鬼被称为长恩。除夕时叫它的名字祭祀它，那么你的书老鼠就不敢咬，也不会生书虫。

上陵磨剑　汉武帝驾崩了，后来却突然现形，对守墓的官员薛平说："我虽然不复在位，但还是你的君主。你为什么让士兵在我的坟上磨刀剑？从今以后要禁止这样的事。"薛平磕头谢罪，汉武帝才消失不见。薛平仔细查看，发现墓边上果然有一块方石可以当磨刀石，士兵曾经偷着在这上面磨刀剑。霍光知道后准备把磨刀的士兵斩了，大司马张安世说："神道茫茫不可知，不应该因此乱处罚。"霍光于是放弃了处罚。

见奴为祟 宋代武臣石普喜欢杀人，从来没有后悔过。有一次喝醉了，绑了一个奴仆，下令把他扔到河里去。手下人可怜这个奴仆就放了他。石普酒醒后颇为后悔。但手下人因为害怕他的残暴，不敢如实相告。过了很久，石普病了，总看见那个奴仆的鬼魂，以为自己必死。这时手下人把那个奴仆叫来，鬼魂就不再出现了，石普的病也痊愈了。

再为顾家儿 唐代诗人顾况死了一个十七岁的儿子，这个儿子的灵魂不愿离家而去。顾况悲伤不已，就作诗来哀悼他说："老人苦丧子，日夜泣成血。老人年七十，不作多时别。"他的儿子听了，发誓说："如果有轮回，我要再当您的儿子。"后来顾况果然又生了一个儿子，到了七岁还不会说话，他的哥哥们开玩笑地拍打他，他忽然说："我是你们的兄长，怎么竟敢打我。"家人都很惊异。他就讲述自己的从前经历，一点都没错。

鬼揶揄 晋朝时襄阳有一个人叫罗友。有人要赴任做郡守，桓温为他设宴送行，罗友来得最晚，桓温问他，他回答说："早上出门，遇见一个鬼揶揄我说：'我总见你送人去做郡守，却没见过人送你去做郡守。'我觉得羞惭。"桓温也羞愧而退。

鬼之董狐 晋朝时干宝的哥哥曾因病而死，过了很多天身体都有余温。后来竟然又醒了过来，说见识了天地间各种鬼神的事，就好像做梦醒来一样，不知道自己死了一回。所以干宝就把古往今来鬼神灵异及人物变化的事编成一本书，名为《搜神记》，他把书送给刘惔。刘惔说："你可谓是写鬼的董狐先生啊。"

昼穿夜塞　吴王孙皓要开凿一条运河，白天挖开了晚上却又被堵上了，几个月都不能完工。一个工人晚上在运河旁睡觉，夜里看见鬼怪把白天挖开的运河填上了，还叹息说："为什么不用布袋装土扔在江里呢，也让我们免去每夜这样堵塞的辛苦！"工人第二天早上把这个情况告诉了长官，长官照鬼怪说的去做，运河才得以建成，这条运河长达十四里。

舌根生莲　西晋时，有个地方长出两朵青莲花，报告给官府，官府在这里挖掘出一个瓦棺。开棺后，发现里面有一个老和尚，莲花从他舌头根部经过头顶长出来。问这里的父老乡亲，有人说："从前有一个和尚诵读《法华经》上万次，临死时留下遗言，要用瓦棺埋在这里。"现在，在这里已经建了一座瓦棺寺。

卞壶墓　东晋的尚书令卞壶父子二人死于苏峻之乱，葬在金陵（南京）。曾经有盗墓贼打开了他们的墓，发现他的脸色像活人一样，指甲长得环绕手背。晋安帝赐了十万钱把这个墓又完好地封上了。后来明高祖朱元璋想要把这个墓迁走，夜里发现一个白衣妇人守在井边哭泣，哭过又大笑说："做父亲的尽忠而死，做儿子的尽孝而死，难道还保不住三尺大之墓吗？"说完，就跳到井里去了。朱元璋就放弃了迁墓的想法。

酒黑盗唇　李克用墓里的金钱被盗贼偷走了，当地的郡守梦见李克用告诉他说："墓里有酒，盗贼喝了，嘴唇就会变黑，可以用这个证据来抓获他们。"第二天，就抓住了盗贼，其中一半是庙里的和尚。

为医所误　颜含的哥哥颜畿客死他乡，他的妻子梦见颜畿说："我被医生误诊，命不该死，快打开棺材。"颜含当时还小，竭力请求父亲开棺，开棺后果然发现他哥哥还有呼吸。颜含早晚照顾，足不出户达十三年，后来颜畿才死。嫂子双目失明，颜含寻求蚺蛇胆医治却一直没有得到。忽然有一个少年送给他一个青囊，打开一看，正是蛇胆。那个少年变成青鸟飞走了。

柳侯祠　韩文公韩愈在《柳州罗池庙碑》中记载：柳宗元与部将欧阳翼等人在驿亭饮酒，柳宗元说："明年我就要死了，死后会变成神，你们要建一座庙来祭祀我。"一年后柳宗元果然死了，欧阳翼等人就为他建了一座神庙。过客李仪因为醉酒，在庙里说了侮辱不敬的话，就得了病，刚扶出庙门，即不治而死。

义妇冢　四明的梁山伯、祝英台两人，小时候是同窗，梁山伯不知道祝英台是女子。后来梁山伯官至鄞县县令，死后葬在鄞县。祝英台来墓地凭吊，坟墓忽然裂开，祝英台就死了，于是人们把他们合葬一起。谢安向朝廷上奏封这座墓为义妇冢。

三年更生　梁代的主簿柳苌死了，葬在江西九江。三年后，下大雨，坟墓崩毁，他的儿子柳褒安排移葬。打开棺木时，却发现柳苌睁开了眼，对柳褒说："九江神知道我是意外致死，就派地神用乳汁养着我，所以能够复活。"柳褒把父亲接回了家，又过了三十年才死。

开圹棺空 米芾写的《颜鲁公碑》中说：吏部尚书颜真卿以代宗皇帝使者的身份去劝降叛将李希烈，他知道此行凶险莫测，对饯行的人说："我从前在江南遇见道士陶八，陶八给了我少许仙茶，说服了可以不死。还说我七十岁后有大难，应当与我在罗浮山相会。大概就是这一次了。"后来他果然被叛军所害，埋葬在偃师的北山。有一个商人途经广东罗浮山，看见有位道士在道观里下棋，托他带一封书信到偃师的颜家。等这位商人来颜家拜访时，却只看见了颜真卿陵墓。守陵的仆人认识这是颜真卿的笔迹，大吃一惊。颜家人于是选择一个日子打开坟墓，发现棺材里已是空空如也。

婢伏棺上 干宝的父亲有一个宠妾，干宝的母亲非常妒忌。所以在埋葬丈夫时，把这个小妾也推进墓里。几年后干宝的母亲也死了，打开墓，却看见那个小妾伏在棺材上，还有呼吸，抬回家，又复活了。问她情况，她说干宝的父亲和她一起饮食，还把家里的事巨细无遗悉数告诉了她，与平常没有什么不同。

海神 秦始皇在海里建造石桥，海神帮他竖起桥柱。秦始皇请求与神相见。海神说："我样貌丑陋，不要画我的形状，就可以与你相见。"于是秦始皇向海中行了四十里，终于见到了海神。一些画工夹杂在随从中，暗中用脚画出海神的形状。海神发怒说：

"皇帝不守约定，快回去吧。"秦始皇转过马往回走，前脚还能正常着地，后脚却在崩塌，勉强登上了岸。而画工却淹死在海中。又传说：文登的召山，是秦始皇要造桥渡海去看日出的地方。有神人召来巨石相随而行。石头如果不走，就用鞭子打它打得出血。现在山下的石头还都是红色的。

黄熊入梦　晋侯生了病，梦见了一头黄熊。当时子产受聘晋国顾问。晋侯派韩子问子产说："梦到黄熊是什么厉鬼作怪呢？"子产回答说："从前尧帝流放鲧到羽山，他的神灵变成了黄熊，进入到羽渊，而他神灵受到夏朝郊祭，甚至三代一直祭祀他。现在晋国为盟主，也许是因为没有祭祀他吧。"晋侯于是赶紧在夏至日到方泽祭祀，晋侯的病就慢慢好了。

犖沙为阜　秦始皇到了孔林，想要打开孔子的墓。进入大堂，发现一个孔子留下的陶瓮，里面一纸丹书上说："后世一男子，自称秦始皇。入我室，登我堂，颠倒我衣裳。至沙丘而亡。"秦始皇大怒，就把孔子的陵墓打开了。墓中有一只兔子跑了出来，让人去追，过了曲阜十八里就不见了，掘地三尺也没能找到，因此把这里叫兔沟。然后就到了一个地方，让人再开一条路。看见有一群小孩把沙子堆成小丘，问这是什么地方，回答说是"沙丘"。秦始皇从此得病，就死了。

钟馗　唐明皇白天睡觉，梦见一个小鬼，穿着红色的短裤，一只脚光着，一只脚穿鞋，腰里挂着一只鞋，插着一把竹扇，偷取杨贵妃的绣香囊。明皇责问它是谁，小鬼说："小臣就是虚耗啊。"

明皇大怒，正准备叫高力士，忽然看见一个大鬼，戴着破帽，穿着蓝袍，系着鱼带，倒拖着朝靴，直接来捉小鬼。先剜它的眼睛，然后把它劈开吃掉。明皇问："你是谁？"他进奏说："臣是终南的道士钟馗。"

藏璧　东汉永平年间，钟离意做了鲁王的相国，自己拿出三千文钱给户曹孔䜣，让他修缮孔子的车。他还亲自进入孔庙，把孔子的桌子、席子和鞋都擦了一遍。又让男子张伯清除院子里的杂草，张伯在院子的土里捡到了七枚玉璧。他暗藏了一个在怀中，把剩下六枚交给了钟离意。钟离意让主簿安放在孔庙的桌子上。孔子寝室的床头挂着一个瓮，钟离意召来孔䜣，问："这是什么瓮？"孔䜣回答说："这是孔夫子留下的瓮。里面装有丹书，人们不敢打开。"钟离意打开，得到一纸素书，上面写的是："后世修吾书，董仲舒。护我车，拭吾履，发吾笥，会稽钟离意。璧有七，张伯藏其一。"钟离意当即召张伯来问，张伯果然招认了。

灶神　姓张名禅，字子郭，又名隗。又有一种传说赤帝祝融主管火，所以认他为灶神。郑玄认为被称为灶神的祝融是一个老妇，这是错的。灶神在己丑日的卯时上天，汇报人的罪过，这一天祭祀他会得到福气。《五行书》说："在五月的辰日，用猪头来祭祀灶神，做生意会有万倍之利。"

祠山大帝　祠山大帝的父亲张秉是武陵人，有一天行走在山间，遇见仙女，仙女对他说："上帝因为你对吴地有功，所以派我来与你结为夫妻。生下的长子以木德而在吴地称王。"并约定一年后再来相会。张秉如约而去，果然遇见上次的仙女并一同回家，仙女说：“以后会世代传承，并享受吴、楚之人的祭祀。”后来生下了一个儿子，成为祠山神。祠山神从长兴开山治水疏浚圣泽，想要将水通到广德，就变成猪，并派出阴兵。后来被他的夫人李氏看见了，工程才停了下来，所以他们都避食猪肉。

泷冈阡表　欧阳修写刻了《泷冈阡表》碑，雇船运回去。到鄱阳湖，船停泊在庐山下，夜里有一老人领着五个人来到船上，拱手说：“听说您文章盖世，龙宫里想借去欣赏。”就背着碑下到水里，转眼间就不见了。欧阳修惊恐惋惜不已。天亮后，泰和县令黄庭坚来了，说起这事，黄庭坚当即写了文章声讨。刚把檄文投到湖里，忽听空中有人说：“我是天兵，押解骊龙到永丰去。”欧阳修回家扫墓，看见水洼中云雾迷漫，有一只大龟背着碑出来，转眼间又不见了，只有碑上的龙涎还留着。

五百年夙愿　张英去仪陇任职，途径采石江，遇见一个绝色女子，对张英说：“我们有五百年的夙缘，应当在大仪山相会。”张英呵退了她。到达仪陇任职半年，每天都能听到有织布机的声音。一天，他率领部下循着织布机声去寻找，到了大仪山，见洞门半开，半年前遇见的那个女子出来迎接，两人携手入洞，洞门立刻关上了。只见圆石一对，从门缝里伸出来，众人取了圆石。半路上抬不动了，就建了座塑有张英像的神祠，把圆石放在了塑像的肚子里。

芙蓉城主　石曼卿死后，他的朋友还见过他，仿佛在梦游，说：

“我现在成仙了，主管芙蓉城，希望与老朋友一起游玩去。”他的朋友不去，他就忿然骑着一头白驴走了。

文山易主　赵弼写的《文山传》中说：文天祥就义那天大风扬沙，天昏地暗，咫尺不能辨物，城门白天也只能关着。从那以后连续几天都天气阴暗，皇宫里都掌蜡烛，群臣上朝，也都点着火把开道。元世祖询问张真人之后就感到后悔，下令封赠文天祥特进金紫光禄大夫、太保、中书令平章政事、庐陵郡公，谥号为忠武。命令王积翁写牌位，洒扫柴市，设坛祭祀。丞相孛罗行礼初奠，忽然狂风大起，飞沙走石。转眼之间把神主牌位卷上了天空，空中隐隐传来雷声，好像怒吼，天色更暗。于是只好把牌位改为“前宋少保右丞相信国公”，天空才晴朗起来。到了明朝景泰年间，信国公又被赐谥号为忠烈公，人们大多不知，所以附记在此。

杜默哭项王　和州士人杜默，多次科举不中，他的性格潇洒不羁。路过乌江时，去拜谒项王庙。当时喝得微醉了，就直接登上神座，坐在项羽脖子上，抱着他的头大哭说：“天下的事如此不公，像您这样的英雄却得不到天下，像我这样的好文章却得不到一官半职！”说完，又泪如泉涌。庙里的人怕他得罪神灵，把他扶出去，举着蜡烛查看神像，发现神像竟然也泪如雨落，擦拭不尽。

天竺观音　五代石晋时，杭州天竺寺僧人，夜里看见山涧有一片奇木放光，就让匠人用这块木头刻成观音菩萨的像。

弄潮　吴王赐伍子胥死后，把他的尸体装进皮袋里，浮在钱塘江上。伍子胥凭流水扬起波涛，依潮水而来，依潮水而往。有人见他坐着素车白马踏浪弄潮，就为他立了神庙。每年的八月十五潮头最猛烈，杭州人用旗鼓来迎接。弄潮的节庆，大约是从这时开始的。

黄河神　黄河福主金龙四大王，姓谢名绪，会稽人，宋朝末年以宋朝儒生的忠烈死节，投苕溪自尽，死后水高了几丈。后来，明太祖与元将蛮子海牙作战，有神来为明太祖助阵，黄河水向北倒流，元兵于是被打败。明太祖夜里得到梦兆，封他为黄河神。

木居士　韩昌黎在《木居士庙》诗中说："偶然题作木居士，便有无穷求福人。"

显忠庙　吴主孙皓病得很重，有神附体于一个小宦官说："金山咸塘有风潮为害，海盐县城差点被淹没。我是霍光，一直统率众人在那里镇守。"第二天，孙皓的病就痊愈了，于是就立了座显忠庙。

毛老人　南京后湖，一名玄武湖。明朝时在湖上立了赋役黄册档案库，户科给事中、户部主事各出一人来掌管，严禁烟火。明太祖时有一个毛老人进献赋役黄册，明太祖说仓库中正闹鼠患，很高兴这个老人姓毛，与"猫"同音，就把他活埋到档案库里，让他来镇老鼠。后来仓中果然片纸只字都无损。明太祖命人为毛老人立了祠，春秋两季都来祭祀他。

怪异

贰负之骸 《山海经》中说："神灵贰负的大臣叫危，与贰负一起杀死了吃人怪兽窫窳（yà yǔ）。天帝就把他囚禁在疏属山，捆住他的右脚，用他自己的头发反绑上他的双手，并系上一块石头。"汉宣帝曾经去疏属山，见到一个赤身裸体的尸体，披头散发，被反绑着，一只脚被捆着。汉宣帝询问群臣，都不知道是谁。刘向以《山海经》的记载禀报，汉宣帝不信，认为他妖言惑众，把刘向关到狱中。刘向的儿子刘歆为救父亲，他说："用七岁女孩子的乳汁来喂那个人，立刻就会复活。"汉宣帝就命令女子去喂他，果真复活了，能说话交流，与刘向说的一样。汉宣帝大为高兴，封刘向为中大夫，刘歆为宗正。

旱魃 南方有一种怪物长得像人，长有三尺，眼睛在头顶上，行走如风。它出现就会有大旱，千里之地都会歉收。它大多躲藏在古墓中。现在山东人一遇大旱就遍搜古墓，如果得到这种怪物，把它焚烧了就会下雨。

两牛斗 李冰，秦昭王任命他为蜀地太守，开凿了成都两江，让万顷田都能得到灌溉。江神每年要娶两个少女为妻。李冰就把自己的女儿派去与江神结婚，直接送到江神祠，劝江神喝酒，酒杯一直在晃荡。李冰大声斥责江神，之后忽然消失了。过了良久，人们发现有两头牛在江边打斗。又过了一会，李冰回来了，大汗淋漓，对下属说：“我打斗太累了，你们得助我一臂之力。面朝南腰中间有白色的，是我的绶带。”主簿帮助他刺杀了面朝北的那头牛，江神就死了。

随时易衣　卢多逊被流放而死，朝廷允许其归葬原籍。卢多逊的儿子卢察护丧，暂且停灵于襄阳的佛寺里。准备换一个大棺材，开棺后发现，他的尸体并未腐坏，宛如活着时一样。于是就不时给他换衣服，直到大中祥符年间仍然如此。难道因为他是五月五日出生的吗？要是让那些佛门中人遇见这样的事，又该大张旗鼓，就像现在所说的无量寿佛一样了。

钱镠异梦　宋徽宗梦见钱武肃王向他讨还两浙的旧地，态度恳切，并说：“因为交好所以前来朝见，为什么把我羁留在此？我要派我的第三个儿子来住在这里。”醒来后就对郑皇后说了，郑皇后说：“我也做了同样一个梦，这到底是什么兆头呢？”过一会，韦妃处来报说生了个儿子，就是后来的宋高宗赵构。到了第三天，宋徽宗去看，很高兴把儿子抱到膝盖上，与韦妃开玩笑说：“长得像浙江人呢。”大概因韦妃籍贯开封，但她的原籍在浙江。难道他的出生确有来历吗？后来宋室南渡，其疆界都是钱武肃王的版图，而且钱镠生前活了八十一岁，宋高宗也活了八十一岁，以梦来预测，看来是真有其事。

马耳缺　欧阳修说：丁元珍曾经梦见和我一起到一座庙里，出庙门就看见有匹马只有一只耳朵。后来丁元珍做了峡州通判，我做了夷陵县令。一天，与丁元珍一起同游峡，拜黄牛庙。刚进庙门，觉得好像在梦中见过，门外有一匹石马，果然缺了一只耳朵，我们二人面面相觑，大吃一惊。

见怪不怪　宋代的魏元忠一向正直宽厚，不信鬼邪。家里有鬼在暗中作弄他，他也不以为怪。鬼既尊敬又佩服他，说："真是一位宽厚长者，能把他当常人对待吗？"

苌弘血化碧　苌弘的陵墓在偃师。他本是周灵王的贤臣，无罪被杀。他的血被收藏了起来，三年后变成了碧玉。

二尸相殴　贞元初年，河南少尹李则死了，还没入殓。有一个穿着红衣的人来吊唁，自称苏郎中。进屋后，悲伤痛哭。过了一会，尸体站起来了，与这人搏斗，家人都吓跑了。两个人关上门斗殴，斗到晚上才停下。大家发现两具尸体一起躺在床上，长短、形状、姿貌、胡须、衣服都一模一样。全族人都不能分辨，于是放在一个棺材里下葬了。

冢中箭发沙射　刘宴的判官李邈有一个奴仆，曾开过一座古墓，古墓非常壮观，进入松林两百步，才能到墓前。墓边有一块墓碑，断在荒草里，字已磨灭，不可辨识。开始掘几十丈，遇见一扇石门，因为是用铁汁浇铸的，所以好几天才打开，一打开就飞矢如雨，射杀了几个人，众人都害怕得想要出去，有一个人说："这只不过是个机关。"就往里扔石块，扔一块就会有箭射出来，扔了十几块，箭就不射了。于是大家又打着火把进去，开了第二道门，又有几十个人瞪着眼睛挥舞利剑，又伤了几个人。众人拥上去攻打，才发现都是木头人，它们手上的兵器都被打掉了。但四面墙上画的卫兵却好像跃跃欲动。中间用铁索悬挂着一个很大的漆棺，棺材下堆放的金银珠宝不计其数，众人正害怕，没来得及去取。这时棺材两边忽然起了大风，有沙子向众人的脸扑来，一会儿风声更急，沙子射出来就像大雨一样，转眼之间就淹没了膝盖。众人仓惶逃走，刚出大墓，门就关上了，大家发现一个人已被埋在墓中。

公远只履　罗公远的陵墓在辉县。唐明皇请他传仙术，他不答应，唐明皇一怒之下便把他杀了。后来有使者从蜀地回来，说看见了罗公远。罗公远还告诉使者说：“我在这里候驾。”唐明皇让人挖开罗公远的陵墓，打开棺材后，发现里面只有一只鞋子。还有，道士叶法善下葬后，过了一个月，棺材忽然打开，里面只有一把剑和一只鞋子。

鹿女　梁代时，在甄山一侧，有个樵夫看见鹿生了一个女孩，就收养了她。等到长大了，让她当了女道士，名叫鹿娘。

风雨失柩　汉代阳羡县令袁玘常说：“我死后会成神灵。”一天晚上，大醉之后死了，一场风雨后他的灵柩不见了。夜里听到荆山有几千人宴席的声音，乡人去看，发现他的棺材已经下葬并隆起一座陵墓。世人称这座山为铜棺山。

留待沈彬来　沈彬有道术，曾经在沈山下种了一株树，让他的儿子把他埋在这里。等到挖墓时，发现一块铜牌，上面有漆篆文写道：“漆灯犹未灭，留待沈彬来。”

辨南零水　李秀卿到维扬，遇见陆鸿渐，派一个士兵到江中去打一桶南零水来煮茶。等水打到后，陆鸿渐用木勺舀水说：“这确实是江水，但却不是江中南零的水，是在岸边打的吗？”然后他把桶里的水倒出，倒了一半，又拿木勺舀水说：“这好像是南零水了。”取水的人大为惊讶说：“我取了南零水快到岸边了，却不小心倒落一半，只好用江水补充。先生真是明察若神啊！”

试剑石　徐州汉高祖庙旁有一块高达三尺多的石头，中间像破竹一样裂开寸许。老人们说：“这是汉高祖的试剑石。”另外，漓江伏波岩洞旁，悬着一块石头像柱子一样，离地有一条缝。相传这是伏波将军马援试剑所砍。

妇负石　世人相传汉兵入大理府城南时，观音变成了一个妇人，用稻草捆着一块巨大的石头，背着行走，汉兵将士看见后都吓得瞠目结舌说：“连妇女都这么大力气，何况男子呢！”于是就退兵了。

燃石　这种石头出自瑞州，颜色黄白色，纹理稀疏，用水浇它就会发热，把锅放在它上面，就可以做饭。雷焕曾经拿着给张华看，张华断定说：“这是燃石啊。”

他日伯公主盟　隋末的温陵太守欧阳祐耻于向新朝投降，于是拉着夫人投水自杀了。后人为他们立了一座祭祀的神庙，来此神庙祈祷都很灵验。宋代的大臣李纲曾经宿于这座庙中，梦见有神灵邀请自己上座，李纲坚决推辞，神灵说："以后还要仰仗大人来主盟写匾呢。"等到李纲官拜丞相，正值此神受到加封，果然由李纲来题写匾额。

天河槎　横州横槎江有一个旧木筏，枝条茂盛，坚如铁石，颜色像漆一样，黑光照人，横在河滩上。传说是从天河上来的，又名槎浦。

愿留一诗　陆贾庙在肇庆的锦石山下，宋代的梁竑在这里停舟夜宿，梦见一个来客拜访，自称是陆大夫，说："我在这里抑郁无聊已有千年之久了，今天幸而有先生路过，希望能留诗一首。"梁竑就为他在墙壁上写了一首诗。

请载齐志　元代的司马于钦曾经梦见一个姓赵的先生对他说："听说先生要编修《齐志》，我有一个好友葬在齐地的安丘，这人的节操与仁义高冠天下，当世已经没有这样的人了，请把他记载下来以激励俗人。"于钦醒来后大为惊奇，等到读《后汉书·赵岐传》，才醒悟说的是孙嵩。赵岐避祸逃亡时被孙嵩藏匿在墙壁的夹层里，后来写出《孟子章句》而闻名后世，自然也算是奇人，但如果不是孙嵩的情谊，他的志向怎么能实现呢？于钦的梦，不也是很惊异吗！

三石　永安州这个地方，在伪汉时，有军队要进入靖江，从此经过。黎明时分军队发现一个猎人牵着黄狗追一头鹿，士兵用枪刺那头鹿，仔细一看，发现原来是石头。过一会，人、狗和鹿都变成了石头，立在路边。现在有一块石头上面还有枪刺的痕迹。

悟前身　焦竑奉命出使朝鲜，停泊在一个小岛，看见一座茅舍，大门紧闭，询问旁边的僧人，僧人回答："从前有个老和尚在这里修行，偶然看见天子的册封使臣路过这里，是位及第状元，并官拜侍郎，老和尚感慨再三又羡慕不已，然后去世了。这是他的塔院啊。"焦竑命人打开门，室内的桌椅和摆放的经书，都像曾经见过一样，于是豁然醒悟，才明了那个老和尚就是自己的前身。

告大风　宋代的陈尧佐曾经把船停在三山矶下，有一个老人说："明天午时有大风，应该躲避呀。"到了时辰，所有的行船都翻了，只有陈尧佐的幸免于难。又见那个老人来说："我是长江中的巡逻兵，因为大人是未来的贤明宰相，所以先来告知。"

追魂碑　叶法善曾经请求刺史李邕为他的祖先叶国重写一篇碑文，文章写成后，再请求李邕写到碑上，李邕不答应。叶法善就准备好了纸和笔，夜里摄来李邕的魂魄，让他写完，第二天拿给李邕看，李邕大吃一惊。世人称为追魂碑。

牛粪金　东吴时，有一个道士牵牛渡江，对船家说："船里有牛拉的粪，算是对你的酬谢。"船家一看，全是金子。后来就把这个地方叫金石山。

谓琯前身　房琯任桐庐县令时，仙人邢和璞曾经来拜访过他。房琯与他一起到外面散步，遇见一座破庙，松树与竹子都很茂盛，邢和璞坐在树下，用手杖敲地，让侍从挖地几尺，得到一只瓶子，瓶里都是娄师德给永公的书信。邢和璞对房琯说："认识这个吗？"因永公是房琯的前身。

木客　兴国上洛山有木客，属于一种鬼怪，形状很像人。自称是秦朝时建造阿房宫的伐木人，因吃了树上的果实而能长生，还能作诗，偶尔到民间来找饮食。

铜钟　宋代绍兴年间，兴国大乘寺的一口钟有天晚上丢失了，被文潭的渔夫得到，卖给了天宝寺，大乘寺的僧人到处寻访终于找到了，请求让他们赎回去，但天宝寺不允许，就相互约定说："如果敲不响，那就不是本寺的东西。"天宝寺的僧人多次敲击都不响，大乘寺的僧人一敲就响，于是运回了大乘寺。

驱山铎　晋朝时，在分宜县，雨后有一口大钟从山洪中出现，从钟上的铭文来看，竟是秦朝铸造的。又有一个渔人得到一口钟，像铎，把它举起来，声音像雷一样响，草木都会震动。渔人很害怕，就把钟扔到水里。有人说，这就是秦朝的驱山铎。

旋风掣卷　王越中了进士，在朝廷对策的那天，一阵旋风吹走了他的卷子。到了秋天，高丽的使臣来进贡，带来一份卷子，说是有天国王正坐在朝廷上，卷子就落在书案上，读后异常惊异，所以这次进贡，一起送了回来。

风动石　漳州鹤鸣山上，有一块石头高达五丈，周长十八丈，天生一块大盘石做它的底座，风吹来就会动，名叫风动石。

去钟顶龙角　宋代灵觉寺的大钟一天晚上忽然飞走了，等到天明时，又从空中飞了回来。住在附近的人都说江湾中每夜都能听到钟声，想必一定是钟去与龙搏斗了。于是寺里的僧人把钟顶上的龙角削去，大钟就不再飞走了。

投犯鳄池 《搜神记》里记载：扶南王范寻曾经养了十头鳄鱼，如果谁犯了罪，就扔到鳄鱼池里，鳄鱼不吃他，就赦他无罪。受牵连定罪的都不吃。

雷果劈怪 熊翀少年时求学南坛，有天晚上见一个美女立在松树上，众人都惊慌四散，熊翀不以为意，用刀削下松树皮，在树上写道："附怪风雷折，成形斧锯分。"到了半夜，松树果然就被雷劈了。

飞来寺 在梁代，峡山有两个神灵变成道士，前往舒州延祚寺，夜里拜见真俊禅师说："峡山居于清远的上流，要建一座寺庙，可以作为当地的胜迹，师父允许吗？"真俊禅师答应了。半夜，风雨大作，天明开门一看，整座寺庙和塑像都已经被神运到了峡山。真俊禅师就坐下来说了一句偈语："此殿能飞来，何不飞回去？"忽然听见空中有人说："动不如静。"于是得名"飞来寺"。

橘中二叟 《幽怪录》中记载：巴邛人剥橘子吃，发现橘子里有两个老人在下棋。一个老人说："橘中的乐趣，不减于商山的乐趣。"另一个老人说："你输给我瀛洲玉尘九斛，龙缟袜八双，后天在青城草堂还我。"还从袖中抽出一根草，吃了草根，说："这是龙根脯。"吃完后，用水喷那根草，草就变成了龙，两个老人就骑着龙飞走了。

牛妖　天启年间，沅陵县农家一头母牛生了小牛犊，有一只眼睛、两颗头、三条尾巴，把它杀死剖开后发现，它有一颗心，三个肾。

猪怪　有个人家的猪生了四只小猪，最小的一只长着很长的嘴、猪的身子、人的腿、一只眼睛。

陕西怪鼠　天启年间，有一种老鼠长得像会捕鸡的狸，长有一尺八寸，宽有一尺，两旁有肉翅，肚子下没有脚，脚在肉翅的四角上，前爪有四趾，后爪有五趾，毛细长，颜色像鹿，尾巴奇大，如果有人追，跑得极快。专吃谷子和豆类，剖开肚子，里面约有一升小米。

支无祁　大禹治水时，到了桐柏山，捕获了一只名叫支无祁的水兽，形似猕猴，力气比九头大象还大，人不敢看它。于是命令庚辰把它锁在龟山下，淮水才不再泛滥。唐代永嘉初年，有渔人到淮水中捕鱼，发现一根大铁索锁着一只青猿，昏睡不醒，涎沫腥臭难闻，不可靠近。

饮水各醉　沉酿堰在绍兴的柯山前，郑弘要去洛阳参加科举考试，亲友在这里与他设宴送别。把钱扔到水中，按照市价量水来喝，各自大醉而去。所以把这个堰叫作沉酿堰。

林间美人　罗浮山飞云峰旁有个梅花村，赵师雄有一天傍晚路过这里，在树木间看见有一个美女化着淡妆，穿素服，走上前来与赵师雄说话，芳香袭人，赵师雄于是叫上她到酒家去一起喝酒。过了一会，一个绿衣童子出现了，边唱边舞。赵师雄大醉入睡。过了很久，天色微明，赵师雄看见大梅树下，有一只翠鸟在欢叫，赵师雄抬头见参横月落，惆怅不止。

变蛇志城　晋代永嘉年间，一个姓韩的老太婆偶然拾到一个巨蛋，回家孵化它，蹦出一个小孩，取名韩橛。四岁时，刘渊修筑平阳城不能成功，招募能修城的人。于是韩橛变成蛇，让婆婆拿着灰在他后边做记号，说："按灰做的记号来修城，可以立即修成。"果不其然。刘渊觉惊奇，就把它放到山中的洞穴，尾巴还露几寸时，忽然有泉水涌出成为池塘，于是命名金龙池。

有血陷没　硕顶湖在安东，秦代时有童谣说："城门有血当陷没。"有一个老婆婆担心害怕，每天早上就去城门那里看。守门的士兵知道原因后，就故意把血涂在门上，老婆婆看见后，立刻跑走。转眼之间，大水就来了，城池果然被淹没了。到北齐时，湖曾经干涸了，但城池还在。

张龙公　六安的龙穴山有个张龙公祠，《县志》上说：颍上人张路斯，在唐朝当官，做宣城县令，生了九个儿子。曾经对妻子说："我是龙，蓼地的人。郑祥远也是龙，他占据了我的池塘，我屡次与他搏斗，都不能取胜，明天我们要决斗。到时叫儿子们放箭射他：鬣毛上系着青绢的是郑祥远，系着红绢的是我。"他的儿子就射中了系青绢的，郑祥远大怒，跑到合肥的西山后死了，这就是今天的龙穴。

城陷为湖　巢湖在合肥，世人传说有次江水猛涨，沟里留下一条重达万斤的大鱼，三天后死了，全合肥的人都去分吃它，只有一个老婆婆不吃。忽然来了一个老人，对她说：“这条大鱼是我儿子，你不吃他的肉，我怎么能不报答呢？东门石龟的眼睛如果变红了，这座城就会陷没。”老婆婆每天就去看那只石龟，有小孩故意把石龟眼睛涂红。老婆婆看见后，急忙跑到山上，这座城池就陷没为湖，方圆达四百多里。

人变为龙　元代时，兴业的大李村有一个姓李的人，常常修炼道术。一天，他与妻子从娘家回来，走到半路，对妻子说：“我想到前边小溪中洗个澡，你暂且等我一会。”过了一会儿，突然风雨大作，他的妻子赶紧去看，发现他浑身布满鳞片。他跟妻子说：“我每年会回家一次的。”然后就忽然变成龙，腾空而去。后来果然每年回家一次。他家乡的人称他住的地方叫李龙宅。

妇女生须　宋徽宗时，一个卖酒人的妻子朱氏，四十岁忽然长出了六七寸长的胡须。朝廷下诏让她去做女道士。

男人生子　宋徽宗时，有一个卖菜的男人怀孕生下了个孩子。

童子暴长　元代枣阳的张氏生了一个男孩，刚到四岁的时，忽然长了四尺多，容貌异常，挺着硕大的肚子，就像大家传说的布袋和尚一样。

男变为妇　明代万历年间，陕西的李良雨忽然变成女人，并与一起经商的人偷偷结成了夫妇。他弟弟李良云把这事上报给了官府。

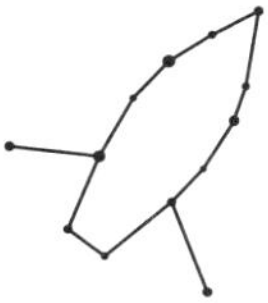

卷十九

物理部

物类相感○身体○衣服○饮食○器用○文房

金珠○果品○菜蔬○花木○鸟兽○虫鱼

物类相感

磁石能吸住铁针。

琥珀能吸住芥子。

把螃蟹的蟹黄放到漆里，漆就会变成水。

把皂角放到灶里，可以让烟囱里的煤灰脱落。

把核桃带壳烧红，里面的火可以几天不灭。

把醋倒进坛子，可以清除水垢。

灯芯可以让中药乳香破碎。

把盐撒到火里，炭就不会爆裂。

碾花椒时放点盐，花椒的味道好。

四川花椒很麻，用水就可以解除麻味。

用带壳的核桃煮肉，可除腥臭。

瓜遇见白梅就会腐烂。

栗子遇见橄榄就会更香。

用猪油炒榧子，外皮就会脱落。

芽茶中放点盐，就不会苦反会甜。

井水洗螃蟹可以把螃蟹身上的沙子洗净。

石灰可以用来储藏铁器。

用草结成的绳索可驱苍蝇。

燃烧后的木炭可以隔断蚂蚁的道路。

香油可以杀死各种虫子。

狗粪里的米，鸽子吃了就会死。

桐油能杀死荷花。

江茶可以让菱角枯萎。

蜘蛛害怕花椒。

蜈蚣害怕油。

松毛可以杀死米虫。

麝香可以驱除墙壁上的虱子

马吃了鸡粪，就会长骨眼。

苍蝇叮了桑蚕，就会生肚虫。

三月三日那天收集荠菜花的杆放在灯盏上，飞蛾和蚊虫就不会来扑。

五月五日那天抓到的蛤蟆，能治疟疾，还能治小儿疳积。

香油抹在乌龟眼上，它在水中就不沉。

把唾沫喷到蝴蝶翅膀上，它就可以当空高飞。

乳香放久了，能生出舍利。

用羚羊角可以打碎佛牙。

用柿子煮螃蟹可以让螃蟹不红。

把橙子放到酱里酱就不酸。

麦麸遇见肥皂就不好了。

荆叶可以驱蚊，台葱可以驱蝇。

唾液可以溶解水银，茶叶末可以凝结水银。

薄荷可以除鱼腥味。

荸荠在铜器里煮会变软，甘草在铜器里煮会变硬。

蝎子害怕蜗牛。

磐石害怕慈菇，斧头害怕肥皂。

螺蛳害怕下雪，螃蟹害怕起雾。

河豚能把树杀死，但狗胆能让树再生。

灯芯可以用来煮江里的泥鳅。

麻叶可以驱逐蚊子。

如果酒点着的火发青的话，用衣服扇一下就可以止住。

琴瑟的弦长久不弹的话，用桑叶抹一遍，就会响亮如初。

黑鲤鱼是老鼠变的，鳜鱼是由蛤蟆变的，鳝鱼是人的头发变的。

燕子害怕艾草，麻雀衔来艾草就可以夺走燕子的巢穴。

骡马的蹄子晒干研成细末，放在酒里，酒就会变成水。

柳絮过一晚上，就会变成浮萍。

杜大黄的嫩子扔在水里就会变成浮萍。

庚午、癸卯两天舂米，米就不会生蛀虫。

柳叶落到水里，就变成杨叶丝鱼。

人参和细辛放在一起就不会坏。

槿树叶掺些石灰捣烂，用来敷酒醋的缸就不漏。

寻找泉脉，用竹子火把往地上照，如果有气把火焰冲起来，这下面一定有泉水。

要试卤的盐味，把十个石莲子扔到卤里，浮起五个的话就是五成，六个六成，七个七成。五成以下，味道就淡薄少盐了。

用生锈的铁钉加醋磨墨写字，再用浓墨刷在纸的背面，叫顷刻碑。

用乌贼的墨汁来写文书，时间久了墨就脱落变成白纸了。

灯盏里加一点盐，灯油就不会很快烧干。

一斤油里扔进一个捣碎的核桃，可以省油。

制造油烛时，先用麻油浸泡灯芯，梅雨天气也不会发霉。

蜡烛被风吹后会流下烛泪，用少许盐堵住流泪的缺口，泪就会停。

点蜡时如果有缺口，嚼一些藕渣补上，缺口就不再漏了。

在绢上写字，用姜汁代替水来磨墨，写的字就不会沁漏到背面去。

用蒲花掺石灰来敷墙壁或者水缸、坛子，效果胜过纸筋。

用蓖（bì）麻子加水研磨后写字，看上去就像一张空纸，但只要用灶里的煤灰或者红丹染它，字就会显现出来。

鸡蛋清调石灰，粘接瓷器，效果非常好。

粘接山石，用生羊肝研细再和到面里然后粘，就很坚牢。

如果池水浑浊，在瓶子里装上粪，再用竹叶包住扔到水里，水就会变得清澈。

金子遇见铅就会破碎。

把核桃和铜钱放在一起嚼，铜钱容易碎。

水银洒了，用一块青石来吸引，洒了的水银就会上到石块上来。

三伏天不可铸造钱币，因为铁汁不消，被称为炉冻。

菟丝子没有根却能生长，蛇没有脚却能行走，鱼没有耳朵却能听到声音，蝉没有嘴却能鸣叫。龙用角来听，牛用鼻子来听。

中药石脾是含矿物质的咸水蒸发后凝结而成的，入水后就变干，出水后却显得湿。中药独活有风时不动，无风时却自己摇摆。

鸺鹠（小猫头鹰）白天看不见，晚上却能看见。老鼠夜里行动，白天却在休息。日本南海滩上的蚌如果有泪滴上就会有颜色，而这颜色白天看不见，晚上才能看见。沃山石滴水就有颜色，却是白天能看见，晚上看不见。

睡莲白天开放，夜晚就缩入水底。蔓草白天缩入地下，夜里再出来。

用身体变化的例子是春秋时的牛哀变成老虎；用魂魄变化的例子是商朝时蜀国的君主望帝变成了杜鹃，炎帝的小女儿变成精卫；用血变化的例子是苌弘的血变成了碧玉，人的血竟然变成了磷；用头发变化的例子是梁武帝的宫女头发变成蛇；用气变化的例子是蜃龙用气变成楼台；用眼泪变化的例子是湘妃的泪变成了斑竹；无情之物变有情之物的例子是，腐草变成萤火虫，朽麦变成蝴蝶，烂瓜变成鱼；有情的之物变成无情之物的例子是，蚯蚓变百合花，望夫女变石头，燕子变石头，螃蟹变石头；事物互相变化的，有麻雀变蛤蟆，野鸡变蜃龙，田鼠变鹌鹑，鹰变斑鸠，鸠鸠变鹰，蛤蟆再变麻雀，松树变石头；人互相变的有：武都的妇人变男子，广西的老人变老虎。

如果人吃了矾石就会死，但蚕吃了却可以充饥。鱼吃了巴豆会死，但老鼠吃了却会变肥。

风生兽被菖蒲塞鼻就会死。鳖遇到苋菜就会活。蜈蚣遇见蜘蛛会腐烂。猫头鹰吃了桑葚就会醉。猫吃了薄荷会醉。虎吃了狗就会醉。橘子碰到糯米就会腐烂。荷花碰到油就会败谢。香蕉碰到铁器就会繁茂。金块碰到翡翠就会成为金粉。

犀角碰到人的气息就会破碎。漆碰到蟹黄就会败落。

萱草可让人忘却忧愁，合欢可以让人平息怒气。仓鹒可以治疗女人嫉妒，鹌鸽鸟可以治疗噩梦，橐𩇯（féi）鸟可以让人胆大。

金刚石碰到羚羊角会碎裂。龙的唾沫碰到烟煤就不会流散。

把雀芓放在干燥的地方它会显得很湿，放在潮湿的地方反而显得很干燥。飞鸟若碰到它会落下来，走兽碰到它就会僵硬。

如果终年不见乌鸦，那就一定有强盗。

如果鸡无缘无故自己飞走，那就是家里有人被下了蛊。

如果鸡在中午时候还不下树，那是妻妾有奸情。屋子里的柱子无缘无故长了芝草，如为白色即会有丧事，红色会见血，黑色会有贼，黄色会有喜事。

鸡进门会受穷，狗进门会富，猫进门开当铺。

如果狗生了猿猴，家就会富足。

乌鸦叫，会刮风；喜鹊叫，会下雨。

猫生小猫，如果正赶上天德和月德，那么万事可成。但忌讳让寅年生的人看见，也忌讳让生人看见。

老鼠咬发巾和衣服，次日会有喜事降临。

鹳鸟忽然移巢，会有火灾。

鸡上鸡窝时发出“啾啾”之声，第二天定会有雨。

如果鸡回来得早，第二天会天晴；回来得晚，第二天会有雨。

乌鸦夜里叫，预示米价会跌。

乌鸦叫声缓慢预示吉祥，叫声急速预示不祥。叫一声不祥，叫两声吉利，叫三声会有酒席。如果点着头摇着尾朝着人叫，就会有口舌之祸。

如果鸡孵出的小鸡是公的居多，家里会有喜事。

半夜鸡叫，一定有让人担心的事发生。

燕子在人家里做巢，巢户向内，且长度超过一尺，人家吉祥。

如果下雨时有斑鸠鸣叫，有应和的天就会晴，没有应和的就还会继续下雨。

蚂蚁无故聚集在一起或者挪窝的，就一定会有暴雨。蚯蚓若出来，也是这样。

有白蚁虫出现，这一天是吉日良辰。凡看见蛇交配的，则有喜事。

遇见蛇聚会，赶快下拜，祈求富贵一定如意。

遇见蛇蜕皮，赶快脱衣服盖住，谋划的事情一定大吉。

把生鳖甲弄成一寸长的小段，用红苋盖住，就会变成小鳖。

如果水里虾太多，会是荒年。螃蟹太多，会发生动乱。

用麻秆插在竹园里，四周的竹子不会长出园外去。用芝麻秆也是一样的。

梓木作屋柱，如果放在下首，木柱就会有响声，说是要争座位。

杉木烧成炭再研成细末，放在门臼里，能自己发出响声。

钉楼板时，用蹇漆树削成木钉，再用淘米水浸泡，放干后，钉子很容易钉进楼板，坚硬如铁。

把荷花梗塞入老鼠洞里，老鼠自己就会离开。

黄蜡和果子一起吃，蜡会自动化掉。

用萝卜提炼硝，硝会洁白光润。

灯芯蘸点油，再蘸上白矾末，就能粘起炭火。

鸡蛋顶上凿一个小孔，把蛋黄和蛋清倒出来，灌些露水，再用油纸把小孔糊上，在太阳下晒，可以自己升起来，离地可达到三四尺。

夏天收集松木，劈碎后用黄泥水泡到掉皮，再晒干，冬天烧时，会没有烟雾。青竹子也一样。

竹篾片用石灰水煮一下，可用来代替藤条。

身体

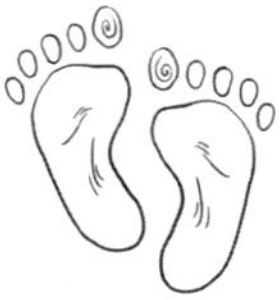

若身上长出肉丁，可用芝麻花擦拭。

飞丝迷眼并肿起来的，用头上的皮屑少许揩下即可。又有人说用珊瑚更好。

有人见漆树就生疮，用川椒三四十粒，捣碎后涂在口鼻上，漆就不能为害了。

指甲里有污垢，用白梅和肥皂一起洗就干净了。

弹琴的人若嫌指甲太薄，可用僵蚕烧烟熏指甲即可变厚。

染头发秘法：用乌头、薄荷加入绿矾。

吃梅子时牙软，但吃藕牙不软，用铅粉一擦即可。

油手用盐洗，可当肥皂。也有人说顺势洗亦可干净。

脚跟有厚皮，可用有布纹的瓦或钟乳石磨去。

干洗头的秘法：用蒿草根、白芷等研成粉末，晚上涂在头上，次日早上梳头，脏东西就没了。

除狐臭的秘法：将白灰和陈醋掺一起涂在腋下。还有一个秘方是以烧过的明矾擦拭，效果更妙。

女孩缠足，先以杏仁、桑白皮放入瓶子熬汤，然后放入硝和乳香，把脚放到瓶口蒸熏。待水温了，再倒在盆里泡洗，骨头就会柔软如绵。

用山芋煮汁洗澡，可去除身体和脸上的风尘，不过洗后半天不可见风。

梳头头发不掉的秘法：用侧柏的叶子两片，核桃两个去壳、榧子三枚，一起研成碎末，用来擦头皮，或蘸着水经常搽亦可。

去掉黑痣的秘法：将桑树灰、柳树灰、小灰、陈草灰、石灰共五种灰，以水煎成浓汤，再放入浓醋，用它点痣即可。

人们鼻子里的气息，阳盛时在左，阴盛时在右，阴阳交换时两边的气息都微弱。

女人月经停止后三天或五天同房会生男，两天或四天同房会生女。

夏天脸最热，以扇子扇脸身体也觉得凉快；冬天脚最冷，用火烘脚身体也觉得暖和。

嗜睡的人可以把淡竹叶晒干研成细末，取二钱，用凉水一杯冲服，就能整夜不睡，可以防贼。若用热水冲服，就可以一觉睡到大天亮。

取附子末几钱，用两碗水煎沸后洗脚，走远路，脚不疼。

安徽宣州产的木瓜可治脚气，用它来煎汤洗脚即可。

脸上长疮，怀疑因漆过敏，用生姜来擦拭，若感觉发热就可确定是因漆而起，如果不热，就不是。

如果总是打嗝，屏住呼吸一会儿即可。

如果腿脚麻木，把草芯贴在眉毛中间即可，左脚麻木贴右眉，右脚麻木贴左眉。

如果岔气了感觉筋、骨牵扯疼痛，可先坐正，在疼痛那一侧，把脚放在膝盖上立刻就好。

男人脚抽筋，如果是左脚就抓起右边的睾丸，如果是右脚就抓起左边的睾丸，立刻可以止住。

如果身上刚生疮毒，用半夜睡觉没说话前的唾沫涂抹几十次，就会逐渐消失。

左边鼻子流血，用一根带子绑住七里穴就好。

脚转筋了，慢慢攀住大拇指，一会儿就会停止。

刚成为僧人或道士，熬些猪油来涂抹以前戴网巾的痕迹，几天后头皮就变一色了。

衣服

夏天衣服发霉，用冬瓜汁浸泡后再洗，那些发霉的痕迹就消失了。

北绢变黄，用鸡粪来煮就立刻变白，用鸽粪煮也可以。

墨汁污染了丝绢，调些牛胶涂抹，等干了揭起，墨迹就会与牛胶一起脱落，凡是绢类都可用此法。

血弄脏衣服，以尿液烧开的蒸气熏衣服，隔一夜用水洗，就可以清洗干净。

绿矾或百草的汁液弄脏衣服，可用乌梅清洗。

鞋里放樟脑，可治脚气。用椒末可除风邪，不会疼痛。

洗头巾时，用开水放盐来漂洗，污垢就会脱落。还有一种说法是用热面汤来漂洗，效果亦好。

槐花弄脏衣服，用酸梅可以洗净。

用绢作布的夹里，若先用杏仁来浆洗，就不会脱绢。

夏天缝制绵布衣，棉花不起球；而秋、冬季节缝制时就会起球。

在棉布上放少许灯芯，就不会起球。

茶弄脏衣服，现出白斑，用乌梅熬浓汤，再用新毛笔蘸了涂在白斑处，立刻可恢复原色。

酒、醋、酱弄脏衣服，用藕擦拭就没有痕迹了。

如果衣服发了霉，可以把枇杷核研成细末洗衣服，霉斑就可消失。

毡袜用生芋头擦拭一遍，就会耐久而且不会被虫蛀。

用红苋菜煮生麻布，布的颜色就会洁白如苎麻。

杨梅或苏木弄脏衣服，可以用硫黄烟熏，然后再用水洗，那些红颜色就会消失不见。

油弄脏衣服，可用蚌粉或用滑石粉、图书石灰熨，都不错。

膏药的痕迹，可用香油搓洗，然后再用萝卜汁洗去香油的痕迹。

墨汁弄脏衣服，用杏仁嚼烂擦拭即可。

洗毛衣或毡衣，用猪蹄熬的汤趁热洗，脏迹就可洗去。

葛布衣折好，用蜡梅叶熬汤，放在瓦盆里浸泡拍打，污垢就会脱落，把梅叶揉到水里浸泡，衣服就会变得柔软。

油弄脏衣服，用白面水涂在油迹上盖一夜，油斑会消失。

要去除墨迹，用饭粘住搓洗就掉。

罗绢质地的衣服受污，叠起放在瓦盆里，用温水泡后再用皂荚汤清洗，提起、按下、翻转，浸泡拍打，污垢就会洗掉。倒掉脏水，再用温水浸泡，再搓洗、拍打，别展开，干了后就折叠收藏，无须上浆熨烫。

被有颜色的水染脏后，可用牛胶水浸泡半天，再用温水洗。

清洗白色衣服，将白菖蒲用铜刀切为薄片，晒干研成细末，放到瓦盆里用水搅匀，提着衣服在里面晃荡，污垢就消失了。

清洗绸绢质地的衣服，可用萝卜汁来煮。

清洗黑色的衣服，可用煎熬较浓的栀子汤。

黄泥弄脏了衣服，先用生姜汁搓一遍，再用水清洗即可。

被油弄脏的衣服，用滑石粉、天花粉，不论多少研成细末，将弄脏之处用炭火烘热，以粉末擦拭污点。还不干净，可再烘一回，再擦拭，最脏的也不用五次。

漆弄脏衣服，以等量杏仁和川椒研烂涂在脏污处，用水清洗即可。

墨汁弄脏衣服，把杏仁去皮和尖，再以等量的茶子一起研成细末敷在脏污处，温水漂洗。要去掉字迹的话，把杏仁的油压出，研磨过滤成细末，涂在字上，用火熨下。以白梅捶洗亦可。

蟹黄弄脏衣服，用蟹脐擦拭，就可除去。

血弄脏衣服，立刻用冷水洗，就可洗掉。

洗有油污的帽子，先把芥末捣成膏，糊在帽子上，待它干了，再用冷水淋洗。

饮食

烤肉时，把芝麻花研成末，放在肉上，肉里的油就不会乱流。

糟蟹的时间久了就会变沙，见到灯光也会变沙。把一寸长的皂角放在瓶子底，就不会变沙了。

煮老鸡，加些山楂煮就可煮烂，或用白梅煮，也很好。

用枳实煮鱼，鱼刺会变软，也有人用凤仙花子。

酱内生蛆，把马草乌切碎放进去，蛆就全死了。

糟茄子时放孔雀石，茄子切开不会变黑。

糟姜时，瓶里放些蝉壳，就是老姜也不会有筋。

吃了大蒜后，把生姜和枣子放在一起吃少许，就不会有臭味。

蒸米饭时放些盐硝，米饭就不会粘在一起。

米醋里放炒过的盐，就不长醋花。

用盐洗猪的内脏就不臭。

用矾和盐一起腌鱼，可以去腥。

杂色羊肉里放些松子，就可以去毒。

藕皮和菱米一起吃，就会既甜又软。

芥末味辣，加少许细辛和蜜一起研磨，会极其辣。

晒葫芦干时，用香草藁本汤洗过，就不会引苍蝇。

杨梅核和西瓜子，用柿漆相拌，晒干，就会自行裂开，可以轻松取到果仁。

鸭蛋上用火山灰画花写字，等干了，再用头发灰调制的水来洗，花纹就可以直接入蛋壳内。

炒白果、栗子，放些油纸搓揉在里面，果壳会自行脱落。

夏天在鱼肉里放点香油，可以长久不臭。萝卜梗和银杏一起煮，就不苦。

用灰来煮芋头就会酥，用柴灰来煮藕头就会稀烂，另换水再加糖。

榧子和甘蔗一起吃，渣子会自行变软，像纸一样。

晒肉干，抹些香油，不招苍蝇。

吃荔枝，吃多会醉；把荔枝壳泡在水里，喝这样的水就会解醉。

腌鸭蛋时，在每月月半时做，蛋黄就在正中。也有人说要在中午做。

铅粉可去除酒里的酸味，红豆炒热放些进去，也很好。煮肉时放些荷花蒂，瘦肉会浮起，肥肉会下沉。

鸭蛋和金刚根一起煮，蛋白就会变红。

用雨水做饭，会让白米变红，红米变白。

如果要喝酒不醉，可以吃些硼砂末。

吃栗子时，在栗子要长芽的地方咬破，一口剥开，壳自会脱落。

竹叶和栗子一起吃，没有渣。

茄干的灰可以腌海蜇。

把稻草切成一寸长煮臭肉，肉的臭味都可进入稻草中。

煮老鹅时，在灶边取一片瓦一起煮，很快就能煮烂。

吃过螃蟹后，用蟹脐洗手，就不会有腥气。

豆油煮豆腐更有味道。

用篱笆上的旧竹片捆着肉煮，肉很快就能煮烂。

馄饨里放香菇，吃后不会打嗝。

食过河豚，用萝卜烧水洗碗筷，就可去除腥气。

灯草切成一寸长的小段，收藏白糖时一层白糖一层灯草最好。

用新瓶来装白糖，用竹叶纸包好，悬挂在灶上，两三年都不会消融。

糟姜放在瓶里，在瓶口撒一些熟栗子的细末，就不会有沉渣。

糟姜时，底层放几个核桃仁，姜就不辣。糟茄子时，摘了就要立刻糟，最好不要把茄子蒂去掉。

用干的蓼草分别铺盖，贮藏糯米，可以防虫蛀。

将豆黄和松叶一起吃，味道极好，还可以作为隐居的食物。

水里放些砂糖来洗石耳，可以洗得极其干净。

吃梅子牙齿会酸软，嚼一片梅叶，就可以防止。生甜瓜用腌鱼的刺扎，过一晚就熟了。

夏天做酱和面，不会生蛆。

收花椒，带着花椒籽一起收，不带叶收，就不会变色。

日出前或日落后做酱，不招苍蝇。

醉酒时如果喝冷水，手就会打颤。

做酱时，缸面上放上四个草乌头，就没有苍蝇、蚊子。

器用

加了镶嵌装饰的铜器用肥皂涂上一遍，烧红后，放到梅锅里烧，会黑白分明。

黑漆器上如果有红字，用盐擦拭字就会变成红水流走。

油笼漆笼如果漏了，用马勃菌堵上，就可以止漏了。肥皂塞住，也可以。

柘木用酒醋调和矿灰涂抹，一夜间就变成了有缝隙的乌木。

漆器不可装莼菜，否则，最好的漆也会被毁坏。

热碗底把漆桌上烫出痕迹，用锡器装沸水一冲，痕迹就可消失。

铜器与石头上若有青斑，用醋泡一夜，再用水清洗就脱落了。针眼如果会切断线，用灯烧针眼就不会断了。

锡器上的黑垢，可用鸡、鹅所炖的热汤清洗。

酒瓶漏酒，用羊血擦拭就不漏了。

碗上有污垢，可用盐擦拭。

在木炭缸里倒水，夏天也可用来冻东西。

刀生锈，可用木贼草擦拭。

把皂角放在灶里烧出烟来，锅底的煤和烟囱里的煤灰就会自行脱落。

肉案上的抹布，用猪胆来洗，上面的油污会自行脱落。

炭瓶里放猫食，不会发臭，即使夏天也不会变臭。

用香草藁本的汤擦酒器或者酒桌，苍蝇就不来。

用香油蘸刀，刀就不会太脆。

用酱汤洗琉璃就可以把上面的油清洗干净。

铁锈用炭来打磨洗去。刀钝了用干炭擦拭就会变锋利。

泥瓦经火煅烧，可以作磨刀石。

洗刀或洗铁皮时，把松木、杉木、铁艳粉研为细末，用羊油炒干擦拭，可让刀光洁如月。

洗发臭的缸瓶，先用水多次清洗，然后把银杏捣碎，泡汤再洗。

用荷叶烧水，洗锡器最好。

锅生锈，烧开水，用皂荚洗，就像刮的一样干净。

用松板来做榨酒板，酒里就没有木头的气味。

镀了白铜的器皿，用萱草根和水银擦拭会像新的一样。

用木柴灰煮水，再用木贼草一起洗锡器，就会像银器一样亮。或者用腊梅叶，或者用肥皂热水，也可以。

瓷器上要做记号，用代赭石来写，水就洗不掉。

竹器刚被虫蛀，用雄黄、巴豆烧的烟熏，就永远不会被虫蛀。

凡是竹器被虫蛀，用萵苣煮汤，浇一遍即可。

定州的瓷器一被狗舐过，就有裂纹。

用漆器来盖苋菜，就有断纹。

雨伞、油衣、笠子若淋雨，须用井水清洗；否则，容易变脆损坏。

铜器不可以放在米上，害怕发霉，影响它的声音。

手里握过荸荠，就不可以握铜器，不然，一定会把铜器打破。

新锅先用黄泥涂它的里层，装满水后，再煮一时辰，洗净，再干烧到十分热，然后用猪油和酒糟擦拭一遍，才可以用。

油漆弄脏了器物，可用盐干擦。

酒弄脏了衣服，可用藕擦。

器物旧了，用酱水来洗。

藤床、藤椅旧了，用豆腐板刷洗。

鼓皮旧了，用橙子瓤清洗。

水壶生垢，用山石榴几枚，在水壶里煮，水垢就全去掉。

桐木做轿杠，轻又耐久。

瓷器有缺损，用细筛筛出石灰一二钱、白芨末二钱，用水调和后可以粘上。

铁器有锈，放在酸泔里浸泡一晚上再取出，铁锈就自行脱落了。

松木做的勺子第一次用应盛热水；如果盛冷水，就会破。

试金石，用盐擦，上面的磨痕就全部去掉。

文房

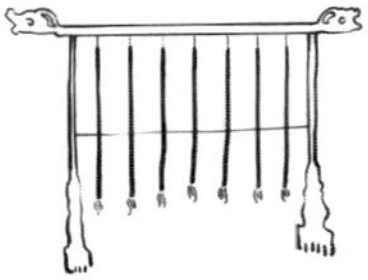

研墨时有泡沫，用耳屎或头垢即可消去。

蜡梅树皮蘸水磨出的墨汁，极有光泽。

矾水写字放干，再用五棓子煎汤浇，就变成黑字。

肥皂浸水后磨墨，可以在油纸上写上字。

肥皂水调颜色，可以在蜡烛上画花。

磨黄芩在纸上写字，用水把纸脱去，字画却可以脱在水面上。

画上的粉如果被黑色或者硫烟熏黑，用石灰汤蘸笔，洗两三次，颜色就可复原如初。

用蓖麻子油在纸上写字，用纸灰撒在上面，才会看见字。还有人说用杏仁更好。

冬天用酒来磨墨，就不会冻。

用盐卤在纸上写字，火烘烤后，字迹就变成黑色。

冬天用杨花铺在砚槽里，水就不结冰。

花瓶中放一片火烧瓦，就不会发臭。

收笔法：苏轼用黄连煎汤，再调些轻粉来蘸笔，等干了以后收起来。

擦金扇的油污法：要用绵团浸些鹿血，收藏时间久一点，然后擦拭，效果极好。

补字法：用新面巾，放少量的石灰进去，就变成胶水，贴到要补的地方，既持久又没有痕迹。

洗字法：扇头或绫轴上有错字，用笔蘸着陈酱调的水，照字的样子写上去，一会擦去，就没有痕迹。

清除错字法：蔓荆子二钱，龙骨一钱，相子霜五分，淀粉少许，一起研成细末，在字上点水，再用细末敷上，等干了擦去即可。

砚台不能用热水清洗。

真的龙涎香烧出的烟可以进入水中，假的遇水即散。外国使者到本国朝廷上，朝廷烧了龙涎香，使者说：“这是真的龙涎香，可以烧烟入水。”果然就像他所说的一样。

裱褙用的浆糊，放入白矾、黄蜡、椒末一起调和，这种浆糊装褙书画，蛀虫和老鼠不敢侵害。

裱褙书画时，如果午时上墙，就不会不平。又有人说在正午时多晒几天，也不会不平。还有人说用少许萝卜汁打浆糊，就不会不平。

拓碑的纸，需先用胶矾水湿一下，才能使用。

新刻的书画雕版，临到印刷时，用糯米糊和墨汁印上两三次，雕版就会光滑分明。

拓碑秘法：把皂荚水滤去渣子，用这种水来磨墨，拓出的墨色就光彩如漆。

鹿角胶和墨，最好。和一两墨，放入金箔两片，麝香三十文，那么墨就熟而紧。

制作墨，用秋天的水最好。

用蓖麻子擦拭砚台，会极其滋润。

洗去书画上油污的秘法：用海漂硝、滑石粉各二分，龙骨一分半，白垩一钱，一起研成细末，像对脏衣服一样去熨纸上的污垢，如果油污已经干了，还用油来点它。油迹大了也无妨。如果不这样，还可以用水泡一晚，绞干后，用药也可以去除它。

瓶中养花，要用草紧缚花枝，这样插在瓶中，才可以耐久。

试墨时，把墨点在黑漆器中，如果可以与漆争光，就是绝品了。

金珠

珍珠被油浸泡多年或者被尸体的气息所冲犯而色泽昏暗，可以裹在饭里喂给鸡或者鸭或者鹅，等它们排泄后，再拾回来清洗，洁白如新。

鹅、鸭的粪晒干烧灰，热水沉淀后的水，把油污的珍珠放在绢袋里用这种水洗就会光彩洁净。

银丝器不可以用杉木作的梳妆盒装，时间久了银丝会变黑。

代赭石研成细末和盐煮金器，颜色鲜明。

玉器如果被打破，用白矾在火上熔化，把破处粘住，补瓷器也很好。

象牙如果旧了，用水把木贼草煮软，清洗。再用甘草煮水，再洗一遍，颜色如新。

多年放置的玉若有灰尘，用白梅汤煮一下，刷洗一遍就洁净了。

珠子用乳汁浸泡一晚，清洗干净就会鲜明。

象牙如果像笏一样弯曲了，用白梅汤煮棉布，加热后，裹住象牙压一压即可变直。

旧象牙筷子，用煮软的木贼草擦拭它，再用甘草汤洗它。还有一个方法：用白梅洗它，插在芭蕉树里，两三天后取出来，光亮如新。

清洗烧红的珍珠，用木槵子皮加热水浸泡然后清洗。也可用榨出的萝卜汁泡一晚上就白了。

煮象牙，用醋或酒煮，象牙就会软。

果品

收藏枣子时，铺一层稻草放一层枣，间隔着藏，就不会被虫蛀。

贮藏的栗子不被虫蛀，把栗蒲烧成灰用水调成汁，将栗子泡两个晚上再拿出，晾干后，放在盆里，用沙子盖住即可。

贮藏西瓜，不能让太阳照到，照到就会发芽。

收藏鸡头，晒干后再放入瓶中，要用竹叶包好，埋到地下。

把金橘藏到绿豆中间，长时间不会变坏。

贮藏柑子，用盆来盛，并用干潮的沙子盖住。贮藏木瓜，可用同法。

收藏湘橘，用开水煮过的瓶子收藏，多年不坏。

贮藏核桃，不可以烘焙，烘焙就会出油。

贮藏梨子，用萝卜将其分开，不要让梨子挨着，就会经年不坏。

梨蒂插到萝卜里，就不会烂。贮藏香团，也可用此法。

栗子和橄榄同吃，有梅花的清香。

炒栗子或白果，抓一个在手里，不让人知道，就不会爆锅。

水杨梅放入木炭，不会烂。

用缸装细沙，贮藏柑橘、梨、石榴之类的水果在里面，长时间不会坏。如果柑橘放在靠近米放的地方，很快就会腐烂。

梨子以纸裹好放入新瓶，可以贮藏到二月。

石榴以煎米泔百沸汤过一遍晾干，可以放到来年的夏天，不会损坏。

梨子藏在北枣中，可以运到远处去。

榧子用装茶的瓶子贮藏，可以经久不坏。

用新沙罐贮藏生枣子，铺一层淡竹叶枝，再放入几个旧铜钱，白矾少许，浸到水井里，经年不坏。

在竹林里贮藏桃、梅之类的果品，找一株大竹子，截去上节，留五尺长，把中间凿通，将果品放到竹子中，用竹叶封起来并用泥涂敷一遍，隔一年拿出来还像新摘的一样。

摘银杏，用竹篾箍住树根，过一夜，敲一下竹篾，银杏果就会全部落下。

鸡头子与蒲元水一起藏在新瓷器里，随时可剥，极好。

蜜饯在夏天多易变酸，可以用大缸装上细沙，经常用水浸湿，把装蜜饯的瓶子放在上面，就不会坏了。

梨子怕冻，要用沙瓮加稻糠拌底贮藏，用草塞住瓶口，让它通气，就能留到过春节。

贮藏松子时用几两防风一起放在包裹里，就不会出松子油。

贮藏梨子时把每个梨子的柄部插到萝卜里，再放入漆盒内，就可以放很长时间。

风栗要用皂荚水泡一晚上，取出晾干，然后用篮子装着迎风挂起，时不时摇一摇。

收藏柑橘，要用黄砂坛，用晒干的松针拌底，就不会烂。如果松针湿了，就换些晒干的。如果没有松针，用些铡断的早稻草，也很好。

福建闽中一带贮藏荔枝，六七分熟的，用一瓮蜂蜜浸泡，密封起来，不能进水，放到井里，用时取出来，颜色就像新鲜时一样。

收藏核桃、松子，可用粗布做成袋子，挂在迎风之处。

收藏桃子，可把麦麸熬成粥，先放少许盐，装在盆里，冷却后，把桃子放在里面，冬天拿来侑酒味道极好。桃子不可以太熟，要选择颜色青红漂亮的。

凡是果品都忌酒，酒气一熏就损坏。

葡萄刚熟时，用蜡纸裹紧，再用蜡密封，可以留到冬天。

栗蒲安放在壳里，可以放很长时间。

吃核桃太多，会让人吐血。

黄蜡与栗子同嚼，会成水。栗子和橄榄同嚼，味道清甜，名叫风流脯。

菜蔬

收取芥菜籽，隔年的最适宜，会很辣。

生姜，社日节前收取的没有连筋。

茄子洒些水过柴灰再贮藏，可以放到来年的四五月份。

小满前摘取并腌制芥菜，可以吃到接上新菜时。

葫芦对着水种植，就会生很多，或有三四株的，稍微把它的薄皮去掉一些，用肥土包一株，用麻皮捆扎好，如果藤很粗大并生出葫芦的，只可留一两株等它长到老，会大如斗，可以做容器。

花木

冬青树嫁接梅花，就会开出开阔的墨梅。

石榴树用麻饼水浇灌，就会结许多果实。

养石菖蒲，如果看上去蔫弱泛黄，可以洒点鼠粪。

花树如有虫孔，可用硫磺末塞住。

木樨被蛀了，把带壳的芝麻秆捆成一束挂在树上。

竹子年月久了会生竹米，赶快把生了竹米的竹子截断，把离地二尺的节打通，给里面灌些狗粪，其他的竹子就不会生竹米了。

海棠花用薄荷水浸泡，就容易泡开。

银杏不结银杏果，在雌树上凿开一个小孔，放进雄树上取下的一块木头，用泥涂上，就会结出杏果。

草、树、花的枝条如果被羊吃了，都不会再萌发了。

芝麻秆挂在树上，树上不生蓑衣虫。

牡丹花根底放些白术，所开的牡丹花无论什么颜色都会带腰金。

午时用笤帚击打冬瓜蔓，就会多结冬瓜。

天上的规则是崇尚左，所以星辰都向左转。地上的规则是崇尚右，所以瓜果都是右边结得多。

牡丹花每一朵有十二瓣，有闰月就有十三瓣。

凡瓜果都是地底长根须地上来结果，只有莲子根是地上的进入地下结果。

贯仲和柏叶同嚼，没有苦味。

蜀葵的枯枝烧成灰，可贮藏火。用干竹子扎成火把，在雨里也不会灭。茄子秆烧成灰贮藏火，也很好。

皂荚树有刺，无法攀爬。每到秋天长出果实时，先用大竹片围住树身，再用木板敲击它，一晚上就自行落下了。

油纸灯放进荷花池，荷叶就会腐烂。

杏嫁接梅花，就成了台阁梅。

桑树嫁接梨树，结出的梨子又甜又脆。

红梨花嫁接海棠，就成了西府海棠；樱桃嫁接海棠，就成了垂丝海棠。

麻秆插到椑柿里，柿子一晚上就熟了。

枸橘树可嫁接各种品种好的橘子和柑子。

柳树可嫁接桃树，桃树可嫁接梅子。

冬青树可嫁接木樨。

鸟兽

小狗吠叫不停，用一蚬壳香油灌入它鼻子，一晚上不会再叫。

乌骨鸡如果舌头黑，那骨头也黑；舌头不黑的，就只有肉黑。

小鸡还没长翅膀的，用笤帚赶它，它翅膀上的毛就会倒着长。

母鸡生蛋后，和续麻子吃，就会一直生蛋，但不孵小鸡。

竹鸡的叫声，可以去除壁虱与白蚁。

鹘鸟要是叼了帽飞走，站着叫，它就会高飞而去，如果趴在地上叫，它就会飞回来。

鸡蛋若有双黄的，孵出的小鸡会是两个头和三只爪。

猫眼知道时间，有歌谣这么唱："子午眯成线，卯酉滴溜圆，寅申巳亥像银杏，辰戌丑未侧如钱。"

香狸有四个外肾。

鹰没有胃却有肚，这是因为它吃肉的原因。吃粮食的飞禽都有胃。

鸡吃了猫食，就能啄人。

胡麻面喂狗，狗身就会又黑又光而且神骏。

老虎跑到人家里偷猪狗吃，但听到刀刮锅底的声音就会逃跑，因为这种声音会让它牙酸。

牛尾短的寿命长，牛尾长的寿命短。

猫鼻子只有六月六日那天会热。

杏仁末若给狗吃，立即就会死。

狗褪毛时，用酒糟来饲养它，毛就容易褪。

鹿群晚上休息，大鹿犄角向外，小鹿在里边，围得如同营寨一样。打仗的人模仿它们，发明了鹿角寨。

虎豹的毛皮只可用火焙干，不可以日晒。

猴子病了，吃墙上的蜘蛛，就会痊愈。

狗身上长癞疮，用虫蝇百部汁涂抹，立即消除。

马鞍磨破马背的地方，用车辙中的淤泥涂抹，很快就好了。

辨别牛黄法：牛黄像鸡蛋一样大，重重叠叠，取一些用指甲磨，黄色透过指甲，而且擦不掉的，就是真牛黄。

猫长癞疮，用柏油擦拭。再长的话，再擦。第三次擦，就会根除。猪若长癞疮，用猪油来擦拭，也会很快痊愈。

猫洗脸时超过了耳朵，家里就会有客人来。

家里燕子、麻雀忽然消失，就会有火灾。

鹳鸟仰着脖子鸣叫就会放晴，若低下头鸣叫则会下雨。

喜鹊的巢若很低，这一年会发大水。鹘鸟初试鸣声，若有人躺着听到，一年都会平安快乐。

猫和狗生下的都是公的，一家定有喜事。

狗死了，用葵根塞住它的鼻子，过了良久就会复活。

孔雀毛进入眼睛，会伤人眼睛；孔雀胆毒性极大，能杀人。

狗有虱子，用樟脑擦毛下的皮，再用大桶或箱子把狗盖在里面，虱子就会掉下来，及时让人把虱子掐死。

猫和狗若有虱子和癞疮，用桃叶捣烂，擦干净它的皮毛，隔一会儿洗掉，这样一两次就可以清除。

鸡生病，用芝麻油灌它。鸡若哮喘，用白菜叶包些鼠屎、香油硬喂给它，立刻就好。

鸡生了瘟，把猪肉切碎喂它。又可以把雄黄研成细末，拌饭喂它，立刻痊愈。

猪生了瘟，用萝卜菜连根喂它就会痊愈。牛马有癞疮，用荞麦秆烧成灰，淋水成灰汁，浇它身上，就会痊愈。

牛马若生了瘟，用酒加少量麝香末和在里面，灌服。

牛马长了癞疮，用藜芦研成细末，用水调好后涂在患处。

鹤生病，用蛇或老鼠或大麦煮熟喂它。

鹿生病，用盐拌豆料喂它，经常吃豌豆就不会生病。

煨灶猫，用猪肠或鱼肠，加入少许雄黄一起煨熟后喂它。

牛中暑，用胡麻苗捣成汁灌服，立刻就好。没有胡麻苗，也可以用麻子二三两捣烂，和井水调匀，灌服。

牛、马、猪、驴生了瘟，用狼毒、牙皂各一两，黄连一两五钱，雄黄、朱砂各五钱研成细末。若是猪就擦入它的眼睛中，若是牛、马、驴就吹到它的鼻子中。

想让鸡、鹅、鸭迅速肥起来，用胡麻子拌饭，加少量硫磺，喂七天，就异常肥壮。

虫鱼

养的鱼变瘦而且身上还长白点，就是有虱子了，把枫树皮扔到水里，即可治愈。

鳖和梭子蟹若被蚊子叮，立即就会死。

把水里的浮萍晒干，熏蚊子，蚊子立刻会死。

蚂蚁害怕肥皂。

蛇害怕姜黄。

悬挂稻草绳索在墙上，苍蝇就不会来。

蚕怕雷声，也怕鼓声，听到鼓声就伏地不起。

让青蛙不叫的秘法：三五日把野菊花研为细末，顺风吹撒。

防蝇的秘法：把腊月里的猪油装在瓶子里悬挂在厕所的墙上。

麻叶烧烟，能驱蚊子。

陈茶末烧烟，可快速驱苍蝇。

用荞麦秆作席子，可驱除壁虱。

五月五日，取田中的紫萍晒干，再取蝙蝠血浸泡晒，这样几次之后，研成细末并制成香来烧，可以驱蚊虫。一种说法是烧蝙蝠屎也可以驱除蚊子。

海中蛟龙之类，一旦捕获飞燕吃，就会变化。蜃龙吐气变楼台，就是用来引诱燕子的。

凡是鱼、虾、蟮之类，到了夜晚都会朝着北方。

蜜蜂桶如果用黄牛粪和泥来密封，能驱除各种虫子，把蜂蜜收了，蜜蜂也不到别的地方去，极妙。

收蜜蜂时，先用水洒它们，蜂会聚成一团，然后再嚼薄荷，含水喷蜂。再把薄荷涂在手上，慢慢拂拭，把蜂赶到桶中安放干燥处。大概是蜜蜂害怕薄荷，所以不螫人。

蚕只吃东西不喝水，二十二天就化为蝉，只喝水不吃东西，三十天就会蜕变。蜉蝣不吃不喝，三天就会死。

驱除蚊子和其他虫子的秘法：用苦楝子、柏树子、菖蒲研为细末，用慢火烧它，虫子闻到味道就跑了。

驱除蚊子的秘法：把鳗鱼的骨头烧成灰烬，让它化成水。

干菖蒲切成片，放在床褥下面，可以驱除壁虱。

头上虱子，用藜芦研成细末，撒在头发里，过一晚上，虱子就会干死掉落。

去头上虱秘法：用轻粉少许，撒在头上一两天，虱子自行灭绝。

八角虱，多在阴毛上，用轻粉敷上，就跑了。

大象的粪可驱除壁虱，把大象吃剩下的草编席子，就永远没有壁虱。

辣蓼晒干铺在席上，可驱除壁虱。

芸香放在书盒里，可以驱除蠹鱼；放在席子下，可以驱除壁虱。

虱子进入耳朵，用猪毛蘸胶塞进去，就可以粘出来。

根治毛毡里的蛀虫，可用鳗鱼骨烧烟来熏；把鳗鱼骨放在衣箱里，可以防止白鱼等虫子再咬衣服。用鳗鱼骨烧烟熏房屋，可避免竹木生虫。

如果被山里的大蚂蚁咬伤，立即用地上的土擦拭伤处，就不痛了。

治理厕蛆秘法：抓一把莼菜扔厕缸，蛆就没有了。

卷二十

方术部

符咒
○
方法

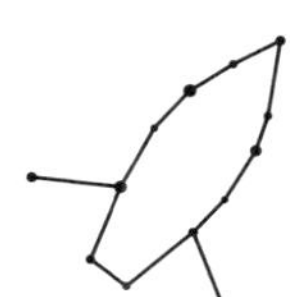

符咒

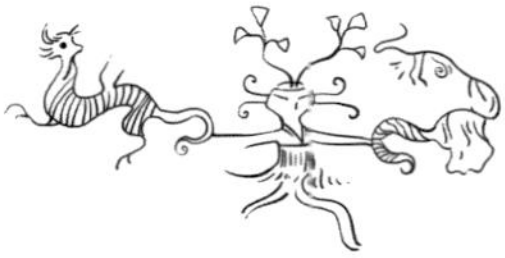

治脚麻秘法：口里念着木瓜说："还我木瓜钱，急急如律令！"一口气念七遍，就不麻了。

治疟疾咒饼秘法：先面朝东虔诚烧香，在油饼中写一个"摊"字，用笔从左边画三个圈，将油饼拿到香上念诵"乾元亨利贞"七遍。在疟疾发作那天，早上把油饼写字的地方掐出来，和着枣汤嚼着吃下，没有不灵验的。

腹内郁结的病，多念《秽迹咒》，就能痊愈。

除各种邪鬼，百病不生的秘法：经常在鸡鸣时默念四海神的名字二十一遍，四海神分别是"东海神阿明，南海神祝融，西海神巨来，北海神禺彊"。每次进入病人家时，也要在心中默念三遍，不可读出声来。

用咒除疟疾的秘法：取一个梨，先向南方吸一口气，拿着梨子念咒语："南方有池，池中有水。水中有鱼，三头九尾。不食人间五谷，唯食疟鬼。"咒念三遍，吹于梨上，写"敕杀死"三字，让病人在临发病前吃了它。

一切疾病都可以用的咒枣秘法：咒语是："金木水火土，五行助力，六甲同威，天罡大神，收入枣心，枣入肠中，六腑安宁，万病俱息，急速求荣！"拿一个枣，念一遍咒，吸一口罡气吹到枣里。男子去掉枣尖，女子去掉枣蒂，和着水嚼着吃下，七天内忌讳见到令人憎恶的东西。

咒牙痛秘法：拿一张纸，无论大小方圆，折成七层，取一枚三寸的铁钉，在房屋的大梁上，对着纸中心钉下。钉时，先向南方吸一口气，默念咒语说："南山赤虫子，故来食我齿。钉在栿梁上，永处千年纸。"每咒一遍，让病人咳一声，并吸一口气，用钉锤砸一捶。这样咒上七遍，吸七次气，捶钉七次，牙痛立刻痊愈。

咒风疹秘法：拿一张纸，揉成团后在病人身体上下大致绕上一遍。在开始作法时先向东方吸口气，默念咒语说："东来马子，西来驴子，好面败容待文书，急急如律令！敕。"然后浑身上下绕上一遍，再把纸扔到门外东边路口后回来即可。

如果进入山林，要默念咒语"仪方不见蛇"，或默念"仪康不怕虎"。有蛇虫的地方，多用小瓦片写"仪方"二字，蛇就会害怕而躲开。

凡被蜈蚣咬伤，迅速用手指在地上的"乾上"方位写一"王"字，并在"王"字里撮土敷在被咬的地方，就好了。

"多求致怨憎，少求人不爱，梵智求龙珠，水不复相见。"写上这四句，刻或贴在墙壁上，可以使蛇虫不来惊扰。

驱除蚊子的咒语是："天地太清，日月太明，阴阳太和，急急如律令！敕。"面向北默念七遍，吸口气吹到灯草上，然后点着灯草即可。

每天晚上点着蜡烛后，面向北默念七遍"唵地哩穴哩娑婆诃"的咒语，再用剔灯的木棍在灯焰上掠过，再用它搅七遍油，就能免除一切飞蛾投火之苦。

除壁虱的秘法：在纸上写"欠我青州木瓜钱"，贴在床脚上，壁虱立刻就没了。

倒念七遍《揭谛咒》，可让渔夫一无所获。

夜行或者睡觉做了噩梦，就念咒语："婆珊婆演底，摄。"

腿抽筋时，在疼痛的地方写"木瓜"二字，会立刻止住。

屏气默念"乾元亨利贞"七遍，可以用嘴把银元嚼碎。

锅中若有响声，大声念七遍"婆女"。

每次听到乌鸦叫，默念"乾元亨利贞"七遍。

渡江出海的人用红笔写"禹"字带在身上，就可免除风浪之险，保佑平安吉祥。

蜂螫了人，就地用竹子写"丙丁火"三字七遍，再取土敷在被螫的地方即可。

降伏狗的秘法：左手挑寅、剔丁、掐戌，念“云龙风虎，降伏猛兽”，狗就会乖乖离开，而且也不会咬人。

降蛇的咒语是：“天迷迷，地迷迷，不识吾时；天濛濛，地濛濛，不识吾踪。左为潭鹿鸟乙步，右为鸟鹞三二步。”还有一个咒语是：“吾是大鹏鸟，千年万年王。”

包治百病的咒枣咒语是：念七遍“华表柱”，往天罡吸一口气，吹在枣上，和着热水嚼吃。“华表柱”，是鬼怪先祖的名字。

见有人捕鱼鳖、飞禽、走兽，只要念“南无宝胜如来”，那人就会一无所获。

赌骰子时可以默念咒语“伊帝弥帝，弥揭罗帝”。

若有鸟粪落到衣服上，就默念七遍“护罗”。

方法

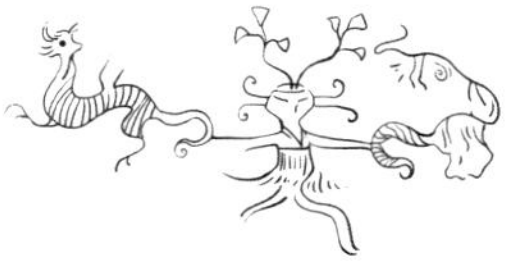

妇女怀孕想要生男孩的，把斧头悄悄放在床下，刀口朝下，一定会生男孩。鸡孵蛋，用这个方法，也可以孵出很多公鸡。

皂荚水溅到人眼里，痛得无法忍受，拿衬衣的衣角擦一擦，就不痛了。

凡是患了麦粒肿眼疾的，用布针一条，对着井水用眼睛斜着看它。然后，折成两段，扔在井里，眼疾就好了，但不能让人知道。

有脚汗的人，正月初一时偷偷站在捣衣石上，就可痊愈了。

护生草，清明时早早取来荠菜花的茎，阴干，夏天用来做挑灯杖，能驱除蚊子、飞蛾。

灯草在腊月里用溪水、河水浸泡七天七夜，阴干，夏天点灯，能驱除青虫。

每月的辰日是灭鼠日，这一天塞住鼠穴，老鼠就会自己死掉。

翼日挂帐，就没有蚊子。

吃鱼时被鱼刺卡喉，用渔网罩头，鱼刺就下去了。

除夕夜五更，让一个人在房里向窗外扇，另一人问："扇什么？"回答："扇蚊子。"总共七问七答，才停下。端午节晚上五更，也这样做。

果树如果不结果，除夕夜可让一个人待在树下，一个人拿着斧头，问："你结果子不？不结果子，就把你砍了当柴烧！"树下的人回答："我结！我结！"当年就可以结果。

辟火的秘法：拿五尺到一丈长的绯红绢帛，剪成幡的形状，悬挂在竹竿上，扔到迎风的火里，风吹来火就灭了。若没有绢帛，也可以用红色衣服代替。

将逃走者的衣服和腰带，用纸裹住磁石，悬挂井中，逃走者就会回来。

取被雷击毁的树木刻成鸟的形状，放在露天的高处，鸟就会聚集在此，不会离开。

将两根麦秆安放在上流，让水流到池塘里，可以祛除蚂蟥。

求雨的秘法：让巫师进入深山，选择形状怪异的枫树，用茅缆绑住，喝问："有雨吗？"一人回答说："必有雨！必有雨！"

在猪尿胞里放入萤火虫，搁入渔网沉到水底，鱼就会聚集围观，夜里收网会捕到很多鱼。

用头垢涂针，并塞住针孔，它可以在水上自己浮起来。

用戎盐涂在鸡鸭蛋上，相连十枚都不会滑落。

取蚕屎一石二升，在丁日找一块吉地埋下，当年蚕茧就会大丰收。

取水獭的胆，用篾子蘸一蘸在酒杯中划一下，一半酒倒掉，剩一半在酒杯里，不会掉出来。

把牛骨埋地下，水就不会干涸。

把一块木头削圆，举起来对着太阳，艾绒靠近它的影子，就会着火。

将黑狗的血和螃蟹一起烧，老鼠全都会跑掉。

遇上火灾，马上用瓶子或罐子扣在坑上，火立刻可灭。

以白矾煮灯芯，点灯时，可省油。

猪血浸泡过的新砖，若掉在水里，可引得鱼群聚集。

除夕夜用富贵人家地里的泥来砌灶，可以招财进宝。

桃树抵门可以辟邪，鬼祟不入。

没月亮的日子，用土塞住老鼠洞，老鼠就会逃走。

把人的头发挂在果树上，鸟雀就不敢吃树上的果子。

惊蛰这天用灰洒在门外，虫蚁不来。

七月上旬的辰日刨木料，不会生蛀虫。

在熨斗里衬着纸炒银杏，银杏不会爆裂。

锅发出响声，不可惊呼，男人做女人拜的姿势，或者女人做男人拜的姿势，响声就会停止。

夜里睡觉，把一只鞋正着放，一只鞋扣着放，就不会做噩梦。

遇见恶狗，从左手自寅位吹一口气，轮到戌位再用指甲掐住，狗就会退回卧倒。

暗传书信的秘法：用杜仲末、白矾、蓖麻子各少许，研成细末，再加入少许黄丹，稍微浸泡，写字等干了以后，完全看不见字迹。用火烘，才会现出字迹来，看过就烧了吧。

用鸡蛋清调白矾末刷纸，做成茶壶煎茶，茶开了纸却不会燃烧。

用五棓子在墙上写字，再用青矾水喷它，字迹就会出现。

竹子的内膜性质纯阴，在它上面涂上酥，遇见阳光就会飞，又名飞蝴蝶。

上丑日取土来敷蚕室，对蚕大有好处。

上辰日取路上的土来敷门户，可以避官司。

读书灯里每用香油一斤，加入桐油三两，会非常耐点，还能避开鼠患。把盐放入灯盏里，也可省油。

用姜擦灯盏，灯光就不会有晕影。

策　　划 | 作家榜
出　　品 |

出 品 人 | 吴怀尧
总 编 辑 | 周公度
产品经理 | 杜雯君　邱绍棠
版式设计 | 李孝红
封面设计 | 邵　飞
产品监制 | 陈　俊
特约印制 | 吴怀舜